Wilhelm Friedrich Hezel

# Biblisches Real-Lexikon über biblische und die Bibel erläuternde alte Geschichte

Wilhelm Friedrich Hezel

**Biblisches Real-Lexikon über biblische und die Bibel erläuternde alte Geschichte**

ISBN/EAN: 9783741167447

Hergestellt in Europa, USA, Kanada, Australien, Japan

Cover: Foto ©Lupo / pixelio.de

Manufactured and distributed by brebook publishing software
(www.brebook.com)

Wilhelm Friedrich Hezel

# Biblisches Real-Lexikon über biblische und die Bibel erläuternde alte Geschichte

# Biblisches
# Real-Lexicon

über

biblische und die Bibel erläuternde alte Geschichte,

Erdbeschreibung, Zeitrechnung, Altertümer

und

morgenländische Gebräuche,

Näturlehre, Naturgeschichte, Religionsgeschichte, Isagogik,

Onomatologie

der in der Bibel vorkommenden interessantesten Personen ꝛc.

---

Erster Band.

A bis D.

---

Leipzig,

in der Weygandschen Buchhandlung.

1783.

Dem

Durchlauchtigsten Fürsten und Herrn,

Herrn

# Carl August

Herzogen zu Sachsen,

Jülich, Cleve und Berg, auch Engern und Westphalen,

Landgrafen in Thüringen, Markgrafen zu Meissen,

Gefürsteten Grafen zu Henneberg, Grafen zu der Mark und Ravensberg,

Herrn zu Ravenstein ꝛc.

Meinem gnädigst regierenden Herzog und Herrn.

# Durchlauchtigster Herzog,

## Gnädigst regierender Fürst und Herr,

Wenn eine an sich gute, nur durch Misbrauch entehrte Gewonheit, beim rechten Gebrauch das bleibt, oder wieder wird, was sie einstens war: so darf ich wol keine Ungnade von Ew. Herzogl. Durchlaucht fürchten, indem Höchstdenenselben ich dieses Werk ganz mit den Gesinnungen des ersten biedern Dedikators unterthänigst zueigne, und mir zugleich die höchste Gnade Ew. Herzogl. Durchlaucht devotest erbitte, da es, meinen Wünschen zuwider, so vieler scheinbar gehabten Gelegenheiten ohngeachtet, noch nicht persönlich hat geschehen können.

Ich

Ich habe die Summe meiner Wünsche erreicht, wenn ich mir aus einem holden Blick, nicht aus Erthätigungen, wie sie der Unedle für sein Interesse wünscht, der Gnade eines in jeder Rücksicht grossen Fürsten schmeicheln darf, und ersterbe Ehrfurchtsvoll

**Durchlauchtigster Herzog,**

**Gnädigst regierender Fürst und Herr,**

**Ew. Herzoglichen Durchlaucht**

unterthänigster Knecht,

der Verfasser.

# An die Leser.

Dieses Werk, von welchem ich hier den ersten Band liefere, hat, laut des ersten Avertissements, überhaupt in drei Bänden, und zwar unter dem Titel: Biblische Real- und Verbalconcordanz herauskommen sollen. Allein Verfasser und Verleger sind, auf erhaltene starke Veranlassung, sonderlich von einem Theil der Abonnenten und einigen gutgesinten Gelehrten, eins worden, diesen Titel mit einem andern, nämlich: Biblisches Real- und Verballexikon, zu vertauschen, und übrigens mit dem Werke selbst folgende Veränderung vorzunemen: Statt dessen, daß nach dem ersten Plan, alle Titel, wie im Büchner oder jeder andern Concordanz, nach einander würden gefolgt haben, solte das Reallexicon von dem Verballexicon getrent werden, damit die Leser eher etwas Ganzes in die Hände bekommen möchten. Diesen Endzweck zu erreichen, fand man für gut, auch das Reallexicon noch einmal zu theilen, so, daß das Werk aus drei Haupttheilen bestünde, deren jeder ein für sich bestehendes Ganzes ausmachen könte. Die beiden ersten Haupttheile sollten also das Reallexicon enthalten, so, daß der erste sich über biblische und überhaupt alle zur Erläuterung der Bibel dienende Historie, Geographie, Altertümer und morgenländische Gebräuche, Naturlehre, Naturgeschichte, Einleitung in die biblischen Bücher, Onomatologie der in der Bibel vorkommenden interessantesten Personen etc. und der andere über eigentliche Glaubens- und Sittenlehre sich erstrecken; und der dritte Haupttheil ist zum biblischen Verballexicon bestimt, welches die Bibelsprache und den biblischen Sprachgebrauch erklärt.

Die Ausarbeitung des ganzen Werks hat mir die Weygandsche Buchhandlung übertragen. Was ich hier liefere, ist der erste Band des ersten Haupttheils. Daß dieser nur die vier ersten Buchstaben des Alphabeths enthält, statt dessen, daß er das ganze Alphabeth, oder doch wenigstens die Hälfte hätte enthalten sollen, wird viele Leser befremden, wie es mich selbst befremdete, als ich sah, daß mir das Werk so sehr unter der Feder anwuchs. Ob diese Weitläuftigkeit dem Werke zum Vortheil oder Nachtheil sey, überlaß ich jedem urteilsfähigen Leser zum eignen Ermessen. Die Ursache der Ausdehnung dieses ersten Bandes ist aber auch nicht blos weitläuftige Behandlung, sondern hauptsächlich die Menge und — Wichtigkeit der in den vier ersten Buchstaben des Alphabeths vorkommenden Artikel. Wer der Meinung seyn sollte, es werde jeder folgender Theil auch nicht mehr, als etwa so viele Buchstaben des Alphabeths enthalten, der würde sehr irren; vielmehr gedenke ich mit noch zween Bänden den ganzen ersten Haupttheil, oder das biblische Reallexicon über biblische Geschichte, Geographie, Altertümer, morgenländische Sitten und Gebräuche, Naturlehre, Naturgeschichte, Isagogik, Onomatologie etc. folglich den wichtigsten, reichhaltigsten und resp. gelehrtesten Theil des ganzen Werks zu schliessen.

Man kan leicht denken, daß mich schon dieser erste Haupttheil viel Zeit kosten und sehr derangiren werde, da ich eigentlich schon zuvor so viel Arbeiten übernommen hatte, als ich ohne Hintansetzung meiner Gesundheit, zu liefern vermochte. So lange bis dieser erste Haupttheil völlig fertig wird, kan ich zur höchsten Noth Rath machen, und meine Stunden unter diese und meine andern Arbeiten theilen; aber, ohne meine übrigen Verlagshandlungen, mit welchen ich ältere Contrakte geschlossen habe, ganz wider mich aufzubringen — nicht länger! Ich habe also meinen lieben und dem Publikum auf so schönen vortheilhaften Seiten bekanten Freund, Hrn. D. Rosenmüller, zu Erlangen, jetzt zu Giessen, freundschaftlich gebeten, die Ausarbeitung des zweiten und dritten Haupttheils, oder des biblischen Reallexicons über Glaubens- und Sittenlehren, und des Verballexicons — zu übernemen, und er versprach mirs, wenigstens den andern Haupttheil (über Dogmatik und Moral) mit dem ebenfalls so vortheilhaft bekanten Hrn. Prof. Hufnagel in Erlangen, zur Ausarbeitung zu übernemen, so daß letzterer die dogmatischen, und ersterer die moralischen Artikel ausarbeiten wollte.

Und nun freue dich, lieber Leser, auf die Arbeiten so wackerer Männer!

Schon bey der gegenwärtigen ersten Abtheilung des von mir zur Ausarbeitung übernommenen ersten Haupttheils, hab ich mir, um den Anfang des Werks nicht länger zu verspäten, einige wiewol freilich sehr geringe Hülfe zu schaffen gesucht. Ich habe nämlich ein Theilchen Titel, doch nur solche, bey welchen ich keinen Anstoß fürchten durfte, zwei guten Freunden übertragen, 1) einige Namen palästinischer Städte, von welchen Bachiene in seiner historisch-geographischen Beschreibung von Palästina so viel Richtiges gesagt hatte, daß ich völlig seiner Meinung seyn konte. (Diese Titel hab ich dem Hrn. Past. Schwabe zu Eichelborn übertragen.) 2) Einige Namen biblischer Personen, von welchen nur kurz zu sagen war, was die Bibel von ihnen meldet. (Diese haben die Leser dem geschickten Herrn Frühprediger zu Ilmenau und Pfarrer zu Stützerbach, Weise, zu verdanken. Beide Herren hatten ihre Arbeiten, dieser mit Einem und jener mit Zwei Sternchen gezeichnet, und meinem Willen nach solten diese Zeichen auch mit gedruckt werden, um diese wenigen Beiträge von meiner Arbeit zu unterscheiden; allein die Setzer haben diese Zeichen, vermutlich als für blos in mein Manuscript weisend, in welchem ich die bloßen Titel samt den Zeichen, gehörigen Orts angemerkt hatte, wider meinen Willen weggelassen. Sie sind also am Ende dieses ersten Bandes noch angezeigt.

Daß ich aus unsern besten alten und neuen Schriftstellern viel zusammengetragen habe, wie es bey einem solchen Werke seyn muß, gesteh ich gern. Daß ich aber nichts ohne strenge Prüfung von andern angenommen, und daß ich, ohne Ruhm zu melden, auch gar manches Scherflein von den Meinigen hinzugethan habe — das bin ich mir auch bewußt. Mögens doch leere Köpfe, denen es natürlich an Geschicke felt, Bekantes von dem Unbekanten zu unterscheiden, miskennen! Mir thut das Urtheil weniger kompetender Richter vollkommne Genüge.

Was ich mir bey der Ausarbeitung dieses Werks wünschte, wäre — eine große Bibliothek, wie die Herzogliche zu Weimar, mir zur Seite. Ich habe nun zwar die gnädigste Erlaubniß erhalten, mir aus diesem kostbaren Bücherschatz kommen zu lassen, was ich brauche; ich habe auch nun angefangen, mich derselben zu bedienen, und ich muß auch die außerordentliche Gefälligkeit des Hrn. Bibliothekar Spilkers hier öffentlich rümen; allein die Entfernung — und die Beschaffenheit dieses Werks, seiner Natur nach — beraubt mich doch der meisten Vortheile, die eine stets gegenwärtige große Bibliothek gewärt.

Doch vielleicht interessirt die Erfüllung meines Wunsches nicht alle — sondern nur diejenigen meiner Leser, die an meiner Arbeit Vollkommenheit vermissen. Diesen muß ich auch das noch sagen, daß ich nicht Jahre vorher zu diesem Werke zugeschnitten, sondern dem unerwarteten Auftrage der Verlagshandlung, unter vielen andern Arbeiten, aus Dienstfertigkeit und Gefälligkeit Gehör gegeben habe.

Nun eine Anfrage: Ich wäre Willens, eine Parthie Kupfer, welche der Bibel diejenige Erläuterung geben, welche sie durch bloße Worte entweder gar nicht, oder doch nicht so gut und lebhaft erhalten kan, stechen zu lassen, z. B. einige Landkärtchen über das sogenante heilige Land und die übrigen Länder, deren Kunde der Bibel Licht giebt, Vorstellungen morgenländischer Sitten und Gebräuche, Trachten, Gebäude, Thiere, Pflanzen, Bäume u. s. w. Da aber Kupferstiche theure Waare sind: so kündigt sie die Verlagshandlung hierdurch auf Subscription an, um sich, ihrer großen Kosten wegen, in Sicherheit zu setzen:

Jedes Oktavblatt für 4 Gr. jedes Quartblatt 7 Gr. jedes Folioblatt 10 Gr.

Ich zweifle billig, ob irgend ein Leser dieses Werks die Kupfer werde missen wollen, da sie, außer der Zierde, von so großem Nutzen sind. Ich bin Bürge dafür, daß keine Chimären gestochen werden sollen, sondern lauter zuverläßige Abbildungen von den sogenanten heiligen Ländern sowol als von andern Dingen, die der Bibel, diesem unter Millionen schätzbarsten Buche, Licht und Leben geben; für die Schönheit der Kupfer bürgt die Verlagshandlung. Die Liebhaber dürfen sich nur bey den bisherigen Herren Subscribentencollektoren, oder bey der Verlagshandlung, oder bey mir melden. Nur verbittet man unfrankirte Briefe.

Und nun muß ich freilich meinen Namen hier nennen, das ich anfänglich nicht für nötig hielte. Weil aber hie und da meine Herrn Gehülfen es gethan haben, und zuweilen auf manche meiner andern Schriften verwiesen worden ist, so kan ich mich weiter nicht als unbekant anfüren.

Hezel.

Auf dem Gränzhammer bey Ilmenau.

## Verzeichnis der Subscribenten

Herr Albers, Postsekretair in Hannover, 1
— J. G. Apel, Kandidat aus Göttingen 1
Herr Bernh. Jac. Bachsen, Kand. aus Lüneb. 1
— J. Ph. L. Baldenius, Kand. 1
— Ge. Ludw. Traug. Barthold, Kand. a. Röcknitz, 1
— Dan. Bauerschmidt, Kand. aus Schleusingen, 1
— Pastor Becker, im Lüneburgischen, 1
— F. B. Benecken, Kand. aus Hannover, 1
— Karl Heinrich Biel, Pfarrer in Milbitz, 1
— J. F. W. Bode, Kand. aus dem Hannöv. 1
— Joh. Elias Michael Böhm, Past. Subst. in Eingen, 1
— Friedrich G. Carl Böhm, Kand. 1
— Joh. Michael Böttiger, Diakonus in Quitteisdorf, 1
— Traugott Christian Brehm, Kantor zu Mühleben und Kandidat des Schwarzburgl. Arnstädtl. Ministerii, 1
— Joh. Andreas Breimacher, Pfarrer in Wölfersleben, 1
— Joh. Heinrich Brumhardt, Pfarrer in Quitteisdorf, 1
— Joh. Benjamin Bühl, Kandid. aus Breitenbach, 1
Herr M. Carl, aus Görnitz bey Borna, 1
— Christlieb, Kandidat aus Worms, 1
Herr Dihm, französ. reform. Prediger in Magdeb. 1
— M. Joh. Aug. Dörnig, Catechet an St. Peter in Leipzig, 1
— Vict. Philipp Heinrich Drny, Kandidat. 1
Herr Joh. Philipp Ernst Ebbeke, Kand. 1
— F. E. Ehrhardt, Kand. aus Hannover, 1
— Gottl. Aug. Erhardt, Kandid. in Dreßden, 1
— Chr. Gottfr. Egner, Amtsschreiber zu Mühlberg, 1
Herr J. G. A. Fabstus, Kandid. aus Goßlar, 1
— Gabriel Farschen, Kandidat in Bern, 1
— Albert Christian Fischer, Kand. aus Schneeberg, 1
— Joh. Georg Förtsch, Kand. aus Hannöv. 1
— Conrad Fried. Franzen, Kand. aus Lüneb. 1
— Joh. Jakob Fröbel, Pfarrer in Oberweisbach, 1
— Carl Gottlieb Frietzsche, Kand. aus Marcksa, 1
Herr Aug. Sam. Christoph Gehra, Pfarrer in Möhrenbach, 1
— Nikolaus Burghard Geisler, Kandidat, 1
— Giebel, Lehrer in Klosterbergen, 1
— Joh. Christian Gottlieb Anton Gißler, Pfarrer in Kazhütte, 1
— J. C. Graff, Kandidat aus Göttingen, 1
— G. Große, Pastor in Kalmberg im Magdeburgischen, 1
— C. G. Groß, Buchhändler in Nordhausen, 1
— M. J. Guse, Kandidat aus Göttingen, 1
— Christian Adolph Gutmacher, Kandidat aus Dreßden, 1
Herr Emanuel Haller, Buchhändler in Bern, 1
— Joh. Christian Heinse, Kandid. aus Stadt Ilm, 1
— J. H. Henrici, Pastor zu Goßlar, 1
— Mag. Carl Christoph Himmler, Pastor zu Beerwalde und Teuchberg, 1
— P. Hochgesang, Pastor in Kirchheim, 1
— Ernst Heise, Kandidat, 1
— Philipp Christian Wilhelm Hönniger, Collabor. rev. Minist. in Rudolstadt, 1.
— Christian Hofmann, Pastor in Marklissa, 1
— Holländer, Kandidat der Gottesgel. 1
— Heinrich Christian Holst, Kandid. aus Riga, 1
— Horn, Lehrer in Kloster Berge, 1.
Herr J. G. Jacobshagen, Kandid. aus Osterode, 1
— Gottfried Jakobi, Kandidat aus Rawicz in Pohlen, 1
— Ise, in Weissenfels 1
— Johanning, Kandid. in Klosterroda, 1
— Joh. Kasp. Zachar. John, Pfarrer in Arnstadt, 1
— George Junge, Kandid. aus Altrahorn, 1
Herr Pastor Klasing, im Lüneburgischen, 1
— Bernhard Kleifecker, Kandidat in Hamburg, 1
— Joh. Friedrich Knabe, Cand. rev. Minist. in Lequitz, 1
— Christian Nikolaus Köhler, p. t. Collabor in Stadt-Ilm, 1
— Gottfried König, Pastor in Schwerta, 1
— G. H. Kohlrausch, Kandid. aus Goßlar, 1
— Christian Ehrenfried Kosche, Kandidat aus Lauban, 1
— Christian Friedrich Kramer, Kandidat aus Thallwitz, 1
— Kretschmar, Kandid. aus Cöthen, 1
— Herr Kretschmer, Kandidat in Cöthen, 1

— August Abrah. Kriegel, Pastor in Predel über Pegau, 1

Herr Conrad Heinr. Laurenstein, Kandid. im Hannöv. 1

— Georg Christian Lesser, Pastor zu Ruhl bey Eisenach, 1

— Joh. Paul Liebmann, Diakonus; in Königsee, 1

— Georg Fried. Longerloh, Kandid. aus Uelzen, 1

— Joh. Friedrich August Lunderstädt, Kandid. in Dörschnitz, 1

Herr Matthey, Kandidat in Weimar 1

— Joh. Otto Meyer, Kandid. im Lüneburgischen, 1

— Joh. Fried. Jacob Meyer, Kandidat, 1

— Anton Samuel Andreas Meyland, Diakonus in Breitenbach, 1

— J. A. J. Mühe, Kandidat aus dem Brandenburgl. 1

— C. Chr. Müller, Kandidat aus dem Hannöverischen, 1

— Müller, Lehrer in Kloster Berge 1

Herr Joh. Christian Neubert, Kandid. aus Georgenstadt, 1

— Carl Gottlieb Neumann, Kandid. aus Gebhardsdorf, 1

— G. F. Neumann, Kandidat in Röhrsdorf, 1

— Joh. Chr. Noeldeke, Kandid. im Lüneburgisch. 1

— Joh. Christian Friedrich Nöller, Pfarrer in Blankenburg, 1

Herr H. L. Oberdieck, Kandidat, 1

— Joh. Albrecht Gottlieb Oberländer, Pfarrer in Unterweisbach, 1

— Gottfr. Ehrenreich Oertel, Kandidat aus Dreßden, 1

— Joh. Bernhard Oldekop, Kandidat in Götting. 1

— Joh. Wilhelm Friedrich Oldekop, Kandid. 1

— Joh. August Olearius, Pfarrer in Oelze und Waßerberg, 1

Herr Joh. George Pabst, Handelsmann in Wützendorf, 1

— Georg Friedrich Palm, Kandid. in Göttingen, 1

— Gottlob Heinrich Pitzmann, Stud. Theol. aus Dreßden, 1

— Joh. Christoph Pilhäcker, Kandid. aus Meissen, 1

Herr Joh. Christ. Rahle, Kandid. aus Zeitschen, 1

— Kandidat Rein im Lüneburgischen, 1

— J. G. D. Richter, Kandid. aus Herzberg, 1

— Johann Friedrich Rißmann, Pastor in Dennewitz bey Jüterbock, 1

— Joh. Andreas Robst, Inspektor und Assessor Konsistorii; im Amt Gehren, 1

— August Gotthelf Rose, Pfarrer in Böhlen, 1

— Rudorf, Superintendent in Weissenfels 1

Herr Georg Heinr. Sachse, aus Nienburg, Kand. 1

— C. F. Sangerhausen, Pastor und Rektor in Ascherleben, 1

— Joh. Gottlob Scherr, Pfarrer in Döschnitz, 1

— Hofkapellan Schertler, in Köthen, 1

— Hofkapellan Schinttler, aus Cöthen, 1

— Aug. Gotth. Schlegel, Stud. Theol. aus Lauban 1

— Schmidt, Studios. Theol. in Halle, 1

— Franz Henr. Schneider, Kurpfälz. Inspektor, der Classe Lautern und evangel. Pred. daselbst, 1

— Inspektor Schneider in Cöthen, 1

— Joh. Fried. Schöps, Pfarrer in Altendorf, 1

— Joh. Gottfr. Schuster, Kand. aus Beutha in Schönb. 1

— Heinr. Fr. Ludw. Sievers, Kand. in Hannöv. 1

— Pastor Spindler, in Lüneburgischen, 1

— Joh. Matth. Steinhart, Kand. aus Augsp. 1

— Christ. Otto Heinr. Stieghan, Kand. in Magdeb. 1

— M. Dav. Sam. Stoll, Past. in Rengersdorf, 1

— Friedr. Erdm. Stoll, Kand. aus Albrechts in Henneberg, 1

— Heinr. Christoph Straubel, Pf. in Braunsdorf, 1

— Benj. Christoph Strenker, Kand. aus Uelzen, 1

— Kandidat J. G. Stüler, im Lüneburgischen, 1

— Georg Matth. Suckert, Studios. Theologiä, 1

Herr Heinr. Ehrenfr. Thieme, Kand. in Volkersdorf, 1

Herr Christ. Gotthelf Voigt, Past. in Volkersdorf, 1

— Voß und Sohn, Buchhändler in Berlin, 1

Herr J. Wartners, Kandidat in Göttingen, 1

— Weber, Lehrer in Kloster Berge, 1

— Ant. Jakob Simon Wechsung, Kandidat in Breitenbach, 1

— G. L. Wiesen, aus Hildesheim, 1

— Joh. Friedr. Wohlfahrt, Kandid. in Kirchhasel, 1

Herr Carl Friedr. Zuchold, Kandid. aus Lübben, 1

Bibli-

# Biblisches Real Lexicon.

## Erster Haupttheil.

### A.

#### A und O.

A (Alpha) ist der erste, und O (Omega) der letzte Buchstab des griechischen Alphabets, dessen sich die heiligen Verfasser der Bibel N. T. wie der in Palästina (neben der Aramäischen) damals gewöhnlichen griechischen Sprache selbst, bedient haben. A und O ist also so viel, als Anfang und Ende, oder Erstes und Letztes, — der Erste und der Letzte; wie diese vermuthlich sprichwörtliche Redensart in der Offenbarung Johannis, wo sie allein vorkommt, (Kap. 1, 8. 11. Kap. 21, 6. Kap. 22, 13.) selbst erklärt wird; wiewol man diese Erklärung für einen Zusatz der Abschreiber hält. — Sie wird, wie die minder figürliche, der Erste und Letzte, im Propheten Jesaias (Kap. 41, 4. Kap. 44, 6. Kap. 48, 12.) zur Bezeichnung des Ewigen, oder vielleicht mehr, des Allesumfassenden, gebraucht. —

#### Aaron.

Ein Sohn Amrams und der Jochebed, aus dem Stamm Levi, Mosis ältester Bruder, 2 Mos. 4. 14. Kap. 6, 20. ward, nebst seinen Söhnen und deren ganzen sämmtlichen Geschlechte, von Gott zum Priesterthum erwählt, 2 Mos. 28, 1. Kap. 24. 44. Kap. 30, 30. — — Kap. 29, 1. Kap. 40, 12. 3 Mos. 8, 1. — — 3 Mos. 9, 8. Kap. 16, 6. 17. — Die übrigen merkwürdigsten Umstände von ihm sind:

1) Seine Beredsamkeit, 2 Mos. 4. 14. 15. daher er für seinen Bruder Mose das Wort führen mußte. 2 Mos. 4. 16. „Er (Aaron) soll dein (Mosis) Mund seyn," d. i. du sollst dich seines beredtern Mundes statt des deinigen bedienen. — Kap. 7. 1. „Aaron, dein Bruder, soll dein Prophet (Interpres, Redner) seyn," — statt deiner reden, was du ihm befielst.

2) Seine Wunderthat vor Pharao, zum Beweis seiner und Mosis göttlichen Sendung, 2 Mos. 7, 9. 10.

3) Seine, auf sinnliche Art, bewies'ne Ueberzeugung von dem Nutzen und der Wirksamkeit eines anhaltenden, inbrünstigen Gebets zu Gott, zur Zeit der Noth. 2 Mos. 17, 12. —

4) Sein kostbarer Priesterschmuck, 2 Mos. 28. 1. 2. Sir. 45. 7'3'.

5) Verleitung des Volks zum Kälber- oder Ochsendienst — zwar aus Noth, durch das ungestüme Verlangen des rohen Volks, das, bey dem ihnen bedenklich scheinenden allzulangen Außenbleiben Mosis auf dem Berge Sinai, ein von Aegypten aus, gewohntes sichtbares Symbol der Gottheit vom Aaron verlangte, dazu bewogen. 2 Mos. 32, 1. ff. 5 Mos. 9, 16. 21. Psalm 106, 19. Apostelgesch. 7, 41. —

6) Sein Murren wider Mosen, wobey er, nebst der Mirjam, Mosis zweyte Ehe mit einer Mohrinn (Aethiopierinn, Cuschiterinn) zum Vorwand brauchte, 4 Mos. 12, 1.

7) Sein grünender, blühender und fruchttragender Stecken, (Zweig) zum Beweis, daß er die Priesterwürde, wegen welcher zuvor eine Rebellion entstanden war, (4 Mos. 16, 1 ff.) wirklich von Gott, und nicht

nicht blos aus brüderlicher Neigung, von Mosen zugetheilt bekommen habe. 4 Mos. 17, 1 – 10. —

8) Daß Aaron und seine Familie kein Erbgut in Canaan, sondern seinen Unterhalt vom Einkommen des Heiligthums erhalten sollte. 4 Mos. 18, 20. — 5 Mos. 10, 9. Jos. 13, 14. 33. Vermuthlich weil Ackerbau und Viehzucht sich eben so wenig zum israelitischen Priesteramte, als zum heutigen christlichen Lehramt schickte, zumal da der Stamm Levi überhaupt und die Familie Aarons insbesondere die eigentlichen Gelehrten ihrer Nation vorstellen mußten. —

9) Daß Aaron, nebst Mosen, wegen heimlicher Verzweiflung göttlicher Macht und Hülfe, beym Wassermangel, nicht nach Canaan kommen soll. 4 Mos. 20, 12. Kap. 27, 12 ff. 5 Mos. 32, 50. —

10) Sein Tod und Lebensalter. 4 Mos. 20, 29.

Aaron steht bisweilen für die Priester überhaupt:

Psalm 115, 10. „das Haus Aaron (die Familie Aarons — die israelitische Priesterschaft und zwar die zu Davids Zeit) hoffte auf den Herrn (besser vertraut den Jova — hat wahre Religion ꝛc.) der ist (daher, deswegen) ihre Hülfe (ihr Helfer, Beystand) und Schild (Schutz, Beschützer.)

Sir. 36, 19. „Erhöre, Herr, das Gebet derer, die dich anrufen, nach dem Segen Aarons über dein Volk“ d. i. erhöre deine Priester wenn sie die dem Aaron und den Priestern überhaupt vorgeschriebene Segensformel (4 Mos. 6, 22 — 25) über dein Volk aussprechen! —

Ebr. 5, 4. „Und niemand nimmt ihm selbst die Ehre, sondern der auch berufen sey von Gott, gleichwie Aaron,“ d. i. Niemand darf sich das Amt und die Würde eines Priesters anmaßen, er müßte denn, wie Aaron, von Gott dazu berufen — bestimmt und verordnet seyn. — Christus aber ward auch von Gott dazu ꝛc. —

## Aas.

1) Ein todtes Thier. Dessen Berührung machte, nach dem mosaischen Gesetz, levitisch unrein, bis auf den Abend; nicht nur die Berührung unreiner (zu essen nicht gewöhnlicher und verbotener) todter Thiere, sie mochten gestorben seyn, wie sie wollten (3 Mos. 5, 2. Kap. 11, 8. 11. 24. 25. 27. 28. 31. 5 Mos. 14, 8.) sondern auch der reinen, oder zu essen sonst erlaubten und gewöhnlichen Thiere, wenn sie nicht ordentlich geschlachtet — nicht vor dem Messer gestorben waren. 3 Mos. 11, 39. — Durch dieses Gesetz wurde das Gute gestiftet, daß man todte Thiere, um nicht sehr viele zufällig und oft in die Gefahr der Verunreinigung zu setzen, nicht auf dem Lande liegen ließ, sondern in die Erde scharrte, wodurch Gestank und gefährliche, oft wirklich pestilenzialisch werdende Infizirung der Luft, die im Orient ohnehin gewöhnlicher ist, als bey uns, vermieden wurde. Und dieser Nutzen war vermuthlich die Absicht des Gesetzes, als welches um so nöthiger war, da die Israeliten aus Aegypten kamen, wo man, wie Hasselquist (Reise nach Paläst. S. 288. f.) von Cairo noch heutiges Tages meldet, die Aeser auf den Straßen uneingescharrt den Raubvögeln zur Speise liegen ließ. Vergl. Michaelis Mosaisches Recht, Th. 4. S. 308. f.

Das Fell von einem Aas durften die Israeliten sich zu Nutze machen, jedoch nicht essen. 3 Mos. 7, 24.

Gesetz, bereits gesäeten, und noch nicht gesäeten, sondern erst zur Aussaat, in Wasser geweichten Saamen betreffend, auf den ein Aas fiel. 3 Mos. 11, 37. 38.

2) Aas — für Speise der wilden Thiere und Raubvögel. Ezech. 29, 5.

3) Schimpflich vom Leichnam eines bösen Menschen gesagt. Vom Leichnam der Isebel. 2 Kön. 9, 37. eines Pharao, Ezech. 32, 5.

4) Ein unter den Juden gewöhnliches Sprichwort scheint gewesen zu seyn: „Wo ein Aas ist, da sammlen sich die Adler,“ (Geyer. S. unter Adler.) Matth. 24, 28. Luc. 17, 37. Ist das: (vergl. Hiob 39, 30. Hab. 1, 8.) so kann man das Aas auf Jerusalem und die damaligen Juden überhaupt und den Adler auf die Römer deuten, ohne dabey über den Adler der letztern, den sie zum Feldzeichen führten, zu subtilisiren, wiewol so viel richtig ist, daß jenes Sprichwort auf die damaligen Juden und Römer (und zwar auf letztere in Rücksicht ihres Feldzeichens) ganz vorzüglich gut paßte. — Sinn: die Juden würden allenthalben ein Raub ihrer Feinde werden. —

## Abaddon. S. Apollyon.

## Abana. S. Amana.

## Abarim.

Ein langes Gebirge im Lande Gilead — auf der Ostseite des Jordans, und zwar noch auf der Ostseite des Gefildes der Moabiter, welches sich, vom Bache Arnon an, nordwärts erstreckt. Der der Stadt

Je-

Jerichs gegenüber gelegene Berg Nebo, dessen höchste Spitze Pisga hieß, ist ein Theil dieses Gebirges — und zwar der höchste. — Es wird desselben in folgenden Stellen gedacht: 4 Mos. 21, 11. Kap. 27, 12. Kap. 33, 44. 47. 48. 5 Mos. 32, 49. Jerem. 22, 20.

### Abba.

Ein syrisches Wort, welches Vater heißt, und ausrufungsweise, oder im Vocativ gedacht: Vater! mein Vater! lieber Vater! — im N. T. dreymal gegen Gott gebraucht, Marc. 14, 36. Röm. 8, 15. Gal. 4, 6. vorkommt. Es scheint von den Juden, als sie die griechische Sprache angenommen hatten, aus der Sprache ihrer Väter beybehalten worden zu seyn, weil es dem zu lallen anfangenden Kinde leichter auszusprechen war, als das griechische Wort Pater.

### Abdon.

1) Der Name des zwölften **Richters in Israel. Richt.** 12, 13. 14.

2) Eines Sohns Micha, 2 Chronik. 34, 20.

3) Einer Stadt im Stamme Asser, die den Leviten mit zugetheilt ward. Jos. 21, 30. 1 Chron. 7, (6) 74. Ihre Lage im Stamme Asser läßt sich, wegen Mangel aller weitern Nachrichten, nicht bestimmen. Jos. 19, 28. heißt sie Ebron. Man siehet leicht, daß nur Einer von beyden Namen richtig seyn könne. Denn offenbar ist einer aus dem andern durch einen flüchtigen Abschreiber, der das überaus ähnliche hebräische D mit R. oder umgekehrt, verwechselte, entstanden. —

### Abednego.

**Sonst Asarja. Seine und seiner beyden Gesellen, des Sadrachs und Mesachs Erhebung am Hofe des Nebucadnezars. (Dan. 1, 7. Kap. 2, 49.) bewiesener Heldenmuth — und Treue in der Religion ihrer Väter und Verabscheuung der Abgötterey und des Bilderdienstes; (Dan. 3, 16:18.) wunderbare Erhaltung im Feuer, wozu sie zur Strafe, daß sie Nebucadnezars Götzenbild nicht verehren wollten, verdammt worden waren, (Dan. 3, 21:25.); die mächtige Wirkung, welche diese ihre Standhaftigkeit und Religionstreue, und ihre wundervolle Erhaltung — in Nebucadnezars Herzen hatte, (V. 26:29.) der ihrer Treue selbst noch beipflichten mußte (V. 28.). — Alle diese Umstände machen uns einen eben so großen Begriff von der vorzüglich wirkenden Providenz Gottes gegen seine treuen** Verehrer, als sie uns sehr starke Ermunterungsgründe zu gleicher Treue gegen Gott und seine Religion sind.

### Abel.

1) Ein Sohn Adams. S. Habel.

2) Ein großer Stein auf dem Acker des Bethsemiten Josua, auf welchen die Leviten die aus dem Philisterlande wieder angekommene Bundeslade setzten. Dieser große Stein erhielt den Namen Abel (Trauer) oder vielmehr Gros-Abel (Große Trauer,) von der großen Trauer oder Klage des Volks über die Bethsemitische große Niederlage, 1 Sam. 6, 14:19. S. meine Bibel Th. 1. bey dieser Stelle.

3) Eine Stadt auf der Ostseite des Jordans, die dem halben Stamm Manasse zu Theil ward. Um sie von andern Städten dieses Namens zu unterscheiden, wird sie 2 Sam. 20, 14. 15. 1 Kön. 15, 20. Abel-Beth Maacha d. i. Abel (im Gebiet) der Stadt Maacha (Syllärus s. Maacha) oder: Abel im Lande Maacha genannt. In der erstern Stelle hat der sel. Luther „Abel und Maacha„ übersetzt. und daher an zwo Städte gedacht; allein der Name bedeutet nur Eine Stadt, und das Wörtchen „und" ist hier erklärend, und ist durch „und zwar" zu übersetzen: — „Abel, und zwar das im Lande Maacha." — 2 Chron. 16, 4. heißt dieselbe Stadt Abel Maim.

### Abelbethmacha.

**1 Kön. 15, 20.** S. Abel. No. 3.

### Abelkramim.

Luther: Richt. 11, 33. Eigentlich Weinbergs Abel. Eine Stadt, nach des Eusebius Bericht, sechs römische Meilen von Philadelphia, d. i. Rabba, der Hauptstadt der Ammoniter. Noch zu des Eusebius Zeit hatte diese Stadt oder Flecken (wie sie Eusebius nennt) starken Weinbau, wovon sie auch „Abelkramim" d. i. „Weinbergsabel" genannt wurde. Es ist ungewiß, ob es eine ammonitische oder israelitische Stadt gewesen. Reland hält sie für eine ammonitische Stadt.

### Abelmaim.

**2 Chron. 16, 4.** Sonst Abel-Beth-Maacha. **S. Abel. No. 3.**

### Abelmehola.

**Der Geburtsort des Propheten Elisa, 1 Kön. 19, 16. Luther drückt den Namen dieser Stadt Richt. 7, 22. durch „Breite Mehola" und 1 Kön. 4, 12. durch „Plan Mehola" aus. Die Stadt lag, nach des Hieronymus**

Aussage, zehn römische Meilen von Scythopolis, gegen Süden, und zwar zwischen dieser Stadt und Neapolis, in der Ebene, oder dem Thal am Jordan.

### Abelmizraim.

1 Mos. 50, 11. wo es Luther durch „der Aegypter Klage" (Aegyptens Trauer oder Klage) übersetzt hat, ein Ort, nicht weit vom Jordan, auf der Tenne Atad, und zwar disseits, oder auf der Abendseite des Jordans, wohin schon Hieronymus den Ort sehr wahrscheinlich setzt, und welches wol ungewisser seyn dürfte, hinzusetzt, der Ort habe nachher Bethagla geheißen, 1 Mos. 50, 10. 11. wird, nach Luthers Uebersetzung, die Tenne Atad und Abel-Mizraim jenseits des Jordans gesetzt; allein das hebräische Wort bedeutet diesseits sowol als jenseits — je nachdem man den Standort nimmt. S. meine Bibel Th. 1. bey 5 Mos. 1, 1. a)

### Abel-Sittim.

(Luther: Breite Sittim.) Eine Stadt auf der östlichen Seite des Jordans, im moabitischen Gefilde, bis dahin sich das Lager der Israeliten erstreckte, ehe sie über den Jordan giengen 4 Mos. 33, 48. 49. vergl. Kap. 22, 1. — Eusebius und Hieronymus setzen den Ort bey den Berg Phogor, d. i. Peor, folglich bey das Gebirge Aborim und nach Josephs Aussage (Jüd. Alt. B. 5 K. 1.) lag er 60 Stadien, oder ohngefähr $1\frac{1}{2}$ Meile vom Jordan. Den bestimmenden Zusatz Sittim, d. i. Acacienbäume hat der Ort vermuthlich von den vielen in der Gegend wachsenden Acacienbäumen erhalten, wovon, wie es scheint, die ganze Gegend um diese Stadt Sittim genennt wurde. Dieses Abel-Sittim heißt Richt. 7, 22. Beth-Sitta, d. i. Acacienstadt und 4 Mos. 25, 1. Jos. 2, 1. Mich. 6, 5. blos Sittim, wenn man anders in diesen Stellen nicht lieber die ganze Gegend um diese Stadt herum, in welcher viele Acacienbäume wuchsen, verstehen will.

### Abendessen.

Joh. 13, 2. Kap. 21, 20. Die Morgenländer hatten, wie ehemals auch die Römer, wegen der ermattenden und Lebhaftigkeit und Freude störenden Hitze im Orient des Tages über ihre stärksten Mahlzeiten des Abends.

### Abendmahl.

1) Ein gemeines Abendessen, oder Gastmahl, das des Abends gehalten wird.

2) Abendmahl des Herrn. S. den zweeten Haupttheil dieses Werks.

### Abendopfer.

Das feyerliche tägliche Abendopfer, welches, wie das tägliche Morgenopfer, ein jähriges fehlloses Lamm war, und zwischen Abends (d. i. in dem Zeitraume vom Untergang der Sonne, bis zum Einbruch der Nacht) auf dem Brandopferaltar gebracht und nebst einem Speisopfer (s. Speisopfer) und Trankopfer (s. Trankopfer) geopfert wurde. 4 Mos. 28, 3-8. — (Esr. 9, 4. 5. Dan. 9, 21.)

Psalm 141, 2. „Mein Gebet müsse vor dir tügen, (gefalle dir) wie ein Rauchopfer (wie Weyrauch — den man, dir zu Ehren, in deinem Heiligthum streut) und meiner Hände Aufheben (beym Gebet — — sey dir so angenehm) wie ein Abendopfer."

### Abendregen.

Eben das, was Luther sonst durch Spatregen übersetzt. Der Spatregen, oder richtiger, Frühlingsregen, der die geschlossenen Aehren schwängern und zur völligen Größe bringen muß, wie der Früh- oder Herbstregen, der das Keimen des Saamens befördert, sind die beyden Regen, denen der Landmann im Orient, der sonst wenig Regen hat, beinahe alle Fruchtbarkeit zu verdanken hat. (5 Mos. 11, 14. Jerem. 5, 24. und meine Bibel Th. 1. bey 3 Mos. 26, 4. a) Th. 3. Hiob 29, 23. b) — Diesem Abend- oder Spat- (Frühlings-) Regen (wie dem Herbstregen) sieht man also im Orient, wie sich leicht denken läßt, sehnsuchtsvoll entgegen, (dahin gehört Hiob 29, 23. Jac. 5, 7.) — Der Anblick der herbeiziehenden Wolke, die diesen Regen bringt, ist daher der angenehmste, den sich der Morgenländer denken kann. Sprüchw. 16, 15. „Seine (des Königs) Gnade ist wie ein Abendregen," gleicht der Wolke des Frühlingsregens — so erfreulich ist sie dem, der sie genießt! —

### Abez.

Eine Stadt im Stamme Isaschar (Jos. 19, 20.), von der wir weiter nichts wissen, nicht einmal ihre Lage.

### Abgeschiedene. S. Ehescheidung.

Matth. 5, 32. eine, die aus bloßer Willkühr, oder doch ohne hinlängliche Ursache von ihrem Mann verstoßen worden. „Wer eine (solche) Abgeschiedene freyet, (heirathet) der bricht die Ehe: begeht einen Ehebruch: weil

weil nämlich die Frau dem Rechte nach, nach dem ersten Mann zugehörete. Vergl. Matth. 19, 9. Luc. 16, 18. — Ehescheidungen, aus nichtswürdigen Ursachen waren damals sehr gewöhnlich.

## Abgott.

So viel, als Nichtgott. 5 Mos. 32, 21. Ein Schimpfname der heidnischen Gottheiten, oder Götzen. Ezech. 21, 21. Kap. 30, 13. „Ich will die Abgötter vertilgen." —

Apostelg. 15, 20. „Schreibe ihnen, daß sie sich enthalten von Unsauberkeit der Abgötter," vom schändlichen Götzendienst — Götzenopfern.

1 Thess. 1, 9. „wie ihr bekehret seyd zu Gott von den Abgöttern." — Vom Götzendienst, zur Religion des wahren Gottes.

1 Joh. 5, 21. „Kindlein, hütet euch vor den Abgöttern!" Nicht blos vom groben Götzendienst, sondern von dem Unwesen und den Lastern der Heiden überhaupt. S. Götze.

## Abgötterey.

1) Götzendienst. (Welcher von dem Bilderdienst, in so fern dieser in der Verehrung des wahren Gottes, unter sinnlichen Bildern, bestand, verschieden ist. S. Bilder: Bilderdienst.) Zu nichts hatten die Israeliten einen stärkern Hang, als zur Abgötterey, denn ohngeachtet ihr Gottesdienst so sinnlich und, dem Stifter ihrer Religion zur wahren Ehre, so sehr ihrer Denkungsart angemessen, — so prächtig war — prächtiger, als der Götzendienst irgend einer Nation. Man würde sich daher diesen Hang der Israeliten zum Götzendienst nicht erklären können, wenn man nicht wüßte, daß die Israeliten aus Aegypten, — dem üppigsten Aegypten — kamen, das eben so berühmt und in allgemeinem Ansehen war, als es den absurdesten Götzendienst hegte, an welchem die Israeliten einmal ihren Gefallen hatten, und daß alle Arten des Götzendienstes Schwelgerey und andere Laster — freylich zum Theil durch nach und nach eingerissenen Mißbrauch — begünstigten. Ein Götzendiener hatte also gleichsam ein Privilegium, wenigstens bisweilen, und zwar gleichsam dem Götzen zu Ehren, ungescheut zu sündigen — bey den Opfermalzeiten zu schwelgen — zu huren — auf die viehischste Weise zu huren — welches sogar ein Hauptstück einer gewissen Art des Götzendienstes war. (S. Huren. Hurer.) — Das schmeichelte den Sinnen der Israeliten, denen ihre Religion das, freylich nicht gestattete. Und nun ist der Hang der sinnlichen Israeliten zum Götzendienst ganz begreiflich. — — Wegen dieses Hangs ist daher kein Laster, das öfter in der Bibel, sonderlich A. B. gerügt, — keins, das mit so abscheulichen Farben gemahlt, — keins, dem härtere Strafen gedrohet werden, (5 Mos. 17, 2. 5. Kap. 13, 13–19. 3 Mos. 26. 5 Mos. 28. Kap. 29. Kap. 32.) als — der Abgötterey. Alle die Stellen auch nur mit Zahlen anzuführen, in welchen der Abgötterey gedacht wird, würde nicht nur zu viel Platz wegnehmen, sondern auch in der That ohne Nutzen seyn — sonderlich für den heutigen christlichen Prediger, der nicht mehr gegen Abgötterey zu eifern hat. Also nur ein paar der interessantesten Stellen:

Sprüchw. 30, 8. „Abgötterey und Lügen (heidnischen Trug — Götzendienst) laß ferne von mir seyn."

Gal. 5, (19) 20. „Offenbar sind aber die Werke des Fleisches, als da sind — — — Abgötterey," d. i. ihr wißt wol, was böse, sinnliche Begierden für Früchte oder Werke hervorbringen, nämlich — — — Abgötterey. — Abgötterey wird hier mit genannt, weil dieser an sich selbst schon höchst sträfliche Unsinn die Mutter vieler andern Laster war.

2) Eine sehr schwere Sünde überhaupt. — Dergleichen die Abgötterey ist.

1 Sam. 15, 23. „Ungehorsam ist eine Zaubereysünde und Widerstreben (seinem eigenen Kopfe folgen) ist Abgötterey und Götzendienst," d. i. die größte, abscheulichste Sünde — wie Abgötterey! —

Col. 3, 5. „Geiz, welcher ist Abgötterey," d. i. eine eben so schwere Sünde. Vielleicht aber ist hier, statt Geiz, zu übersetzen: „Schändliche Begierden — Ausschweifungen." Hurerey — und zwar diejenige, die eine Gattung des Götzendienstes war; da man nämlich, gewissen heidnischen Liebesgöttern zu Ehren, gleichsam handwerksmäßige Wollust trieb. (S. unten Hure. Hurer. Hurerey.)

3) Heidnische Laster und Ausschweifungen, die der Götzendienst begünstigte und zum Theil sogar verlangte.

1 Petr. 4, 3. „Es ist nicht genug, daß wir die vergangene Zeit des Lebens zubracht haben nach heydnischem Willen, da wir wandelten in Abgötterey," d. i. in heidnischen Sünden und Lastern.

Abgöt-

## Abgöttisch.

1) Der Abgötterey ergeben.

Sir. 47, 23. „In Ephraim (d. i. in den zehn Stämmen, worunter Ephraim der Ansehnlichste war) entstund ein abgöttisch Königreich.“ Man ergab sich dem Götzendienst auf Jerobeams Anleitung. Vergl. 1 Kön. 12, 16 ff.

Apostelg. 17, 16. „Paulus ergrimmete, da er sah die Stadt (Athen) so gar abgöttisch,“ (so sehr der Abgötterey ergeben — und so viele Spuren des Götzendienstes, — Bildsäulen, Tempel, Altäre sah. Offenb. Joh. 21, 8. Kap. 22, 15.

2) An den Religionsübungen der Heiden theilnehmend — sonderlich ihren Opfermalzeiten beywohnend — von einem Christen gesagt.

1 Cor. 5, 10. 11. Unter andern auch „mit Abgöttischen“ d. i. mit solchen Christen, die den heidnischen Opfermalzeiten beiwohnten, sollen andere Christen nicht essen. Er sollte excommuniciret werden.

1 Cor. 10, 7. „Werdet auch nicht Abgöttische,“ d. i. wohnet nicht den heidnischen Opfermalzeiten bey — welches unter den corinthischen Christen einige thaten.

3) Insbesondere den heidnischen Hurengottheiten opfernd.

1 Cor. 6, 9. „noch die Abgöttischen“ d. i. diejenigen Christen, die heidnische Hurentempel besuchen, und den Hurengottheiten, durch die daselbst gewöhnliche Unzucht, opfern. Vergl. Apostelg. 15, 20.

## Abiam.

Auch Abia; Rehabeams gottloser Sohn. 1 Kön. 14, 31. Kap. 15, 1. König in Juda — zeugte mit 14 Weibern 22 Söhne und 16 Töchter, 2 Chron. 13, 20. ein Götzendiener, 1 Kön. 15, 2 / 3. glücklicher Feldzug wider Jerobeam, K. in Isr. 2 Chr. 13, 17. 19. starb, nachdem er 3 Jahre regiert. 1 Kön. 15, 8.

## Abjathar.

Ein berühmter Hoher Priester: entkam, als er noch nicht hoher Priester war, Sauls Händen, und floh, mit dem Ephod, zu David, 1 Sam. 22, 10. Kap. 23, 6. hälts, im Davids Alter, mit dem Kronprätendenten Adonia. 1 Kön. 1, 7. wird vom Salomo des Hohenpriesterthums entsetzt. 1 Kön. 2, 26. 27. vergl. 1 Kön. 2, 27. 30. 32. an dessen Stelle Zadock kam. 1 Kön. 4, 4.

## Abib.

So viel, als Aehrenmonat; war der achte Mond des bürgerlichen Jahres der Israeliten, der auch Nisan genennt wurde, (Nehem. 2, 1.) und der erste Mond des Kirchenjahrs. (2 Mos. 12, 2.) Er fiel, zum Theil in unsern März, gröstentheils aber in den April. Weil nun in diesem Monat die Gerste in Palästina reifte: so wurde er Abib, oder Aehrenmonat genennt. In diesem Mond giengen die Israeliten aus Aegypten. 2 Mos. 13, 4. Kap. 12, 1. 2. und — wurde Ostern gehalten. 2 Mos. 23, 15. Kap. 34, 18. 5 Mos. 16, 1.

## Abigail.

1) Davids Schwester (1 Chron. 2, 12. 16.) die den Jether, oder Jethra, einen Ismaeliten heirathete, und mit ihm den berühmten Amasa zeugte. 1 Chron. 2, 17. 2 Sam. 17, 25.

2) Des niederträchtigen Nabals Ehefrau, von vielem Verstande und gutem Charakter, 1 Sam. 25, 3 ff. David heirathet sie. 1 Sam. 25, 39. 40. vergl. 2 Sam. 3, 3. 1 Chr. 3, 1. 1 Sam. 27, 3. Kap. 3, 1 / 18. 2 Sam. 2, 1. 2.

## Abihu.

Aarons zweiter Sohn, 2 Mos. 6, 23. 1 Chr. 7; (6) 3. wird, nebst seinem Bruder Nadab, vom Blitz erschlagen, weil sie, vermuthlich in der Trunkenheit, fremdes, d. i. nicht vom Brandopferaltar genommenes Feuer in die heil. Rauchpfanne thaten. 3 Mos. 10, 1. 2. S. meine Bibel Th. 1. bey dieser Stelle. Sonst wird dieses Abihu noch gedacht: 2 Mos. 24, 1. Kap. 28, 1. 4 Mos. 3, 2. Kap. 26, 60. 61. 1 Chr. 25, (24) 2.

## Abilene.

Eine Landschaft in Syrien, die von der Stadt Abila den Namen hatte, und über welche, zur Zeit, da Johannes der Täufer zu lehren anfieng, Lysanias Tetrarch, oder Vierfürst war. Luc. 3, 1. — Die Stadt Abila steht heutiges Tages nicht mehr, auch keine neue Stadt an der Stelle der alten unter diesem Namen. Sie lag, wie Hr. D. Büsching sehr wahrscheinlich vermuthet, am Fluß Barady (im Gouvernement Damaschk, der Stadt Damascus gegen Nordwesten,) und zwar in der Nachbarschaft des Berges, auf dessen Gipfel eine verwüstete Kirche zu sehen ist, welche Nebi Abel, d. i. Prophet Abel genennt wird, und in welcher Pocoke einen Stein eingemauert gefunden, auf welchem er den Namen des Tetrarchen Lysanias von Abilene gelesen. S. Büschings Neue Erdbeschreib. Th. 5. Abth. 1. S. 305. (der neuen

Aus-

Ausgabe.) — Wahrscheinlich hat man also in dieser Gegend die Landschaft Abilene zu suchen.

## Abimael.

1 Mos. 10, 26. 28. 1 Chron. 1. 22. ein Sohn Joktans — oder vielmehr ein von ihm abstammendes arabisches Volk dieses Namens, von welchem man aber in der Geographie der Araber keine Spur mehr findet.

## Abimelech.

1) Ein, wie es scheint, gemeinschaftlicher, oder Amtsname der alten zu Gerar, und in spätern Zeiten zu Gath residirenden Könige der Philister — so, wie die ägyptischen Könige Pharaonen, die amalekitischen Agag, die Parthischen Arsaces ꝛc. genannt wurden. — Denn der Abimelech zu Isaaks Zeit 1 Mos. 26, 1 ff. kann nicht eben derselbe Abimelech gewesen seyn, der zu Abrahams Zeit lebte, 1 Mos. 20, 1-9. Kap. 21, 25. 26. Vergl. meine Bibel Th. 1. bey 1 Mos. 26, 1. c) S. 160. — und der Philisterkönig Achis, der, zu Davids Zeit, zu Gath residirte, wird Psalm 34, 1. ebenfalls Abimelech genannt, woraus man schließen kann, daß man auch noch zu Davids Zeit die Könige der Philister, wenigstens bisweilen, Abimelech genannt habe.

2) Ein Richter in Israel, Gideons Sohn, von einer Beyschläferinn zu Sichem. Richt. 8, 31. ließ seine siebenzig Brüder ermorden, Kap. 9, 4. 5. (eigentlich nur neun und sechzig, s. meine Bibel ꝛc. Th. 2. bey Richt. 9, 18. a) S. 145.) belagert und erobert Sichem, wird von einer Weibsperson, als er Thebez belagerte, mit einem Stück Stein von einer Handmühle, tödtlich verwundet, worauf er sich, aus Point d'honneur, von seinem Waffenträger vollends erstechen ließ. Richt. 9, 45-54. 2 Sam. 11, 21.

## Abinadab.

1) Ein Levit zu Kirjath-Jearim, der auf einem Hügel in dieser Stadt (nicht in Gibea, wie Luther übersetzt) sein Haus hatte, wohin die Bundeslade gebracht wurde. 1 Sam. 7, 1.

2) Der zweyte Sohn des Isai, Davids Bruder, 1 Sam. 16, 8. Kap. 17, 13. 1 Chron. 2, 13.

3) Einer von den drey Prinzen Sauls, die in dem Treffen mit den Philistern umkamen. 1 Sam. 31, 2. 1 Chr. 11, (10) 2.

4) Ein Sohn Iddo. 1 Kön. 4, 11. —

## Abiram.

S. Korah.

## Abisag.

Davids schöne Beyschläferinn in seinem Alter. 1 Kön. 1, 1. ff. Adonia suchte sie, nach Davids Tode, zur Gemahlinn zu bekommen, Kap. 2, 13. ff. welches ihm das Leben kostete, V. 23-25. — warum? s. meine Bibel, Th. 2. bey 1 Kön. 2, 23. b) S. 597.

## Abisai.

Einer der vorzüglichsten Helden Davids, dessen Schwester (der Zeruja) Sohn, Joabs Bruder. 2 Sam. 10, 10. Kap. 16, 9. 10. — Mehrere Nachrichten von ihm s. 1 Sam. 26, 7. 2 Sam. 2, 18. 24. Kap. 3, 30. Kap. 10, 10 ff. Kap. 16, 9. 2 Sam. 18, 1-12. Kap. 20, 6. Kap. 21, 16. 17. Kap. 23, 18. 19. 1 Chron. 19, (18) 11.

## Abner.

Sauls Vetter und Feldmarschall. 1 Sam. 14, 50. Kap. 26, 5. 2 Sam. 2, 8. Kap. 3, 6. f. — Die übrigen Nachrichten von ihm findet man 1 Sam. 17, 57. 2 Sam. 3, 10. Kap. 3, 7-34. 1 Kön. 2, 32. 1 Chron. 28, (27) 21.

## Abraham.

Hieß vorher Abram, d. i. hoher Vater. Er mußte sich aber Abraham nennen, (d. i. Vater der Menge) nachdem ihm Gott die Versicherung einer zahlreichen Nachkommenschaft gegeben hatte. 1 Mos. 17, 5. —

Seine Lebensgeschichte, die eben so merkwürdig, als bekannt ist, siehe 1 Mos. 11, 26 ff. bis Kap. 25, 7. die merkwürdigsten Umstände daraus sind:

1) Sein Auszug aus Chaldäa, nach Canaan, auf göttlichen Befehl, 1 Mos. 11, 31. Kap. 12, 1. Vergl. meine Bibel Th. 1. bey diesen Stellen. S. 99-101.

2) Seine Verträglichkeit und Friedensliebe, an Loth bewiesen. 1 Mos. 13, 7. 8. 9.

3) Sein Patriotismus, bey des gefangenen Loths Befreiung. Kap. 14, 14 ff.

4) Seine Uneigennützigkeit und Großmuth gegen den König zu Sodom. Kap. 14, 22. 23. 24. und gegen die Hethiter, Kap. 23, 11. 13. (Davids Denkungsart ähnlich. 2. Sam. 24, 22-24.)

5) Sein Glaube — Vertrauen zu Gott und zu dessen Verheißungen. 1 Mos. 15, 5. 6.

6) Erhaltene Verheißung des Landes Canaans. Kap. 12, 7. K. 15, 18.

7) Erhaltener Befehl der Beschneidung. K. 17, 9. 10. S. m. Bib. Th. 1. bey dieser Stelle. S. 121. f.

8) Seine

8) Seine menschenfreundliche Fürbitte für die Erhaltung Sodoms. Kap. 18, 23. ff.

9) Sein exemplarischer Gehorsam gegen Gott. Kap. 22, 1 ff. Vergl. meine Bibel bey V. 1.

10) Seine Demuth gegen Gott im Gebet. 1 Mos. 18, 27.

11) Sein Tod und Lebensalter (175 Jahr) Kap. 25, 7.

12) Seine Nachkommen. a) Isaac, von der Sara, 1 Mos. 21, 1 ff. dessen Sohn Jakob oder Israel der der unmittelbare Stammvater, der Israeliten ward. — b) Ismael, den er zuerst und zwar mit der Hagar zeugte. 1 Mos. 16. c) Sechs Söhne, mit der Ketura erzeugt. 1 Mos. 25. 1 ff. welche, nebst dem Ismael einen großen Theil von Arabien (sonderlich das peträische und wüste Arabien) bevölkerten. 1 Mos. 25, 18. S. Araber.

Folgende Stellen, in welchen des Abrahams gedacht wird, verdienen ausgezeichnet zu werden:

1 Mos. 15, 1. „Fürchte dich nicht, Abram, ich bin dein Schild (Schutz, Beschützer, Beystand,) und dein sehr großer Lohn. (Ich will dich, für deine Redlichkeit, durch meinen Beystand und andere Wohlthaten, reichlich belohnen.)

V. 6. „Abram glaubete dem Herrn, (trauete ihm — war überzeugt, daß er seine Verheißung erfüllen werde,) und das rechnete er ihm zur Gerechtigkeit, (sah dieses Vertrauen für einen Beweis seiner Rechtschaffenheit an. — Oder: und das gefiel Gott an ihm. Es machte ihm Ehre bey Gott. —

Jes. 63, 16. „Bist du (Gott) doch unser Vater, denn Abraham (unser Stammvater) weiß von uns nichts ꝛc. (und kann uns nicht retten ꝛc.)

Matth. 3, 9. „Gott vermag dem Abraham aus diesen Steinen (am Ufer des Jordans) Kinder zu erwecken." d. i. Unterthanen ins Reich des Meßias — aus dem, in Ansehung der Religion, rohen, ungebildeten, gefühllosen Heidenthum. Vergl. Luc. 3, 8.

Matth. 8, 11. „Viele werden kommen von Morgen und von Abend (d. i. aus allen Weltgegenden) und mit Abraham, Isaac und Jakob im Himmelreich sitzen," s. Himmelreich.

Luc. 16, 22. „Lazarus starb und ward getragen von den Engeln (nach der damaligen Vorstellung der Juden) in Abrahams Schooß." d. i. an den Ort der Seligen, an einen der ersten Plätze — unmittelbar neben Abraham. Vergl. Joh. 13, 23. wo aber statt Brust, Schooß zu übersetzen ist. — Anspielung auf die Gewohnheit der Morgenländer bey Tische zu liegen.

Luc. 16, 24. „Vater Abraham erbarme dich mein!"

Joh. 8, 39. „Wenn ihr Abrahams Kinder (würdige Nachkommen Abrahams) wäret: so thätet ihr auch Abrahams Werke."

V. 5. „Abraham war froh, daß er meinen Tag sehen sollte." Besser: würde sich sehr gefreuet haben, wenn er diese Zeit meiner Erscheinung auf Erden erlebt hätte.

V. 58. „Ehe denn Abraham war, bin ich." (war ich schon — nämlich als Gott.)

Röm. 4, 2. „Ist Abraham durch die Werke gerecht (d. i. handelte er rechtschaffen,) so hat er wol Ruhm, (Ehre davon) aber nicht vor Gott" (als welcher Rechtschaffenheit ohnehin von den Menschen verlangt — Was ihm aber bey Gott Ehre machet, war sein Vertrauen zu Gottes Verheißung. V. 3.)

Röm. 9, 7. „Nicht alle, die Abrahams Saamen sind (vom Abraham abstammen, z. B. Ismaels Nachkommen, und die Nachkommen der mit der Ketura erzeugten Kinder Abrahams,) sind darum auch Kinder," (die sich wahrer Theilnehmung an der Erfüllung der göttlichen Verheissungen Abrahams zu erfreuen haben.)

Gal. 3, 7. „So erkennet ihr nun, daß die des Glaubens sind (d. i. die den göttlichen Verheissungen Glauben beymessen, ihnen trauen — sich auf dieselben verlassen,) die sind Abrahams (wahre, ächte,) Kinder."

Ebr. 11, 8. „Durch den Glauben ward gehorsam Abraham ꝛc. V. 9. Durch den Glauben ist er ein Fremdling gewesen ꝛc. — V. 17. Durch den Glauben opferte Abraham den Isaac ꝛc." Glaube heißt hier allezeit so viel, als Vertrauen, Zutrauen zu Gott, daß er seine Verheissungen erfüllen, und es überhaupt mit unsern Schicksalen ꝛc. am besten machen werde, wenn auch die Aussichten und Umstände noch so wunderlich scheinen. Die Erklärung der ganzen Stelle s. in meiner Bibel bey dieser St.

## Abrona.

Eine Stadt im Lande der Edomiter, an dem Ufer des rothen Meeres, nicht weit von Eziongeber. 4 Mos. 33. 34. 35.

Absa-

## Abſalom

Davids dritter Prinz, von der Maacha, der Prinzeßinn des Königs Thalmai, zu Geſſur. 2 Sam. 3, 3. 1 Chron. 3, 2. — Seine Geſchichte ſteht 2 Sam. 13. bis 18. (1 Chron. 11, 20.) — aus welcher die auffallendſten Umſtände, Beweiſe ſeines böſen Herzens, — ſind:

1) Die Ermordung ſeines ältern Bruders Amnons, weil dieſer Abſaloms ſchöne Schweſter Thamar geſchwängert hatte, vielleicht aber mehr um den Kronprinzen und Thronfolger aus dem Wege zu ſchaffen, und ſich dadurch die Thronfolge deſto mehr zu vergewiſſern. 2 Sam. 13. v. 4. 21/28. Vergl. meine Bibel Th. 2. bey Kap. 13, 22. a)

2) Seine Rebellion wider ſeinen Vater, da er ſich zu Hebron zum König machen, und öffentlich dafür ausrufen ließ. 2 Sam. 15, 1 ff.

3) Sein ſchändlicher Tod, bey einem Feldzuge wider ſeinen Vater. 2 Sam. 18. 9/14.

2 Sam. 18, 33. „Mein Sohn Abſalom, mein Sohn, mein Sohn Abſalom! wollte Gott ich müßte für dich ſterben! (O möchte ich, ſtatt deiner, geſtorben ſeyn!) O Abſalom, mein Sohn, mein Sohn!

Zwo andere Perſonen dieſes Namens kommen 1 Macc. 11, 70. 2 Macc. 11, 17. vor.

## Abſcheren.

Das Haupt Jeſ. 7, 20. das Haar ꝛc. ebendaſelbſt. 5 Moſ. 21, 12. dem Simſon ſein lockigtes, krauſes Haar, Richt. 16, 19. — Uebrigens hat man vom Haarabſcheren zu merken:

1) Weil die Alten, ſonderlich die Hebräer, die Haare am menſchlichen Leibe für einen vorzüglichen Sitz der Unreinigkeit hielten: ſo mußten ſie in gewiſſen Fällen, wo keine Unreinigkeit (körperliche, die bisweilen die moraliſche andeutete,) geduldet wurde, abgeſchnitten werden; z. B. a) Wenn ſich einer, der eine Naſiräergelübde auf ſich hatte, an einer Leiche verunreinigte, 4 Moſ. 6, 9. — b) Wenn die Leviten zum Dienſt im Heiligthum eingeweihet werden ſollten, 4 Moſ. 8, 7. — c) Wenn eine heidniſche Weibsperſon im Kriege erbeutet und von einem Iſraeliten zur Ehe genommen wurde, 5 Moſ. 21, 12. — d) Wenn ein Ausſätziger von ſeiner Krankheit geneſen war, und wieder zum Umgang mit andern ꝛc. fähig ſeyn ſollte, 3 Moſ. 14, 8. 9.

2) Haare und Bartabſcheren war ein Zeichen der tiefſten Trauer und Betrübniß. Jerem. 41, 5. Kap. 48, 37. Mich. 1, 16.

3) Auch eine Art des Götzendienſtes, indem gewiſſen heidniſchen Gottheiten zu Ehren das Haupthaar und der Bart abgeſchoren wurde. Daher weder ein gemeiner Iſraelit 3 Moſ. 19, 27. noch ein Prieſter 3 Moſ. 21, 5. das Haupthaar und den Bart abſcheren durfte. — Gewiſſe heidniſche Prieſter thaten es. S. Baruch 6, 30. — S. Abſchneiden.

## Abſchied.

Die Morgenländer pflegen, beim Abſchiednehmen und Geben einander zu küſſen, (1 Moſ 31, 55. Ruth 1, 9. 1 Sam. 20, 41. Tob. 10, 13. Apoſtg. 20, 37.) und mit einem hinzugefügten kurzen Wunſch, oder Grußformel als: Sey glücklich! (שלום לך) — gehe, oder reiſe glücklich (לך לשלום) 1 Sam. 1, 17. Kap. 20, 42. oder auf andere den Umſtänden angemeſſene Art, (Ruth 1, 8. 9.) einander zu entlaſſen. Eine Verbeugung beym Abſchied finden wir bey den Morgenländern ebenfalls. 1 Sam. 20, 41. — Das Küſſen ſcheint indeſſen das weſentlichſte Ceremoniel beim Abſchied geweſen zu ſeyn, daher bisweilen das Küſſen für Abſchied nehmen geſetzt wird, 1 Moſ. 31, 28. Ruth 1, 14. Bisweilen wird das Küſſen beym Abſchiede nicht erwähnt, ſondern nur eine Abſchiedsform 1 2 Moſ. 4. 18. vielleicht weil das Küſſen, als beim Abſchiede ohnehin gewöhnlich, als bekannt und geſchehen vorausgeſetzt wird.

Stellen, in welchen des Worts Abſchied, bald eigentlich, bald uneigentlich Erwähnung geſchiehet, ſ. angeführt und erläutert im dritten Haupttheil dieſes Werks, oder in dem bibl.-Verballexicon, unter Abſchied.

## Acacienbaum

Und Acacienholz, ägyptiſcher Schotendorn. S. unter Förenholz.

## Accad.

1 Moſ. 10, 10. oder wie der Syrer dieſe Stadt nennt, Acar; Achar — Achar aber iſt die in ſpätern Zeiten berühmte Stadt Niſibis in Meſopotamien. Das hieroſolymitaniſche Targum und das Targum des Jonathan, ingleichen Hieronymus verſtanden ebenfalls Niſibis darunter. Vergl. Michaelis *Spicileg. Geographiae Hebrr. post Bochartum.* Tom. I. p. 226. ſ.

### Accaron.

Zeph. 2, 4. 1 Macc. 10, 89. ist die berühmte Stadt der Philister, Ekron. S. unten.

### Acco.

S. Ako: oder Ptolomais.

### Achaja.

Eine griechische Landschaft, zwischen Epyrotien und Arkadien, deren Hauptstadt Corinth war. Es wird dieser Landschaft, in welcher Paulus das Christenthum lehrte, gedacht: Apostg. 18, 12. Röm. 15, 26. Kap. 16, 5. 1 Cor. 16, 15. 17. 2 Cor. 1, 1. Kap. 9, 2. 1 Thess. 1, 7. 8.

### Achaicus.

Ein Schüler Pauli, den dieser sein Lehrer den Corinthiern vorzüglich empfielet. 1 Cor. 16, 17.

### Achan.

Der sich am Verbannten vergreift und gesteinigt wurde. Jos. 7, 1. 20. Kap. 22, 20. 1 Chron. 2, 7.

### Achat.

Ist, wie man vermuthet, der zweyte Stein der dritten Reihe, in dem Brustschmucke Aarons. 2 Mos. 28, 19. Kap. 39, 12. Schöne Nachrichten von diesem Steine liefert Dutens in seinem Werkchen *des pierres precieuses & des pierres fines*. (Paris 1776.) S. 31 ff. Der Achat soll diesen seinen Namen von einem Fluß in Sicilien, Achates, wo er, wie man sagt, zuerst gefunden worden, erhalten haben. Der schönste wird in Indien gefunden. Unter Indien aber ist auch zugleich das glückliche Arabien zu verstehen, welches, (sonderlich das von den Homeriten bewohnte,) bey den Alten auch Indien heißt. (*Assemanni Biblioth oriental.* Tom. III. P. 2. p. 453. 568. 569.) Denn im glücklichen Arabien, sonderlich in Hadramauth, finden sich, außer andern Edelsteinen, auch schöne Achate. Man findet ihn auch in Deutschland, und insbesondere in Böhmen, welcher aber sämtlich dem orientalischen, an Härte und Schönheit bey weitem nicht beikommt. Jedoch ist unter den deutschen Achaten der Rochlitzer in Sachsen, der Zweybrückische von Oberstein, Hundsrück und andern pfälzischen Gegenden der schönste.

Eigentlich gehört der Achat zu den undurchsichtigen Edelsteinen; es giebt aber doch auch welche, die ganz durchsichtig sind. Er ist viel härter und glätter als der Jaspis; von sehr mancherley harten Streifen und Figuren, welche letztere allerhand Gegenstände, oft sehr natürlich abbilden, Wolken, Sterne, Bäume, Blumen, Städte, Berge, Menschen und Thiere. König Pyrrhus hatte einen Achat, auf welchem er die neun Musen samt dem Apollo ziemlich deutlich zu sehen glaubte. — Nach seinen verschiedenen Farben und Figuren hat man verschiedene Gattungen zu unterscheiden angefangen, z. B. *Iaspiachates*, (wie Jaspis aussehend) *Sardachates*, (der wie ein Sarder röthet,) *Corallachates*, (roth, wie Corallen,) *Cerachates*, (hornfärbig,) *Haemachates*, (der blutrothe Streifen hat,) *Leucachates*, (weiß gestreift, oder aderichs,) *Dendrachates*, (auf welchem sich Figuren von Bäumen, Gesträuchen, Blumen, Wäldern rc. zeigen.) — Der Achat war in ältern Zeiten weit seltener und geschätzter als den uns, und wurde daher, nach dem Theophrast, sehr hoch verkauft. Es darf uns daher auch nicht wundern, daß wir diesen auch an und für sich sehr schönen Stein mit auf dem Brustschilde des hohen Priesters finden. — Vergl. Lexicon aller Handl. und Gewerbe, Th. 1. Fol. 47. f. D. Brückmanns Abhandl. von Edelsteinen. S. 189. ff. und Dutens a. a. O. —

### Achim.

Einer von den Vorältern Christi — ein Nachkomme Davids. Matth. 1, 14.

### Achis.

Der berühmte König der Philister zu Davids Zeit. Er residirte zu Gath, 1 Sam. 21, 10. Kap. 27, 2. 3. 8. 9. 10. 11. David nahm vor Saul seine Zuflucht zu ihm, stellte sich aber, weil er seinen Aufenthalt daselbst damals nicht für ganz sicher und rathsam hielt, wahnsinnig, wodurch er glücklich entkam. 1 Sam. 21, 10. ff. Kap. 22, 1. — David nimt zum andernmal seine Zuflucht zu ihm, und bekommt die Stadt Ziklag von ihm eingeräumt, 1 Sam. 27, 2 16. — Achis will David zum Chef seiner Leibwache machen, und David muß mit seiner Mannschaft zugleich mit Achis den Feldzug wider Saul thun. 1 Sam. 28, 1. 2. — Achis schickt ihn aber auf Anrathen der philistinischen Fürsten mit seiner Mannschaft wieder nach Hause. 1 Sam. 29, 2 - 11.

### Achmeta. S. Ahmeta.

### Achor.

Ein Thal nicht weit vom Jordan, in der Gegend von Jericho, nahe bey Gilgal. Achor heißt so viel, als Störung, Beunruhigung, Verdrußmachung.

Und dieſen Namen erhielt das Thal von dem Vergehen und dem dadurch ſich zugezogenen Schickſal Achans, der ſich am Verbannten der Stadt Jericho vergriff, und dafür in dieſem Thal zu Tode geſteiniget, und ſein Leichnam verbrannt wurde. Joſ. 7, 14. 25. —

Jeſ. 65, 10. „Das Thal Achor ſoll zum Viehlager werden meinem Volk, das mich ſucht.“ Mein Volk, das mich aufrichtig verehrt, ſoll ſeine Rinder auch im Thal Achor weiden. S. meine Bibel bey dieſer Stelle.

Hoſ. 2, 15. „Da will ich ihr (Iſrael) geben (wieder zum Beſitz geben) ihre Weinberge aus demſelben Ort (die in ihrem Lande ſind) und das Thal Achor, die Hofnung aufzuthun.“ Beſſer: zur Thür der Hoffnung, d. i. ſie ſollen mit eben ſo ſicherer Hofnung zum Beſitz des Landes Canaan, die Gränzen dieſes Landes wieder betreten, als ſie vormals, unter Joſua, mit ſo glücklichem Erfolg — mit ſo viel Hofnung, das ganze Land zu erobern, — das Thal Achor, in welchem Jericho, die Thür, oder der Schlüſſel zum ganzen Lande, lag, betreten.

## Achſa.

Calebs Tochter, die dem Athniel (Othniel) für ſeine Eroberung der Stadt Debir zu Theil ward. Joſ. 15, 16. 17. Richt. 1, 12. 13. 1 Chron. 2, 49.

## Achſaph.

Eine Stadt im Stamme Aſſer, (die aber mit Achſib, oder Achſib nicht zu verwechſeln iſt.) Joſ. 11, 1. Kap. 12, 20. Kap. 19, 25.

## Achſib.

1) Eine Stadt im Stamme Juda, zwiſchen oder doch nicht weit von Kehila und Mareſa. Joſ. 15, 44. Mich. 1, 14. Wegen der letztern Stelle ſ. m. Bibel.

2) Eine Stadt im Stamme Aſſer, am mittelländiſchen Meer, ohngefähr neun römiſche Meilen von Ptolomais gegen Norden. Sie hieß in der Folge Ecdippa. Heutiges Tages iſts ein Flecken, welcher Zib, Dſib, Azzib und Azzawb heißt. S. Maundrells Reiſe von Aleppo nach Jeruſalem S. 68. und Porockes Beſchr. der Morgenl. S. 115. — Dieſer aſſeritiſchen Stadt Achſib wird gedacht Joſ. 19, 29. Richt. 1, 31.

## Acker.

S. Feld.

## Ackerbau. S. Feldbau.

## Ackern.

Mit einem Erſtling durften die Iſraeliten nicht ackern, 5 Moſ. 15, 19. weil alle Erſtlinge Gott geheiliget werden mußten, und es gar zu intereßirt, unedel und für Gott beleidigend ſchien, mit dem, was Gott gehöret, ſich, ehe man es ihm übergiebt, erſt Nutzen ſchaffen zu wollen — die Kräfte des Gott geweihten Thieres durch ſchwere Arbeit zu ſchwächen, und daſſelbe unanſehnlich zu machen. — Alles, was Gott geweihet wurde, und insbeſondere alle Opferthiere — wurden überhaupt für Gott deſto wohlgefälliger angeſehen, je ſchöner, ſtärker, fetter und vollkommener ſie waren. S. meine Bibel mit vollſtändig erklärenden Anmerkk. Th. 4. bey Pſalm 66, 15. u. Pſ. 69, 32. a)

Die Iſraeliten durften auch beim Ackern keinen Ochſen und Eſel zuſammen ſpannen, 5 Moſ. 22, 10. — Bey dieſem Geſetz liegt, wie bey allen moſaiſchen Geſetzen, Billigkeit zum Grunde — Billigkeit insbeſondere auch gegen das Vieh. Der Ochſe, ſonderlich der unverſchnittene Ochſe, (welches alle Ochſen der Iſraeliten ſeyn mußten), hat mehr Stärke als der Eſel. Würde man ein Ochs und ein Eſel, (wenn dieſer auch gleich im Orient und überhaupt in den wärmern Ländern größer, ſchöner und ſtärker iſt, als bey uns,) zuſammengeſpannt, ſo würde ſich der Eſel über ſeine Kräfte anſtrengen müſſen; und dieſes zu verlangen, wäre eine Art der Unbarmherzigkeit — Und wider dieſe eifert ein großer Theil der moſaiſchen Geſetze. — Hr. Ritt. Michaelis (Moſ. R. Th. 3. §. 166. S. 150. Th. 4. §. 220. S. 348.) erklärt dieſes Geſetz aus einer gewiſſen alten Hochachtung gegen die Ochſen, als die, für die den Ackerbau treibenden Iſraeliten, nützlichſte Thierart. Es ſey gleichſam der Ehre des edlen Ochſen zuwider, mit dem unedlen Eſel zuſammengeſpannt zu werden. Allein nicht zu gedenken, daß der Eſel im Orient gar nicht das verächtliche Thier iſt, das er bey uns iſt, und ohngefähr für das, was bey uns die Pferde ſind, angeſehen wird: ſo ſcheint dieſe Auslegung des Geſetzes überhaupt etwas übertrieben. — Glaublicher iſt es, daß Moſes, der unter einem ſinnlichen Volke lebte, auf ſinnliche Art dadurch zugleich die im Orient ziemlich gewöhnliche Vermiſchung der Menſchen mit Thieren, auch wol die Heirathen der Iſraeliten mit Ausländerinnen, (die er zwar, wenn die Ausländerinnen nur keine Cananiterinnen waren, nicht verboten hatte, aber doch nicht gern sah) seinem Volk als unschicklich und unanständig habe einprägen und verächtlich machen wollen. —

### Acra.

S. Akra.

### Acrabatene.

S. Akrabaten.

### Acrabbim.

S. Akrabbim.

### Adada.

Jos. 15, 22. eine Stadt im südlichen Theil des Stammes Juda.

### Adam.

1) Der erste Mensch der Erde. S. den dritten Th. über das bibl. Verballexicon. —

2) Eine Stadt ohnweit des Jordans und der Stadt Zarthan gegenüber. Es wird diese Stadt zur ohngefähren Bestimmung des Orts gebraucht, wo sich das von oben zufließende Wasser des Jordans, als die Israeliten durchgehen wollten, stämmte, oder sammlete. Jos. 3. 16. — Luther hat den Namen dieser Stadt verkannt, und ihn durch „Leute„ übersetzt. Die Stelle ist so zu übersetzen: „da blieb das von oben zufließende Wasser noch in einer ziemlichen Entfernung von der Stadt Adam, die Zarthan zur Seite, (d. i. gegenüber) liegt, stehen." — Die Stadt Adam lag vermuthlich jenseits, oder auf der Ostseite und Zarthan diesseits, oder auf der Westseite des Jordans, beyde gerade gegen einander über. Das Wasser versammelte sich also auf der Ostseite des Jordans ohnweit Adam, doch noch in einer ziemlichen Entfernung von dieser Stadt, welche aber damals wenig bekannt und wol gar verfallen und eingegangen gewesen seyn muß, weil die bekanntere Stadt Zarthan, die Adam gerade gegenüber lag, zur Bestimmung noch hinzugesetzt, und Adam nirgends wieder, weder in einem Verzeichniß der Städte der israelitischen Stämme, noch sonst beiläufig in irgend einer biblischen Geschichte wieder erwähnt wird. — Denn Adama Jos. 19, 36. ist eine ganz andere Stadt.

### Adama.

1) Eine von den fünf uralten Städten im Thal Sidim, die ihre eignen kleinen Könige (s. 1 Mos. 14, 2. 3.) hatten, (welche Vasallen von dem elamitischen König Kedorlaomor, einst aber von ihm abgefallen waren, worüber es zu dem 1 Mos. 14. beschriebenen Kriege kam,) und zu Loths Zeiten verheeret wurden und versanken, an deren Stelle das Salzmeer (todte Meer, asphaltische See) aus der Erde hervorbrach. 1 Mos. 19, 24. 25. Kap. 14. 2. 3. 5 Mos. 29, 23. Die Geschichte des Untergangs dieser Städte erläutert — sonderlich die Möglichkeit und Art und Weise ihres Untergangs und das Hervorbrechen des Salz- oder Todten Meeres s. in meiner Bibel Th. 1. bey 1 Mos. 19, 24. 25. — Adama, nebst Sodom, Gomorra, Zeboim als Gränzstadt der alten Cananiter angeführt. 1 Mos. 10, 19.

Adama, so wie auch die übrigen im ehemaligen Thal Sidim gelegenen und zu Loths Zeiten untergegangenen Städte finden wir daher öfters als Bilder und Beyspiele des schrecklichen Untergangs. Z. B. Adama: Hos. 11, 8. „Soll (Sollte) ich nicht billig ein Adama aus dir machen, und dich wie Zeboim zurichten? (Israel).

2) Eine Stadt im Stamme Naphthali (Jos. 19, 36.) die aber weiter nicht vorkommt, und von welcher man weiter nichts weiß.

### Adaminekeb.

Eine Stadt im Stamme Naphthali. Jos. 19. 33. Eigentlich: Adami Hannekeb. Weil es zwey Wörter sind, so haben einige zwo Städte daraus gemacht. Dies thaten schon die alexandrinischen griechischen Uebersetzer, und der hierosolymitanische Thalmud. Gemara. Megill. Fol. 70. Col. 1. wo sogar gesagt wird, die Stadt Adami habe in der Folge Damin, und die Stadt Hannekeb, Ziadatha, geheissen.

### Adar.

1) Eine Stadt auf der südlichen Gränze des Stammes Juda, ohnweit Kadesbarnea. 4 Mos. 34. 4. Jos. 15, 3. — Nach Luthers Uebersetzung der ersten Stelle war Adar ein Dorf; allein was er durch Dorf übersetzt, Hazar, ist ebenfalls der Name einer Stadt, die Jos. 15, 3. Hezron heißt. S. unten Hazer und Hezron.

2) Der Name des zwölften Monats in dem jüdischen Kirchenjahr und des sechsten Monats in dem bürgerlichen Jahr, welcher theils unserm Februar, theils unserm März entspricht. Esr. 6, 15. Esth. 3. 7. 13. Kap. 9, 15. 17. 21. 1 Macc. 7, 43. 49.

### Adarkemim.

1 Chron. 30, (29) 7. Esr. 8, 27. oder Darkemonim. Esr. 2, 69. S. unten Darkemonim.

### Adasa.

Wo Judas Maccabäus den Nicanor schlug. 1 Macc. 7, 40. 45. — Nach Josephs Aussage war Adasa ein Flecken, dreißig Stadien, oder ohngefähr drei Viertelmeilen von Beth-Horon.

### Addi.

Einer von Christi Voreltern, aus dem Geschlecht der Maria, ein Sohn Kosams und Vater des Melchi. Luc. 3, 28.

### Addus.

Eigentlich Addida, oder Adida, eine Stadt im Niederlande, oder in dem ans mittelländische Meer und ans Philisterland stoßenden niedrigen oder flachen Gegenden des jüdischen Landes, auf einem Berge. 1 Macc. 12, 38. Kap. 13, 13. Vergl. Josephs Alterth. B. 13. Kap. 6. — ingl. Relands Palästina p. 546. der Originalausgabe, und Michaelis Uebersetz. des ersten Buchs der Maccabäer, bey Kap. 12, 38.

### Adel.

Einen Adel, der unserm europäischen, auf Heldenthaten und Verdienste ums Vaterland gegründeten, ähnlich und erblich gewesen wäre, hatten die Israeliten nicht. Doch finden wir zu Davids Zeit eine Art von Ritterstand, der durch vorzügliche Heldenthaten erworben ward. Sie führten den Titel Helden. 2 Sam. 23, ff. 1 Chron. 12, (11) 11 ff. S. meine Bibel Th. 2. bey der erstern Stelle. — Dem Ursprunge nach war dieser Ritterstand unserm europäischen ursprünglichen Adel ähnlich, allein er war nicht erblich, wie es denn auch unser europäischer Adel anfänglich nicht war. So adelten auch vornehme Kriegs- und Civilchargen: allein dieser Adel war unter den Israeliten eben so wenig erblich, als es derselbe bey uns ist. Was man mit unserm europäischen erblichen Adel vergleichen könnte, wäre der Stamm Levi, und zwar die Familie und Nachkommen Aarons der höhere, und die gemeinen Leviten der niedrige Adel. Gleich die Geburt ertheilte den Leviten gewisse Vorzüge vor dem ganzen Volk. Nur gründete sich dieser israelitische Adel nicht wie der europäische auf Heldenthaten, sondern auf die Bestimmung dieses Stammes zum Priesteramte, zur Pflegung des Gottesdienstes und auf Gelehrsamkeit. Denn die Priester und Leviten waren die eigentlichen Gelehrten der Nation, nicht blos Gottesgelehrte, sondern auch, in so fern die Bücher Mose, die sie vorzüglich studirt haben mußten, auch ein Inbegriff der israelitischen Civilgesetze waren, Rechtsgelehrte, die die schwersten und zweifelhaftesten Rechtsfälle entschieden, ja sie mußten sich auch sogar auf die Medicin legen, weil sie sonst z. B. nicht so hätten über den Aussatz urtheilen können, wie 3 Mos. 13. vorausgesetzt wird. Der Stamm Levi stellte also einen gelehrten Adel vor, wie ihn Hr. Ritt. (Mos. R. Th. 1. §. 42. S. 217.) nennet. — Auch ein höchster Adel kam unter den Israeliten mit den Königen auf, welcher der Regel nach erblich war. Außerordentliche Umstände konnten jedoch von der Regel eine Ausnahme machen, wie wir gleich an dem ersten israelitischen Könige Saul sehen, dessen Thronfolger David ward, bey welchem würdigen Könige die königliche Würde, oder der höchste Adel erblich blieb — so auch nach der Theilung des Reichs, bey Rehabeam und Jerobeam, bis aufs babylonische Exilium; in welchem selbst — die von königlichem Geblüte noch immer ihrem Stande gemäß behandelt und vorgezogen wurden. S. 2 Kön. 25, 27 : 30. Dan. 1, 3 ff. In den spätern Zeiten nach der babylonischen Gefangenschaft, zur Zeit des syrischen Königs Antiochus Epiphanes kam gleichsam wieder ein neuer Adel, und zwar durch wirkliche Heldenthaten und Verdienste ums Vaterland, an den berühmten Maccabäern, die zugleich aus dem Stamme Levi, und zwar aus der Familie Aarons, und zugleich hohe Priester waren, empor, unter welchen einige auch den königlichen Titel annahmen; und nach diesen die eben so berühmten Herodianer. — Das war es, was sich der Hauptsache nach von dem Adel des jüdischen Volks sagen läßt.

### Adida.

S. Addus.

### Adithaim.

Eine Stadt im Stamme Juda. Jos. 15, 36.

### Adler.

Hebräisch נֶשֶׁר (Nescher) welches, wie dasselbe hebräische Wort im Arabischen نسر (Nesr) und das diesem hebräischen entsprechende griechische Wort ἀετός, im neuen Testamente sowol, als bey guten Griechen, ein allgemeiner Name aller Adlerarten ist, und insbesonsondere auch die Geyer unter sich begreift. — Das selbe hebräische Wort kommt aber auch in engerer Bedeutung vor, und bezeichnet eine bestimmte Gattung des Adlergeschlechts, und zwar, wie es scheint, den großen Adler, den Klein (Verb. Hist. der Vögel) und andere Naturkündiger, wegen seiner kastanienbraunen, ins Goldgelbe spielenden Farbe, den Goldadler (*Falco Chrysaetos*) und weil er auf den höchsten Steinfelsen sein Nest zu haben pflegt, den Steinadler nennen, den größten unter allen; und dieser ist ohne Zweifel in den beiden Verzeichnissen der den Israeliten zu essen verbotenen Thiere, und zwar 3 Mos. 11, 13. 5 Mos. 14, 12. und Offenb. 12, 14. zu verstehen. — Das Weibchen, welches, (wie unter allen Adler- und Geyerarten,) um ein Drittheil größer und schwerer ist, von der Spitze des Schnabels bis aufs Ende der Füße viertehalb Fuß lang, und die Länge der beiden ausgespannten Flügel beträgt über neuntehalb Fuß, und wiegt 16 bis 18 Pfund, das Männchen aber kaum 12 Pfund. — Man findet diesen Adler nicht nur in Europa, sondern auch in Kleinasien, Persien, Arabien, Mauritanien, und in vielen Provinzen von Afrika und Asien, bis in die Tartarey, wiewol nicht über den fünf und funfzigsten Grad nördlicher Breite — also blos in den gemäßigten und warmen Gegenden des alten festen Landes. — Wir finden den Adler in der Bibel oft erwähnt, z. B.

1) Wegen seines hohen Fluges. Spr. Sal. (23, 5. und Kap.) 30, 18. 19. wo Agur den hohen Flug des Adlers in den Himmel, d. i. hoch in die Wolken, unter die unbegreiflichen Dinge zählt, die er nicht einsehen könne, wie es nämlich möglich sey, oder damit zugehe? — Kein Adler schwingt sich so hoch in die Luft, als der Stein- oder Goldadler. Er heißt daher bey den alten Griechen und Römern der Himmelsvogel, und bey ihren Wahrsagungen nannten sie ihn den Gesandten des Jupiters, welchem dieser Goldadler auch geheiliget war. S. Büffons Naturgesch. der Vögel, Th. 1. S. 98. 101.

2) Wegen seines schnellen Flugs; daher auch im Lateinischen der Nordwind (Aquilo) vom Adler (Aquila) den Namen erhalten haben soll. Der Adler, und insbesondere der Stein- oder Goldadler, fliegt ungemein schnell, und sonderlich stürzt er sich mit einer unglaublichen Geschwindigkeit — wie ein Pfeil — auf die Beute nieder, die er machen will; die Geyer, die die Hebräer und Araber zugleich mit unter dem Wort Nesr (Adler) begreifen, ja, vorzüglich darunter verstehen, kommen hierinnen dem Adler bey weitem nicht bey; ihr Flug ist viel träger, und folglich nicht so gut ein Bild der Geschwindigkeit — Flüchtigkeit und Vergänglichkeit, wie der Adlerflug, der daher an zwo Stellen als Bild der Flüchtigkeit und schnellen Vergänglichkeit gebraucht wird.

a) Des Reichthums, Spr. Sal. 23, 5. „Willst du etwa deine Augen fliegen lassen auf das, welches (auf ihn, den Reichthum, der) doch bald nicht mehr da ist, (so leicht hin ist,) denn es (er, der Reichthum) machet sich ja gewiß Flügel, wie ein Adler, der gen Himmel fleucht;" d. i. oft schnell dahin ist. — Du wolltest dem Reichthum nachfliegen? ihm, der gleichsam Adlersflügel hat — oft unerreichbar schnell davon eilt? —

b) Des Lebens. Hiob 9, 26. „Sie sind vergangen (meine Lebenstage) wie die starken Schiffe; (besser: wie Kähne von Papierschilf,) wie ein Adler fleucht zur Speise; — so schnell, wie sich ein Adler auf die Beute aus der Luft herabstößt. S. meine Bibel Th. 3. bey dieser Stelle. — Blos als Bild der Geschwindigkeit, z. B. eines Helden, 2 Sam. 1, 23. der feindlichen Rosse, Jer. 4, 13. der Verfolger. Klaglied. 4, 19. —

3) Wegen seiner Geschwindigkeit, verbunden mit furchtbarer Stärke, oder Macht und Geräusche im Flug. Seiner Stärke und anderer Eigenschaften wegen vergleichen die Naturkündiger den Adler mit dem Löwen. S. Büffon a. a. O. S. 99 ff. Und so muß man sich den Adler auch denken, wenn man unversehens und schnell anrückende feindliche mächtige Heere mit Adlern verglichen findet, dabey aber muß man die anderweitige Geschwindigkeit und das Geräusche des Adlers im Flug zugleich im Sinne behalten. 5 Mos. 28, 49. Jer. 48, 40. (Kap. 49, 22.) Ezech. 17, 3. 7. 15. Hos. 8, 1.

4) Wegen seines „Nestes, das er auf die höchsten Felsenspitzen baut." Er baut es (nach Büffon am a. O. S. 101.) gemeiniglich zwischen zween Felsen, an einem trocknen, ganz unzugänglichen Orte. — Es ist gleichsam wie ein Fußboden erbaut, und aus lauter kleinen Ruthen und Stäben, von fünf bis sechs Fuß in

der

der Länge zusammengesetzt, welche an beiden Enden fest aufliegen, auch mit biegsamen Zweigen durchflechten, und mit vielen Schilf- und Heidelagen bedeckt sind. Dieses flache Nest ist nicht allein viele Fuß breit, sondern auch vest genug, den Adler, das Weibchen, die jungen Adler, zugleich aber auch die ganze Last eines nöthigen Vorraths von Lebensmitteln zu ertragen. Oberwärts hat es keine Bedeckung und keinen weitern Schutz, als den es von den überhängenden Stücken des Felsens erhält.

(Hiob 39, 27. „Fleucht der Adler aus deinem (auf deinen) Befehl so hoch? baut er, auf dein Geheiß, sein Nest so hoch?" — (Schafst du dem Adler die Stärke und den Instinkt an, daß er sich, ohne zu ermüden, so hoch schwingen kann, und auf die höchsten Felsenspitzen sein Nest baut. —) 28. Im Felsen wohnet er, und bleibet auf den Klippen am Felsen und in den festen Orten. (Besser: Auf Felsen wohnt und hält er sich auf — auf steiler Felsenspitzen.) — Doch wegen V. 30. scheint mehr von Geyern, oder Geyeradlern, als von wahren Adlern die Rede zu seyn, als welche letztere kein Aas fressen. S. unten.)

Jer. 49, 16. „Wenn du, (Bazra, eine feste edomitische Stadt,) gleich dein Nest so hoch machst, als der Adler, dennoch will ich dich von dannen herabstürzen, spricht der Herr." — Das Land Edom war überhaupt sehr bergigt, und die Einwohner dieses Landes folglich meist Felsen- und Felsenhöhlenbewohner. — Sie hatten also ihre Wohnungen mit den Adlern gemein, die ebenfalls auf Felsen wohnen, und zwar auf unzugänglichen Felsenspitzen. (S. oben.) — Vergl. Obadj. 4. —

5) Wegen seines scharfen Gesichts. „Sein scharfes Gesicht übertrifft alles," schreibt Büffon am a. O. S. 101.

Hiob 39, 29. „Von dannen schauet er (der Adler) nach der Speise, und seine Augen sehen ferne." — Aber, wie vorhin erinnert, es scheint in der ganzen Stelle von Geyern, oder doch nur von Geyeradlern, die ebenfalls ein sehr scharfes Gesicht haben, die Rede zu seyn, die der hebräische und arabische Adlername ebenfalls mit unter sich begreift.

6). Wegen seiner Liebe gegen seine Jungen. Der Adler, der seine Jungen ausführet, um sie den hohen Flug zu lehren, nimmt sie auf seine Flügel, oder fliegt unter ihnen weg, damit, wenn sie müde werden und sinken sollten, sie nicht auf die Erde oder Felsen herabstürzen, und zerschmettert werden möchten. S. 5 Mos. 32, 11. vergl. 2 Mos. 19, 4. — Die neuern Naturkündiger wollen von sonderlicher Liebe der Adler zu ihren Jungen nichts wissen, vielmehr erzählen sie Umstände vom Adler, die gerade vom Gegentheil zeugen. Das Weibchen beisset, sobald die Jungen ein wenig herangewachsen, das schwächlichste und gefräßigste darunter todt. Wenn Vater und Mutter für sich selbst nicht gnugsamen Unterhalt finden, so denken sie vornämlich auf die Verminderung ihrer Familie, und jagen die Jungen, sobald sie nur anfangen zum Fluge hinlänglich reif und kräftig zu werden, weit von sich hinweg, ohne ihnen jemals einen Besuch oder eine Rückkehr in ihr Gehege zu erlauben. — S. Büffon S. 103. — Dieses rauhe Betragen der alten Adler gegen ihre Jungen kann gar wol gegründet seyn, und selbst die scheinbare Sorgfalt der Alten für ihre Jungen, daß sie diese auf ihre Schwingen nehmen, um sie zeitig und doch ohne Schaden und Gefahr das Fliegen zu lehren, kann wol dabey bestehen, wenn man nämlich annimmt, daß die Alten diese Mühe und Sorgfalt deswegen über sich nehmen, um ihre Jungen desto früher los zu werden, und sie nicht so lange ernähren zu müssen. Dann wäre die Liebe, ich meine jene vorzügliche Liebe, der Adler gegen ihre Jungen, auf welche 5 Mos. 32, 11. und und 2 Mos. 19, 4. gesehen wird, blos scheinbar, blos auf die Beobachtung des gemeinen Mannes, oder doch der in der Naturgeschichte noch wenig bewanderten alten Welt gegründet. Eine Bemerkung, die von vielen in der Bibel vorkommenden Vorstellungen, von natürlichen Dingen, gilt. Denn die Bibel bedient sich mit Recht der Sprache und der Vorstellungen des damaligen sinnlichen und durch Wissenschaften nur gar wenig aufgeklärten Volks, für welches sie zunächst bestimmt war.

7) Wegen seines starken Gefieders. Dan. 4, 30. wo Nebucadnezars in der Wildniß gewachsenes Haar mit Adlershaaren, d. i. Adlersfedern, verglichen wird. — Haare der Vögel für Federn finden wir auch bey andern Schriftstellern. S. Bocharts Hierozoic. Tom. II. col. 166.

8) Wegen seines sogenannten Verjüngens. Der Adler kennt auch die gemeine Krankheit der Vögel, die den Verlust der Federn zur Folge hat. Die Federn

spän

fallen dem Adler allzeit paarweis ausfallen, und die folgenden nicht eher ausfallen, bis die vorher ausgefallenen wieder gewachsen sind. Wenn nun der Adler wieder neu befiedert ist: so erneuern sich seine Kräfte — er erhält seine vorige Stärke und Munterkeit wieder. Darauf beziehen sich folgende beide Stellen:

Psalm 103, 5. „Daß du wieder jung wirst wie ein Adler." (der dich verjüngt — dir wieder neue Munterkeit und Kräfte giebt — wie dem Adler.) —

Jes. 40, 31. „Aber die, so auf den Herrn Herrn (auf Jova ihr Vertrauen setzen) kriegen neue Kraft, (eigentlich: verändern ihre Kraft — nämlich wie der Adler,) daß sie auffahren (empor steigen, sich in die Höhe schwingen können,) mit Flügeln wie Adler:" besser: wie mit Adlerflügeln.

Die jungen Gold- oder Steinadler sehen anfänglich ganz weis aus; hierauf werden sie blaßgelb, und im männlichen Alter kastanienbraun, ins Goldgelbe spielend. Im hohen Alter werden sie wieder ganz weiß, (s. Büffon a. a. O. S. 104.) und scheinen also, den Federn nach zu urtheilen, wieder ganz jung zu werden. Vielleicht bediente man sich auch damals des Ausdrucks: der Adler werde dann wieder jung. Und wenn dieses ist: so bin ich geneigter, das Verjüngen des Adlers in den angeführten beiden Stellen hieraus zu erklären, als aus dem vermuthlich jährlich geschehenden Ausfallen und Wiederwachsen der Federn des Adlers. Freilich beruhet dann das Wiederjungwerden des Adlers blos auf der Einbildung des alten Orients, welche dadurch genährt ward, daß der Adler ein ungemein hohes Alter erreicht. Zu Wien starb 1719 ein Adler, der 104 Jahr vorher gefangen war. S. Kleins Historie der Vögel. — Epiphanius setzt das gewöhnliche Alter der Adler auf hundert Jahre. — Vom Verjüngen der Adler haben die Alten viel geträumt. Wer ihre Träume lesen will, kann sie beim Bochart finden. *Hierozoic.* Tom. 2. col. 167. ff.

9) Wegen seines Aufenthalts bey Aesern und Luderfressens. Allein dieses gilt nur vom Adler, in sofern nach orientalischen Sprachgebrauch, (s. oben,) zugleich die Geyer mit darunter begriffen werden. Kein wahrer Adler frißt Aeser, und überhaupt keine Thiere, die er nicht selber gefangen und getödtet hat. Das ist nur die Art der Geyer, und an diese, oder höchstens an die Geyeradler, hat man allezeit zu denken, wenn in der Bibel des Adlers beim Aase erwähnt wird, z. B.

Hiob 39, 30. „Wo ein Aas ist, da ist er," (der Adler, d. i. der Geyer oder Geyeradler.) Weil hier der Adler beim Aas erwähnt wird: so ist auch der V. 27. 28. 29. von Geyern oder Geyeradlern zu verstehen, die mit den wahren Adlern große Aehnlichkeit haben, und oft mit ihnen verwechselt werden. S. No. 4. 5.

Habac. 1, 8. „wie die Adler (d. i. die Geyer oder Geyeradler) eilen zum Aas."

Matth. 24, 28. „Wo ein Aas ist, da sammeln sich die Adler." (d. i. die Geyer oder Geyeradler.)

Spr. Sal. 30, 17. gehört ebenfalls hieher: „Ein Auge das den Vater verspottet, (verächtlich ansieht,) und verachtet der Mutter zu gehorchen, das müssen die Raben am Bach aushacken, und die jungen Adler (jungen Geyer, jungen Geyeradler, Geyersöhne) fressen:" d. i. ein solcher wird eines gewaltsamen Todes sterben, sein Leichnam unbegraben liegen bleiben, und von Raben und Geyern gefressen werden.

Die Geyer und unächten Adler haben mit den ächten Adlern viele Aehnlichkeit, nicht nur in der Gestalt, sondern auch in Ansehung des Flugs, der Mordgier und Grausamkeit, des Orts ihres Aufenthalts und Nistens, (beide haben ihre Wohnung und Nester auf den höchsten Felsen,) des scharfen Gesichts u. s. w. so, daß, wer nicht viel Naturgeschichte studirt hat, und nicht die charakteristischen Kennzeichen beider Raubvögelgeschlechter genau weiß, oft einen Adler für einen Geyer, und einen Geyer für einen Adler ansehen wird. Und das mag auch bey den alten Hebräern der Fall gewesen seyn, unter welchen noch keine Linne's aufgestanden waren. Sie bezeichneten also den Adler und Geyer mit einerley Namen, bis man etwa späterhin genauer ward, mehrere Gattungen der großen Raubvögel bemerkte und sie benannte, und den sonst unbestimmten Namen Nesr blos dem Goldadler ließ ꝛc. — (wie hingegen die Araber jetzo fast blos den Geyer Nesr nennen, s. Schaws Reisen ꝛc. S. 365.) 3 Mos. 11, 13 ff. 5 Mos. 14, 12. wiewol dieser Name doch noch hin und wieder als ein gemeinschaftlicher Name der großen Raubvögel gebraucht wurde. — Ueberhaupt finde ich den Geyeradler vom wahren und ächten Adler, von den hebräischen und arabischen Schriftstellern nirgends unterschieden.

Die

Die Geyer sind von den Adlern in folgenden charakteristischen Stücken verschieden:

a) Der Kopf und Hals der Adler ist stark befiedert; bey den Geyern hingegen ist der Kopf völlig und der Hals beynahe kahl. — Mich. 1, 16. wird der Adler als kahl beschrieben; folglich ist in dieser Stelle nicht an den wahren Adler, sondern an den Geyer zu denken.

b) Der Schnabel der Adler läuft durchaus gekrümmt zu, da hingegen der Schnabel der Geyer in der Mitte etwas mehr gerade ist, und sich beynahe nur vorne krümmet.

c) Die Beine sind bey den Adlern ganz befiedert, und länger als bey den Geyern.

d) Die Adler fliegen mit vieler Leichtigkeit; sehr schnell und hoch. Die Geyer hingegen fliegen viel schwerfälliger, und müssen wenigstens drey bis viermal ansetzen, ehe sie sich von der Erde in vollen Schwung setzen können. (Eben das sagt Damir beim Bochart *Hieroz.* Tom. 2. col. 175. vom Nesr — worunter er also nothwendig entweder eine gemeine Geyerart, oder doch nur den Geyeradler verstehen kann.) Aber auch dann fliegen sie nicht so schnell und hoch, als die Adler.

e) Die Adler werden nie bey Aesern angetroffen, und fressen nie etwas von einem Thier, das sie nicht lebendig gefangen haben. Die Geyer hingegen fressen auch Aeser und zwar sehr gern. — (Damir läßt seinen Nesr auch Aeser fressen. Es ist also offenbar, daß Nesr auch die Geyer, und dann freilich hauptsächlich auch den Geyeradler mit bezeichne. Damir beim Bochart a. a. O.)

f) Der Adler läßt bey aller seiner Grausamkeit viel Großmuth blicken, macht sich nicht an ganz kleine Thiere, sondern an solche, die sich widersetzen können. Er frißt seine Beute gewöhnlich nicht ganz, sondern läßt immer etwas, gleichsam für die unedlern Geschlechter der Raubvögel liegen. Der Geyer hingegen zeigt desto mehr Niederträchtigkeit. Ihm ist jede Beute gleich lieb, und frißt geizig seine Beute entweder auf, oder nimt sie mit.

g) Der Adler erscheint allzeit nur allein; er kämpft mit seinem Feinde allein, und frißt allein von ihm, wenn er gesiegt hat. Die Geyer hingegen, zumal wenn sie den geringsten Widerstand befürchten, erscheinen truppweise, bemeistern sich der Beute gemeinschaftlich, und verzehren sie auch mit einander — versammeln sich auch oft zahlreich bey Aesern. Daher man gleich bey dem Versammeln Matth. 24, 28. nicht an Adler denken kann, (als welche sich immer sehr weit von einander aufhalten, um gleichsam monarchisch über ihr Reich zu herrschen.) sondern an Geyer denken muß, die sich gewöhnlich zusammenrotten.





Das sind die hauptsächlichsten Unterscheidungsmerkmale der Adler und Geyer. Die Naturkündiger pflegen hin und wieder noch mehrere anzugeben, die aber theils unbedeutend, theils nicht einmal richtig und universell genug sind. — Zum Beschluß theile ich noch einige Nachrichten vom Adler, sonderlich vom Gold- oder Steinadler, und vom Geyeradler mit. Von den übrigen Adler- und Geyerarten, deren in der Bibel gedacht wird, unten an ihren gehörigen Orten! —

Der große Gold- oder Steinadler hat einen sehr starken, einem bläulichen Horn sehr ähnlichen Schnabel, schwarze und spitzige Krallen, worunter die hinterste, als die längste, oft fünf Zoll in der Länge beträgt, und große Augen, die aber in einer tiefen Höle zu liegen scheinen, welche vom obern Theil der Augenhöle, wie mit einem überstehenden Dache, bedeckt wird. Der Regenbogen im Auge hat eine schöne hellgelbe Farbe, und blitzt lebhaft und feurig durch die Hornhaut hervor. Die glasartige Feuchtigkeit gleicht an Farbe, dem Topas; der trockne feste Krystall im Auge prangt im Schimmer und Glanz eines Diamanten; der Schlund erweitert sich in einem ansehnlichen Beutel oder Kropf, der wol ein ganzes Nößel Wasser in sich fassen kann. Der darunter gelegene Magen ist nicht völlig so groß, als dieser erste Kropf, aber fast eben so häutig und biegsam. Der Vogel ist, sonderlich im Winter, fett; das Fett ist weiß, und das Fleisch zwar hart und faserichte, aber nicht von so wildem Geschmacke, wie das Fleisch anderer Raubvögel. — Er besitzt eine außerordentliche Stärke, viel Großmuth (kleine Thiere würdigt er gar seiner Aufmerksamkeit nicht.) und Mäßigkeit. Selten verzehrt er die gemachte Beute ganz, sondern läßt immer etwas für andere unedlere, aasgierige Raubthiere liegen. Er lebt einsam. Zwei Paar

Adler auf Einem Gebirge sind eine große Seltenheit. Er hat einen starken Athem und macht ein furchtbares Geschrey. Er ist grimmig, grausam und unbändig, und kann nie anders, als wenn man ihn ganz zeitig und jung aus dem Neste nimt, gezähmt werden, und auch dann hat sein Herr, sobald der Adler alt und stark wird, alles von ihm zu befürchten. Und in allen diesen und noch mehrern andern Stücken ist er dem Löwen änlich — und unter den Vögeln eben das, was der Löwe unter den vierfüßigen Thieren ist. — Er hat sehr starke Flügel, aber desto unbiegsamere Beine, daher es ihm, zumal wenn er mit Beute beladen ist, etwas Mühe kostet, sich in die Höhe zu schwingen. Gänse, Kraniche, Hasen, junge Lämmer und Ziegen hebt er leicht mit sich in die Lüfte. Von Hirsch- oder Rehkälbern aber genießt er nur auf der Stelle, so viel er mag, und nimmt dann einige Stücken davon mit in sein Nest. In dieses oben beschriebene Nest (No. 4.) legt das Weibchen zwey, höchstens drey Eyer, und zwar mitten in dasselbe, über welchen die brütende Mutter gerade dreißig Tage sitzen soll. Unter diesen wenigen Eyern sind oft unfruchtbare. Nur höchst selten findet man drey junge Adler in Einem Neste, gewönlich nur Einen, oder zween. Daß die alten noch überdies das gefräßigste und schwächlichste unter den Jungen umbringen, ist schon oben (No. 6.) bemerkt worden. — Der Schnabel des Adlers wächst, je älter er wird, immer krümmer, und würde ihm endlich ganz unbrauchbar werden, wenn er ihn nicht, wie man an Adlern, die man in Vogelhäusern aufbehalten, wahrgenommen hat, stark wetzte. Wenn der Adler noch nicht zahm gemacht worden ist, hakt er grausam auf Hunde, Katzen und Menschen ein, die sich ihm nähern. In der Gefangenschaft denkt er selten ans Trinken, und wie man vermuthet, in der Freye gar nicht. Sein Getränke ist das Blut erwürgter Thiere, daher auch seine Zunge und der untere Theil des Schnabels wie eine Rinne ausgehölt ist, um dadurch das Blut ermordeter Thiere desto bequemer einzuschlürfen. Die Adler, wie alle große Raubvögel, sollen alle Morgen ihr Gewölle werfen, oder die Haare und Federn ausspeien, die sie von dem am vorigen Tage gestoßenen Raube, oder Aetzung im Kropfe gesamlet haben. — Ihre Beine sind deswegen so stark mit Federn besetzt, um wider die Bisse und das Kratzen der von ihnen zu stoßenden Vögel etc. und wider die Kälte des Schnees auf den Gebirgen geschützt zu seyn. S. Büffons Naturgesch. der Vögel, Th. 1. S. 107. mit Martinis Anmerkungen. —

Der Geyeradler (*Vultur percnopterus* Linn.) ist ein förmlicher Geyer, und kommt mit dem Adler in weiter nichts, als in seinen Untugenden überein. Das bekennt selbst Aristoteles, der ihn doch unter die Adler setzt. Er läßt sich (schreibt Büffon a. a. O. S. 192.) von den Raben hetzen und schlagen, ist faul auf seiner Jagd, schwer im Fluge, unter beständigem Schreyen und Klagen, unbeschreiblich heißhungrig und nach Aase begierig. Er hat auch kürzere Flügel und einen längern Schwanz als die Adler, einen hellbraunen Kopf, einen weissen und kahlen, oder, wie der Kopf selbst, mit blassen weissen Dunen bewachsenen Hals, nebst einem Halsband unter demselben, welches aus kleinen, steiffen, weissen Federn, gleich einer Halskrause, gebildet ist. Der Augenring ist röthlich gelb; der Schnabel und die glatte Schnabelhaut sind schwarz, der Haken am Schnabel weis. Der untere Theil der Schenkel und der Füße sind kahl und bleyfarbig, die Klauen schwarz, und weder so lang noch so krumm als bey den Adlern. Ein brauner herzförmiger Fleck auf der Brust, gleich unter seiner Halskrause, macht ihn desto merkwürdiger, weil dieser Fleck überdies noch mit einem schmalen weissen Rande umgeben, oder vielmehr gestickt ist. Im Ganzen betrachtet, hat dieser Vogel eine häßliche, sehr übel gestaltete Figur, und ist ungemein eckel, wegen einer aus den Oefnungen der Nase, und noch aus zwo andern Speicheldrüsen des Schnabels herauströpfelnden Feuchtigkeit. Sein Kropf ragt weit hervor, und wenn er sich auf der Erde befindet, hat er, wie alle Geyer, die Flügel ausgespannt. — Nur in der Größe scheint er dem Adler änlich. Er ist größer als der gemeine Adler, und komt dem großen Adler ziemlich nahe, nur daß er seine kleinern Flügel nicht so weit ausspannen kan. — Der Geyeradler ist seltner als andere Geyer. Man findet ihn auf den Alpen, und auf den pyrenäischen und griechischen Gebirgen, doch immer in geringer Anzal. Dieser Umstand, und daß man ihn nicht vorzüglich auch im Oriente findet, macht mich noch zweifelhaft, ob ich

gar

gar an diesen Geyeradler — oder vielmehr an andere gemeine Geyer bey No. g. denken soll. — Der *Vultur percnopterus* beim Hasselquist (Reise nach Palästina S. 286.) ist offenbar nicht der Geyeradler, sondern der ägyptische Erdgeyer. —

### Adonia.

Davids vierter Prinz (2 Sam. 3, 4. 1 Chron. 3, 2.) Er mißgönnte seinem Halbbruder Salomo, der vom David zum Thronfolger ernant war, die königliche Würde, und suchte ihn, durch seine Person mit List zu verdrängen. Allein es mislang ihm. Die Geschichte steht 1 Kön. 1, 5–53. Kap. 2, 13 ff. 24 und erläutert, im Th. 2. meiner Bibel bey diesen Stellen.

### Adonibesek.

Heißt: Herr oder König zu Besek. (S. Besek.) Sein eigentlicher Name wird nicht genannt. Er war ein mächtiger und furchtbarer kananitischer König; denn er hatte siebenzig, obgleich vermuthlich ganz kleine, Könige besiegt, und ihnen, auf gut morgenländische grausame Kriegsmanier, die Daumen und grossen Fußzehen abhauen lassen, und sie als die niedrigsten Sclaven behandelt. Nach Josuä Tode, unter der Anführung des Stammes Juda, bekriegten und besiegten die Israeliten diesen grausamen König, und vergolten ihm seine Grausamkeit durch gleiche Behandlung, indem sie ihm, der auch das billige Vergeltungsrecht seiner Grausamkeit und seines Stolzes erkante, auch die Daumen und großen Fußzehen abhieben, worauf er zu Jerusalem, wohin ihn die Israeliten gefangen mitgenommen hatten, starb. Richt. 1, 4–7. (vergl. Weish. 11, 17.) —

### Adonizedek.

So hieß der König zu Jerusalem zu Josuä Zeit, der mit den Gibeoniten nicht zufrieden war, daß sie sich freiwillig dem Josua ergeben, und den bekannten Bund mit ihm und den Israeliten gemacht hatten, und daher mit noch fünf kananitischen Königen vor Gibeon rückte und diese Stadt belagerte. Die Gibeoniten suchten bey Josua Hülfe. Josua kam auch, und es kam hierauf zu der Schlacht, die, durch das Stillstehen der Sonne und des Mondes, so berühmt geworden ist. Adonizedeck, nebst den vier übrigen kananitischen Königen, die den Feldzug mit gethan hatten, wurde gefangen, getödtet und die Leichname an fünf Bäume gehängt, des Abends aber, nach Mosaischem Gesetz, wieder abgenommen, und in die Höhle Makeda geworfen, in welche die Könige geflohen waren. Jos. 10, 1–27. S. meine Bibel Th. 2. bey diesem Kapitel.

### Adoption.

Annehmung an Kindesstatt. S. Schoos.

### Ador.

Genant Adora, 1 Macc. 13, 20. Eine Hauptstadt und Vestung der Edomiter, folglich auf der Südseite des Stammes Juda. S. Josephs jüd. Alterth. B. 13. Kap. 6 u. 9 und 15. — Einige wollen die Stadt Dor, zwischen Ptolemais und Cäsarea, darunter verstehen. Allein die Lage der Stadt Dor, schickt sich zu der Geschichte 1 Macc. 13, 20. durchaus nicht. Andere halten die Stadt Adora mit Adoraim, 2 Chron. 11, 9. für einerley; allein Hr. R. Michaelis (bey 1 Macc. 13, 20.) hat schon bemerkt, daß dieses nicht einmal der Ortographie wegen angienge; denn Adora würde, wie der Syrer verräth, mit Ain, Adoraim hingegen mit Aleph geschrieben.

### Adoraim.

Eine von den Städten im Stamme Juda, die Rehabeam, zu mehrerer Sicherheit vor dem König in Aegypten, und vor dem Rehabeam, Könige in Israel, befestigen ließ. 2 Chron. 11, 9.

### Adra, oder Adraa.

So heißt die Stadt Edrei beim Eusebius, Hieronymus und Ptolomäus. S. Edrei.

### Adrammelech.

1) Und Anammelech. Zwo heidnische Gottheiten, und zwar der vom König von Assyrien, aus Sepharvaim, oder Sippara, am Euphrath, in Mesopotamien, nach Palästina geschickten neuen Einwohner, welchen Menschenopfer gebracht wurden. 2 Kön. 17, 31. vergl. V. 24. — Schon Selden (de Diis Syris Synt. 2. c. 9.) vermuthet ganz wahrscheinlich, daß Adrammelech und Anammelech nur zween verschiedene Namen Eines und eben desselben Götzen gewesen, so, daß also das „und„ 2 Kön. 17, 31. durch „oder„ zu übersetzen wäre. Wenn auch nicht die andere Hälfte beider Namen (Melech) mit Moloch übereinkäme, und mit dem Namen dieses Götzen auf Einem Stamme gewachsen wäre: (beides heißt König, und König steht für Gott.) so könte man unter dem Adrammelech oder Anammelech doch

nichts anders, als den ammonitischen Götzen Molech darunter verstehen, den die von Sepharvaim nur unter wenig verändertem und nur noch etwas schmeichelhaftern Namen verehrten. Adrammelech heißt so viel als mächtiger, großer, majestätischer König; und Anammelech so viel als „erhörender König,“ — ein Gott, der, die ihn anrufen, erhöret. — Anammelech darf so wenig von ענם abgeleitet werden, (wie Simonis im Onomast. S. 476. thut.) als Adrammelech von אדרם; sondern von ענה und die Verdoppelung des מ (M) ist aus der Lehre vom sogenannten euphonischen, oder vielmehr verbindenden Dages herzuleiten. Es sollte eigentlich עֲנָה־מֶלֶךְ und dann compendiarisch עֲנַמֶּלֶךְ, wie z. B. [illegible] für [illegible] 1 Mos. 4, 1. Mehrere Beyspiele wird man in meiner ausführlichen hebräischen Sprachlehre S. 164. Nr. c) 1. finden. — Noch bemerk ich, daß nach dem Vorgeben der Juden, Adrammelech unter einem Pferde, oder nach andern unter einem Pfauen, und Anammelech unter einem Phasan, oder einer Wachtel verehret worden wären, und letzterer den Mond, ersterer aber die Sonne vorgestellt habe. Den Juden hats nie an der Kunst gefehlt, aus allem alles zu machen. Das Wahre ist, daß unter dem Adrammelech oder Anammelech, wie unter dem Moloch der Ammoniter, die Sonne verehret worden sey.

2) Adrammelech hieß auch ein Sohn Sanheribs, der mit seinem Bruder, dem Sarezer, seinen Vater Sanherib, nach der unglücklichen Belagerung der Stadt Jerusalem, im Tempel seines Gottes Nisroch, als er seinen Gottesdienst verrichten wollte, ermordete. 2 Kön. 19, 37. Jes. 37, 38.

Adramitisch.

Apostg. 27, 2. „ein adramitisch Schiff.“ d. i. ein Schiff, das nach Adramytte oder Adramittium in Mysien, einer Provinz in Kleinasien, segelte.

Adria.

Das adriatische Meer, (von der Stadt Adria in Italien, über dem Tartaro, in dem venetianischen Gebiet, so genennt,) worunter aber Apostg. 27, 27. das sicilianische und das jonische Meer mit begriffen wird.

Adriamitisch.

S. Adramitisch.

Adriel.

Ein Sohn Barsillai, von Abelmehola, dem Sauls Prinzeßin, Merob, die dem David eigentlich gehört hätte, zur Gemahlin gegeben ward. 1 Sam. 18, 19. Seine mit dieser Gemahlin erzeugten fünf Söhne werden, auf Verlangen oder Veranlassung der von Saul unterdrückten Gibeoniten, hingerichtet. 2 Sam. 21, 8.

Adufe.

S. Paucke.

Adullam.

1) Eine Stadt im Stamme Juda; nach dem Eusebius und Hieronymus, zehn römische Meilen ostwärts von Eleutheropolis. Es ist eine sehr alte Stadt; denn sie kömt schon in der Geschichte des Juda mit der Thamar 1 Mos. 38, 1. 12. 20. vor, wo sie in der lutherschen Uebersetzung, nach Art der Alexandriner und Hellenisten überhaupt, (s. 2 Macc. 12, 38.) Odollam heißt. Sie ist eine der alten kananitischen, königlichen Städte, Jos. 12, 15. Rehabeam ließ sie befestigen, 2 Chron. 11, 7. und Mich. 1, 15. finden wir ihrer in solcher Verbindung gedacht, daß man sie nicht anders, als für eine ihrer Festigkeit wegen, beträchtliche Stadt halten kann, wenn man auch den dabey vorkommenden Ausdruck „Zierde Israels“ nicht auf Adullam deuten, sondern von Jerusalem verstehet. In eben dieser Stadt feierte der maccabäische Fürst Judas mit seiner ganzen Armee den Sabbath. 2 Macc. 12, 38.

2) Eine berühmte Höle dieses Namens, ohnweit dieser Stadt, von welcher sie den Namen erhalten. Man findet sie noch heutiges Tags, und sie ist ungeheuer groß. Pococke meldet, daß einmal dreißigtausend Mann, um sich vor einer bösen Luft zu sichern, in diese Höle geflüchtet wären. — In dem heiligen Kriege flohen die Einwohner der Stadt Thekoa, als sich die Saracenen derselben näherten und plündern wollten, mit Weibern, Kindern, Hab und Vieh in diese Höle, und waren daselbst sicher. (Wilh. von Tyrus *Hist. bell. sacr.* libr. 15. c. 6.) — so war auch diese Höle Davids sicherer Zufluchtsort vor Saul, nachdem er auf seiner Flucht durch eine List, den Philistern glücklich entkommen war. Nach den vorhin angeführten beiden Nachrichten wird man sich nun nicht wundern, daß die Höle für die vierhundert Mann,

Mann, die sich zu David geschlagen oder versammelt hatten, geräumig genug war. 2 Sam. 23, 1. 2. — In dem ersten Kriege, den David als König mit den Philistern hat, begab er sich ebenfalls wieder in diese Höle. 2 Sam. 5, 17. vergl. mit Kap. 23, 13. 1 Chron. 12, (11) 15.

## Adumim.

Jos. 15, 7. Kap. 18, 17. Eigentlich Mahaler Adummim, d. i. Steiger Adummim (Adscensus Adummim) war vermuthlich ein Berg, über welchen ein gangbarer Weg oder eine Straße gieng. Auf diesem Berge oder Steiger mag eine Stadt gestanden haben, die eben diesen Namen (Adumim) führete und vielleicht dem Berge den Namen gab. Die ohngefähre Lage läßt sich aus den angeführten beiden Stellen abnehmen, wo dieses Mahale Adummim bey der Verzeichnung der nördlichen Gränze des Stammes Juda und der südlichen des Stammes Benjamin miigenannt wird. — Es lag nämlich auf der Gränze der Stämme Juda und Benjamin, und zwar in der Jerichuntischen Wüste, (Quarantie oder Quarantania) wie aus einer Nachricht des Hieronymus erhellet. Hieronymus (de loc S. Sc. unter Addomim) meldet nämlich, daß zu seiner Zeit noch, in der Wüste Quarantania, Ruinen von einem kleinen Flecken Maledomim (ἀνάβασις πυῤῥῶν d. i. Aufgang der Rothen) genannt, zu sehen gewesen, der diesen Namen von dem vielen von Zeit zu Zeit durch Straßenräuber geschehenen Blutvergießen erhalten habe. Maledomim ist ganz der Name מַעֲלֵה אֲדֻמִּים nur zusammengezogen ausgesprochen, und Hieronymus hält auch dieses Maledomim für dieses Male Adummim. — Daß diese Wüste bey Jericho noch heutiges Tages wegen Straßenräubern unsicher zu passiren sey, melden alle Reisende, die diese Gegend paßirt haben. — Selbst Hieronymus sagt, daß in dieser Wüste noch zu seiner Zeit ein Schloß gestanden habe, in welchem ein Commando Soldaten gelegen, um die Reisenden wider die Straßenräuber zu schützen, welches Schloß, nach Breidenbachs Angabe, vier Meilen gegen Westen von Jericho lag. — Es müßte also diese Gegend schon in den frühesten Zeiten ein Schlupfwinkel der Straßenräuber gewesen seyn, wenn bey dem Namen Adummim (roth —) auf häufig in der Gegend von Straßenräubern vergossenes Blut, gleich anfänglich gesehen worden wäre, welches eben nicht unwarscheinlich ist, da die angränzenden Araber, wie heutiges Tages, also auch schon in den ältesten Zeiten, Räuberey trieben, die doch meist mit Mordthaten begleitet zu seyn pflegt.

## Advokaten.

Eigentliche Advokaten von Profeßion, wie wir sie haben, finden wir in der Bibel nie erwänt, und das mosaische Recht kennet sie nicht; eben so wenig kannte sie derjenige übrige ganze alte Orient, unter welchem das mosaische Recht nie eingefürt war. Doch verrät das Buch Hiob (Kap. 29, 7-17.) eine Art ungedingter Advokaten, d. i. solcher Personen, die aus bloßer Gerechtigkeitsliebe und Mitleiden gegen unschuldig Leidende und Unterdrückte, aus eignem, freiem Antriebe, sich, wenn sie sich auf den Thoren oder Marktplätzen, (s. Thor.) wo gewönlich Gericht gehalten wurde; entweder von ohngefär, oder aus der Absicht, um bey den Gerichten, zur Beförderung der Gerechtigkeit, gegenwärtig zu seyn, einfanden, und hier für Unschuldige, die ungerechte, boshafte Ankläger oder Gegner hatten, und von dem Gerichtscollegio nicht gehöriges Recht gesprochen bekamen, das Wort redeten, und ihnen zum Recht verhalfen. Vergl. Michaelis Mos. Recht Th. 6. §. 298.

In einem andern Sinne wird Christus 1 Joh. 2, 1. ein Advokat, oder Fürsprecher sündigender Menschen bey Gott, genannt. S. Verballexicon unter Fürsprecher.

## Aegypten.

Kommt in Luthers Uebersetzung der Bibel immer Egypten geschrieben vor; daher s. unten Egypten.

## Aehre.

1.) Wenn man vor eines andern Acker vorbey gieng: so erlaubte Moses, Aehren abzupflücken und zu essen, nur durfte nicht die Sichel gebraucht werden, 5 Mos. 23, 25. — Uns erlaubet jenes zwar kein Landesgesetz, allein es verbietet es uns auch keines. Denn einzelne Aehren auszuraufen, und zur Lust, oder zum Spaß und Zeitvertreib zu essen, (denn zum Sattwerden oder für den Hunger wird bey uns, außer unter ganz besondern Umständen und im Hungersnoth — gewiß niemand rohe Getreideähren essen) wird auch ein sonst karger Eigenthümer eines Ackers nicht verwehren. Allein im Orient, wo man Getreideähren als ein gewönliches Narungsmittel ist, (entweder ganz roh — nur die Körner ausgerieben und gegessen, oder am Feuer geröstet, (s. Sangen.) oder zermalmt, mit Oel und Honig vermischt, oder auch mit Wasser gekocht x. S. Beobacht. über den Orient x. Th. 1. S. 353. ff. Ecksche Erläuterung d. h. Schrift aus Reisebeschr. B. 1. S. 141.) war eher zu besorgen, daß ein nur nicht sehr gutwilliger Eigenthümer eines Ackers das Abpflücken der Aehren nicht würde leiden wollen. In dieser Rücksicht wurde ein Gesetz zum Besten ganz Armer und Reisender, die eben nicht mit vielen Victualien versehen waren, und leicht entweder in die Versuchung hätten kommen können, zu stehlen — ohne gesetzliche Erlaubniß zu haben, aus Aeckern (vor welchen sie vorbeigiengen, Aehren abzupflücken, oder in die Gefahr, zu verhungern — folglich den sonst ehrlichen Mann nicht aus Noth und Hunger zum Dieb werden, oder gar verhungern zu lassen. — In dieser Rücksicht, sage ich, war ein besonderes Gesetz, das erlaubte, Aehren abzupflücken, schon nöthiger, als es uns, nach unsern Sitten dünken dürfte. Ein großer Mißbrauch dieser gesetzlichen Freiheit war aus dem Grunde nicht zu befürchten, weil jeder Israelit selbst seinen Acker hatte, folglich jeder, der aus Muthwillen, oder Gewinnsucht, zu viel Schaden an dem Getreide eines andern hätte thun wollen, immer wieder das Vergeltungsrecht von dem zu sehr verletzten Nächsten befürchten mußte. Aber eben deswegen, weil jeder Israelit eigenes Getreide auf seinen Feldern hatte: so waren folglich Getreideähren nichts Seltenes, nichts, wornach viele blos hätten gelüsten dürfen — (wie etwa nach Weintrauben, in Ländern, wo nur wenig Wein gebaut wird, und nur Wenige Weinberge haben. In dem Fall wäre Mißbrauch dieser gesetzlichen Freiheit unvermeidlicher gewesen;) und so entsprach also das Gesetz der Erwartung und Absicht des Gesetzgebers. Nur ganz Arme bedienten sich natürlicher Weise dieser gesetzlichen Freiheit, denen man ohnehin ein Almosen gegeben haben würde, und, unter sonst Wohlhabenden nur solche, die entweder unerwartet auf Reisen, durch Irregehen, oder andere Zufälle Mangel an Victualien litten, oder, durch den Anblick eines vorzüglich schön stehenden Getreides, gereizt wurden, etwas davon zu genießen, und nur den Appetit damit zu stillen. Matth. 12, 1. Marc. 2, 23. Kap. 4, 28. Luc. 6, 1. Hierdurch geschah den Eigenthümern der Getreidefelder gar wenig Schaden. Um indessen dem Mißbrauche dieses gütigen Gesetzes bei niederträchtigen Gemüthern vorzubeugen, ward zugleich hinzugesetzt: „die Sichel in eines andern Acker zu brauchen, sey nicht erlaubt.“—

2) Wenn das Getreide geschnitten, oder eingeärndtet wurde: so durften die einzeln liegengebliebenen Aehren von dem Eigenthümer nicht zusammengelesen, sondern mußten den Armen zur Nachlese liegen gelassen werden, ja man durfte nicht einmal ganze Garben, die aus Versehen auf dem Acker liegen geblieben waren, nachholen: sondern auch diese waren dem ersten Armen, der sie fand, anheimgefallen. 3 Mos. 19, 9. 10. Kap. 23, 22. 5 Mos. 24, 19 ff. Ruth 2, 2-19. Moses sucht durch dieses und ähnliche Gesetze, sein Volk zum Mitleiden gegen die Armen zu gewöhnen. Ein ganz rohes Volk, dergleichen anfänglich die Israeliten waren, pflegt auch kein Gefühl gegen den leidenden Nächsten zu haben. Der Gesetzgeber eines solchen Volks mußte also auch solche Gesetze geben, die unter andern auch dieses Gefühl in ihnen erregten. — Wir — haben kein obrigkeitliches Gesetz, das uns zu dieser Güte gegen die Armen verbände, vermuthlich weil unsre Obrigkeiten zu uns, als aufgeklärtern, oder mehr gebildeten Völkern, schon das Zutrauen haben, daß wir gegen nothleidende Arme nicht unbarmherzig und gefühllos seyn würden.

## Aelteste

1) Im alten Testamente, a) waren sie wol, als Häupter der israelitischen größern und kleinern Familien, welche für das Beste ihrer Familien, und zusammengenommen, folglich fürs Beste des ganzen Volks besorgt seyn, und bey allgemeinen Versammlungen oder Landtägen, nebst den Stammfürsten, Richtern und sogenannten Schreibern, an statt ihrer Familien erscheinen, reden und antworten mußten. Sie waren also im Kleinern ohngefähr das, was unsere Viertelsmeister der Städte im Größern sind. Diese erscheinen, reden und sprechen im Namen und anstatt ganzer Viertel der Bürgerschaften, jene aber nur im Namen und anstatt ihrer einzelnen Familien, deren Aelteste oder Häupter sie waren. Wir finden sie sehr oft erwähnt, und zwar schon sehr früh, als die Israeliten noch in Aegypten waren, 2 Mos. 3, 16, 18.

Kap. 12, 21. woraus zu erhellen scheinet, daß diese Aeltesten nicht erst von Mosen verordnet worden, sondern vorher schon gewönlich waren, vermutlich aus Nachahmung der Aegypter, in deren Lande sie wohnten, und von deren Aeltesten schon 1 Mos. 50, 7. Meldung geschiehet. So finden wir auch der Aeltesten der Midianiter 4 Mos. 22, 4. 7. und der Gibeoniten Jos. 9, 11. erwänt. — Der Aeltesten der Israeliten aber wird so oft gedacht, daß es in der That ganz überflüßig wäre, alle die Stellen anzufüren, — Jos. 23, 2. Kap. 24, 1. scheinen sogar die Stammfürsten unter den Aeltesten mit begriffen zu werden. Denn Josua beruft ganz Israel, d. i. alle Repräsentanten des Volks, worunter die Stammfürsten die ersten und vorzüglichsten waren, zusammen, und doch werden die Fürsten nicht genant, sondern nur die Aeltesten und Häupter, (welche eben wieder die Aeltesten sind — Familienhäupter) Richter rc. Folglich sind hier die Stammfürsten unter den Aeltesten mit begriffen. — Es ist übrigens ungewiß, ob diese Aeltesten auch wirklich den Jahren nach die Aeltesten, die Senioren ihrer Familien, oder ob der Name Aeltester nur ein Ehrenname gewesen, wie bey den Arabern der Name Schaich (der Alte) ebenfalls ein Name der Ehre oder Würde ist. Da wir keine weitere Nachricht davon haben: so läßt sich hier nichts entscheiden. Warscheinlich ist es indessen, daß wenigstens anfänglich, und in der Folge auch der Regel nach, diese Aeltesten wirklich die Aeltesten in ihren Familien gewesen, und in gewissen Fällen nur, wenn z. B. der eigentliche Senior der Familie entweder zu alt und unthätig, oder nicht klug und einsichtsvoll genug gewesen rc. ein Jüngerer aus der Familie zum sogenanten Aeltesten und Repräsentanten der Familie gewält worden.

b) Da die Aeltesten oder Häupter und Repräsentanten der Familien gewissermaßen als öffentliche Personen betrachtet wurden, und die geehrtesten oder angesehensten Personen der Familien waren: so wurde der Name Aeltester bisweilen auch als ein Ehrentitel von weiterm Umfang gebraucht, und unter andern auch Ministern und Räthen der Könige gegeben. Z. B. 2 Sam. 12, 17. „die Aeltesten des Hauses (Palasts, Hofs) Davids,“ d. i. Davids Ministers und Räthe. So auch 1 Kön. 12, 6. 8. 13. vergl. 2 Chron. 10, 6. 8. und 1 Chron. 22, (21) 16.

c) Die siebenzig Aeltesten. 4 Mos. 11, 16. 17. 24. 30. Sie sollten nicht sowol ein Oberappellationsgericht vorstellen, als einen höchsten Senat, oder ein geheimes Consilium, dessen Rath sich Moses zur Erleichterung seiner Regierungsgeschäfte, bey Bezämung des äußerst störrigen und rebellischen Volks, bedienen könnte, wie aus dem V. 17. und der Veranlassung zur Errichtung dieses Synedriums offenbar erhellet. Richter waren, auf Jethros Veranlassung, genug verordnet worden — mehr als in irgend einem unserer Staaten gewönlich seyn dürften, nämlich Richter über tausend, über hundert, über funfzig und über zehn, unter welchen sich die untern Richter bey schweren Fällen stufenweise immer wieder an den höhern Richter, z. B. der über zehn an den über funfzig, und wenn auch dieser nicht zu entscheiden wagte, der über funfzig sich an den über hundert wandte, und so fort, bis solche schwere Sachen, die auch der Richter über tausend nicht zu entscheiden wagte, endlich Mosen selbst zur Entscheidung vorgetragen wurden. 2 Mos. 18, 13-27. — An Richtern, oder an der sehr bequemen und wol eingerichteten Administration der Justiz fehlte es also nicht, wol aber an einem geheimen Conseil, dessen Rath sich Moses bey dem äußerst unruhigen und rebellischen Betragen des Volks, mit bedienen konte. — Die Errichtung dieses Synedriums konte aber auch noch den großen Nutzen haben, daß durch die Ehre, die siebenzig Aeltesten oder Familienhäuptern, (man vermuthet nicht unwarscheinlich, daß es zwey und siebenzig, nämlich sechs aus jedem Stamm, gewesen, und nur der Kürze wegen, die runde Zal siebenzig genant werde,) dadurch, daß sie zum geheimen Senat, und dadurch gewissermaßen Mosen gleich gemacht wurden, widerfuhr, sie nicht nur für ihre Personen, Mosis und Gottes Sache mit günstigern Augen ansahen, (denn Mosis Sache war dann doch gleichsam auch ihre Sache,) sondern auch dem übrigen Volk, durch Zureden und Vorstellungen, leicht andere und bessere Gesinnungen gegen Gott und Mosen beybringen konten. — Dieses Synedrium der siebenzig Männer ward nun wol, wiewol nicht ohne besondere Einwirkung Gottes errichtet; allein es war gleichwol von ausnehmend kurzer Dauer, und wir finden dasselbe auch nie wieder erwänt.

erwähnt. Denn die siebenzig Aeltesten, die mit Mosen auf den Berg Sinai gehen mußten, 2 Mos. 24, 1. 9. 14. waren nicht dieses Synedrium, als welches viel später errichtet ward, sondern siebenzig, oder vielleicht ebenfalls 72 Aelteste, sechs aus jedem Stamm, die blos zu dieser Handlung beschieden waren. — Daß jenes Synedrium aber von sehr kurzer Dauer gewesen, schließe ich nicht blos daraus, weil es in der Folge nie wieder erwähnt wird, welches man doch erwarten sollte, sondern auch aus 4 Mos. 11, 16 ff. selbst. — Gott sprach zu Mosen, er sollte siebenzig Aelteste aus dem Volk auswählen, und sie vor die Stiftshütte stellen. Er wolle dann Mosis Geist auf sie legen, d. i. in ihnen eben die guten, frommen, rechtschaffenen, vom Murren und Rebellion entfernten Herzensgesinnungen wirken, welche Moses hatte. — Das wirkende Mittel sollte der Donner, oder ein heftiges Gewitter seyn. (V. 16. 17.) Und es geschah! Jova donnerte — und dieser Donner hatte die Wirkung, daß in diesen siebenzig Aeltesten, die anfänglich vermuthlich eben die störrigen und rebellischen Gesinnungen hatten, wie die übrigen Israeliten, die guten Gesinnungen gegen Gott und seine Providenz erweckt wurden, die Moses hegte, und — in diesen Gesinnungen — weissagten (V. 25.) sie, d. i. sie dichteten und sangen im heiligen Enthusiasmus Lieder — die ein Beweiß ihrer umgeschaffenen, bessern Herzensgesinnungen waren. Vergl. 1 Sam. 10, 5. 2 Mos. 15, 20. Richt. 4, 4. nebst meinen Anmerkungen in meiner Bibel rc. Nun heißt aber, (sie weissagten) „aber nicht weiter!" (Luther hat hier unrichtig übersetzt, und gerade das Gegentheil ausgedrückt.) — Es geschah nie wieder! Ihre guten Gesinnungen, die Gott durch den schreckenden Donner in ihnen gewirkt hatte, verloren sich gar bald wieder; sie nahmen bald die alten störrigen Gesinnungen, ihr Mißtrauen gegen Gottes Providenz und Mosis göttlicher Sendung wieder an — und mit einem geheimen Senat, der aus lauter mißtrauischen und feindlichen Mitgliedern bestand, konte Mosen nichts gedient seyn. Das Synedrium gieng also, vermuthlich sehr bald nach seiner Errichtung, wieder ein; und das ist ohne Zweifel die Ursache, warum dieses Synedrium in der Folge nie wieder erwähnt wird. Die genauere Erläuterung dieser Geschichte s. im Th. 1. meiner Bibel, bey 4 Mos. 11, 16125. —

2) Im neuen Testamente hat man unter den Aeltesten zu verstehen:

a) Die Mitglieder des hohen Raths, oder Synedriums zu Jerusalem, Matth. 15, 2. Sie heißen bald die Aeltesten des Volks (Matth. 21, 23. Kap. 26, 3. 47. Kap. 27, 1.) bald die Aeltesten der Juden, (Luc. 7, 3. Apostelg. 25, 15.) bald die Aeltesten Israels (Apostg. 4, 8.) — Der hohe Rath oder das große Synedrium zu Jerusalem, war eine Nachahmung des Synedriums, das Moses (4 Mos. 11, 16. ff. s. No. 1. c) verordnete, obgleich eine Nachahmung aus übel verstandener Absicht Mosis. Denn das große Synedrium, oder der hohe Rath zu Jerusalem, stellte das höchste Justizcollegium, oder das Oberappellationsgericht vor, welches das mosaische nicht war. — Vollends grundfalsch ist es, wenn Juden und Christen vorgeben, das mosaische Synedrium habe sich stets erhalten, und wo im A. T. von den Aeltesten des Volks die Rede wäre, da sey jenes aus siebenzig Aeltesten bestehende Synedrium darunter zu verstehen, und der hohe Rath zu Jerusalem sey eben das in späteren Zeiten gewesen, was jenes Synedrium in frühen Zeiten unter Mosen war. Ich berufe mich auf das, was ich oben bey Nr. 1. c) geschrieben habe.

b) Die Aeltesten (Presbyteri) in der christlichen Gemeine, welche von den Aposteln, an den Orten, wo sie christliche Gemeinen gepflanzt hatten, verordnet waren, (Apostg. 14, 23. Tit. 1, 5.) welche auf Zucht und Ehrbarkeit in den Gemeinen sehen, Streitigkeiten entscheiden, und die Sacramente administriren. Apostg. 11, 30. K. 15. 2. 4. 6. K. 16, 4. K. 20, 17. Kap. 21, 18. Kap. 22, 23. 1 Tim. 5, 1. 17. 19. — Bisweilen scheinen diesen Aeltesten auch Wundergaben mitgetheilt gewesen zu seyn. Jac. 5, 14. — Zu den Zeiten der Apostel waren sie mit den Bischöfen einerley, wie aus Apostg. 20, 17. vergl. V. 28. und Tit. 1, 5. vergl. V. 7. erhellet. Zwischen dem ersten und zweiten Jahrhundert aber wurde unter den Aeltesten und Bischöfen ein Unterschied gemacht, und die Bischöfe über die Aeltesten hinauf gesetzt. Die Bischöfe suchten sich in der Folge nicht nur in ihrer vorzüglichen Würde zu erhalten, sondern sie nahmen sich immer mehr heraus, und entzogen den Presbyteris nach und nach ihre Vorrechte, daß ihnen weiter nichts, als die bloße priesterliche Verwaltung des Gemeindienstes übrig blieb. Sonst machten sie nebst den Bischöfen ein Collegium (Presbyterium s. Concilium ecclesiae) aus,

in

in welchem die Bischöfe den Vorsitz hatten, welches eine Nachahmung des hohen Raths zu Jerusalem war.

c Die vier und zwanzig Aeltesten in der Offenb. Joh. Kap. 4, 4. sind, nach der Absicht des heiligen Verfassers und Dichters, wol nichts anders, als die Mitglieder oder Beisitzer des Oberappellationsgerichts, oder des hohen Tribunals Gottes, wovon wir auch im Buch Hiob Kap. 1, 6 ff. Kap. 2, 1. änliche Vorstellung finden. S. meine Bibel Th. 3. sonderlich bey Hiob 1, 6. — Gott wird immer als König vorgestellt, bald nur als König seines Lieblings- und Eigentumsvolks der Israeliten, bald aber auch als allgemeiner König der Welt, (Psalm 22, 29. Ps. 24, 1. Ps. 47, 3. 8. 9. 10. Ps. 59, 14. Ps. 66, 7. u. s. w.) der, als König, seinen Hofstaat und seine Gerichtscollegien hat, sonderlich das allgemeine Oberappellationsgericht, in welchem Er selbst als König den Vorsitz hat. Diese Vorstellung liegt auch in der angefürten Stelle der Offenb. Joh. zum Grunde. — Die Zal der Beisitzer bey diesem hohen Tribunal Gottes ist nicht bekant. Der Dichter nimt also, nach allgemein zugestandenem Dichterrechte, eine willkürliche Zal — die Zal vier und zwanzig — an, die sich, wie die Ausleger vermuten, gar wol auf die vier und zwanzig Klassen der Priester gründen kan. — Unter den Aeltesten oder den Mitgliedern dieses hohen Tribunals Gottes, scheint der Dichter abgeschiedene Fromme zu verstehen.

Von der gemeinen und eigentlichen Bedeutung des Worts Aeltester s. das bibl. Verbalregister.

## Aeneas.

Der acht Jahre lang vom Schlage gelämt gewesen, und vom Petrus, auf wunderthätige Art, wieder gesund gemacht worden. Apostelg. 9, 33. 34.

## Aenon.

Joh. 3, 23. S. Ain.

## Aerse

Oder Hintersten. So übersetzt Luther 1 Sam. 6, 4. 5. das Wort עֳפָלִים (Aphalim und V. 11, 17. das Wort טְחֹרִים Tchorim) 5 Mos. 28, 27. durch „Feigwarzen„ — Das Stammwort עָפַל oder עֹפֶל Arab. عفل wird im Arabischen von Weibspersonen gebraucht, die an den Schaamtheilen eine Art von Geschwulst haben, die dem Bruch der Mannspersonen änlich ist. ذقل und عفلة (עֹפֶל und עֳפָלִים) heisst diese Krankheit selbst. Die Krankheit, die die Philister bekamen, betraf aber nicht blos die Weibspersonen (als von welchen gar nichts gedacht wird, wiewol sie vielleicht auch nicht von dieser Krankheit frei waren,) sondern hauptsächlich die Mannspersonen, unter welchen auch die fünf Fürsten der Philister nicht frei ausgegangen waren. 1 Sam. 6, 4. — So viel giebt schon die Etymologie des hebräischen Wortes und die Stelle 5 Mos. 28, 27. wo das Wort mit der ägyptischen Beulenkrankheit, d. i. der Elephantiasis, der Krankheit Hiobs, verbunden wird, daß die Krankheit in Beulen bestanden, und zugleich auch aus der Etymologie des Worts, daß diese Beulen an heimlichen Oertern sich befunden. Letzteres bestätigt auch das für עֳפָלִים (Apholim) synonymisch gebrauchte Wort טְחֹרִים (Tchorim) 1 Sam. 6, 11, 17. — Denn im Syr. [illegible] (Tchora) und [illegible] (Tchuro) (Wörter, mit dem hebräischen טְחֹרִים auf einem Stamme gewachsen, und beynahe ganz dieselben, nur den Plural und die Dialektverschiedenheit weggerechnet,) heißt der Hinterste, Anus. Und das letzte Wort setzt der Syrer selbst für das hebräische עֳפָלִים und טְחֹרִים: und die alexandrinischen griechischen Uebersetzer ἕδρα das Gesäß, der Hinterste. — Es ist also wol ganz warscheinlich, daß ich nicht sage, gewiß, daß die Krankheit der Philister in Beulen am Hintersten bestanden, und vermutlich die blinden Hämorrhoiden gewesen, und zwar die Haemorrhoides caecae tumentes, die auch furentes heissen, weil die Patienten dabey phantasiren und rasen, und dolentes, weil sie dem Patienten unausstehliche Schmerzen verursachen, womit denn 1 Sam. 5, 12. wo gesagt wird, daß die mit dieser schmerzlichen Krankheit behafteten Philister zum Himmel geschrien hätten, wol zu vereinigen ist. — Weitläuftiger von dieser Krankheit habe ich im Th. 2. meiner Bibel gehandelt, bey 1 Sam. 5, 6. a) S. 110 ff. — Als die Philister mit dieser schmerzlichen Krankheit behaftet waren, und diese Krankheit an alle diejenigen Orte hinzog, wo die Philister die Bundeslade hinschaften: so beriefen sie ihre Priester und Warsager zusammen, und fragten sie, was mit der Bundeslade, die so viel Unheil im Lande anrichte, anzufangen, und auf was für Art sie wieder sicher und ohne Gefahr ins Land der Israeliten zu bringen sey? Die Antwort war: sie sollten sie nicht leer, sondern mit einem Schuldopfer für den Gott der Israeliten, ins Land der Israeliten schaffen. Das Schuldopfer sollte aus fünf goldenen Mäusen, und fünf goldenen blinden Hämorrhoidenbeulen bestehen, die eine Abbildung dieser beiden, durch die Gegenwart der Bundeslade, verursachten Landplagen wären, aus Gold gegossen und verarbeitet. — Dieses Schuldopfer sollten sie nun nebst der Bundeslade auf einem mit zwo jungen, des Joches noch ungewohnten, und noch überdies säugenden, d. i. eben noch säugende Kälber habenden Kühen bespannten ganz neuen Wagen in das Land der Israeliten schaffen; Und zwar sollten sie die Kühe mit dem, mit der Bundeslade und dem Schuldopfer beladenen Wagen laufen lassen, wohin sie wollten. Würden nun die Kühe, (von welchen, da sie noch kein Joch getragen, und noch überdies junge säugende Kälber hätten, nach welchen sie sich sehnten, natürlicher Weise zu erwarten war, daß sie sich zum Ziehen sehr dumm anstellen, und nicht aufs Land der Israeliten, sondern auf ihre Kälber zulaufen würden,) in der Straße, aufs Land der Israeliten zu, ordentlich fortgehen: so würde dieses (wirklich eine Art von Wunder!) ein Beweis seyn, daß die beiden Landplagen vom Gott der Israeliten, wegen der Bundeslade, über sie verhängt worden; widrigenfalls aber, wenn die Kühe als solche, die noch kein Joch getragen, und sich nach ihren Kälbern sehnend, ausgleiten, oder aus der Straße weichen: so sey dann dieses ein Zeichen, daß der Israeliten Gott an den beiden Landplagen keinen Antheil, sondern dieselben sie aus blossen Zufall betroffen haben. — Der Rath der philistäischen Priester und Warsager ward befolgt, und — die Kühe wichen nicht aus der Strasse, sondern giengen gerade auf Bethsemes, eine Gränzstadt des Stammes Juda, los, und hielten auf dem Acker eines gewissen Josua von Bethsemes, stille — und die Fürsten der Philister, die diesem Wagen bis an die israelitische Gränze nachgegangen waren, waren Augenzeugen des Wunders. 1 Sam. 6, 1-16. — der Rath, den die Priester und Warsager der Philister gaben, dem Gott der Israeliten ein aus goldenen Mäusen und Hämorrhoidenbeulen bestehendes Schuldopfer, das folglich ihre beiden damaligen Landplagen sinnbildlich vorstellte, der in das Land der Israeliten zu schaffenden Bundeslade beizulegen, ist dem sinnlichen Orient ganz angemessen, und sollte den Gott der Israeliten, durch die Abbildung ihrer Plagen, an die Plagen selbst erinnern, (vermutlich denken die Leser hier auch an die eherne Schlange, 4 Mos. 21, 9.) und, durch den Wert des Schuldopfers selbst, den erzürnten Gott versönen. — Es war überhaupt eine Gewonheit des Altertums, daß, wenn eine Stadt, oder ein Land mit einer gewissen Landplage heimgesucht wurde, die Telisman, oder Talismans gefragt, und auf ihren Rath ein Bild der Landplage, unter dem Einfluß eines gewissen Gestirns, aufgerichtet wurde. Nach Taverniers Erzälung ists noch heutiges Tages unter den Indianern gewönlich, daß, wenn ein Pilgrim in die Pagode gehet, um von einer Krankheit oder Leibesplage befreit zu werden, derselbe die Figur des leidenden Gliedes, je nachdem es sein Vermögen erlaubt, in Gold, oder Silber, oder Kupfer mitbringt und dem Götzen opfert. S. D. Dodds Anmerk. zu 1 Sam. 6, 4. in Neisons antideist. Bibel, der Panzerschen Uebersetzung, und meine Bibel Th. 2. bey dieser Stelle S. 153 f. — Eine änliche Geschichte erzält auch der Scholiast des Aristophanes (in dem Schausp. Acharnens.) von den Atheniensern: Der Vater Bachus schickte einst, im Zorn, den Atheniensern eine schwere und unheilbare Krankheit an der männlichen Scham zu. Die Athenienser ließen hierauf, nachdem sie lange Medikamente und Warsagerkünste vergeblich gebraucht hatten, das Orakel fragen, welches die Antwort ertheilte: „die einzige Hofnung zur Wiedergenesung wäre, wenn sie dem Gotte sehr große Ehre erzeigten.“ Worauf sie männliche Glieder (aus welcher Materie sie gemacht waren, wird nicht gesagt,) öffentlich und im Geheim aufrichteten.“ — Wir sehen wenigstens hieraus, daß das Altertum es für die gröste Ehre, die man der Gottheit in Landplagen erzeigen könne, gehalten habe, die Plagen, die sie im Zorn über Menschen verhängt, abzubilden, und im Bilde aufzustellen. Sie gaben freilich einen Beweis der unwiderstehlichen Macht und Gewalt der Gottheit über die Menschen, und letzterer ihrer Onmacht ab. Und in sofern ward freilich die Gottheit dadurch geehrt. —

Aethiopien.

Luther setzt dafür Mohrenland. S. Cusch.

Affen

Kommen mit unter den Gütern vor, die Salomons Flotte, vermutlich aus Ophir oder Afrika, dessen Küsten die Tharsische Flotte allezeit paßiren mußte, mitbrachte, 1 Kön. 10, 22. 2 Chron. 9, 21. — Dieses Thiergeschlechte ist dem Menschen wenig nützlich. Salomo ließ diese Thiere also vermutlich, nur zur Lust mitbringen, weil ihre wunderlichen Bewegungen dem müßigen Zuschauer zur Unterhaltung sind, welches sich, da der Luxus an Salomons Hofe ziemlich hoch gestiegen war, eben sowol erwarten läßt, als dieses Thiergeschlechte auch von europäischen Fürsten zur Lust gehalten wird. Vermutlich machte Salomo auch andern benachbarten Königen Geschenke damit, und es kan auch seyn, daß sie, so gut wie andere ausländische Güter, die Salomons Flotte mitbrachte, zum Verkauf und Tausch an benachbarte Völker gebraucht wurden. Doch ist es warscheinlicher, daß die Flotte nur wenige Affen, als ausländische und sonderbare Thiere, dem Könige und dem Hofe zur Lust, mitgebracht habe.

Da der Affen in der Bibel weiter nicht erwänt, nie auf sie angespielt, und nie ein Bild von ihnen entlehnt wird: so hätt ich nicht nötig, hier von der Naturgeschichte der Affen weiter etwas zu sagen; allein, weil man doch vielleicht einige naturhistorische Nachrichten von diesem Thiergeschlechte hier erwarten möchte: so theile ich folgendes Wenige mit:

Das Affengeschlecht gränzt unter allen Thiergeschlechtern am nächsten an den Menschen, in Ansehung ihrer Stellung des Leibes sowol, als der Bildung der Theile. Sogar das Gesicht der meisten Affen ist kal, die Augenlieder mit Wimpern versehen, und der äußere Bau der Ohren fast ganz den Menschenohren änlich. Nur ist der Vorderkopf hervorstehender, der Scheitel flächer, die Nase unten platter, das Maul von den Augen weiter entfernt, als beim Menschen. Die Lippen verlieren sich einwärts, ohne sonderliche Ränder, die vier obern Vorderzäne stecken in einem abgesonderten Knochen; im Maul befinden sich bey den meisten Affen zween auf dem Unterkiefer liegende Säke oder Beutel, worinnen sie diejenigen Speisen aufbewaren, die sie nicht gleich verzeren wollen. Sie haben keine Fersen und keine Waden, und so lange Zehen wie unsere Finger, so, daß sie eher vier Hände, als Hände und Füße zu haben scheinen: — Ihr Vaterland ist die Zone zwischen den Wendezirkeln, wo sie sich Schaarenweise, zu Hunderten und Tausenden bey einander aufhalten, gemeinschaftliche Magazine anlegen, Schildwachen ausstellen, und Nachläßigkeit an denselben bestrafen. Ihre Speise sind Früchte, Blätter, Getreide — wiewol einige Gattungen unter ihnen auch animalische Sachen lieben. — Wasser ist ihr natürliches Getränke. Sie sind gelehrig, und können zu allerhand menschlichen Diensten abgerichtet werden, lernen bald die Sprache der Menschen verstehen, nie aber sie sprechen, ob sie gleich alle zur Hervorbringung menschlicher Töne erforderliche Organen haben. Sie werden auf verschiedene Art, mit List, gefangen. S. Eberts Naturlehre rc. Th. 2. S. 559. — Die Affen theilen sich in drey Hauptgattungen: 1) in die eigentlichen oder ungeschwänzten Affen, worunter der Orang-Utang (der sich wieder in zwo Gattungen, nämlich in den größern Waldmenschen, oder Pongo, der dem Menschen an Größe gleich, und an Stärke noch überlegen ist, und in den kleinern Waldmenschen, (Jocko, oder Enjoko,) der ungefär drittehalb bis drey Fuß lang ist, theilt;) ferner der Gibbon, oder langarmige Affe, dessen Arme, wenn er aufrecht steht, bis auf die Erde reichen, und der gemeine Affe, (Simia Silvanus) der aus Aethiopien, Arabien und Indien nach Europa gebracht wird, die merkwürdigsten, und an Gestalt, Geschicklichkeit und Lenksamkeit dem Menschen am änlichsten sind. 2) In die kurzgeschwänzten Affen, oder Paviane, welche auf vier Füßen gehen, und überaus wild und unverschämt sind. Der braune Pavian, (Simia Sphinx) der die heißesten Gegenden von Afrika bewont, ist der wildeste und geilste unter allen. — 3) In die langgeschwänzten oder Meerkatzen. — Die eigentliche Meerkatze (Simia Cynamolgos) ist dem gemeinen Affen ohne Schwanz sehr änlich, und wird an der westlichen Küste von Afrika häufig gefunden.

Die gemeinen ungeschwänzten Affen (Simia Silvanus) etwa auch der braune Pavian (Simia Sphinx) und die eigentliche Meerkatze (Simia Cynamolgos) scheinen mir diejenigen Gattungen von

Assen zu seyn, die Salomons Flotte (die vermuthlich in Ophir d. i. an den südlichen und westlichen Küsten von Afrika am meisten beladen ward, oder die meisten Produkte, gegen inländische palästinische Produkte da eintauschte,) mitbrachte.

## Afrika.

Dieser Welttheil, sonderlich dessen südliche und westliche Küsten, kommen in der Bibel unter dem Namen Ophir vor. S. Ophir. — Das merkwürdigste Land in Afrika ist Aegypten, oder wie es Luther schreibt, Egypten, (s. unten.) — Hams Nachkommen haben Afrika größtentheils bevölkert, 1 Mos. 10, 6. ff. 1 Chron. 1, 8. ff.

## Aftersabbath.

Luc. 6, 1. σάββατον δευτερόπρωτον, gleichsam der „ander-erste Sabbath" d. i. derjenige Sabbath, der in gewisser Rücksicht der erste, und in gewisser Rücksicht der andere Sabbath nach dem Passa- oder Osterfeste war. Das Wort Sabbath muß man sich hier in gedoppelter Bedeutung denken: 1) Sabbath im eigentlichen Verstande, der der siebente Tag einer jeden Woche, (allezeit vom Sonntage an gerechnet,) oder der Sonnabend ist. 2) Der siebente Tag von dem Tage nach dem andern Ostertage an gerechnet, der nur dann auf den Sonnabend fiel, wenn der Tag nach dem andern Ostertage ein Sonntag war. Sonst aber war es irgend ein anderer Wochentag, je nachdem das Osterfest, oder der vierzehnte Nisan auf diesen oder jenen Tag fiel. Kurz: Sabbath heißt hier soviel, als eine volle Woche. — Nun sollten die Israeliten, vom ersten Tage nach dem andern Ostertage an, sieben ganze Sabbathe zählen; (d. i. sieben volle Wochen,) und am ersten Tage nach der siebenten Woche sollte das Pfingstfest gefeiert werden. 3 Mos. 23, 15. 16. — In diesen sieben Wochen, oder eigentlich funfzig Tagen, gabs nun gleichsam zweierlei Sabbathe, nämlich a) die Sabbathe im engern Verstande, oder die Sonnabende. — b) allezeit die siebenten Tage vom ersten Tage nach dem andern Ostertage an gerechnet, die wegen des Pfingstfestes wol gezählt und gemerkt werden mußten. — Um nun diese sieben Sabbathe (No. b) d. i. siebente Tage der sieben Wochen zwischen Ostern und Pfingsten, von den eigentlich sogenannten Sabbathen oder Sonnaben (No. a) zwischen eben diesen beiden hohen Festen von einander zu unterscheiden, nennte man jene Sabbathe, (No. b) zum Unterschiede von den eigentlichen sogenannten Sabbathen (No. a) — die andern Sabbathe; und zwar hieß der erste siebente Tag, vom ersten Tag nach dem andern Ostertage an gerechnet, der ander-erste Sabbath σάββατον δευτερόπρωτον (Luc. 6, 1.) — der andere siebente Tag vom x. hieß der ander-andere Sabbath σάββατον δευτεροδεύτερον; der dritte siebente Tag vom x. hieß der ander-dritte Sabbath σάββατον δευτερότριτον; der vierte siebente Tag vom x. hieß der ander-vierte Sabbath σάββατον δευτεροτέταρτον und so weiter, bis σάββατον δευτεροέβδομον der ander-siebente Sabbath, auf welchen dann das Pfingstfest, als der funfzigste Tag, unmittelbar folgte. — Die eigentlich sogenannten Sabbathe, oder Sonnabende, zwischen Ostern und Pfingsten hingegen, wenn man sie zählen wollte, wurden geradeweg „der erste Sabbath, der andere Sabbath x." genannt. — Historische Nachrichten haben wir nicht davon; es fließt aber alles aus dem Ausdruck: σάββατον δευτερόπρωτον Luc. 6, 1. von selbst.

## Agabus.

Ein Mann aus Judäa, der die Gabe der Weissagung hatte, und daher auch ein Prophet genennet wird. Apostg. 11, 27. 28. Kap. 21, 10. — Er prophezeite eine große Hungersnoth, die auch unter der Regierung des Kaisers Claudius erfolgte. S. die erstere Stelle. Ferner: Als er den Apostel Paulus in Cäsarien besuchte, nam er Pauli Gürtel, band dessen Hände und Füße damit, und sagte dabey, „den Mann, dem der Gürtel gehöre, (Paul.) würden die Juden zu Jerusalem auch so binden. Und es geschah. S. Apostg. 21, 8-13.

## Agag.

Ein, wie es scheint, gemeinschaftlicher Name der Könige der Amalekiter, wie Pharao der ägyptischen, Ablrreiech der philistinischen Könige x. 4 Mos. 24, 7. 1 Sam. 15, 8. 9. 32. 33. — Er kan es auch der Etymologie nach seyn. Denn [illegible] im Arabischen heißt die Hoheit, Erhabenheit, und im Persischen, wo das Wort einheimisch zu seyn scheint, heißt es eine hohe Würde, oder Ehrenstelle; ingleichen hoch oder erhaben, und einer, der eine hohe Würde bekleidet

det. — אֲגַג (Agag) wäre also, von גג abgeleitet, aus der Forma oder Conjug. quadrilit. [illegible] oder [illegible] zu erklären, wo dann nur der zum andernmal wiederholte erste Stammbuchstabe herausgefallen ist, (אֲגַג) wie sonst auch z. B. [illegible] für [illegible] aus [illegible] für [illegible] u. s. w. — Diese verdoppelte Form pflegt auch die Bedeutung zu verstärken, oder zu verdoppeln. Folglich wäre Agag so viel, als „der die höchste Würde (im Volk) bekleidet" — der Höchste d. i. der König. Hr. Prof. Forster leitet den Namen Agag aus dem Coptischen her, wo er so viel als cinctus cinctorum, oder Princeps Principum heiße. S. unten Amalekiter. — Der Name Oganges kommt mit Agag sehr überein, und ist vielleicht mit dem Namen der amalekitischen Könige Agag auf Einem Stamme gewachsen. — Die Agags oder Könige der Amalekiter müssen schon zu Mosis Zeit sehr mächtig, ja die mächtigsten unter allen kananitischen und benachbarten Königen gewesen seyn, wie aus 4 Mos. 24, 7. erhellet, obgleich die Amalekiter ein bloßes räuberisches und dabey äußerst niederträchtiges Volk waren, und dabey gleichsam Erbfeinde der Israeliten. S. Amalekiter.

## Agagiter.

Diesen Beinamen führt Haman, Esth. 3, 1. Kap. 9. 3. Einige glauben, es heiße so viel, als ein Nachkomme von einem amalekitischen König, oder Agag. Allein das sieht sehr unwarscheinlich aus. Denn eben weil Agag ein bloßer Titel, oder Name der Würde und kein Geschlechtsname war: so konten auch die Nachkommen eines solchen amalekitischen Königs sich nicht Agagiten nennen, wenn sie nicht ihrem Vater in dieser Würde folgten; und übrigens ist auch nicht wol einzusehen, wie ein Amalekiter, folglich ein herumstreifender und vom Raub lebender Araber oder Cananiter, an den so sehr gebildeten persischen Hof gekommen sey. Agagi halt ich nicht für einen Geschlechtsnamen, sondern für einen Ehrentitel, der, wie aus dem beim vorigen Artikel „Agag" Angeführten erhellet, in der persischen Sprache so viel, als ein Erhabner, Hoher, zu hoher Würde gelangter, heiße, und dem Haman, wegen seiner erstaunenden Erhöhung, am persischen Hofe gegeben ward. S. Esth. 3, 1. 2. — Vielleicht ward ein persischer Titel, den derjenige führte, der die höchste Charge am persischen Hofe bekleidete, und zu welcher Haman damals erhoben war.

## Agapä.

S. unten Liebesmahle und im zweiten Haupttheil Abendmahl.

## Agar.

S. unten Hagar.

## Agrippa.

Ein Sohn des Herodes Agrippa, und Enkel des Herodes Antipas, der letzte König der Juden, doch, weil er, als sein Vater starb, erst siebenzehn Jahr alt war, und die Römer deswegen Bedenken trugen ihm die Regierung anzuvertrauen, die sie daher durch Gouverneurs verwalten ließen, ward er nur, aller angewandten Bemühungen ohngeachtet, und zwar erst fünf Jahre nach seines Vaters Tode, König über Chalcis, und noch drey Jahre später über die Landschaft Trachonitis, jenseits des Jordans; doch war er in Religionssachen und Priesterangelegenheiten die höchste Instanz seiner ganzen Nation, und wohnte auch meist in Jerusalem in seinem Palast. Er erlebte die Zerstörung der Stadt Jerusalems, und regierte bis zum Jahre Christi 90. Dieser König Agrippas ist es, der Pauls eine öffentliche Vertheidigung zuließ, und durch dieselbe so gerührt wurde, daß er, in Gegenwart des Statthalters Festus, Paulo zurief: „Es fehlet nicht viel, du überredest mich, daß ich ein Christ würde." Apostg. 26, 28. Außer V. 1. 2 ff. und V. 30. 32. dieses Kapitels wird auch noch Kap. 25, 13. dieses Königs gedacht. —

## Agur.

So heißt der Verfasser des Kap. 30. der Sprüche Salomons, oder der in diesem Kapitel enthaltenen Aussprüche. Wir haben weiter keine Nachricht von ihm, als was Spr. Sal. 30, 1. von ihm steht, daß er ein Sohn Jakes oder Jitzahs gewesen. Von diesem Jake oder Jitzah wissen wir noch weniger. Einige haben den Namen Agur dem Salomo, und den Namen Jake dessen Vater David aufdringen wollen; allein ganz ohne, wenigstens ganz ohne irgend einen erträglichen, Grund. Fürs Gegentheil, daß nämlich Agur eine vom Salomo verschiedene Person sey, hat man, außer dem ganz von dem Namen Salomo verschiedenen Namen Agur, und eben so verschiedenen Namen des Vaters dieses Agur, von dem berühmten Namen

men des Vaters des Salomo, auch noch der offenbar verschiedene Schreibart der agurischen Sprüche Kap. 30. von den Sentenzen Salomons. Agur war also vermuthlich ein vom Salomo verschiedener, ungewiß ob vor oder zu, oder nach seiner Zeit lebender Weiser, dessen Denksprüche der Sammler der Sprüche Salomons für werth hielt, sie jenen beyzufügen.

## Ahab.

1) Ein Sohn Amri, der siebente König in Israel. Ein in jedem Betracht schlechter und niederträchtiger König. Den vom Jerobeam eingeführten Bilderdienst zu treiben, war ihm noch zu wenig. Er ward ein gänzlicher Götzendiener; zu welchem Unsinn ihn seine Gemahlin Isebel, eine Prinzeßin des sidonischen und folglich canaanitischen Königs Ethbaal verleitet haben mochte. 1 Kön. 16, 30-33. Kap. 18, 19. — Der Prophet Elias kündigte ihm eine allgemeine Hungersnoth an, die auch erfolgte. 1 Kön. 17, 1 ff. Kap. 18, 2. — Er verfolgte deswegen den Propheten, der sich daher vor ihm verbergen mußte. Kap. 17, 3. ff. Kap. 18, 7-12. — nachher aber sich ihm zeigte und sein abgöttisches Wesen öffentlich zu Schanden machte, die Götzenpriester schlachtete, und die Ehre des wahren Gottes rettete, der auch bald darauf einen Regen gab, dessen langes Aussenbleiben Miswachs — und die Hungersnoth verursacht hatte. Kap. 18, 1 ff. Sonst ist noch von ihm zu merken: sein zweimaliger Sieg in zween Feldzügen wider die Syrer. 1 Kön. 20. Sein niederträchtiges Verlangen nach Naboths Weinberge, den er ohne Bedenken in Besitz nahm, als Isebel den Naboth auf die schändlichste Weise hatte ums Leben bringen lassen. Kap. 21, ff. — Seine unglückliche Schlacht mit den Syrern bey Ramoth, zu welcher er sich von falschen Propheten rathen ließ, und dem Propheten Micha, der ihm abgerathen hatte, kein Gehör gab; in welcher Schlacht er auch, seiner gebrauchten Vorsicht und List der Verkleidung ohngeachtet, tödlich verwundet wurde, und bald darauf starb, und zu Samaria begraben ward. 1 Kön. 22, 1-38. (Daß Ahabs blutiger Wagen von Huren gewaschen worden, sagt nur Luthers Uebersetzung, nicht so gewiß das Original. S. m. Bibel Th. 2. bey V. 38. —) Ahab baute auch einen prächtigen Palast, dessen Zimmer inwendig am Getäfel mit Elfenbein ausgelegt war, und befestigte auch einige Städte. 1 Kön. 22, 39. — Ahabs 71 männliche Nachkommen, und sonst alle, die zu Ahabs Hause gehörten, und auf dessen Seite waren, werden auf göttlichen Befehl (2 Kön. 9, 6. 7. 8.) von Jehu hingerichtet. Kap. 10, 1-11.

2) Ein falscher Prophet unter den jüdischen Exulanten in Babylonien, der, nebst Zedekia, die Juden zu überreden suchte, sie würden bald wieder in ihr Land kommen, und sie dadurch veranlaßte, daß sie sich als solche, die nicht lange mehr in Babylonien bleiben würden, nicht anbaueten, und überhaupt nicht so bezeigten, wie es ihnen gebührte. Der Prophet Jeremias schrieb daher einen Brief an diese betrogenen Exulanten, und ermahnte sie, sich anzubauen und als gute Bürger in Babylonien zu beweisen; denn sie würden siebenzig Jahre im Exilium bleiben müssen. — Sie sollten den beiden Lügenpropheten Ahab und Zedekia, (als welchen Ehebruch vorgeworfen wird, welche Schandthat den Exulanten freilich gleich die göttliche Sendung dieser beiden vorgeblichen Propheten hätte verdächtig machen sollen,) nicht glauben. Diese Lügenpropheten würden auch — schon von Nebucadnezar — der sie verbrennen lassen würde, ihren verdienten Lohn bekommen. — Den Brief des Propheten Jeremia enthält das Kap. 29. seiner Weissagungen.

## Ahaliab.

Ein geschickter Künstler aus dem Stamme Dan, ein Sohn Ahisamachs, der mit dem Bezaleel die Stiftshütte und ihre Geräte verfertigen helfen mußte. 2 Mos. 31, 6. Kap. 35, 34 ff. K. 36, 1. 2. K. 38, 23.

## Ahalibama.

Eigentlich Oholibama. 1) Eine von Esaus Weibern, eine Tochter des Ana, eines Heviters, wie sein Vater Zibeon ausdrücklich genannt wird. 1 Mos. 36, 2. 5. 18. — In einer andern Stelle Kap. 26, 34. wird Oholibama Judith, ihr Vater Ana, Beri, und dieser ein Hethiter genannt, und nach der vorigen Stelle war sie eine Heviterin. Diese Namensverschiedenheit gründet sich auf die Gewohnheit der Morgenländer, Personen, von gewissen merkwürdigen Begebenheiten ihres Lebens, neue Namen zu geben. So ward Jacob auch Israel, Abram Abraham, Sarai Sara, Gideon Jerubbaal (Richt. 7, 1.) genannt und s. w. — Man darf nur die Bücher Samuels, der Könige und Chronik mit einander vergleichen, um eine

ganze

ganze Menge Beispiele von verschiedenen Namen Einer Person zu finden. — Daß aber Oholibama nach 1 Mos. 36, 2–5. 18. von einem Heviter und nach K. 36, 34. von einem Hethiter abstammen soll, ist unerklärbar, wenn man nicht annimt, daß in einer von beiden Stellen ein Schreibfehler liege, und vermutlich ist die leztere Stelle zu ändern, und für Hethiter Heviter zu sezen.

2) Ein Fürst der Edomiter. 1 Mos. 36, 41. 1 Chron. 1, 52.

### Ahas.

1) Der zwölfte König in Juda, des frommen und rechtschaffenen Königs Jothams Prinz und Thronfolger, (2 Kön. 15, 38. K. 16, 1. 2. 2 Chr. 27, 9. K. 28, 1. Matth. 1, 9.) der sich dem Gözendienst, und zwar dem abscheulichsten unter allen, dem Molochsdienst, ergab, und diesem Unsinn zu folge, dem Gözen Menschenopfer brachte — seinen Sohn opferte. (vielleicht mehrere Söne!) vergl. 2 Kön. 16, 2. 3. 4. mit 2 Chron. 28, 1. 3. 4. sonderlich V. 3. S. meine Bibel Th. 3. bey dieser leztern Stelle.) — Er wurde vom König in Syrien, Rezin und dem Könige in Israel, Pekah, bekriegt Jerusalem von denselben belagert; allein sie konten die Stadt nicht erobern. Rezin zog indessen vor Elath, und eroberte diesen berümten edomitischen Hafen, der seit Davids Zeit den Israeliten, und insbesondere nach der Theilung des Reichs, zum Königreich Juda gehört hatte. — Ahas nam das Geld und Silber im Tempel, und auch von dem, was in der königlichen Schazkammer lag, und erkaufte sich dafür eine Offensivallianz mit dem König von Assyrien, wider die Syrer, der dann auch die syrische Hauptstadt Damaskus belagerte und eroberte, die Einwoner nach Kir in Medien fürte, und den König Rezin tödtete. Ahas, der dem König von Assyrien nach Damaskus entgegen gieng, sah daselbst einen großen (Gözen-) Altar. Nach demselben ließ er auch in Jerusalem in dem Tempel einen machen, den alten Opferaltar wegnehmen und in eine Ecke stellen, und seinen neuen Altar an dessen Stelle sezen. Dieses alles, nebst dem, was er sonst noch Ungebürliches in und an dem Tempel vorgenommen hat, wird 2 Kön. 16, 5–20. 2 Chron. 28, 5–27. erzält, an welchem leztern Orte noch viele wichtige Supplemente zu der 2 Kön. 16. erzälten Regierungsgeschichte vorkommen. Vergl. Jes. 7, 1. ff. Ahas regierte sechzehn Jahre. 2 Kön. 16, 2. 2 Chron. 28, 1.

Von den Stufen des Ahas 2 Kön. 20, 11. Jes. 38, 11. s. unten Stufen.

2) Ein Sohn des Micha, Meribaals Enkel. 1 Chron. 9, (8) 35. Kap. 10, 42.

### Ahasja.

1) Ein Prinz und Thronfolger des durch seine Regierung sich schlecht auszeichnenden, niederträchtigen und dem Gözendienst äuserst ergebenen israelitischen Königs Ahabs, welcher als achter König in Israel zwey Jahr regiert. 1 Kön. 22, 40. 52. Er war ganz Nachamer seines schlechten Vaters, und seiner noch weit schlechtern Mutter. v. 53. 54. Er hatte mit Josaphat, dem Könige in Juda, gemeinschaftlich im Hafen zu Ezeongeber eine Flotte nach Tharsis erbauet und ausgerüstet, die aber, um seinetwillen, zu Ezeongeber scheiterte. 2 Chron. 20, 35. 36. 37. vergl. mit 1 Kön. 22, 49. Daher sich Josaphat zum andernmal auf sein Ansuchen nicht wieder mit ihm zum gemeinschaftlichen Seehandel verbinden wollte, 1 Kön. 22, 50. Thut einen tödlichen Fall durchs Gitter in seinem Saal (vom Oberhause), da er sich vermutlich an das Gitterwerk, welches entweder um die äusere Seite eines angebauten Altans oder flachen Daches, zur Sicherheit gemacht war, lehnte, welches aber zerbrach, und er also herabstürzte. Läßt Baal-Sebub, den Gott zu Ekron, wegen des Ausschlags seiner Krankheit um Rath fragen, 2 Kön. 1, 2. Dieses zu verhindern, muß der Prophet Elias den Boten auf dem Wege nach Ekron begegnen, und ihm auf göttlichen Befehl durch diesen den Tod lassen ankündigen. Er schickt hierauf dreimal ein Commando von 50 Mann aus, um Elias aufzuheben und vermutlich hinrichten zu lassen. S. Hezels Bibel Th. 2. V. 3. ff. Stirbt nach dem Wort des Herrn V. 17.

2) Der jüngste Prinz Jorams des Königs in Juda, 2 Kön. 8, 24. vergl. mit 2 Chron. 22, 1. hieß auch Joahas, 2 Chron. 21, 17. Er war der sechste Thronfolger unter den Königen in Juda, und regierte nur ein Jahr; 2 Kön. 8, 25, 26. thät, das dem Herrn übel gefiel, daselbst V. 27. War von Jehu getödtet, Kap. 9, 27. 28. Desgleichen seine 42 Brüder. Kap. 10, 13. 14.

## Ahasverus.

Nach seinem Ursprung ist dieses ein persischer Name, und heißt so viel, als der Majestätische, oder ein majestätischer Fürst. Diesen Namen Ahasverus legten die Perser, und insonderheit die im persischen Reich wohnenden Juden, aus Hochachtung und Ehrfurcht, vielleicht nur lobenswürdigen und glänzenden Regenten, deren Charakter und äußerer Glanz der Bedeutung dieses Ehrennamens entsprach, als Zunamen bey; daher kan es vermuthlich gekommen seyn, daß die heiligen Scribenten einigen zur jüdischen Geschichte gehörigen persischen und medischen Königen, auch diesen unter ihrem Volke, seit der babylonischen Gefangenschaft, gar wol bekannten Namen, beilegen, die von Profanscribenten ganz anders genennt wurden, d. i. eigentlich andere Namen führten. — Den Namen Ahasverus finden wir 1) Dan. 9, 1. wo Ahasverus des Darius, d. i. Cyaxares des andern, Vater genennt wird. Ahasverus ist hier also Astyages, König in Medien, dessen fünf und dreißigjährige Regierung durch weiter nichts, als durch einen Sieg über die Babylonier, die unter Evilmerodachs Anfürung einen Einfall in sein Land gethan hatten, welcher die entfernte Veranlassung zu dem Untergange Babylons war. Xenophon Cyropaed. I.

2) Esra 4, 6. welches des Cores (Cyrus) Prinz und Thronfolger war, den die Profanscribenten Cambyses nennen, und ihn als einen allen Lastern ergebenen und grausamen Tyrannen beschreiben. S. Josephs jüd. Alterth. B. 11. K. 2.

3) Desto angemessener war dieser beigelegte Ehrenname dem Könige, welcher uns in seiner ganz ausnehmenden Macht, Größe und glänzenden Pracht im Buch Esther beschrieben wird, dessen eigentlicher Name bey den Hebräern, wie er im Buch Esra und Nehemia vorkömt, Arthasasta war. Dieser war vermuthlich der zweete persische Monarch, ein Prinz und Thronfolger Xerxes, welchen die Geschichtschreiber Artaxerxes Longimanus oder Makrochir nennen. Den ausfürlichen Beweis s. im Th. 3. der Hezelschen Bibel bey Esth 1, 1. a) S. 409 ff. — Er residirte zu Susan, (den Sommer über aber in Ahmeta, s. Ahmeta), herrschet von Indien bis an Mohren, d. i. Äthiopien, über 127. Provinzen, Esth. 1, 1. 2. Macht seinen Fürsten und Knechten (Statthaltern, Generals und Räthen,) ein Mal auf 180 Tage lang. V. 3. 4. Verstößt seine Gemalin Vasthi, wegen ihres Ungehorsams, V. 11 ff. Kap. 2, 1. Nam Esther an deren statt zur Gemalin, V. 8. 9. 10. ließ Bigthan und Theres aufhängen, V. 21, 23. Erhöhet und setzt Haman über alle seine Minister, Kap. 3, 1. Will auf Hamans Vorschlag alle Jüden in seinem Lande umbringen lassen, Kap. 3. 8. 9. wird aber durch seine Gemalin Esther auf andere Gedanken gebracht. Kap. 5, 7. ff. Läßt Haman an den Baum, den dieser für den Mardochai hatte machen lassen, aufhenken, Kap. 7, 9. 10. Legt eine Schatzung aufs Land, Kap. 10, 1.

## Ahelab.

Eine Stadt im Stamme Asser, welche Richt. 1, 31. nebst mehreren andern genennt wird, aus welchen die Asseriten (so wie auch andere Stämme aus andern Städten) die Cananiter nicht vertrieben, sondern sie unter sich wohnen ließen, welches in der angeführten Stelle auf eine mißbilligende Weise erzält wird.

## Ahewa.

Eine Stadt, ingleichen ein bey dieser Stadt vorbeifließender Fluß, wo Esra das nach Palästina wieder zurückkehrende Volk versammelte, und einen Fasttag ausrufen ließ. Esr. 8, 15. 21. Im V. 15. wird der Fluß nicht genannt, sondern es heißt nur: „Und ich versammelte sie an dem Fluß, der bey Ahava fließt rc." Im V. 21. aber heißt der Fluß (im Original) selbst Ahava, und vermuthlich hatte er auch diesen Namen mit der Stadt gemein. Die Lage der Stadt und des Flusses Ahewa ist ungewiß. Natürlicherweise sollte man beide in Babylonien suchen; allein weil man in diesem Lande nicht die geringste Spur von dem Namen der Stadt oder des Flusses Ahewa (oder Ahava) mehr findet: so haben einige beide nach Assyrien gesetzt, und den Fluß Ahewa für den Fluß Diava oder Adiaba in Adiabene, und die Stadt Ahewa für Abana oder Arbane gehalten, die Ptolemäus an den Fluß Adiava setzt. In wie fern diese Lage mit der Geschichte zu reimen sey, habe ich in meiner Bibel Th. 3. bey Esr. 8, 15. a) S. 311. gezeigt.

## Ahia.

1) Ein Sohn Ahitobs, war zu König Sauls Zeiten Hoherpriester zu Silo, (welches die Worte: er trug den Leibrock, den kurzen Obermantel, das charak-

charakteristische Stück der hohenpriesterlichen Kleidung, auf welchem das Brustschild befestiget war, anzeigen,) und befand sich bey Saul im Lager wider die Philister. 1 Sam. 14, 2. 3. sollte auf Sauls Befehl die Bundeslade ins Lager bringen, um dadurch seine Leute des göttlichen Beistandes zu versichern, und ihnen Mut einzuflößen. 1 Sam. 14, 18. Er heißt sonst Ahimelech, 1 Sam. 22. 1 ff. S. Ahimelech.

2) Ein Prophet zu Silo, zu Zeiten Salomonis. 1 Kön. 11. 29. Zerriß seinen neuen Mantel in zwölf Stücke, und ließ Jerobeam davon zwölf Stück zum Zeichen nehmen, daß ihm Gott von dem Königreich Salomons zehen Stämme geben wolle. V. 30. 31. vergl. mit Kap. 12, 15. War wegen hohen Alters blind, Kap. 14, 4. Mußte dem abgötischen Jerobeam die Strafgerichte Gottes ankündigen, V. 7. ff. In seinen Prophezeihungen oder Weissagungen ist mit die Geschichte Salomons enthalten. 2 Chron. 9, 29.

3) Der Vater des gottlosen Königs über Israel, Baesa, 1 Kön. 15, 27.

4) Ein Levit, welchen David zum Aufseher und Schatzmeister über die Schätze des Hauses Gottes gesetzt hatte. 1 Chron. 27, 20.

5) Wird gemeiniglich in 1 Chron. 2, 25. unter diesem Namen der fünfte Sohn Jerahmeels, ein Enkel Hezrons verstanden. Allein da in dieser Stelle der Name Ahia nicht mit dem Namen Ozem im Hebräischen verbunden ist, (da doch Buna, Orem und Ozem die Verbindung haben,) so kann man aus folgendem 26 Vers vermuten, daß in diesem 25 Vers durch Ahia diejenige Frau des Jerahmeel zu verstehen wäre, mit welcher er die vier Söhne Ram, Buna, Orem und Ozem gezeugt habe. S. Hezels Bibel Th. 3. bey dieser Stelle.

6) Einer von den Helden Davids, ein Peloniter, 1 Chron. 12, 36.

7) Einer von den Oberhäuptern der Familien des Volks Israels zu Nehemiä Zeiten. Nehem. 10, 26.

## Ahimaaz.

1) Der Vater Ahinoam, der Gemalin des Königs Sauls. 1 Sam. 14, 50.

2) Der Sohn des Priesters Zadok, 2 Sam. 15, 27. 1 Chron. 7, 8. und Vater Asarja, 1 Chron. 7, 9. hinterbrachte dem Könige David die von seinem Sohn Absalom wider ihn gefaßten Rathschläge. 2 Sam. 17, 15. 16. 17. Wird als Davids Kundschafter und Spion dem Absalom verraten, aber durch die List eines Weibes errettet, 2 Sam. 17, 8. — bringt David Botschaft von der Niederlage seiner Feinde und Absaloms Tode. 2 Sam. 18, 19. 20.

3) Einer von den zwölf Amtleuten, die über ganz Israel gesetzt waren, davon ein jeder aus seinem Bezirk, den königlichen Hof Salomons jährlich auf einen Monat mit den nötigen Viktualien versorgen mußte. Er war, als Amtmann, oder Einnehmer, über den Stamm Naphthali, und hatte die Basmath, des Königs Salomons Prinzeßin, zur Gemalin. 1 Kön. 4, 7. 15.

## Ahiman.

1) Eine Enakische Familie, die immer, nebst noch zwo dergleichen Familien, Sesai und Thalmai, zugleich genannt wird. Diese drei Familien wonten zu Hebron, welche Stadt von einem alten Enakitern Arba, der sich unter seinem Geschlechte durch vorzügliche Größe auszeichnete, (Jos. 14, 15.) und der, wegen Jos. 15, 13. der Vater der Enakim genennt wird, Kirjath-Arba. d. i. Arba's Stadt hieß, vermutlich weil sie dieser Arba zuerst angelegt, oder erbauet hatte. Aus dieser Stadt Arba oder Hebron wurden die drei enakitischen Familien Ahiman, Sesai und Thalmai von dem Stamme Juda vertrieben, Richt. 1, 10. welches Jos. 15, 14. insbesondere dem Caleb zugeschrieben wird. S. Arba. Enak. Hebron.

2) Ein späterer Ahiman, ein Levit und Thorhüter im Tempel zu Jerusalem, nach dem babylonischen Exilium. 1 Chron. 10, (9) 17.

## Ahimelech.

1) Ein Sohn Ahitob, 1 Sam. 22, 9. und Abjathars Vater, 1 Sam. 23, 6. der als Hoherpriester zu Nobe, oder eigentlich Nob, wohin vermutlich Saul die Stiftshütte von Silo hatte bringen lassen, nebst vielen gemeinen Priestern, wonte. 1 Sam. 21, 1. Gab dem David, welcher vor Saul, seinem Feinde, auf der Flucht begriffen war, und ihn mit Unwarheit hintergieng, die Schaubrodte und das Schwerd Goliaths, V. 2. 6. 9. Wird deswegen von Doeg verraten, 1 Sam. 21, 7. Kap. 22, 9. 10. und nebst 85 Priestern hingerichtet. V. 16. Hieß vorher auch Ahia. 1 Sam. 14, 3. 18. S. Ahia. Beim Marc. 2, 26. wird ihm auch der Name Abjathar beigelegt.

2) Ein Hechiter, welcher unter den Helden Davids, bey dessen Flucht vor Saul, war, 1 Sam. 26, 6.

3) Einer aus Ithamars Nachkommen, 1 Chron. 25 (24), 3. Abjathars Sohn V. 6. nämlich desjenigen Abjathars, der den Händen Sauls mit dem Leibrocke, oder hohenpriesterlichen Obermantel, entkam und zu David flohe, 1 Sam. 22, 20. Kap. 23, 6. Wird auch 1 Chron. 19 (18), 16. Abimelech genannt. Er und Zadok waren unter der Regierung Davids Priester, 2 Sam. 8, 17. und bey der von David angestellten Musterung und Classifikation der Priester war er das repräsentirende Oberhaupt der Nachkommen Ithamars. 1 Chron. 25, 3. 4. S. Hezels Bibel Th. 3. bey dieser Stelle.

## Ahinoam.

1) Die Gemalin Sauls, eine Tochter Ahimaaz. 1 Sam. 14, 50.

2) Eine von den Gemalinnen Davids von Jisreel, mit welcher er zur zweiten Ehe schritt, als er seiner ersten Gemalin, der Michal, vom Saul beraubt war. S. Hezels B. Th. 2. bey 1 Sam. 25, 43. 44. vergl. mit 2 Sam. 3, 13. 8. Wurde zu Ziklag von den Amalekitern gefangen mit weggeführet, vom David aber wieder errettet, 1 Sam. 30, 5. 18. Zog mit David gen Hebron, 2 Sam. 2, 2. Gebar David seinen erstgebornen Sohn, Amnon, 2 Sam. 3, 2. 1 Chron. 3, 1.

## Ahio.

Ein Sohn des Leviten Abinadab, welcher mit seinem Bruder die Bundeslade begleitete, die man dem im 4 Mos. 4, 15. ertheilten göttlichen Befehle zuwider auf einem (obgleich noch unentweihten neuen) Wagen aus seines Vaters Hause nach Jerusalem bringen wollte, 2 Sam. 6, 3. Er gieng vor der Lade Gottes her, V. 4.

## Ahitophel.

Davids geheimder Rath und erster Minister. 1 Chron. 28, 33. Er war ein einsichtsvoller Staatsmann und glücklicher Rathgeber, 2 Sam. 16, 23. Mußte vom David vom Kopf gestoßen seyn, weil er seinen Hof verlassen, und sich in seine Geburtsstadt Gilo begeben hatte, ja auch so leicht die mißliche Parthei Absaloms ergriff. 2 Sam. 15, 12. Und zwar scheint er mit vollem Verdruß den Hof Davids verlassen, und sich nachher zur Parthei Absaloms geschlagen zu haben, weil er sich, wenn nach 2 Sam. 11, 3. vergl. mit 2 Sam. 23, 34. die von David zum Ehebruch verführte und ihres rechtmäßigen Ehegemals beraubte Bathseba die Tochter Eliam und mithin Ahitophels Enkelin war, durch diese, an seiner Enkelin und deren Gemal verübte, gedoppelte schlechte That Davids, empfindlich beleidiget fand; ohngefähr wie Absalom, der es seinem Halbbruder Amnon lange nachtrug, daß er seine Schwester Thamar geschändet hatte, bis er ihn endlich noch wirklich ermordete, 2 Sam. 13. Er war der Vater des Eliam, welcher einer unter den Kriegshelden Davids war, 2 Sam. 23, 34. trat auf die Seite Absaloms. 2 Sam. 15, 12. 31. Rieth Absalom, seines Vaters Kebsweiber, nämlich die nach Kap. 15, 16. von David zur Aufsicht und Verwahrung des königlichen Palastes zurückgelassenen zehen Concubinen zu beschlafen, Kap. 16, 20. (Aus was für Absicht? s. Hezels Bibel, Th. 2. bey dieser Stelle.) Begeht an sich den Selbstmord, weil er, da es nicht nach seinem Anschlag gieng, einen höchst unglücklichen und für sich äuserst nachtheiligen Ausgang vorher sah. Kap. 17, 23. — Gott erfüllte hierdurch, dem Anfange nach, den Wunsch Davids: Herr! mache Ahitophels Rathschlag zur Narrheit. (vereitle ihn.) 2 Sam. 15, 31.

## Ahmetha.

Eine Stadt in Meden, wo ein königliches Schloß, die königliche persische Schatzkammer, und in derselben das königliche Archiv gewesen. Der Name dieser Stadt, Ahmetha, kommt bey Profanscribenten nirgends vor, und doch muß es eine Hauptstadt in Meden gewesen seyn, weil nach Esr. 6, 1. 2. wo derselben allein gedacht wird, ein königlich persisches Schloß, und sogar die königliche Schatzkammer und das königliche Archiv daselbst war; vermuthlich kommt also diese Stadt bey den Profanscribenten nur unter einem andern Namen vor. Es ist ohne Zweifel die vom Dejoces erbaute medische Hauptstadt Ecbatana, wo ein königliches Schloß und die königliche Schatzkammer war, und wo sich die Könige von Persien den Sommer über aufhielten, (wie den Winter über in Susan). Und Ahmetha heißt gerade im Persischen so viel, als eine Sommerwonung. S. Ecbatana.

## Ahorn.

Πλάτανος. Sir. 24, 19. Blos in dieser Stelle hat Luther den Ahornbaum; allein er kommt sonst noch zweimal in der Bibel vor, und zwar unter dem hebräischen Namen ערמון 1 Mos. 30, 37. Ezech. 31, 8. wo Luther Castanien übersetzt. Die alten Uebersetzer hingegen haben hier in beiden Stellen mit Recht den Ahornbaum. LXX. πλάτανος. Vulg. Platanus. Syrer: ܕܘܠܒܐ (Dulbo). Araber: دُلْب (Dolb). Chaldäer: דולבא. Diese drei letztern Wörter, die alle auf einem Stamme gewachsen, und blos dialektmäßig verschieden sind, bezeichnen ebenfalls den Ahornbaum, wie nur aus dem Avicenna (Can. Med. 1. 155. 2a. u. s. w.) der das arabische Wort دُلْب (Dolb) sehr oft von diesem Baume braucht, offenbar erhellet. — Bey unsern Botanikern heißt er Platanus orientalis, auch Acer montanum candidum; orientalischer weisser Bergahorn, ingl. Wald-Eschenbaum und Maßholderbaum. — Orientalischer Ahorn wird er genannt, weil er im Orient einheimisch ist. Er ist aber auch in Griechenland, Italien, und in andern europäischen Provinzen, auch in Deutschland, angepflanzt und naturalisirt worden, und man findet ihn bey uns auch hin und wieder in den Wäldern. — Bergahorn (ζυγία) heißt er, weil diese Art gern an Bergen wächst, zum Unterschiede von dem auf dem ebenen Lande wachsenden; Weisser Bergahorn aber, zum Unterschiede von dem gelben und krausen Bergahorn. —

Der orientalische weisse Bergahorn ist ein schöner, hoher und ansehnlicher Baum

— — — Platano conspectior alta.

Ovid.

— — — Ramis sidera celsis petit.

Martial.

in dem Umfange wie eine Linde. (Plinius N. G. B. 16. K. 15.) — Wenn er frei stehet, wächst er sehr in die Breite, sehr dicht und stark belaubt, und wirft einen großen Schatten. (Nemoroso vertice [schreibt Plinius B. 12. K. 1.] et se vastis protegens ramis, arborum instar, agros longis obtinens umbris.) Hieher gehört die Stelle Ezech. 31, 8. auch Sir. 24, 19. Er läßt sich wie eine Linde ziehen, Hütten und Speisesäle auf seiner Krone bauen u. s. w. wie ihn denn deswegen auch die Römer sehr ästimirten, und an ihre Häuser, in die Höfe und Gärten, Alleen rc. pflanzten.

Aedibus in mediis, totos amplexa Penates,
Stat Platanus, densis Caesariana comis.

Martial.

Alle römische Dichter besangen ihn als einen sehr ansehnlichen, wolthätigen, anmutigen und beliebten Baum. — Er wächst wie die Linde, schnell, doch schneller in der Ebene und in gutem lockern Erdreich; noch geschwinder gedeihet er zu einer ansehnlichen Höhe und Stärke, an feuchten Orten, oder am Wasser.

Quam Platanus rivo gaudet, quam populus unda etc.

Ovid.

Daher heißt es Sir. 24, 19. ὡς πλάτανος ἀνυψώθην ἐφ' ὕδατος, „wie ein Ahornbaum vom Wasser (befeuchtet, — oder: am Wasser) stieg ich empor." — Das alles gilt hauptsächlich von dem Baume, wenn er einzeln, außer dem Gedränge anderer Bäume wächst. Steht er aber unter vielen andern Bäumen, z. B. in den Wäldern: so wächst er minder in die Breite, desto mehr aber in die Höhe.

Der Baum hat große, breite fünf, auch wol noch mehrmal gezackte Blätter, den Weinbeerblättern ähnlich, jedoch spitziger, oben schwarzgrün, unten weißgrau, auf beiden Seiten wollig, weich und dichte, vom Geschmack bitter und anziehend. (Von der Breite seiner Blätter, wo nicht von der Breite, zu welcher sich der ganze Baum selbst ausdehnet — scheint der Baum den von den Römern angenommenen griechischen Namen πλάτανος Platanus erhalten zu haben; πλατὺς heißt breit; πλάτος die Breite.) Diese Blätter hängen an langen, dünnen und röthlichen Stielen, welche länger sind, als die Weinblätterstiele. Die grasgrünen und weißlichen Blüten brechen ebenfalls an einem langen Stiel wie Träubchen hervor, aus deren jedwedem Kelche sich ein Stielchen erhebt, an welchem sich kleine runde (Dioscorides nennt sie σφαίρια B. 1. K. 9.) schwerzige, rauhe und wie mit einer Wolle überzogene und gleichsam geflügelte Früchtchen anhängen; die aus zwei bis drei Fächerchen bestehen, in deren jedem ein mehr weiß

 als

als rundes, hartes und weißliches Samenkorn befindlich ist, so groß als ein Pomeranzenkern, und von unangenehmen Geschmack. Dieser Same wird im Herbstmonat reif. Immer hangen zwo Beeren, oder Früchtchen zwischen zween Flügelchen zusammen, die aber, wenn sie abfallen und fortfliegen, sich trennen, und jede einen Flügel behält, der, wenn die Frucht auf die Erde niederfällt, als das Leichtere allezeit oben ist, damit sich die Frucht desto leichter in eine kleine Höle der Erdfläche senken, die Samenkörner desto leichter keimen, und das Geschlecht dieses Baums fortpflanzen, oder vermehren könne. — Die Rinde des Baums ist gelb und weißlicht, sticht aber gegen das hinter der Schale verborgene kreidenweisse Holz gleichwol sehr ab. Daher Jakob 1 Mos. 30, 37. unter andern auch Stäbe von Ahornbäumen nam, und absatzweise schälte, und diese bunten Stäbe in die Tränkrinnen legte, damit Labans weisse Herrde beim Begatten vor den Tränkrinnen sich daran versehen und lauter, oder doch meist bunte und fleckigte Lämmer werfen möchte, die, nach der zuvor genommenen Verabredung, sein (Jakobs) Lohn sein sollten. —

— Das schöne weisse Holz dieses Baums ward von den Römern sehr hochgeschätzt, und zu Bildhauerarbeit und Hausgeräte, (denn in die Freie, ins Wetter taugt es nicht, weil es, ob es gleich an und für sich hart ist, dann leicht fault,) sonderlich zu Tischen sehr häufig gebraucht. Daher die berümten *Mensae acernae* der Römer. S. *Celsii* Hierobot. Tom. I. p. 512. ff. *Ursini* Arboret. bibl. p. 174. seqq. Vollständ. Lexicon aller Handl. und Gewerbe, Th. 1. Fol. 98. —

## Ai.

1) Eine Stadt, die dem Stamme Benjamin zu Theil ward. Ai heißt so viel als ein Hügel, vermutlich weil sie auf einer Anhöhe stand, welches auch daraus zu erhellen scheint, weil auf der nördlichen Seite dieser Stadt ein Thal war. Jos. 8, 11. Die Lage der Stadt selbst wird Jos. 7, 2. Kap. 12, 9. 1 Mos. 12, 8. Kap. 13, 3. ziemlich genau bestimt. Sie lag ohnweit Bethaven, Bethel gegen Morgen. Sie war eine sehr ansenliche große und volkreiche Stadt, die Josua eroberte. Der erste Versuch wider diese Stadt schlug fehl. Denn die 3000 Mann, die Josua wider diese Stadt abgeschickt hatte, wurden mit ziemlichen Verlust zurück geschlagen. Hierauf eroberte sie Josua durch eine gebrauchte, und bey den Alten, sonderlich Morgenländern, sehr gewönliche Kriegslist. Der dabei gebrauchte Hinterhalt steckte, wärend daß die Ajener der Hauptarmee des Josua, die sich stellte, als näme sie die Flucht, nachsetzten, die Stadt mit Feuer an, und ward völlig in die Asche gelegt. Der König von Ai ward gefangen und an einen Baum aufgehenkt, und die Zal der Niedergehauenen Ajener belief sich auf zwölftausend. Die ausfürliche Geschichte steht Jos. 7. 8. — Zwar war die Stadt noch zur Zeit des Verfassers des Buchs Josua noch ein Steinhaufen, (Jos. 8, 28.) allein sie scheint doch wieder aufgebaut worden zu seyn, wo nicht ganz wieder auf dem alten Platz, doch in der Nähe der alten zerstörten Stadt. Denn Aja Nehem. 11, 31. und Ajath Jes. 10, 28. ist ohne Zweifel das neue Ai, das aber dem alten an Größe und Ansehen nicht gleich gekommen seyn mag. Dieses neue Ai muß aber auch wieder ganz frühzeitig (vielleicht durch die Babylonier; denn Ai war die erste jüdische Stadt, vor welche sie auf ihrem Feldzuge wider Jerusalem kamen. Jericho, welches noch vor Ai lag, gehörte nicht zum Königreich Juda, sondern zum Königreich Israel, 1 Kön. 16, 34.) zerstört worden seyn. Denn schon Eusebius und Hieronymus konnten zu ihrer Zeit kaum noch einige Trümmer davon entdecken, und heutiges Tages ist auch von den Ruinen nicht das Geringste mehr sichtbar. Vergl. Bachiene hist. geograph. Beschreib. von Palästina Th. 2. B. 2. S. 104. ff. —

2) Eine Stadt im Lande der Ammoniter. Jer. 49, 3.

## Aja.

1) Die wieder aufgebaute Stadt Ai. Nehem. 11, 31. S. Ai. No. 1.

2) Ein Fürst der seiritischen Troglodyten. 1 Mos. 36, 24. 1 Chron. 1, 40.

3) Der Rizpa, einer Concubine des Sauls, Vater. 2 Sam. 3, 7. Kap. 21, 8. 10, 11.

## Ajalon

1) Ein Thal. Josua gebot dem Monde im Thal Ajalon stille zu stehen. Jos. 10, 12. Noch heutiges Tages kent und zeigt man dieses Thal, welches sehr schön und anmutig, von Osten gegen Westen zehn englische Meilen lang und fünf Meilen breit ist. Es liegt

liegt dem Ort Sammucie, (zwo Stunden gegen Norden von Jerusalem, auf einem Berge, welches Samuele man für das alte Rama hält,) gegen Norden und Osten. Zur Zeit des Benjamin von Tudela (Itin. p. 41.) hieß dieses Thal Val de Luna, d. i. Mondsthal, von der Geschichte Jos. 10, 12. so genant. S. Pococks Beschreib. des Morgenl. Th. 2. S. 49. und Büschings Asien. S. 381.

2) Die Stadt in diesem Thale. Sie gehörte dem Stamme Dan, ward aber nachher den Leviten zu Theil. Jos. 19, 24. Kap. 21, 24. — Bethsemes, Gederoth, Socho, Thimna und Gamso werden 2 Chron. 28, 18. als benachbarte Städte von Ajalon genant. — Nach Richt. 1, 35. war Ajalon noch nach Josuä Tod in den Händen der Amoriter; der Stamm Ephraim aber machte sie zinsbar. — Zu Sauls Zeit hatten Gathiter (Philister) die Stadt inne, die aber von den israelitischen Familien Bria und Samma daraus vertrieben wurden. 1 Chron. 9, (8) 13. Es scheint beinahe auch, als wenn Ajalon zu der Zeit, da Saul den Sieg über die Philister erfochte, und wie es 1 Sam. 14, 31. heißt, sie von Michmas bis nach Ajalon schlug, noch von Philistern bewont, und noch nicht durch die vorhin genanten beiden israelitischen Familien erobert, oder eingenommen gewesen. — Nach 2 Chron. 11, 5. 10. war Ajalon auch mit unter den Städten, die Rehabeam befestigte. Denn sie gehörte, wie auch Zorga (L. Zarea) zum Königreich Israel. — Unter der Regierung des Königes Ahas ward Ajalon, nebst mehrern andern Städten von den Philistern erobert. 2 Chron. 28, 18. 19. —

Eusebius (Onomast. bey A'iλαμ) nimt außer dem Ajalon im Stamme Sebulon s. Nr. 3.) noch 2 Städte dieses Namens an, die nicht weit von einander gelegen haben sollen, und zwar soll das Ajalon, das Josua (Kap. 10, 12.) meint, zwölf römische Meilen ostwärts von Bethel, nahe bey Gibea und Rama im Stamm Benjamin gelegen haben. Ich habe im Th. 2. meiner Bibel bey dieser Stelle dem Kirchenvater beigepflichtet; allein ich sehe nun Gründe vor mir, seine Aussage für verdächtig zu halten. Das Ajalon des Josua ist ohne Zweifel kein anders, als das im Canton Dan gelegene, das ich vorhin beschrieben habe. Um hier nicht zu weitläuftig seyn zu müssen, verweis ich auf Bachieners hist. geogr. Beschreibung von Palästina. Th. 2. B. 3. §. 469. S. 188. ff. —

3) Eine Stadt im Stamme Sebulon, wo der Richter Elon begraben ward. Richt. 12, 12. man der wie aber nirgends weitere Nachricht finden.

## Ajath.

Jes. 10, 28. Ist die wieder aufgebaute Stadt Ai. S. Ai. Nr. 1.

## Ajephim.

D. i. die Müden und (von Hunger und Durst) Matten und Schmachtenden. So hieß der Ort, wo David auf der Flucht vor Absalom mit seiner, von einem starken Marsch und ausgestandenen Hunger und Durst, müden und schmachtenden Mannschaft, stille lag und Rasttag hielt. 2 Sam. 16, 14. Vermuthlich erhielt der Ort erst von David und dessen Leuten diesen Namen. — Es scheint gar kein bewonter Ort, d. i. weder eine Stadt, noch ein Flecken, noch ein Dorf, sondern blos ein freier Platz gewesen zu seyn, den David bequem fand, mit seiner Mannschaft daselbst auszuruhen ꝛc. —

## Ain.

Heißt Quelle, Brunn. Unter diesem Namen kommt vor:

1) Ain, 4 Mos. 34, 11. wo vermuthlich die zwo deutsche Meilen von Paneas nordöstlich gelegene See Phiala, die aus vielen Quellen entsteht, und ihrer becken- oder schalenförmigen Gestalt wegen den Namen Phiala erhalten hat, und deren Wasser bis nach Paneas, wo der Jordan aus der Erde hervorkomt, unter der Erde fließt, zu verstehen ist. Diese See Phiala ist die eigentliche Quelle des Jordans. Ehemals glaubte man, der Jordan entspringe nordwestwärts von Paneas; allein seit des Vierfürsten Philippus Zeit, der Stroh in den See Phiala werfen ließ, welches bey Paneas oder Cäsarea Philippi, wo der Jordan aus der Erde hervorbricht, wieder zum Vorschein kam, weiß man es gewiß, daß der See Phiala die eigentliche Quelle des Jordans sey. Joseph de bell. Iud. libr. 3. c. 10. Pococke Beschr. des Morgenlandes Th. 2. §. 109. S. 74. und Büschings Asien S. 312. [illegible]

2) Ain, 1 Sam. 29, 1. ist die starke Quelle am Fuß des Gebirges Gilboa, auf der Ebene Jesreel,

oder

oder wie sie nachher genennet wurde, Esdrelon, und noch später Stradela. Es scheint selbst das Gebirge Gilboa den Namen von dieser ansehnlichen Quelle erhalten zu haben. Denn Gilboa heißt eine aussprudelnde Quelle (von גל und נבע). Und eben diesen Namen mag diese Quelle ursprünglich und eigentlich geführt haben. In den spätern Zeiten hieß sie Tubonia, unter welchem Namen Wilhelm von Tyrus (de bell. Sacr. libr. 22. c. 17.) ihrer gedenkt. Er beschreibt sie als eine sehr reichhaltige oder starke Quelle, indem sie hinreichend war, die ganze christliche Armee, die sich der feindlichen türkischen Armee in der Ebene Esdrelon gegenüber gelagert hatte, mit Wasser zu versehen. Sie ist auch, nach eben diesem Schriftsteller, wie der daraus entspringende und sich in den Jordan ergießende Bach, sehr fischreich, wie sie denn für die christliche Armee die acht Tage lang, welche das Lager in der Gegend gestanden hat, so viel Fische geliefert haben soll, daß das ganze Lager genug daran gehabt habe. Wenn aber Wilhelm von Tyrus hinzusetzt, daß sonst wenig oder gar keine Fische darinnen befindlich gewesen: so siehet das verdächtig aus, und einer frommen Erdichtung ähnlich. —

3) Ain, eine Stadt im südlichen Theil des Stammes Juda. Jos. 15, 31. Kap. 19, 7. die ihren Namen von einer oder mehreren Quellen, die daselbst sich befanden, erhalten haben mag. Eusebius sagt es sey der Flecken Bethanin (Βηθανείν) zwo römische Meilen von der alten Terebinthe (in der Gegend von Hebron) und vier römische Meilen von Hebron. Schon Reland vergleicht dieses Bethanin mit Betane, Judith 1, 8. welches ebenfalls jenes Ain seyn kan. Denn Betane wäre im Hebräischen nicht anders, als עין בית und Bethanin עינין בית zu schreiben. Beides würde so viel als Quellstadt, oder Quellenstadt heissen. S. Betane.

4) Ain Hakkore. Richt. 15, 19. d. i. Anrufensquelle. Diesen Namen bekam eine Quelle zu Lehi, die, als Simson aus ihr trinken wollte, versiegt war, und als er, in Gefahr zu verdursten, Gott um Wasser anrief, wieder zu fließen anfieng. Davon bekam diese Quelle den Namen Anrufungsquelle. — Ain Hakkore.

5) Ain, oder Aenon, bey Salim, s. Aenon.

## Akeldama.

S. Blutacker und Hakeldama.

## Akkaron.

S. Accaron und Ekron.

## Ako.

Richt. 1, 31. ist das nachher sogenannte berühmte Ptolemais. S. unten Ptolemais.

## Akra.

1) Ein Berg, wie man vorgiebt, im untern Theil der Stadt Jerusalem, Zion gegen über, nach Norden hin, und vom Berge Zion durch das sogenannte Käsemacherthal unterschieden. Weil 1 Macc. 1, 33 ff. gesagt wird, daß die Syrer unter ihrem Könige Antiochus Epiphanes Jerusalem eingenommen, und daselbst in der Nähe des Heiligthums, ein Castell gestiftet, welches Akra genennet worden: so hat man, auf Josephs Veranlassung, der (Jüd. Alterth. B. 12. K. 7.) den Antiochus diese Burg in der untern Stadt, an einem erhabenen Orte, der selbst noch über den Tempel hervorgeragt habe, anlegen läßt, daraus geschlossen, daß die Burg Akra auf den oben beschriebenen Hügel gebaut worden, und davon der Hügel selbst Akra genannt worden sey. Nach 1 Macc. 13, 49-51. wurde das syrische Castell Akra von dem maccabäischen Fürsten Simon erobert, indem die syrische Besatzung durch Hungersnot zur Uebergabe gezwungen wurde. Josephus (Jüd. Alt. B. 13. K. 2.) setzt hinzu, Simon habe nicht nur die Burg Akra geschleift und dem Erdboden gleich gemacht, sondern auch den Berg, worauf das Castel gestanden, abtragen lassen, damit der Tempel über die übrige Stadt desto mehr emporragen, und damit auch dieser Berg nicht wieder einmal auf ähnliche Art zum Nachtheil der Stadt von einem Feinde gebraucht werden möchte. — Er sagt auch sogar, wie lange das Volk mit dem Abtragen des Berges zugebracht habe: drei Jahre! — und zwar Tag und Nacht. Und so ward der Berg zur Ebene! — Die Erzählung Josephs siehet ganz fabelhaft aus. Ist sie nicht von ihm selbst erdichtet: so ward der gute Mann doch durch eine fabelhafte Tradition getäuscht. Es läßt sich die Entstehungsart dieser Geschichte einigermaßen einsehen. Jerusalem, sonderlich die untere Stadt, wo man den Berg Akra in Gedanken hinzeverrenkt hat, ward von den Syrern zerstört, die Mauern eingerissen u. s. w. Es lagen

also natürlicher Weise ganze Hügel von Ruinen da. Diese ließ Simon vermuthlich wegschaffen. Und daraus ward gleich durch die erfinderische Tradition ein Bergabtragen. Und dazu war nun freilich zum wenigsten eine dreijährige Tag und Nacht fortdaurende Arbeit des ganzen Volks erforderlich. Es kan auch seyn, daß Simon etwas von der Fortification des Castels Akra, was ihm nicht anstand, und insbesondere auch alles, was zur Pflege des syrischen Götzendienstes daselbst aufgebaut worden war, (s. 1 Macc. 13, 50.) niederreissen ließ, und daraus wurde durch die pöbelhafte Vergrösserung der Fama und mündlichen Ueberlieferung, ein Schleifen und dem Erdbodengleichmachen des ganzen Castels. — 1 Macc. 1, 33 ff. wird weiter nichts gesagt, als: die Syrer hätten sich der Stadt Davids, d. i. der Burg Zion bemächtiget, sie mit einer großen, starken Mauer befestiget, und mit Thürmen versehen, und sie zum Castel (Akra) der Syrer gemacht, Besatzung hineingelegt, Zeughäuser und Magazine angelegt u. s. w. Es ist also offenbar, daß von nichts anders, als von dem Berge und der Burg Zion die Rede ist, die die Syrer eroberten, noch mehr befestigten rc. und Akra d. i. Festung oder Castel nanten. Akra ist ein griechisches Wort, und heißt die Spitze, der Gipfel, die Höhe, und steht dann auch bisweilen für ακροπολις und heißt dann ein Schloß oder Castel. Dieses Wort haben die Juden in ihre Sprache aufgenommen und naturalisirt. Sie schreiben es חַקְרָא (Hakra) und die chaldäischen Paraphrasen brauchen es, welches wol zu merken, sonderlich von der Burg Zion. Und eine Stelle des Thalmuds, die Hr. R. Michaelis bey 1 Macc. 1. 33. S. 39 anführt, setzt die Sache ganz ausser Zweifel; daß Akra nichts anders als die Burg Zion sey. Wer die gemeine auf Josephs viermal offenbar fabelhafter Erzählung gegründete Meinung, daß ein besonderer, von Zion verschiedener Berg, mit einem Castel, nämlich der oben gleich anfänglich beschriebene Berg sey, ausführlicher lesen will, darf nur Bachienes histor. geogr. Beschr. von Palästina Th. 2. B. 1. §. 77 ff. aufschlagen. Die richtigere Meinung hingegen, daß Akra Zion sey, wird man in einer weitläuftigen und gelehrten Anmerkung des Hrn. Ritt. Michaelis zu 1 Macc. 1, 33. S. 30–34. vollkommen bestätigt, und zugleich die erste unrichtige gründlich widerlegt finden.

2) Akra, Akre, auch St. Jean d' Acre, ist ein späterer Name der Stadt Acco, oder Ptolemais, denselben zur Zeit der Kreuzzüge erhielt. S. Ptolemais.

## Akrabatene.

1) Eine von den elf Toparchien oder Gegenden, in welche Judäa eingetheilt war. Eusebius und Hieronymus setzen diese Landschaft zwischen Neapolis und Jericho, und wie auch aus einer Stelle des Josephs (Jüd. Krieg. B. 3. K. 2.) erhellet, gränzte diese Toparchie an Samaria. In der Bibel komt der Name dieser Landschaft nicht vor, sondern nur beim Joseph, Eusebius und Hieronymus.

2) Derjenige Gränzort zwischen Idumäa und Judäa, der 4 Mos. 34. 4. Jos. 15. 3. Maale-Akrabbim heißt, s. Akrabbim. Er komt 1 Macc. 5, 3. vor. Der Endigung des Worts nach sollte man indessen eher an die ganze Gegend, in welcher die Stadt lag, als an die Stadt selbst denken. Und die angeführte Stelle ist auch mehr dafür, als dawider.

## Akrabbim.

Und zwar Maale-Akrabbim (מַעֲלֵה עַקְרַבִּים) Höhe, Aufgang, oder Steiger Akrabbim. Vermuthlich eine Anhöhe, über welche ein gangbarer Weg aus Edom und dem Moabiterlande nach Palästina gieng. Der Ort wird unter den südlichen Gränzörtern immer zuerst und gleich nach der südlichen Spitze des todten Meeres genannt. 4 Mos. 34, 4. Jos. 15, 3. Er scheint also, in nicht allzuweiter Entfernung von dem südlichen Ende des todten Meeres, ohngefähr horizontal mit demselben, gelegen zu haben. Ob eine Stadt, oder ein Flecken, oder Dorf auf dieser Anhöhe gelegen, oder ob es eine bloße gangbare Anhöhe gewesen, läßt sich nicht sagen. — Der Etymologie nach heißt Maale-Akrabbim so viel, als Scorpionensteiger, vermuthlich weil es ehemals auf dieser Anhöhe und in der Gegend vorzüglich viele Scorpionen gab, wie in der arabischen Wüste, bis die Israeliten passirten überhaupt. 5 Mos. 8, 15. — Sonst wird des Orts nach Richt. 1. 36. gedacht. —

## Akron.

S. Ekron.

## Alammelech.

Eine Stadt im Stamme Asser, von der wir weiter keine Nachricht haben. Jos. 19, 26.

## Alcimus.

1 Macc. 7, 4 ff. Kap. 7, 21. Kap. 9, 1 ff. 54. 55. 57.

## Alemeth.

1) Eine Stadt im Stamme Benjamin, die der Familie Aarons, oder den Priestern eingeräumt wurde. 1 Chron. 7, (6) 60. — Sie führt Jos. 21, 18. den etwas veränderten Namen Almon.

## Aleppo.

S. Berea.

## Alexander.

1) Mit dem Beinamen der Große, des Philippus, Königs in Macedonien, Prinz, (1 Macc. 1, 1 : 13.) wiewol, dem Vorgeben seiner Mutter nach, sein eigentlicher Vater der Jupiter gewesen seyn soll. — (das heißt vermuthlich so viel, als Philippus war nicht sein eigentlicher Vater, sondern ein anderer, der es mit seiner Mutter gehalten hatte. Man vermuthet, der von den Persern vertriebene ägyptische König Nectanebus, der sich unter dem Titel eines ägyptischen Priesters am macedonischen Hofe aufgehalten haben soll! —) Alexander ließ sich auch sehr gern einen Sohn des Jupiters nennen. Seinen Verstand, Heldenmuth und Thaten nach, schien er auch in der That ein Göttersohn zu seyn. Als Jüngling von zwanzig Jahren folgte er seinem Vater in der Regierung, und spielte die Rolle des größten Königs, den noch je die Welt bewundert hatte. — Er behauptete nicht nur das Reich seines Vaters Philippus, sondern stürzte sogar das ganze persische Reich, nachdem er drei entscheidende Siege über die ungleich stärkere Armee des letzten persischen Monarchen, Darius Codomannus, den ersten beim Fluß Granicus in Natolien, oder klein Asien, den zweeten bey der Stadt Issus, in Cilicien, und den dritten bey Arbela in Meden, erfochten hatte, und ward auf diese Weise Herr der ganzen persischen Monarchie, zu welcher unter andern auch Aegypten mit gehörte. Er that auch mit gleich glücklichem Erfolge einen Feldzug nach Indien, bis an den Ganges. Allein er brachte sein Leben nicht höher, als auf zwei und dreißig Jahre, nachdem er zwölf Jahr, und zwar sechs Jahr über Macedonien allein, und sechs Jahr über das vergrößerte Reich, oder über die sogenannte griechische Monarchie regiert hatte. Nach vielen Zwistigkeiten und Unruhen, in welchen das ganze Geschlecht des großen Monarchen umkam, ward das Reich in vier besondere Reiche, nämlich ins macedonische, asiatische, (welches Kleinasien und Persien begriff, und bald wieder in vier kleinere Reiche getheilt wurde,) syrische und ägyptische Reich getheilt, und von Alexanders Generals monarchisch beherrscht. Sonderlich das syrische Reich unter dem Antiochus Epiphanes war den Juden so sehr zum Unglück. S. Antiochus. Denn Ptolemäus Lagus, oder Soter, der erste König in dem neuen ägyptischen Königreiche, that den Juden eben keinen sonderlichen Schaden.

2) Alexander, König in Syrien, der 1 Macc. 10, 1. und vom Joseph (Alterth. B. 13. K. 2.) ein Sohn des Antiochus Epiphanes genannt wird, das er aber in der That nicht, sondern nur seinem und der Feinde des Demetrius Vorgeben nach, war. Er war ein Betrüger, und soll eigentlich Balas geheißen haben. Seine Geschichte steht 1 Macc. 10. bis K. 11, 18. vergl. Allgem. Weltgesch. Th. 8. §. 55 : 57. —

3) Alexander, ein Sohn Simons von Cyrene, und Bruder des Rufus. Marc. 15, 21.

4) Eine von den Gerichtspersonen, vor welche Petrus und Johannes geführt, und von welchen sie zur Rede gesetzt wurden, daß sie im Namen Jesu lehrten, oder seine Lehre dem Volk verkündigten. Apostg. 4, 6. 7.

5) Ein Jude zu Ephesus, der das Volk zu besänftigen suchte, welches wider Paulum einen Aufstand erregt hatte. Apostg. 19, 33.

6) Ein Schmidt, der sich gegen Paulum sehr boshaft bezeigte, 2 Tim. 4, 14. und wegen seines Abfalls vom Christentum, von demselben in den Bann gethan wurde. 1 Tim. 1, 20.

## Alexandria.

Eine eben so große und ansehnliche als berühmte Stadt in Aegypten, an der nördlichen Küste am mittelländischen Meer. (Apostg. 6, 9. K. 18, 24. Kap. 27, 6.) Sie hat ihren Namen von Alexander dem Großen, ihrem Erbauer. Denn als dieser Monarch vom Orakel des Jupiter Ammon, das er gefragt hatte, wieder zurück kam: so gefiel ihm die Gegend von

Rha

Pharotis so sehr, daß er daselbst eine Stadt zu bauen befal, die er nach seinem Namen, Alexandria nente, und welche die Hauptstadt des ganzen Landes wurde. (Zuvor soll eine Stadt, Namens Coissun, da gestanden haben. S. d'Herbelot Bibliotheque orientale p. 310.) In dieser Stadt wonte auch ein grosser Theil der vom Ptolomäus Lagides nach Aegypten gefürten Juden, wie denn auch zu der Zeit, als die Türken Alexandrien einnamen, vierzigtausend Juden in der Stadt wonten. Und in dieser Stadt hatten die ägyptischen Juden auch ihr Synedrium, welches, als eine Nachamung des Synedriums zu Jerusalem, vermutlich ebenfalls wie lezteres aus siebenzig, oder eigentlich zwei und siebenzig Gliedern oder Beisizern bestand. Unter der Aufsicht dieses Synedriums ward nun, ohne Zweifel zu kirchlichem Gebrauch, weil die gemeinen ägyptischen Juden wenig, oder gar kein Hebräisch mehr verstunden, sondern griechisch redeten, (vielleicht auch zugleich auf Veranlassung des Ptolomäus, der das mosaische Gesezbuch auch seiner zu Alexandrien errichteten Bibliothek einverleiben wollte,) die Bibel, und zwar anfänglich und eigentlich nur die fünf Bücher Mose ins Griechische übersezt, und dann diese griechische Uebersezung in den Synagogen gebraucht. Sie ist noch heutiges Tages übrig und unter dem Namen Alexandrinische Uebersezung (von dem Ort, wo sie verfertiget worden,) und siebenzig Dolmetscherübersezung (von dem aus so viel Gliedern bestehenden Synedrium zu Alexandrien, von welchem wo nicht selbst, doch unter ihrer Aufsicht, sie verfertiget und von ihnen revidiret und approbirt worden ist,) sehr bekant. Am warscheinlichsten scheint mirs, daß die Uebersezung von dem alexandrinischen Synedrium selbst verfertiget worden, (weil man von diesem noch am ersten Kentniß der hebräischen Sprache erwarten konte, und weil die Uebersezung nicht füglich Siebenzigdolmetscherübersezung hätte genant werden können, wenn das alexandrinische Synedrium weiter keinen Antheil daran gehabt hätte, als daß sie sie revidirt, approbirt und autorisirt!) welches (alex. Synedrium) dann auch wol einige geschickte und des Hebräischen noch wol erfarne Männer, nebst guten Handschriften des hebräischen Textes, von Jerusalem dazu verschrieben haben mag. Die Erzälung des Aristäus, die Joseph ungeprüft exzerpirt, des Philo, Justins des Märtyrers und Epiphanius von der Entstehung der griechischen alexandrinischen Uebersezung ist offenbar fabelhaft. Wer mehr von dieser in jedem Betracht wichtigen und merkwürdigen Uebersezung zu wissen verlangt, s. Hrn. Prof. Eichhorns Einleitung ins Alte Testament Th. 1. S. 316 ff. — Doch — wieder auf die Stadt selbst zu kommen: so erhellet ihre Grösse nicht nur aus der ungeheuern Anzal Juden, (blos Juden!) die noch zu der Zeit, da die Türken Alexandrien einnamen, daselbst wonten, (vierzig tausend!) sondern auch aus der gleich starken Anzal Paläste, Bäder und Märkte, die die Saracenen, nach dem Bericht arabischer Geschichtschreiber damals antrafen, nämlich vierzigtausend Paläste, eben so viele Bäder, vierhundert freie Quadratplätze. S. Pocock's Beschreibung des Morgenlandes Th. 1. §. 4. S. 2. Heutiges Tages ist die Stadt meistentheils wüste und ein Steinhaufen. Sie wird in die alte und neue Stadt eingetheilt, und liegen beide am mittelländischen Meer, in Gestalt eines halben Mondes. Die alte Stadt hat doppelte Mauern, welche noch in völlig gutem Stande sind. Vermöge dieser Mauer und eines ins Meer hineingehenden, auf einem Felsen stehenden Castels, welches durch zwo starke Mauern mit der Stadt verbunden ist, ist die Stadt, sonderlich auf der Seite gegen das Meer zu, noch heutiges Tages sehr fest. Diese und noch mehrere Nachrichten von dem heutigen Alexandrien giebt Reizschüz in der siebenjärigen Weltbeschauung S. 140 ff. Fürer von Haimendorf Itinerar. Aegypti, Arab. etc. p. 5 — 13. Harant von Polschiz Reisebeschr. S. 774 — 786.

### Alexandrium.

Ein Bergschloß zwischen Korea und Jericho, welches von Alexander, dem Sohn des Aristobulus, befestigt, vom Gabinius zerstört, auf Befehl des Herodes aber wieder aufgebaut wurde. Alexander und Aristobulus, welche in Sebaste strangulirt worden, wurden hier begraben. — S. Josephs jüd. Alterth. B. 13. Kap. 24. B. 14. Kap. 6. 10. 27. B. 16. 1. K. ult.

### Alexandroschöne.

Ehemals ein festes Schloß, das Alexander der Große erbaut haben soll. Nach dem alten Itinerario Hierosolymitano lag es zwischen Tyrus und Ecdippa, zwölf Meilen von Tyrus. Pococke (Beschreib. des Morgenl. Th. 2. S. 50.) [der Windh. Uebers. S. 118.) hält diese Angabe für unrichtig, und das aus den Kreuzzügen bekannte Scandalium, wovon Pococke die Ruinen gefunden zu haben glaubt, auch Maundrell (Reise S. 67.) für Alexanders Schöne.

### Algumim

Oder Almugim. 1 Kön. 10, 11. 12. 2 Chron. 2, 8. Kap. 9, 10. ist das Sandelholz. Luther setzt dafür Hebenholz. S. unten Hebenholz.

### Alia.

1 Chron. 1, 51. oder Alwan 1 Mos. 36, 40. ein Fürst der Edomiter.

### Alian.

1 Chron. 1, 40. oder Alwan 1 Mos. 36; 23. ein Nachkomme Seirs.

### Almodad.

1 Mos. 10, 26. 1 Chron. 1, 20. Ein Sohn Joktans und Enkel vom Eber, zugleich Stammvater eines — ohne Zweifel arabischen — Volks, das seinen Namen führt. Bochart versteht die Allumäer (Ἀλλουμαιῶται des Ptolemäus p. 154.) im glücklichen Arabien darunter. Allein schon Hr. R. Michaelis (Spicileg. Geograph. Hebraeor. exterae post Bochartum. Tom. II. p. 153.) trägt Bedenklichkeiten gegen diese Meinung des Bochart vor. Es ist also dieses Volk, wie die meisten von Joktans Stamm abstammenden Völker, ungewiß.

### Almon.

S. Alemeth, No. 1.

### Almon-Diblathaim.

Die vierzigste Lagerstätte der Israeliten, zwischen Dibon-Gad und dem Gebirge Abarim, nämlich beim Zug der Israeliten nach. 4 Mos. 33, 46. 47.

### Aloe.

Hebräisch אֲהָלִים (Ahalim) 4 Mos. 24, 6. Spr. Sal. 7, 17. oder אֲהָלוֹת (Ahaloth) Psalm 45, 9. Hohel. 4, 14. und im Griechischen ἀλόη (Aloe) Joh. 19, 39. Nur in diesen fünf Stellen wird der Aloe gedacht. In keiner darf man aber an die ost- und westindianische Pflanze oder Staude denken, die man auch in Deutschland häufig in großen Gärten antrift, und aus deren Saft das unter dem Namen Aloe so sehr bekannte Gummi, das eine laxirende und treibende Kraft hat, bereitet wird. Am allerwenigsten darf man dieses officinelle Gummi darunter verstehen, sondern das Aloeholz, Xylaloe; Aloe lignum, Agallochum, Arab. أَغَالُوجُون (Agaludschun) und هِنْدَه (Handa) deren beste Sorte Calambac genannt wird. Es heißt auch Paradiesholz, theils seiner Schätzbarkeit wegen, (weil man glaubte, daß das herrliche Holz nicht auf gemeinem Grund und Boden wachsen könne — daher man es in den Ländern, wo keins wächst, sondern durch Handelschaft aus der Ferne es bekam, in Gedanken ins Paradies pflanzte,) theils auch wegen seiner ehemaligen Seltenheit. Eine andere Veranlassung zu diesem Namen mag dem mit der Bibel A. T. ehemals bekannt gewesenen Orient die Stelle 4 Mos. 24, 6. gegeben haben, wo der „Aloebäume, die Jova gepflanzt hat" (vergl. mit 1 Mos. 2, 8.) gedacht wird. — Es kommt auch unter dem Namen Adlerholz und Kreuzholz vor. — Dieses Holz, und zwar die beste Sorte desselben, sieht schwarzgrau aus, mit untermischten aschgrauen Adern, und hier und da harzig, und vom Geschmack bitter, und jedoch mehr, wenn es getrocknet, als wenn es noch grün ist, sehr angenehm von Geruch. Man darf es nur warm werden lassen, oder ein wenig mit der Hand reiben: so giebt es einen starken und angenehmen Geruch, wie Ambra. Noch stärker riecht es, wenn man es auf Kohlen wirft, und dann sieht man's gern, und hält es für ein Zeichen der Güte, wenn es stark schwitzt und nicht leicht brennet. Die beste Sorte von Aloeholz, die mit vieler wohlriechenden Resine geschwängert ist, pflegt eben deswegen schwer zu seyn, und wenn man es in Wein oder Bier wirft, zu Grunde zu fallen. Hr. Cap. Niebuhr (Beschreib. von Arabien S. 144.) schreibt: „Ich habe dieses Holz sehr hart und so leicht befunden, daß es zwar ganz ins Wasser, aber nicht zu Boden sinkt." — Vielleicht war dasjenige Aloeholz, das Niebuhr sah und in Händen hatte, gerade nicht von der besten Sorte. Denn wenn das Aloeholz nicht zu Boden sinkt, sondern oben schwimmt: so pflegt dieses sonst für ein Zeichen gehalten zu werden, daß die beste Kraft ausgekocht ist. Denn davon wird das Holz leichter und die Farbe heller. S. Vollständ. Lexicon aller Hand-

Handlungen und Gewerbe Th. 1. Kol. 111. — Die alten Morgenländer schätzten das Aloeholz ungemein hoch, und ordentlicher Weise dem Silber, wo nicht gar dem Golde gleich. Die Ursache war theils der herrliche, kräftige Geruch, und der sehr gewöhnliche Gebrauch dieses Holzes zum Räuchern, theils die Seltenheit desselben in den ältern Zeiten, welche letztere durch die Gefar, (wegen wilder Thiere, sonderlich der Tyger, die sich in den Gegenden wo es wächst, häufig aufgehalten haben sollen,) womit das Aufsuchen oder Sammeln dieses Holzes begleitet gewesen, verursacht worden seyn mag. Heutiges Tages, da es von Siam, Malacca, China und aus noch mehrern Gegenden Indiens in großer Menge, über den arabischen und persischen Meerbusen nach der Türkey geschaft wird, ist es zwar nicht mehr so theuer; allein es wird gleichwol noch sehr hoch geschätzt. Man pflegt noch jetzo im Orient vorzüglich damit zu räuchern. Wenn der Morgenländer seinen Gast entläßt: so vergißt er nicht, ihm die Ehre anzuthun, ihn mit Rosen- oder andern wolriechenden Wasser zu besprengen, und dann mit Aloeholz zu beräuchern. Denn das ist eine sehr gewöhnliche und allgemein anerkannte Art der Ehrenbezeigung im Orient. S. Harmers Beob. über den Orient. Th. 2. S. 76 ff. und unter Räuchern. — Aber nicht blos in diesem Fall ist das Beräuchern mit Aloeholz im Orient gewöhnlich, sondern überhaupt in allen den Fällen, in welchen im Orient geräuchert wird. Z. B. wenn man Gastmale gab, oder Gastmalen beiwohnte, oder an Freudentagen überhaupt, und insbesondere an königlichen Höfen, wo täglich Freudentage zu seyn pflegen, da man sich und die Gäste mit wolriechenden Oelen und Wassern besalbete, besprengte und mit Specereien, und insbesondere auch mit Aloeholz beräucherte, um sich und jedem Gast eine angenehme Athmosphäre zu geben. Dahin zielt, wie es scheint Psalm 45, 9. „Deine Kleider duften (von deiner Königssalbung her) Myrrhen, Aloe, Kaßia, aus elfenbeinernen Palästen, dergleichen dich erfreuen." — Deine Kleider, Salomo, duften nach den Wolgeruch desjenigen herrlichen Oels, womit du zu dem großen außerordentlichen König gesalbt wurdest, als wenn du mit Myrrhen, Aloe und Kaßia so reichlich und verschwenderisch beräuchert wärest, wie es in elfenbei-



nernen, d. i. königlichen Palästen — dergleichen du einen bewohnest, — sonderlich bey Feierlichkeiten und Lustbarkeiten — zu geschehen pflegt. S. meine Bibel Th. 4. bey dieser Stelle. — Es pflegten auch Wollüstlinge, sonderlich wollüstige Weibspersonen, ihre Betten und Sophas unter andern auch mit Aloeholz zu beräuchern, wenn sie auf denselben einen Besuch einer Person des andern Geschlechts darauf erwarteten. Vergl. Spr. Sal. 7, 17. — Es wurden auch die Leichname, die Leinwand, darein sie gewickelt, und die Gräber, darein sie gelegt wurden, unter andern auch mit diesem wolriechenden Holz ausgeräuchert, und auch das Bette, auf welchem vornehme Personen beigesetzt wurden, mit ausgestopft. S. 2 Chron. 16, 14. vergl. meine Bibel Th. 3. bey dieser Stelle. — Zu dieser Absicht brachte Nikodemus Myrrhen und Aloeholz, für den Leichnam Jesu. Joh. 19, 39. — Die Morgenländer pflegen auch das Aloeholz zu kauen, um sich einen angenehmen Odem zu erkünsteln, zumal wenn er von Natur nicht eben angenehm ist. — Auch machen die Muhammedaner Rosenkränze daraus, um auch ihre Andacht wolriechend zu machen. — — So viel vom Holz. — Nun noch etwas vom Baum, der das Holz giebt. Der Aloebaum ist, wie ihn Garsias beschreibt, dem Oelbaum änlich, bisweilen noch größer und ansehnlicher. (Als ein sehr ansehnlicher Baum kommt der Aloebaum 4 Mos. 24, 6. vor.) Er hat eine dicke Rinde, und soll eine purpurrothe Frucht, wie die Pfefferkörner, tragen. Vergl. Jonstons Hist. nat. de arboribus et plantis. T. 2. libr. 9. p. 248. — Nach diesem Jonston, nach Celsius, (in Hierobotanicon) und nach Niebuhr (s. oben) wächst der Baum nicht in Arabien. (Die Araber bekommen ihr bestes Aloeholz aus den beiden Inseln Senf (auf dem indianischen Meere, nach China zu,) und Comar, oder dem Comarinischen Vorgebirge. Das erstere nennen sie Ud-al Senfi, und das letztere Ud-al Comari. Ud, oder Uda ist der oben angeführte arabische Name des Aloeholzes عود Vergl. d'Herbelot Bibliotheque orientale. p. 913.) Allein ich glaube nicht, daß wir hier sicher von der neuern Zeit auf die alte schließen dürfen. Daß der Aloebaum auch in den ältern Zeiten häufig in Arabien gewachsen sey, glaub ich selbst nicht. Es würde sonst das

 Holz

Holz nicht so hoch geachtet, und nicht so selten und kostbar gewesen seyn. Allein daß es doch, wiewol gar selten, hier und da Aloebäume in Arabien, wenigstens in einigen Gegenden dieses ansenlichen und weitläuftigen Landes, und der Gegend in den ältern Zeiten gegeben habe, glaub ich doch. Denn 1) Bileam 4 Mos. 24, 6. hätte den Aloebaum gewiß nicht zum Bilde des Wolstandes der Israeliten brauchen können, wenn er blos sein wolriechendes Holz, als blos ausländisch gekant, und nicht den Baum selbst gesehen und gewußt hätte, daß man ihn auch in der Gegend kenne, in welcher er redte. — Man darf sich nur an seine Stelle setzen, um die Stärke dieses Beweises zu fülen. 2) Auch Salomo Hohel. 4, 14. hätte nicht so von Aloebäumen reden können, wenn er sie nicht wirklich gesehen, und gekant hätte. Ein äuserst rarer Baum kan er deswegen in seiner Gegend doch immer gewesen seyn. Aber gekant — muß er ihn haben! — 3) Dioskorides (B. 1. K. 21.) meldet, das Aloeholz komme aus Indien und Arabien. Diese dritte Numer (und wenn ich auch zugeben wollte, die zwote!) mag nun etwas beweisen oder nicht, so scheint mir doch immer No. 1. ziemlich entscheidend für meine Vermutung, daß es in den ältern Zeiten wenigstens hier und da, obgleich sehr selten, Aloebäume in Arabien gegeben habe. — — Das beste Aloeholz wächst in Champas, einem benachbarten Reiche in China, und in Cochinchina. S. Jonston a. a. O. — Eine recht schlechte, und zum Theil gar lächerliche, aus des Louhere Description de Siam genommene Beschreibung des Aloeholzes findet man in der allgemeinen Weltgistorie Th. 14. S. 9. — die ich nicht zum Nachlesen und weitern Unterricht, sondern zur Warnung — hier noch anfüre. —

## Aloth.

Eine Stadt im Stamme Asser, 1 Kön. 4, 16. von der aber weiter nichts bekant ist, nicht einmal ihre Lage.

## Alphäus.

Des Levi (Marc. 2, 14.) ingleichen Jacobi des Kleinern und Judä Lebbäi (Matth, 10, 3. Marc. 3, 18.) Vater. Seine Frau war Maria, die Schwester der Mutter Jesu. Er wird mit dem Cleophas oder Clopas Luc. 24. 18. Joh. 19, 21. für Ein und eben dieselbe Person gehalten. S. Cleophas.

## Alraun

Oder Mandragora, s. unten Dudaim.

## Alt. Alte. Alter.

Bey allen Völkern steht das Alter in einer gewissen Achtung, welche Achtung sich gröstentheils auf den einmütigen Wunsch der Jugend gründet, auch einst alt, und im Alter, wo Munterkeit, Thätigkeit und Stärke des Geistes sich zu verringern pflegt, doch noch geehrt zu werden, und nicht mit jenen Vorzügen der Jugend, auch die Ehre, die man in jüngern Jahren genoß, zugleich zu verlieren. (s. Sirach 8, 7.) In ganz vorzüglichem Ansehen stand das Alter unter den Hebräern, und wie es scheint im alten Orient überhaupt. Die Hebräer, ja der ganze alte Orient, trieb meist Ackerbau und Viehzucht, und beinahe gar keine Gelersamkeit, (den Stamm Levi unter den Hebräern ausgenommen, dessen Gelersamkeit, jedoch fast blos in einer vertrautern Bekantschaft mit den mosaischen Schriften bestand; s. Abel.) — Eigentliche Wissenschaften wurden nicht gelert und nicht studirt. Die einzige allgemeine anerkante Lererin war die Erfarung. Je mehr man einer Erfarung hatte, desto mehrere Einsicht war von ihm zu erwarten, je mehr und lieber ließ man sich von ihm leiten, je mehr ehrte man ihn. (Vergl. Sir. 25, 8.). Da man zu vielen Erfarungen Jahre erfordert werden: so traf das Loos die Alten. Diesen traute man eine ihren Jahren angemessene Reihe von Erfarungen und vorzügliche Einsicht zu, schäzte ihren Rath, schäzte und ehrte ihre Person. Daher das Ansehen der Alten im alten Orient, und vielleicht auch unter allen denjenigen Völkern, die ihre Bildung und Einsichten nicht den Schulen, sondern der blosen vieljärigen Erfarung zu verdanken haben! — Im Arabischen heist Scheich شيخ 1) ein Alter, 2) ein Lerer, 3) überhaupt ein Mann von Ansehen, Würde, Rechtschaffenheit, Geschicklichkeit. Ein Titel, der heutiges Tags sonderlich gelerten Männern, oder Männern von Ansehen und Einsicht überhaupt, gegeben wird. Die Bedeutungen dieses Worts gründen sich ohne Zweifel auf die vorhin gemachten Bemerkungen, indem man die Alten, ihrer vieljärigen Erfarung wegen, für zuverläßige Lerer und Rathgeber hielt und — deswegen verehrte. — Den Hebräern war Hochachtung gegen die Alten, die in jenen Rücksichten gedoppelt billig war, sogar in einem besondern Gesetze anbefolen: 3 Mos. 19, 32. „Vor einem grauen Haupte sollt du aufstehen, und die Alten ehren!" — Und wir finden auch von dem wegen vieler gemachten Erfarungen und dadurch erlangten vorzüglichen Einsichten, geehrten Alter unter den Hebräern ungemein viele Spuren. Z. B. Hiob 12,12. Kap. 15, 10. K. 29, 8. K. 32, 6. (9) Sprüchw. 20, 29. K. 23, 22. Ezech. 7, 26. Weish. 2, 10. K. 3, 17. K. 8, 10. Sir. 6, 35. K. 8, 7. 11. K. 25, 8. K. 32, 13. K. 39, 1. 1 Tim. 5, 1. 2. — S. auch Aelteste.

Das ausserordentliche hohe Alter der sogenanten Erzväter vor und auch noch eine Zeitlang nach der Noachischen Wasserflut, das vielen allzu wunderbar, und Schriftspöttern unglaublich und sogar lächerlich vorgekommen ist, möchte, wenn man alle Umstände zusammennimt, doch ganz begreiflich seyn. Denn 1) sie wurden aus guten und gesunden Säften, von robusten, gesunden und durch Schwelgerei und Ausschweifungen noch nicht geschwächten Aeltern gezeugt. Denn je weiter wir in der Geschichte der Menschheit zurückgehen, desto weniger Schwelgerei finden wir, aber auch desto mehr Gesundheit und Stärke. Und daß von starken und gesunden Aeltern, der Regel nach, auch starke und gesunde Kinder gezeugt werden, ist eben so bekant als natürlich. 2) Viehzucht und Ackerbau war ihre Lebensart, sie lebten unter freiem Himmel, und athmeten stets freie, reine und gesunde Luft ein. 3) Ihre Lebensart (No. 2.) erforderte beständige Thätigkeit und Arbeit, die ihren Körper stärkte, und bewarte sie vor Untätigkeit und Müssiggang, dieser fruchtbaren Mutter der Lüste und mancherley den Körper zerstörenden Leidenschaften. 4) Sie wurden von Kindheit auf — von Mutterleibe an — hart und rauh erzogen. Denn eine zärtliche Erziehung der Kinder läßt sich bey ihrer Lebensart nicht denken. — Eine harte und rauhe Erziehung aber härtet den Körper ab, macht ihn stark und dauerhaft und der vielen Unpäßlichkeiten unsers spätern Zeitalters nicht so leicht empfänglich. 5) Ihre Speisen und Getränke waren sehr einfach und gesund. — Feldgewächse waren ihre gewönliche Speise; und Wasser, bisweilen auch Milch — ihr Getränke. Fleisch genossen sie schon seltener. 6) Da ihre Speisen gewönlich so schlecht und einfach waren: so gewärten sie an und für sich selbst schon wenig Reiz zum Uebermaaß. — Diese und vielleicht noch einige andere Umstände zusammen genommen, lassen uns das ungemein hohe Alter der Erzväter gar wol begreifen. — Nach und nach änderte sich die Lebensart der Menschen; der Gebrauch — und dann sonderlich auch zu starke Gebrauch des Weins und anderer schon künstlichern Speisen und Getränke, Liebe zur Bequemlichkeit, Untätigkeit und dadurch erzeugte Lüste und Schwelgereien u. s. w. verkürzten Stufenweise das menschliche Leben. Schon nach der Noachischen Flut wards kürzer — wiewol noch immer ansenlich, bis es schon zu Mosis Zeit, — Psalm 90, 10. zu siebenzig und achtzig Jahren herabsank, welches vom gewönlichen Alter zu verstehen ist. Denn Sirach 18, 8. wird doch noch das höchste Alter damaliger Zeit auf hundert Jahr gesetzt. Es versteht sich, bisweilen etliche Jahre drüber oder drunter. — Heutiges Tages sind in der That siebenzig und achtzig Jahre nicht eben das gewönliche Alter, obgleich noch viele es erreichen. — Man möchte sich indessen wundern, warum das menschliche Lebensalter, seit Mosis Zeit, wo Luxus und Schwelgerei so unerwartet hoch gestiegen ist, — in dem langen Zeitraum, — von Mosen, zu uns — sich verhältnißmäßig nicht noch wenigstens um die Hälfte verkürzt habe? allein sechzig, siebenzig, auch wol noch — achtzig Jahre scheint das geringste Alter zu seyn, das der eigentlich zu einem ausserordentlich langen Leben bestimte Mensch, auch bey einem geschwächten und dem ersten Menschenalter gar nicht mehr änlichen Körper, erreichen kan. — Es scheint sich auch die menschliche Natur nach und nach zu dem Luxus der spätern Menschenalter gewönt zu haben, so, daß sie, wie die Erfarung lehrt, noch einer dem mosaischen Menschenalter änlichen Anzal Lebensjahre fähig ist. — Im neuen Hamburg. Magazin St. 18. S. 484 ff. steht Joh. Hoferi Sendschreiben an Hrn. Hofr. D. Zwinger von der physicalischen Möglichkeit des längern Lebens der Altväter vor der Sündflut, das mir aber ganz und gar kein Gnüge gethan hat, nicht zu gedenken, daß der Verfasser Dinge als ausgemacht, veranstaltet hat, die ihm kein Schriftausleger von einiger Urtheilsfähigkeit zugeben kan.

## Altar.

1) Der erste Ursprung der Altäre ist wol bey den Opfern, folglich in sehr frühen Zeiten zu suchen. (S. Opfer.) Man brachte Gott zum Zeichen der Ehrerbietung und guter Herzensgesinnungen, Geschenke. — Geschenke, wie man sie in der Kindheit der Welt hatte und schäzte, und wie sie den Bedürfnissen der Urwelt angemessen waren: Lebensmittel — Speisen und Getränke. — Nun aber war die Frage, auf was für Art man Gott diese Geschenke darbrächte? — und man entschloß sich, für Gott eine Art von Tisch zu bauen, wie man ihn in den frühesten Zeiten zu haben und zu brauchen pflegte — einen über der Erde etwas erhabenen Ort (Χωμα. Βωμὸν) aus Erde, (s. 2 Mos. 20, 24.) Rasen, Steinen u. dgl. an welchem man bequem auf der Erde sizen und speisen konte — — denselben vom gemeinen Gebrauche abgesondert zu halten, und darauf die Geschenke, durch welche man seine guten Herzensgesinnungen gegen Gott an den Tag geben wollte, zu legen, und durchs Verbrennen, und zwar durch den davon in die Höhe steigenden Dampf, Gott gleichsam genießbar zu machen, wodurch man ihm zugleich noch eine andere Ehre zu erweisen glaubte. Denn das Räuchern finden wir bey der alten Welt für eine eben so allgemein anerkante Ehrenbezeigung als die Geschenke. S. Opfer und Räuchern. Altäre waren also, ihrer ursprünglichen Absicht nach, wie es scheint, nichts anders, als Tische, die man für Gott, zum Zeichen guter Herzensgesinnungen, mit Speisen (als Geschenken) füllte, oder wenn man lieber will, nach der Gewonheit des Altertums, und insbesondere des alten Orients, zu räuchern, als gleichgewöhnliche Art der Ehrenbezeigung, für die erste Quelle der Opfer halten will, ein Feuerheerd für Gott, auf welchem man Opfer verbrante, und mit dem Dampfe gleichsam Gott zu Ehren, räucherte. Im Hebräischen (Mizbeach, griechisch θυσιαστήριον) heist so viel als der Schlachtort — der Ort, wo man Thiere schlachtete und opferte. — — Doch s. auch unten No. 2. wo ich noch eine andere Veranlassung zur Erfindung, oder zum ersten Gebrauch der Altäre zu bemerken Gelegenheit finden werde. Der erste Altar, dessen gedacht wird, ist der den Noah baute. (1 Mos. 8, 20.) — Vermutlich aus Erde, Rasenstücken oder Steinen. Ob schon Kain und Abel 1 Mos. 4. 3 ff. bey ihren ersten Opfern Altäre gebauet, wag ich weder zu behaupten, noch zu leugnen. — Nach dem Noah baute Abraham die ersten Altäre, 1 Mos. 12, 7. 8. K. 13, 14. K. 21, 33, 20. Kap. 35, 1. 5. 7. zu Denkmälern der Güte Gottes und zu denjenigen Orten, wo sie Gott verehren — ihm opfern und zu ihm beten wollten. S. unten No. 2.

Moses bekam (2 Mos. 20, 24.) Befehl, (vor der Einrichtung des vollkommenern äusserlichen Gottesdiensts,) einen Altar von Erde zu bauen. Vermutlich aus der Ursache, weil ein solcher Altar allenthalben in der Wüste, und mit leichter Mühe gebaut werden konte, und also dadurch die Opfer nicht aufgehalten wurden, welches geschehen seyn würde, wenn von den Israeliten in der Wüste, auf jeder Station oder Lagerstätte, ein mühsamer und künstlicher Altar hätte gebaut werden sollen. Deswegen sollte ein ganz schlechter mit leichter Mühe, in wenigen Minuten, und allenthalben zu verfertigender Altar gebaut werden — ein Altar, wie ihn die Urväter der Nation — ein Abraham, Isaak und Jacob bauten. Wollte man aber, wird V. 25. hinzugesezt, einen Altar von Steinen erbauen: so sollten nur keine behauene sondern ganze, von Instrumenten unversehrte (Jos. 8, 31.) d. i. rohe Steine dazu genommen werden, (5 Mos. 27, 5.) vermutlich deswegen, weil, wenn künstlich und mühsam behauene Steine dazu verordnet worden wären, die Opfer selbst dadurch, bis jedesmal der mühsame Altar fertig worden wäre, hätten aufgehalten werden müssen. Die Anstalten zum Gottesdienst hätten den Gottesdienst selbst — verspätet und ihn behindert. Und diesem sollte, durch die Verordnung eines schlechten, leicht und in wenigen Minuten zu verfertigenden Altars, entweder aus Erde, oder — aus schlechten unbehauenen Steinen — vorgebogen werden. — Dabei wird V. 26. hinzugesezt, „man sollte auch nicht auf Stufen (oder auf einer Leiter) zum Altar hinauf steigen. D. i. er sollte nicht allzu hoch gebaut werden, welches von den Aegyptern und andern Völkern geschehen seyn mochte. Vermutlich auch um allzu viele Mühe, Arbeit und Zeitverlust bey Erbauung eines Altars zu vermeiden.

Zur eigentlichen Ursache aber wird angegeben: „damit nicht die Schaam der opfernden Priester von dem Volke gesehen werden möchte" — wenn er nämlich auf einer Treppe oder Leiter zu einem sehr hohen Altar hinauf stieg. Denn die Morgenländer und die alten Hebräer insbesondere, trugen keine Beinkleider. Diese werden den Priestern 2 Mos. 28, 42. erst verordnet — und noch heutiges Tages werden sie nicht durchgängig im Orient getragen, sondern ein langes Hemde, mit weiten Ermeln, das in der Mitte gebunden wird u. s. w. bedeckt den ganzen Leib. S. Hemde und Kleider.

Einige Zeit darauf, als der äusserliche Gottesdienst der Israeliten besser eingerichtet wurde, musten zwo Altäre aus Acacienholz gemacht, und der Eine und große (der Brandopferaltar) mit Kupfer; und der kleinere (der Rauchaltar) mit Goldblech überzogen werden. Genauere Nachrichten von diesen beiden Altären s. am gehörigen Orte unter Brandopferaltar und Rauchaltar. Seitdem der levitische Gottesdienst eingerichtet war, durften die Israeliten bey Strafe der Ausrottung, sich keines andern Altars bedienen, als des großen Brandopferaltars im Heiligthume. 3 Mos. 17, 8. 9. Vermuthlich deswegen daß mit die Opfer unter beständiger Aufsicht der Priester verrichtet, keine Unordnungen einreissen, und insbesondere der Abgötterei, zu welcher die Israeliten einen so großen Hang hatten, vorgebeugen werden möchte. Denn wäre erlaubt gewesen, allenthalben zu opfern: so hätte immer gar leicht unter dem Vorwand, man opfere dem wahren Gott, den Götzen geopfert werden können. — Wir finden indessen doch, daß sonderlich zu den Zeiten des Verfalls des israelitischen Gottesdienstes, auch anderwärts Altäre gebauet und darauf geopfert worden; Richt. 21, 4. 1 Sam. 7, 17. (vom Samuel selbst, vermuthlich weils mit dem Opfern auf den Brandopferaltar schlecht stund,) Kap. 9, 12. 1 Kön. 3, 2. 4. (Und wie oft heißt es sonst, sonderlich unter den Königen nach der Theilung des Reichs: das Volk opferte auf den Höhen — worunter nicht immer Götzenhöhen zu verstehen sind, s. Höhen.) 1 Kön. 18, 30. 32. wo Elias einen alten zerstörten Altar des Jova wieder zurecht machte. — Aaron baute einen Altar, als er dem Volke auf dessen ungestümes Verlangen, ein Sinbild des Gottes Jova machen muste, auf welchem Altar auch geopfert wurde. 2 Mos. 32, 5. 6. u. s. w. — Auch im Nothfall wenn man z. B. ohne Lebensgefahr u. nicht zu dem Opferaltar im Heiligthume kommen konte, scheints wol erlaubt und Gott nicht mißfällig gewesen zu seyn, wenn man einen andern ausserordentlichen Altar bauete und darauf opferte. Ein Beispiel haben wir an David, der sich, wegen der grassirenden Pest nicht nach Gibeon, wo damals die alte und eigentliche mosaische Stiftshütte und der Brandopferaltar stand, getrauete, sondern auf der Tenne des Jebusiters Orna, oder Arafna, einen Altar bauete und daselbst opferte. 1 Chron. 22. (21) 26. 30. — Bey ausserordentlich vielen und feierlichen Opfern, wenn sie der eigentliche Brandopferaltar nicht alle zu fassen, oder es allzu langsam herzugehen schien, wenn man sie alle auf dem einzigen Brandopferaltar hätte opfern wollen, wurde auch wol noch ein Altar, in einiger Entfernung vom eigentlichen Brandopferaltar, gebaut und darauf ebenfalls geopfert. Wenigstens Ein ausdrückliches Beispiel davon finden wir 1 Kön. 8, 64. erzählt. —

2) Altäre scheinen aber auch bisweilen bloße Denkmäler gewesen zu seyn, die man, sonderlich aus Dankbarkeit gegen Gott, für gewisse vorzügliche Proben oder Beweise seiner ganz besondern Gegenwart und Güte, aufrichtete, — Denkmäler — nicht blos für sich selbst, damit man, wenn man wieder an den Ort käme, durch das Denkmal an Gottes Güte erinnert, ihm nochmals dafür danken, und denn auch wol darauf opfern möge; sondern auch für andere; die man dadurch, wenn ihnen ein solcher Altar in die Augen fiel, sie dabei ebenfalls an Gott und seine Güte denken, daselbst zu ihm beten und opfern möchten. Kurz — dergleichen Altäre, als aufgerichtete Denkmäler der Güte Gottes, machten die Oerter, wo sie aufgerichtet wurden, zugleich zu Oertern des Gottesdienstes. — Deswegen nante Jakob den Ort, einen göttlichen Ort אל ביתאל — wo ihm Gott ehemals im Traume erschienen war, und ihm eine so angenehme Verheissung gegeben hatte, 1 Mos. 28. — und) wo er Gott (deswegen) einen Altar baute, Bethel, d. i. Gotteshaus — der Ort, wo Gott ganz besonders gegenwärtig zu seyn schien, und wo er also auch am schicklichsten zu verehren wäre. 1 Mos. 35, 7. Die

Stelle

Stelle des Altars vertrat zuvor der Stein, auf welchem Jakob den göttlichen Traum gehabt hatte, und den er zum Denkmal — — aufrichtete und mit Oel begoß, wodurch er ihn vor andern Steinen auszeichnen, und gleichsam zum Altar einweihen wollte. — Offenbar war der Altar, den Jakob baute, Jakobs Absicht nach, eben das, was der zuvor von ihm aufgerichtete Stein. — Ein Denkmal zur Ehre der Güte Gottes, die sich durch eine merkwürdige Erscheinung und Verheißung an ihm verherrlicht hatte, und ein Erinnerungszeichen an die Gott schuldige Verehrung. — Eben dieses sollten vermutlich auch die vom Abraham 1 Mos. 12, 7. 8. Kap. 13, 14. Isaak Mos. 26, 25. und Jakob 1 Mos. 33, 20. errichteten Altäre seyn, wie denn in den beiden letztern Stellen das Anrufen des Namens Gottes mit dem Altarbau verbunden wird. — — Altäre, entweder als bloße Denkmäler — oder auch zugleich als Opferstätte, finden wir auch in den spätern Zeiten: Moses baute einen Altar zum Andenken des durch Gottes Beistand erhaltenen Sieges über die Amalekiter, und nante ihn: Jova Nissi. (Jova mein Panier.) — 2 Mos. 17, 15. — Ein Altar, ganz nach der Weise der Erzväter! — Noch einen Altar, ebenfalls als Denkmal, auf welchem aber zugleich auch geopfert wurde, baute Moses 2 Mos. 24. 4-7 ff. Der Altar sollte ein Denkmal desjenigen Bundes seyn, den das Volk am Fuße des Berges Sinai mit Gott aufrichtete. — Der Altar auf dem Berge Ebal (5 Mos. 27, 1 ff. Jos. 8, 30 ff.) sollte, wie es scheint ebenfalls und eben sowol, als die dabei aufzurichtenden und mit dem göttlichen Gesetz zu beschreibenden Steine, ein Denkmal der öffentlichen und feierlichen nochmaligen Bekanntmachung und Einschärfung des göttlichen Gesetzes seyn. Denn wenn er blos und allein zu den diesmaligen Opfern bestimt gewesen wäre: so könte man fragen, warum denn nicht auch diesesmal, wie sonst immer, der gewöhnliche Brandopferaltar gebraucht worden wäre? — — Ein bloßes Denkmal für die Nachwelt sollte auch der jenseits des Jordans, von den drittehalb Stämmen erbaute Altar seyn. (Jos. 22, 10-34.) ein Denkmal, daß sie, (die drittehalb Stämme) ob sie gleich von den übrigen Israeliten und deren Heiligtum durch den Jordan geschieden zu seyn schienen, an dem Brandopferaltar im Heiligtum, von welchem ihr Altar eine Abbildung seyn sollte, und an dem Gottesdienst ihrer diesseits des Jordans wohnenden Brüder überhaupt gleichen Antheil hätten. Sie erklären sich in der angeführten Stelle selbst, daß sie nie Willens gewesen wären, auf diesem Altare zu opfern, — weder Jova, (wider 3 Mos. 17, 8. 9.) noch auch andern Göttern außer Jova. — So baute auch Gideon einen Altar, den er Jova Schalom (Jova mein Erhalter!) nante — zum Denkmal seiner Erhaltung; da er doch Gott mit leiblichen Augen gesehen, welches sonst, nach dem Wahn der alten Welt, den Tod nach sich zog. Richt. 6, 24. vergl. V. 22, 23. mit 1 Mos. 32, 30. Richt. 13, 22. — Auch Sauls Altar 1 Sam. 14, 35. sollte ein dankbares Denkmal für den ihm von Gott verliehenen herrlichen Sieg über die Philister seyn! —

Vielleicht ist also gar der Gebrauch der Altäre, als Denkmäler, der erste und älteste — oder die erste und ursprüngliche Absicht der Altäre! (S. auch oben gleich bey No. 1.) Diese Denkmäler, die wol meist für vorzügliche Beweise der Güte Gottes aufgerichtet wurden, gaben dann in der Folge zum erneuerten Andenken an Gottes Güte, zur Aeusserung guter moralischer und sonderlich dankbarer Gesinnungen, — kurz zur Verehrung Gottes durch Gebet und Opfer, Veranlassung. — Ich überlasse es dem Urteil der Leser, welche von den dreyen von mir angezeigten möglichen ersten und ursprünglichen Absichten der Altäre die wahrscheinlichste seyn möchte.

3) Altäre, als Zufluchtsörter gebraucht, finden wir bey allen alten Völkern, und daher auch bey den Hebräern, doch scheint dieser Gebrauch der Altäre, durch die verordneten besondern Freistädte, obgleich nicht völlig abgeschaft, doch ganz selten gemacht worden zu seyn. S. Freistätte. Es war auch in der That sehr unanständig und für Gott beleidigend, beim Altar Gottes für wirkliche Verbrechen, z. B. für eine boshafter Weise und vorsetzlich begangene Mordthat, Schutz zu suchen. Es wird daher auch 2 Mos. 21, 14. ausdrücklich die Zuflucht eines vorsetzlichen Verbrechers zum Altar für vergeblich erklärt: „Wo jemand an seinem Nächsten frevelt, und ihn mit List (also vorsetzlich) erwürget, so sollt du denselben von meinem Altar nehmen, daß man ihn tödte. Ueberhaupt aber ist nicht verboten worden, den Altar

zu

zu einem Zufluchtsort zu brauchen, auch nachdem die eigentlich sogenanten Freistädte verordnet waren, sondern es wird in der angeführten Stelle blos gesagt, vorsezliche Verbrecher, sonderlich Mörder, sollten beim Altar keinen Schuz finden. — Wir finden nur zwei Beispiele genant, daß der Altar zum Zufluchtsort gebraucht worden. An dem Rebellen und Kronprätendenten Adonia, 1 Kön. 1, 50 ff. welcher Pardon erhielt, und an Joab, 1 Kön. 2, 28-34. der aber, als vorsezlicher Mörder, nach dem Gesetz 2 Mos. 21, 14. getödet ward. —

4) In der ersten Zeit des N. T. hatte man keine Altäre, wie sich auch deswegen ganz natürlich erwarten läßt, weil die christliche Religion die Opfer aufhob. Indessen wurden doch, zum Behuf der Liebesmäler und des heil. Abendmals hölzerne Tische gebraucht, (1 Cor. 10, 21. daß sie von Holz gewesen, bezeugen Augustinus, Optatus und Athanasius,) welche Mensae Domini s. dominicae, sacrae, divinae mysticae etc. aber auch Altäre (Arae Altaria. Thysiasteria bey den Kirchenvätern) heissen, weil auf diesen heiligen Tischen der Christen, im h. Abendmal das Opfer Christi am Kreuze vorgestellt wurde. Seit Konstantins des Großen Zeit fieng man an, die Tische aus Stein zu bauen, und auf der Kirchenversamlung zu Epaonium An. 509. wurde Can. 26. ausdrüklich geboten, daß keine andere als steinerne Altäre gebraucht werden sollten. Anfänglich war in jeder Kirche nur Ein Altar, (und dabei blieb die griechische Kirche); um die Zeit des Gregorii M. aber fieng man in der römischen Kirche an, mehrere Altäre in die Kirchen zu sezen. Vergl. Baumgartens Breviar. Antiquit. Christ. Cap. III. §. LXXX.

5) Altar des unbekanten Gottes. Apostg. 17, 23. Paulus fand zu Athen, außer vielen andern Altären, die für bestimte Gottheiten erbauet waren, auch einen mit der Ueberschrift: „Dem unbekanten Gott." — Die Ausleger haben vielerlei Vermutungen darüber geäußert, was wol die specielle Veranlassung zur Erbauung dieses Altars gewesen seyn möchte. Uns liegt nichts dran. Die generelle und gewisseste Veranlassung dazu war die allzu große Gewissenhaftigkeit (Religiosität,) der Athenienser (V. 22.). — Sie glaubten, es möchte außer den ihnen bekanten und von ihnen verehrten Göttern, doch noch etwa ein Gott seyn, der Einfluß auf ihre Schicksale hätte, und der Verehrung wert wäre. Diesem unbekanten Gott baueten sie also auch einen Altar. Paulus machte sich die Gelegenheit zu Nuze, den Atheniensern diesen ihnen bisher unbekant gewesenen, nämlich den einzigen wahren Gott, bekant zu machen. —

Altarthor.

Ezech. 8, 5. Stehe nur in Luthers Uebersezung. Richtiger ist der Vers so zu übersezen: „Und sprach zu mir, Mensch, richte deine Augen nach Norden hin! Ich thats und sah, gleich beim Eingang dieses nördlichen Thors, den nachgemachten Altar, (2 Kön. 16, 10 f.) der (Gott so sehr) zum Zorn reizte."

Alter. —

S. Alt.

Altes Testament.

S. Testament und Bund.

(Das) Alte Thor

Der Stadt Jerusalem. Nehem. 3, 6. K. 12, 39. Es scheint auf der Ostseite, gegen Norden zu, — etwa an der nordöstlichen Ecke der Stadt, gewesen zu seyn. Es hieß das alte Thor, vermutlich weils das älteste war, wie es denn schon zu den Zeiten der Jebusiter vorhanden gewesen seyn soll.

Alus.

Die zehnte Lagerstätte der Israeliten in der Wüste, zwischen Dophka und Raphidim. 4 Mos. 33, 13. 14.

Alva.

S. Alia.

Alvan.

S. Alian.

Amalek

Ein Enkel des Esau und Sohn des Eliphas, von dessen Beischläferin Thimna. 1 Mos. 36, 12. 16. 1 Chr. 1, 36. — Er wird für den Stammvater der Amalekiter gehalten; allein ganz mit Unrecht. Denn 1) der Amalekiter, als eines Volks, wird schon 1 Mos. 14, 7. zur Zeit des Abrahams gedacht, — als dieses Amaleks Grosvater, Esau, noch lange nicht geboren war. — 2) Die Amalekiter werden 4 Mos. 24, 20. das Erste oder Aelteste der Völker genant. So hätten sie aber nicht genant werden können, wenn ihr

ihr Stammvater erst ein Enkel des Esau gewesen wäre. S. auch No. 6. — 3) Die Familie eines Enkels des Esau konnte, bis zur Zeit des Auszugs der Israeliten aus Aegypten, unmöglich zu einem so zahlreichen und mächtigen Volke angewachsen gewesen seyn, daß es das auf sechsmal hunderttausend starke israelitische Volk, mit einem anfangs ganz vortheilhaften Erfolg, hätte angreifen, (2 Mos. 17, 8-11. 5 Mos. 25, 17 ff.) oder von Bileam 4 Mos. 24, 7. zum Beispiel des größten und mächtigsten Volks und Reichs seiner Zeit, hätte genant werden können. — 4) Die Amalekiter kommen immer als ein besonderes, auf Edom gar keine Beziehung habendes, und von den Edomitern verschiedenes Volk vor, welches unerklärbar seyn würde, wenn ihr Stammvater ein Edomiter, und sie folglich ein edomitisches Volk gewesen wären. 5) Es wird den Israeliten anbefolen, der mit ihnen verbrüderten Völker, der Moabiter, (5 Mos. 2, 9 ff.) der Ammoniter, (V. 19 ff.) und insbesondere der Edomiter (Nachkommen des Esau) V. 4 ff. Kap. 23, 7. zu schonen, und ihnen nicht das geringste Leid zuzufügen. Hingegen die Amalekiter sollen ausgerottet werden, welches den Israeliten mit stärkern Ausdrücken anbefolen wird, als die Ausrottung der Cananiter selbst. 2 Mos. 17, 14. 5 Mos. 25, 19. 1 Sam. 15, 2. 3. u. Die Amalekiter können also unmöglich edomitischer Herkunft, oder ein edomitisches von Esau abstammendes Volk seyn. 6) Die Amalekiter werden auch von den Arabern für ein uraltes Volk gehalten, noch für älter als die Ismaeliten und Joktaniten, welche die beiden Stammväter der ebenfalls sehr alten arabischen Nation sind. Sie sezen die Amalekiter mit den Aditern und Themudenern zusammen. Sind aber die Amalekiter älter als die israelitischen Araber; so können sie nicht von Esau abstammen. 7) Nach den arabischen Geschichtschreibern stammen die Amalekiter von Ham ab. Folglich kan dieser Amalek, Esaus Enkel, nicht der Stammvater der Amalekiter seyn; denn Esau stamte nicht von Ham, sondern von Sem ab. S. Pocockii Specim. Hist Arabum. p. 39. d'Herbelot Bibliotheque orientale p. 110. D. Baumgartens Anmerk. 54 zum Th. 2 der allgemeinen Welthistor. S. 72. 73. — Michaelis Spicileg. Geographiae Hebraeorum exterae post Bochartum. Tom. I. p. 170. ff. — S. auch den folgenden Titel.

## Amalekiter.

Daß die Amalekiter nicht von dem Amalek, einem Enkel des Esau, abstammen können, ist beim vorigen Titel Amalek gezeigt worden. Vermutlich waren sie Cananiter. Denn 1) wir finden sie 4 Mos. 14, 25. 43. 45. dergestalt mit den Cananitern genant, daß man sich des Gedankens nicht enthalten kan, die Amalekiter müßten mit den Cananitern ein verwandtes Volk gewesen seyn. „Amalekiter und Cananiter, für Amalekiter und andere Cananiter." — 2) Die von Mosen ausgeschickten Kundschafter, die sich nach der Beschaffenheit des Landes Canaan und seiner Einwoner erkundigen musten, nennen die Amalekiter offenbar unter den cananitischen Völkern, und zwar gleich zuerst, weil sie gegen Süden woneten. 4 Mos. 13, 30. — 3) Die Araber nennen die Cananiter, welche von den Israeliten vertrieben worden, Amalekiter. d'Herbelot Bibliotheque orientale p. 110. 4) Philo (de vita Mosis Tom. II. p. 115. edit. Mangey.) nent die Amalekiter Phoenizier (Phönizier) welches in gewisser Rücksicht so viel, als „Cananiter" ist; wiewol Hr. Ritter Michaelis dieses Argument noch für zweifelhaft hält. — S. dessen Spicileg. Geogr. Hebr. exterae post Bochartum. Tom. I. p. 175. — — 5) Der König von Maacha (Maacha, oder Epicärus, war eine cananitische Stadt, 5 Mos. 3, 14. Jos. 12, 4. 5. K. 13, 11. 13.) heißt bey den alexandrinischen Uebersezern, König der Amalekiter, woraus zu erhellen scheint, daß die in der Gegend wonenden Cananiter, Amalekiter geheissen. — 6) Nach den Berichten der arabischen Geschichtschreiber waren die Amalekiter die ältesten Einwoner von Arabien, noch vor Ismael und Joktan. Sind sie Cananiter: so läßt sich das wol denken. Denn Canaan war gleich ein Sohn des Ham und Enkel des Noa. — Joktan aber, der eigentliche Stammvater der reinen Araber, erst ein Ureinkel Sems, und folglich Ur-Urenkel des Noa. — 7) Canaan war ein Sohn Hams, 1 Mos. 10, 6. und nach den Zeugnissen der arabischen Geschichtschreiber, war auch Amalek ein Sohn Hams. — 8) Der Amalekiter völlige Vertilgung war den Israeliten eben so nachdrücklich anbefolen, 2 Mos. 17, 14. 5 Mos. 25, 19.

als

als die Vertilgung der Cananiter. — Alle diese Umstände zusammengenommen, machen es höchst warscheinlich, daß die Amalekiter nichts anders als Cananiter gewesen, nur unter einem andern Namen, den vielleicht ihr Stammvater Canaan selbst schon fürte, wie wir denn späterhin unzälige Beispiele finden, daß Eine Person zween, oder wol noch mehrere Namen gefürt. (S. oben Ahalibama No. 1.) Nach dem Namen Amalek nannten sich indessen nur diejenigen Nachkommen von Canaan, die sich in Arabien niederließen. — Amalekiter waren also die in Arabien wonenden Cananiter. — S. I. D. Michaelis Spicileg. Geogr. Hebr. ext. post Boch. Tom. I. p. 170. sqq.

Diesem ihrem Ursprunge zu Folge, waren die Amalekiter freilich ein uraltes Volk. Es ist nun ganz begreiflich, wie sie schon zu Abrahams Zeit ein ganz ansenliches Volk seyn konnten, (1 Mos. 14, 7.) und wie Bileam 4 Mos. 24, 20, die Amalekiter das Erste oder Aelteste der Völker, d. i. eins der allerältesten der Völker — nennen konte. — Dafür halten sie auch die arabischen Geschichtschreiber, wie vorhin bey No. 6. und unserm vorigen Titel Amalek bey No. 6. bemerkt worden ist.

Sie waren aber auch schon in frühen Zeiten sehr mächtig. Bileam nent ihren König damaliger Zeit, als den Mächtigsten, den er kante, wenigstens als den Mächtigsten unter allen canaanitischen und benachbarten Königen. 4 Mos. 24, 7. — Es ist daher auch wol nicht ganz unwarscheinlich, daß diejenigen berümten Hirten, (die Hyksos — des Manetho) die in den ganz alten Zeiten einst einen Einfall in Aegypten gethan, Aegypten erobert und geraume Zeit darinnen geherrschet, die Amalekiter gewesen. Darinnen stimmen die meisten Geschichtschreiber überein, daß jene Hirten ein arabisches Volk gewesen, die nicht eben von Joktan oder Ismael abstammendes, sondern nur ein in Arabien wonendes, oder mit ihren Heerden darinnen herumziehendes Volk. Welches Volk in Arabien aber war so mächtig, in so frühen Zeiten so mächtig, — als die Amalekiter? — Hierzu komt, daß nach den Berichten der arabischen Geschichtschreiber, die Amalekiter einst einen Einfall in Aegypten thaten, dieses Land eroberten, und geraume Zeit unter ihrer Botmäßigkeit hielten. S. allgem. Weltgesch. Th. 1. S. 377. — Wer kan sich hier der Vermutung enthalten, daß diese Amalekiter, die wir noch in den spätern Zeiten, als Beduinen, oder Hirten, beschrieben finden, eben jene Hirten gewesen, welche nach Manetho, (beim Joseph contr. Ap. libr. 1.) in Aegypten eingefallen, das Land erobert, und aus deren Mittel Könige, unter dem Namen Hyksos, geraume Zeit (über dritthalbhundert Jahre) in Aegypten geherrscht haben? — Hyksos (υκσος) heißt in der coptischen Sprache so viel, als Cinctus pastor oder ein Hirtenkönig. Ein Name, den diese in Aegypten herrschenden amalekitischen Könige von den Aegyptern erhielten, vermutlich als Spitznamen, (denn Hirten waren in den Augen der Aegypter verächtliche Geschöpfe, 1 Mos. 46, 34.) wofür ihn aber die Amalekiter vermutlich nicht hielten, weil das Hirtenleben in ihren Augen eine sehr edle Lebensart war. Hr. Prof. Forster (Epistolae ad I. Dav. Michaelis, huius Spicileg. Geogr. Hebr. exterae jam confirmantes, jam castigantes. Goettingae 1772. 4. p. 9.) leitet sogar den Titel oder allgemeinen Namen der Könige der Amalekiter, Agag, aus dem Coptischen her — Hokhok, d. i. Cinctus cinctorum s. Princeps principum. Möglich, auch nicht ganz unwarscheinlich, ist diese Ableitung des gemeinen Titels der amalekitischen Könige, Agag, allerdings. Allein da sich dieser Name wenigstens eben so gut auch aus dem Arabischen herleiten läßt; (s. Agag.) und die Amalekiter, als Könige von Aegypten, ohne Zweifel den Titel Pharao fürten: so halt ich die Ableitung des Namens Agag aus dem Arabischen für warscheinlicher. — Die amalekitischen Könige, als solche, fürten den Titel Agag. Als Könige in Aegypten hießen sie vermutlich Pharaonen, und nachdem sie aus Aegypten wieder vertrieben worden, namen sie den Titel Agag wieder an. — Daß der Pharao in Aegypten zu Josephs Zeit, unter welchem die Israeliten in Aegypten so glückliche Zeit hatten, ein Hirtenkönig gewesen, hab ich im Th. 1. meiner Bibel &c. bey 1 Mos. 1, S. 8) 10. b) c) weitläuftig gezeigt. Nur möchte man fragen, wie es möglich gewesen, daß die Amalekiter die Israeliten gleich bey ihrem Auszuge aus Aegypten so feindlich hätten überfallen und ohne Ursach angreiffen können, (2 Mos. 17, 8 ff.) wenn der zu Josephs Zeit regierende, den

Israeliten so sehr günstig gewesene Pharao ein Hirtenkönig und zwar ein Amalekiter gewesen? und wie Gott den Israeliten die völlige Vertilgung der Amalekiter so nachdrücklich habe anbefehlen können, (2 Mos. 17, 14. 5 Mos. 25, 19.) da doch jene in Aegypten, unter der Regierung des letzten Pharao, der ein Hirtenkönig, und — folglich ein Amalekiter war, so viel Gutes und merkliche Vorzüge vor den eingebornen Aegyptern genoßen? — — Auf die erste Frage antworte ich: 1) zwischen der Regierung des letzten Hirtenkönigs (eines Amalekiten) in Aegypten, zu Josephs Zeit, der den Israeliten so günstig war, und zwischen dem Ausgang der Israeliten aus Aegypten, waren doch wol anderthalbhundert Jahre verstrichen, in welcher Zeit das ehemalige gute Vernemen mit den Israeliten längst verraucht gewesen seyn konte, zumal da sich die Amalekiter nicht mehr in der Lage befanden, wie vormals. Sie waren aus Aegypten vertrieben, und die Israeliten hatten noch bis daher in Aegypten gewont. Die Amalekiter konten also nun mehr die Israeliten, wie die Aegypter selbst, in deren Lande sie wonten, für ihre Feinde ansehen. 2) Die Israeliten zogen mit einem schrecklichen Heere aus Aegypten und näherten sich ihnen. Entweder wurden sie also von den Amalekitern für Aegypter, oder doch für ägyptisch Gesinnte, angesehen, (und dann konten die Amalekiter nicht anders denken, als daß dieses schreckliche Kriegsheer einen feindlichen Angriff wider sie im Sinne hätten, weil die Aegypter und Amalekiter natürlicher Weise eine beständige Feindschaft gegen einander hegten, weil leztere aus Aegypten wieder vertrieben worden waren,) oder die Amalekiter wußten daß es Israeliten waren, wußten, daß sie nicht ägyptisch gesint wären, wußten, daß sie Aegypten auf ewig verlaßen, das Land der Cananiter einnehmen, und die Cananiter selbst, zu welchen die Amalekiter mit gehörten, vertreiben wollten. Auch in diesem Fall mußten sie die mit einem so großen Heer anziehenden Israeliten natürlicher Weise für ihre Feinde ansehen, und Klugheit riet ihnen, die Israeliten je eher je lieber anzugreifen, ohne ihnen erst Zeit zu laßen, und den Angriff von ihnen zu erwarten. — Hiermit, dächt ich, wäre die erste Frage hinlänglich beantwortet. Die Antwort auf die andere Frage ist nun vollends leicht: die Israeliten mußten die Amalekiter zu vertilgen suchen, 1) weil sie von ihnen, ohne daß ihnen die Israeliten etwas in den Weg gelegt, feindlich überfallen und angegriffen worden, vergl. 1 Sam. 15, 2 ff. und es leicht hätte geschehen können, daß sie bey einem so unerwarteten Angriff und Ueberfall eines ebenfalls mächtigen Volks, in einem fremden unbekanten Lande, leicht hätten aufs Haupt geschlagen und völlig vertilgt werden können. 2) Weil sie Cananiter waren, welches Volk nach allen seinen Stämmen und Reichen ausgerottet werden sollte, weil die Israeliten sonst weder zum Besiz des Landes Canaan hätten kommen, noch auch im ruhigen Besiz dieses Landes hätten bleiben können, wenn sie es auch erobert hätten. Und wir sehen auch aus der spätern Geschichte, was die Amalekiter insbesondere für unruhige und niederträchtige Nachbarn der Israeliten waren. — Bey so bewandten Umständen darfs uns nicht befremden, daß Gott die Amalekiter von den Israeliten, für deren Glück und Ruhe er sorgte, vertilgt haben will, demohngeachtet ehemals ein amalekitischer König auf dem ägyptischen Throne, den Israeliten ehemals viel Gutes gethan hatte, welches jedoch auch seine guten hinlänglichen Gründe gehabt hat, und nicht freie Güte war.

Die Amalekiter waren, wie ich schon oben beiläufig bemerkt habe, Nomaden oder Hirten, lebten, wie auch noch die meisten heutigen beduinischen Araber, von der Viehzucht und vom Raube, Richt. 6, 3. 4. 5. 1 Sam. 15, 3. 9. und scheinen, wie an Macht, also auch an unedlem Charakter und Niederträchtigkeit alle ihre Nachbarn, und insbesondere auch alle übrige nomadische Völker ihrer Zeit, übertreffen zu haben. Das lehren die uns noch übrigen Fragmente ihrer Geschichte in der Bibel. Wir finden da ihr feindseliges Betragen gegen die Israeliten aufgezeichnet — das sich nun aber freilich dann doch begreifen läßt, wenn sie, ihrer Abkunft nach, Cananiter waren. — Sie waren die ersten, mit welchen die Israeliten bey ihrem Auszuge aus Aegypten zu fechten hatten, (2 Mos. 17, 8 ff.) und zwar waren sie der angreifende Theil, und dabei so niederträchtig, daß sie wider alle Kriegsmanier, ohne den Israeliten den Krieg angekündigt zu haben, sie straßenräuberisch überfielen; und zwar die Kranken und Müden, die hinterher zogen, und sich nicht vertheidigen konten. 5 Mos. 25, 17. 18. —

Die

Die Ursache zu diesem Ueberfall der Israeliten habe ich oben schon aufgesucht. — Nach 4 Mos. 15, 45. 25. 43. stiessen sie zu ihren Brüdern den Cananitern, und griffen die damals unvorsichtigen und störrigen Israeliten an und schlugen sie. — Hierauf machten sie wieder mit den Ammonitern und Moabitern gemeinschaftliche Sache, fielen mit ins Land der Israeliten, und halfen die Palmenstadt oder Jericho erobern. Richt. 3, 12. 13. — Bald nachher finden wir sie in Gesellschaft mit den Midianitern, ins Land der Israeliten einfallen; ihr Getreide ruiniren, plündern, und mit grosser Beute wieder abziehen. Richt. 6, 3. 4. 5. — auch unter Sauls Regierung müssen sie die Israeliten beunruhiget haben, weil Saul 1 Sam. 14. 48. unter andern auch wider sie zu Felde zog und sie schlug, und darauf durch Samuel zu einem neuen Feldzuge wider die Amalekiter, und zur völligen Vertilgung dieser Nation ausdrücklichen Befel erhielt, den er auch vollzog, und nur die Thorheit beging, den König der Amalekiter zu pardoniren, und das beste Vieh der Amalekiter als Beute mitzunehmen, (da doch alles, was Amalekitisch war, hätte verbant und ausgerottet werden sollen,) welches dem Saul, als ein Ungehorsam gegen Gottes Befel, übel gelang. 1 Sam. 15, 1 ff. — Ob es nun gleich V. 8. heist, daß Saul alles Volk (der Amalekiter) verbannet, d. i. getödet oder vertilget habe: so ist es doch weder warscheinlich, daß die Meinung sey, es wäre kein einziger Mann von den Amalekitern übrig geblieben, noch war auch eine solche völlige Ausrottung eines so ungeheuer zalreichen Volks, in einer so grossen Wüste, wo sich leicht viele hundert und tausend Mann, in Hölen und Klüften und andern Schlupfwinkeln, die sie als Einheimische alle kanten, (Saul, als Fremdling, aber nicht,) möglich. — Wir finden auch der Amalekiter gar bald wieder gedacht. Denn nach 1 Chron. 5, (4) 42. 43. hatten auch Simeoniten einen Feldzug wider die Amalekiter, die Sauls Schwerdt entkommen waren, gethan, und David, wärend seines Aufenthalts in Ziklag, zog unter andern auch wider die Amalekiter, als ein noch immer räuberisches Volk, zu Felde, schlug sie, richtete grosse Niederlagen unter ihnen an, und machte grosse Beute. 1 Sam. 27, 8. 9. Die Amalekiter fielen darauf, als David von Ziklag abwesend, und mit dem Philisterkönig Achis, wider Saul zu Felde gezogen war, in Ziklag ein, legten die Stadt in die Asche, und fürten Weiber und Kinder zur Beute weg. David, der bald darauf wieder nach Hause kam, setzte ihnen nach, traf sie an, schlug sie aufs Haupt, und nam ihnen die gemachte Beute wieder ab. 1 Sam. 30, 1 ff. Demohngeachtet damals nur vierhundert junge Leute entkamen, die sich auf ihre Kameele geschwungen und die Flucht genommen hatten, (V. 17.) so hatte doch David, wie es scheint, auch noch als wirklicher König mit ihnen zu thun. Psalm 83, 8. 2 Sam. 8, 12. — Das sind die Fragmente ihrer Geschichte, wie sie uns die Bibel aufbehalten hat.

Nun noch etwas von ihrer Wonung oder ihrem Aufenthalte. Da sie ein Hirtenvolk waren: so läßt sich im Voraus schon erwarten, daß sie, wie alle arabische Hirtenvölker, keinen festen Aufenthalt gehabt, und kein in bestimte Gränzen eingeschlossenes Land besessen, oder bewont haben möchten; und so finden wir sie auch wirklich. Denn bald treffen wir sie an der südlichen Gränze des Landes Canaan, 1 Mos. 14, 7. 4 Mos. 13, 29. Kap. 14, 45. 1 Sam. 27, 8. 10. K. 30, 1. bald bey den Midianitern, Richt. 6, 3 ff. bald bey den Ammonitern und Moabitern, Richt. 3, 12. 13. und in der Wüste auf der Ostseite des Moabiterlandes, an, wo Bileam vom Berge Peor herunter die Amalekiter sah, 4 Mos. 24, 20. 21. welches Umstandes wegen der sonst grosse Cellarius (Geogr. Antiq. Tom. II. p. 576.) annimt, es müsse sich ein Haufen Amalekiter hinter dem Salzmeer, auf den östlichen Gränzen der Moabiter niedergelassen haben, weil sie sonst Bileam auf dem Berge Peor, nicht in der Wüste auf der Ostseite des Moabiterlandes, hätte vor Augen haben können. Hätte sich Cellarius die Amalekiter als ein in den arabischen Wüsten herumziehendes Hirtenvolk gedacht, welches sie waren: so würde er leicht eingesehen haben, wie sie in die Nachbarschaft des Landes der Moabiter — in die moabitische Wüste — haben kommen und von Bileam vom Berge Peor herunter, gesehen werden können, ohne daß sie daselbst gewonet. — Doch wird 1 Mos. 14, 7. 1 Sam. 27, 8. des Landes der Amalekiter gedacht, und 4 Mos. 13, 30. gesagt, sie wonten — oder hielten sich auf — (im Süden des Landes Canaan). Freilich darf man, wenn man die Amalekiter auch für ein eigentliches Hirtenvolk hält, das mit seinen Heerden auf guten Weidetriften, wo es dergleichen findet — herumirrte, nicht glauben, als wären sie gar nirgends zu Hause gewesen. Derjenige Strich Landes, wo sie sich meistentheils aufhielten — heist ihr Land. Nun finden wir sie immer an der südlichen Gränze des Landes Canaan, 1 Mos. 14. 7. 4 Mos. 13, 29. K. 14. 45. 1 Sam. 27, 8. 10. K. 30, 1. bis aufs Gebirge Seir 1 Chron. 5, (4) 42. 43. und vermutlich auch noch südlicher, bis ans rote Meer, nach Joseph (Alterth. B. 6. K. 8.) und zwar wol sonderlich bis an den heroopolitanischen Meerbusen, über dessen äusere Spitze die Israeliten giengen. Gegen Westen stiesen sie an Aegypten, und zwar bis nach Sur oder Pelusium, jetzt Tine, am östlichen Ausfluß des Nils. — 1 Sam. 27. 8. K. 15, 7. vergl. Josephs jüd. Alterth. B. 6. K. 9. und hatten vermutlich die ganze Wüste Sur, die jetzt Gefar oder Dschefar heist, inne. — Daß sie sich unter andern auch nahe an Aegypten aufgehalten haben, scheint auch daraus zu erhellen, daß der Aegypter, den David antraf, als er den Amalekitern, die Ziklag geplündert und eingeäschert hatten, nachsetzte, ein Knecht eines Amalekiters gewesen, 1 Sam. 30, 11 ff. — Nach Osten oder Südosten hin hatten sich die Amalekiter bis nach Havila (d. i. vermutlich Chawlan in Arabien, das auf der d'Anvillischen Charte von Asien unter dem 60sten Grad der Länge und 19⅛ der Breite liegt.) ausgebreitet. — Denn 1 Sam. 15, 7. heist es, Saul habe die Amalekiter geschlagen von Havila bis Sur, der östlichen Gränze von Aegypten. — In diesem der Größe ihres Volks angemessenen Strich Landes hielten sich die Amalekiter vermutlich und eigentlich auf. Das war ihr Land! Allein als Beduinen zogen sie auch mit ihren Heerden über ihre Gränzen hinaus, und suchten auch auf andern gemeinen Weidetriften, nach arabischer Nomadenweise, in den arabischen Wüsten Weide für ihr Vieh; daher wir sie auch bey den Midianitern, Ammonitern, Moabitern, und insbesondere auch in der moabitischen Wüste antrafen, wo sie Bileam vom Berg Peor herunter weiden sah.

Städte finden wir im Lande der Amalekiter (bis auf eine Einzige,) nicht erwänt, weil sie als herumziehende Hirten in beweglichen Zelten wonten, wie alle arabische eigentliche Hirtenvölker, als für welche sich unbewegliche Häuser, Städte und Dörfer nicht schicken. 1 Sam. 15, 5. wird der Stadt der Amalekiter gedacht, aber sie wird nicht genant, und es scheint ganz so, als wenn das die einzige Stadt dieses Volks gewesen wäre. Joseph (jüd. Alterth. B. 3. K. 1.) nent sie Petra; allein ich zweifle sehr, ob das die berümte, in der Bibel unter dem Namen Sela vorkommende Hauptstadt in Arabien sey, von welcher das peträische Arabien den Namen hat, und die heutiges Tags Ar-Rakim, d. i. ausgehauene (in Felsen gehauene) Stadt heist. Petra, Arab. Hagar (Hadschar) d. i. Fels, ist ein Name, der jeder in Felsen gehauenen, oder auf einen Felsen gebauten Stadt gegeben werden konte, und es füren ihn auch verschiedene Städte und Oerter. S. Büschings Asien S. 120. No. 4. S. 447. S. 496. No. 6. S. 535. S. 592. No. 24. — Vielleicht ist gar keine eigentliche Stadt gemeint, weil sie keinen Namen hat, sondern ein durch Natur und Kunst ausgehölter Fels, der eine Menge geräumiger Hölen enthielt, in welchem sich ein großer Theil des zalreichen Volks zu Zeiten aufhalten und verbergen konte. In der Nachbarschaft der Amalekiter, in Palästina, noch mehr aber im Lande Edom, im Seirkitischen Gebürge, gab es unzälich viele Hölen, und dabei von ungeheurem und fast unglaublichen Umfange. (S. oben Adullam No. 2. und unten Höhle.) — Und so war denn vermutlich diese Stadt der Amalekiter ebenfalls nichts anders, als eine Hölenstadt, oder Stadt unter der Erde, welche für dieses Volk, das von Viehzucht und Raub lebte, und hier seinen gemachten Raub gut verbergen, und da unterirdische Hölen für Fremde immer etwas fürchterlich sind, und diese folglich sich nicht leicht in eine Höle wagen, zumal wenn man argwonen kan, daß sie mit Räubergesindel angefüllt seyn möchte, sicher seyn konte, und in Abwesenheit mit ihren Heerden auf fernen Triften, nicht befürchten durften, daß ihre Höle oder unterirdische Stadt von Feinden ausgeplündert, oder in die Asche gelegt werden dürfte, weit bequemer war, als eine ordentliche, aus aufgebauten Häusern bestehende Stadt, auf der Oberfläche der Erde. Die Bequemlichkeit einer Höle oder unterirdischen Stadt für dieses

Volk,

Weil, der Umstand, daß es im Lande der Amalekiter ohne Zweifel viele und große Hölen gegeben, und der hinlänglich erwiesene Sprachgebrauch, daß עִיר (Stadt) wie das arabische Wort غار eine Hôle bedeuten könne, und 1 Mos. 4, 17. (denn die Stadt, die Cain baute, war vermuthlich nichts anders, als eine bequem eingerichtete Hôle. S. Fabers Archäologie der Hebräer. Th. 1. S. 36.) 2 Kön. 10, 25. Hiob. 24, 18. Psalm 31, 22. wirklich eine Hôle bedeute, (s. meine Bibel bey den drei letztern Stellen). — Diese drei Umstände zusammen genommen — bewogen mich, die Stadt der Amalekiter 1 Sam. 15, 5. für eine unterirdische, oder für eine, oder mehrere mit einander verbundene und zur Bewonung bequem eingerichtete Hôle zu halten, die dann gar füglich Petra, oder im Arabischen Hadschar, d. i. Fels, geheissen haben konnte, weil sich diese große und zur bisweiligen Bewonung u. bequem eingerichtete Hôle im Schoos eines Felsen befand. —

## Amam.

Eine Stadt im südlichen Theil des Stammes Juda. Jos. 15, 26.

## Amana.

1) Ein Gebürge, das Hohel. 4, 8. zugleich mit dem Hermon als benachbart genant, und als ein Aufenthalt vieler Löwen und Pander gezeichnet wird. Unmittelbar vorher in demselben Vers wird des Libanons, (des israelitischen Libanons, oder Antilibanons der Griechen) so erwänt, daß es, zumal da der Berg Amana nicht mit dem Senir oder Hermon, dem höchsten Berge des Antilibanons, als benachbart verbunden wird, ziemlich offenbar ist, der Amana sey eben sowol als der Senir, oder Hermon, ein Theil des Antilibanons gewesen, wie es denn überdies auch wol bekant ist, daß sich noch jetzo auf dem Libanon viele wilde Thiere aufhalten. Ein großer Irrtum ist es, wenn man, wie einige gethan haben, bey diesem Berge, oder Gebirge Amana, an das viel nördlicher gelegene berümte Gebürge Amanus denkt, welches Syrien von Cilicien scheidet. —

2) Ein Fluß, der 2 Kön. 5, 12. nach der Leseart im Texte (Ctib) Abona heißt, wofür aber nach dem Kri, dem Luther folgt, (wie er es denn in der Weimarer Ausgabe, wie gewönlich, wol gleich im Texte fand,) Amana gelesen werden soll. Er fließ bey und durch Damaskus, und ist vermuthlich der Chrysorrhoas, der jetzo Barrady heißt, (Bardines des Stephanus,) von dem Landvolk aber Schamaweys genant wird, und auf dem Antilibanon, und zwar vermuthlich auf denjenigen Theil des Antilibanons, entspringt, der ehemals Amana hieß, daher der Fluß selbst seinen Namen erhielt. In dieser Rücksicht wäre die Leseart am Rande Amana, der im Text (Abana) vorzuziehen, wenigstens als der ursprüngliche Name des Flusses, ob er gleich wirklich auch Abona genant worden, und dieser Name durch eine nachlässige Aussprache im gemeinen Leben aus Amana entstanden seyn kan. Vergl. Pococks Beschreibung des Morgenlandes Th. 2. §. 176. und Büschings Asien S. 299. (der 3ten Ausgabe) an welchem letztern Ort folgende Nachricht von dem Flusse gegeben wird, die ich, weil ich nicht weiß, ob jeder Büschings Asien, (oder neue Erdbeschreibung Th. 5. Abth. 1.) bey der Hand hat, hier auszeichne: „Der Fluß Barady, vor Alters Chrysorrhoas, in der heil. Schrift vermutlich Abona genant, welcher von dem Antilibanon kommt, und einen andern auch in diesem Gebirge entstehenden Fluß aufnimt, den Pocock Fege, (vermutlich der Pharphar, 2 Kön. 5, 12.) der Nubische Erdbeschreiber aber Alfaige nennt, vertheilet sich, sobald er in die Ebene tritt, in drei Arme, von denen der vornemste nachdem er die berümte Ebene (Gota oder Guta,) welche für das schönste unter den vier Paradiesen in Asien gehalten wird, durchflossen, sich nach der Stadt (Damaskus) begiebt, und in derselben in viele Kanäle vertheilet, welche die Stadt mit Wasser reichlich versehen, — — die beiden andern aber umgeben die genante schöne Ebene zur Rechten und Linken, und bewässern durch unzälige Kanäle die darinnen befindlichen angenemen Baumgärten ec. — Endlich vereinigen sich fast alle diese Kanäle wieder zu einem einzigen Strom, der einige geographische Meilen von der Stadt gegen Osten, einen See macht, in welchem er sich verliert, und dessen umliegender Boden ganz morastig ist. Der See ist 10 bis 22 französ. Meilen lang, und 5 bis 6 breit und sehr fischreich." —

## Amasa.

1) Ein Sohn der Abigail, der Schwester Davids mütterlicher Seite. (S. unter Nahas.) Sein Va-

ter

rer hieß Jether oder Jethra, ein Ismaeliter, 1 Chron. 2, 16. 17. 1 Kön. 2, 32. 2 Sam. 17, 25. Ward von Absalom, als er sich auf seines Vaters Thron schwingen wollte, an Joabs Stelle zum kommandirenden General über die Rebellen gesetzt, 2 Sam. 17. 25. — Von David in diesen Generalsposten bestätiget, K. 19, 13. — Daher von Joab seinem Vetter aus Neid und Ehrgeiz meuchelmörderisch entleibet, K. 20, 8. 9. 10. — Vom David seinen Tod zu rächen, dem Salomon aufgetragen und vollzogen. 1 Kön. 2, 5. 32.

2) Ein Oberhaupt im Stamme Ephraim, der Sohn Hadlai, welcher unter denen war, die die siegenden Israeliten überredeten, die Gefangenen aus Juda auf freiem Fuß zu stellen, und sie als ihre Brüder zu behandeln. 2 Chron. 28, 12. 13.

## Amazia oder Amasja.

1) Ein Prinz Joas, 2 Kön. 12, 21. Er bestieg im fünf und zwanzigsten Jahre seines Alters, als neunter König in Juda, den erledigten Thron seines Vaters; und regierte 29 Jahr. 2 Kön. 14, 1. 2. 1 Chron. 3, 12. 2 Chron. 24, 27. K. 25, 1 ff. Ließ die Mörder seines Vaters hinrichten, 2 Kön. 14, 5. 2 Chron. 25, 3. Zält sein Kriegsvolk, 2 Chron. 25, 5. Nimt hundert tausend Mann vom König in Israel in Sold, dankt sie aber auf göttlichen Befehl wieder ab, die aber, dadurch beleidigt, in Juda 3000 Mann erlegen und viele Beute machen, V. 13. Zieht mit seinem Volk wider die Edomiter, schlägt derselben zehentausend, und eben so viel Gefangene läßt er über einen Felsen herabstürzen, V. 11. 12. Ward nach erhaltenem Siege abgöttisch und hochmüthig, V. 14. fordert Joas, den König in Israel, zu einem Krieg und Treffen auf, zieht den Kürzern, wird gefangen, von Joas, dem König in Israel, nach Jerusalem gebracht, welcher daselbst einen Theil der Stadtmauer niederreissen ließ, und alles Gold und Silber, und des Königs Kinder als Geisel mit nach Samaria nemen, 2 Kön. 14, 8. 12. 13. 14. Flieht, wegen der zu Jerusalem wider ihn gemachten Zusammenverschwörung, nach Lachis, wo er aber ermordet wird. V. 19.

2) Ein falscher und heuchlerischer Priester zu Bethel, zur Zeit Jerobeams, welcher den Propheten Amos beim Jerobeam als einen Aufrührer verklagte, und ihm widersprach. Amos 7, 10.

3) Ein Sohn Sichri, ein Oberster des Königs Josaphat, über zweimal hunderttausend Mann; heißt der Freiwillige des Herrn, d. i. der seinen Posten Jova zu Ehren, und dessen Volk zum Besten, freiwillig übernam. 2 Chron. 17, 16.

## Amead.

Hamhad oder Gamgad, (עַמְעָד) eine Stadt, die Jos. 19, 26. mit bey der Gränzenbestimmung des Stammes Asser genennt wird.

## Ameise.

Sprüchw. 6, 6. K. 30, 25. Es ist ganz gewiß und ausgemacht, daß das in diesen beiden Stellen vorkommende Wort נְמָלָה (Nmala) Plur. נְמָלִים (Nmalim) Ameisen bedeute. Die Alexandriner haben daher μυρμηξ Plur. μυρμηκες und im Arabischen fürt die Ameise denselben Namen wie im Hebräischen, نَمْلَة (Namla) Collect. نَمْل (Naml), von נמל die Spitzen der Aehren abschneiden rc. (s. Hiob 24, 24.) welches die Ameisen mit ihren Zähnen thun, um die Körner aus den Aehren herauszuholen. نَمَلَ Conscendit prorepando arborem scheint mir unter dieser Bedeutung erst ein Denominativ von نملة (der Ameise) zu seyn. — Ob nun gleich in der Bibel, und zwar in den beiden angefürten Stellen, blos des Fleißes und der Klugheit der Ameisen gedacht wird: so kan mich doch das nicht hindern, hier eine ausfürlichere Naturgeschichte der Ameisen zu erzälen.

Die Ameisen haben einen fast dreieckigen Kopf, Kinnladen mit vier Freßspitzen, oder zwo scharfen gezähnten Freßzangen, ohne Zunge: eine breite Stirne mit zwei darunter befindlichen gebrochenen, fadenförmigen, aus zwölf bis dreizehen Gelenken bestehenden Fühlhörnern, die fast so lang als das Bruststück sind. Hinter diesen befinden sich drei schwarze ganz kleine Augen, wie ganz zarte Pünktchen. Zwischen dem Bruststück und dem eiförmigen, mittelst eines kleinen Stiels damit verbundenen Hinterleibes, befindet sich eine aufrecht stehende Schuppe. Sie haben sechs ziemlich starke Füße, mit spitzigen gewölbten Klauen. — Sie sind nicht nur männlichen und weiblichen Geschlechts, sondern sogar der größte Theil derselben

Zwit

Zwitter, und diese sind eigentlich die Arbeitsameisen, wie sie auch die Naturkündiger gewönlich nennen. Die Männchen und Weibchen haben vier flach aufliegende Flügel; die Zwitter aber oder die Arbeitsameisen sind ganz unzeflügelt. Die Männchen sind kürzer und dünner als die Weibchen, und die Zwitter wieder kleiner als die Männchen. Die Weibchen und die Zwitter (die Männchen nicht) haben einen im Schwanze verborgenen holen Stachel, aus welchem sich, so oft sie damit verwunden wollen, ein scharfer beissender Saft ergießet, welcher das Jücken und Aufschwellen der Wunde verursachet. Die arabischen Naturkündiger, Demir, Kazuin ꝛc. schreiben den Ameisen einen außerordentlich feinen Geruch zu, welchen Kazuin daraus beweiset, daß, wenn z. B. der Mensch an einem Orte, wo keine Ameisen sichtbar sind, etwas aus der Hand fallen lässe, bald die Ameisen, wie ein schwarzes Tuch, zu der zu machenden Beute herbeizögen. S. Bocharts Hierozoic. Tom. 2. Col. 590. Vielleicht ist mit einem feinen Geruche zugleich auch, der kleinen Augen der Ameisen ohngeachtet, ein sehr scharfes Gesicht verbunden, woraus sich jenes ebenfalls erklären läßt. — Sie bauen sich große Haufen, in welchen sie ihre Lebensmittel, als Getreide und andere Körner, junge Stückchen Baumblätter, (die sie aber meist auf den Bäumen selbst verzehren,) allerhand süße Sachen, auch Insekten und andere kleine Thiere; ingleichen (sonderlich die großen Roß oder Pferdeameisen,) Stückchen Harz von Wacholdersträuchen und andern Bäumen, (woraus sie den sogenanten Weirauch bereiten) sammeln. Ihre Eier, welche wie fein pulverisirter Zucker erscheinen, und kaum auf einem schwarzen Tuche sichtbar sind, legen sie unten auf den Boden ihres Haufens. Die im gemeinen Leben so genanten Ameiseneier, welche meist viel größer als die Ameisen selbst sind, und schon in der Rücksicht nicht die Eier dieser kleinen Insekten seyn können, sind die Puppen oder Larven — kleine Würmchen ohne Füße, mit einer haarigen geringelten Haut, welche die schon größtentheils ausgebildeten jungen Ameisen enthalten. Für diese Puppen und die Eier tragen die Zwitter oder Arbeitsameisen große Sorge, tragen sie an die Sonne und des Nachts wieder in den Haufen. S. Leske Naturgeschichte Th. 1. S. 476. und Eberts Naturlehre Th. 3. S. 119 f. —

Der Fleiß der Ameisen im Einsammeln ihrer Lebensmittel ist jedem bekant, der auch kein Naturkündiger ist. Deswegen weiset Salomo Sprw. 6, 6 f. den Faulen zur Ameise, als Lehrerin der Thätigkeit, des Fleißes und der Sorge, und seinen pflichtmäßigen Bemühung nach einem guten Auskommen. „Gehe hin zur Ameise, Fauler, beobachte ihre Weise und werde klug. Sie, die keinen Anfürer, Antreiber oder Befelshaber hat, verschaft sich im Sommer ihr Futter, und sammelt in der Erndte ihre Speise.“ — V. 6. 7. 8. — „Beobachte ihre Weise“ Art und Gewonheit, wie sie für ihre Narung sorgt, damit es ihr nie fehle. Sie thut das aus eignem Antrieb, ohne von einem Anfürer, oder Befelshaber erst dazu angewiesen zu werden. Im Sommer — zur Erndtezeit — ist sie am geschäftigsten, zur Zeit, wo sie am besten sammeln kan. Sie wartet nicht, bis ihr erst Vorrat mangelt, bis sie Hunger zwinget, auf Narung auszugehen — wartet nicht bis in den späten Herbst, wo sie, wenn sie nun auch einsammeln wollte, nichts mehr findet. — Das soll der Faule beherzigen, und die Art der Ameise ablernen, und hierinnen klug und weise werden. — Auch K. 30, 25. wird die Klugheit der Ameisen und ihr Fleiß bewundert: „Vier Thiere gehören unter die Kleinsten, und sind doch weiser als (manche) Weise! die ordentlich diesen Titel füren — nämlich Weltweise und alle Gelerte. Denn diese heissen bey den Hebräern und Arabern Weise.) „Die Ameisen, ein Volk, das nicht stark ist, verschaffen sich gleichwol im Sommer ihre Narung — tragen im Sommer — folglich zur rechten Zeit — so viel ein, daß sie immer Ueberfluß haben — und doch sind sie so kleine schwache Thierchen, (gegen den Menschen gerechnet. —) Wären sie größer und stärker: so wäre kein Wunder! — — —

Der Fleiß der Ameisen dauret nicht nur den ganzen Tag, sondern auch bey Mondenschein, sonderlich im vollen Mond des Nachts. (Aelian Hist. an. libr. 6. C. 43.) Nur im Neumond sollen sie des Nachts feiern. (Hellenius beim Antigonus Mirabil. cap. 140. Plinius Naturgesch. B. 2. C. 41. B. 11. K. 30.)

Ihr unverdroßner und anhaltender Fleiß im Eintragen ihrer Lebensmittel, und ihr unzäliges Aus- und wieder Zurückwandern in ihren Haufen, kan man, wenn mans auch nicht sähe, daraus abnemen, daß sie, weil sie immer einerlei Weg gehen, (Aristoteles Hist. lib. 9. c. 38. Καὶ μίαν ἀτραπὸν πάντες βαδίζουσι, sie halten immer einen Weg,) nach dem Plinius, (a. a. O.) einen ordentlichen Pfad banen, und sogar Kieselsteine, über welche sie ihre Heerstraße fürt, abnutzen. „*Silices itinere earum attritos vidimus* (schreibt er) *et in opere semitam factam*, ne quis dubitet, qualibet in re quid possit quantulacunque sedulitas." —

Ich beschließe diesen Artikel mit noch einigen Nachträgen zur Naturgeschichte der Ameisen aus den Alten. Die Ameisenhaufen bestehen inwendig aus verschiedenen Hölungen, die sie mit ihren Klauen graben, und in welcher sie die eingetragenen Lebensmittel, den Weirauch, die Eier, die Puppen rc. verwaren, und worinnen sie sich, wenn sie nicht aufs Einsammeln ausgegangen sind, selbst aufhalten. Die alten griechischen, römischen und arabischen Naturhistoriker theilen diese Wonungen der Ameisen verschieden ab, und geben diesen ihren Abtheilungen eben so verschiedene Bestimmungen. S. die vom Bochart im Hierozoic. Tom. II. col. 594. angefürten Stellen. Nach dem Kazuin bestehen sie aus verschiedenen Hölungen, und in die Krümme herumlaufenden Gemächern, die sie mit Körnern rc. füllen, und etwas mehr in der Tiefe sind wieder andere Hölungen, in welche das Wasser dringt. Nach dem Plutarch bestehen sie aus drei künstlich abgetheilten Hölen, worunter die Eine von der ganzen großen Ameisenfamilie bewont wird, die zwote die Vorratskammer, und die dritte das Todtengewölbe ist, in welches sie ihre Todten tragen. Dieses leztere sagt auch Celsus beim Origenes, Plinius und Aelian, (daß sie nämlich ihre Todten in ihren Haufen begrüben). Aelian giebt übrigens in den Ameisenhaufen ebenfalls drei Behälter an, in deren ersten sich die Männchen und Weibchen, im zweiten die trächtigen Weibchen aufhielten, und das dritte wäre die Vorratskammer. Es ist mir noch keine zuverläßige Beschreibung des innern Baues der Ameisenhaufen von unsern neuern Naturkündigern bekant worden; ich kann also nicht sagen, wer, oder ob einer von diesen alten Schriftstellern Recht hat. — Der kleine Berg auf den Ameisenhölen hat indessen ohnstreitig die gedoppelte Absicht, daß die Thiere mit ihren Eiern, Puppen und Narungsmitteln, vor Wetter und Räubern gedeckt seyn, und der Regen abfließen und nicht so leicht in ihre Gemächer eindringen möge, wie schon Aelian (B. 6. K. 43.) ganz richtig bemerkt.

Damit andere feindliche Insekten nicht so leicht in die Hölen der Ameisen kommen mögen, pflegen diese den Eingang lang und in viele Krümmung zu ziehen. S. Plutarch und Aelian beim Bochart a. a. O. col. 591.

Wenn sie auf Narung ausgehen: so gehen die Aeltesten voran und die Jüngern folgen; sie weichen einander, sonderlich die Leerlaufenden den Beladenen, oder Lastträgern, sehr gefällig aus. S. Plutarch, Aelian, Dio Chrysostomus beim Bochart a. a. O. col. 592. — Eben so gefällig beweisen sie sich gegen diejenigen, welche allzu schwere Lasten tragen, unter welchen sie zu erliegen drohen, indem sie die Schwere ihrer Last mit ihnen theilen. Hieronymus eben daselbst. — Zur Zeit der Erndte finden sie sich bey der Dreschtenne einzeln, und zu zweien und dreien ein, und holen Getreidekörner; auch vor der Erndte, wenn das Getreide noch auf den Feldern stehe, finden sie sich ein; die Alten beissen die Aehren ab, die Jungen machen sich über die vom Halm abgebissenen Aehren her, enthülsen die Körner und tragen sie in ihre Magazine. Aelian B. 2. K. 25. B. 6. K. 43. Wenn sie finden, daß die eingetragenen Körner naß oder feuchte sind: so bringen sie dieselben aus ihren Magazinen heraus an die Luft und Sonne, und trocknen sie, daß sie nicht vermodern oder verfaulen. S. Plutarch, Ambrosius, Jezid, R. Levi, Damir, Kazuin beim Bochart a. a. O. col 596. — Wenn eine Ameise etwas ihr Annehmliches findet, das ihr aber zu schwer ist, um es in ihr Magazin zu bringen, so nagt sie davon herunter, was sie kan, trägts nach Hause, verrät ihren Angehörigen die Beute, die dann Hausenweise herbeikommen, und sie in ihre Vorratskammer zu bringen suchen. Kazuin beim Bochart a. a. O. col. 595. — Was die Ameise nicht durch ihren engen Eingang in ihr Magazin bringen kan, das theilt sie, und man sagt auch,

daß

daß sie an den Körnern die Keime ausfräßen, oder sie unten entzweybissen, damit sie in ihren unterirdischen Vorrathskammern nicht keimen, und für sie zur Speise untüchtig werden möchten. Plutarch, Plinius, Aelian, Kazwin rc. beim Bochart a. a. O. col. 588. — Den Coriander, der auch einmal getheilt, noch in der Erde keimen soll, theilen, nach dem Kazwin, (a. a. O.) die Ameisen aus diesem Grunde viermal. Linsen, Gersten und Bohnen hingegen sollen sie, nach eben diesem arabischen Schriftsteller, nur enthülsen, weil ihnen das durch das Vermögen zu keimen, benommen seyn soll. — Die Ameisen tragen sehr reichlich ein, wol auf zween Winter. (Kazwin beim Bochart col. 602.) — Allein für den Winter tragen die Ameisen gar nicht ein, sondern nur für die Zeiten, wenn schlechte Witterung einfällt — Denn im Winter bedürfen sie keiner Narung, weil sie diesen in einer völligen Erstarrung zubringen; welches todtenartigen Zustandes wegen vermuthlich Kazwin schreibt, die Ameisen lebten nicht länger als Ein Jahr. —

Die Ameisen wissen auch die bevorstehende Witterung genau. Wenn sie ihre Puppen und eingesammelten feuchten Körner aus ihren Hölen heraustragen: so hat man gewiß gutes Wetter zu gewarten; wenn sie aber damit wieder in ihre unterirdische Cellen eilen: so ist schlimme Witterung vor der Thüre. Ambrosius und Epiphanius beim Bochart a. a. O. col. 596. —

*In formica non modo sensus, sed etiam mens ratio, memoria,* schreibt Cicero, de nat. Deor. B. 3. —

Ametha.

1 Chr. 6, 2, s. Ahmetha.

Amethyst.

Diesen Edelstein verstehen die alten Uebersetzer unter dem Wort אחלמה (Achlama), welches der neunte Stein, (oder der dritte Stein in der dritten Reihe) im Brustschilde Aarons war. 2 Mos. 28, 19. K. 39, 12. — Aus den mit dem Hebräischen verwandten orientalischen Dialekten, in welchen das Wort als Name eines Edelsteins gar nicht vorkomt, läßt sich weder etwas für noch wider die Meinung jener Alten sagen. Man hat ihnen also, dünkt mich, so lange zu glauben, bis man ihnen beweisen kan, daß sie geirret. Ezech. 28, 13. hat Luther auch den Amethyst; allein dort steht ein ganz anderes Wort im Original, nämlich נפך welches der Rubin oder Carfunkelstein der Alten ist. — In der Offenbarung Johannis K. 21, 20. komt der Amethyst mit diesen seinem griechischen Namen (ἀμέθυστος) ausdrücklich vor.

Der Amethyst ist ein harter, glänzender, geldanriger Stein, an Farbe violet, bisweilen auch ins Purpurfarbene fallend, bisweilen ganz Purpurfarbig, bisweilen auch gelblich rc. Er verliert im Feuer seine Farbe, schmelzt aber für sich nicht. — Weil er an Härte dem Diamant sehr nahe komt, und ein gleiches Wasser hat: so wird er oft, wie der Saphir, durch Kunst weiß gemacht, oder entfärbt und für Diamant verkauft. Er wird auch durch verschiedene Compositionen im Feuer nachgemacht, wozu man in Nicols Edelsteinbüchl. Anweisung findet. — Die natürlichen und zwar härtesten und besten, schön violetten und purpurfarbnen, auch weiße — liefert der Orient, Indien, Arabien, Armenien. Nach Herrn Dutens (*des pierres precieuses & des pierres fines.* A Paris 1776. p. 44.) ist der orientalische Amethyst nicht nur der schönste und durchsichtigste, sondern auch unter allen Edelgesteinen der seltenste, so, daß sich wenige rühmen können, ihn gesehen zu haben. Dutens sah einen bey Hrn. von Angay, und fand ihn schön violet und purpurfarbig, und ungemein durchsichtig. — Der Amethyst von Carthagena in Spanien, ebenfalls violet und purpurfarbig, ist auch sehr rar, komt aber dem Orientalischen bey weitem nicht bey, und ist auch nicht so theuer. Der übrige europäische, in den pyrenäischen Gebirgen, in Irland, der Schweiz, Ungarn, Böhmen, Wolkenstein in Sachsen, Schweden u. s. w. komt dem orientalischen eben so wenig bey, und ist nur um ein Weniges härter, als die gemeinen Krystalle, werden von einer guten Feile angegriffen, und geben, wie andere quarzige Steine, am Stahl reichlich Feuer. Man findet ihn auch in der Oberlausitz hinter dem Kloster Marienthal. Er hat ohngefähr die Härte des Krystalls, und bildet sich auch wie dieser, in sechseckigten Pyramiden, welche meistens nur an Einem Theile gefärbt sind; das übrige ist weiß und nichts, als Bergkrystall. — Den bessern europäischen findet man ebenfalls in krystallinischer Gestalt, doch auch (wie besonders den orientalischen) als Kiesel. S. D. Brückmanns Abhandl. von Edelgesteinen, S. 203 ff. Scopoli Einleit. zur Kenntniß und Gebrauch der Fossilien. S. 21. Donats Auszug aus Scheuchzers Physica sacra. Th. 1. B. 2. S. 343. Anselm. Boet. de Boot. Historia gemmarum et lapidum und vollständiges Lexicon aller Handlungen und Gewerbe. Th. 1. col. 146. — Den Namen Amethyst (von α' privativ. und μεθύσκω inebrio) hat der Stein von dem Vorurtheil bekommen, als bewahre er vor der Trunkenheit, daher ihn einige auf dem Nacken, oder am Finger tragen, andere ihn reiben und einnehmen. Plinius leitet den Namen des Amethysts nicht von der Trunkenheit, sondern von μέθυ her, in so fern es den Wein bedeutet, „quia amethystus gemma est, quae ad vini colorem accedens, priusquam eum deguster in violam definat." Vergl. Lud. de Dieu Critica sacra, bey 2 Mos. 28 und 39. S. 30. wo man auch eine gelerte philologische Untersuchung über den hebräischen Namen des Amethysts, aber auch fast weiter nichts — findet. —

### Amithai.

Des Propheten Jona Vater, von Gathhepher. 2 Kön. 14, 25. Jon. 1, 1. —

### Amma.

Ein Hügel vor d. i. auf der Ostseite von Giah, auf die Wüste Gibeon zu. 2 Sam. 2, 24.

### Ammao.

1 Marc. 3, 40. Kap. 9, 50. ist Emmahus, s. unten.

### Ammaus.

S. Tiberias.

### Amme. (מֵינֶקֶת)

Ammen, welche bey uns Gemächlichkeit ꝛc. der Damen, oft zu ihrem eigenen und der Kinder größtem Nachtheil, so allgemein in Gebrauch gebracht hat, sind im Orient so allgemein gewöhnlich nicht. Doch finden wir sie, ohne Zweifel ganz anfänglich, wie auch bey uns, aus Noth — bey einer Krankheit, oder natürlichen Unfähigkeit, oder gar Tod der leiblichen Mutter — eingefürt, in der Folge aber wegen großer Bequemlichkeit dieser Säugemütter, für die leiblichen Mütter oft auch ohne Noth, sonderlich von Vornehmen und Reichen, gebraucht. Die Amme der Rebecca, deren Name uns sogar aufbehalten worden, (sie hieß Debora) ist die erste Amme, welcher gedacht wird. Als Rebecca erwachsen war, dienete ihr diese ihre Amme als Kammermädchen, (wie Hagar bey der Sara,) daher sie sie auch zu ihrer Bedienung mitnam, als sie den Isaak heiratete. 1 Mos. 24, 59. Ihre Amme Debora starb bey Bethel, und ward unter einer Eiche begraben, welche davon, weil die Verstorbene beweint und beklagt wurde, den Namen Klageiche bekam. Es erhellet daraus, daß sie sehr geschätzt und geliebt gewesen seyn müsse, wie vielleicht die morgenländischen Ammen überhaupt. So viel wissen wir von den Arabern, daß die Ammen und ihre Kinder wie Blutsverwandte betrachtet werden, daher auch keiner seine Milchschwester, d. i. eine Tochter seiner Amme, heiraten darf. Vergl. Michaelis mosaisches Recht, Th. 2. §. 112. Nr. 2. — Die ägyptische Prinzeßin, die Mosen im Wasser fand, hielt diesem edlen Fündling eine Amme, welches seine eigne Mutter war, wiewol dieses die Prinzeßin nicht wußte. 2 Mos. 2, 7. 8. 9. Joas, des Königs Ahasia Prinz, hatte auch eine Amme, 2 Kön. 11, 2, 2 Chron. 22, 11. — Der Sorge der Ammen für ihre Kinder wird 1 Theß. 2, 7. 4 Esr. 1, 28. K. 1, 25. gedacht, und Vergleiche davon hergenommen.

In Luthers Uebersetzung wird auch in noch zwei Stellen der Ammen gedacht: 2 Sam. 4, 4. Die Amme Mephiboseths, die diesen ihren Säugling fallen ließ, welcher von diesem Fall lahm wurde — wo aber das Wort אֹמֶנֶת gebraucht wird, welches nicht sowol eine Amme, Säugamme, als eine Kinderwärterin Pflegemutter (Ruth 4, 16,) bedeutet — wiewol diese Wartfrau des Mephiboseth auch zuvor seine Säugamme gewesen seyn kan. — 4 Mos. 11, 12. steht im Hebräischen dasselbe Wort, in der männlichen Endigung, אֹמֵן ein Wärter; aus welcher Stelle zu erhellen scheint, daß man auch Mannspersonen — Sklaven — zur Kinderwartung gehalten und gebraucht habe.

### Ammi.

Von Ammi (עַמִּי בֶּן) d. i. Sohn meines Volks — oder (nach einer im Arabischen noch sehr gewöhnlichen Bedeutung des Worts Am עַם) Sohn meiner Verwandtschaft, d. i. in naher Verwandtschaft erzeugt. So nante die jüngste Tochter Lots den Sohn, den sie mit ihrem durch Wein trunken gemachten Vater gezeugt und geboren hatte. 1 Mos. 19, 38. S. auch Ammon.

## Amminadab.

1) Aarons Schwiegervater 2 Mos. 6, 23. Er war ein Sohn Ram und des Nahasson, welcher zu Mosis Zeiten Stammfürst über Juda war, Vater. 1 Chron. 2, 10. vergl. mit 4 Mos. 1, 7. Aus Ruth Kap. 4. 19. vergl. mit Matth. 1, 4. Luc. 3, 33. erhellet, daß er zu den Stammeltern Christi gehöret.

2) Ein Levit, dessen Vater Kahath hieß, 1 Chr. 7, 22.

3) Einer aus den Kindern Usiel, der Oberste oder Stammvater unter diesen. 1 Chron. 16, 10.

## Amminadib.

Es ist ganz ungewiß wer dieser Hohel. 6, 11. gewesen. Der Vermutung nach ein großer vertrauter Minister des Salomo, den wir jedoch 1 Kön. 4. nicht antreffen. Er möchte denn der Ben-Abinadab V. 11. seyn, der über die Landschaft Dor oder Tartura, als Kreishofsteuereinnehmer, gesetzt war, und Salomons Prinzeßin, Thaphath, zur Gemalin hatte. Sonderlich des letztern Umstandes wegen, wäre ich nicht ungeneigt, diesen Ben-Abinadab für den Ammi Nadib zu halten. Dergleichen Namensveränderungen kommen in der Bibel, sonderlich A. T. unzählige vor. Vergl. meine neue Uebersetzung und Erklärung des Hohen Liedes Salomons. Anmerk. m.) S. 94 f.

## Ammon, Ammoniter.

Die Ammoniter haben den Ben-Ammi, der bey seinen Nachkommen sonderlich Ammon hieß, einen Sohn des Lot, den er mit seiner jüngern Tochter in der Trunkenheit erzeugt hatte, (s. Ammi und 1 Mos. 19, 38.) zum Stammvater. Aus 5 Mos. 2, 18. 19. und Psalm 83, 9. ist es ganz offenbar und gewiß, daß die Ammoniter und Moabiter Nachkommen des Lot waren; vergl. 1 Mos. 19, 36. 37. 38.) und ich sehe also nicht ein, wie die Verfasser der allgem. Welthistorie Th. 2. §. 21. S. 20. schreiben konnten, man wisse es nicht gewiß, ob die Ammoniter wirklich von dem Ben-Ammi oder Ammon, einem Sohne Lots, abstammen. —

Sie ließen sich in einem Theil des nachher sogenannten Landes Gilead, oder auf der Ostseite des Jordans, nieder, wie das mit ihnen verbrüderte Volk, Moabiter. Letztere wohnten in der Gegend des todten Meeres, oder im südlichen, und die Ammoniter im nördlichen Theile dieses Landes. Das Land der Ammoniter hatten zuvor die Rephäer inne, (רפאים) ein Volk von außerordentlich großer Leibesstatur, welches die Ammoniter Samsumim nanten, und die, wie es scheint, 1 Mos. 14, 5. Susim heißen. Die Ammoniter aber vertrieben dieses Volk, namen ihr Land ein und benanten es, 5 Mos. 2, 19. 20. 21. wobei ihnen Kedorlaomers ehemaliger Feldzug wider dieses Volk, in welchem es geschwächt wurde, (1 Mos. 14, 5.) sehr zu statten mochte gekommen seyn. — Die Gränzen der Ammoniter waren gegen Norden der Fluß Jabok 4 Mos. 21, 24. 5 Mos. 3, 16. Richt. 11, 13. gegen Westen der Jordan, Richt. 11, 13. gegen Süden der Arnon, (s. die vorhin bey der nördlichen Gränze angeführten Stellen,) und gegen Morgen die arabische Wüste, welche aber, als eine gemeinschaftliche Weidetrift der Beduinen, wol keine bestimmte Gränze war, sondern von den Ammonitern selbst eben sowol als von den arabischen Nomadenvölkern, als gemeine Trift genutzt wurde. — Doch es gieng den Ammonitern, durch die Amoriter, wie durch sie ehemals den Samsumim. Sie wurden von den Amoritern, einem der mächtigsten canaanitischen Völker, aus diesem ihrem Lande vertrieben, wiewol der Feldzug der Amoriter eigentlich und zunächst die Moabiter galt, mit welchen aber die Ammoniter damals so genau verbunden waren, daß sie, wie es scheint, völlig vor einen Mann stunden, und daher die Ammoniter zugleich ihr Land mit verloren. Zu Mosis Zeit war das ganze vormalige Land der Ammoniter schon in den Händen der Amoriter, welchen es die Israeliten wieder abnamen. 4 Mos. 21, 21-31. — Die Ammoniter mögen sich hierauf auf dem Gebirge Gilead niedergelassen haben; daher es 4 Mos. 21, 24. heißt, die Gränzen der Ammoniter wären fest, d. i. durch Gebirge von Natur befestiget gewesen. — Diese ihre nachherigen Gränzen sind gänzlich unbekant. —

Die berühmteste Stadt der Ammoniter und zugleich diejenige, von welcher es ganz gewiß und ausgemacht ist, daß sie den Ammonitern gehöret, ist Rabba, d. i.

die Große, die zum Unterschied von der moabitischen Hauptstadt dieses Beinamens, auch Rabbath-Ammon, d. i. die große oder Hauptstadt der Ammoniter genannt worden. Die übrigen ammonitischen Städte, welche in der Bibel genannt werden, sind Minnith und Abel-Keramim. Einige zälen diesen auch noch Jaeser bey, allein mit offenbarem Unrecht. Mehrere Nachrichten von diesen Städten s. an ihren gehörigen Orten. — Daß die Ammoniter sonst noch viele Städte müssen gehabt haben, lehrt Richt. 11, 33.

Von der weitern Geschichte der Ammoniter wissen wir fast weiter nichts, als was uns die Bibel von ihnen sagt — ihr Verhältniß und Betragen gegen die Israeliten. Sie bewiesen sich gleich anfänglich, als die Israeliten noch auf der Reise waren, feindselig, oder unbarmherzig, indem sie ihnen für Bezalung, (denn umsonst verlangten sie nichts, s. z. B. 4 Mos. 20, 19.) weder Brod noch Wasser zukommen ließen, auch vielleicht an der Miethung Bileams durch die Moabiter Antheil hatten; wir finden wenigstens daß die Ammoniter mit den Moabitern immer für Einen Mann stunden, wenn auch das Dingen des Bileams 5 Mos. 23, 4. 5. blos von den Moabitern (4 Mos. 22.) zu verstehen seyn sollte. Dieses feindseligen Betragens wegen werden die Ammoniter des israelitischen Bürgerrechts, auch noch im zehnten Glied, unwürdig und schlechterdings unfähig erklärt, (5 Mos. 23, 3. Nehem. 13, 1. 2.) und den Israeliten 5 Mos. 23, 6. anbefolen, nie ihr Glück und Wol zu suchen, wiewol sie sie, ohne von ihnen erst attaquirt zu werden, doch auch nicht feindlich behandeln durften. 5 Mos. 2, 19.

Einige Zeit nach dem Tode des Richters Athniel, verbanden sie sich, nebst den Amalekitern, mit den Moabitern, und dem moabitischen König Eglon, zogen mit wider die Israeliten zu Felde, da dann die Palmenstadt, d. i. Jericho, erobert, die Israeliten geschlagen und zinsbar gemacht wurden. Richt. 3, 12. 13. 14. s. Moabiter.

Nach der Zeit des Richters Jair, als sich die Israeliten wieder dem abscheulichsten Götzendienst ergeben hatten, wurden sie abermals durch die Ammoniter gestraft. Diese fielen in das jenseits des Jordans gelegene Land der Israeliten, welches ihnen, da sie wußten, daß es, vom Jabok bis zum Arnon, ihren Vorfaren gehöret, immer sehr in die Augen gestochen haben mochte, ein, machten starke Eroberungen, die sie wol achtzehn Jahre lang besaßen. Ja, sie erkühnten sich über den Jordan zu setzen, und die drey mächtigsten Stämme damaliger Zeit, Juda, Benjamin und Ephraim zu bekriegen. Jephthah, ein Gileaditer, der seiner unehrlichen Geburt halber kein Erbtheil bekommen, sich daher von seinen Brüdern getrennt, ins Land Tob in Arabien begeben, sich da einen Anhang gemacht, mit demselben viele Heldenthaten gethan, und vom Raub gelebt hatte, wurde zum Anfürer seiner Nation wider die Ammoniter erwält, wozu er sich auch endlich verstand, und durch Gesandte dem König der Ammoniter fragen ließ, was ihn bewege, seine Nation zu bekriegen? Die Antwort war: Weil die Israeliten das Land der Ammoniter vom Arnon bis zum Jabok eingenommen haben. Ob ihm nun Jephthah gleich durch eine zweite Gesandtschaft, mit Grund und Recht vorstellen ließ, daß die Israeliten zu dem Kriege mit den Amoritern, welchen (und nicht den Ammonitern) damals das Land gehöret habe, gezwungen worden, und in diesem rechtmäßigen Kriege, das Glück ihnen so günstig gewesen, daß sie das Land erobert, welches sie daher mit Recht von dreyhundert Jahr lang besessen — und warum sie es nicht gleich damals vindicirt hätten, als es die Israeliten den Amoritern abgenommen hatten? — so ließ sich der König der Ammoniter doch nicht bewegen, sondern ließ es auf eine Schlacht ankommen, welche, unter Jephthahs Kommando, überaus vortheilhaft für die Israeliten ausfiel, und die Ammoniter demüthigte. Richt. 10, 6. bis Kap. 11, 33. (vergl. Josephs jüd. Alterthümer B. 5. Kap. 7. §. 7. 8. S. 297 ff. der Havercampischen Ausgabe. —)

Die Ammoniter blieben hierauf ruhig, bis auf die Zeit Sauls, wo sie mit übertriebenem Stolz, einen neuen Versuch machten, die Israeliten wenigstens aus dem ehemaligen alten Ammoniterlande zu vertreiben. Sie belagerten, unter Anfürung ihres damaligen Königs Nahas, die Stadt Jabes in Gilead. Die Einwoner dieser Stadt, welche sich sehr in Verlegenheit befanden, wünschten Friedensvorschläge von den Feinden zu erhalten, worauf sie sich gutwillig ergeben wollten. Nahas antwortete, die erste Friedensbedingung sollte seyn, daß er ihnen allen das rechte

Auge

Auge ausstechen, und dadurch ganz Israel beschimpfen wolle. Die Jabesiten baten sich hierauf eine siebentägige Frist aus, um zu sehen, ob ihnen die übrigen israelitischen Stämme nicht beistehen würden; wo nicht: so wollten sie sich gutwillig ergeben, und der Grausamkeit und dem Mutwillen der Ammoniter Preiß stellen. Sie ließen hierauf die Sache durch Boten in Gibea, Sauls Vaterstadt, bekant machen; man befand sich da in gleich großer Verlegenheit, bis Saul, der die Regierung eigentlich noch nicht angetreten hatte, den Mut faßte, wider den verwegenen Feind einen Versuch zu wagen, und ganz Israel unter sinnbildlicher Drohung dahin bewog, daß es ihm folgte. Zu Besek ward das Volk, das aus dreimal hundert und dreissigtausend Mann bestand, gemustert. Die Boten verkündigten den Jabesiten die zu hoffende Hilfe, welche Nachricht ihnen, wie man leicht denken kan, sehr erfreulich war. Sie ließen hierauf den Ammonitern sagen, des morgenden Tages wollten sie sich ihnen ergeben. — An diesem Morgen aber rückte Saul mit seiner in drei Armeen getheilten Nation, um die letzte Nachtwache, ins feindliche Lager, erfocht über sie einen herrlichen Sieg, richtete eine große Niederlage unter ihnen an, und die noch das Leben davon brachten, wurden dergestalt zerstreut, daß nicht zween bey einander blieben. 1 Sam. 11, 1-11.

David 2 Sam. 10; 1. rümt von dem ammonitischen König Nahas Liebe und Freundschaft, welches wol von der Zeit zu verstehen ist, da David noch nicht König, sondern noch auf der Flucht vor Saul begriffen war. Diese Liebe und Freundschaft mochte aber wol nicht sowol wahre freundschaftliche Zuneigung zu David, als Tort gegen den Saul zum Grunde haben. Denn angenemer konte wol für Saul nichts seyn, als wenn man mit seinem Erzfeinde David Freundschaft hielt. Denn als David wirklich König, und Sauls ehemaliges Interesse bey Demütigung der Ammoniter auch das Seinige geworden war, bewiesen sich diese ganz anders gegen ihn, als unter der Regierung ihres vorigen Königs Nahas. — Als Nahas, sein ehemaliger Freund, der dieses wenigstens aus Staatslist gewesen, gestorben, und sein Prinz Hanon König geworden war, schickte David, aus Dankbarkeit gegen die von dessen Vater Nahas genossene Liebe und Freundschaft, um das alte gute Vernemen auch mit dessen Prinzen und Thronfolger zu erhalten, eine Gesandtschaft an denselben, und ließ ihm wegen des Todes seines Vaters condoliren. Anstatt aber, daß Hanon diese Gesandschaft Davids wol hätte aufnehmen, ihr die gehörige Ehre erzeigen, und dem so gut gesinnten König David seine Gegenfreundschaft versichern lassen sollen, ließ er sich von seinen Fürsten oder Ministern überreden, David habe diese Gesandtschaft nur zum Schein zu ihm geschickt — ihre eigentliche Absicht wäre, die Stadt auszukundschaften, damit sie David, der einen Krieg im Sinne habe, desto leichter möchte erobern und zerstören können. Er ließ also den Gesandten Davids die Bärte halb abscheren, und ihre Kleider halb (bis an den Hintern) abschneiden, und schickte sie so, äusserst beschimpft, wieder zurück. Das erfur David, noch ehe die beschimpften Gesandten wieder in Jerusalem angekommen waren. David ließ ihnen also sagen, sie sollten nur so lange in Jericho bleiben, bis ihnen die Bärte wieder gewachsen wären, um sie nicht in ihrem lächerlichen Aufzuge Spöttern in ihrer Heimat Preis zu stellen. — Die Ammoniter hatten indessen erfaren, wie übel David die Beschimpfung seiner Gesandten aufgenommen habe, und sahen nun einen Krieg mit ihm vor Augen. Sie bewarben sich also eiligst um Hülfstruppen, die sie auch von den Rehobetischen und Zobenischen Syrern (Aramäern) und von dem Könige von Maacha (Syläaus) und Tob erhielten. Das erfur David, und ließ darauf seine ganze Armee, unter dem Kommando des Joab, aufbrechen. Die Ammoniter stellten sich vor dem Thor ihrer Hauptstadt Rabba in Schlachtordnung, ihre Hülfstruppen aber im freien Felde. Joab theilte hierauf seine Armee. Die beste junge Mannschaft kommandirte er selbst wider die Hülfsvölker der Ammoniter, und das übrige Volk stellte er unter dem Commando seines Bruders Abisai, den Ammonitern selbst entgegen; und dabei war die Abrede genommen, daß wer der andern Hülfe bedürfen würde, demselben zu Hülfe kommen sollte. — Joab griff hierauf die Syrer an und schlug sie in die Flucht; hierdurch verloren die Ammoniter den Mut, namen auch vor Abisai die Flucht und zogen sich in die Stadt; Joab aber zog als Sieger mit der ganzen Armee wieder nach Jeru-

Jeru-

Jerusalem, nicht als habe er es nunmehr dabei bewenden lassen wollen, sondern weil es schon spät im Jahre war, verschob er den Verfolg des Krieges bis zum nächstkommenden Frühjahre. (2 Sam. 11, 1.) — Allein die Syrer, (und zwar wie es scheint sonderlich die mesopotamischen Syrer,) denen der Verlust des Treffens zu empfindlich war, als daß sie ihn hätten vergessen sollen, verstärkten sich mit einer frischen Armee, aus dem eigentlichen Königreich Zoba oder Nesibis, jenseits des Euphrats, und wagten unter Sobachs Kommando einen neuen Feldzug wider David. David gieng ihnen hierauf mit seiner ganzen Armee nach Helam, wo sie standen, entgegen. Es kam zum Gefechte, David siegte, schlug die Syrer in die Flucht, und richtete eine große Niederlage unter ihnen an. Und nunmehro waren sie gedemüthiget und wagten nicht wieder, den Ammonitern zu Hülfe zu kommen. — Mit dem Anfange des nächstfolgenden Jahres, (d. i. ungefähr in der Mitte, oder gegen das Ende unsers Märzmonats,) schickte David den Joab, mit der Armee, von Neuem wider die Ammoniter ab, um ihre Hauptstadt Rabba zu belagern und ihr Land zu ruiniren. Joab fieng die Belagerung der Stadt Rabba an, und hatte die Königs- oder Wasserstadt bald erobert; hierauf ließ Joab dem David Nachricht geben, und ihn bitten, daß er, mit der noch übrigen Mannschaft, selbst vor Rabba ziehen und den übrigen Theil der Stadt erobern möchte, damit er, (Joab) wenn er sie vollends eroberte, nicht die Ehre der Eroberung allein haben möchte. David zog hierauf, mit noch einiger Mannschaft, vor Rabba, eroberte die Stadt, bekam den König gefangen, dem die sehr schwere goldne Krone abgenommen und dem Sieger David aufgesetzt wurde. Ausserdem wurde in der Stadt viel Beute gemacht, auch die übrigen Städte eingenommen, und an dem Volk ein sehr hartes (orientalisches) Kriegsrecht ausgeübet. Die ganze Geschichte steht 2 Sam. 10, 1 — Ende, Kap. 11, 1. Kap. 12, 26 — 31. vergl. 1 Chron. 20, (19.) 1 — Ende, Kap. 21, (20.) 1. 2. 3.

Hierauf waren die Ammoniter ruhig, bis auf die Zeit des jüdischen Königs, Josaphat. Unter der Regierung dieses Königs ließen sie sichs wieder einfallen, mit den Moabitern und einigen andern Völkern, einen feindlichen Einfall in Palästina zu thun. Sie hatten sich bereits bey Hazazon-Thamar, oder Engedi, gelagert, als Josaphat ihr Unternehmen erfuhr. Der König befand sich sehr in Verlegenheit, stellte einen außerordentlichen Fast- und Bettag an, und als das ganze Volk im Tempel versamlet war, trat ein Levit, Namens Jehasiel, in göttlicher Begeisterung auf, sprach dem Volke Muth ein, und verkündigte ihnen, daß sie gar nicht nöthig haben würden, wider die Feinde zu fechten, sondern sie würden nur müßige Zuschauer ihrer Niederlage seyn. Und so geschahe: denn der Hinterhalt, der auf den Anmarsch der jüdischen Armee lauerte, griff die ammonitische, moabitische und edomitische Armee (in der Meinung daß es die jüdische wäre) an und schlug sie; die Unordnung gieng weiter, die Ammoniter und Moabiter fochten wider die Edomiter, und da auch diese aufgerieben waren, geriethen selbst die Ammoniter und Moabiter unter einander in Unordnung, daß sie sich auch noch vollends aufrieben. — Als nun die jüdische Armee auf einer Anhöhe, oder Warte (Mizpa) sich nach der feindlichen Armee umsah, sah sie nichts als Leichname im feindlichen Lager. Josaphat hatte also mit seiner Armee weiter nichts zu thun, als Beute zu machen, welche sie so reichlich fanden, daß sie drei Tage lang daran zu theilen hatten. 2 Chron. 20, 1 ff.

Nach diesem finden wir der Ammoniter unter dem König Usia wieder gedacht, wo von ihnen gesagt wird, daß sie diesem König Geschenke gebracht, d. i. Tribut geliefert hätten. Ob er auch erst einen Krieg mit ihnen gehabt, und sie in demselben besiegt und zinsbar gemacht, oder sie nur unter dem Tribut erhalten habe, wird nicht gesagt. Das erstere ist ganz wahrscheinlich. Vergl. 2 Chron. 26, 8. vergl. V. 6. 7. —

Unter der Regierung des Prinzen und Thronfolgers des Usia, Jothams, kams wieder mit den Ammonitern, die der jüdischen Krone den schuldigen Tribut zuletzt wiederum verweigert haben, zum Krieg. Jotham bezwang sie, und die Ammoniter mußten sich von neuem zu einem sehr starken Tribut bequemen, der in hundert Talenten Silber, zehn tausend Cor Waizen, und eben so viel Gerste bestand, den sie drei Jahre nach einander entrichten mußten. Ob sie im vierten und den folgenden Jahren ganz frei davon waren, oder der Tribut dann nur gemildert, und

etwa

etwa wieder auf vorigen Fuß (wie unter dem Usia) gesetzt wurde, ist ungewiß. 2 Chron. 27, 5.

Aus Furcht vor den Babyloniern mögen sich Baalis, der letzte König der Ammoniter, und Zedekia, der letzte jüdische König, mit einander verbunden haben, um dem gemeinschaftlichen Feinde, der alle Reiche dieses Theils von Asien zu überwältigen drohete, mit vereinigten Kräften Widerstand zu thun. (Jer. 27, 3.) Doch als die Verwüstung (ich erzäle den Rest der Geschichte der Ammoniter meist mit den Worten der allgemeinen Welthistorie Th. 2. §. 35. S. 31 f.) über den Zedekia und Jerusalem kam, zeigten die Ammoniter ihren Uebermut, und frolockten über die Steinhaufen dieser unglückseligen Stadt, (Ezech. 25.) weswegen ihnen der Prophet hart drohet. — — Demohngeachtet nam Baalis alle Juden auf, die der Gefangenschaft zu entgehen, in sein Gebiet flüchteten, und unter denselben auch einen gewissen Ismael, von königlichem Geblüt, dessen Angelegenheiten er sehr zu Herzen zu nehmen vorgab. Um auch diese Wichtigkeit, ihm wenigstens mit Rat beizustehen, durch eine Probe zu beweisen, riet er ihm, wieder in sein Land zurückzukeren, und den Gedalja zu ermorden, der, nach der ausdrücklichen Anordnung der Babylonier, daselbst dem armseligen Ueberrest der Juden vorzustehen, zurückgelassen war. Er scheint — durch diesen Rat — die gänzliche Ausrottung dieses Volks gesucht zu haben, entweder aus bloßer Rachbegierde, oder auch mit einiger Absicht auf seine eignen Vortheile. Sein blutiger Anschlag ward angenommen; der Mörder verrichtete die That und ward gezwungen, wieder zum Baalis seine Zuflucht zu nehmen, der ihn auch in seinen Schutz nam. Jer. 41, 42. Doch Baalis blieb deswegen nicht lange ungestraft, daß er an der Ermordung des unschuldigen Gedaliah so viel Antheil genommen. Denn kurz darauf ward er vom Nebusaradan, dem babylonischen Feldherrn, angegriffen, der sein Gebiet mit Feuer und Schwerd verwüstete, seine Hauptstadt Rabba zerstörte, und den Baalis, nebst den meisten Großen Ammons, in die Knechtschaft wegfürte, wie von dem Propheten Amos (Kap. 1, 14. 15.) und Ezechiel (Kap. 25. 7.) geweissagt worden war. Die letztere Weissagung gieng zur gesezten Zeit in Erfüllung, und ihr Name ward endlich aus dem Buche der Völker vertilgt.

Indessen wird doch von ihnen gemeldet, daß sie, in Gemeinschaft mit den Arabern, Moabitern und Samaritanern, alle ihre Kräfte angewendet, die Wiederaufbauung des Tempels zu Jerusalem zu hindern, die sie, zu unterbrechen, alle ersinliche Mühe angewendet. Von einem gewissen Tobia finden wir, daß er denselben bey dieser Gelegenheit vorgestanden habe. Nehem. 2, 4. 6. 13.

Unter den großen Monarchien lebten die Ammoniter in Friede und Ruhe, und wuchsen daher in der Folge wieder zu einer ansehnlichen Macht. Zur Zeit des Judas Maccabäus zogen sie sich unter ihrem Statthalter Timotheus, wider jenen heldenmütigen Juden, in ein gar mächtiges Kriegsheer zusammen. Es kam zwischen beiden zur Schlacht, in welcher Timotheus und die Ammoniter geschlagen wurden; und ein gleiches widriges Glück betraf sie in andern nachfolgenden Schlachten, unter eben dem Anfürer, gegen eben denselbigen Feind. Endlich ward ihre Stadt Jaser, die vor Alters nicht mit unter ihre Städte gehöret hatte, nebst den benachbarten Städten, den Juden zur Ausbeute, welche die Männer erschlugen, und Weiber und Kinder in die Gefangenschaft fürten, die Stadt Jaser aber ausplünderten und in die Asche legten. So endigte sich ihr, wie es scheint, letzter Feldzug gegen die Nachkommen Israels. 1 Macc. 5, 6 ꝛc.

Nichts desto weniger schätzte man sie noch gegen den Anfang des zweiten Jahrhunderts nach Christi Geburt des Namens eines zalreichen Volks wert; (Just. Martyr. Dialog. cum Tryphone. p. 272.) Gegen das Ende dieses Jahrhunderts aber war ihr Name völlig verschwunden, und sie selbst verloren sich unter den Arabern. (Origenes in Iob.) Vergl. allgem. Weltgesch. Th. 2. §. 35. 36. S. 31 f. Schmidts bibl. Historicus S. 117 ff. Calmets Diction. hist. de la Bible. Tome I. p. 173.

Von der Lebensart und den Sitten der Ammoniter wird uns wenig oder nichts ausdrücklich gemeldet. Vermutlich trieben sie, wie alle angränzende, sonderlich arabische Völker, die Viehzucht, wozu ihnen die arabischen Wüsten sehr bequem waren. Aus dem starken Tribut an Getreide aber (2 Chron. 27, 5.) den sie dem jüdischen König Jotham geben musten, läßt sich schließen, daß sie auch den Ackerbau sehr stark getrie-

getrieben haben müssen, wie auch die Gegenden, die sie ehemals bewohnten, auch noch in neuern Zeiten, als gutes Ackerland beschrieben werden. S. Büschings neue Erdbeschreibung Th. 5. Abth. 1. S. 445. (der 2ten Ausgabe.)

Daß die Ammoniter die Beschneidung gehabt, erhellet aus Jerem. 9, 25. 26.

Ihr Gottesdienst war in den allerältesten Zeiten — in der ersten Kindheit der Nation — vermuthlich der Lots seiner. Nach und nach aber artete er in die allerunvernünftigste und grausamste Abgötterey aus. Moloch, Molech, oder Milcom war ihr vorzüglichster Götze, welchem sie Menschenopfer brachten. S. Moloch. — Aus Richt. 11, 24. scheint es zu erhellen, daß die Ammoniter auch den moabitischen Götzen Camos verehret; man müßte denn annehmen, Jephthah sehe die Moabiter und Ammoniter zusammen für Ein Volk an, (weil sie Einen Stammvater hatten, und sich auch immer ganz brüderlich zusammenhielten,) und gebe ihnen dann den Gott Camos, welcher eigentlich der Gott der Moabiter war; oder Jephthah müßte einen Gedächtnißfehler begangen, und den Camos statt Moloch genannt haben. —

## Amnon.

Davids erstgeborner Sohn und folglich Kronprinz, welchen ihm Ahinoam, die Israelitin zu Hebron geboren. 2 Sam. 3, 2. 1 Chron. 3, 1. Verliebt sich in seine Halbschwester Thamar. 2 Sam. 13, 1. Sucht durch verstellte Krankheit und List sie in sein Haus zu bekommen, wo er sie schändet, V. 2, 5. 10ff. und sodann verstößt, vielleicht um sie dadurch in das Geschrei zu bringen, als habe sie ihn zur Hurerei verleitet, wobei er wegen vorgegebener Krankheit seiner Seits außer allem Verdacht zu seyn glaubte. V. 15. 16. 17. Absalom, der auch mütterlicher Seits ein leiblicher Bruder der geschändeten Thamar war, sucht deswegen Rache, und läßt ihn an einem bey der Schaafschur angestellten Freudenfeste ermorden. V. 22. 23. 29.

## Amonai.

Eigentlich: Caphar-Amonai; eine Benjaminitische Stadt, Jos. 18, 24. von welcher aber weder Lage noch sonst etwas bekant ist. —

## Amori.

1 Chron. 1, 14. oder Emori (אֱמֹרִי) 1 Mos. 10, 15. d. i. Amoriter oder Emoriter. Ein von Canaan abstammendes Volk; denn daß Amori, (wie Jebusi, Girgasi, Hevi ꝛc.) ein wirklicher Sohn Canaans und Enkel Hams gewesen, dawider streitet die Endigung des Worts. Die Meinung Mosis ist: die Amoriter stammten von Canaan ab — vielleicht von einem Sohn Canaans, der dann wol Amor, oder Emor geheissen haben kan; nur nicht Amori oder Emori. — Diese Anmerkung gilt von allen sogenanten Söhnen Canaans, 1 Mos. 10, 15-18. 1 Chr. 1, 13-16. S. meine Bibel Th. 3. bey 1 Chron. 1, 4. b) und V. 13. a) V. 14. a) —

## Amoriter.

Eins der ältesten Völker, canaanitischer Abkunft; und zwar unter allen canaanitischen Völkern bey weitem das Ansehnlichste und Mächtigste, daher die Amoriter bisweilen für alle canaanitische Völker überhaupt gesetzt werden, z. B. 1 Mos. 15, 16. Kap. 48, 22. Jos. 24, 18. 2 Sam. 21, 2. (in welcher letztern Stelle Amoriter insbesondere für Heviter stehen; denn die alten Gibeoniten waren eigentlich Heviter. Jos. 9, 7. Kap. 11, 19.) — So auch in der zweyten Stelle, wo die Sichemiten (Emoriter) Amoriter heissen.

Wir finden die Amoriter zuerst zu Hazazon-Thamar, (Engeddi) am Ufer des todten Meeres, wo Kedorlaomer, König von Elam, nebst seinen Bundsgenossen sie bekriegte und schlug. 1 Mos. 14, 7. — Aus V. 13. desselben Kapitels erhellet, daß auch in der Gegend von Hebron Amoriter gewohnt; denn Mamre, bey dessen Terebinthen Abraham damals wohnte, war ein Amoriter und ein Bruder Escols und Aners, welche Abrahams Bundsgenossen waren. — Die Kundschafter 4 Mos. 13, 30. fanden die Amoriter auf dem Gebirge, d. i. in dem südlichen und gebirgigern Theil von Canaan, ohngefähr in dem nachher sogenanten Gebirge Juda, vielleicht auch noch etwas nördlicher. In dieses Gebirge werden sie auch Jos. 10, 6. Kap. 11, 3. gesetzt, und 5 Mos. 1, 19. 20. heißt daher, das Gebirge der Amoriter. — Nach Richt. 1, 34. 35. wohnten auch in dem an Juda nordwestlich gränzenden und dem Stamme Dan angewiesenen Canton, sonderlich in Har-Heres, Ajalon und Saalbim, Amoriter, durch welche die Daniten im ruhigen Besitz ihres Cantons gar sehr gestört

und

und von denselben genöthiget wurden, sich eng in die Gebirge einzuschliessen und die Thäler und ebenen Landschaften den Amoritern zu überlassen. Weiter nördlich, als bis nach Ajalon, Harheres und Saalbaim scheinen sich die Amoriter diesseits des Jordans nicht ausgebreitet zu haben; wenigstens finden wir keine Nachricht davon. Denn aus 1 Mos. 48, 22. schliessen zu wollen, daß auch in der Gegend um Sichem Amoriter gewont, weil Jakob das Stück Landes von den Amoritern mit Schwerd und Bogen erobert habe, ist wol falsch; da die Sichemiten, Heviter waren, (s. 1 Mos. 34, 2.) und Amoriter mehr als einmal für Cananiter überhaupt gesetzt werden, und also in der obigen Stelle natürlicher Weise für Heviter stehen. — Südwärts hatten sich die Amoriter nicht nur bis nach Maale-Akrabbim (Aufgang oder Steiger Akrabbim, welches auf der südlichen Gränze von Palästina lag,) sondern sogar bis nach Petra, der Hauptstadt des Peträischen Arabiens, ausgebreitet. Richt. 1, 36. — Diese im südlichen und gebirgigten Palästina wonenden Amoriter hatten nicht Einen, sondern viele kleine Könige. Vier werden Jos. 10, 3. genannt, nämlich der König zu Hebron, Hoham; der König zu Jarmuth, Piream; der König zu Lachis, Japhia; der König zu Eglon, Debir; welche der König (der Jebusiten) zu Jerusalem, Adonizedek, zu Hülfe nam, und mit ihnen gemeinschaftlich Gibeon belagerte, worauf Josua von den Gibeoniten zu Hülfe gerufen wurde, und dann die wichtige Schlacht erfolgte, welche Jos. 10. beschrieben wird. — Es waren diese amoritischen Könige, wie sich erwarten läßt, ganz kleine Könige — vermutlich nur über einzelne Stämme oder größere Familien, — Städte und einem dazu gehörigen Distrikt — wie die vielen cananitischen Könige überhaupt, so sofern sie aber zusammen über Ein großes ansehnliches Volk herrschten, und in Angelegenheiten ihrer Nationen zusammenhielten, und für Einen Mann stunden, immer fürchterlich genug. —

Diesseits des Jordans sich noch weiter auszubreiten, erlaubten ihnen vermutlich die übrigen mit ihnen verbrüderten cananitischen Völker nicht. Als sie nun gleichwol von Zeit zu Zeit zalreicher und mächtiger wurden, und ihr Land im südlichen Palästina ihnen zu enge ward: so gieng ein Theil von ihnen über den Jordan, bekriegte die Moabiter, (die jedoch, wie aus 4 Mos. 21, 8. zu erhellen scheint, den Krieg angesponnen zu haben scheinen,) und Ammoniter, und nam ersteren ein ansehnliches Stück Landes, und letztern ihr ganzes zwischen dem Arnon und Jabok gelegenes Land ab und namen es in Besitz. Als sich nun die Israeliten auf ihrer langwierigen Reise nach Palästina, diesem neueroberten Lande der Amoriter näherten, und sich von ihrem Könige Sichon, der zu Hesbon residirte, unter Versicherung zu haltender guter Kriegszucht, die Erlaubniß ausbaten, durch sein Land zu ziehen, er aber sie ihnen nicht nur verweigerte, sondern auch sogleich mit einer Armee ihnen entgegen rückte: so kams bey Jahza zwischen dem amoritischen Könige Sichon und den Israeliten zur Schlacht. Die Israeliten siegten und eroberten das ganze feindliche Land. (4 Mos. 21, 21-32. 5 Mos. 1, 4. Kap. 2, 24 ff. K. 3, 2. 6. K. 4. 46. 47.) — Weil nun dieses Land zum Theil, nämlich vom Fluß Arnon an bis zum Jabok, in den ältern Zeiten den Ammonitern gehört hatte: so giengen diese zur Zeit des Richters Jephthah darauf um, es den Israeliten wieder abzunemen. (Richt. 11, 13.) Jephthah aber setzte nicht nur die Rechtmäßigkeit des Besitzes ihres Landes sehr gut heraus, (Richt. 11, 14-23.) sondern brachte auch die Ammoniter, da sie mit dieser Deduktion nicht zufrieden waren, mit Gewalt zur Ruhe. S. Ammoniter.

Die Amoriter hatten sich aber jenseits des Jordans auch noch weiter gegen Norden (bis an den Berg Hermon, s. 5 Mos. 3, 8.) ausgebreitet, und zu Moses Zeit auch das ganze Königreich Basan im Besitz. Denn der damalige basanitische König Og wird eben sowol als der König Sichon zu Hesbon ein Amoriter genant. S. 5 Mos. 3, 8. Jos. 9, 10. K. 24, 12. — Diesem König Og zu Basan, der seine eigentliche Residenz zu Astharoth hatte, und als Abkömmling von den alten Rephaim ein Herr von ausserordentlicher Leibeslänge war, wie auch aus seinem eisernen Bette (5 Mos. 3, 11 f.) erhellet, gieng es nicht besser, als dem Könige Sichon, weil er sich gleich feindlich gegen die Israeliten betrug. Denn als diese nach Basan zu marschirten, gieng ihnen schon der König zu Basan, Og, mit seiner ganzen Armee nach Edrei, (d. i. Adraa, jetzt Adraata,) welches die andere Hauptstadt seines Königreichs war, (5 Mos. 4.) feindlich entgegen. Es kam zur Schlacht, die Israeliten siegten, machten alles nieder, bis aufs Vieh, das sie, nebst dem was sie in den Städten an Wert erbeuteten, behielten, eroberten alle Städte (an der Zal zwei und sechzig) und Dörfer, und die ganze Gegend Argob. — Da der König Og zu Basan ein Rephäer, ein Abkömling von jenem alten Riesenvolk gewesen (5 Mos. 3, 11.): so möchte man, demohngeachtet er in den oben angefürten Stellen eben so gut, als der König Sihon zu Hesbon, ausdrücklich ein Amoriter genant wird; doch wenigstens zweifelhaft werden, ob das Königreich Basan nicht vielmehr aus Nachkömlingen von dem alten Riesenvolk, den Rephäern, bestanden? — Allein nur ein Strich von Basan, Argob, scheint damals noch von Rephäern, vielleicht von den von den Ammonitern vertriebenen Samsummim, wenigstens gemeinschaftlich mit den basanitischen Amoritern, bewont gewesen zu seyn. Denn die Gegend Argob heißt 5 Mos. 3, 13. das Riesen- oder Rephäerland. Aus diesem Strich, der zu Basan gehörte, war nun vermutlich der König Og, den die Amoriter, unter welchen die noch übrigen Rephäer naturalisiert waren, vielleicht seiner heroischen und außerordentlich großen und ansehnlichen Leibesstatur wegen, (worauf man im Altertum bey der Wal eines Königs gar sehr sah,) zu ihrem Könige wälten. — Auf diese Weise giebt der Umstand, daß der basanitische König Og ein Rephäer gewesen, keinen Beweis, ja nicht einmal einen geringen Vermutungsgrund ab, daß die Einwoner des Königreichs Basan nicht Amoriter, sondern Rephäer gewesen. — Einen Gegenbeweis (daß sie wirklich nichts anders, als Amoriter gewesen,) giebt auch die Stelle 4 Mos. 32, 39. ab. Es wird da gesagt, die Manassiten hätten die Amoriter, die (noch) in ihrem Canton gewonet, vertrieben. Die Manassiten aber bekamen das ganze Königreich Basan zugeteilt. 5 Mos. 3, 13. — Folglich muß Basan vormals von Amoritern bewont gewesen seyn. —

Hr. Ritt. Michaelis (Spicileg. Geographiae Hebraeor. exterae post Bochartum Tom. II. p. 19.) hält diese jenseits des Jordans wonenden Amoriter für die ursprünglichen, oder vielmehr dieses ihr Land jenseits des Jordans, für ihre erste und ursprüngliche Wonung, aus, wie mir dünkt, ganz schwachen Gründen. Ich setze die Amoriter ursprünglich ins südliche Palästina, (diesseits des Jordans) wie schon Bochart gethan hat, dem auch andere neuere gefolgt sind, weil ich schon zu Abrahams Zeit die Amoriter da finde, 1 Mos. 14, 7. und sie auch in der Folge meist da antreffe. — S. oben. —

Die Amoriter werden oft mit den übrigen canaanitischen Völkern verbunden; was dann — d. i. in Ansehung der Geschichte der Canaaniter überhaupt — zu bemerken ist, s. unter Canaan und Canaaniter.

## Amos.

Unter den sogenanten kleinen Propheten, nach der in unsern gemeinen Ausgaben der Bibel beliebten Ordnung der heiligen Bücher des A. T. (nicht der Zeitfolge nach) der Dritte. — Weil Amos und Amoz (oder gelinder ausgesprochen: Amos, des Propheten Jesaiä Vater,) deutsch oder lateinisch geschrieben, fast ganz einerley Name ist: so haben einige auch die Personen für eine und eben dieselbe gehalten. Allein man darf beide Namen nur hebräisch geschrieben ansehen, (עָמוֹס, אָמוֹץ) um die völlige Verschiedenheit beider Namen einzusehen — in Ansehung des ersten Buchstabens sowol, als des letztern. Da sich nun die Vermutung, daß der Prophet Amos des Propheten Jesaiä Vater (Amoz) gewesen, blos auf die Aenlichkeit der Namen gründet, und diese blos scheinbar und ungegründet ist, so ist auch wie diese, die Vermutung ganz ohne Grund; anderer Gegengründe nicht zu gedenken.

Amos war ein Hirte, (בַּנֹּקְדִים — der Hirten einer. Amos 1, 1. einer von denen, die sich auf die Viehzucht, sonderlich Schaafzucht legten —) — Als Hirte konnte er ein sehr reicher und angesehener, aber eben sowol auch ein armer Mann seyn. Reich und angesehen — wenn er Besitzer zalreicher Herden war — in welchem Sinne selbst der König der Moabiter Mesa 2 Kön. 3, 4. ein Hirte — Schaafhirte (d. i. der sich stark auf die Schaafzucht legte) — mit demselben Namen (נֹקֵד) — genennet wird — und das Hirtenleben hatte bey der alten Welt, und insbesondere bey den Hebräern und Arabern viel Ehrwürdiges. — Arm aber konte er seyn, wenn er entweder selbst nur eine ganz kleine Herde hatte, sie weidete und sich durch dieselbe närte, oder blos als Sclave die

Herde

Heerden eines andern reichen Mannes weidete. Amos 7, 14. scheint für das letztere zu entscheiden, wo der Prophet sagt: „Er sey ein Hirte und weide Feigen (die Speise der Armen) seine Speise.“ ;— Allein gewiß ist es doch auch nicht. Der Prophet setzt seine Person oder seinen Stand, aus Bescheidenheit vielleicht, nur selbst herunter — zeichnet sich als einen ganz armen Schäfer, da er doch vielleicht Besitzer großer Heerden war. — Doch er kan auch wirklich nur ein ganz armer Hirte gewesen seyn, zumal da sein Vater, welches sonst bey den so sehr genealogisch denkenden Hebräern und Arabern das Gewöhnliche ist, hinter seinem Namen nicht genannt wird, vermuthlich weil er sehr arm und gar wenig bekant war,

Amos war einer von den Hirten — zu Thekoa. — Thekoa war eine Stadt in Juda, 2 Chron. 11, 6. und in der Gegend dieser Stadt war eine Wüste, (d. i. gemeine Weidetrift — eine Gegend, zwar nicht zu Ackerbau brauchbar, doch noch als Viehweide nutzbar,) welche 2 Chron. 20, 20. 1 Macc. 9, 33. unter dem Namen „Wüste Thekoa“ vorkomt. In dieser Wüste oder Trift weidete Amos nebst andern Hirten — und hier bekam er Beruf zum Propheten. S. Amos 7, 15. — Zunächst waren seine Weissagungen Warnungen und Drohungen an das Königreich Israel gerichtet, als es sich unter der Regierung des Königs Jerobeam des Anderen, in ganz vorzüglichem Wolstande befand. (2 Kön. 14, 23-28.) Dabei aber der Ungerechtigkeit, Unbarmherzigkeit gegen Arme und Unterdrückte, Umkerung des Rechts und aller Ordnung, Gewaltthätigkeit, Geiz, Gewinsucht und Interesse dem Gottesdienst vorgezogen, Verfälschung des Maases und Gewichts, Weichlichkeit, Schwelgerei, Blutschande, Bilderdienst, Abgötterei und andern Lastern ergeben war. (Kap. 2, 6. K. 3, 10. K. 4, 4. 5. K. 5, 5. 10. 11. K. 6, 4 ff. K. 8, 5. 6.) Doch auch an das Königreich Juda Kap. 2, 4. und an andere benachbarte Völker. K. 1, 3. 6. 9. 11. 13. K. 2, 1.

Daß Amos Verfasser seiner Weissagung ꝛc. sey, leidet keinen Zweifel, da er Kap. 7. K. 8, 1. 2. Kap. 9, 1. in der ersten Person von sich spricht. „Ich ꝛc. — Kap. 1, 1. 2. Kap. 7, 12. 14. redet er zwar in der dritten Person von sich; allein man müßte die Art der Propheten — ja auch anderer Schriftsteller — biblischer und profaner — nicht kennen, wenn man daraus schließen wolte, es rede hier Amos nicht selbst.

Sein Stiel verräth den Hirten und gemeinen Mann; nicht durch schlechte Sprache und Gedanken, sondern durch häufige Bilder aus dem Hirten- und überhaupt gemeinern Leben entlehnt. An kraftvollem Ausdruck, Geist und Hoheit der Gedanken nähert er sich oft den besten Dichtern seiner Nation, mit deren Werken er ganz vertraut war; wiewol man doch auch bisweilen etwas Einförmiges und Gemeines an ihm bemerkt. — Die Schreibart dieses Propheten als Hirten, den keine Prophetenschule bildete, (Kap. 7, 14.) würde übrigens eine Art von Wunder seyn, wenn Poesie dem Morgenländer überhaupt nicht so natürlich wäre, (und ein David, (Elisa 1 Kön. 19, 19.) Homer — — ꝛc. ohne Schulunterricht — uns noch staunender machten. —

## Amoz.

Des Propheten Jesaia Vater. 2 Kön. 19, 2. 20. Kap. 20, 1. 2 Chron. 26, 22. Jes. 1, 1. K. 2, 1. K. 13, 1. K. 20, 2.

## Amphipolis.

Eine Stadt in Macedonien auf der thracischen Gränze, am Fluß Strymon, der sie auf beiden Seiten umgab, wovon sie den Namen erhielt. Paulus und Silas reißten durch diese Stadt, als sie zu Philippi aus dem Gefängniß entlassen worden waren, nach Thessalonich. Apostg. 17, 1. — Heutiges Tages heißt die Stadt Emboli, und ist in den Händen der Türken. —

## Amplias.

Ein Christ zu Rom, den Paulus vorzüglich liebte. Röm. 16, 8. —

## Amram.

Der erstgeborne Sohn Kahath aus dem Stamm Levi, 2 Mos. 2, 1. K. 6, 18. 4 Mos. 3, 19. 1 Chron. 7, 2. Nahm seine Muhme Jochebed zum Weibe, und zeugt mit ihr Aaron, Mosen und Mirjam. 4 Mos. 26, 59. 2 Mos. 6, 20. Stirbt im 137sten Jahre seines Alters, ebendas.

## Amramiten.

So heissen alle diejenigen, welche von Amram, aus dem Geschlechte Kahath, abstammen. 4 Mos. 3, 27. 1 Chron. 27, 23.

### Amraphel.

König in Sinear (s. Sinear) zu Abrahams Zeit, einer von den drei Königen, welche mit dem elamitischen König Kedorlaomer wider die von ihm abgefallenen fünf Könige des Thals Siddim (Sodom, Gomorra, Adama, Zeboim und Bela,) zu Felde zogen. 1 Mos. 14, 1 ff. —.

### Amri.

1) Ward als Feldhauptmann im Lager von seiner Armee zum Könige ausgerufen und erwählet, und regierte als sechster König über Israel, 1 Kön. 16, 16. 17. 23. war ärger in der Abgötterey, denn alle Könige vor ihm V. 25. 26. vergl. Mich. 6, 16. Hat seine Residenz sechs Jahr zu Thirza, 1 Kön. 16, 23. Bauet (d. i. bauet mehr an und befestiget) Samaria, als die nachmalige Residenz der Könige Israel. V. 24. war Ahabs Vater, V. 29. und (Groß) Vater Athalja, 2 Kön. 8, 26. 2 Chron. 22, 2. Regieret 12 Jahr, und ward nach seinem Tode zu Samaria begraben, 1 Kön. 16, 23. 28.

2) Hat diesen Namen geführet a) ein Sohn Bechers, aus dem Stamme Benjamin. 1 Chron. 8. 8. b) Ein Sohn Imri und Vater Ammihud, aus dem Stamme Juda, 1 Chron. 10, 4. c) Ein Sohn Michael, und zu Davids Zeit Stammfürst unter Isaschar. 1 Chron. 28, 18. vergl. V. 16.

### Amtskleider.

Die Kleider und der Schmuck Aarons, als hohen Priesters und seiner Söhne, der gemeinen Priester, mit welchen sie angethan seyn mußten, wenn sie im Heiligthum ihr Amt verrichteten. 2 Mos. 31, 10. K. 39, 1. 41. — Sie werden 2 Mos. 28, 4 ff. Kap. 39, 1 ff. genannt. Von jedem Stück einzeln s. unten.

### Amtleute, Amtmann.

So übersetzt Luther vielerley hebräische und griechische Wörter.

1) Pakid (פָּקִיד) Plur. Pekidim (פְּקִידִים) d. i. ein Aufseher, Vorsteher, Vorgesetzter. Z. B. über das Gefängniß, 1 Mos. 39, 21. 23. über die Mundschenken und Becker, oder Obermundschenk und Oberbecker. 1 Mos. 40, 2. — Magazin-Inspectoren, oder Getreide-Commissarien. 1 Mos. 41, 34.

2) Schoterim (שֹׁטְרִים) Sing. Schoter (שֹׁטֵר) Eigentlich: ein Schreiber, vom Arabischen Satar (سطر) schreiben; oder auch „ein Aufseher, Vorsteher" von Saitar (سيطر) praefuit rei, ut inspector. Beide Bedeutungen schicken sich zu dem Amte dieser Schoterim. — „Das ist gewiß" (schreibt Hr. R. Michaelis in s. mosaischen Recht Th. 1. §. 51. S. 245 ff.) „daß Moses diese Schreiber (Schoterim) nicht zuerst dem Volk gegeben, sondern sie in Aegypten bereits gefunden hat. Denn wenn die Israeliten ihre Anzal Ziegeln nicht liefern: so werden schon 2 Mos. 5, 10. (V. 6, 14.) die Schoterim (der Israeliten) darüber zur Rechenschaft gezogen und gestraft. Da nun im Arabischen Satar „schreiben" heißt, und Mastir davon eine Person ist, die die Rechnungen führen und die Schuld eintreiben soll: so kommt es mir beinahe vor, als wären die Schoterim Beamte gewesen, die die genealogischen Tafeln der Israeliten halten, Geburten, Verheiratungen und Todesfälle treulich einschreiben, dabei aber, weil sie die Rolle der Familien hatten, die Lasten und Herrendienste unter die einzelnen Israeliten vertheilen mußten. Eine völlig gleiche Bedienung haben wir in unsern Staaten nicht, weil diese nicht so genealogisch eingerichtet sind, und wir wenigstens keine Zälungen des Volks nach der Familien anstellen. Allein bey einem Volk, das ganz genealogisch dachte, bey dem alles Erbtheil, ja alle Ehre nach dem Tode auf genealogischen Registern beruhte, war dis Amt vielleicht eben so wichtig, als das Amt eines Richters. — In Aegypten war der Stamm Levi noch nicht vor andern Stämmen geheiliget: da werden also wol die Schoterim aus jeder Familie, oder auch blos nach der Meinung, die man von der Geschicklichkeit einer Person hatte, gewält seyn. Allein zu der Zeit der Könige sind gemeiniglich auch diese Schreiber aus dem Stamme Levi genommen worden. 1 Chron. 24, (23) 4. 2 Chron. 19, 8. 11. Kap. 34, 13. Dis war auch ganz vernünftig, da sich der Stam Levi dem Studieren widmete, und vielleicht unter Ackerleuten und Ungelehrten wenige des Schreibens so erfaren gewesen, daß sie ein Register von der Wichtigkeit füren konten. Es komt dazu, daß die genealogischen Register wenigstens in spätern Zeiten, im Tempel aufbehalten wurden. — Wir finden diese Schoterim noch sonst häufig erwänt. 4 Mos. 11, 16. sind sie sehr angesehene Personen, aus

denen

denen der höchste Senat der siebenzig Männer gewält wird. — 5 Mos. 1, 15. werden Schoterim von Mosen in der Wüste bestellt, obgleich das Volk schon vorher in Aegypten Magistrate dieser Art gehabt hatte; vielleicht ersezte er nur die Abgegangenen. — Kap. 20, 5. haben sie mit denen aus dem Volke zu thun, die ausgelesen werden in den Krieg zu gehen, welches sich zu meiner Erklärung dieses Amts bequem schickt. — 5 Mos. 29, 9. K. 31, 28. Jos. 8, 31. K. 23, 2. trift man sie als Repräsentanten des Volks bey Landtagen; oder bey Erneurung der Bündnisse mit Gott an. Jos. 1, 10. sind sie Mittelspersonen, so die Befele des Feldherrn, den Krieg betreffend, dem Volke kund machen, welches sich wieder für Kalleramtler am besten schickt, und 2 Chron. 26, 11; ist es der oberste Schoter, unter dessen Gebiete die ganze Armee stehet; ohne daß er General ist. 1 Chron. 28, (27) 1. komt blos ihr Name vor. —

3) Nizzab ([illegible]) Plur. Nizzabim ([illegible]) auch einmal (1 Kön. 4, 19.) Nzib ([illegible]). — Der Etymologie nach so viel als Verordnete, (zur Aufsicht rc.) Bestellte. a) Kreißgefälleinnehmer, welche Salomo in seinen Landen verordnete, und in den Bezirken über welche sie gesezt waren, Viktualien, Zehnten u. s. w. einnehmen und an den Hof liefern musten. Es waren ihrer zwölfe. Alle Monate hatte ein anderer die Lieferung. Asaria, der Sohn Nathans, war ihr Chef, oder Generalgefälleinnehmer, an welchen die zwölf Untergefälleinnehmer die Lieferungen unmittelbar entrichten musten. 1 Kön. 4, 5 · 28. — b) Commissarien, Inspectoren über mancherlei Geschäfte des Königs Salomo. 1 Kön. 9, 23. wird ihre Zal auf 559 in der Parallelstelle 2 Chron. 8, 10. aber immer auf 250 gesezt. Ein Unterschied von dreihundert. Beide Zalen können indessen richtig seyn, je nachdem man zälte, und dreyhundert andere Aufseher über besondere Geschäfte und Aemter dazu zälte oder wegließ. c) Bauinspectoren oder Baucomissarien, wärend des Tempelbaues, vom Salomo verordnet, an der Zal 3300. Sie musten über die Bauleute rc. Aufsicht haben und sie zur Arbeit anstellen. 1 Kön. 5, 16. In der Parallelstelle 2 Chron. 2, 18. werden sie Menazzhim, Vorsteher rc. genant, und ihre Zal auf 3600 gesezt. Ueber diese abermalige Zalverschiedenheit s. m. Bibel, Th. 3. bey 2 Chron. 2, 18. a) —

4) Nzibim ([illegible]) 2 Chron. 17, 2. Luther: Amtleute; Richtiger: Besazung; wie sonst das Wort immer gebraucht wird.

5) Achaschdarpnim ([illegible]) d. i. Statthalter Esr. 8, 36. Esth. 9, 3. Das Wort ist Persisch. Vermuthungen über die Etymologie dieses Worts s. Simonis Arcanum Formar. nominum. Hebr. ling. p. 641 ff.

6) Thiphthah (Plur. [illegible]) Dan. 3, 2. 3. Was man über diese chaldäische Würde oder Amt sagt; ist blosse Vermuthung.

7) Esth. 3, 9. wo für „Amtleute„ zu übersezen ist, „diejenigen, welche die Sache ins Werk richten.“ —

8) ὑπηρέται Statthalter. Weish. 6, 5: „Ihr seyd seines Reichs.“

9) λειτουργοὶ Räthe und Minister eines Königs. Sir. 10, 2. „Wie der Regent ist, so sind auch seine Amtleute“ (Diener, Räthe.)

10) Κύριοι των χωρῶν. Befelshaber im Lande. — 1 Macc. 9, 25. u s. w.

Amtsschildlein.

2 Mos. 28; 15: 29. Choschen-Mischpat; d. i. Gerichtsschmuck; der hohepriesterliche Brustschmuck, womit eine Art von Orakel verbunden war. S. Licht und Recht. Es heist geradezu Choschen, d. i. Schmuck, (weil es das prächtigste Stück des hohenpriesterlichen Ornats war,) 2 Mos. 25; 7. K. 28, 4. K. 29, 5. K. 35, 27. K. 39, 8. 9. 15. 16. 17. 3 Mos. 8, 8. — Es wird aber auch wieder blos das Gericht ([illegible]) genant, (2 Mos. 28, 30. Man müste denn das von diesem Brustschmuck verschiedene Licht und Recht selbst darunter verstehen wollen,) in so fern nemlich das Orakel damit verbunden war, wodurch die wichtigsten Angelegenheiten des Staats rc. entschieden wurden, (ohngefähr wie die LXX es bisweilen durch λόγιον d. i. Orakel — übersezen) und der hohe Priester, der es trug, in so fern den höchsten Richter vorstellte. — Dieses prächtige Stück des hohenpriesterlichen Ornats war aus Goldfäden, blauem, purpur, und rothem Scharlach; fein linnenen oder vielmehr baumwollenen Fäden gewirkt — so prächtig; als nur irgend damals etwas der Art verfertigt werden konte. Selbe kante man damals noch nicht, sonst

sonst würde vermutlich diese statt Baumwolle gewählt worden seyn. Es war viereckigt, eine Spanne lang und breit, doppelt über einander gelegt. Auf demselben waren vier Reihen gefaßte Edelsteine, drey in jeder Reihe, (folglich zusammen zwölfe) befestiget, welche die zwölf israelitischen Stämme vorstellten und deren Namen auch in dieselben eingegraben waren. Es wurde auf dem hohenpriesterlichen Obermantel (Ephod) an den an diesem Obermantel und an dem Brustschmuck selbst, befindlichen goldnen Ringen, mittelst goldner Ketten und blauer Schnüre auf der Brust befestiget. 2 Mos. 28, 15-28. K. 39, 8-21. — Die auf diesem Brustschmuck befindlichen zwölf in die Augen fallenden Steine, noch dazu mit den eingegrabenen Namen der zwölf Stämme des israelitischen Volks mußte der hohe Priester auf der Brust tragen, zum Gedächtniß für Israel — vor Jova zum Gedächtniß, d. i. damit Gott sich stets an sein Volk Israel erinnern — dasselbe ihm stets in gnädigem Andenken seyn und bleiben möge. — Sinnlichkeit! —

Nach dem Aelian (Var. Hist. B. 14. K. 34. S. 761.) und Diodor von Sicilien )Bibl. Hist. B. 1. p. 45.) trug der älteste und oberste Priester der Aegypter, welcher zugleich der oberste Richter war und die schwierigsten Sachen entschied, ein an einer güldenen Kette hängendes, aus Sapphir (nach Aelian) oder (nach dem Diodor) aus mehreren kostbaren Edelsteinen bestehendes Bild, welches Warheit (ἀλήθεια) genennet, und als eine Art von Orakel gebraucht wurde. (S. meine Bibel Th. 1. bey 2 Mos. 28, 30. a) S. 410.) Dieser Halsschmuck (oder auch wol Brustschmuck) des ägyptischen Ober- oder hohen Priesters mit dem Brustschmuck des hohen Priesters der Israeliten hat so in die Augen fallende große Aenlichkeit, daß Spencer und nach ihm auch andere kein Bedenken getragen haben, diesen Brustschmuck des israelitischen hohen Priesters für eine Nachahmung des Hals- oder Brustschmucks des ägyptischen Oberpriesters zu halten. — Es ist dieses wenigstens warscheinlicher, als daß die Aegypter hierinnen die ihnen so äuserst verächtlichen Israeliten nachgeahmt haben sollten. Man müßte vom Stolz der Aegypter und von ihrem Verhältniß zu den Israeliten keinen Begriff haben, wenn man das Letztere behaupten wollte. — S. unten Licht und Recht.

## Amunim.

Ein Volk, das sich mit den Moabitern und Ammonitern verband, und den König Josaphat mit bekriegte. 2 Chron. 20, 1. Da V. 10. der Edomiter gedacht wird, und zwar gerade so, wie V. 1. diese Amunim: so hat man vermutet, es möchte ein Name der Edomiter seyn. Allein wir finden nicht die geringste Spur von diesem Namen unter den Edomitern. Andere haben also wegen einiger Aenlichkeit des Namens, an die Minäer gedacht, und noch andere an ein uns unbekanntes an der Ostseite des Jordans, doch noch östlicher als die Ammoniter und Moabiter, in deren Nachbarschaft wonendes kleines Volk. — Ich glaube gar nicht daß das Wort ein Nomen proprium eines Volks seyn soll, sondern halte es für ein Nomen appellativum, welches so viel als Varia agmina, Plebs bedeutet. Arabisch: عامة Plur. عوم Vulgus hominum. عمة Diuisa, dispersa, agmina; vom Stammwort عم Communis fuit. Und dann wäre zu übersetzen: „und mit ihnen noch verschiedene andere Haufen." — Gesindel von verschiedenen, sonderlich arabischen Hirtenvölkern, unter welchen dann hauptsächlich Edomiter waren. V. 10. — Nach der Bedeutung des Stammworts (Communis etc. fuit) „auch verschiedene Alliierte" — die gemeinschaftliche Sache mit ihnen machten, und gleichsam mit ihnen beyeinander waren ꝛc. — hauptsächlich von die aufm Gebirge Seir, oder die Edomiter. V. 10. —

## Ana.

Ein Sohn Zibeons, eines unter den Seiriten wonenden Heviters, der Vater der Ahalibama, (Oholibama, die Esau zur Frau nam,) ein Seiritischer Stammfürst, der, als er seines Vaters, Zibeons, Esel in der arabischen Wüste weidete, die Maulpferde erfand (wie Luther übersetzt). Richtiger aber: „warme Bäder entdeckte." — 1 Mos. 36, 2. 14. 18. 20. 24. 29. 1 Chron. 1, 38. ff. S. Bad. Bäder.

## Anab.

Eine Stadt auf dem Gebirge Juda, (Jos. 15, 50.) vormals von Enakiten bewont, welche Josua ausrottete. Jos. 11, 21. — Eusebius fand diese alte Stadt in dem Flecken Betoanab, vier römische

Mei-

Meilen, Diospolis gegen Morgen. Nach dem Hieronymus aber soll dieser Flecken acht Meilen von Diospolis entfernt seyn, und Bethannaba heissen. S. Relands Palaestina etc. p. 560.

## Anaharath.

Eine Stadt im Stamme Isaschar. Jos. 19, 19. Ihre Lage ist ungewiß.

## Anak.

S. Enak, Enakim.

## Anamelech.

2 Kön. 17, 31. S. oben Adrammelech. No. 2.

## Anamim.

Ein Enkel Hams und Sohn Mizraims, d. i. ein von Ham und zwar unmittelbar von Mizraim, oder aus Aegypten stammendes Volk — eine ägyptische Colonie. 1 Mos. 10, 13. 1 Chron. 1, 11. Wo sich dieses Volk niedergelassen, ist ungewiß. Natürlicher Weise sollte man es in der Nähe von Aegypten suchen. Bochart findet es also in der Gegend von Ammon, oder des Tempels des Jupiter Ammons und bei Marmarica: weil Ammon und Anamim änlichen Laut hat, und Nasamones so viel als נשי אמון i. e. homines Amon wären. Und weil Anam (oder Ganam غنم) im Arabischen Schaafe — eine Heerde Schaafe bedeutet, so hält er diese Anamim für Nomaden. Geograph. sacr. libr. 4. c. 30. p. 311. Der arabische Uebersetzer Saadias versteht die Alexandriner darunter; natürlicher Weise die ältesten Einwoner dieser Gegend. — Der chaldäische Paraphrast Jonathan, das Jerusalemsche Targum und der chaldäische Uebersetzer der Bücher der Chronik, verstehen die Einwoner von Mareotis darunter. Hr. R. Michaelis (Spicileg. Geograph. Hebraeor. exterae post Bochart. Tom. I. p. 260.) sällt die Stadt Enam (עינם) Jos. 14, 34. bey, in der Gegend des Philisterlandes, weil der Samaritaner 1 Mos. 10, 13. (עינמים) Enamim liefet, und die Alexandriner, welche ενεμετιείμ haben, die erste Sylbe des Worts eben so gelesen zu haben scheinen. Enam, in der Nachbarschaft der Philister könte also eben sowol eine ägyptische Kolonie gewesen seyn, als die Philister selbst. — Lauter Vermutungen! — unter welchen Bocharts seine doch noch immer die warscheinlichste zu seyn scheint, ob sie gleich auch weiter nichts vor sich hat, als 1) einige Namensänlichkeit, 2) den Umstand, daß seiner Meinung nach das Volk sich in Afrika, und zwar nicht weit von Aegypten — niederließ. —

## Anania. Ananias.

1) Ein Levit, der nebst seinen Söhnen und Brüdern zur gottesdienstlichen Musik beschieden war, und zwar traf ihn, in Ansehung der Ordnung, das sechzehnte Loos. 1 Chr. 27, (26) 23. —

2) Der Vater des Maseja und Großvater des Asarja, der, nach dem babylonischen Exilium, an den Mauern der Stadt Jerusalem mit baute. Nehem. 3, 23.

3) Eine Stadt im Stamme Benjamin. Nehem. 11, 32.

4) Einer von den drei vornemen jungen Juden, die nebst Daniel an dem Hof des Nebucadnezars gezogen, und weil sie dieses Königs aufgerichtetes Götzenbild nicht anbeten wollten, ins Feuer geworfen wurden, aber keinen Schaden namen. Dieser Asaria bekam am babylonischen Hofe den Namen Abednego. Dan. 1, 6. Kap. 3, 20. 21. S. Abednego.

5) Des Azaria Vater — ein vornemer angesehener Mann. Tob. 5, 18. 19.

6) Der Mann der Sapphira, der, wie auch andere Christen, seine Güter verkaufte, und das Kaufgeld den Aposteln zur freien Verwaltung rc. zu übergeben scheinen wollte, aber mit Vorwissen seiner Frau einen Theil der Kaufsumme unterschlug, und die Apostel hintergehen wollte; und als er vom Petrus deswegen zur Verantwortung gezogen wurde, (für Schrecken, daß der Apostel um seinen Betrug wußte, vermutlich vom Schlage gerürt,) todt zu Boden sank. Apostg. 5, 1–10.

7) Ein Jünger Jesu, der dem neubekerten Paulo sein Gesicht wiedergab und ihn taufte. Apostg. 9, 10ff.

8) Ein Hoherpriester, der bey dem römischen Statthalter Felix eine Klage wider Paulum anhängig machte. Apostg. 23, 2. K. 24, 1.

## Anath.

Des Richters Samgar Vater. Richt. 3, 31. Kap. 5, 6.

## Anathema, Maran atha, oder (versetzt) Maharam Motha.

D. i. von der Kirche ausgeschlossen! „Unser Herr

kommt" (nämlich zum Gericht — Frevler und die des Namens seines Bekenners unwürdig sind, zu strafen.) — Eine Formel, deren man sich in der ersten Kirche bediente, wenn man einen Unwürdigen aus der christlichen Gemeine ausschloß. 1 Cor. 16, 22. „So jemand den Herrn Christum nicht lieb hat, (sich als seinen Feind und Störer seiner Religion beweiset,) der sey Anathema (von der christlichen Gemeine ausgeschlossen, Röm. 9, 3. Gal. 1, 8.) maran atha." (Unser Herr kommt — zu richten und zu strafen.) S. Bann.

## Anathoth.

Eine Priesterstadt im Stamme Benjamin, (Jos. 21, 18.) nach dem Eusebius und Hieronymus nur drei römische Meilen von Jerusalem, und zwar nach dem letztern (in s. Comment. in Ierem. c. 1.) dieser Stadt gegen Norden. Anathoth war die Geburtsstadt des Propheten Jeremia. Jer. 1, 1. Kap. 29, 27. — Jesaias (K. 10, 30.) und Jeremias selbst — weissagen wider diese Stadt, deren Einwohner den Propheten, der in ihrem Mittel geboren und ihr Mitbürger war, nicht nur nicht als Propheten ehrten, sondern ihn sogar, seiner ihnen unangenehmen Freimüthigkeit wegen anfeindeten, und ihm nach dem Leben trachteten. Jer. 11, 21/23. Eben dieser Prophet mußte auf göttlichen Befehl ein Stück Acker kaufen, das ihm, weil er das Näherrecht hatte, von Hanameel, dem Sohn seines Vaterbruders Sallum, zum Verkauf angeboten wurde; zur Vorbedeutung, daß, obgleich dem ganzen Lande, wie nicht nur der Prophet geweissaget hatte, sondern auch der Augenschein und die Lage der Umstände jedem vorhersagte, eine lange Verwüstung und Entvölkerung bevorstehe, doch darauf wieder eine Zeit kommen werde, wo das Land wieder bevölkert und Ruhe wieder hergestellt, das Land wieder gebauet und genutzt werden würde, nämlich nach der Rückkehr aus dem babylonischen Exilium. Jerem. 32, 6/25. — Zu Anathoth wohnte auch der von dem zu Nob ermordeten Geschlechte seines Vaters Ahimelech noch übrige Priester Abjathar, der wider Salomo auf des Adonia Seite getreten war, und deswegen abgesetzt und aus Jerusalem verwiesen wurde. 1 Kön. 2, 26. Und Abieser, einer von den dreißig Helden Davids, war auch aus dieser Stadt gebürtig. 2 Sam. 23, 27. Vergl. Büschings hist. geogr. Beschreibung von Palästina. Th. 1. B. 1. S. 195 ff. — Christ. Fürer von Haimendorf (Itinerar. Aegypt. Arab. Palaest. Syr. etc. p. 50.) sah noch Ruinen oder Ueberbleibsel von der alten Stadt Anathoth, wo ein dem Propheten Jeremias geweihter, oder von ihm benannter Tempel stand, zu welchem dieser Reisende von Rama aus durch eine steinigte Gegend, wo er zur Linken in der Ferne in einem Thale Emmaus liegen sah, über einen Berg und dann durch ein enges steinigtes Thal kam. Pococke hingegen (Beschreib. des Morgenlandes Th. 2. §. 8.) will von diesen Ruinen der alten Stadt Anathoth und dem Tempel nichts wissen.

## Anbeten. Anbetung.

1) Eine bürgerliche Ehrenbezeigung, welche nichts anders, als ein morgenländisches Compliment — Verbeugung, Bückling — ist. Daher auch alle die Ausdrücke, welche Luther in seiner Bibelübersetzung von dieser Ehrenbezeigung braucht, hieher gehören, als: sich neigen, bücken, niederfallen, aufs Angesicht fallen ꝛc. — wie denn auch in den beiden Grundsprachen verschiedene Ausdrücke von dieser Ehrenbezeigung gebraucht werden, welche in den angeführten Schriftstellen nachgesehen werden können. — Sie ist nach Verschiedenheit des Ranges der Personen, denen man sie erweiset, verschieden. Gewöhnlich legen die Morgenländer die rechte Hand auf die Brust, und neigen den Leib ein wenig nieder. (Sandys Reisebeschr. S. 50. Harmars Beobacht. über den Orient. Th. 1. S. 34.) — So begrüßte Abraham vermuthlich die Hethiter, 1 Mos. 23, 7. Denn eine tiefe Verbeugung, ein Niederfallen auf die Erde, wovon ich hernach reden werde, würde für Abraham gegen die Hethiter, welche ihn selbst einen Fürsten Gottes, d. i. einen großen und mächtigen Fürsten, nennten, (V. 6.) unanständig gewesen seyn. Aber jener kleinen Verbeugung, die rechte Hand auf die Brust legend, schämt sich noch heutiges Tages selbst der türkische Kaiser gegen sein Volk nicht. Sandys sah das selbst. Der türkische Kaiser ritt einst in großem Gepränge durch die Straßen von Constantinopel, und begrüßte das Volk, indem er seine rechte Hand immer an seine Brust hielt, und zuerst gegen die eine, hernach gegen die andere Seite sich neigte. Das Volk hingegen wünschte ihm mit leiser bewunderungs-

voller

voller Seltmnes alle Wolfart und Glückseligkeit." — S. Harmars Beobacht. a. a. O. S. 35. — Eben so wird sich Moses vor seinem Schwiegervater Jethro geneigt oder gebückt haben, als er ihm entgegen gieng, um ihn zu empfangen. 2 Mos. 18, 7. — Vor Personen von hohem Range aber, vor Könige, Fürsten und andere sehr vorneme, oder doch sehr würdige und ausserordentliche Personen, beugen sich die Morgenländer sehr tief, fast bis auf die Erde, und küssen den Saum von ihrem Kleide, (S. Sandys, Egmont und Heyman und Bocke beim Harmar a. a. O. S. 34 f.) auch die Knie, ja die Füße, (s. Shaws Reise rc. S. 237.) welches leztere aber eine ausserordentliche Erniedrigung seiner selbst, gegen die dadurch zu ehrende Person voraussezt. Ein Beispiel haben wir davon an der gutdenkenden Sünderin Maria, welche, als sie sich nach morgenländischer Art vor Jesu niederwarf, seine Füße küßte. Luc. 7, 8. — (Von dem im Orient ebenfalls gewönlichen Handkuß s. unten Kuß.) — Diese tiefe Verbeugung gegen Höhere zum Zeichen der Ehrfurcht und Unterthänigkeit, scheint aber doch auch wieder ihre Grade gehabt zu haben, je nachdem sie mehr oder weniger devot seyn sollte, wie man denn, um sich desto tiefer und mit dem Gesichte bis auf die Erde neigen zu können, auch die Knie beugte und niederkniete, und also wirklich ganz auf die Erde niederfiel. Daher dieses tiefe morgenländische Compliment nicht nur durch „sich beugen, bücken, neigen," und nach Luthern auch „anbeten" (השתחוה, προσκυνειν) in unzäligen Stellen, und sich zur Erde beugen, bücken, oder neigen, zur Erde anbeten, 1 Mos. 48, 12. (Joseph neigte sich zur Erden gegen seinen Vater Jacob.) 1 Mos. 18, 2. (Abraham bückte sich vor den drei Männern nieder zur Erden.) Kap. 19, 1. (Loth) — vergl. Ruth 2, 10. 1 Sam. 24, 9. K. 25, 23. 41. 2 Sam. 14, 33. u. s. w. sondern auch durch Kniee beugen, (1 Kön. 19, 18.) 2 Kön. 1, 13. Matth. 17, 29. (spottweise gegen Christum, als den König der Juden,) und durch niederfallen; mit dem Angesichte zur Erde niederfallen, 1 Mos. 42, 6. K. 43, 26. 28. K. 44, 14. K. 50. 18. Matth. 9, 18. Marc. 5, 33. u. s. w. oder durch niederfallen und sich auf die Erde beugen zugleich — Ruth. 2, 10. Matth. 2, 11. K. 18, 26. 29. ausgedrückt wird. — Diese Verbeugung ward bisweilen auch aus ganz vorzüglicher Ehrerbietung oder Dankbarkeit rc. etlichemal nach einander wiederholt. Z. B. von Jakob vor Esau siebenmal, (d. i. wol, oft nach einander. Die siebente Zal als eine heilige Zal, steht oft als runde Zal, wo man nicht eben genau zälen wollte,) 1 Mos. 33, 3. 6. 7. von David vor Jonathan dreimal, 1 Sam. 20, 41.

Man bediente sich dieser Ehrenbezeigung, wie ich schon oben bemerkt habe, aus Ehrerbietung 1) gegen Personen von hohem Range, und 2) gegen sonst sehr würdige und ausserordentliche Personen. Z. B. Abraham und Lot gegen die Engel. 1 Mos. 18, 2. Kap. 19, 1. — Cornelius, der Hauptmann der römischen Cohorte, die zu Cäsarea lag, gegen den Apostel Petrus, dem aber diese Ehrenbezeigung des römischen Hauptmanns so auffallend war, daß er ihn mit den Worten wieder aufrichtete: „Stehe auf; ich bin auch ein Mensch." Sie schien dem Apostel auffallend, weil sie ihm ein Römer, und noch dazu ein Mann von Ansehen erwies, und er hingegen im bürgerlichen Leben eine sehr geringe Person war, und die Römer diese morgenländische Verbeugung sonst immer für Menschen für zu groß und unschicklich hielten. Das wußte der Apostel. Er vermutete also, Cornelius möchte ihn für mehr als einen bloßen Menschen ansehen, weil er ihm diese von einem Römer sonst nicht zu erwartende Ehre erzeigte. Er rief ihm also zu: „Stehe auf; ich bin auch ein Mensch." — Wir finden aber auch 3) eben diese Ehrenbezeigung zwischen Personen von gleichem Stande — nicht sowol aus Ehrerbietung, als aus Dankbarkeit, für erzeigte vorzügliche Liebe und Freundschaft. So fiel die Ruth vor Boas zur Erde nieder auf ihr Angesicht, als sich dieser sehr gütig und freundschaftlich gegen sie bezeigte, Ruth 2, 16. und David vor seinem Herzensfreund Jonathan, als ihm dieser noch die lezte Freundschaft erzeigt und ihm durch ein vorher verabredetes Zeichen zu erkennen gegeben hatte, daß es ratsam sey, vor seinem Vater Saul zu fliehen. 1 Sam. 20, 41. — 4) Auch als Fußfall finden wir diese Ehrenbezeigung, denn sie auch überhaupt sehr änlich sieht — als Fußfall eines demütig Bittenden, oder auch um Vergebung Bittenden. 1 Sam. 2, 36. 2 Sam. 19, 18. 2 Kön. 1, 13. Matth. 15, 25. (Marc. 7, 25.) Matth. 18, 26, 29. Kap. 20, 20. — Wir finden diese

diese Verbeugung endlich auch zum Zeichen der ehrfurchtsvollen Genemigung eines angehörten Vortrags. 2 Mos. 12, 27.

Ganz übertrieben forderten die stolzen persischen Könige diese Ehrenbezeigung, so, daß sie einer wirklichen Götteranbetung änlich sah, auch von vielen, sonderlich von Ausländern, dafür angesehen ward. Nach dem Justin (B. 11. Kap. 4.) soll Cyrus der Große diese übertriebene Verehrung der persischen Könige eingefürt haben. Man fiel (und so ists noch heutiges Tages in Persien gewönlich,) mit dem Gesichte ganz zur Erde, so daß man mit der Stirne die Erde berürte. S. Geschichte des Nadir Schah S. 83. Dieses devote Compliment heist im Persischen „Rui Zemin" (روي زمين) und das damit verbundene Küssen der Erde „Zemin Bus" (زمين بوس) Nur den Unterthanen vom höchsten Range, Vasallen, Fremden u.s.w. ist erlaubt statt der Erde, (welches nur von den gemeinen Unterthanen gefordert wird,) die Füße des Monarchen zu küssen, und sie dann an die Stirne zu drücken. Dieser Fußkuß heist Pabus (پابوس) S. d' Herbelot Bibliotheque orientale. S. 609. 699. Della Valle Reisebeschreib. Th. 2. S. 127. b) Dappers Beschreib. von Persien S. 135. a. Harmars Beobacht. über den Orient. Th. 1. S. 44. — Da diese Erniedrigung auch von vornemen Fremden, und insbesondere auch von auswärtigen Gesandten gefordert wurde, und diesen dieselbe oft zu unanständig vorkam: so pflegte ihnen auch von dem Officier, der die Wache hatte, die Audienz versagt und angedeutet zu werden, daß sie, da sie sich weigerten, den Monarchen landüblich anzubeten, d. i. auf vorhin beschriebene Art vor ihm nieder zu fallen und seine Füße zu küssen, ihre Geschäfte, die sie anzubringen hätten, mittelbar durch die Dolmetscher oder Minister des Königs ausrichten müsten. (Plutarch im Themist.) — Das Beispiel des Atheniensers Conon, der diese persische Ehrenbezeigung dem Staat, welchem er zugehörte, für schimpflich hielt, sie also ausschlug, und seine Angelegenheit schriftlich an den König brachte, ist aus dem Cornelius Nepos bekannt. — Der Stolz der persischen Monarchen gieng so weit, daß ihren Bildsäulen dieselbe Ehre erzeigt werden muste. Wenigstens nach des Philostrats Erzälung (Vit. Apollonii B. 1.) wurde zur Zeit des Apollonius allen, die zur Stadt Babylon hinein wollten, eine güldene Bildsäule des Königs vorgestellt, und nur diejenigen wurden zu den Thoren hinein gelassen, welche die Bildsäule angebetet, d. i. auf eben beschriebene Art vor ihr niedergefallen. Etwas Aenliches scheint mir die goldene Bildsäule gewesen zu seyn, die Nebucadnezar setzen ließ. Dan. 3. Vielleicht stellte es den König in kolossalischer Größe vor, unter dessen Gestalt jedoch die Gottheit verehret werden sollte. — — — Bisweilen gefiel es den stolzen persischen Monarchen zu befelen, daß eben diese Ehre auch ihren ersten Ministern und Lieblingen erwiesen werden muste, wie wir aus Esth. 3, 2 ff. vom Haman wissen. — So auffallend indessen diese Verehrung der persischen Monarchen allen Ausländern, sonderlich Europäern, vorgekommen ist, und so auffallend sie selbst Alexandern dem Großen geschienen haben mag, so sehr streng sie, an, dieser Herr zu billigen, nachdem ihm dieselbe in seinem asiatischen Feldzügen allmählicher und Er Herr dieser stolzen Reiche geworden war. Die macedonische Etiquette fieng an ihm zu schlecht und seiner Größe nicht entsprechend zu scheinen. Er wollte nun auch auf persische Art verehret seyn. S. Curtius B. 6. Kap. 6.

a) Diese bürgerliche Ehrenbezeigung auf die Gottheit, die man verehren wollte, angewandt, ward dann Religionsgebrauch. Wenn wir den alten Religionsgebräuchen nachspühren: so finden wir überhaupt daß es weiter nichts als bürgerliche Ehrenbezeigungen waren, auf die Gottheit angewandt. So entstanden die Opfer und das Räuchern aus der Gewonheit, durch Geschenke und durchs Anzünden wolriechender Dinge andere zu ehren. (S. meine Bibel Th. 1. bey 3 Mos. 1, 2. a) No. 7. S. 438.) Und so ward auch diese bürgerliche Ehrenbezeigung, vor hohen und niedrigen Personen sich zu beugen, auch nach Befinden bis auf die Erde zu beugen, oder gar auf die Erde niederzufallen, gegen Gott gebraucht, wenn man sich vor ihm demütigen und zu ihm beten wollte, u.s.w. gegen den wahren nicht nur, sondern, wie man erwarten kan von abgöttischen Völkern, auch gegen die Götzen. — Es werden daher von dieser religiösen Verbeugung und Demütigung gegen Gott eben

die

dieselben Ausdrücke gebrauche, die ich oben von dieser ursprünglichen bürgerlichen Ehrenbezeigung gesammelt habe. Z. B. sich bücken, neigen oder beugen, 2 Mos. 33,10. 1 Chron. 29, 29. Psalm 22, 30. Jos. 2, 9. Mich. 6,6. sich mit dem Gesicht zur Erde beugen, 2 Chron. 20, 18. sich neigen und anbeten, (zur Erde niederbeugen) 1 Mos. 24, 26. 48. 2 Mos. 4, 31. K. 34, 8. — die Kniee beugen, Jes. 45, 23. Röm. 14, 11. Kap. 11, 4. Eph. 3, 14. Phil. 2,10. auf die Kniee niederfallen, 2 Chron. 6, 13. Psalm 95, 6. Jes. 44, 17. Matth. 26, 39. niederfallen und anbeten, Jes. 44. 17. Dan. 3, 5. 15. u. s. w.

Anmerkung. Adoro im Lateinischen und προσκυνεῖν im Griechischen, welche Wörter von der bürgerlichen und gottesdienstlichen Ehrenbezeigung gebraucht werden, muß anfänglich diejenige Ehrenbezeigung bezeichnet haben, da man die Hand küßte, und einem damit den Kuß zuwarf, oder überhaupt das Küssen als Ehrenbezeigung. Denn Adorare ist so viel, als (die Hand) zum Munde führen, (um sie nämlich zu küssen) und προσκυνεῖν kommt von κυνεῖν Osculor her. S. unten Küssen.

## Andreas.

War ein Sohn Jona oder Johannis. Matth. 16, 17. vergl. Joh. 21, 15. 16. und Bruder Simonis Petri, gebürtig aus Bethsaida, Joh. 1, 44. und zuvor ein Schüler Johannis, V. 35. 37. 40. wurde mit Petro zu Christo berufen, Matth. 4, 18. 19. und der Ordnung nach der andere unter den Aposteln, Matth. 10, 2. fragte auf dem Oelberge Jesum nach der Zeit der Zerstörung Jerusalems, Marc. 13, 3. sagte Petro daß er den Meßiam gefunden habe, Joh. 1, 40. 41. und nach Kap. 12, 22. sagt er Jesu, wie ihn die Griechen gerne sehen wollten. War nach Christi Himmelfart unter der Versamlung der Apostel zu Jerusalem. Apostg. 1, 13.

## Anem.

Eine Levitenstadt im Stamme Isaschar. 1 Chron. 7, (6) 73.

## Aner.

1) Ein Amoriter, des Mamre und Eskols Bruder, welcher nebst diesem Abrahams Bundesgenossen waren. 1 Mos. 14, 13. 24.

2) Eine Priesterstadt in Manasse. 1 Chron. 7, (6) 70.

## Anfurt.

S. das biblische Verballexicon, oder den dritten Haupttheil dieses Werks.

## Anim.

Eine Stadt auf dem Gebirge Juda. Jos. 15. 50.

## Antilibanon.

S. Libanon.

## Antiochia.

1) Die ehemalige Hauptstadt in Syrien und Residenz der syrischen Könige, (1 Macc. 3, 37.) und in der Folge der römischen Statthalter, welche der aus funfzehn Provinzen bestehenden Diöces des Orients vorstunden. Sie lag, wie die zum Theil noch vorhandenen Mauern bezeugen, am Fluß Orontes, in einer großen fruchtbaren Ebene, doch aber auch zum Theil auf und an zween Bergen, unter welchen auf dem größern Gipfel noch jetzo ein verfallenes Castel zu sehen ist. Die Stadt hat aus vier Haupttheilen, oder an einander gebauten Städten bestanden, daher sie auch Tetrapolis genant worden, und jenseits des Orontes hatte sie auch noch eine Vorstadt. Die erste Stadt hat Seleucus Nicanor gebaut, und entweder nach seinem Vater, oder Sohn Antiochus, benant. Zur Zeit des Kaisers Justinians nante man die Stadt Theopolis, und beim Strabo und Plinius hat sie den Zunamen Epidaphnes, von dem in der Nähe gelegenen Walde Daphne, in welchem ein dem Apollo und der Diana geweihter Tempel war, wohin sich die Antiochier zur Lust begaben, aber so wollüstig und ausschweifend daselbst lebten, daß daher das Sprichwort Daphnicis moribus vivere entstand. Die Mauern der alten Stadt, wie die Stadt selbst, haben durch Erdbeben viel gelitten, und sind meist umgestürzt, und die Stadt auch noch durch Belagerungen und Eroberungen verwüstet. Zu den Ueberbleibseln gehören vornemlich noch die Wasserleitungen. In dieser Stadt erhielten die Bekenner Jesu und seiner Religion zuerst den Namen Christianer, (Anhänger Christi und seiner Lehre) — Christen. — Apostelg. 11, 16. — In der Folge waren hier sehr viele christliche Kirchen, und der Sitz eines griechischen Patriarchen. Im Jahr 1097. haben auch die abendländischen Christen die Stadt erobert, und einen christlichen Prinzen hieher gesetzt, dessen Nachkommen nicht nur Fürsten von Antiochien, sondern auch Könige von

Klein-

Kleinarmenien gewesen sind. Die Stadt hatte auch ansehnliche Handlung. Allein der ägyptische Sultan Bibars hat die schönen Kirchen 1267. oder 1270. zerstört; der griechische Patriarchalsitz ist nach Damascus verlegt worden; das christliche Fürstenthum hat aufgehört; der Handel hat sich nach Haleb gewendet, und es sind hier eine geraume Zeit gar keine Christen gewesen, jetzt aber nur wenige griechische und noch weniger armenische Christen vorhanden, welche sich der beiden noch übrigen Kirchen zum Gottesdienste bedienen, deren eine oder die Johanniskirche in Felsen ausgehauen, und eine Art von Grotte ist. Der monophysitische oder jacobitische Patriarch von Antiochien wohnt zu Canobin auf dem Libanon. — Die jetzige Stadt unter dem arabisch gewandelten Namen Antakia ist klein und schlecht gebaut; die Häuser niedrig, und die meisten flachen Dächer nur mit leichten Balken und dünnen Dielen bedeckt. S. Büschings neue Erdbeschreibung Th. 5. Abth. 1. S. 254 ff. der zweiten Ausgabe. — Diese ehemalige syrische Hauptstadt Antiochien kommt noch vor: Apostg. 6, 5. Kap. 11, 19, 26. 27. K. 13, 1. f. 37. Gal. 2, 11.

2) Eine Stadt auf dem Gebirge Taurus, in der Landschaft Pisidien, in Kleinasien, ebenfalls von Seleucus erbaut, und nach seinem Vater oder Sohn Antiochus benannt. Apostg. 13, 14. 50. 2 Tim. 3, 11.

## Antiochus.

a) Epiphanes der Edle genannt, ein Sohn Antiochi des Großen König in Syrien. 1 Macc. 1, 11. Er war ein grausamer Verfolger der Juden; plünderte den Tempel und verwüstete die Stadt Jerusalem, V. 23. 33. 2 Macc. 5, 16. legt ihnen auf, die heidnischen Götzengebräuche anzunehmen, V. 46. stellt den (Götzen) Greuel der Verwüstung auf den Altar des Herrn, und läßt die Bücher des Gesetzes zerreissen, V. 57. 59. stirbt eines elenden und jämmerlichen Todes, Kap. 6, 16. 2 Macc. 9, 5. 9. 28.

b) Eupator, ein Sohn des vorigen Unedlen Antiochi, 2 Macc. 10, 10. wird König, 1 Macc. 6, 17. zieht mit einer großen Armee nach Idumäa, V. 30, 31. wird von Demetrii Kriegsvolk ermordet, K. 7, 2. 4. 2 Macc. 14, 2.

c) Gryphus, von seiner großen Nase also genannt, war ein Sohn des Demetrius und König in Syrien. Erwies sich anfänglich sehr gnädig gegen die Juden, 1 Macc. 15, 1. 5. 9. bekriegte sie aber doch zuletzt ohne was auszurichten, V. 27 ff.

## Antipater.

Ein Sohn Jasons, den Jonathan, des Judas Maccabäus Sohn, nach Rom sandte, um den Bund der Juden mit den Römern zu erneuern. 1 Macc. 12, 16. K. 14, 22.

## Antipatris.

Eine Stadt vom Herodes dem Großen gebaut, und dessen Vater Antipater zu Ehren Antipatris genannt. S. Josephs jüd. Alterth. B. 16. K. 9. Nach eben diesem Schriftsteller ward die Stadt auf einem fruchtbaren, wasserreichen und mit Bäumen bewachsenen Felde, Namens Kafar-Saba (כפר סבא) angelegt. Einige haben diese Stadt ans mittelländische Meer gepflanzt, zwischen Joppe und Cäsarea; allein da kan sie, obgleich einige scheinbare Zeugen dafür angeführt werden, nicht gelegen haben, wie Bachiene (hist. geogr. Beschreib. von Palästina, Th. 1. B. 3. S. 206 ff.) weitläuftig zeigt, auch schon andere vor ihm gezeigt haben. Sie lag, wie aus Apostg. 23, 31. erhellet, an der Straße zwischen Jerusalem und Cäsarien, wenigstens zwo bis drittehalb Meilen vom mittelländischen Meer. — In dieser Stadt fand auch die christliche Religion Eingang, so, daß sie gar der Sitz eines christlichen Bischofs wurde. Denn auf der calcedonischen Kirchenversammlung im Jahr 451. war auch ein gewisser Polychronius, Bischof zu Antipatris, der die Handlungen dieser Kirchenversammlung mit unterschrieb. Reland (Palaestina p. 569.) zeigt, daß noch gegen die Mitte des achten Jahrhunderts viele Christen zu Antipatris gewohnet. S. Bachiene a. a. O. — Hr. Oberconsist. R. Büsching (neue Erdbeschreibung Th. 5. Abth. 1. S. 403. der zweiten Auflage,) bemerkt, daß an dem Orte, wo jetzt das Dorf Ali Ben Kalaen oder Ali Ebn Kalaya steht, nach Arvieux und Nau's Meinung, vormals die Stadt Antipatris gestanden habe, wovon, nach Nau's Berichte, noch Trümmer vorhanden sind. —

## Apamea.

Wir finden in der alten Geographie viele Städte dieses Namens. Gemeiniglich denkt man bey dem Apamea, durch welches Holofernes seinen Marsch nahm, als er die Edomiter bekriegen wollte, Judith 3, 11.

an

an das am Tygerstrom gelegene, wo der Nahr Malcha (Βασιλειος ποταμος) in den Tyger fällt. Allein besser schickt sich wol das Apamea in Syrien, jetzt Esamia oder Famiah, wovon ein nicht weit davon gelegener See, den der Orontes macht, den Namen führet; und deren umliegenden Distrikt Ptolemäus Apamene nennt. Nur darf man diese Stadt nicht vom syrischen König Seleucus erbauen lassen. Die Stadt kan viel älter als dieser König gewesen, und nur von ihm erweitert und befestigt worden seyn. Denn nur das heist das Bauen gar häufig.

## Apelles.

Ein Christ zu Rom, den Paulus als einen ächten Christen aus guten Proben rümt, und daher Röm. 16, 10. namentlich grüßen läßt. —

## Apfel. Apfelbaum.

Da der Apfelbaum jedem so bekant, als seine Frucht ist; die morgenländischen Aepfel und Aepfelbäume eben das sind, was bey uns und keiner besondern und uns fremden Gattung in der Bibel erwähnt wird: so dürfte hier eine Beschreibung der Aepfel und und Aepfelbäume mehr lächerlich als nützlich seyn.

Der Aepfelbaume wird unter andern edlen Bäumen Joel 1, 12. gedacht. Auch Hohel. 2, 3. und K. 8, 5. —

Der Frucht wird auch in zwo Stellen gedacht. Hohel. 2, 5. „Er erquicket mich mit Blumen, (richtiger im Imperativo: Haltet mir Blumen vor) und labet (stärket) mich mit Aepfeln. Denn ich bin krank (schmachte) für Liebe.“ Alle Aepfel haben einen angenehmen stärkenden Geruch, selbst diejenigen, welche keinen guten Geschmack haben, (von welcher Art, nach den Berichten der Reisebeschreiber, die morgenländischen Aepfel seyn sollen, welches jedoch, so allgemein gesagt, nicht richtig seyn dürfte,) doch hat immer eine Art einen stärkern und angenehmern Geruch als die andern. Der arabische Arzt Avicenna (Cand. Med. libr. 2. p. 264.) rümt sonderlich die syrischen Aepfel, als wolriechend und herzstärkend. S. meine neue Uebersetzung und Erklärung des hohen Liedes Salomons bey dieser Stelle, S. 51. Anmerk. m) und Harmars Beobachtungen über den Orient Th. 1. S. 370 f.

Spr. Sal. 25, 11. „Ein Wort, geredt zu seiner Zeit, ist wie güldene Aepfel in silbernen Schalen“ wie der sel. Luther übersetzt. — Die Ausleger sind in dieser Stelle in Ansehung der Aepfel nicht einig. Einige denken an wirkliche, und zwar gelbe Aepfel, z. B. an Quittenäpfel, Citronen u. s. w. Andere an bloße Nachahmung der Aepfel in Golde, andere an noch etwas anders. Eben so uneinig sind sie in Ansehung der übrigen Worte dieser Stelle. Ohne mich mit Widerlegen anderer aufzuhalten, geb ich hier gleich meine, meiner Ueberzeugung nach, bessere und richtige Uebersetzung dieser Stelle: „Goldne Aepfel in getriebner Silberarbeit, (eigentlich: in silbernen Figuren) ist eine wolgesetzte Rede,“ (eine Rede, ein Ausspruch, Worte in dem gehörigen, gutgewälten, passenden Ausdrücken.) Zwar ließ sich Luthers „Wort, geredt zu seiner Zeit“ auch aus dem Arabischen rechtfertigen, wo Iwan (أوان) die Zeit (Tempus Tempestas) bedeutet; allein die übrige Construction scheint mir entgegen. Es müßte doch wol Ophni (אָפְנִי) heissen! — Das Wort Ofen, Ofen (אֹפֶן. אָפְנָיו) wird nicht nur von den Rabbinen, sondern auch, welches deren Sprachgebrauch hier rechtfertiget und autorisiret, von den Arabern (افنان . افانين) vom Ausdruck der Rede gebraucht. Eine Rede in wolgewälten, passenden Ausdrücken gleicht goldnen Aepfeln in silbernen Laubwerk, oder in silberner getriebener Arbeit. — Maschkioth Chesseph (משכיות כסף) können nichts anders seyn, als Figuren in Silber, (vergl. 3 Mos. 26, 1.) d. i. getriebene Silberarbeit, silbernes Laubwerk rc. — Und dann können die goldnen Aepfel nichts anders seyn, als wirkliche goldene, oder silberne und vergoldete (nicht natürliche) Aepfel — Nachahmung der Aepfel in Gold, unter silbernem Laubwerk. — Der Sinn der sonst für sehr schwer ausgeschrienen Stelle ist: „passender, gutgewälter Ausdruck ist bey einer Rede ohngefär das, was goldene Aepfel in silbernem Laubwerk, d. i. er erhebt die Rede, macht daß sie sich stärker eindrückt, mehr gefällt, mehr in die Sinne fällt rc. wie silbernes Laubwerk, wenn es durch hier und da schicklich angebrachte goldne Aepfel verschönert ist. — Aepfel stehen hier wol überhaupt für größere goldne Figuren, wie sie damals in getriebener Silberarbeit angebracht zu werden pflegten. Vielleicht

wurden

wurden aber damals sonderlich verschiedene Arten von Aepfeln hier vorzüglich gebraucht. —

## Apharsach.

Apharsachäer. Sie kommen mit unter den Colonien vor, die in das durch die assyrische Gefangenschaft entleerte israelitische Reich geschickt wurden. Sie scheinen eine der ansehnlichsten und stärksten Kolonien gewesen zu seyn. Esr. 4, 9. Kap. 5, 6. Kap. 6, 6.

## Aphek. Apheka.

1) Eine Stadt welche Jos. 15, 53. zu den Städten des Stammes Juda, die auf dem Gebirge lagen, gerechnet wird. Wo dieser Ort gelegen, kan man nicht gewiß, sondern nur muthmaßlich angeben. Auch aus den Nachrichten, die uns Eusebius und Hieronymus von den Städten Aphek geben, ist die Lage dieser Stadt nicht genau zu ersehen. Vermuthlich lag aber dieser Ort auf der Gränze der Stämme Juda und Benjamin, gegen Abend von Jerusalem, etwa 2 oder 3 Stunden von dieser Stadt auf dem Gebirge. Folgender Umstand läßt uns dieses vermuten: Man weiß daß Aphek ohngefär in der Gegend müsse gesucht werden, wo Samuel, obgleich etliche 20 Jahr später, nach einem über die Philister erfochtenen Siege das bekante Denkmal unter der Aufschrift, Eben-haezer, d. i. der Hülfstein, aufgerichtet hat, weil ihm in dem Siege der Israeliten Erbfeinde, nämlich der Philister, der Herr bis dahin geholfen hatte. Denn als vor dem ersten Treffen, welches für die Israeliten unglücklich ausfiel, die beiden feindlichen Kriegsheere gegen einander stunden, so hatten die Israeliten ihr Lager bey Eben-Haezer, und die Philister bey Aphek. Aus der Stellung dieser Lager erhellet, daß Aphek, woselbst die Philister gestanden, West- oder Südwestwärts von Eben-Haezer, und näher an dem Lande der Philister gelegen habe. Nun ist dieses Denkmal nicht weit von Mizpa, nämlich zwischen Mizpa und Sen oder Schen, welcher letztere Ort aber unbekant ist, aufgerichtet worden. Unter diesem Mizpa ist das in Benjamin, welches von dem in Juda zu unterscheiden ist, zu verstehen, mithin wäre unser Aphek zwischen den Stämmen Juda und Benjamin zu suchen. Es wird dieser Stadt außer obiger Stelle nur noch 1 Sam. 4, 1-11. vergl. mit Kap. 5, 1. gedacht, und ist dadurch merkwürdig geworden, daß nahe bey derselben die Israeliten zweymal von den Philistern geschlagen, und in dem letzten Treffen die Bundeslade zugleich verloren haben, als welche von den Philistern erbeutet und nach Asdod gebracht worden ist.

2) Eine Stadt im Stamme Isaschar, in der Ebene Jesreel, nicht weit von der Stadt, wovon diese Ebene den Namen hat. Ohnweit von diesem Orte wurde das merkwürdige Treffen zwischen den Israeliten und Philistern gehalten, in welchem Saul und seine Söhne geblieben sind. 1 Sam. 29, 1. vergl. mit K. 28, 4. Wenn man annimt, daß den Tag vorher, da beide Lager noch weit von einander waren, die Philister bey Sunem, und die Israeliten auf dem Gebirge Gilboa stunden, und Tags darauf, um eine Schlacht zu liefern, näher an einander rückten, so daß die erstern bey Aphek, und die andern beim Brunnen Jesreel standen: so ergiebt sich, daß Aphek ohngefär Nordwestwärts von Jesreel näher bey dieser Stadt als Sunem gelegen habe. Nach diesem Zusammenhange hat Adrichomius die Stadt Aphek auf seiner Charte Westwärts von Jesreel gesetzt. Nach Breitenbachs Beschreibung der Reise S. 116. 117. hat Hr. von Breitenbach die Ruinen von Aphek selbst gesehen, er nennt es aber unrichtig Afeth. Er sagt: sie liegen drei Steinwürfe weit von dem Castel Jabe, welches Brockardt richtiger Saba nennet. Eine Meile gegen Osten von Afeth (Aphek) sagt Breitenbach liegt Suna oder Sunem. Desgleichen meldet Brockardt (Descript. Terrae S. cap. VI. §. 4.) daß zu seiner Zeit die Ueberbleibsel von dieser Stadt zu sehen gewesen wären.

Es wird auch einer andern Schlacht gedacht, die bey dieser Stadt unter der Regierung Ahabs mit den Syrern, unter Anführung ihres Königs Benhadad vorgefallen ist, dabey die Syrer von den Israeliten geschlagen, und Benhadad zu Aphek gefangen genommen worden, nach 1 Kön. 20, 26-37. Die Syrer wurden jetzt auf der Ebene geschlagen, weil sie das Jahr vorher, da sie auf dem Gebirge Niederlage erlitten hatten, sagten: Israels Götter sind Berggötter, darum sind sie stärker gewesen: wenn wir nun mit ihnen auf der Ebene streiten, was gilts, wir werden siegen. 1 Kön. 20, 23.

3) Eine Stadt im Stamme Asser, wovon nichts merkwürdiges zu sagen ist. Jos. 19, 30.

4) End=

4) Endlich kömt eine Stadt Aphek unter den königlichen Städten der alten Cananiten vor; welches Aphek aber darunter verstanden wird, ist ungewiß. S. Bachiens Paläst. Th. 2. B. 4. S. 57 ff.

## Aphri.

Eine Stadt im Canton Benjamin, ungewisser Lage und sonst unberühmt. Jos. 18, 24. —

## Apocrypha, oder apocryphische Bücher der Bibel.

S. den zweeten Haupttheil dieses Werks.

## Apollo.

Auch Apollon. Tit. 3, 13. Ein gelehrter und beredter Jude aus Alexandrien in Aegypten. Er war noch nicht vollkommen in den Lehren des Christentums unterrichtet, als er sie schon öffentlich in der Synagoge zu Ephesus mit grossem Eifer lehrte. Aquila und Priscilla namen ihn hierauf zu sich, und suchten ihn in den Lehren des Christentums vollkommener zu unterrichten, worauf er nach Achaja reisete, und in dieser Provinz, sonderlich in deren Hauptstadt Corinth, das Christentum mit grossem Eifer ausbreitete. Apostg 18, 24128. Kap. 19, 1. 1 Cor. 3, 6. Er stand seiner Gelehrsamkeit und Beredsamkeit wegen (um welcher willen ihm auch Paulus den Titus zu Hülfe gab, um die Juden desto glücklicher und leichter von der Warheit der christlichen Lehre zu überzeugen, Tit. 3, 13.) in grossem Ansehen, und weil er noch auf jüdische Gelersamkeit viel hielt, und dadurch seinen Vortrag und Unterricht von Petri, Pauli ꝛc. ihrem auszeichnete: so fand er seine besondern Anhänger, die sich Apollisch oder Apollianer nanten, so wie andere Glieder der corinthischen Gemeine sich nach Paulo ꝛc. nanten; noch andere aber sich zu keiner Partei hielten, sondern sich blos nach Christo nanten. 1 Cor. 1, 12. K. 3, 4. (K. 4, 6.) — Diese Sectirerei wollte Paulus abgestellt wissen.

## Apollisch.

S. Apollo.

## Apollonia.

Eine Stadt in Macedonien, welche Paulus passirte, als er nach Thessalonich reisete. Apostelgesch. 17, 1.

## Apollyon.

D. i. Verwüster. Ist die griechische Uebersetzung des hebräischen Worts Abaddon (אבדון) welches eigentlich den Abgrund — die Hölle, d. i. das Unterreich, oder das Reich der Todten bezeichnet. S. Hiob 26, 6. Kap. 28, 22. Psalm 88, 12. u. s. w. Der Name des Abgrundengels. Offenb. Joh. 9, 11.

## Apostel.

Ein griechisches Wort, welches Gesandte, Abgesandte, Abgeordnete, Deputirte bedeutet.

1) In diesem weitläuftigen Verstande z. B. Abgeordnete, Deputirte der Kirche oder christlichen Gemeinen, 2 Cor. 8, 23. — Epaphroditus, Apostel der Philipper, Phil. 2, 25. d. i. den die Philipper an Paulum abschickten, um demselben ihre Beisteuer zu seiner Erhaltung zu überbringen.

2) Im engern Verstande, ein Gesandter Gottes, wie Christus selbst Ebr. 3, 1. genant wird, vermöge seiner Sendung vom Vater.

3) Im engsten Verstande diejenigen zwölf Männer, (Jünger oder Schüler) welche Christus ausserordentlich zu Augenzeugen und allgemeinen Lehrern, oder Verbreitern desjenigen berief, was er that und lehrte. Es waren ihrer zwölfe, (Matth. 10, 1.3-4.) Simon Petrus, Andreas, sein Bruder; Jacobus, Zebedäi Sohn; Johannes, sein Bruder; Philippus, Bartholomäus, Thomas, Matthäus, der Zöllner; Jacobus, Alphäi Sohn; Judas Thaddäus, Simon von Cana; Judas Ischarioth: dessen Stelle durch den Matthias ersetzt wurde. Die Zal zwölf soll auf die zwölf Stämme Israels sein Absehen haben. — Paulus nennet sich auch einen Apostel, und zwar einen Apostel der Heiden, d. i. einen von Gott gesandten, den Heiden die Lehre Christi zu predigen. Röm. 11, 13. 1 Tim. 2, 7. — Falsche Apostel 2 Cor. 11, 13. waren diejenigen, welche sich für von Gott verordnete Religionslehrer ausgaben, es aber nicht waren. Offenb. 2, 2. —

## Apostelamt.

Das Recht und die Befugniß ein Apostel zu seyn. Apostg. 1, 25. Röm. 1, 5. 1 Cor. 9, 2. Gal. 2, 8.

## Apostelgeschichte.

Oder: Geschichte der Apostel. Acta apostolorum. Eine Fortsetzung des Evangelii Lucä. Daß sie dieses sey, bezeugen nicht nur die ältesten christlichen Scribenten, sondern auch selbst der Anfang des Buchs. Lucas schrieb ohne Zweifel im Jahr Christi 63. Denn bis dahin reicht seine Erzälung. Aus

Kap. 28, 16. wo Lucas meldet, daß er mit Paulo in Rom angekommen, läßt sich nicht unwarscheinlich schliessen, daß er dieses Buch, als den andern Theil seiner Geschichte, zu Rom geschrieben. Lucas hatte bey diesem Buche nicht die Absicht, eine eigentliche Kirchengeschichte der ersten dreißig Jahre nach der Himmelfart Christi zu schreiben, (denn wenn das seine Absicht gewesen wäre: so hätte er eine Menge Nachrichten nicht verschweigen oder übergehen dürfen, die er doch wirklich übergeht,) sondern die erste Ausgießung des heil. Geistes, nebst den ersten Wunderwerken, die zur Bestätigung der Warheit der christlichen Religion dienten, aufzuzeichnen, und zugleich diejenigen Nachrichten mitzutheilen, welche das Anrecht der Heiden an der Kirche Christi erweisen. — Die Apostelgeschichte zerfällt daher in zween Haupttheile. Der erste Haupttheil erzält die Pflanzung der christlichen Kirche in Judäa und Samaria, Kap. 1/12. Der andere Haupttheil beschreibt die Ausbreitung des Christentums in Asien, Griechenland und Rom. Kap. 13/28. — Das Buch ist uns zum richtigen Verstande der Briefe Pauli unentberlich, daher es auch in vielen alten Handschriften und Uebersetzungen zum zweiten Theil des neuen Testaments gezogen, und hinter die Briefe Pauli gesetzt wird. Vergl. Michaelis Einleitung in die göttlichen Schriften des neuen Bundes. Th. 2. S. 992ff. der neusten Ausgabe in 4.

## Appifer. Appiforum.

Appii forum. Ein Ort in Italien, etwa vier Meilen von Rom, bis dahin ein reicher römischer Orator, Appius Claudius, von Rom aus einen Weg mit Quadersteinen hatte pflastern oder platten lassen, welcher unterm Namen Via Appia bekant ist. Bis nach diesem Ort giengen römische Christen dem Apostel Paulo entgegen. Apostg. 28, 15.

## Aquila.

Von Geburt ein Jude aus Pontus in Kleinasien, hatte sich in Rom niedergelassen, mußte aber unter dem Kaiser Claudius nebst seiner Frau Priscilla, und allen übrigen Juden die Stadt räumen, worauf er nach Corinth zog. Hier traf ihn Paulus an, hielt sich eine Zeit lang bey ihm auf, und bekerte ihn und seine Frau zum Christentum. Als Paulus nach Ephesus gieng, begleitete ihn Aquila mit seiner Ehefrau dahin, und beide Eheleute liessen sich die Ausbreitung der christlichen Religion sehr angelegen seyn, namen unter andern auch den gelehrten und zur christlichen Lehre übergetretenen Juden Apollo, der, bey noch ganz unvollkommenen Einsichten in die Religion Jesu, dieselbe schon öffentlich zu lehren angefangen hatte, zu sich und suchten ihn gründlicher zu unterrichten. Apostg. 18, 2 ff. 26. — Nachher, vermutlich nach dem Tode des Kaisers Claudius, unter der Regierung des Nero, welcher die Juden wieder duldete, zog Aquila mit seiner Priscilla wieder nach Rom. Denn im K. 16. des Briefs an die Römer V. 3 ff. schreibet ihnen Paulus seinen Gruß; nennet sie seine Gehülfen in der Ausbreitung der christlichen Religion, und rümt von ihnen einen patriotischen und mit eigener Lebensgefar verbundenen Eifer, für die Erhaltung des Lebens Pauli, und gedenkt einer christlichen Gemeine in ihrem Hause, d. i. es versammelten sich Christen in ihrem Hause, um da ihren Gottesdienst zu halten, zum Theil aber auch wol um sich von ihnen in der christlichen Lehre noch unterrichten zu lassen.

## Ar.

D. i. Stadt κατ' ἐξοχὴν; die Hauptstadt der Moabiter, 4 Mos. 21, 15. 5 Mos. 2, 18. 19. Jes. 16, (15) 1. — Sie heißt auch Rabba, oder Rabbath-Moab, d. i. die große (Stadt) der Moabiter. In einigen Stellen 4 Mos. 21, 28. 5 Mos. 2, 9. wird sie, nach einer gewönlichen Redefigur, für das ganze Land der Moabiter überhaupt gesetzt; doch in der ersten Stelle eigentlich nur für einen großen Theil des Moabiterlandes. S. meine Bibel Th. 2. bey 4 Mos. 21, 28. b) S. 640. — Zur Zeit des großen syrischen (dem Vaterlande nach) oder arabischen (der Sprache nach) Erdbeschreibers Abulfeda hieß die Stadt Ar Rabbath und war nur noch ein Dorf, zum Gebiet von Carrach gehörig. Jetzo heißt sie Mab oder Mob, ein Name, den sie von den alten Moabitern noch behalten hat. Sie war vor Zeiten der Sitz eines Bischofs, und auch unter dem Namen Areopolis bekant. Vergl. Büschings neue Erdbeschreibung Rabmathom und Rabbath-Moba Th. 5. Abtheil. 1. S. 446. der zwoten Auflage. —

## Arab.

Eine Stadt auf dem Gebirge Juda. Josua 15, 52. —

## Araba.

1 Macc. 5, 3. richtiger Akraba oder Akrabatene. S. oben Akrabatene, Nr. 1.

## Arabat.

1 Macc. 5, 23. Eine Gegend, die an Galiläa gestoßen, oder gar ein Theil davon gewesen seyn muß. Sie ist unter diesem Namen gänzlich unbekannt. Drusius ist geneigt, das Thal (Aulon) in welchem der Jordan fließt, darunter zu verstehen, als welches Araba (ערבה) Plur. Araboth (ערבות) heißet. Vergl. Michaelis deutsche Uebersetzung des ersten Buchs der Maccabäer bey Kap. 5, 23. S. 108 f.

## Araber. Arabien.

Von diesem merkwürdigen Volk und Lande theile ich, dem Plan dieses Werks zu Folge, nur so viel mit, als ein Bibelleser davon wissen muß, und doch unter diesem Titel meist nur das Allgemeinere, weil die speciellen Nachrichten von den einzelnen arabischen Völkern an ihren gehörigen Orten noch besonders mitgetheilt werden.

So berühmt dieses Volk und das von demselben bewohnte Land, so gewis und bekannt der Ursprung der Araber ist, und so viele Nachrichten wir von ihnen, sogar von arabischen Schriftstellern selbst, haben, so ungewis ist gleichwol ihr Name, oder so viel hat man wenigstens über den Namen dieses Volks gerathen, conjecturirt und gestritten. Mir scheints höchst warscheinlich, wo nicht ganz gewis, daß Araber (ערבים) nichts anders heissen sollen, als Nachkommen Ebers (עברים) gleichsam Aberer, Eberer, oder Ebräer. Die Namen Ebräer und Araber haben, orientalisch geschrieben, ganz dieselben Buchstaben, und unterscheiden sich blos durch die Versetzung des zweyten und dritten Stammbuchstaben, welche Versetzung wir an sehr vielen Wörtern gewar werden, wenn wir sie im Hebräischen mit dem arabischen Dialekt vergleichen. Aber — ists nicht unwarscheinlich, daß die Araber, wenn dieser ihr Name so viel als Nachkommen Ebers (Aberer, Eberer, Ebräer) bedeuten solle, ihn denselben durch eine Versetzung selbsten verstümmelt, und dem Namen ihres ersten und allgemeinen Stammvaters Eber unähnlich gemacht haben? Nein! unwarscheinlich ist das gar nicht. Denn den Namen dieses ihres Stammvaters Eber kennen wir nur aus den ältesten Urkunden der Hebräer, nicht aus eben so alten arabischen Urkunden. Wir wissen also nicht, ob nicht schon die ersten Nachkommen Ebers, von der Linie Joktans, jenen ihren allgemeinen Stammvater Eber, Ereb genant, oder aber ob er nicht beide Namen zugleich geführt, und dessen Nachkommen von der Linie Phalegs den Namen Eber, und die von der Linie Joktans den Namen Ereb angenommen haben, wie nämlich jeder von beiden ihrem Sprachorgane, oder ihrem Dialekt am geläufigsten und angemessensten war. — Daß diese Buchstabenversetzung keine Bedenklichkeit wider die Ableitung des Namens der Araber von Eber gebe, sehen wir aus einem andern Namen eines speciellen Stammvaters der Araber, in dessen hebräischen Namen im Arabischen nicht nur ebenfalls zween Buchstaben, und zwar sogar die Anfangsbuchstaben, versetzt, sondern auch sogar noch vor dieser Versetzung ein anderer Buchstab angenommen worden ist: ich meine den Namen Joktan (יָקְטָן) des Stammvaters der eigentlichen und ursprünglichen Araber, welchen die Araber Kahtan (قحطان) nennen. In diesem Namen ist erstlich der erste Buchstab J mit einem starken H vertauscht, und dann noch überdies die beiden ersten Buchstaben versetzt — Kahtan aus Joktan. So nun auch Ereb oder Arab aus Eber. (An die Vokale darf man sich gar nicht kehren, denn das sind die wahren Polypen und Chamäleons der orientalischen Dialekte.) — Doch die Aenlichkeit der Namen Ereb (oder Arab) und Eber ists nicht allein, woraus ich schliesse, daß Araber so viel als Nachkommen Ebers (Eberer, Aberer, Abräer, Ebräer) heissen sollen, sondern es läßt sich noch viel mehr dafür sagen: a) die Araber erkannen den Eber selbst für ihren allgemeinen Stammvater, wie er es denn auch ist. b) 1 Mos. 10, 21. heißts von Sem, „er sey der Vater (Stammvater) aller Kinder (Söhne, Nachkommen) Ebers" — Stammvater aller Hebräer. — Anzunehmen, daß unter den Hebräern blos das Volk zu verstehen ist, welches im engern Verstande Ebräer genant wurde, oder die nachher sogenannten Israeliten, ist, wenn man die Stelle recht mit Bedacht liest, wider alle Warscheinlichkeit. Das Wörtchen „alle" zeugt, dünkt mich, ganz laut wider diese Meinung. Der Sinn kan offenbar kein anderer seyn, als dieser: Von diesem stammen alle diejenigen Völker ab, welche unter dem Namen Eber bekant

 sind;

sind; — alle Eberiten, welche dann, wie V. 24. 25. noch genauer und bestimter gesagt wird, Nachkommen Ebers sind und davon ihren Namen haben; d. i. 1) Ebers Nachkommen von Peleg, oder die Ebräer im engern Verstande. 2) Ebers Nachkommen von Joktan, d. i. die Araber. — Ferner c) Potiphars Gemalin nennet Joseph einen ebräischen Mann (1 Mos. 39, 14.) und einen ebräischen Knecht oder Sklaven. (V. 17.) und Kap. 41, 12. wird er ein ebräischer Jüngling genant. Ebräisch kan hier nicht so viel, als einer von dem hebräischen Volke, oder ein Ebräer im engern Verstande, ein Nachkomme Ebers von Peleg heissen. Denn dasjenige Volk, welches in etwas spätern Zeiten in der Bibel Ebräer heist, (d. i. das von Eber, und zwar in der Linie Pelegs, oder auch von Jakob abstammende Volk,) war damals noch gar kein Volk, sondern noch eine blosse Familie, die aus einem Vater und zwölf Söhnen bestand, von welchen Joseph einer war. — Diese Familie aber war damals noch so [illegible] nicht, daß sie in Aegypten so bekant gewesen wäre, wie hier vorausgesetzt werden müßte. Gesetzt aber auch —: so würde dann Joseph nicht ein Ebräer, sondern Sohn Jakobs genant worden seyn. Man sieht ganz deutlich, daß indem Joseph ein Ebräer genant wird, dieses so viel heissen soll, als einer aus dem Volk, das unter dem Namen Ebräer bekant war. Da nun aber die Familie Jakobs damals noch kein Volk ausmachte: so ist es offenbar, daß das Wort Ebräer damals noch von weitläuftigerer Bedeutung gewesen seyn, und zwar insbesondere auch die Araber mit begriffen haben müsse, wie aus dem oben Gesagten erhellet; ja in so fern die durch Joktan vom Eber abstammenden Ebräer, d. i. Araber, früher zu Völkern gediehen waren, als die Ebräer im engern Verstande, — war wol damals, als Joseph noch Potiphars Sklave war, nach dem gewönlichsten Redegebrauch ein Ebräer nichts anders, als ein Araber, weil die Familie Jakobs noch nicht als Volk bekant war, folglich würde Joseph in den oben angeführten Stellen ein Araber genant worden seyn, und das ist ganz begreiflich, da Joseph von Potiphar den Ismaeliten (einem arabischen Volk) abgekauft worden war. Man hielt ihn also natürlicher Weise für einen arabischen Sklaven, weil er von Arabern verkauft wurde, und auch diese Sprache redete; denn damals war die hebräische und arabische Sprache vermutlich noch Ein und eben dieselbe, oder doch wenigstens nicht einmal so verschieden wie das heutige Arabische, sonderlich das im Koran vom Hebräischen, und Josephs Sprache ward in Aegypten für die Arabische und zwar Ismaelitische gehalten, weil er, der Vermutung nach, ein ismaelitischer Araber war. Aber, wird man einwenden, Joseph sagt 1 Mos. 40, 15. selbst, „er sey aus dem Lande der Ebräer gestolen worden" — der wird doch seine Abkunft nicht selbst falsch angegeben haben, da er keine Ursache dazu hatte? — Antwort: Joseph konte sich mit vollem Rechte einen Ebräer, d. i. Nachkommen von Eber nennen, (wie auch Abraham 1 Mos. 14, 13. genent wird,) denn er wars. — Allein es ist die grosse Frage, ob man in Aegypten, indem er sich für einen Ebräer ausgab, an seine Genealogie werde gedacht, oder sie gewußt, oder sich darnach werde erkundigt haben? natürlicher Weise hielt man ihn für einen Araber, demohngeachtet er sich einen Ebräer nante, — weil unter dem Namen Ebräer damals nur die schon zu Völkern gediehenen Araber verstanden wurden, weil die Ebräer der Pelegschen Linie, und insbesondere Abrahams Nachkommen, von der Sara, Jakobs Nachkommen damals noch kein Volk ausmachten, folglich noch wenig bekant waren. Es ist also wol offenbar, daß Joseph in den drei oben angeführten Stellen ein Araber, ein arabischer Sklave, ein junger Araber genant werde — und daß der Name Ebräer anfänglich auch den Arabern gegeben worden, und Araber so viel als Eberer, oder Aberer — Nachkommen Ebers seyn. — d) Nach 1 Mos. 43, 32. durften die Ebräer nicht mit den Aegyptern essen. Hier können ebenfalls nicht die Nachkommen Ebers der Linie Pelegs verstanden werden; denn diese waren, wie vorhin erinnert, noch kein Volk, wol aber die Araber, ebenfalls Nachkommen Ebers. — Daß aber die Ebräer mit den Aegyptern nicht essen durften, setzt einen Nationalhaß voraus — alte Connexionen und Feindseligkeiten zwischen den Ebräern und Aegyptern. — Das können aber nicht die Ebräer der Linie Pelegs, Abrahams, Isaaks und Jakobs seyn — denn diese waren damals noch zu keinem Volk gediehen, und konten sich also den Aegyptern durch überlegene Macht ꝛc. noch nicht zu Feinden gemacht haben, wol

aber

oder die Araber — jene ersten in Arabien wonenden Völker, sie mochten nun eben von Eber abstammen oder nicht. Die Hirtenkönige, (Hyksos) die in sehr frühen Zeiten in Aegypten einfielen, und sich auf geraume Zeit des ägyptischen Trons bemächtigten, endlich aber wieder vertrieben wurden, waren Araber, und zwar die in Arabien wonenden Amalekiter, wie ich oben gezeigt habe. S. Amalekiter. — Von dieser Zeit an wurden die Aegypter den Arabern überhaupt feind, und sahen sie und ihre Lebensart für verächtlich an, (Viehhirten — und das waren die Araber — sind den Aegyptern ein Gräuel, 1 Mos. 46, 34.) und schämten sich mit ihnen zu essen, oder anderweitige Gemeinschaft zu machen. — Ebräer in der oben angefürten Stelle sind also vermutlich nichts anders als Araber, und alles was mit unter diesem Namen begriffen ward und ihre Lebensart hatte rc.—

Anfänglich war also der Name Ebräer ein allgemeiner Name aller von Eber, in beiden Linien, abstammenden Völker. In der Folge aber haftet er blos auf den Nachkommen Ebers der pelegschen Linie, oder der Familie Jakobs, und die andere Linie (von Joktan) fürten diesen Namen mit versetzten beiden letzten Stammbuchstaben — d. i. sie nanten sich Ereber oder Araber statt Ebräer, welches weiter nichts als eine dialektmäßige Differenz ist. Beide Namen sind ursprünglich Einer und eben derselbe, wie beide Völker auch Einen und eben denselben Stammvater haben — den Eber.

Doch das war vielleicht vom blossen Namen der Araber, im Verhältniß gegen das, was ich noch von diesem berümten Volk sagen werde, zu viel: Ich hielt mich aber verbunden, was ich oben behauptete, auch zu beweisen. —

Sonst — und zwar am gewönlichsten heissen die Araber in der Bibel Bne Kedem (בְּנֵי קֶדֶם) d. i. Morgenländer, (Saracenen, wie sich ein Theil Araber in den neuern Zeiten selbst genennet haben شرقيون Scharkijun d. i. Morgenländer.) Richt. 6, 3. 33. K. 7, 12. K. 8, 10. 1 Kön. 4, 30. Hiob 1, 3. Jes. 11, 14. Jer. 49. 28. — und ihr Land — Arabien — Erez Kedem (אֶרֶץ קֶדֶם) d. i. das Morgenland 1 Mos. 25, 6. und im N. T. ανατολή Matth. 2, 1. 2. 9. — Dieser Name schreibt sich vermutlich aus Aegypten her, wo ihn die Israeliten annamen, und in der Folge auch beibehielten, als sie Besitzer des Landes Canaan wurden, ob er gleich dann nicht ganz schicklich war. Denn nur ein Theil von Arabien liegt Canaan gegen Morgen; ein grosser Theil auch gegen Süden. Aber Aegyptern liegt das ganze Arabien gegen Osten und Nordosten. —

In Ansehung des Ursprungs theilen sich die Araber in zwo Hauptklassen, in die Joktaniten und Ismaeliten. Die von Joktan (oder wie ihn die Araber nennen, Kahtan,) abstammenden Araber halten sich für die ächten und eigentlichen Araber, und nennen sich daher in besondern Verstande Araber — Arab arebath, (عَرَبٌ عَارِبَة) d. i. eigentliche, ächte Araber, mit welchen sich keine andern Völker vermischt haben. Diese ächten oder joktanitischen Araber liessen sich sonderlich in Jemen, oder im glücklichen Arabien nieder. Sie bestanden aus vielen einzelnen (von Joktan oder Kahtan) abstammenden Völkern, welche 1 Mos. 10, 26-29. 1 Chron. 1, 20-23. (Söhne Joktans — s. meine Bibel Th. 3. bey der letztern Stelle,) genant werden. — Die Ismaeliten oder die von Ismael und dessen Söhnen abstammenden Araber 1 Mos. 25, 12-18. unter welchen auch alle die von Abraham mit der Ketura erzeugten Söhnen abstammenden Araber 1 Mos. 25, 1-4. begriffen, (und eben sowol Ismaeliten genant werden, s. Ismaeliten.) welche sämtlich viel jünger und später zu Völkern gediehen, und später nach Arabien gekommen sind, als die joktanitischen Araber, werden eingepfropfte, gemachte, oder naturalisirte Araber — Arab Mothearrabath (عَرَبٌ مُتَعَرِّبَة) oder Arab-Mostharabath (عَرَبٌ مُسْتَعْرِبَة) genant. Die hielten sich im peträischen und wüsten Arabien auf, und durchstrichen mit ihren Heerden dieses ungeheure Land. 1 Mos. 25, 18. — Von diesen vielen arabischen Völkern handle ich unten an ihren gehörigen Orten von jedem noch besonders.

Ausser diesen beiden von Joktan und Abraham abstammenden arabischen Hauptgeschlechtern hatten sich auch noch andere Völker in Arabien niedergelassen: 1) die Cuschiten, Nachkommen Hams, deren einzelne Geschlechter oder von Kusch abstammende kleinere Völker oder Kolonien 1 Mos. 10, 7. 1 Chron. 1, 9. genant

genant werden. Sie liessen sich im glücklichen Arabien nieder, und ein Theil von ihnen gieng über den arabischen Meerbusen, und gediehen zu dem Volk, das unter dem Namen Aethiopier so bekant ist. S. Cusch. 2) Die Seiriten im peträischen Arabien, auf dem von ihnen benanten Gebirge Seir, oder in dem in der Folge sogenanten Lande Edom, dem Lande Canaan gegen Süden. Sie waren warscheinlich Cananiter. S. Seiriten. 3) Die Amalekiten, eines der ältesten, berümtesten und mächtigsten cananitischen Völker. Sie hielten sich hauptsächlich im peträischen Arabien auf, wiewol sie auch im wüsten Arabien mit ihren Heerden herumzogen. S. Amalekiter. 4) Die Moabiter und Ammoniter, zwei von Loth abstammende Völker. Sie bewonten einen Strich vom wüsten Arabien zunächst am Jordan. S. beide unter ihren Namen. 5) Die Edomiter, Nachkommen Edoms oder Esaus. Sie verdrängten die Seiriten, und liessen sich in deren Lande nieder. S. Nr. 2, und unten Edomiter.

In Ansehung der Lebensart theilen sich die Araber in Stadt- oder Dorfaraber und in Zeltaraber. Die leztern oder die Zeltaraber (Scenitä, wie sie bey den griechischen Schriftstellern heissen, בְּנֵי קֶדֶם Richt. 6, 33. oder mit einem andern griechischen Wort, Nomaden νόμαδες von νομεύω pasco und νομεύς pastor) und wie sie sich in ihrer Sprache selbst nennen, Bedawi (بدوي) oder Bedawi, (بداوي) oder auch von der Art Zelte, unter welchen sie wonen, Ahlel-Wabar (أهل الوبر) d. i. die in härnen, mit grobem Cameels- oder schwarzen Ziegenhaarentuch bedeckten Zelten wonen,) haben, wie aus diesen ihren angefürten Namen erhellet, keine feste Wonung, sondern leben unter beweglichen Zelten. (vergl. Richt. 8, 11. Jes. 13, 20. K. 25, 24.) und ihr Hauptgeschäfte ist die Viehzucht. Mit ihren grossen Heerden (man denke hierbey an den starken Tribut, den die Araber nach 2 Chron. 17, 11. dem Josaphat geben musten!) ziehen sie in den arabischen Wüsten, oder gemeinen Weidetriften (s. Wüste.) herum, und schlagen da ihre Zelte auf, wo sie Weide für ihre Heerden zu finden glauben, und wenn die Gegend abgeweidet ist: so brechen sie da auf, und ziehen wieder in eine andre Gegend. Sonst beschäftigen sie sich auch mit der Jagd, mit Reiten, (doch nur die Wolhabenden) und mit Streifereien gegen ihre Feinde, d. i. gegen alle diejenigen, welche nicht ihre Freunde oder Schuzgenossen sind. Als Nomaden oder Beduinen und Räuber finden wir auch immer alle arabische Völker in der Bibel gezeichnet. S. Jer. 3, 2. Hiob 1, 15. x. Sie plündern dieselben, (schreibt Hr. Oberconsistorialrath Büsching. Asien. S. 458 f.) wenn sie können, ohne sie jedoch zu tödten, es wäre denn, daß sie sich hartnäckig wehrten und sie verwundeten: gegen diejenigen aber, welche sich in ihren Schuz begeben haben, beweisen sie die vollkommenste Gastfreundschaft, Treue und Dienstwilligkeit. Sie halten sich für das vornemste Volk in der Welt, und für die Edelsten unter allen Arabern, und verachten die übrigen Araber welche in den Städten wonen und den Akerbau treiben, als Ausgeartete. Ihre Waffen sind Bogen und Pfeile, (jedoch diese mehrentheils nur zur Jagd) Säbel und Dolche, sonderlich aber Lanzen, welche leztern sie für das älteste und für tapfere Leute schiklichste Gewehr halten. Sie reiten entweder auf Pferden, oder (und zwar die ganz Armen) gehen mit der Lanze in der Hand zu Fuße. Einige bedienen sich auch blos der Schleuder. — Von Farbe sind sie entweder braun oder schwarzbraun, das vorneme Frauenzimmer aber, welches wenig an die Sonne komt, ist eben so weiß und lebhaft als die Europäerinnen. — Noch viele Nachrichten von der Tracht, Lebensmitteln, (die sonderlich in Milch, Käse, Honig, Fischen und Fleisch von ihren Heerden, auch Kameelefleisch — und in eingetauschten (Ezech. 27, 21.) oder gekauften Korn, Reiß und Hülsenfrüchten bestehen,) Sitten und Gewonheiten der Araber giebt Hr. O. C. R. Büsching a. a. O. die ich aber, um nicht zu weitläuftig zu werden, hier übergehen, und im Büsching selbst nachzulesen empfelen muß.

Die Stadt- oder Dorfaraber (vergl. Jer. 25, 24.) welche in ihrer Landessprache Ahlol-Hadari (أهل الحضري) nicht Hadesi oder Hhadesi genennet werden, wie Herr Büsching S. 458. 463. ff. das Wort schreibt, welcher, wo nicht selbst, doch sein Gewärsmann, das sehr änliche Re (ر) mit Se (ز) verwechselt,) oder auch, im gleichen Sinn, Ahlel-Madar

Araber (أَهْلُ ٱلْحَضَرِ) d. i. die in Städten oder Dörfern wonen) treiben Handwerke und Künste, vorzüglich aber den Ackerbau, deswegen sie auch gerade zu Fellah (فَلَّاح) d. i. Ackerleute genant werden. Diese in Städten und Dörfern wonenden, und den Ackerbau treibenden Araber werden von den Bedewi (Beduinischen Arabern) dieser ihrer Lebensart wegen als den ächten und edlen Arabern unanständig, verachtet, und aus Verachtung Mauren genant, welches, wie ich glaube, so viel als ein Getreideschänder heissen soll, ohngefähr wie wir das Wort Kornjude schimpflich brauchen. Uebrigens sind sie, weil sie nicht beständig unter freiem Himmel leben, weisser von Farbe und auch gesitteter als die sogenanten edlen Beduinen.

Es giebt aber auch noch eine dritte Gattung Araber, welche gewissermaßen Beduinen und Stadtaraber zugleich sind. Sie werden Maedi genant, und sind eigentlich Beduinen, die sich mit ihren Heerden, sonderlich Rindviehherden, eigentlich in den Wüsten oder gemeinen arabischen Weidetriften, doch aber in so fern auch in den Städten und Dörfern aufhalten, als sie daselbst Milch verkaufen. Die Maedi oder Maed können im Arabischen nicht anders als مَعْدِي geschrieben werden; vom Stammwort Mada (مَعَدَ für مَعَدَ) Motus, agitatus fuit. Commeatum quaesivit apportavitque aliis et de eo prospexit. Mercaturam exercuit. Diese drei Bedeutungen des Stammworts Mada bestimmen die Lebensart dieser Maedi vollkommen. Und hiermit wäre der sel. Faber, der (Archäol. der Hebräer Th. 1. S. 56. Anmerk. e) sich in das Wort Maedi (welches er Maudi schreibt, wie vielleicht, wie ich vermute, in der ersten Ausgabe des Büschingschen Asiens fehlerhaft gedruckt stand,) nicht finden kan, und dabei anmerkt: „Was dieses für ein arabisches Wort sey, läßt sich aus der Art, wie es geschrieben ist, so leicht nicht erraten" und daher nur ein paar schwankende Vermutungen vorträgt, zu Recht gewiesen. —

In der Bibel finden wir auch die Weisheit, d. i. Weltweisheit, Gelehrsamkeit der Araber gerühmt. 1 Kön. 4, 30. Matth. 2, 1. (denn die Kinder gegen Morgen, Söhne Morgenlands und die Weisen, d. i. Weltweisen, Gelehrten — aus dem Morgenlande waren Araber. Das Morgenland ist Arabien.) — Die Gelehrsamkeit der alten Araber bestand in der Genealogie, Traumdeuterei, Poesie, (welche sie mit dem Orient überhaupt, dem sie gleichsam natürlich und angeboren ist, gemein haben,) und sonderlich Astronomie, und diese leztere war es wol hauptsächlich, die sie berümt machte. Die arabischen Weisen, oder Philosophen — Gelehrten — Matth. 2. waren, wie ganz offenbar ist, Astronomen. — In den spätern Zeiten trieben sie noch weit mehr Wissenschaften, und wir können von ihnen viele zum Theil sehr gute und schäzbare Schriften, und noch mehrere deckt theils der Staub und Moder europäischer großer Bibliotheken, theils sind sie gar niemals in unser Welttheil gekommen. Vergl. Jac. Bruckers Histor. crit. philosoph. Tom. I. p. 213-229.

Doch ich muß von dem Lande der Araber selbst nun auch noch etwas gedenken.

Arabien (Dschesirath al Arab جَزِيرَةُ ٱلْعَرَب wie dieses Land von Arabern und arabischen Geographen selbst genant wird; d. i. Insel, oder vielmehr Halbinsel der Araber,) gränzt, nach dem Abulfeda, gegen Norden an Palästina, Syrien und den Euphrat, gegen Osten ebenfalls an den Euphrat, Basra und den persischen Meerbusen, bis Oman, gegen Süden an einen Theil des Weltmeeres, welcher von Arabien benennet wird; gegen Westen an den arabischen Meerbusen. — Nach dieser Bestimmung der Gränzen von Arabien wäre das zwischen den beiden Busen, (dem Heroopolitanischen und Elanitischen) welche der arabische Meerbusen, gegen sein nördliches Ende, macht, zwischen Aegypten und dem südlichen Ende von Palästina gelegene Land nicht mit unter Arabien begriffen, wie es denn auch die morgenländischen Erdbeschreiber theils zu Aegypten, theils zu Syrien (d. i. zu demjenigen Theil von Syrien, den wir Canaan, oder Palästina nennen,) rechnen, wiewol es nach den griechischen Erdbeschreibern zu Arabien gehört, und zwar ein Theil des peträischen Arabiens ist, wofür es auch gar füglich gehalten werden kan. Der Flächeninhalt dieser großen ansenlichen und berümten Halbinsel

insel

insel Arabien beträgt 55,000 geographische Quadratmeilen. S. Büschings neue Erdbeschreibung Th. 5. Abtheil. 1. S. 451 ff der 4ten Auflage.

Die bekante Eintheilung dieses Landes ins peträische, wüste und glückliche Arabien, ist neu, und erst von den griechischen Erdbeschreibern Eratosthenes, Strabo und Ptolemäus beliebt und nachher eingefürt worden. Die morgenländischen Geographen nennen das peträische Arabien theils zu Aegypten, theils zu Syrien. Das wüste Arabien nennen sie die Wüste von Syrien, und nur das glückliche Arabien nennen sie eigentlich Arabien. S. Büsching S. 474.) Vermutlich weil es von den eigentlichen und ächten Joktanitischen Arabern bewont wurde. — Das scheint nur wegen des biblischen Gebrauchs der Wörter Arabien und Araber wichtig, und ich halte diesen Redegebrauch für sehr alt. — Der Araber und ihres Landes wird in unzäligen Stellen der Bibel gedacht, aber immer nur entweder unter dem allgemeinen Namen Bne Kedem, (Saracenen oder Morgenländer,) und ihres Landes unter dem Namen Erez Kedem, (Morgenland) oder unter ihren besondern speciellen Völkernamen, z. B. Sabäer, Ismaeliten, Midianiten ꝛc. oder Namen ihrer speciellen Wonungen — z. B. Saba, Midian u. s. w. — Nun komt aber doch auch der Name Arabien (עֲרָב Ereb oder עֲרָב Arab) und Araber (עַרְבִי und עַרְבִי Plur. עַרְבִים und עַרְבִיאִים) selbst — in der Bibel vor, und es ist, dünkt mich, ganz offenbar, daß alsdenn wenigstens meistentheils nur das glückliche Arabien und dessen Einwoner dadurch bezeichnet werden. Die Stelle 2 Chron. 21, 16. ist hier ganz klassisch. — (Vergl. Kap. 22, 1.) Es wird daselbst gesagt, Gott habe es gefügt oder geschehen lassen, daß die Philister und die Araber (הָעַרְבִים) mit dem Zusatz „die neben den Cuschiten wonen" — den Mut gefaßt, den König Joram zu bekriegen. — Nun wissen wir, daß die Cuschiten im glücklichen Arabien woneten. Folglich sind unter jenen Arabern die in Jemen oder im glücklichen Arabien, und zwar die Joktaniten zu verstehen, welche in ihrer Landessprache, und von arabischen Erdbeschreibern eigentlich Araber und ihr Land Arabien genennet wird. — Hieher scheint mir auch 2 Chron. 9, 14. Kap. 17, 11. Kap. 26, 7. (Nehem. 4, 7. Kap. 2, 19. K. 6, 1.) Jes. 21, 13. Jer. 25, 24. zu gehören, wenn man zumal daran denkt, daß der Name Araber und Arabien nicht allezeit von den biblischen Scribenten gebraucht wird, wenn ein arabisches Volk oder Land genant werden soll, und die morgenländischen Erdbeschreiber nur eigentlich Jemen, oder das glückliche Arabien mit dem Namen Arabien bezeichnen. —

Unter den arabischen Landesprodukten finden wir in der Bibel, außer vielen und großen Viehheerden, (s. z. B. 2 Chron. 17, 11. Ezech. 27, 21. — Schaafen, Ziegen, Rindvieh, Kameelen ꝛc.) sonderlich Gold, (auch Silber) Edelsteine, allerhand Specereien, sonderlich Weirauch und Myrrhen gerümt. Nach 1 Kön. 10, 10. brachte die Königin von Saba (aus dem glücklichen Arabien,) dem Salomo hundert und zwanzig Talente Gold, sehr viel Specereien und Edelgesteine zum Geschenk. Nach 1 Kön. 10, 15. 2 Chr. 9, 14. brachten ihm auch mehrere andere arabische Könige oder Emirs, (die vielleicht seine Vasallen waren) Gold und Silber. Nach Ezech. 27, 22. brachten die Sabäer und Ragmäer (Cuschitische Araber in Jemen oder im glücklichen Arabien) Specereien, Edelsteine und Gold auf die Märkte der Tyrer. — Jes. 60, 6. Jer. 6, 20. wird bey den Sabäern (aus dem glücklichen Arabien) Gold und Weirauch gedacht. Und die Geschenke, welche die arabischen Weisen dem Kind Jesu, als dem künftigen König der Juden brachten, bestunden in Gold, Weirauch und Myrrhen. Matth. 2, 11. Auch die alten Historiker und Geographen, ingleichen die alten und neuern Reisenden beschreiben uns Arabien, sonderlich das glückliche Arabien, als reich 1) an Gold. Bochart. (Geograph. sacr. libr. 1. c. 27.) und Hr. R. Michaelis (Spicileg Geograph. Hebr. exterae post Bochartum. Tom. II. p. 186. seqq) haben eine Menge Stellen aus den Alten gesammelt, welche bezeugen, daß wenigstens einige Gegenden in Arabien ehemals reich an Gold gewesen, ob gleich wol nichts unrichtiger ist, als daß das berümte goldreiche Ophir eine dergleichen goldreiche Gegend in Arabien gewesen sey, wie Hr. Ritter Michaelis a. a. O. zu erweisen sucht. — Frappand ist indessen die Nachricht einiger neuern Reisenden, sonderlich des Hrn. Niebuhrs (Beschreibung von Arabien S. 141.) daß man heutiges Tags in Jemen, oder im glücklichen Arabien,

weder

weder aus Flüssen noch aus Bergwerken Gold erhalten. Niebuhr setzt hinzu: Wenn der Imam kleine Goldmünzen schlagen lassen wolle, so würden venetianische Dukaten, welche über Syrien und Aegypten in Menge herkämen, dazu eingeschmolzen. Doch soll ein Scheikh behauptet haben, es wären ihm allein einige Stellen bekant, wo vor Alters Gold gegraben worden. — Und Jürgen Andersen (den Büsching S. 571. excerpirt,) redet von drei Goldbergwerken, welche dem Fürsten von Sandschar gehörten. 2) An Weirauch. In Hadramauth (Hazarmaveth 1 Mos. 10, 26.) in den Gegenden von Dscharrea und Mareb, ingleichen in der Landschaft Schadschar, und sonderlich in der Landschaft Mahrah, auf den Bergen bey Merbach, wächst die Staude häufig, welche den Weirauch schwizt. — 3) Myrrhen. In Hadramauth wächst die Staude, deren Harz die Myrrhe ist, sehr häufig. 4) Edelgesteinen. Auf dem Berge bey Schibam in Hadramauth findet man Carniole, Achat und Onyche, und nach dem Jürgen Andersen hat das glückliche Arabien auch Jaspis, Kristall und bisweilen gute Rubinen. Vergl. Büsching a. a. O.

Die Landessprache ist ein Dialekt vom Hebräischen, und war vermutlich ursprünglich mit der hebräischen Eine und eben dieselbe, oder: aus der allgemeinen Sprache des uralten Orients bildeten sich die hebräische und arabische Sprache als bloße Dialekte. Hebräer und Araber konten einander verstehen, wie aus der Geschichte Richt. 7. erhellet. Gideon geht bis zum Lager der Midianiter, und hört und versteht was sie reden. — Eine ausführliche Geschichte der arabischen Sprache liefern Olaus Celsius (Historia ling Arab. in der Biblioth. Bremens.) und D. Christ. Bened. Michaelis in einer besondern Dissertation: Histor. ling. Arabicae. Eine ganz kurze Geschichte in Schellings Abhandlung vom Gebrauch der arab. Sprache zu einer gründlichern Einsicht in die Hebräische (Stuttgart 1771. 8.) S. 1-21. welcher lezterer Gelehrte in dem übrigen größern Theil seiner Schrift sonderlich vom Nutzen des Arabischen zur Aufklärung des Hebräischen redet, wie schon der Titel lehrt. Dieser Nutzen ist unbeschreiblich groß, und nur leider zu sehr von unsern lieben Vorfahren verkant. — Encyklopädisch, doch für Anfänger hinreichend, hab ich auch von der Geschichte der arabischen Sprache sowol, als von ihrem ungemeinen Nutzen, oder ihrer Unentberlichkeit zu einer richtigern und gründlichern Einsicht in die hebräische Sprache zugleich durch viele Beyspiele erwiesen; von den Kautelen, die man beim Gebrauch des Arabischen zum Hebräischen wol beobachten muß, in meiner Geschichte der hebräischen Sprache und Litteratur. Anhang. S. 354 bis 484. und in meinem Lehrbuch der biblischen Critik B. 2 (Leipzig 1783. gr. 8.) S. 38 ff. gehandelt.

## Arach. Arachiter.

1) Die von Arach; die Arachiter, eine der Colonien, welche vom König in Persien nach Canaan geschickt worden. Esr. 4, 9. —, Arach oder Erech ist in dieser Stelle vermutlich eben dasselbe, welches 1 Mos. 10, 10. unter den von Nimrod erbauten ersten Städten in Sinear vorkomt, d. i. Edessa. S. Erech.

2) Husai, der Arachiter. 2 Sam. 15, 32. Kap. 16, 16. K. 17, 5. 14. 1 Chron. 28, (27) 33. d. i. aus Arach, oder Erech (aber aus einem andern Erech als No. 1.) gebürtig. Man ist über die Lage dieser Stadt nicht einig. Einige sezen sie in den Stamm Asser, weil Baena, Husais Sohn, Kreishofsmeister in Asser war. 1 Kön. 4, 16. — Warscheinlicher aber ist sie die Stadt Archiatharoth im Stamme Ephraim. Jos. 16, 2.

## Arad.

Eine Stadt im Südlande Canaans, welche die Residenz eines canaanitischen und zwar amoritischen Königs war, (denn im südlichen Theil von Palästina wohnten die Amoriter,) welcher die Israeliten, als er hörte, daß sie sich seinem Lande näherten, angriff, und auch einige Gefangene machte. Die Israeliten thaten hierauf ein Gelübde, die Städte dieser Canaaniter zu verbannen, d. i. völlig zu ruiniren ec. wenn sie Gott wider dieses Volk würde lassen glücklich seyn. Sie wagten also einen neuen Angriff, siegten, und erfülleten ihr Gelübde. 4 Mos. 21, 1. 2. 3. Kap. 33, 40. — Als aber die Israeliten unter Josua nach Canaan selbst gekommen waren, scheint Arad wieder erbaut gewesen zu seyn; wenigstens komt der König von Arad wieder mit in dem Verzeichniß der von Josua besiegten canaanitischen Könige Jos. 12, 14. vor, und Richt. 1, 16. wird auch der Stadt Arad wieder gedacht. Nach dem Eusebius lag Arad ohnweit Kades, vier römische Meilen von Malathis und zwanzig von Hebron.

### Aradus.

S. Arvad. Arvaditer.

### Arafna.

Eigentlich Aravna, Arawna oder Arawna; oder auch Orna, (nach einer andern wenig veränderten Lesart,) 2 Sam. 24, 16 ff. oder wie er 1 Chron. 21, 19 ff. 2 Chron. 3, 1. heist, Arnan oder Ornan. Ein Jebusiter, einer von den alten Einwonern der Stadt Jerusalem, dessen Tenne auf dem Berge Moria David kaufte, um daselbst wärend der damals grassirenden Pest zu opfern, und wo Salomo in der Folge den prächtigen Tempel baute. 2 Chr. 3, 1. Die Erläuterung jener Geschichte s. in meiner Bibel Th. 2. bey 2 Sam. 24, 16 ff.

### Araloth.

So wurde der Hügel genant, auf welchem die feierliche und fast allgemeine Beschneidung der Israeliten Jos. 5, 2. 3. gehalten wurde. Er wird in dieser Stelle durch eine ziemlich gewönliche Prolepsis so genant. Denn eigentlich bekam der Hügel von dieser Begebenheit erst diesen Namen — Araloth, d. i. Vorhäute — die in der Beschneidung abgeschnitten wurden.

### Aram.

Welches Luther allezeit, aber nicht immer bequem und richtig, Syrien, und Aramäer, Syrer übersetzt, (der Stamvater, der diesem weitläuftigen Volke den Namen gab, Aram, war ein Sohn Sems, 1 Mos. 10, 22. oder, mich anders auszudrücken, die Aramäer stammen vom Sem ab,) s. unten unter Syrer, Syrien.

### Aran.

Ein Sohn Disans und Enkel Seirs, oder eine von den Seiriten und zunächst von den Disaniten abstammende Kolonie — oder ein ansenliches Seiritisches Geschlecht. 1 Mos. 36, 28. 1 Chron. 1, 42.

### Ararat.

1) Der Berg, oder das Gebirge, auf welchem das Schiff des Noah stehen blieb. 1 Mos. 8, 4. Von diesem Namen des Gebirgs ist heutiges Tags keine Spur mehr übrig, man müßte sie denn in dem Volke Kurd (Kurden) Plur. Akrad finden wollen. Soviel ist wol richtig, daß das Gebirge Ararat kein anderes sey, als das Gebirge der Kurden, oder das Kordische (und wie es bey den Griechen und Römern heist,) Gordische, Cordyäische, Corduenische Gebirge, ein Theil des Taurus, und zwar derjenige, welcher Großarmenien von Mesopotamien scheidet; bey den morgenländischen Schriftstellern Dschebal el Kurud (جبال القرود) od. Dschebal Korda (جبل قردي) Sonst heist dieses Gebirge, welches, wie ich glaube, von dem in der Gegend (Kurdistan) wonenden Volk Kurden, und nicht dieses von jenem, wie andere meinen, den Namen erhalten. Denn ich halte die Kurden für ein sehr altes — ja mit den ältesten und ursprünglichsten Chaldäern für Ein Volk,) bey den morgenländischen Schriftstellern auch Gudi, oder Dschudi, (جودي) wenigstens ein Theil davon, und zwar der höchste und gerade derselbe, auf welchem, nach einer wol nicht fabelhaften Tradition, das Schiff des Noah sich niedergelassen haben soll. Dieser Berg Gudi oder Dschudi (auch Dschud und Dschuda genant,) liegt ohngefär zwei Stunden gegen Osten von Dschesirat Ibn Uemer, oder Kardu, (einer kleinen Stadt auf einer Insel im Tygerstrom, in Diar Rakiah). Er ist (nach Hrn. D. Büschings neue Erdbeschreibung Th. 5. Abth. 1.) ganz steinigt, voller Salpeter, ohne alle Bäume und Sträuche, und nur mit Polen und einigen andern aromatischen Kräutern bewachsen. Die tiefen Oerter seiner mitternächtlichen Seite sind beständig mit Schnee angefüllt. Auf seinem Gipfel, den man zu Mosul sehen kan, und auf welchem, nach der hier zu Lande herrschenden Meinung, sich das Schiff Noah niedergelassen haben soll, ist eine Moschee erbauet worden, und am Fuß des Berges liegt ein Dorf, genant Karye Themanin (قرية ثمانين)" Das ist das Dorf der acht (nicht achtzig, wie Herbelot und Otter schreiben.) — (Richtiger achtzig — hätte Hr. D. Büsching schreiben sollen. Denn Thsemanun im Genit. und Accus. Thsamanin heist nicht acht, sondern achtzig, und diese Zal gründet sich auf eine muhammedanische Sage, daß achtzig Personen im Schiffe des Noah erhalten worden) — „welches der Ort

seyn

seyn soll, wo sich Noah mit seiner Familie nach seinem Ausgang aus dem Schiff zuerst aufgehalten." — Nach dem Chron. Dionys. patriarch. Iacobit. beym Assemann (Biblioth. oriental. Tom. II. p. 113.) hat auf dem kordischen Gebirge ehemals auch ein berümtes Kloster gestanden, welches das Kloster der Arche (nämlich Noäh) geheissen, und wo die Nestorianer auf dem nämlichen Platz, wo ihrer Meinung nach das Schiff Noäh stehen geblieben, järlich ein Fest begangen. Dieses Kloster aber wurde Ao. 776. nebst der Kirche, und einer zalreichen Versamlung von Menschen, in einem Gewitter vom Bliz zerschmettert und verheert. — Am Fuß des kordischen Bergs Gudi liegt, wie schon in der angefürten Büschingschen Stelle gesagt ist, ein Dorf, Namens Karye Themania, oder Kerjath-Theminin, d. i. das Dorf der achzig, aus der eben, in der Mitte der gedachten Büschingschen Nachricht, vom mir angezeigten Ursache, so genant. Es wird aber der Berg Gudi oder Dschudi auch selbst Themanin genant, (wie aus einer Stelle des Elmacin Hist. Saracen. libr. 1. c. 1. und des Nubischen Erdbeschreibers [Klim. 4. Th. 6.] erhellet,) aus gleicher Ursache, nämlich — gleichsam der Berg der achzig (Personen, welche, nach der muhammedanischen Tradition, im Schiff des Noah, welches sich auf dem Berge niedergelassen, erhalten worden.) — Diese Ueberlieferung, daß das Schiff Noah sich auf dem Kordischen oder Korduinischen Gebirge niedergelassen und dieses das Gebirge Ararat sey, ist sehr alt, und komt mit deswegen andere Umstände damit zusammen genommen, sehr warscheinlich vor. Schon Berosus erzält sie als eine alte Tradition. Er schreibt (beim Joseph Alterth. B. 1. K. 4.) Λεγεται τε και τε πλοιε εν τη Αρμενια προς τῳ ορει των Κορδυαιων ετι μερος τι ειναι etc. d. i. „Man sagt, daß auch noch ein Theil von dem Schiff (des Noah) auf dem Gordyäischen Gebirge in (Groß-) Armenien übrig sey." — Die alten Uebersetzer haben ebenfalls 1 Mos. 8. 4 für Ararat das Kordische oder Korduenische Gebirge. Der Chaldäer Jonathan hat Kardon (טורי קרדון); Onkelos setzt Kardu (טורי קרדו); der Erpenianische Araber Gebal el Kurud (جبال القرود) — Muhammed (Koran. Sur. 11.) nent den Berg Ararat geradezu Dschudi oder Gudi. Abulfaradsch (Hist. Dynast. Dyn. I. p. 12. 13. der Pokockschen Ausgabe,) läßt, da er die Geschichte Noahs erzält, dessen Schiff ebenfalls auf dem Berge Kurd, oder auf dem Kurdischen Gebirge, ruhen, und erklärt und bestimt es gleich genauer durch Dschudi. Elmacin (Hist. Saracen. libr. 1. c. 1.) schreibt: „Heraklius gieng hinauf in das Dorf Theminin, (s. oben) welches Noah erbauet, als er das Schiff verlassen hatte, und bestieg den Berg Gudi, und sah den Ort, wo sich das Schiff niedergelassen, welcher über jene ganze Gegend hervorragt. Denn er ist sehr hoch." — Der Nubische Erdbeschreiber (Klim. 4. Th. 6.) schreibt: „der Berg Jemanin" (يمانين welches aber, wie schon Bochart erinnert, ثمانين Theminin heissen müsse; ت verwechselt mit ي, wie in arabischen Handschriften, ja auch in gedruckten Schriften sehr oft,) „welcher mit Gudi einerley ist, auf welchem sich das Schiff Noahs niederließ rc. In diesen beiden leztern Stellen (des Elmacin und Nubischen Erdbeschreibers,) welche Bochart anfürt, will dieser große Gelehrte statt Gudi (جودي) lesen Gurdi (جوردي) vermutlich weil Bochart glaubet, das Kurdische oder Korduenische Gebirge würde eigentlich mit einem G (Dschim) geschrieben, weil es häufig Gordyäisches Gebirge genant wird. Allein Gordyäisches Gebirge ist nicht richtig geschrieben und ausgesprochen. Der orientalische Name ist Kurd. Dschudi aber ist, wie oben schon erinnert worden, ein besonderer und zwar der höchste Theil des Kurdischen Gebirges, der bey allen arabischen Schriftstellern unter diesem Namen vorkomt, und noch heutiges Tags in dem Lande der Kurden (in Kurdistan) so heißt, wiewol auf diesem Berge Gudi ehedem ein Dorf, Namens Kardo, gestanden hat, (s. Büsching S. 178. und D'Herbelot Biblioth. orient. unter Gioudi) gedenkt einer Stadt Corda oder Korda am Fuß dieses Berges, die vielleicht mit dem Dorf oder Flecken Theminin (قرية ثمانين) einerlei seyn soll. — Doch dies im Vorbeigehen;

2) Es komt auch ein Land Ararat, wohin die beiden Prinzen Adrammelech und Sarezer flüchteten, als sie ihren Vater Sanherib im Tempel seines Got-

les Nisroch ermordet hatten, 2 Kön. 19, 37. Jes. 37, 38. vor, welches ohne Zweifel in der Gegend des Kordischen Gebirges, etwa in dem heutigen Kurdistan, (d. i. Kurdenland) zu suchen ist. Jer. 51, 27. wird Ararat ein Königreich genannt. Es muß also zu des Propheten Zeit eigne Könige gehabt haben. —

## Arba.

Der Vater der Enakiten, Jos. 15, 13. welches wol nicht eben so viel als Stammvater, sondern ein Enak von ganz ausserordentlicher Größe (s. Jos. 14, 15.) heissen soll. Von ihm, vermuthlich also von ihrem Erbauer, hatte die Stadt Hebron ihren alten Namen Kirjath-Arba, d. i. Arbas Stadt. S. unten Hebron und Kirjath-Arba.

## Arbe.

3 Mos. 11, 22. S. Heuschrecke.

## Arbeel

Oder Beth-Arbeel, Hos. 10, 14. ist ganz unbekannt. Einigen ists Arbela, 1 Macc. 2, 9. — S. meine Bibel bey Hos. 10, 14.

## Arbela.

Ein großer Flecken und Landschaft in Galiläa, 1 Macc. 9, 2. Nach Joseph (Jüd. Alterth. B. 12. K. 18. B. 14. K. 15. und 27.) lag Arbela ohnweit Sephoris. Dieses Arbela verstehen einige unter dem Arbeel oder Beth-Arbeel. Hos. 10. 14. S. Hadr. Relandi Palaest. etc. p. 575. —

## Arche

Oder Kasten. So nennt Luther 1 Mos. 6, 14. (Matth. 24, 38. Luc. 17, 27. 1 Petr. 3, 20. Ebr. 11, 7.) das Schiff, in welchem sich Noah mit seiner Familie und den Thieren, die nicht im Wasser leben können, in der großen Wasserflut erhielt. Sehr unbequem. Das hebräische Wort (Theba) bedeutet auch weder einen Kasten, noch kan man auch in demselben schiffen. Das Wort bedeutet vielmehr ein Schiff, und zwar eine besondere Art ägyptischer Schiffe, wie man sie auf dem Nil brauchte. Das im hebräischen Original stehende Wort Theba ist, wie Hr. Prof. Forster (de Bysso) urtheilt, ursprünglich nicht Hebräisch, sondern Aegyptisch, und heist so viel, als ein Schiff von Palmzweigen, oder ein Schiff aus mit einander verbundenen Aesten von Palmbäumen, von Thoi oder Thoi, das Schiff und Bai, oder Bith Palmarum ramus. Diese Art Schiffe hat man noch heutiges Tages in Aegypten, Indien, und den Inseln des stillen (pacifici) Meeres. Sie sind leicht und ohne sonderliche Kunst zu verfertigen, und scheinen daher die allererste und älteste Art von Schiffen gewesen zu seyn. Man machte aber auch Schiffe, doch nur kleine Schiffe, von Papierschilf, oder aus der berühmten Papierstaude, Gome (גמא), deren man sich auf dem Nil bediente, von welcher Art auch das kleine Schifchen war, in welchem Moses auf den Nil gesetzt wurde. Es wird auch mit dem ägyptischen Namen Theba bezeichnet, und zwar Thebath-Gome, d. i. Papierschiff, genannt. Denn das Wort Theba, ob es gleich eigentlich Schiffe aus Palmzweigen, oder dergleichen Aesten bedeutet, muß in der Folge in weiterm Umfang gebraucht worden seyn, und alle Arten von Schiffen bezeichnet haben, die man denn nur durch noch einen Zusatz genauer bestimmte, wie 2 Mos. 2, 3. Thebath-Gome, d. i. Papierschilf — oder Schiff aus der Papierstaude etc. Solcher Schiffe wird auch Jes. 18, 2. und Hiob 9, 2. 6. gedacht; und sie sind auch den Profanscribenten nicht unbekant. Naues papyraces heissen sie beim Plinius (N. G. B. 6. Kap. 22.) welcher B. 13. K. 11. schreibt: „Ex ipsa quidem papyro navigia texunt. Und Lucian Conseritur bibula Memphitis cymba papyro. Mehrere Stellen sammelt Celsius im Hierobot. — Diese Papierschiffe waren vermuthlich eben so wie die aus Palmzweigen verfertiget, und die einzelnen Stäbe, Stengel mit Bändern von Papyrus mit einander verbunden. — Weder Palmzweige noch Papyrus waren aber zu dem Schiffe des Noah wegen seiner Größe bequem. Noah erhielt also Vorschrift, wie er sein Schiff, (welches mit dem obigen ägyptischen Namen Theba genannt wird) bauen soll. 1) Noah sollte es aus Goferbäumen (עצי גפר) bauen. Das kan heissen, „aus dicken Bäumen" (denn Gasar, oder Dschafar [جفر] heist im Arabischen Amplus fuit. Distentum utrinque fuit (latus corporis). Incrementum cepit (puer foetusve) — Und so versteht Hr. R. Michaelis den Ausdruck. Denn er übersetzt: „wäle dazu große, vollkommen ausgewachsene Bäume. So viel sagt nun wol der hebräische Ausdruck nicht, sondern nur „dicke, starke Bäume.“ Ein Baum wächst so lang er lebt, und nur dann hat er ausgewachsen, wenn er abstirbt. — Starke Bäume wären zu einem so großen Schiffe, wenn es dauerhaft seyn sollte, nothwendig. Bloße zusammengefügte Aeste von Bäumen hätten dem Schiff von so großer Länge und Höhe nicht die gehörige Dauer gegeben. — Der Sache nach habe ich also Hrn. Michaelis beigepflichtet, und in meiner Bibel den Ausdruck durch „starke Bäume“ übersetzt. Allein ich kann nicht bergen, daß auch noch eine andere und vielleicht eben so warscheinliche Uebersetzung des hebräischen Ausdrucks möglich sey, nämlich „Harzbäume“ d. i. harzigte Bäume, die von ihrem harzigten und schweflichtern Geruch und Saft den Namen Cofer bekommen zu haben scheinen, von demselben Stammwort (Cofer) wovon im Hebräischen der Schwefel seinen Namen (Cofrith) erhalten hat. Es würde also ohngefähr das gemeint, was wir sonst unter dem Namen Nadelholz begreifen. Fichten, Tannen, Kienbäume, Cedern ꝛc. und Cofer wäre also ein allgemeiner Name dieser harzigen Bäume. Dergleichen Bäume, die ihrer meist schlanken Länge wegen, zum Schiff des Noah sehr bequem waren, sollte Noah wählen. 2) Die Länge des Schiffs sollte dreihundert die Breite funfzig und die Höhe dreißig Ellen betragen. Hr. R. Michaelis bemerkt schon, daß diese sonst ungewöhnliche Proportion zur Zeit des Stillstandes, den die Holländer von 1609. bis 1621. mit den Spaniern hatten, bey Gelegenheit einer Wette versucht, und sehr brauchbar gefunden worden, nur daß sie nachher außer Gebrauch kam, weil sie sich bey wieder anfangendem Kriege nicht zum Tragen der Kanonen schickte. S. dessen Anmerk. bey 1 Mos. 6, 14.— 3) Das Schiff sollte in drei Hauptabtheilungen über einander, oder in drei Stockwerke, und dann wieder in kleinere besondere Kammern oder Behältnisse (eigentlich Nester קִנִּים) getheilt werden, um für Menschen, Vieh und deren Futter bequemen Platz zu haben. 4) Oben sollte das Schiff durchaus (nach der angegebenen Ellenzal der Länge und Breite) zugewölbt werden. D. i. das Schiff sollte kein flaches Dach bekommen, wie die Dächer der Morgenländer gewöhnlich sind, (und es auch ohne Unbequemlichkeit seyn können, weil in diesen Ländern gar wenig regnet,) als durch welches der so lang anhaltende starke Regen gewiß eingedrungen, und nach und nach das Schiff mit Wasser angefüllt, und in den Grund gesenkt, oder doch der Vorrat an Futter verderbt werden, und den darinnen befindlichen Menschen und Thieren sehr beschwerlich gewesen seyn; die Absicht ist handgreiflich: damit das Wasser leicht ablaufen möchte, aus welchem Grunde auch unsere Dächer im nördlichen und westlichen Europa, wo es oft und stark regnet, oben spitzig zulaufen. Und vielleicht ist auch eigentlich ein solches Dach, welches auch noch weit leichter zu bauen und der Absicht angemessener ist, als ein eigentlich gewölbtes Dach, gemeint; und das dünkt mich kan das Zohar (צֹהַר) auch bedeuten. 1 Mos. 6, 16. Denn Daher (ظَاهِر) und Daherath (ظَاهِرَة) im Arabischen heißt eine Bergspitze (Vertex montis) an welcher die größte Aehnlichkeit mit unsern europäischen spitzigen Dächern gewiß nicht zu verkennen ist. Dahr (ظَهْر) wird eben davon gebraucht, hat aber auch noch die Bedeutung Testudo. — Luther und mit ihm der gemeine Hauffe der Ausleger und Uebersetzer, giebt das Wort Zohar durch Fenster. Wie höchst unwarscheinlich, daß ich nicht sage absurd, das sey, dem Noah ein Fenster ins Dach seines Schiffs machen zu lassen, hab ich bey 1 Mos. 6, 16. a) in meiner Bibel Th. 1. S. 73. gezeigt, und ich hoffe nicht, daß noch ein Uebersetzer oder Ausleger an Ein Fenster im Dach des Noachischen Schiffs denken werde. Herr Ritter Michaelis fühlte das Ungereimte dieses Fensters ebenfalls. Er übersetzt also 1 Mos. 6, 16. „du must dem Schiffe auch Licht geben.“ — Allein auch wider diese Uebersetzung läßt sich sehr viel einwenden. 5) Der Eingang oder die Thür sollte auf der Seite des Schiffs angebracht, und endlich 6) das ganze Schiff sollte inwendig und auswendig verpicht werden, damit kein Wasser eindringen möchte. V. 14. — Nicht gerade mit Pech, denn das steht wenigstens eigentlich nicht mit im Text, sondern ein weit unbestimmterer Ausdruck, der weiter nichts als „Bedecken oder mit etwas überziehen“ bedeutet. (כָּפַרְתָּ בַּכֹּפֶר Obducere s. illinere illinamento quodam, d. i. mit einer schicklichen Materie überstreichen — damit nämlich kein Wasser eindringe.) — In Aegypten ward

man

zum Verpichen der Papierschiffe, und vermutlich auch der übrigen Schiffe, wie wir aus 2 Mos. 2, 3. sehen, Pech (זפת welches vermutlich das Baumharz von Fichten, Tannen und Cypressen mit in sich schließt, womit noch heutiges Tags die Schiffe verpicht werden,) und Asphalt, oder Erdpech, Judenpech (כפר s. Asphalt.) gebraucht, und eben damit verpichte vermutlich auch Noah sein Schiff. —

### Archelaus.

Ein Sohn des Vierfürsten und Königs Herodes, regieret nach seinem Vater; unter angenommenen königlichen Titel, in Judäa, als Joseph, der Pflegevater Christi, göttlichen Befehl erhielt, wieder von seiner Flucht aus Aegypten ins Land Israel zurückzukehren. Matth. 2, 19. 20. 22.

### Archiatharoth.

Eine Gränzstadt des Stammes Ephraim. Jos. 16, 2. Man hält sie mit Erech oder Arech, woraus Husai gebürtig war, (weswegen er immer der Arachiter genant wird, s. Arach.) für einerlei.

### Archippus

Dessen Paulus Col. 4. 17. Philem. V. 2. gedenkt, war vermutlich Diakonus bey der Gemeine zu Colossen. Andere halten ihn mit wenigern Rechte für einen dasigen Bischof. In den apostolischen Constitutionen (l. 7. c. 46.) wird er gar für einen Bischof zu Laodicea in Phrygien ausgegeben. —

### Aretas.

König in Arabien, unter dessen Botmäßigkeit zu des Apostels Pauli Zeit, Damaskus stund, wo er einen Statthalter hatte. Als Paulus in dieser Stadt das Christenthum lehrte, stellten sich die daselbst wohnenden Juden, welche ihn gern aus dem Wege schaffen wollten, hinter den Statthalter, daß er die Thore Tag und Nacht bewachen ließ, damit ihnen Paulus nicht entgehen möchte. Allein Paulus und seine Schüler erfuhren den Anschlag ihrer Feinde. Paulus ward also in einem Korbe über die Stadtmauer heruntergelassen, auf welche Art er den Nachstellungen seiner Feinde glücklich entkam. Vergl. 2 Cor. 11, 32. mit Apostg. 9, 23. 24. 25. —

### Areus

König in Sparta, 1 Macc. 12, 7. 9. 20. welcher, wie seine Residenz und Land Sparta, in dieser Stelle große Schwierigkeiten macht. S. Sparta.

### Argob.

1) Ein Strich Landes jenseits des Jordans, im Königreich Basan, noch zu Mosis Zeit (wie es scheint), von einem alten Volk, den Rephäern, einem Volk von besonders großer Leibesstatur, bewont. Der basanitische König Og, der 5 Mos. 3, 11. ein Abkömmling von den Rephäern genant wird, scheint in diesem Ländchen geboren zu seyn. Moses eroberte es nebst dem ganzen Königreich Basan, und theilte es dem halben Stam Manasse zu. 5 Mos. 3, 4. 13. 1 Kön. 4, 13. S. auch Amoriter.

2) Ein vornemer königlicher Bedienter, der mit seinem König Pekahjah ermordet wurde. 2 Kön. 15, 25.

### Arje.

Vermutlich ebenfalls ein vornemer Bedienter des Königs Pekahjah, welcher mit diesem König und dem Argob (s. Argob No. 2.) ermordet wurde.

### Ariel.

1) Arieliten. Eine von Gad abstammende israelitische Familie. 1 Mos. 46, 16. 4 Mos. 26, 17.

2) Ein Oberhaupt einer ansehnlichen israelitischen Familie, zur Zeit des Esra. Esr. 8, 16.

3) Der Heerd des Brandopferaltars. Ein Nomen appellativum; eigentlich Löwe Gottes, (oder Harel — welches nur eine verschiedene Ortographie ist) weil der Opferaltar, wie der Löwe, unersättlich ist — täglich frische Opfer verzehrt. Ezech. 43, 15. 16. — Ariel oder Opferaltar wird dann auch für die Opferstadt Jerusalem selbst gesetzt. Jes. 29, 1. 2.

### Arimathia.

Diese Stadt, von welcher der edeldenkende Joseph, der sich den Leichnam Jesu ausbat, und ihn in sein Grab legte, den Beinamen von Arimathia (d. i. aus dieser Stadt gebürtig,) füret, Matth. 27, 57. Marc. 15, 43. Luc. 23, 56. Joh. 19, 38. ist ohne Zweifel die Stadt Rama in Benjamin, auf dem in diesen Canton hinreichenden Ephraimitischen Gebirge; sonst auch Ramathaim-Zophim genant. 1 Sam. 1, 7.— Bachiene hat dieses in seiner hist. geogr. Beschreib. von Palästina Th. 2. B. 2. §. 296. S. 227 ff. warscheinlicher gemacht, als alle seine Vorgänger. S. Rama.

### Arioch.

1) König von Elassar, oder Thelassar, (s. oben Assyrien No. 1.) der Abraham in die Flucht schlug, und

und alle zu Sodom ꝛc. gemachte Beute wieder abnam. 1 Mos. 14, 1. 15. 16.

2) Der erste Staatsminister und oberste Richter am königlichen Hofe Nebucadnezars zu Babel, welcher vom Könige Befel erhielt, die Weisen zu Babel zu tödten, weil sie dem Nebucadnezar den Traum, den er hatte, nicht auslegen konten. Dan. 2, 14. 15. 24. 25. 26.

## Aristarchus.

Ein Macedonier aus Thessalonich gebürtig, der den Apostel Paulus nach Ephesus begleitete, sich daselbst zwey Jahr mit ihm aufhielt, und alle mit dem Apostelamt verbundene Ungemächlichkeiten und Gefaren mit ihm theilte, und in dem Tumult zu Ephesus beinahe umgekommen wäre. Er begleitete auch den Apostel von Ephesus nach Griechenland, von hier nach Kleinasien, nach Judäa, und von hier nach Rom. Apostg 19, 29. Kap. 20, 4. Kap. 27, 2. Col. 4. 10. Philem. V. 24. — Die griechische Kirche giebt ihn für einen Bischof zu Apama in Syrien aus, und soll, nebst dem Apostel Paulus unter dem Kaiser Nero zu Rom enthauptet worden seyn. Nach andern war er Bischof von Thessalonich: vermutlich aber war er keins von beiden, sondern blos ein Freund und Amtsgehülfe Pauli, der die Absichten des Apostels auf seinen Reisen befördern half.

## Aristobulus.

1) Ein Jude aus priesterlichem Geschlechte, und — nach 2 Macc. 1, 10. Lehrmeister des ägyptischen Königs Ptolemäus (Philometor — wie man glaubt.) In was für Wissenschaften er ihn unterrichtete, wird nicht gesagt. Schwerlich war er sein einziger Lehrmeister. Denn dazu wäre wol kein Jude gewält worden.

2) Eines andern Aristobulus wird Röm. 16, 10. gedacht, wo die Christen unter seinen Hausgenossen gegrüßt werden. Es scheint daß nicht einmal alle seine Hausgenossen Christen gewesen, und daher zweifeln noch einige nicht ohne Grund daran, ob er selbst ein Christ gewesen. Was sonst von ihm geträumt wird, kan man in Calmets Dictionaire de la bible unter seinem Namen finden. — War aber auch Aristobulus kein Christ: so muß er doch wenigstens ein duldender Mann gewesen seyn.

## Arki.

Arkiter. Ein von Canaan abstammendes Volk, oder eine canaanitische Colonie, 1 Mos. 10, 17. 1 Chr. 1, 15. von welcher wir außer Namen und Abkunft nichts wissen. Doch scheint die Stadt Arka, welche Joseph (Jüd. Alterth. B. 1. K. 6. §. 2.) aufs Gebirge Libanon setzt, und deren Lage in den Antoninischen Reisetabellen genauer bestimt wird, die von ihnen ehemals bewonte Gegend zu verraten. Nach diesen Ant. Reisetabellen lag die Stadt Arka zwischen Antaradus und Tripolis, von Antaradus 32 und von Tripolis 18 römische Meilen. Und Shaw (Reisen in die Barbarei und Levante S. 234.) schreibt: „fünf (engl.) Meilen von Sumrah nach Osten sind die Ruinen von Arka, der Stadt der Arkiten. — Es ist der nordlichen Spitze des Gebirges Libanon gegen über in einer angenemen Gegend gebaut. Es hat gegen Norden zu die Aussicht auf eine weitläuftige Ebene u. s. w.

## Armgeschmeide.

4 Mos. 31, 50. 2 Sam. 1, 10. S. Armringe.

## Armoni.

Ein Sohn Sauls von der Rizpa, wird mit aufgehenkt. 2 Sam. 21, 8.

## Armring und Armspange.

1 Mos. 24, 22. 30. 47. — Jes. 3. 19. Hieher gehört auch Armgeschmeide, 4 Mos. 31, 50. 2 Sam. 1, 10. — Im Hebräischen werden drei verschiedene Wörter gebraucht:

a) Ezada ([illegible]) 4 Mos. 31, 50. 2 Sam. 1, 10. Jes. 3, 20. welches von Zaad ([illegible]) schreiten ꝛc. und Zaada ([illegible]) der Tritt, Schritt ꝛc. abgeleitet, daher eine Zierde der Füße, dergleichen man im Orient ebenfalls hat, als eine Zierde der Arme zu bedeuten scheint. Allein theils die Stelle 2 Sam. 1, 10. wo Saul diesen Schmuck am Arme trägt, theils der arabische Dialekt, welcher lehret, daß das Stamwort eigentlich Gazad ([illegible] [illegible] — der erste und zweete Stambuchstabe versetzt) sey, und dieses allerlei Bedeutungen vom Arm (brachio) habe, und das davon abgeleitete Stamwort Migzad oder Migdad ([illegible]) ein Armband, einen Armring (Brachiale, brachii vinculum ornamentum) bedeute, machen es mit Bei[illegible] einiger

Alten

Alten gewiß, daß Ezgada (אֶצְעָדָה) für Ezaada (צְעָדָה) nichts anders als ein Armband oder ein Armring sey.

b) Schera, und in der mehrern Zal Scheroth, (שֵׁרוֹת) Jes. 3, 19. ist eben das, was Ezgada. Ein Armband, Armring. Denn das von einem und eben demselben Stammwort (רסור · سَارَ Schur: Sara) abgeleitete arabische Wort Sowar (سُوَار) oder Siwar (سِوَار) bedeutet ein Armband, Armring (Armilla, pericarpium) und der Araber setzt das erstere für das hebräische Ezgada 4 Mos. 31, 50. 2 Sam. 1, 10. — Ob sich aber die Ezgadoth von den Scheroth unterschieden haben, und wodurch, das läßt sich nicht sagen. — Das morgenländische Frauenzimmer trägt noch heutiges Tages dicke Ringe um die Arme, welche bey vornehmen Frauenzimmern von Gold, bey andern von Silber, und bey ganz geringen von Metall, von Elfenbein, oder von Horn sind. Auch tragen sie Schnüre von Corallen um die Arme, und Pococke (Beschreibung des Morgenlandes Th. 1. §. 43. S. 191.) nennet auch Armgehänge aus Drath, unter dem Schmuck des morgenländischen Frauenzimmers, bisweilen von Gold, gemeiniglich aber nur von Eisen oder Kupferdrath, wovon er auch auf der acht und funfzigsten Kupfertafel T. eine Abbildung giebt. In einem Kupfer in des Corn. le Brün Voyages Tom. I. p. 234. siehet man ebenfalls Armbänder abgebildet.

Armringe oder Armbänder trug aber nicht allein das morgenländische Frauenzimmer, sondern auch vornehme Mannspersonen, und zwar, wie es scheint, nur Könige und Fürsten, zum Zeichen ihrer Würde. Saul hatte nach 2 Sam. 1, 10. Armbänder oder Armringe, welche zugleich mit der Krone oder dem Diadem, dem unleugbaren und allgemein bekanten Zeichen seiner königlichen Würde genant werden. — Herbelot (Bibliotheque orient. p. 541.) erzälet: als der Calif Cajem Biamrilla einem morgenländischen Fürsten die Investitur in gewisse Herrschaften verwilligt habe, die seine Vorfaren besessen hatten: so sey die Investitur auf diese Weise geschehen, daß der Calif ihm offene Briefe, einen Diadem, eine Kette und Armgeschmeide zugeschickt habe. Abulfaradsch (Hist. Dynast. p. 183.) erzälet: als Jesdegerd, König in Persien, vor dem Tarchan floh, sey er an eine Mühle gekommen, und habe den Besitzer gebeten, ihn darinnen zu verbergen, er wolle ihm dafür seinen Gürtel, seine Armbänder und seinen Siegelring zur Belonung geben. Hier werden wieder die Armbänder mit zwo charakteristischen Ehrenzeichen, oder Zeichen der königlichen Würde, dem Siegelring und dem Gürtel, zusammengesetzt; woraus zu erhellen scheint: daß die Armbänder oder Armringe auch von Königen und Fürsten als Ehrenzeichen ihrer Würde getragen worden. Vergl. Harmars Beobacht. über den Orient Th. 1. S. 126 f.

c) Zamid (צָמִיד) Plur. Zemidim (צְמִידִים). Sind nicht sowol Armringe, Armbänder, als Handringe, Handbänder. Die Etymologie des Worts hilft zur Bestimmung der Bedeutung hier nichts. Denn Zimad oder wie es die Araber eigentlich aussprechen, Demad (ضِمَاد und ضِمَادَة) heißt eine Binde überhaupt, und dann insbesondere eine solche, womit Wunden, über welche ein Pflaster gelegt ist, verbunden werden. — Die Zemidim müssen etwas von den Armbändern Verschiedenes seyn. Denn sie werden nebst den Armbändern 4 Mos. 31, 50. noch besonders genant. Aus 1 Mos. 24, 22. 30. 47. sehen wir, daß die Zemidim an den Händen getragen worden. Nun wissen wir aus Reisebeschreibungen, daß das morgenländische Frauenzimmer auch an den Händen, und zwar hinter dem Gelenke derselben, Ringe oder Bänder trägt: es werden also vermutlich diese unter den Zemidim zu verstehen seyn.

## Arnan.

1) Urenkel des Hananja, des Sohns Serubabel. 1 Chron. 3, 21.

2) Der Jebusiter, dem David die Tenne abkaufte. 1 Chron. 22, (21) 15. 18. 20. 21. 22. 23. 24. 24. 25. 28. 2 Chron. 3, 1. S. Arafna.

## Arnon.

Ein berümter und ansenlicher Bach oder Fluß (ποταμὸς, wie ihn Joseph Alterth. B. 4. Kap. 4. nennet,) auf der Ostseite des Jordans. Er entspringt nach eben diesem Schriftsteller an den arabischen Gränzen, läuft in verschiedenen Krümmungen durch die Wüste, und ergießt sich in den asphaltischen

See,

See, oder ins todte Meer. Aus 4 Mos. 21, 14. 15. wo der Bäche Arnon (in der mehreren Zal) erwänt wird, läßt sich schließen, entweder, daß sich der Arnon in mehrere am Ende wieder zusammenfließende Arme theile, (und das wissen wir von der Gegend, auf welcher Aroer lag, gewiß,) oder aber gleich einen vielfachen Ursprung habe, d. i. aus mehrern kleinen Bächen, welche sich in Einen Strom vereinigen, entstehe, oder mehrere kleine Bäche in den eigentlichen Arnon fallen. — Ja es kan dieses alles zugleich seyn; nur haben wir gar zu wenig genaue Nachrichten von diesem sonst sehr berümten Fluß. Warscheinlich ist es, daß der Hauptstrom aus dem See Jaeser, (Jer. 48, 32. vergl. Jes. 16, 8.) der von der dem Canton Gad gehörigen, an den Gränzen von Arabien liegenden Stadt Jaeser (Jos. 13, 25.) den Namen hat, entstehe. Denn nach dem Eusebius und Hieronymus entspringt aus dem See Jaeser ein grosser Fluß, welches ohne Zweifel der Arnon ist. S. Bachiene historisch-geographische Beschreibung von Palästina Th. 1. S. 205. — Der Arnon machte zwischen dem Lande der Moabiter und Ammoniter, oder Amoriter, welche sich des Landes der Ammoniter bemächtiget hatten, und es schon zu Moses Zeit besaßen, oder der Israeliten, welche es wieder den Amoritern abgenommen hatten, die Gränze. 4 Mos. 21, 13. 15. 18. 5 Mos. 2, 8. K. 4, 47. 48. Richt. 11, 21. 22. S. auch Ammoniter und Amoriter.

Die Höhen Arnon 4 Mos. 21, 28. sind die Berge an den Ufern dieses Flusses.

## Aroer.

Zwo Städte dieses Namens (wer nur Eine annimt, kennt nicht aus,) lagen jenseits des Jordans.

1) Aroer am Arnon, folglich an der nördlichen Gränze der Moabiter. S. Arnon. Sie wird meistentheils mit dem bestimmenden Zusatz Aroer am Arnon genant. 5 Mos. 2, 36. Kap. 3, 12. K. 4, 48. Jos. 12, 2. K. 13, 9. 16. lag sie im Bach Arnon, d. i. auf einer Insel, welche der Arnon macht. Sie gehörte, (wenn man sie nicht mit dem andern Aroer verwechselt,) zum Stamme Ruben, und zwar war sie nach Jos. 13, 6. eine Gränzstadt dieses Cantons. — Dieses Aroer meint auch der Prophet Jeremias, Kap. 48, 19. 20.

2) Aroer am Jabbok, oder wie dieser Fluß 2 Sam. 24, 5. heißt, Gad, weil er durch diesen Canton floß, wie denn auch dieses Aroer den Gaditen gehörte, daher sie es nach 4 Mos. 32, 34. nebst andern Städten baueten, d. i. befestigten oder auch wol erweiterten. Nach der erstern Stelle lag dieses Aroer im dem Bache Jabbok oder Gad, d. i. auf einer Insel, die der Jabbok macht, (wie das erstere Aroer im Arnon) und zwar nach Jos. 13, 25. lags der ammonitischen Hauptstadt Rabba gegen über. Dieses Aroer am Jabbok ist auch Richt. 11, 33. zu verstehen. Vergl. Bachiene hist. geogr. Beschreib. von Palästin. Th. 1. B. 4. S. 304. f.

Aroer (ערוער) scheint mir aus Jeor (יאר) der Fluß und Ar, Ir, oder Er (ער, עיר, עָר) die Stadt, zusammengesetzt, und wäre also so viel als יאר־ער, nur durch flüchtige Aussprache, zu Aroer (ערוער) gewo'den! „Fluß: oder Wassercanal: Stadt" eine Stadt, die nicht blos an einem Flusse liegt, sondern von allen Seiten mit Wasser umgeben ist. — Eine Fluß: oder Wasserstadt im vorzüglichen Verstande! Weil nun zwo Städte jenseits des Jordans, eine am Jabbok und eine am Arnon, diese Lage auf vollkommen änliche Art hatten: so bekamen sie auch Einen und eben denselben Namen. —

## Arpa.

Eine Moabitin, die Frau des Chilion, des Sohns der Naemi und des Elimelech. Ruth 1, 4. ff.

## Arpad

Oder Arphad. Arfad. Eine in der Bibel oft erwänte und zwar allezeit mit Hamath verbundene Stadt in Syrien; die Residenz eines Königs. 2 Kön. 18, 34. Kap. 19, 13. Jes. 10, 9. Kap. 36, 19. K. 37, 13. Jerem 49, 23. — So oft diese Stadt vorkomt, und so gewiß es ist, daß sie in der Nachbarschaft des Königreichs Hamath gelegen haben müsse, so ungewiß ist es gleichwol, was man daraus machen, oder wo man sie finden soll. Weil Arphad und Arvad deutsch geschrieben, und so ausgesprochen, sehr änlich lautet: so hat man beides für Eins gehalten. Allein hebräisch geschrieben, sind beide Namen in so fern unänlicher, als die Hebräer W und F nie mit einander verwechseln, zumal wenn Arvad Arod ausgesprochen worden seyn sollte, wie aus dem Joseph, dem Syrer und Polyglottenaraber zu erhellen scheint;

denn wäre das Wau in Arvad ruhend; ein ruhend Wau aber kan gar nicht mit F verwechselt werden. Der Syrer drückt auch Arphad und Arvad als zween verschiedene Namen aus. S. Michaelis Spicileg. Geogr. Hebrr. exterae post Bochartum Tom. II. p. 44. sq. — Unmöglich ist indessen (wenn nur Arvad nicht Arod ausgesprochen worden ist, sondern Arvad, wie es punktirt ist,) die Verwechslung des W mit F nicht, und in Namen finden wir bisweilen noch weit stärkere Verschiedenheiten, als die Verwechslung des einzigen Buchstaben W mit F ausmacht. Da nun noch überdieß W und F einen in der That sehr ähnlichen Laut haben, — im Munde des Morgenländers sowol als in dem unsrigen; — und Arvad sich der Lage nach nicht übel zu Arphad schickt; so wag ich diese Vermuthung, daß Arphad Arvad oder Aradus sey, wenigstens nicht ganz zu verdammen, zumal da der Umstand, daß der Syrer Arphad und Arvad — jedes besonders, oder verschieden ausdrückt, auch zu erklären ist. Er fand den Namen in seinem Text verschieden geschrieben: — er drückte ihn also auch verschieden aus. — S. Arvad. Wenn einige bey unserm Arphad an die Stadt oder den Flecken Arphas des Josephs (Jüd. Kr. B. 3. K. 2.) denken: so müßte hier eine Verwechslung des D mit S angenommen werden, die noch weit unnatürlicher ist, als des W mit F. Und dieses Arphas ist ganz unbekant; Arvad hingegen desto bekanter, und in so fern auch dem so oft vorkommenden Arphad änlicher. — Die Arvaditer und Hamathiter hatten auch gleichen Ursprung; beide sind kananitische Colonien und werden 1 Mos. 10, 18. 1 Chron. 1, 16. in Einem Vers nahe bey einander genant — fast wie in den oben angeführten Stellen Arphad und Hamath.

## Arphachsad.

Oder anders ausgesprochen, Arphachasd, Sems dritter Sohn, 1 Mos. 10, 22 ff. Kap. 11, 10. 12. 1 Chron. 1, 17. 18. Luc. 3, 36. — Daß Arphachsad wirklich der Name eines Mannes sey, lehret die Genealogie 1 Mos. 10, 24. ff. Kap. 11, 12-16. deutlich genug. Allein aus 1 Mos. 10, 22. 1 Chron. 1, 17. wo Arphachsad mitten unter vier Völkernamen: Elam, Assur, Lud und Aram genant wird, wird es höchst warscheinlich, daß auch Arphachsad, wie jene vier Namen, unter welchen dieser aufgezält wird, zugleich auch Name eines Volks sey. — In dem Namen Arphachsad, oder anders und vielleicht verständlicher ausgesprochen, Arphachasd, ist der hebräische Name der Chaldäer Chasd, Chasdim (כַּשְׂדִּים) sehr deutlich. — Nun lassen sich drei bis viererlei Fälle als resp. möglich und warscheinlich denken, in was für einem Verhältniß der Name Arphachsad oder Arphachasd mit den Chaldäern stehe: Entweder Arphachasd heißt so viel als ein Märker, oder Gränznachbar der Chaldäer, von Arf (أرف) im Arabischen die Gränze und Chasd (כַּשְׂדִּים) die Chaldäer — wie Hr. R. Michaelis etymologisirt (Spicileg. geogr. Hebrr. exterae post Bochartum. Tom. II. p. 75.) oder nach Hrn. Hofrath Schlözer (von den Chaldäern; im Repertorium der bibl. und morgenl. Litteratur. Th. 8. No. V. §. 13. S. 137. f.) so viel als Sand-Chaldäa, oder das sandige wüste Chaldäa von Garf oder Goraf (جرف) coacervatae arenae und Chasd Chaldäa. — Oder Arphachasd heißt so viel, als Arf, der Chaldäer, so daß Arphachasd so viel wäre, als Arph, Chasdi (אַרְף כַּשְׂדִּי) — Arf wäre dann der Name des Mannes und Chasdi, oder der Chaldäer sein Zuname gewesen, weil er unter den Chaldäern, oder in deren Gegend gewont. Oder Arphachasd war der Name des Mannes, wie er ihn von seinem Vater Sem bekam. Er ward der Stammvater der Chaldäer, welchen es aber unbequem war, sich nach dem ganzen langen Namen ihres Stammvaters zu nennen. Sie nenten sich also nach der andern Hälfte des Namens ihres Stammvaters, Chasd — Chaldäer (כַּשְׂדִּים) — Diesen letztern Fall, den ich sonst noch nirgends so gesetzt finde, werde ich noch warscheinlich zu machen suchen; ja er wirds schon von selbst, wenn die drei ersten Fälle widerlegt sind. — Ohne mich auf eine Beurteilung der philologischen Richtigkeit, Möglichkeit und Warscheinlichkeit der beiden ersten Erklärungen des Namens Arphachasd einzulassen, (und es läßt sich viel dawider einwenden!) — muß ich bekennen, daß nicht nur die beiden ersten Erklärungen dieses Namens, sondern auch die dritte, aus dem Grunde äußerst unwarscheinlich sey, weil dabei vorausgesetzt wird, es habe schon zu Arphachsads Zeit Chaldäer gegeben; oder: die Chaldäer wären schon zu Arphach-

sads

sads Zeit ein Volk gewesen, welches doch unmöglich seyn kan. Denn Arphachsad war gleich ein Sohn Sems und folglich ein Enkel des Noah. Wie ist es möglich, daß zu Arphachsads Zeit die Chaldäer schon existirt — schon ein Volk gewesen. Noah oder Sem — selbst müßte Stammvater dieses — auf solche Weise — ältesten aller Völker gewesen seyn. Wollen sie das seyn: so müssen sie Söhne und Nachkommen haben — nun finden wir vier Söhne Sems genant, (Elam, Assur, Lud und Aram,) welche Stammväter besonderer Völker geworden — aber nicht der Chaldäer — Wo kommen also die Chaldäer her? — vermutlich und natürlicher Weise vom Arphachsad! und von wem nennen sie ihren Namen an? Natürlicherweise von ihrem Stammvater! der war Arphachsad, oder Arphachasd. — Nun heissen die Chaldäer Chasdim oder Chasdäer: ists also nun nicht handgreiflich, daß der Name Chasdäer (כַּשְׂדִּים) aus dem abgekürzten Namen ihres Stammvaters, oder aus der andern Hälfte des Namens Arpha=chasd entstanden? — Vorhin hab ichs, dünkt mich, schon ganz warscheinlich gemacht, daß Arphachsad der Stammvater der Chaldäer gewesen. Vor ihm können sie nicht schon gewesen seyn. Arphachsads Brüder wurden alle — jeder Stammvater eines besondern Volks. Vermutlich also auch Arphachsad, und wie es aus dem bisher Gesagten handgreiflich wird, der Chasdäer oder Chaldäer. Joseph hat also vollkommen Recht, wenn er (wie ihn Hr. R. Michaelis a. a. O. S. 74. lateinisch sagen) schreibt: Arphaxades his, qui nunc Chaldaei vocantur, nomen dedit, progenitor gentis. Jüd. Alterth. B. 1. K. 6. §. 4. — Und des großen Bocharts Machtspruch (Geogr. S. libr. 2. c. 4. p. 83.) „Nam quod Josephus et alii volunt Chaldaeos olim ab eo (Arphaxade) dictos Arphaxadaeos, merum somnium est" war übereilt. S. Chaldäer.

## Arphad.

S. Arpad.

## Arphaxad.

Ein mächtiger medischer König. Judith 1, 1. 5. — Unter diesem Namen kommt aber kein medischer König bey den Griechen und Römern vor. Es ist also vermutlich nur sein orientalischer Name. Er verräth die Nachbarschaft der ursprünglichen vom Arphachsad abstammenden und besonders im südlichen und südöstlichen Armenien wohnenden Chaldäer. Medien stieß auch an dieses südöstliche Armenien. Doch das ist noch nicht hinreichend, zu erklären, warum dieser große König, wenigstens bey den Orientalern, Arphaxad hieß, — es liegt uns auch wenig dran. — Weil von diesem Könige (V. 1.) gesagt wird, er habe die Stadt Ecbatana oder Ahmeta gebauet: so hält man ihn für den Dejoces, welcher bekanntlich der Erbauer dieser medischen Hauptstadt ist. Allein die Geschichte streitet dawider. Arphaxad ist ohne Zweifel der medische König Phraortes, der Prinz und Thronfolger des Dejoces. — Man siehet auch zwischen den Namen Arphaxad und Phraortes ziemliche Aehnlichkeit, und zwar so, daß man wol siehet, der Name Phraortes sey aus Arphaxad entstanden. An der Möglichkeit dieser Entstehung wird man nicht zweifeln, wenn man sich an andere morgenländische Namen erinnert, und sie mit den Namen derselben Personen, wie sie bey den Griechen vorkommen, vergleicht. Die Verstümmelung wird man oft eben so, oft auch noch stärker finden. — Aber Phraortes bauete ja Ecbatana nicht, sondern sein Vater Dejoces! — Man müßte die Bedeutung des Worts bauen bey den Morgenländern nicht kennen, wenn man mit diesem Einwand den König Phraortes in dem Arphaxad des Buchs Judith unkenntlich machen wollte. Dejoces erbaute die Stadt, und nante sie Ahmeta — und sein Prinz und Thronfolger Phraortes erweiterte und befestigte sie, (denn das heißt bauen in unzähligen Stellen!) und nante sie Ecbatana, oder wie dieser Name orientalisch klingt, und wie sie Ctesias und Stephanus nennen, Agbatana. So stell ich mir die Sache vor, und so reimt sie sich mit Judith 1, 1. und der Profangeschichte!

## Arx.

S. Arce.

## Arsaces.

Ein gemeinschaftlicher Name der parthischen Könige. Ἀρσάκαι καλοῦνται πάντες schreibt Strabo. Derjenige parthische König, oder Arsaces, welcher 1 Macc. 14, 2. 3. Kap. 15, 22. gemeint wird, ist Mithridates. Justin (B. 36. K. 1.) nent ihn nach der Römer Weise Arsacides, d. i. ein Sohn oder Nachkommen des (ersten) Arsaces.

## Artemas.

Ein Schüler Pauli, den dieser sein Lehrer an des Titus Stelle, der den Winter über zu Nicopolis bey ihm blieb, in die Insel Creta schickte. Tit. 3, 12. Sonst ist weiter nichts von ihm bekant.

## Arthasastha.

Zween verschiedene persische Könige füren diesen Namen:

1) Pseudosmerdis, im vierten Kapitel des Buchs Esra V. 7. 8. 11. 23.

2) Artaxerxes Longimanus, (eben derselbe, der im Buch Esther Ahasverus heist, s. Ahasverus.) Esr. 6, 14. Kap. 7, 1. 7. 11. 12. 21. K. 8, 1. Nehem. 2, 1. Kap. 5, 14. Kap. 13, 6. —

## Arvad. Arvadi.

Arvad. Bey den Profanscribenten Aradus, jezt Ruad, (nach Maundrell Reise von Aleppo nach Jerusalem. S. 21. und Pococke Beschr. des Morgenl. Th. 2. §. 346.) oder Réuwadde, (wie Shaw, Reise in die Barb. und Lev. S. 232. den Namen schreibt,) eine Insel, ohngefär eine kleine Stunde von der syrischen Küste, in der Gegend, wo der Eleutherus ins Meer fält, nur etwas nördlicher. Sie ist klein, und von nicht mehr als sieben Stadien im Umfang, (s. Plinius Nat. Ges. B. 5. K. 17.) aber auch noch heutiges Tages durch Güte der Natur und Kunst zur Schiffahrt sehr bequem. Pococke a. a. O. giebt genaue Nachrichten von dieser Insel, auch eine Abbildung davon in Kupfer. Es wird derselben in der Bibel Ezech. 27, 8. gedacht, aus welcher Stelle erhellet, daß ihre Einwoner auch damals schon gute Schiffer gewesen. Denn sie dienten nebst den Zidoniern auf den tyrischen Schiffen als Ruderknechte ic. — Die Aradier beim Strabo (Geogr. libr. 16.) nicht nur auf dieser Insel, sondern auch in dem Strich Landes an der syrischen Küste, der Insel gegen über, wo sie verschiedene Städte (worunter Antaradus, der Insel Aradus gegen über, ohnweit des Eleutherus, und Marathus die bekantesten sind,) inne hatten, und die Söhne Arvads, (d. i. Arvaditen — Einwoner dieser Gegend,) beim Ezechiel Kap. 27, 11. welche einen Theil der Kriegsbesatzung in der Stadt Tyrus ausmachten, sind ein und eben dasselbe Volk, welches nach 1 Mos. 10, 18. 1 Chron. 1, 16. eine kananitische Colonie ist; oder: das in diesen Stellen genante von Canaan abstammende Volk lies sich in dieser Gegend nieder, und die Aradier, oder Söhne Arads, wie sie beim Ezechiel heissen, sind Nachkommen von ihnen. Denn nicht nur die vollkommene Namensänlichkeit, sondern auch der Umstand, daß sich Zemariten und Hamathiten, welche in derselben Zeile mit den Arvaditen unter den kananitischen Kolonien aufgezält werden, in dieser Gegend finden, machen es höchst warscheinlich, ja gewiß, daß sich die Arvaditen hier niedergelassen, und die Aradier bey den Profanscribenten Nachkommen jener alten kananitischen Arvaditen sind.

Das Arpat oder Arvat, welches wir oft erwänt, und allzeit mit den Hamathiten verbunden finden, vermutlich nichts anders als dieses Arvat ic. sey, s. oben bey Arpat.

## Aruboth.

Eine Stadt oder auch Gegend, die 1 Kön. 4, 10. genant wird, und vermutlich im Stamme Juda lag. Genauer läßt sich, aus Mangel an allen anderweitigen Nachrichten, ihre Lage nicht bestimmen.

## Aruma.

Richt. 9, 41. Eusebius und Hieronymus verwechseln diese Stadt mit Arimathia, setzen sie also ohnweit Diospolis, oder Lydda, und sagen, sie habe zu ihrer Zeit Remphis geheissen. Allein die ganze in der angefürten Stelle erzälte Geschichte zeigt ganz deutlich, daß sie nahe bey Sichem gelegen habe. Bonfrerius (in s. Kommentar. bey obiger Stelle,) setzt sie auf seiner Charte, nicht unwarscheinlich, eine Stunde weit südwärts von Sichem. S. Bachiene Th. 2. B. 3. §. 565. S. 391. f.

## Arzneywissenschaft.

Man kan leicht denken, daß die Arzneywissenschaft in der Kindheit, ja auch im Jünglingsalter der Welt, noch in Kinderschuhen werde gestanden haben — eine Wissenschaft, die ihre Aufklärung und Bereicherung fast blos einer vieljärigen Erfarung, doch aber auch guten, durch andere Wissenschaften aufgeklärten Köpfen verdankt. — Das Blut an einer äusern Wunde zu stillen, sie zu verbinden, die Schmerzen einer Schwäre durch külende Umschläge zu mindern, und Wunden nach und nach zu heilen — — das war wol die ganze Arzneygelarheit in der Wiege! Chirurgie war der zu allererst bearbeitete Theil der Arzney-

wissen

wissenschaft. Das sagt die Geschichte, und auch ohne sie die Vernunft. — Geraume Zeit darauf wagte man sich auch an den innern Menschen! Mit wie unvollkommenen, oft auch unglücklichen Versuchen, — kan man denken! Natürlich that man was man konte, und wo die Kunst, von der man bey aller ihrer Unvollkommenheit, schon ganz früh viel Rühmens gemacht haben möchte, nicht zureichen wollte, da spielte der Arzt den Betrüger, und versuchte, das Uebel durch Zauberlieder und Beschwörungsformeln wegzuhexen. — So stillte man durch Zauberworte das Blut, das aus der Wunde des Ulysses floß. (Homer Odyss. T) — Pindar (Pyth. Od. 3.) läßt sogar den Medicinervater Aesculap äusserliche und innerliche Krankheiten, nicht blos durch Tränke, Umschläge und andere Arzneymittel, sondern auch durch Zauberlieder heilen. — Und beim Cato finden wir dergleichen wunderthätige Worte aufgezeichnet, welche verrenkte Glieder wieder einzurichten vermochten. (De re rust. art. 160.)

Die Erfindung der Arzneiwissenschaft, welche man, wie die Wissenschaften überhaupt, zuerst in Aegypten vermuten kan, und auch wirklich zu suchen hat und findet, wird dem Aeskulap (den man von den weit später lebenden Aeskulap der Griechen zu unterscheiden hat,) zugeschrieben. Er war König zu Memphis, und ist sonst unter dem Namen Tosorthrus oder Sesorthrus bekant. Der zweete König der dritten Dynastie des Manetho bekam, seiner Geschicklichkeit wegen in der Arzneykunst, eben diesen Namen. Uebrigens waren die Schätze der ägyptischen Arzneywissenschaft, wie die Schätze aller Gelehrsamkeit überhaupt, den eigentlichen Gelehrten der Nation, d. i. den Priestern anvertraut. Sie — musten die nach und nach gemachten medicinischen Entdeckungen den sogenanten heiligen Büchern einverleiben, sie hatten also den nächsten Zugang zu der ganzen medicinischen Weisheit ihrer Nation, konten mit derselben am vertrautesten seyn, und waren es auch,) denn Gelehrsamkeit aller damals wenig oder viel bearbeiteten Fächer machte einen vorzüglichen Theil ihres Berufs aus!) d. i. sie waren die eigentlichen autorisirten Aerzte des Landes. — Vergl. D. Schulz Hist. Med. p. 42. — Doch gabs auch viele andere Aerzte in Aegypten. Homer macht jeden Aegypter zu einem Arzt. (Odyss. Δ.)

Ιητρος δ' εκαστος επισταμενος περι παντων Ανθρωπων. —

Herodot (B. 2. K. 14.) sagt, als Prosaiker, fast eben das. Nach ihm war Aegypten voller Aerzte; und der Umstand, den er hinzusetzt, daß die Arzneywissenschaft in Aegypten sehr partikulär getrieben worden sey, indem einige blos Augenkrankheiten, andere Zahnschmerzen, wieder andere Kopfweh, noch andere äusserliche Wunden, und aber andere gewisse innerliche Krankheiten kuriret, macht es sehr glaublich, daß das Land voller Aerzte gewesen. — Die Gewährsmänner und Protektoren der Kunst waren dabei so sehr für die geringe Samlung von Heilmitteln und Kurarten eingenommen, daß jeder Arzt gebunden aber gezwungen war, sich genau nach der Heilmethode, wie sie in den heiligen Büchern der Aegypter stand, zu richten. Die Kuren mochten ablaufen wie sie wollen: so war der Arzt ausser Verantwortung. Wagte ers aber von der Vorschrift abzuweichen, und seiner eignen Einsicht zu folgen: so mußte er diese sich herausgenommene Freiheit, zumal wenn die Kur nicht ganz glücklich ablief, mit seinem Leben bezalen. (Diodor von Sicilien Bibl. Hist. libr. 1.) — Dieses paradoxe Gesetz mag aber wol eigentlich durch oft allzu leichtsinnige Behandlung der Patienten, durch den Gebrauch unbewährter und schädlicher Medicamente, und überhaupt auch durch die Dumheit mancher Aerzte, (denn unter so vielen Aerzten, als es in Aegypten gab, fand sich natürlicher Weise auch ein gut Theil Dumköpfe!) veranlaßt worden seyn. Es sollte also keiner anders kuriren, als auf die allgemein approbirte Weise — nach der Vorschrift der heiligen Bücher. Keine neuen Heilmittel und Kurarten sollten angewandt werden, sie müßten denn zuvor von den Priestern geprüft, approbiret und in die heiligen Bücher eingetragen worden seyn. —

Was ich oben von der Kindheit der Arzneiwissenschaft überhaupt gesagt habe, daß sie sich anfänglich nur auf ein Bischen Chirurgie erstreckt haben möchte, gilt auch von der Arzneywissenschaft der Aegypter insbesondere. Selbst bey den alten griechischen Aerzten, einem Chiron, Machaon, Podalyr, Päon, ja Aesculap selbst — war nach des Plinius Zeugniß, die

Arzneykunst fast weiter nichts als Chirurgie. Eben so bey den Hebräern. Vergl. 2 Kön. 9, 15. Kap. 20, 7. Jes. 38, 21. — Jes. 1, 6. Jer. 8, 22. Kap. 17, 14. Kap. 33, 6. K. 46, 11. K. 51, 8. 9. Ezech. 30, 21. — Doch ist auch nicht zu leugnen, daß man sich in Aegypten auch auf innerliche Krankheiten geleget habe, doch wie schon die Verfasser der allgem. Welthistorie Th. 1. §. 561. S. 440. vermuten, mehr auf die Verwarung vor Krankheiten, als auf die wirkliche Heilung derselben. Klistiere (welche sie dem Ibis, der sich, wie man sagt, mit seinem Schnabel selbst einspritze, abgelernt haben sollen,) Blutlassen, (nach des Plinius Bericht N. G. B. 8. K. 25. 26. dem Hippopotamus abgelernt,) abführende Getränke, Brecharzneyen, Fasten, waren die gewöhnlichen Verwarungsmittel der Aegypter vor Krankheiten, die sie, nach dem Diodor von Sicilien, sehr fleißig, ja verschwenderisch gebrauchten. S. allgem. Welthistorie a. a. O. — Krankheiten vorzubeugen, oder Menschen gesund zu erhalten, war also ein Hauptgeschäfte der Aerzte in Aegypten — aus welchem Lande die Israeliten kamen. Daher heißt das hebräische Zeitwort rafa (רפא Sanare) nicht blos Heilen, Kranke gesund machen, sondern auch gesund erhalten; und das Wort Rofe (רפא der Arzt) nicht blos „der Kranke gesund macht," sondern auch, der Kranke gesund erhält. So heißt 2 Chron. 30, 20. „Gott erhörte den Hiskias, und heilte (רפא) das Volk." — Heilen kann hier, wie der ganze Zusammenhang lehret, nichts anders heissen, als „gesund erhalten." Der wahre Sinn des Verses ist: Man erkannte die göttliche Erhörung der Fürbitte des Hiskias daraus, daß Gott an denjenigen, welche unrein das Osterlamm aßen, keine Strafe übte, (3 Mos. 15, 31.) ihnen weder Krankheit noch Tod zuschickte. Gott erhielt das Volk, ob es gleich dem levitischen Gesetz zuwider gehandelt, und Krankheit und Tod verdient gehabt hätte, gesund. S. meine Bibel &c. Th. 3. bey dieser Stelle. — Hieher gehört vielleicht auch Hos. 7, 1. „Je mehr ich Israel heilen (gesund erhalten) will, desto mehr entdeckt sich Ephraims Sünde und Samariens Bosheit." — Gesund erhalten stehet aber hier figürlich. — 2 Mos. 15, 26. spricht Gott zu seinem Volk: „Wirst du — — so will ich dir der Krankheiten keine zuschicken, die ich über die Aegypter habe kommen lassen. Denn ich, Jova, bin dein Arzt." D. i. ich will mich als Arzt an dir beweisen — welches hier offenbar nichts anders heissen kann, als: ich will dich gesund erhalten. S. meine Bibel Th. 2. bey dieser Stelle.

Ein anderes Hauptgeschäfte, oder doch vorzügliches Nebengeschäfte der ägyptischen Aerzte, war das Einbalsamiren der Leichname, wodurch, wenn keine Kosten und Fleiß gespart wurden, die berühmten ägyptischen Mumien entstanden. S. Salben. Andere halten die Einbalsamirer der Leichname für von den Aerzten verschiedene Personen. Allein diejenigen Knechte Josephs, (d. i. in Josephs Diensten stehende Personen) die nach 1 Mos. 50, 2. den Leichnam seines Vaters einbalsamiren mußten, werden ausdrücklich Aerzte genant. Man müßte denn annehmen, das Einbalsamiren der Leichname sey eines der verschiedenen Fächer der ägyptischen Arzneygelartheit gewesen (s. oben); man habe zwar dieses Geschäfte für ein medicinisches Geschäfte gehalten, und diejenigen, welche es verrichtet, Aerzte genant; allein sie hätten von der übrigen und eigentlichen Arzneywissenschaft nichts verstanden, aber doch keinen Gebrauch davon gemacht, sondern die übrigen vielen Theile dieser Wissenschaft, nach Landessitte, andern überlassen. — Dem sey wie ihm wolle: so ist doch so viel klar, daß das Einbalsamiren der Leichname, wie sich auch im Voraus vermuthen läßt, ein vorzügliches Geschäfte der ägyptischen Aerzte — wenigstens einer gewissen Klasse derselben — gewesen.

Zur Geschichte der Arzneywissenschaft unter den Hebräern liefert die Bibel sehr wenige und unvollkommene Materialien. Doch verräth sie die Beschaffenheit dieser Wissenschaft unter diesem Volke hie und da.

Moses kam aus der Schule der Aegypter — als wohleingeschlagner Zögling. Er verräth in seinen Schriften ägyptische Weisheit in Menge, und insbesondere auch Arzneykunde, zum Beweis, daß er in aller Weisheit, d. i. Gelehrsamkeit der Aegypter unterrichtet gewesen, wenns auch nicht die Bibel (Apostg. 7, 22.) ausdrücklich sagte. — Sein Gebrauch eines gewissen ihm unter seinem Volke allein — als medicinisch wirkend bekannten Holzes — zum versüßen und trinkbarmachen des bittern und untrinkbar, oder doch übelschme-

schme

schwemmende gewesenen Wassers; seine Gesetze vom Blutessen; (welches er auch aus diesen medicinischen Ursachen verboten hatte;) von den sogenannten reinen und unreinen Thieren, (unter welchen letztern einige sind, deren Fleisch, zumal unter einem heissen Himmelsstriche, gar schädliche Wirkungen hat, z. B. das Schweinefleisch); vom Aussatz und andern Krankheiten beiderlei Geschlechts 2c. setzen den Kenner der Natur und der Arzneywissenschaft voraus, und lehren, daß man bey der Relation des Clemens von Alexandrien (Strom. lib. 1. Ἐν δὲ ἰατρικὴν τέχνην τοῖς ἐλλογίμοις Αἰγυπτίων ἐδιδάσκετο) „Die Arzneywissenschaft lernte er (Moses) bey den geschicktesten Männern Aegyptens" — wenigstens nicht lachen müsse. — Daß Moses auch Chymie verstanden, würde ich auch nicht leugnen, wenn nur (aber das ists nicht!) erweislich wäre, daß Chymie wirklich auch eine der von den alten Aegyptern bearbeiteten Wissenschaften gewesen. Die ägyptischen Könige konnten ihre Spitzsäulen bauen, ohne chymisches Gold dazu nöthig gehabt zu haben! — aber Moses machte doch das sogenannte goldne Kalb Aarons zu Staub! Setzt das nicht Kenntniß der Chymie voraus? — Abgeschmackteres kann wol kaum ein Einfall seyn, als daß Moses das goldne Kalb durch Hülfe langweiliger chymischer Kunst in Staub verwandelt habe. S. meine Bibel Th. 1. bey 2 Mos. 32, 20. a) b) und B. 4. a) b) — Von Moses Geschicklichkeit in der Chymie bin ich also nicht so überzeugt, als von seiner Einsicht in die menschliche Natur und Arzneywissenschaft. Diese hatte er studiret, aber die Praxis trug er der Familie Aarons, oder den Priestern auf, nachdem er ihnen sonderlich in Ansehung der unter seinem Volke gewöhnlichsten und dabei sehr gefährlichen und abscheulichen Krankheit des Aussatzes, gehörigen Unterricht gegeben, und die Verfahrungsmethode den heiligen Büchern seiner Nation einverleibt hatte. 3 Mos. 13. und Kap. 14. Moses ahmte hier offenbar die Aegypter nach, nicht nur darinnen, daß er den Priestern die Arzneywissenschaft auftrug, sondern auch, daß er eine medicinische Instruktion den heiligen Büchern einverleibte. Das erste war weise; weil nur der Stamm Levi Zeit, Beruf und Gelegenheit zur Aufklärung des Verstandes und Gelehrsamkeit hatte. (Der Stamm Levi und die Familie Aarons insbesondere machten den gelehrten Orden der finstern ungelehrten Nation aus.) — Wie weit sich aber die medicinischen Kenntnisse der israelitischen Priester erstreckt, ob weiter, als die mosaische Instruction in Ansehung des Aussatzes (3 Mos. 13, 14.)? ob sie Arzneywissenschaft fortstudiert und ihre Kenntnisse durch Erfahrungen und Beobachtungen vermehret, oder aber nur bey Moses Verordnung, in Ansehung des Aussatzes, stehen geblieben? läßt sich beim Mangel anderweitiger Nachrichten nicht sagen. Das letztere ist jedoch das wahrscheinlichste. Denn wir finden nicht einmal in den spätern Zeiten, da die Arzneywissenschaft unter andern Völkern, sonderlich in Aegypten und Griechenland, längst aus den Kinderschuhen getreten war, nur Einen Arzt von einigem Belang, oder nur einiger Bebauung des Feldes der Arzneykunde unter den Hebräern erwähnt. Die Linderung einer Wunde mit Oel 2c. Heilung mit Balsam und Verbindung — kurz etwas Handchirurgie — das war es, wie es scheint, alles, was der Hebräer Kunst vermochte. 2 Kön. 9, 15. Kap. 20, 7. Jes. 38, 21. — Jes. 1, 6. Jer. 8, 22. K. 17, 14. Kap. 33, 6. Kap. 46, 11. Kap. 51, 8. 9. Ezech. 30, 21. — Man siehet es auch aus den sehr unbestimmten und unzweckmäßigen Benennungen der in der Bibel erwähnten innerlichen Krankheiten, daß die Hebräer in diesem gar sehr wenig mochten geleistet haben. „Assa ward krank an seinen Füßen — und die Krankheit nahm sehr zu" 2 Chron. 16, 12. Was war das für eine Krankheit? die Gicht oder das Podagra? — „Joram ward mit einer unheilbaren Krankheit in seinem Eingeweiden geplagt, die sich damit endigte, daß seine Eingeweide von ihm giengen — woran er starb." 2 Chron. 21, 18. 19. Unbeschrieben wird die Krankheit, wie auch des Herodes seine. Apostg. 12, 21-23. Aber Namen haben sie nicht! — In den innerlichen Krankheiten hatten also die Hebräer noch viel weniger gethan, als in den äußerlichen. Doch scheint man auch Ursache gemacht zu haben. Denn bey der Fußkrankheit des Assa werden die Aerzte consulirt — wie wol vergebens. Es läßt sich aber doch daraus schließen, daß es damals Leute unter den Hebräern gegeben, die sich mit der Arzneykunde abgaben, und auch innerlich wenigstens eine Art von Hausmittel brauchten. Auch aus der Eingeweidekrankheit Jorams läßt

sich

läßt sich das schliessen. Es wird von ihr gesagt, sie sey nicht zu heilen gewesen. Das setzt aber, dünkt mich, gemachte Versuche ihrer Heilung voraus. — Also ganz leer waren die Hebräer in der Heilkunde nicht. Das scheint mir auch der vielen anstößig gewesene Rath, der dem in seinem Alter entkräfteten König David gegeben wird. 1 Kön. 1, 1. 2. 3. 4. zu verrathen. Die feurige Ausdünstung einer jungen gesunden Person theilt einem alten, kalten und kraftlosen Körper an der Seite, was diesem gebricht — Wärme und gleichsam wieder neue Kräfte mit. — Ein Rath des Galens nicht unwürdig — der ihn wirklich selbst gab — und nach ihm, ein paar tausend Jahre später, König Ludwigs des Achten Leibärzte wiederholten. — Aber statt dessen, daß die Arzneywissenschaft von Zeit zu Zeit zu immer grösserer Vollkommenheit hätte gedeihen sollen — finden wir sie in den spätern Zeiten noch schlechter, als man sie in den ältern Zeiten vermuten kan. — Aberglaube und Vorurtheile, diese Schoossünden der Juden — scheinen die wahre Bebauung der Arzneywissenschaft gleichsam unmöglich gemacht zu haben. Das Fischherz, die Fischgalle und die Fischleber im Büchlein Tobiä (Kap. 6, 6. 8. 9. 10. 10.) und die Urtheile der Juden von den Aerzten und deren Wissenschaft, die Buxtorf (Lex. Chald. Talm. col. 2278 sq.) sammlet, sind Belege dazu. —

Noch darf ich nicht vergessen, daß der jüdische Geschichtschreiber Joseph (Jüd. Alt. B. 8. Kap. 2.) den König Salomo zum grossen Weisen in der Arzneykunde macht. Er brauchet vermutlich nur die Stelle 1 Kön. 5, 32, 33. dazu, (wo gesagt wird, daß Salomo eine Menge Gedichte verfertigt, und in denselben fast alle Gegenstände des Thier- und Pflanzenreichs besungen, oder häufige Bilder von denselben entlehnt habe,) um den König zum Aesculap und Hippokrates seiner Zeit und seiner Nation zu machen. — Die spätern Juden stimmen dem Joseph bey; — allein diese samt dem Joseph erzälen Dinge, die nur ein Judenmagen verdauen mag. —

Der Evangelist Lucas war ein Arzt, Col. 4, 14. Aber schwerlich von Geburt und Erziehung ein Jude — sondern, wie viel warscheinlicher ist, ein Heide. Sein Stil und Ausdruck verräth den Gelehrten, und wie schon andere gezeigt haben, den gelehrten Arzt, der jede Krankheit, jeden Zufall mit dem rechten Kunstnamen zu benennen weiß, — und eine andere als jüdische Schule. Folglich gehört er nicht daher. S. Lucas.

## Asabthani.

(עֲזַבְתָּנִי) d. i. du hast mich verlassen. Matth. 27, 47. Marc. 15, 34. aus Psalm 22, 2. genommen.

## Asael. Asahel.

1) Ein Sohn der Zeruja, der Schwester Davids, und Joabs, Davids Generalfeldmarschalls Bruder. 2 Sam. 2, 18. 1 Chron. 2, 16. Befand sich unter der Zal der Helden Davids, 2 Sam. 23, 24. war von leichten Füssen und wurde von Abnern, Sauls Generalfeldmarschall, den er eben verfolgte, mit einem Spieß erstochen, und in seines Vaters Grab gelegt. 2 Sam. 2, 18. 19. 23. 32.

2) Ein Levit zu Josaphat, des Königs in Juda Zeiten. 2 Chron. 17, 8.

3) Ein Unteraufseher über die Einname am Hause Gottes. 2 Chron. 31, 13.

## Asan.

1) Eine Stadt dem Stamme Simeon gehörig. Jos. 15, 42. K. 19, 7. Eusebius und Hieronymus kennen die Stadt. Sie soll zu ihrer Zeit ein Flecken oder Dorf (in Juda) gewesen seyn, und Beth-Asa geheissen haben. Hieronymus setzt sie funfzehn römische Meilen von Aelia oder Jerusalem.

2) Des Stamfürstens von Isaschar Paltiels Vater. 4 Mos. 34, 26.

3) Bela's Vater. 1 Chron. 6, (5) 8.

## Asaria, Azaria.

1) Ein Sohn des Hohenpriesters Zadok und Salomons Fürst, (erster Staatsminister.) 1 Kön. 4, 2.

2) Ein Sohn Nathan, welcher über die Gefälleinnehmer, die den königlichen Hof Salomons mit nötigen Vietualien versehen mußten, gesetzt war. 1 Kön. 4, 5. 7.

3) Ein Sohn Ethan, vom Stamme Juda. 1 Chron. 2, 8.

4) Ein Sohn Jehu. 1 Chron. 2, 38. 39.

5) Ein Sohn Ahimaaz und Vater Johanan. 1 Chron. 7, 9.

6) Ein Sohn Johanan und Hoherpriester, 1 Chr. 7, 10. welcher sich mit achtzig Priestern widersetzte, als

als der König Usia dem Herrn im Tempel räuchern wollte. 2 Chron. 26, 17–21.

7) Ein Sohn Hilkia. 1 Chron. 7, 13.

8) Ein Sohn Zephanja, ein Kahathiter; er war einer von den Sängern und Spielern, welche zu Davids Zeiten in der Stiftshütte Vokal- und Instrumentalmusik treiben mußten. 1 Chron. 7, 36. vergl. mit V. 31–33. 2 Chron. 29, 12.

9) Ein Sohn Obed und Prophet, welcher zum Könige Assa gesandt war. 2 Chron. 15, 1. 2. 8.

10) Ein Sohn Josaphat, des Königs in Juda, welchen sein Bruder Joram, als er König wurde, mit allen seinen Brüdern durchs Schwerdt hinrichten ließ. 2 Chron. 21, 2. 4.

11) Der König in Israel, Ahasja im Hebräischen. 2 Chron. 22, 6. S. meine Bibel Th. 3. bey dieser Stelle.

12) Ein Sohn Jerobam, ein (Hauptmann) Oberster über Hundert. 2 Chron. 23, 1.

13) Ein Sohn Königs Amazia, heißt auch Usia und Matth. 1, 9. Osias, ward in seinem sechzehnten Jahr der zehnte König in Juda, 2 Kön. 14, 21. regierte anfangs löblich, wurde aber, als er sich hernach aus Uebermuth des Räucherns im Tempel unterfieng, aussätzig, und blieb es bis an seinen Tod, welcher im 52 Jahr seiner Regierung erfolgte, und wegen des Aussatzes nicht in, sondern neben die Begräbnisse der Könige begraben. Kap. 15, 1. 2. 7. 17. 2 Chron. 26, 15–23.

14) Einer von den Gesellen Daniels und Leibpagen Königs Nebucadnezars, welcher hernach den Namen Abednego erhielt. Dan. 1, 6. 7. S. Abednego.

15) Ein Sohn Hosaja, welcher sich erfrechte, den Propheten Jeremias zum Lügner zu machen. Jerem. 43, 2.

## Asealon

War die zweite unter den fünf Hauptstädten der Philister. Die arabischen Schriftsteller setzen sie gegen Norden von Gaza, in einige Entfernung von 3 Parasangen. (S. Golius im Alfergan.) Die Antoninische Reisebeschr. aber beschreibt sie 2 Stunden weiter im mittelländischen Meere, 16 römische Meilen, d. i. etwas über 5 Stunden Weges von Gaza. — Joseph (de bell. Iud. libr. III. c. 1. fol. 831.) sagt, daß sie von Jerusalem 520 Stadien liege. Nach einer bessern Berechnung der Antoninischen Reisebeschreibung liegt Ascalon nur 352 Stadien von Jerusalem, das ist, 44 römische Meilen. S. Itiner. Antonin. Edit. Wesseling. p. 100. Diese Stadt muß nicht mit Gerar verwechselt werden, wie die samaritanische Uebersetzung, z. E. 1 Mos. 10, 1. fälschlich gethan hat, wie Bochart zeiget. Ascalon wird in Jos. 13, 3. 1 Sam. 6, 17. namhaft gemacht, — hatte einst eine Zeit lang zum Erbtheil Juda gehört, ob sie gleich in dem Verzeichnis der Städte des Stammes Juda Jos. 15. nicht gefunden wird. Der Stam Juda hatte die Stadt auch nur eine kurze Zeit inne gehabt, nachdem er solche von den Philistern erobert hatte, nach Richt. 1, 18. und aus Richt. 3, 1–3. erhellet, daß die Philister sie nicht lange hernach wieder weggenommen haben. Zu Ascalon nam die Feindschaft, die zwischen den Philistern und Israeliten so viel Blut kostete, gleichsam ihren Anfang, indem daselbst Simson 30 von ihren Bewohnern mit kaltem Blute erschlug, und ihnen die 30 Leinwand und eben so viel Feierkleider nam, und denjenigen gab, die sein Rätzel bey seiner Hochzeit zu Thimna aufgelöst hatten, wodurch er zugleich wegen des Betrugs, den ihm seine Frau, die eine Philisterin war, gespielt hatte, sich rächete. Richt. 14. Zu den Zeiten Sauls und Davids war Ascalon nicht in israelitischen Händen, der langwierigen Kriege ohngeachtet. Daher David in seinem Klagliede bey dem Tode Sauls und seiner Söhne auf dem Gebirge Gilboa in dem Treffen mit den Philistern bey dem zu fürchtenden nach 1 Sam. 18, 7. gewöhnlichen Freudensbezeigungen, sich 2 Sam. 1, 17–27. also heraus läßt: Verkündiget es nicht zu Gath, und macht es nicht bekant auf den Gassen zu Ascalon! Unter Salomo aber muß der glückliche Zeitpunkt gewesen seyn, daß Ascalon nebst den andern Städten der Philister sich den Israeliten hat unterwerfen müssen. Ohne diese Voraussetzung würde man nicht das 1 Kön. 4, 24. begreifen können. In den prophetischen Schriften trift man viele Drohungen wider Ascalon an; als Amos 1, 8. nach welcher ihr König soll ausgerottet werden, daraus zu ersehen, daß sich ihre Regenten des Königtitels angemaßt haben, wie auch von einem Könige zu Gaza, Zachar. 9, 5. Jerem. 25, 20. Meldung geschicht. Weitere Drohungen sind beim Zeph. 5, 4. Jer. 47, 5. 7.

Zach. 9, 5. zu lesen, die auch nach Zeph. 2, 7. erfüllet worden sind. 1 Macc. 11, 59. liest man, daß der Fürst Jonathan vor Ascalon gerückt sey, denn die Bürger entgegen gekommen, ihn ehrlich zu empfangen, ohne Zweifel sich ihm freiwillig zu ergeben, welches wol das Mittel gewesen, die Zerstörung ihrer Stadt abzuwenden, wie Joseph (Antiq. XIII. 8. fol. 436.) dieses als die Folge ansiehet. Eben dieser Joseph (Bell. jud III. 1. fol. 831.) beschreibt Ascalon als eine alte Stadt, die mit einer sehr starken Mauer befestiget wäre. Strabo in seiner Geographie Buch XVI. merkt an, daß in der Gegend dieser Stadt viele Zwiebeln gebauet werden, nämlich die Art, die man nach ihrem Namen Schalotten nennet, wenigstens heißt dieses Gewächse im Lateinischen Ascalonia, nach Plin. Naturhist. B. XIX. Kap. 6. daraus die Franzosen Echalote, die Engländer Shallot, und die Holländer und Deutschen Schalotten machen. Dioscorides de re med. libr. I. c. 114. sagt auch von Ascalon, daß sie vor Alters wegen der Cypressen, Wein, Taubenzucht, und fruchtbaren Boden sey berühmt gewesen. Die Einwohner dieser Stadt waren sehr wollüstig und abgöttisch gesinnt, und verehreten sonderlich die Göttin Venus, oder Derceto, wie sie genennet wurde, welche, wie Herodot L. I. cap. 105. erzählet, hier ihren ältesten Tempel gehabt, und diejenigen Scythen, welche ihn ausgeplündert hatten, mit einer weiblichen Krankheit, den Hämorrhoiden, bestraft hat. Nach harten Verfolgungen der Christen, wovon Reland in seinem Palästina S. 588. erzählt, hat sich die Stadt zum Christenthum bekehrt, und ist hernach ein bischöflicher Sitz geworden, der unter dem Patriarchat zu Jerusalem gestanden hat. Herodes I. oder der große, wird oft mit dem Beynamen des Askaloniters belegt, weil er hier geboren seyn soll. Benjamin von Tudela (in seiner Reisebeschr. S. 50.) hat wol Ascalon mit dem alten und neuen Gaza verwechselt, weil er eines alten und neuen Ascalons gedenkt, welches 4 Parasangen oder Stunden von einander gelegen, davon das alte gänzlich zerstöret, das neue aber eine große, schöne und volkreiche Stadt gewesen. In den Kreuzzügen hat Ascalon sehr gelitten, so daß es nach Hrn. C. R. Büschings Erdbeschr. Th. V. S. 355. jetzt ein geringer Flecken von etwa 60 Häusern nebst ansehnlichen Ueberresten von Mauren ist.

## Ascenas.

Oder Askenas. Der erste Sohn Gomers und Enkel Japhets, 1 Mos. 10, 3. 1 Chron. 1, 6. d. i. eine Kolonie der vom Japhet abstammenden Gomeriten. (S. Gomer.) Es ist ungewiß, wo sie sich niedergelassen. Die Juden, die in der alten Geographie, wie in allen übrigen biblischen Hülfswissenschaften, schlecht beschlagen zu seyn pflegen, verstehen Deutschland darunter, welches daher bey ihnen ordentlicher Weise (ארץ אשכנז) das Land Askenas, und die Deutschen (אשכנזים) Askenasier heißen. Allein dieser Judenwahn verdient gar keine Widerlegung. Warscheinlicher, und freilich mehr als Kenner, denkt Bochart (Geogr. sacr. libr. 3. c. 9. p. 196.) an Bithynien, Troas und Kleinphrygien, wo man den Askanischen Meerbusen und Askanischen See, den Fluß Askanius, die Askanischen Inseln und die Stadt und Landschaft Askania findet, in welchen Namen die größte Aehnlichkeit mit Askenas nicht zu verkennen ist. Jerem. 51, 27. wird Askenas ein Königreich, und zugleich mit Armenien genannt, woraus zu folgen scheint, daß Askenas wenigstens nicht allzu weit von Armenien gelegen habe. Auch in so ferne ist die Lage von Kleinphrygien und Bithynien nicht ganz unschicklich — desto unschicklicher aber das Deutschland der Juden. — Sonst aber läßt sich doch noch manches wider Bocharts Vermuthung, die sonst noch immer die warscheinlichste ist, einwenden, welches auch H. R. Michaelis (in s. Spicileg. Geograph. Hebr. ext. post Bochartum Tom. I. p. 62. sqq.) thut.

## Asche.

Die Redensarten: Asche aufs Haupt werfen oder streuen; sich in die Asche legen; in der Asche sitzen rc. für Trauren, sind bekant. S. 2 Sam. 13, 19. 1 Kön. 20, 38. 41. Esth. 4, 1. 3. Hiob. 2, 8. (Kap. 42, 6.) Jes. 58, 5. Jer. 6, 26. Klagl. Jer. 3, 16. Ezech. 27, 30. Dan. 9, 3. Jon. 3, 6. Mich. 1, 10. Judith 4, 14. Kap. 7, 4. Kap. 9, 1. Matth. 11, 21. Luc. 10, 13. — Der sel. Luther hat nicht nur das in diesen Stellen vorkommende Wort Epher (אֵפֶר) und Afer (עָפָר) durch Asche übersetzt, welche Bedeutung das Wort unter beiderlei Form resp. hat und haben kann; sondern auch das Wort Gafar (עָפָר Pulvis). Z. B. 3 Mos. 18, 24. Mich. 1, 10.

Und

— Und vielleicht hat er, samt allen alten und neuen Uebersetzern, auch das Epher (אֵפֶר) und Apher (עָפָר) in den vorhin angeführten vielen Stellen fälschlich durch Asche übersetzt. Mit Erde und Erdstaub bestreuen sich — und auf die Erde und in Erdstaub setzen sich die östlichen Morgenländer, wenn sie trauren — zum Zeichen, daß sie des Lebens überdrüßig, sich mit Erde bedeckt — begraben — wünschen. Was soll aber das „sich bestreuen mit Asche?“ — das sich setzen in Asche? — das wir in den alten und neuen Bibelübersetzungen so häufig finden! — Ich glaube — und das aus guten Gründen — Epher (אֵפֶר) bedeute 1) den Staub überhaupt, und dann erst 2) den Staub, den das Feuer von brennbaren Dingen zurückgelassen hat, oder die Asche insbesondere. Hier sind meine Gründe: a) das Stammwort Afar (أَفَرَ) und verschiedene davon abgeleitete Wörter werden vom heftigen Laufen und Zusammenlaufen der Leute gebraucht, imgleichen vom Kochen eines Topfs. Man siehe (wenn man mit den morgenländischen Sprachen ein wenig vertraut ist, und weiß, wie ihre Bedeutungen der Wörter sich auseinander zu entwickeln pflegen,) leicht ein, wie der Staub von diesem Stammwort seinen Namen habe bekommen können — zumal da einige andere Wörter zusammenlaufen und Staub erregen zugleich — ausdrücklich bedeuten. b) Das von diesem Stammwort, und zwar aus der neunten oder eilften (den dritten Stammbuchstaben verdoppelnden) Conjugation abgeleitete Nennwort Abrut braucht der arabische Arzt Avicenna (Can. Med. L. fol. 371. l. 13.) vom Pulver oder Gepülverten, zu Staub oder Pulver Geriebenen. Albosthan Abruz (البستاني أبروز) ist Alumen pulverisatum. — c) Die Thalmudisten und Chaldäer brauchen das Wort Efra (אִפְרָא) welches ganz bis auf die kleine dialectmäßige Verschiedenheit — das hebräische Wort Efer oder Epher (אֵפֶר) ist, völlig so, wie ich oben die Bedeutung dieses Worts gerechtfertiget habe, 1) vom Erdstaub, oder Staub überhaupt, 2) von der Asche insbesondere. Um der Zweideutigkeit dieser Bedeutung abzuhelfen, setzen die Thalmudisten, wenn das Wort die Asche bedeuten soll, Mikla (מִקְלָה d. i. Combustio,) hinzu. Epher Mikla (אֵפֶר מִקְלָה Pulvis combustionis f. adustionis) Brandstaub, — Staub vom Brande oder Feuer, d. i. Asche. S. Mischna. Taanith. c. 2. — Ohne diesen Zusatz bedeutet Epher den gemeinen Erdstaub, oder den Staub überhaupt. S. Mischna. Taanith c. 2. Bavira fol. 60. Maccoth. fol. 21. vergl. Buxtorfs großes Chald. Rabb. Thalmud. Lexicon. col. 196. wo dieser große Thalmudisch-Rabbinische Gelehrte schreibt: „Vocatur cinis adustionis cinis verus. Nam עָפָר pulvis terra etiam aliquando vocatur אֵפֶר“ S. auch col. 1035. — d) Abraham sagt 1 Mos. 18, 27. er sey Staub (עָפָר) und Epher (אֵפֶר —) Asche, wie man übersetzt. Es ist offenbar, daß Abraham sagen wolle, er sey ein elender, vergänglicher, seinem ersten Ursprung nach aus Staub oder Erde gemachter Mensch, wobei er auf 1 Mos. 2, 7. siehet. Epher kan hier auf keine Weise die Asche bedeuten, sondern muß ein Synonymum von Gafar (עָפָר, seyn, und folglich so viel als Staub heissen. Wollte man sagen, Abraham nenne sich Asche, weil der Mensch im Grabe zu Asche wird, so dient hierauf zur Antwort, 1) nicht zu Asche wird der Mensch, (nur im Feuer kan er zu Asche werden,) sondern zu Erde und Staub. Nur uneigentlich nennen wir — das Asche. Hingegen 2) die Hebräer nennen die durch Verwesung im Grabe aufgelösten menschlichen Körper, oder das, was sie durch die Verwesung im Grabe werden, nicht Asche, sondern Gafar (עָפָר) Staub. 1 Mos. 3. 19. Psalm 103. 14. — e) Epher (אֵפֶר) wird immer, oder doch sehr oft mit Gafar (עָפָר Staub) zusammengesetzt — offenbar als Synonymum, und es fehlt nur unsrer deutschen Sprache an noch einem Wort, das ebenfalls den Staub bezeichnete, oder mit dem Wort Staub synonym wäre, um in diesem Fall für beide hebräische, auch zwei deutsche setzen zu können, die eben das sagen, was die hebräischen. — Doch das sey zum Beweise, daß Epher (אֵפֶר) nicht blos die Asche, (wie z. B. 4 Mos. 19, 9. 10.) sondern auch und zwar in den allermeisten Stellen, namentlich in den gleich oben zu Anfang dieses Artikels angeführten, den Staub, Erdstaub bedeute, genug. Folglich muß für: Asche aufs Haupt werfen, sich in die Asche legen, in der Asche sitzen, u. s. w. allzeit gesetzt werden, Staub (Erdstaub, klare Erde) aufs Haupt werfen, sich in den Staub legen, im Staube sitzen u. s. w.



Was

Was ich vom hebräischen Wort Epher (אֵפֶר) gesagt habe, gilt von dem griechischen σποδός (welches die griechischen alexandrinischen Uebersetzer für das hebräische Epher setzen,) im N. T. in den beiden Stellen Matth. 11, 21. Luc. 10, 13. ebenfalls. S. Staub und Erde.

## Aschenhaufen

War neben dem Brandopferaltar und zwar gegen Morgen. Er entstund durch die Asche und Kohlen, die vom Brandopfer- und Rauchaltar dahin geschüttet wurde. Auch wurden die Schnuppen der Lampen ingleichen was für den Altar untauglich, von den Vögeln abgerissen werden mußte, dahin geworfen. 3 Mos. 1, 16. K. 6, 10. Vermuthlich wurde dieser Aschenhaufen, wenn er eine unbequeme Höhe und Umfang erreicht hatte, außerhalb der Stadt geschaft. S. Lund. (jüd. Heiligthümer. B. 2. Kap. 16. §. 12. ff. S. 312. f.) und die von ihm angeführten Schriftsteller.

## Aschenkuchen.

Dergleichen bereiteten die Israeliten unter andern auch aus dem Manna, indem sie es vermuthlich wie Mehl vermischten. 4 Mos. 11, 8. Im Hebräischen steht das Wort Ugga (עֻגָה plur. עֻגוֹת) welches nur in so fern Aschenkuchen bedeutet, als die Morgenländer ihre Kuchen und Brodte ordentlicher Weise unter glühender Asche und Kohlen backen. 1 Kön. 19, 6. heißt daher diese Art Kuchen Kohlenkuchen. — In der vorhin angeführten mosaischen Stelle wird gesagt, die mit zerstoßenem oder gemahlenem Manna gebackenen Kuchen hätten wie Oelkuchen geschmeckt, d. i. wie Kuchen mit Olivenöl, oder Baumöl eingemenget, d. i. mürbe, gelinde und sehr angenehm; denn daß das frische Olivenöl, sonderlich das orientalische, dem Gebackenen einen wenigstens eben so delikaten Geschmack gebe, als unsre Butter, (denn die übelschmeckende morgenländische Butter kommt hier gar nicht in Betracht,) werd ich unten am gehörigen Orte weiter bemerken. — Das Manna that also, als eine Süßigkeit, an dem Gebackenen vermuthlich eben das, was der Zucker, welcher oft zur Ersparung einer größern Menge Butter in die Kuchenteige gethan wird, weil er, wie die Butter in größerer Menge, dieselben mürbe und gelinde macht. Eben die Dienste mag das Manna gethan haben. — S. Kuchen und Brod.

## Aschentöpfe.

Große, vermuthlich kupferne Töpfe, in welche die Asche vom Brandopferaltar aufgefaßt, und mittelst derselben auf den Aschenhaufen neben dem Altar geschüttet wurde. 2 Mos. 27, 3. Kap. 38, 3.

## Asdod.

Eine von den fünf Hauptstädten der Philister. Im Buch Josua wird diese Stadt von den LXX Dolmetschern bald Asedod bald Asdod, sonst aber z. E. in der Apostg. 8. 40. Azotus genennet. Diodor von Sicilien bestimmt ihre Lage 170 Stadien von Gaza, welche, 8 Stadien auf eine römische Meile gerechnet, 34 solcher Meilen, (d. i. 11 und ⅓ Stunden Weges) ausmachen. Josephus (Ant. L. XIII. c. 23. fol. 462. L. XV. c. 5. fol. 475.) läßt uns in Ungewißheit, ob diese Stadt am mittelländischen Meere gelegen. In Notit. Antiq. (edit. per Luc. Holstenium fol. 6.) wird von zweierlei Asdod, nämlich von einem am Meere, und einem mitten im Lande Meldung gethan. S. In Hieroclis synecdemo edit. Wessel p. 718. Epiphanius und Hieronymus, die Reland in seinem Paläst. p. 606. c. VII. §. 9. anführt, setzen Asdod an das Meer. Brocard (descript. terrae S.) meinet ohnfehlbar das vom Meere entlegnere Azotus, wenn er spricht, daß es eine Stunde davon gewesen sey. Es hat auch Hasenberg diese beiden Orte in seiner Charte ausgedrückt. Zu Asdod wonten außer den Philistern noch einige Enakiten. Jos. 11, 22. wie lange noch nach Josuä Tode? wird uns nicht gemeldet. Obgleich diese Stadt unter dem Verzeichnisse der Städte Juda stehet, Jos. 15, 46, 47. und auch Gaza, Askelon und Ekron einige Zeit wirklich in der Israeliten Hände gewesen, Richt. 1, 18. so ist doch Asdod nie von diesem Stamme erobert worden. Salomo hat sich diese Stadt, wie es scheint, nebst den andern der Philister, unterwürfig gemacht. 1 Kön. 4, 24. und nachdem sie die Philister wieder erobert, mußte sie Uzzia zum zweitenmale belagern und einnehmen. 2 Chron. 26, 6. Zu Asdod stand ein Dagonstempel, in welchen die Philister, die von den Israeliten erbeutete Bundeslade setzten. 1 Sam. 5, 1. 2. 5. worüber der Götze Dagon einigemal auf die Erde vor der Lade des Herrn niedergefallen gefunden ward, so daß er das zweite mal das Haupt und beiden Hände verlor, welche an der

Schwel-

Schwelle des Tempels gefunden worden, worüber die Einwohner zu Asdod so bestürzt wurden, oder die Schwelle ihres Tempels dadurch für so geheiligt ansahen, daß sie von nun an beim Eingehen in den Tempel nicht wieder die Schwelle betraten, sondern über dieselbe wegschritten, oder gar sprangen. Zeph. 1, 9. Die weitern Folgen lieſt man 1 Sam. 5, 3 : 10. — Sonst hat diese Stadt harte Belagerungen ausgestanden. Einer gedenket Jesaias Kap. 20, 1. Einer andern Herodot. (L. II. cap. 157.) Die vom Psammitichus 29 Jahr unterhalten worden sey, wodurch die Stadt so eingeschränkt und ruiniret ward, daß sie Jeremias Kap. 25, 20. ein Ueberbleibsel von Asdod nennet. Das mag wol die Erfüllung von jenen Drohungen Amos 1, 8. Kap. 3, 9 : 11. und Zeph. 2, 4. seyn. Hernach ist Asdod von fremden heidnischen Völkern nach der spätern Weissagung des Propheten Zach. 9, 5. 6. 7. bewohnt worden, welches den Juden, sonderlich bey Wiederaufbauung der Stadt Jerusalem, viele Hindernisse und Verdruß verursachte. Nehem. 4, 7. In dieser Stadt hat Judas der Maccabäer die Altäre zerstöret und die Götzenbilder verbrannt, 1 Macc. 5, 6. weshalb Azotus mehrmals in apocryphischen Büchern vorkömt. 1 Macc. 4, 15. Daß bey dieser Stadt der syrische Feldherr Apolonius geschlagen, und die Stadt nebst dem Dagonstempel in die Asche gelegt worden, wird 1 Macc. 10, 77 : 85. erzält, und vom Joseph (jüd. Alt. B. 13. Kap. 8. S. 435. 436.) welcher auch in seinen Alterthümern (B. 14. K. 10. S. 476.) anmerkt: daß diese Stadt von dem römischen Feldherrn Gabinius, nebst noch andern in dieser Gegend gelegenen Städten wieder hergestellt worden wäre. In folgenden Zeiten ist das Christentum hier angefangen und ausgebreitet worden, wie man beyläufig dieser Stadt Apostg. 8, 39. 40. bey Gelegenheit der Bekerung des Kämmerers der Königin Kandace durch den Philippus gedacht wird. Hernach wurde zu Asdod ein Siz der Bischöfe, die über Palästina Prima gesetzt waren, und unter dem Patriarchen zu Jerusalem standen. Im 12ten Jahrhunderte durchreiste der Jude Benjamin von Tudela dieses Land, und fand diesen Ort, der damals Palmis genennt wurde, sehr verfallen. (Reiner. p. 49.) Von dem neuesten Zustand dieses Orts schreibt Herr O. C. R. Büsching (Erdbeschreib. V Th. S. 355.) zwischen Ascalon und Ekron oder Akaron ist ein Weg von 3 starken Stunden. Es ist erst ein geringes Dorf bey den Trümmern der ehemaligen Stadt Asdod; unter welchen aber keine erhebliche sind. Der Plaz, wo sonst das Schlos gestanden hat, ist jezt ein Feld, welches bearbeitet wird. Ganz nahe bey dem Dorfe ist ein großer Chan oder öffentliche Herberge für die Reisenden. Von hier nach Jebna oder Jamnia gehet man durch die schönste Ebene.

## Asdodisch.

Die Juden nach dem babylonischen Exil namen häufig Ausländerinnen zu Weibern, und unter andern auch welche von Asdod, oder Philisterinnen. Die Folge war, daß diese ihre Kinder halb Asdodisch d. i. die Sprache der Philister redeten. Nehem. 13, 23. 24. S. Philister.

## Asdoditer.

Die Einwohner der Stadt Asdod. Jos. 13, 3. Nehem. 4, 7.

## Asdoth-Pisga.

Heist so viel als die Stadt Asdoth bey dem Pisga, welcher einer von den beiden Abarim, oder genauer eine von den Spitzen des Nebo, der ebenfalls zu dem Gebirge Abarim gehöret hat, gewesen ist, nach 5 Mos. 34, 1. Diese Stadt sollte eigentlich nur Asdoth heissen; um sie aber deutlicher von der vorher beschriebenen berümten Stadt der Philister, die nur mit dem veränderten Buchstaben Asdod bezeichnet wird, zu unterscheiden, so wird ihr der Zuname Pisga beigelegt. Sie lag also da, wo man auf der Karte den Berg Nebo findet. 5 Mos. 3, 17. K. 4, 49. Jos. 12, 3. wird dieses Asdoth-Pisga als einer Stadt und ihrer Lage gedacht. Sie wird zwischen Beth-Peor und Beth-Jesimoth gesezt, und unter die Städte gezält, welche Moses dem Stamme Ruben gegeben hat. Vergl. mit Jos. 13, 20. und Bachiene Paläst. Th. II. B. 4. §. 904.

## Aseka.

Diese Stadt wird auch Azeka, oder nach dem Hebräischen Azka geschrieben. Eusebius und Hieronymus (in Onomast.) nennen sie Ἀζηκά, und beschreiben ihre Lage, zwischen Eleutheropolis und Aelia, oder Jerusalem, ohne daß sie die Entfernung von einer dieser Städte anzeigen. Nach Jos. 15, 35. wird sie unter die Städte des Stammes Juda gezält,

die

bis auf der Ebene gelegen haben. Zwischen Asecka und Socho versamlete sich das Heer der Philister vor dem bekanten Zweykampfe Davids und Goliaths, 1 Sam. 17, 1. Bis nach Azeka verfolgte Josua die Armee der fünf cananitischen Könige, welche bey Gelegenheit seines Entsatzes der Stadt Gibeon nach Josua 10, 10. 11. von ihm in die Flucht geschlagen wurde. Diese Stadt war eine von den festen Städten, welche der König von Babel Nebucadnezar eingenommen hat, Jer. 34, 7. und wie Nehem. 11, 30. berichtet, gehörte sie zu den Städten, die die Juden nach ihrer Wiederkunft aus der babylonischen Gefangenschaft von neuem in Besitz namen.

## Asel.

Ein gewisser Stein dieses Namens, vermuthlich von besonderer Grösse, oder doch durch eine gewisse Begebenheit, vermuthlich schon vor Davids Zeit, merkwürdig geworden, daher er mit einem eigenen Namen beehret wurde. 1 Sam. 20, 19. — Wie weit er von Gibea, der Residenz Sauls, gelegen, ist unbekant. In der Nähe dieses Steins scheint eine Tiefe gewesen zu seyn, mit Gebüsch bewachsen, in welcher man sich verstecken konte, daß man nicht bemerkt wurde, wenn auch jemand am Rande der Tiefe stand oder vorbei gieng. S. meine Bibel Th. 2. bey der angefürten Stelle. S. 369. f. —

## Aser.

1) Ein Sohn Jacobs. Stamm und Canton sind im Lande der Israeliten von ihm benant. S. Asser.

2) Eine Stadt. S. Asser.

## Asia. Asien.

Dieser grosse und merkwürdige Welttheil, in welchem das erste Menschenpaar geschaffen wurde; der also zuerst von Menschen bewont ward, und den übrigen Welttheilen erst Bewoner gab; das Vaterland des merkwürdigsten und durch eine göttliche Offenbarung gebildeten Volks; das Vaterland unsers grossen Erlösers und Religionslehrers — zuerst durch seine Lehre beglückt und aufgeklärt — kamt, in seinem ganzen Umfang, unter diesem Namen nicht in der Bibel vor. In den göttlichen Büchern des alten Bundes wird der Name Asien in keinerlei Sinne erwänt. Im N. T. ist Asien nur das eigentlich sogenante Asien der alten Geographen, was die Römer schlechthin Asien nennen, nämlich was von dem kleinen Asien zwischen dem 36 und 41sten Grad der Breite und zwischen dem 44 und 50sten Grad der Länge von der Insel Ferro angerechnet, liegt; bisweilen wieder auch nur ein Theil davon, z. B. Apostg. 16, 6. das Lydische Asien.

Die Obersten in Asien, (Asiarchen) Apostg. 19, 31. waren Personen von priesterlichem Charakter, aus den reichsten Familien von den unter einander verbundenen Städten in Kleinasien gewält, welche in deren allgemeinen Zusammenkünften präsidirten, den gemeinschaftlichen Gottesdienst besorgten, und die damit verbundenen heiligen Spiele, oder öffentliche Schauspiele anstellten, und die Oberaufsicht darüber hatten. Ob sie auch die weltliche Gerichtsbarkeit gehabt, ist ungewiß. S. Strabo B. 14. p. 960. vergl. Salmasius — Exercit. Plin. p. 805. van Dale Dissertat. antiq. ad inscript. et Marmor. Diss. 3. c. 3. p. 274. sqq. — Ihr Amt hieß Asiarchia, und so sind auch Bithyniarchien, Cappadocarchien, Syriarchien, Phöniciarchien rc. bekant. S. auch Cujaz. B. 2. Observ. c. 13. und bey dem Titel des Codex. de peric. successorum. — Paulus hatte sich der Gunst einiger Asiarchen zu erfreuen, daher sie ihn, bey dem vom Demetrius erregten Tumult unterm Pöbel warnten, daß er sich nicht auf den öffentlichen Schauplatz wagen möchte. —

## Asima.

Die Gottheit der neuen Einwoner Samariens von Hamath in Syrien. 2 Kön. 17, 30. Weil das Wort Asima mit dem lateinischen Simia Aenlichkeit hat: so haben einige Juden, die bekantlich aller Albernheiten fähig sind, vorgegeben, diese Gottheit sey unter der Gestalt eines Affen verehrt worden. Elias Levita (Thibbi, unter d. W. [illegible]) schreibt: „Asima 2 Kön. 17. bedeutet den Affen, der auch im Lateinischen Simia heißt." — Aber ohne allen weitern Beweis. Für den Affen haben die Hebräer ein Wort; allein daß sie, da ihnen das Thier ausländisch war, noch einen Namen zur Bezeichnung des Affen sollen gehabt haben, ist nicht einmal warscheinlich. Im Jerusalemischen Thalmud wird Asima durch [illegible] d. i. Ouis, das Schaaf ausgedrückt, womit es auch R. Salomo und Kimchi halten, welchen jedoch Asima mehr ein Lamm ist. — Nach dem Thalmud. Tr. Sanhedrin fol. 63. 2. und Aben Esra ist Asima ein

ein Bock, oder Satyr, unter dessen Gestalt diese syrische Gottheit verehrt worden. — also wie der Gott Mendes oder Pan in Egypten. (Vergl. Selden de Diis Syris Synt. 2. c. 9. —) Und das ist auch das Warscheinlichste darunter. Denn im Samaritanischen ist etwas eine Art von Böcken, welches Wort der Samaritaner 5 Mos. 14. 5. setzt. Aber wie? wenn Asima oder Aschima (אשימא) von Schama (שמה Arab. سمي hoch seyn) abzuleiten und mit Schamaim (שמים) Syr. und Chald. Schmaja (שמיא) der Himmel, ursprünglich einerlei wäre? Und so scheint mirs. Asoma (آسما), Asoman (آسماني) und Asman (آسمان) ist auch im Persischen der Himmel. Und so wenig sonst die persische Sprache mit dem Hebräischen und den übrigen eigentlich sogenannten morgenländischen Dialekten gemein hat, so offenbar ist es, daß das persische Wort Asoma der Himmel mit dem hebräischen Schamaim (שמים) dem syrischen und chaldäischen Schmaja (שמיא) dem arabischen Sama (سماء) oder mit dem Artikel Assama (السماء) auf Einem Stamme gewachsen sey, und zu dem geringern Theil von Wörtern gehöre, die die persische Sprache mit den eigentlich sogenannten orientalischen Sprachen gemein hat. — Asima ist also vermuthlich ein Name des Himmels — und wie wir aus der Geschichte des Kaisers Heliogabalus wissen, so wurde zu Emesa (das heutiges Tages Hems oder Hims heißt, und etwas südlicher liegt als Hama oder Hamath,) die Sonne — unter dem Namen Elah Gabalah verehrt. Unter Asima (Himmel) verstanden sie also den größten, wohlthätigsten und in die Augen fallendsten Himmelskörper, die Sonne. Sie soll unter der Gestalt eines großen Kegel- oder pyramidalförmigen Steins verehrt worden seyn. (Herodian. B. 5.) — Elah Gabala (אלה גבלא) heißt Gott Gebal. Gebal ist entweder ein Nomen appellativum oder Proprium. Im ersten Fall würde Elah Gabala so viel heissen, als Gott der Schöpfer, oder Gott der geschaffenen Dinge; Gott, der Weltschöpfer; (vom Stammwort גבל im Syrischen und Arabischen Finxit, formavit, creavit, naturam rei indidit etc.) oder im andern Fall wäre Elah Gabala so viel, als der Gott Gebals, von Gebal, d. i. der in Gebal verehrt wird, wobei dann an das bekannte Gebal (an der syrischen Küste, nicht eben gar zu weit von Emesa und Hamath,) das unter dem spätern Namen Byblus noch bekanter ist, zu denken und anzunehmen seyn würde, daß dieser Sonnendienst zuerst in Gebal (in der Art, wie nachher in Emesa) getrieben, nachher aber auch in Emesa angefangen, und sehr eifrig getrieben worden sey, woher dann die hier verehrte Gottheit Ela Gabala, d. i. Gott von Gebal, oder Gebalische Gottheit — genannt worden. Das letztere ist mir das Warscheinlichere. — Daß der Kaiser Heliogabalus aus Emesa gebürtig gewesen, den in seiner Geburtsstadt gewöhnlichen Sonnendienst in Rom sehr prächtig eingeführt, und selbst den Namen Heliogabalus von dem Gott seines Vaterlandes (Ela Gabala) erhalten habe, so daß zugleich die erste Hälfte des Namens Helio (griechisch ἥλιος die Sonne) seine vaterländische Gottheit, der Sache selbst nach, ausdrückte, ist bekant. S. auch Gebal.

## Askalon.

S. Ascalon.

## Askenas.

S. Ascenas.

## Asmodi.

So heißt der böse Geist im Buch Tobia, (Kap. 3, 8. Kap. 6, 15.) der die sieben ersten Männer der Sara, der Tochter Raguels, ums Leben gebracht haben soll. Asmodi oder Asmedai (אשמדאי von שמד perdidit vastavit) ist bey den Thalmudisten und Rabbinen ein gewöhnlicher Name eines gewissen bösen Geistes, und wenigstens der Etymologie des Worts nach eben das, was der Abgrunds oder Verderbensengel — Abaddon, griechisch Apollyon, in der Offenbarung Joh. 9, 11. — Ein Dämon, ja der Oberste oder König der Dämonen, nach der jüdischen Dämonologie. — Seine Mutter soll, nach einer lächerlichen Jüdenlegende, des Thubalkains Schwester Naema gewesen seyn, von welcher auch noch mehrere dergleichen böse Geister geboren worden seyn sollen. — Wie dieser Asmodi, Verwüster, Verderbensengel, Würgengel, die sieben junge Männer der Sara tödtete. Ob etwas — und was — wahr an der Geschichte ist? — kann ich theils gar nicht, theils nicht mit Gewißheit sagen. Wahr kan es seyn, daß die

jene

junge Frau sieben Männer nach einander verlor, allezeit in der ersten Nacht, oder doch in den ersten Tagen ihrer siebenmaligen Ehe. Es kan Zufall gewesen seyn, aber auch ganz natürliche Ursachen gehabt haben, welche zu entdecken, die Judenköpfe nach dem babylonischen Exilium nur zu unphilosophisch und zu sehr mit Engels- und Teufelsphilosophie überladen waren, mit welcher sie freilich alle wunderbare Zufälle gar leicht erklären konten! Diese sieben Männer mußte also gleich der Dämonenkönig Asmodi gemordet haben! — Daß der Dampf von der auf Kohlen geworfenen Fischgalle den Asmodi vertrieben, und der Engel Raphael diesen Würger in die Wüsteneyen von Oberägypten verbannet haben soll, ist, wie man ohne mein Erinnern von selbst siehet, ebenfalls chaldäische Afterphilosophie. Das Gute, was der Rath Raphaels in Ansehung der Fischgalle gestiftet, oder was der von ihm verordnete Gebrauch derselben gewirkt haben mag, war: daß sich der junge Tobias, der sich seinem Führer ganz überließ, und jedes seiner Worte für göttlich hielt, getrost, und ohne gleiches Schicksal mit seinen sieben unglücklichen Vorfaren zu befürchten, in das unglückliche Schlafgemach begab, und sich nicht durch Sorge und Angst ums Leben brachte. — So viel ist gewiß, daß dem Dampf der Fischgalle kein wirklicher Geist weichen wird. — Daß der junge Tobia leben blieb, kam vermutlich daher, daß die natürliche Ursache des Todes seiner sieben Vorfaren bey ihm wegfiel. Hat sie die auf Kohlen geworfene Fischgalle wirklich erst vertrieben, so muß sie von der Art gewesen seyn, daß sie dieser Dampf vertreiben konte — welches ich den Aerzten zu untersuchen überlasse. War aber das Räuchern mit der Fischgalle ein blosses Scheinmittel, so ist die Ursache des Todes der sieben jungen Männer und das Lebenbleiben des Tobia, wegen der vielen Möglichkeiten, auf welche alle (so daß sich auch die wirklich wahre darunter befände) man nicht einmal verfallen dürfte, und wegen Mangel an Augenzeugen der Geschichte, schwerlich zu erraten. S. Tobia.

Asna.

1) Zwo verschiedene Städte dieses Namens im Niederlande des Cantons Juda, (d. i. in den niedrigen und ebenen Gegenden am mittelländischen Meere). Jos. 15. V. 33. (die eine) V. 43. (die andere.)

2) Eine Familie der sogenannten Nethinim. Esra 2, 50. —

Asnapper.

So heißt, wie es scheint, der assyrische König Assarhaddon, Esr. 4, 10. Will man nicht daß dieser König in Einem Kap. V. 2. 10. zween verschiedne Namen führen soll: so müßte man unter diesem Asnapper oder Osnaffar einen General dieses Königs verstehen, durch welchen der König die Völkerverpflanzung besorgt habe. Dieser vermutlich aus Asor ([illegible] Arab. أشر valde alacris fuit) und Nafaz ([illegible] Syr. [illegible] Arab. نفز festinavit acceleravit) zusammengesetzte Name heißt so viel, als einer der sehr geschwind ist. Diesen Namen kan er erst als Kriegsheld erhalten haben. Denn Geschwindigkeit verbunden mit Stärke, machten beim Gebrauch der damaligen Waffen, die Haupteigenschaften eines guten Soldaten aus. S. 2 Sam. 1, 23. nebst meiner Anmerkung im Th. 2. meiner Bibel rc. — Allein ich muß bekennen, daß ich geneigter sey, unter Asnapper lieber den König Assarhaddon, der den Titel eben so wol bekommen konte, selbst zu verstehen. —

Asnath.

Die Tochter des Potiphera, Priesters, oder vielmehr Statthalters zu On, oder Heliopolis in Aegypten, die Gemalin Josephs, mit welcher dieser Joseph, als Großwesir von Aegypten, Ephraim und Manasse zeugte. 1 Mos. 41, 45. 50. K. 46, 20.

Asnoth-Thabor.

Eine Gränzstadt des Stammes Naphthali. Josua 19, 34.

Asor.

S. Hazor.

Asphalt.

Ἄσφαλτος. Bitumen, Erdpech, Erdharz, Judenpech, Judenharz, welchen letztern Namen es daher erhalten hat, weil das bekannteste und berühmteste im ehemaligen Lande der Juden — und zwar im todten Meer, oder dem von diesem Erdharz benannten Asphaltischen See häufig erzeugt und gefunden wird. — Es ist nach dem Eratosthenes beym Strabo (B. 16.) zweyerley: Flüssiges, welches Naphtha heißt, und trockenes, oder consistentes, welches Letztere meistentheils unter dem Asphalt verstanden wird,

dem

dem schwarzen Pech ähnlich, oder vielmehr dunkel und glänzend, wie Achat, und nach Myller etwas röthlich, zerbrechlich, voll von Schwefel ist, sich daher leicht entzündet, und einen starken stinkenden Geruch giebt, wenn es gerieben oder aufs Feuer geworfen wird. Beide Arten des Erdpechs sind ohne Zweifel in Ansehung der Bestandtheile einerlei. Sie finden sich im Orient, von Sina an bis zum todten Meere, um Babylon, Susa, Arbela, Ecbatana, sonderlich an der Küste des Caspischen Meeres, und auf der Halbinsel Okestra, wo dasselbe mit vielem Geräusche aus Erdritzen feurig sprudelt, und verdickt in Brunnen und Teichen schwimt, sehr häufig. (Plutarch Vit. Alexandri. §. 12. Kämpfer Amoenitat. exot. Fasc. 2. p. 271.) Sonderlich in der Gegend um Babylon erwänen es die Alten häufig. Vitruv (B. 8. K. 3.) schreibt: Babylone locus est amplissima magnitudine, habens supranatans liquidum bitumen etc. Strabo, (B. 16.) aus welchem ich die hieher gehörige Stelle lateinisch anfüre, weil ich sie doch erst dolmetschen müßte, wenn ich sie griechisch anfürte, weil ich vermutlich nicht lauter gute Griechen zu Lesern habe: In Babylonia bitumen multum nascitur, cuius duplex est genus, auctore Eratosthene, liquidum et aridum. Liquidum vocant Naphtam, in Susiano agro nascens. Aridum vero, quod etiam congelascere potest, in Babylonia, fonte propinquo Naphtae. — Justin (B. 1. K. 2.) „Haec (Semiramis) Babyloniam condidit, murumque urbis cocto latere circumdedit, arenae vice, bitumine interstrato, quae materia in illis locis passim e terris exaestuat." — Diese Nachrichten sind, wegen des babylonischen Thurmbaues wichtig, wovon unten! — Nach dem Herodot (Clio p. 32.) fließ bey der Stadt Is, jezt Hit, oder Heit, acht Tagereisen weit von Babylon (jenseites des Euphrat auf einem hohen Ufer) ein kleiner Fluß gleiches Namens, in den Euphrath, dessen Wasser häufige Stücke Asphalt mit sich fürte. Einige Reisebeschreiber gedenken dieses Flusses ebenfalls, und erzälen, daß die hiesigen Landeseinwoner die Tradition hätten, daß man das Erdpech zur Erbauung des babylonischen Thurms von da herbei geholet habe. S. Eldred in Hackluits Collection of Voyages. Vol. I. und le Voyage en Perse en année 1598. 1599. par un Gentilhomme de la suite du Seigneur Sherley in den Relations veritables et curieuses p. 150. Drei englische Meilen von der Stadt Hit oder Heit, in einem Thale, sind viele Quellen, (von den Arabern Oiun Hit d. i. Quellen von Hit genant) welche beständig Asphalt hervorsprudeln, mit einem Getöse, dem Laut der Schmiedeblasbälge änlich, das man eine englische Meile weit davon hört, daher dieser Ort von den Arabern auch Bab el Dschehennam, d. i. Höllenthor, Höllenpforte, genant wird. Das in dieser Gegend sehr häufig quellende Asphalt breitet sich über ein großes Feld aus, welches allezeit damit angefüllet ist, und wenn nicht öfters der Euphrat austräte, und das sich von Zeit zu Zeit sammelnde Erdpech mit wegschwemte; so würden nun schon viele große Berge von Asphalt in dieser Gegend empor gestiegen seyn: s. Balbi Viaggio dell' Indie orientale c. 4. und bey des de Brie India oriental. Vol. 7. — Das bekanteste und gewissermaßen berümteste Asphalt findet sich im todten Meer, oder in dem von diesem Erdpech sogenanten asphaltischen See. Noch ehe dieser See existirte, gabs, wie wir 1 Mos. 14. 10. finden, im Thal Siddim, welches zuvor an der Stelle dieses Meeres war, viele Asphaltgruben, oder Asphaltquellen. S. meine Bibel Th. 1. bey dieser Stelle. Und aus dem Untergange der Städte Sodom und Gomorra rc. erhellet, daß das ganze Thal Siddim unterirdisch ein ungeheurer Sammelplatz von Asphalt und Wasser gewesen sey. S. unten Siddim und Salzmeer. Und nach nach der Zeit, da das Thal Siddim, der Oberfläche nach, versunken, und zu einem kleinen Meer geworden ist, erzeugt der Boden dieses Meeres bis auf den heutigen Tag Asphalt in großer Menge. — Es steigt zu gewissen Zeiten des Jahrs (nicht immer,) wie schon Tacitus (B. 5. K. 6. „Certo anni bitumen egerit" etc.) bemerkt, und neuere Reisebeschreiber bestätigen, vom Grunde des Meeres. Arvieux (Voy. en Perse) meldet, daß das Meer, sonderlich wenn es vom Winde stark bewegt würde, das Erdpech aus und ans Ufer werfe. Bisweilen erscheint dasselbe in ungeheuer großen Klumpen auf der Oberfläche dieses Meers, und zwar wie Daniel, Abt des Klosters S. Saba, dem Jesuiten Nau erzälet, zuweilen in Stücken, so groß als ein

ein Schiff, welche vom Wind ans Ufer getrieben und daselbst bisweilen in viele Stücke zertheilt würden. Shaw (Reisen in die Barbarei und Levante. S. 300) schreibt: „Ich hörte, daß man das Harz (bitumen) weswegen dieser See allzeit berühmt gewesen ist, zu gewissen Zeiten von dem Boden des Sees, in großen Halbkugeln aufhebt, die, sobald sie die Oberfläche berüren, und die äußere Luft auf sie wirkt, auf einmal mit großem Rauch und Getöse bersten, wie das Pulvis fulminans der Chymisten, und sich in tausend Stücken theilen. Allein dies geschiehet nur an dem Ufer; denn in größern Tiefen glaubt man, daß sich die Ausbrüche in großen Säulen von Rauche zeigen, die man noch zuweilen von dem See aufsteigen sieht." — Von diesem aus dem See aufsteigenden Rauch, Nebel, oder Dampf, den einige in Zweifel gezogen, und gar geleugnet haben, reden viele Reisebeschreiber, deren Zeugnisse Hr. D. Büsching (neue Erdbeschreib. Th. 5. Abth. 1. S. 350 ff.) reichlich sammelt, welchen ich noch eins aus des Christoph Harant von Polschiz und Weseritz ziemlich unbekanten, aber zum Theil schätzbaren Reisebeschreibung (der christliche Ulysses Nürnberg 1678. in 4. mit Kupfern S. 272.) beifüge: „Es ist aber, (schreibt Harant) ein schrecklich und kläglich Ding, zu sehen, wie dieses Wasser stets einen schwarzen, stinkenden, ungesunden und zwar alle Tage bis auf den Mittag, sehr dicken, Nachmittag aber etwas hellern und subtilern Dampf und Nebel von sich giebt, wie wir es aus dem Berge Quarantena und von dem Oelberge augenscheinlich gesehen haben." — Diese Rauchsäulen oder Dämpfe sind, wie Hr. D. Büsching ganz warscheinlich vermutet, starke Ausbrüche des unterirdischen Feuers — und wol sonderlich aufgelöste Schwefeltheile. Denn das Asphalt ist, wie ich schon eben bemerkt habe, stark mit Schwefel vermischt, und Schwallart meldet ausdrücklich, daß der aus der See aufsteigende Rauch Erz und auch Silber schwarz mache — welches eine bekante Wirkung des Schwefels ist. Pokocke (Beschreib. des Morgenlandes. Th. 2. §. 46.) vermutet ebenfalls, daß das auf dem Boden der See dicke in Klumpen liegende Asphalt von unterirdischen Feuern in die Höhe gebracht werde, und diese Masse durch die Bewegung des Wassers von starken Winden zergehe. Auch Strabo (B. 16. p. 764.) redet von unterirdischem Feuer in dieser Gegend. — Das meiste Asphalt findet sich, wie dem Egmond van der Nyenburg versichert worden, auf der Südseite des Sees. — Die Araber sammeln es fleißig, und treiben einen beträchtlichen Handel damit. Nach des oben angefürten Harands von Polschiz Bericht S. 273. schaffen sie es mehrentheils nach Aegypten, welches wol nur von demjenigen Theil zu verstehen ist, der ihnen von ihrer starken Abgabe an Asphalt, die sie (nach Mas und Mariti, vergl. Büsching S. 347.) den türkischen Befehlshabern zu Jerusalem und Damaschk entrichten müssen, und welche auch selbst damit handeln, übrig bleibt. —

Da das Asphalt verkauft und gekauft wird: so kan man ganz natürlich daraus schließen, daß es unter die nüzlichen Erdprodukte gehöre. Und so ists auch. Schon in den ältesten Zeiten ward es statt des Kalchs oder Mörtels warm zum Backen gebraucht, wozu es, nach des Strabo (B. 16.) und Dio (B. 18. S. 783. Edit. Leuncl.) Berichten sehr bequem ist. Strabo, gleich in den auf die oben angefürte Stelle folgenden Worten, schreibt: Ex hoc arido bitumine glebae maximae concrescunt, perquam idoneae aedificiis, quae ex coctilibus lateribus fiunt. Und Dio versichert in der citirten Stelle, das Asphalt verbinde Backsteine zu einer größern Härte und Festigkeit, als Felsen und Eisen haben. Wir finden das Asphalt (חמר) welches Luther, der mit den Juden an eine Art von Leimen gedachte, fälschlich durch Thon übersezt,) schon beim babylonischen Thurmbau gebraucht, und zwar ganz wie Strabo den vortheilhaften Gebrauch desselben beschreibt, zur Verbindung gebranter Steine, Ziegeln, oder Backsteine, 1 Mos. 11, 3. — Nach der oben aus dem Justin wörtlich angefürten Stelle, ließ Semiramis auch die Mauern um Babylon aus Backsteinen mit Asphalt verbunden auffüren. Vitruv in der oben angefürten Stelle sagt eben das: „Quo bitumine et latere testaceo structum murum Semiramis Babyloni circumdedit." — Herodot (L. I 179.) Plinius (H. N. L. 7. c. 15.) und Diodor v. S. (B. H. L. 11. c. 3.) bezeugens ebenfalls. Lezterer erklärt, aus dem vielen Asphalt in der Gegend um Babylon, die Möglichkeit, wie daselbst so viele ungeheure Gebäude

— in so frühen Zeiten — haben aufgeführt werden können.

Ferner wird das Asphalt auch als Schiffpech gebraucht. Noch jetzo verpichen und theeren die Araber ihre Boote und Schiffe damit aus. S. Büsching a. a. O. S. 347. und Haranl von Polschitz a. a. O. S. 273. „So werden auch die Schiffe damit ausgepicht und vor der Fäule verwahret, weil es vor andern Pechen allein dazu tauglich ist,“ — schreibt der Letztere. — Man trägt das Asphalt wol zween bis drei Zoll dicke auf. Auf eben diese Weise verpichen die Araber ihre aus Palmzweigen gebauten Häuser damit. S. allgemeine Weltshistorie Th. 1. S. 306. Anmerk. *) — Zum Verpichen der Schiffe thut es sehr vorzügliche Dienste, weil es nicht nur kein Wasser ins Holz eindringen läßt, sondern auch dadurch noch an und für sich selbst der Fäulniß und den Würmern widersteht, wie ich unten bald weiter bemerken werde. Der Gebrauch des Asphalts zum Verpichen der Schiffe aus Papierschilf, in welchem Moses als Säugling auf den Nil gesetzt wurde, wurde schon mit Asphalt (Luther unrichtig: Thon) und Pech, oder Baumharz verpicht, 2 Mos. 2, 3. und ich zweifle nicht, daß unter derjenigen ungenannten Materie (denn Chofer ist ein Wort von genereller, unbestimmter Bedeutung — Ueberzug, Decke &c.) mit welcher das Schiff des Noah überzogen, oder verpicht werden sollte, 1 Mos. 6, 14. ebenfalls Asphalt verstanden werde; ob auch Baumharz zugleich? wie 2 Mos. 2, 3. Cedria? (Pech oder Harz der Libanonischen Ceder,) Fichten- Tannen- und Cypressenharz, das man noch heutiges Tags gemeiniglich zu Schiffpech braucht? — weis ich nicht. —

Das Asphalt wurde auch in Aegypten zum Einbalsamiren der Leichname gebraucht. — Das sagt Strabo (B. 16.), und zwar von dem Asphalt aus dem todtem Meer; und Joh. Rutdius (Comment. in Lucret. Bl. 635.) der bey genauer Untersuchung einer ägyptischen Mumie fand, daß sie mit Asphalt und Gewürzen ganz durchdrungen gewesen. Die Reisebeschreiber, z. B. Willamont, Moller, Harant von Polschitz S. 273. und der sorgfältige Beobachter Hasselquist (Reise nach Paläst. S. 551.) versichern ebenfalls. Die Perser behaupten noch jetzo, die Aegypter hätten zum Balsamiren ihrer Leichname weiter nichts, als duraberisches Bergpech (dafür nennt Strabo und die meisten übrigen erst angeführten Zeugen das Asphalt aus dem todten Meer,) gebraucht. S. Kämpfers Amoenit. exot. vergl. Fabers Anmerk. 69. zu Harmars Beobacht. über den Orient. Th. 2. S. 149. — Sonderlich soll viel Asphalt in die Köpfe der Leichname geschüttet worden seyn. S. Pokocks Beschr. des Morgenl. Th. 1. §. 44. S. 37. — Es ist nach Erwing ganz gewiß, daß das Asphalt der Fäulniß und den Würmern widerstehe, und in so fern gabs freilich ein Ingredienz zur Einbalsamirung der ägyptischen Leichname ab. Es ist auch andern Insekten zuwider; daher auch die Araber nach dem Mariti die Weinstöcke und Feigenbäume damit, nachdem sie es mit Oel vermischt, bestreichen, um die Insekten davon abzuhalten.

Nach dem Diodor von Sicilien (Bibl. Hist B. 2. C. 100.) bedienten man sich des in den Gegenden von Babylon so häufig quellenden Erdpechs, nachdem man es getrocknet, auch zur Feuerung statt des Holzes.

Nach dem Pokocke (a. a. O.) wird es auch häufig zu Wachslichtern gebraucht, auch unter Arzneyen gemischt, doch, wie ich vermuthe, nur zum Färben, ohne eigentliche medicinische Wirkung davon zu gewarten. Sonderlich wird außer verschiedenen Salben, der Schlagbalsam damit schwarz gefärbt. S. Lexikon aller Handlungen und Gewerbe Col. 1160.

Hasselquist (Reise nach Palästina S. 557. XII. Nr. 8.) sagt, es werde zu Damascht, zum Behuf der Wollenfärbereien verkauft; wobei er billig hätte bemerken sollen, in wiefern das Asphalt zum Wollefärben brauchbar sey, weil davon in Deutschland noch nichts bekant ist.

Ich schließe diesen Artikel mit einer Vermuthung über den hebräischen und arabischen Namen des Asphalts. Im Hebräischen heist es Hemar (חֵמָר) und im Arabischen Hommar (حُمَر). Beides vom Stammwort Hamar, welches unter andern roth seyn, roth werden &c. bedeutet. Dioscorides (B. 1. Kap. 100.) beschreibt das Erdpech roth — purpurfarbig. So unrichtig das ist, so warscheinlich ist mirs, daß es wenigstens bisweilen ins Röthliche falle. Denn so beschreibt auch der oben angeführte Moller das Erdpech. Wenns aber auch nur gar wenig röthelt: so konnte er im Hebräischen und Arabischen doch den Namen von der rothen Farbe bekommen, da in diesen beiden Sprachen der Esel, der im Orient der Farbe nach, auch aber ebenfalls nur gar wenig ins Rothe fällt, gleichwol auch von der rothen Farbe, und zwar von eben demselben Stammwort (Hemar), den Namen erhalten hat. — Soll aber das Asphalt nicht von der rothen Farbe (wenn man diese demselben ganz absprechen will,) den Namen Hemar oder Homar erhalten haben: so müßte man annehmen, daß es von dem Sühren, Kochen, Brausen, Sprudeln ꝛc. womit es an einigen Orten, z. B. in den Gegenden um Babylon, aus der Erde quillt, den Namen Hemar oder Homar erhalten haben. Denn das Stammwort Hamer hat auch jene Bedeutung! —

## Asphaltische See.

S. Salzmeer.

## Assa.

Ein Prinz und Thronfolger Abiams, Königs in Juda, regierte als dritter König über Juda ein und vierzig Jahre sehr löblich, 1 Kön. 15, 8 : 11. Matth. 1, 7. war ein Feind des Götzendienstes, und stieß auch seine (Groß) Mutter Maecha von ihrer Abgötterei ab. 1 Kön. 15, 12. 13. 14. 15. Suchte in Friedenszeiten durch Befestigung verschiedener Städte sein Land vor feindlichem Einfall zu verwahren, 2 Chron. 14, 6. 7. schlägt mit seiner ansehnlichen Armee, unter zuversichtlichem Vertrauen auf göttliche Hülfe, Serah, den Cuschiten, welcher wider ihn zu Felde zog, in die Flucht, V. 8 : 13. verbessert auf göttlichen Befehl den verderbten Gottesdienst, 2 Chr. 15, 8 ff. nam aus dem Tempel und der königlichen Schatzkammer Gold und Silber, um damit den König zu Syrien in seine Allianz wider den König in Israel zu ziehen; 1 Kön. 15, 18. 19. 2 Chron. 16, 2. 3. wird deshalben von dem Propheten Hanani bestraft, welchen er aber davor ins Gefängniß legen ließ. V. 7 : 10. Sucht bey seiner Krankheit an Füßen, an welcher er endlich auch stirbt, nicht Hülfe bey Gott, sondern nur bey den Aerzten, V. 12. 13. sein Sohn Josaphat ward König an seine Statt. 1 Kön. 15, 24. 2 Chron. 17, 1.

## Assaph.

1) Ein Levit der Linie Gersoms, 1 Chron. 7, (6) 39 — 43. der, nebst Heman und Ethan oder Jeduthun seit Davids Einrichtung des Gottesdienstes auf Zion, das Direktorium der heiligen Kapelle ausmachen, d. i. diese drei Männer, deren jeder von einem andern Sohn des Levi abstammte, (1 Chron. 7, (6) 33 : 47.) waren die von David verordneten Vorsteher und Direktoren der gottesdienstlichen Musik, 1 Chron. 16, (15) 19. Kap. 17, (16) 37. 41. 42. Daher sie 1 Chron. 26, (25) 1. Propheten mit Harfen, Psaltern und Cymbeln genant werden; d. i. die heiligen Sänger und Instrumentenspieler — im vorzüglichen Sinn. (S. meine Bibel Th. 2. bey 1 Sam. 10, 5. g) und Th. 1. bey 4 Mos. 11, 25. F) — Assaph war unter den drei Musikdirektoren der erste, nicht nur weil er von dem ältesten Sohne des Levi abstammte, (Heman aber erst vom Zweiten und Ethan oder Jeduthun vom Dritten,) sondern vielleicht auch seiner vorzüglichen Talente wegen. Daher es auch 1 Chron. 26, (25) 2. heißt, er habe bey dem König d. i. unter der unmittelbaren Direktion des Königs Davids geweissagt, d. i. gesungen, gespielt, und die gottesdienstliche Musik subdirigirt. Er bekam vom Könige die unmittelbaren Befehle, die Lieder, die gesungen und gespielt werden sollten, nebst den übrigen Verordnungen, und dann dirigirte er mit den ihm zugegebenen beiden Condirektoren, Heman und Ethan, die Auf- und Ausführung. — 2 Chron. 29, 30. wird Assaph der Schauer, nämlich des Königs — d. i. sein Rathgeber, und zwar in gottesdienstlichen Dingen (s. 1 Chron. 26, (25) 5. 2 Chron. 35, 15.) genant. Es folgt von selbst daraus, daß Assaph ein Mann von vieler Einsicht gewesen seyn müsse; und daß er ein Mann von gebildetem Geschmack und vielem Genie war, lehren seine Gedichte, die ihm wenigstens dem größern Theil nach nicht abgesprochen werden dürfen, da er 2 Chron. 29, 30. deutlich genug Verfasser von Gedichten genant wird. Den Ueberschriften nach ist Assaph Verfasser des Psalm 50 und Ps. 73. 74. 75. 76. 77. 78. 79. 80. 81. 82. 83. Allein der Psalm 74. ingleichen Psalm 77. 80. 81. sind gewiß nicht von ihm. (S. meine Bibel Th. 4. bey diesen Psalmen). Diese Psalmen für weissagend auf die Zukunft zu halten, und ihnen auf diese Weise den Assaph als Verfasser zu lassen, wie einige thun — — ist, meines Bedünkens, eine Ausflucht, die nichts nützt. Der Psalm 74 und 79. scheinen den Propheten Jeremias zum Verfasser zu haben. S. m.

Bibel

Bibel Th. 4. bey diesen beyden Psalmen. Wie es übrigens gekommen, daß die vier Psalmen (74. 79. 80. 81.) auch dem Assaph zugeschrieben worden, mag ich nicht zu errathen. —

2) Der Vater des Kanzlers, oder vielmehr Historiographen Joah. 2 Kön. 18, 18. —

3) Der Forstmeister, Waldinspector des Königs Artaxerxes Longimanus in Palästina. Nehem. 2, 8. Vermuthlich hauptsächlich über den Wald auf dem Gebirge Ephraim, vielleicht auch über den Libanon. —

## Assaremoth.

Bis dahin verfolgte Judas die bey Emaus geschlagenen Syrer. 1 Macc. 4, 15. — Der Name ist aber verdächtig. Die Leseart Γαζηρῶν ist wol die richtige. Gazara oder Gefer (Jos. 16, 10. Richt. 1, 29.) schickt sich nicht nur der Lage nach sehr gut, sondern es hat auch Joseph diese Leseart, (ἕως Γαδαρῶν, wie einige Exemplaria haben, soll offenbar Γαζηρῶν heissen) und der Syrer hat die Leseart ebenfalls.

## Assarhaddon.

Sanheribs, Königs von Assyrien Sohn und Thronfolger, nachdem sein Vater Sanherib von seinen beiden Söhnen, Adramelech und Sarezer, Assarhaddons Brüdern, im Tempel seines Gottes Nisroch, nach dem unglücklichen Feldzug wider die Juden, ermordet worden war, und Adramelech und Sarezer flüchtig werden mußten, 2 Kön. 19, 37. — Er schickte eine Armee wider Juda zu Felde; seine Generals nahmen den König Manasse gefangen, und schaften ihn in Ketten gebunden nach Babel. 2 Chron. 33, 11. — Nach der Meinung der Verfasser der allgem. Welthistorie Th. 3. §. 615. S. 606. kam Manasse erst unter Assarhaddons Sohn und Nachfolger Saosduchinus oder Saosduchäus wieder los. Nach Baumgarten aber (a. a. O. Anmerk. 403.) noch unter der Regierung des Assarhaddons selbst, und zwar bald nach seiner Gefangennehmung, welches, wenn auch nicht das alles gegründet seyn sollte, was Baumgarten schreibt, aus der Nachricht 2 Chron. 33, 11. 13. ganz warscheinlich wird, man müßte denn sagen, der Verfasser des andern Buchs der Chronik schreibe außerordentlich kurz. — Assarhaddon machte auch die Prophezeihung Jesaiä wahr K. 7, 8. „daß Ephraim (d. i. Israel im engern Verstande) „binnen fünf und sechzig Jahren kein Volk mehr seyn sollte;" (nämlich vom Anfang der Regierung des Königs Ahas an gerechnet). Denn Assarhaddon verdrängte den Namen Israel aus dem von diesem Volk bewonten Lande, indem er, wie warscheinlich, die noch im Lande übrigen beträchtlichen Familien wegführte, und wie aus 2 Kön. 17, 2 ff. vergl. mit Esr. 4, 2. 10. klärlich erhellet, das Land mit fremden Kolonien besetzte. Ich bin nun überzeugt, daß die fremden Völker als Kolonien nicht eher als unter Assarhaddons Regierung nach Samaria geschickt worden. Denn Esr. 4, 2. 10. gedenken die Kolonisten keines andern Königs, der sie nach Samaria geschickt, als des Assarhaddon, oder Asnaphar; und 2 Kön. 17, 25. erfuhren die Kolonisten gleich anfänglich, als sie anhuben, daselbst zu wonen, (wie Luther dem Sinne nach ganz richtig übersetzt) die Löwenplage, welche eine lange vorhergegangene Entvölkerung des Landes, wodurch das Löwengeschlecht, ohne von zalreichen Einwonern wie vormals, vermindert, überhand nam, und das Land unsicher machte, voraus sezt; und da der König von Assyrien nach 2 Kön. 18, 24. unter andern auch eine babylonische Kolonie nach Samarien schickte: Babylonien aber erst unter Assarhaddon an Assyrien kam: so kann der König, der die Völker nach Samarien verpflanzt, kein andrer als Assarhaddon gewesen seyn. Hieraus bitt ich das, was ich in Th. 3. meiner Bibel bey Esr. 4, 2. e) K. 9. c) geschrieben habe, zu verbessern. — Indem also Assarhaddon das vormalige Reich Israel mit neuen Kolonien besezte, verdrängte er den Namen Israel vollends aus dem Lande der zuvor doch noch auf dem wenigsten zurück gebliebenen israelitischen Familien, die das meiste Land noch inne hatten, hafrete, und erfüllte dadurch die Weissagung des Propheten (Jes. 7, 8.) Denn bis dahin waren von der Zeit an, da der Prophet weissagte, gerade fünf und sechzig Jahre verflossen. — Assarhaddon wird von den Kolonisten in einem Schreiben an den König Arthasastha (Pseudosmerdis) Esr. 4, 10. Asnaphar und zwar der große und berühmte oder edle Asnaphar genannt, aus welchem schmeichlerischen Titel erhellet, daß er sich den Ruhm eines großen Königs und tapfern Generals erworben haben müsse. S. Asnaphar. Seine Macht erhielt auch durch das Königreich Babylon einen sehr ansenlichen Zuwachs; und nach der Meinung einiger Geschicht-

schrei-

schreiber, und insbesondere der Verfasser der allgem. Welthistorie (Th. 3. §. 634. S. 604 f.) war Esr, der Aegypten und Aethiopien bezwang, und die berühmte Phillisterstadt Asdod eroberte, (Jes. 20, 1 ff.) welches jedoch so gewiß noch nicht ist, als die Geschichtschreiber glauben. Assarhaddons Reich war groß und unleugbar grösser, als es zur Zeit seiner Vorfaren gewesen, ob gleich nicht so groß, als es Isaac Newton (Chronolog of Anc. Kingd. amend. p. 283.) macht. Wenigstens Medien (welches sich schon dem Joche seines Vaters entzogen hatte,) und Armenien, (wohin, als in ein fremdes Land — Assarhaddons Brüder, als Vater- und Königsmörder flohen, 2 Kön. 19, 37.) gehöreten nicht mit zu seinem Reiche.

Wenns Assarhaddon nicht war, der Aegypten und Aethiopien bezwang und Asdod eroberte (s. oben): so kann auch der assyrische König Sargon Jes. 20. nicht Assarhaddon seyn. —

## Asser. Aser.

Der achte Sohn Jakobs, mit der Silpa, der Lea Magd, erzeugt. 1 Mos. 30, 12. 13. K. 35, 26. Er zeugte wieder vier Söhne: Jemna, Jesua, Jesvi und Bria und eine Tochter Serah, (1 Mos. 46, 17. 1 Chron. 8, (7) 30.) Der zweete Sohn Jesua oder Jeswa scheint frühzeitig und ohne Kinder, wenigstens ohne Söhne, gestorben zu seyn. Denn 4 Mos. 26, 44. wird er nicht wieder erwänt. Assers Tochter, Serah, hingegen muß ausnemend viele Kinder geboren haben, weil sie immer so sorgfältig mit aufgezält wird. Die Nachkommenschaft des Asser oder der Stam Asser, und zwar nur die streitbaren, oder zum Kriege tüchtigen Männer — oder gute Soldaten darunter belief sich nach 1 Chron. 8, (7) 4. auf sechs und dreißig tausend; nach dem Auszug aus Aegypten in der Wüste Ein und vierzig tausend und fünfhundert, 4 Mos. 1, 40. 41. K. 2, 27. 28. und kurz vor dem Einzuge ins Land Canaan, im moabitischen Gefilde, drey und funfzig tausend vier hundert. 4 Mos. 26, 47. — Diesen Stam traf bey der Austheilung des Landes Canaan, das fünfte Loos, (Jos. 19, 24.) durch welches er den schmalen Strich Landes längst der phönizischen Küste, der gegen Süden an den diesseitigen Canton Manasse (Jes. 17, 10.) gegen Osten an Naphthali, Sebulon und Isaschar gränzte. Die nördliche Gränze war Sidon, wie ich unten warscheinlich zu machen gedenke; und die westliche Gränze scheint natürlicher Weise das mittelländische Meer gewesen zu seyn, welches auch gewönlich dafür gehalten wird; allein die Gränzenbezeichnung dieses Cantons Jos. 19, 25-30. scheint die äusserste Küste oder das Phönicien der alten Geographen auszuschliessen. Denn nach dieser Gränzenbezeichnung gränzte das Land des Stammes Asser, wie es scheint, nur beim Berge Carmel und bey Achsib ans Meer. V. 26. 29. — Wäre wirklich durchaus das Meer die westliche Gränze des Cantons Asser gewesen, so würde die mühsame Gränzenbezeichnung und die Bemerkung, daß der Canton Asser in der Gegend des Carmels und von Achsib ans Meer gegränzt habe, sehr überflüßig seyn. Es würde dann wol vielmehr geheissen haben, wie es Jos. 15, 12. vom Canton Juda hieß, „seine westliche Gränze machte das große Meer." — Ohngefär so urtheilt Hr. R. Michaelis in seiner Anmerkung zu Jos. 19, 24. S. 51. f. Er sezt hinzu: „Ich glaube also, Sidon und Tyrus sollen nicht mit zum Stamme Asser gehören, sondern seine Gränze soll neben ihnen im Gebirge herlauffen, sie selbst aber und ihre Küste den Canaanitern verbleiben: wie wir denn auch nirgends finden, daß die Israeliten Tyrus und Sidon erobert, oder auch nur einen Versuch dazu gemacht haben, vielmehr sind David und Salomon mit dem Könige von Tyrus, Hiram, aufs genaueste verbrüdert." — Allein daß Sidon, die Hauptstadt dieser Küste, dem Stamme Asser wirklich mit zugetheilt worden seyn müsse, ist aus Richt. 1, 31. wo über den Stam Asser geklagt, oder es ihm zum Fehler angerechnet wird, daß er unter andern auch die Sidonier nicht vertrieben habe, unwidersprechlich gewiß. — Und so mag sichs dann auch mit Tyrus verhalten haben. Hr. Ritt. Michaelis bemerkt zwar aus dem Joseph, daß Tyrus erst 240 Jahr vor Erbauung des Salomonischen Tempels, also 291 oder gar 300 Jahr nach Josuä Tode gebauet worden; allein das kan gleichwol bestehen, und doch schon zu Josuä Zeit eine Festung Tyrus (welches Hr. Michaelis selbst bekennt,) existirt haben. Eine Festung, vielleicht nebst nur einigen wenigen Häusern, und diese wird Jos. 19, 29. Eir mibzar Zor (עיר מבצר צור) ohngefär wie die Festung Zion Eir David (עיר דויד) genennt. (Das עיר darf uns also nicht irre machen,

und

und uns an eine schon wirkliche Stadt erinnern, eben so wenig, als Zion eine eigentliche Stadt war, und doch עִיר genannt wird!) — Lange nach Josuä Tode ward aber auch noch eine wirkliche Stadt gebaut, die denselben Namen Zor von der alten Festung Zor erhielt. Und das sagt Joseph! — Von der viel jüngern Stadt Tyrus ist freilich die Rede nicht, sondern von der Festung Tyrus (עיר מבצר צר) — welches Hr. Ritt. Michaelis sehr unbequem und ohnfehlbar falsch durch: „die Stadt bey der Festung Tyrus" übersetzt. — Wer wird so sprechen? Weder der Hebräer noch der Deutsche! Beide nennen ihre Städte mit ihren gehörigen Namen. Hatte aber vielleicht die vorgebliche Stadt bey der Festung Tyrus keinen Namen? — das wäre sonderbar! —— Daß die Israeliten und insbesondere die Asseriten, weder Tyrus noch Sidon jemals erobert und in Besitz bekommen haben, komt gar nicht in Betracht. Die Schuld lag an ihnen selbst, daß sie sich nicht Mühe genug gaben, und nicht herzhaft genug waren, sich in den Besitz dieser Städte zu bringen. Die Frage ist nur, ob diese beiden Städte den Asseriten wirklich zum einstigen Besitz bestimt und zugetheilt worden? — Und das ist aus dem Obigen offenbar! — Aber warum heißts Jos. 19, 25 ff. nicht wie Kap. 15, 12. von Juda, „die westliche Gränze macht das große Meer!"? — Warum wird die westliche Gränze des Cantons Asser so mühsam beschrieben, beinahe als wenn sie nicht ans Meer, sondern an Land gränzte? — So — mühsam ist die Bezeichnung der westlichen Gränze dieses Cantons nicht! Es werden nur drei der wichtigsten Städte an der Küste: Sidon, Tyrus und Achsib (nebst noch einem Paar andern unterwegs, die damals gleich berühmt gewesen seyn mögen,) statt der allgemeinen westlichen Gränze des Meers genant. — Das stand doch dem Gränzenbezeichner gewiß frei, und war in der That ganz willkürlich, ob er zur westlichen Gränze mit Einem Worte das Meer setzte, oder aber die an der Küste liegenden berühmten Städte, deren Namen noch bey weitem mehr schmeichelten, als das Wort Meer! — Ich verstehe die Begränzung des Cantons Asser, Jos. 19, 25–30. so: „die Gränze der Asseriten fieng auf der südöstlichen Ecke bey Helkath an, lief von hier nordwärts nach Hali, Beten, Achsaph, Alamelech, Amead, (Gamgad) Misal; stieß von hier an den Carmel, (folglich ans Meer und an Sihor-Libnath (oder den Fluß Belus); hierauf wandte sie sich wieder rückwärts nach Osten, (und zwar) nach Beth-Dagon,, und stieß an Sebulon und an das Thal Jephthah-El, nach Norden hin an Bethemeck, Negiel und lief dann weiter nördlich über Cabul hinweg nach Ebron, Rehob, Hamon, Kana bis zur Hauptstadt Sidon, (das war also die nördliche Gränze! denn nun gehts wieder rückwärts gegen Süden, nur aber auf der andern oder Westseite am Meer)." Von hier wandte sich die Gränze wieder rückwärts nach Rama, bis nach der Festung Tyrus, und dann noch weiter rückwärts nach Hosa, und lief so immer in dem Striche am Meer (an der Küste — s. Zeph. 2, 5.) fort nach Achsib, Umma, Aphek, Rehob. —— Und nun sind wir wieder bey Helkath, der südöstlichen Spitze des Cantons Asser, wo wir ausgegangen waren! — Wer die Stelle anders übersetzt, übersetzt vermuthlich nicht recht. Es prüfe jeder Sprachkenner meine Uebersetzung! — Man hat übrigens wol zu beherzigen, daß nicht alle die genanten Oerter wirkliche Städte gewesen, sondern auch wol verschiedene — blos Dörfer, die aber eben sowol bey der Gränzenbestimmung genant werden konnten, als Städte, wenn sie nur wirklich auf der Gränze lagen und bequeme Marken abgaben. Wir dürfen uns also nicht wundern, daß in Summa (V. 30.) weniger Städte gezält werden, (nur 22.) als bey der Gränzbezeichnung Ortschaften genant sind. Ja es sind nicht einmal alle Städte genant worden. Denn nach Richt. 1, 31. waren auch noch drei Städte, die Jos. 19. nicht vorkommen, Acco, (nachher Ptolemais) Achlab und Chelba dem Stamme Asser zugetheilt. — Die Zal 22 (Jos. 19, 30.) begreift also nur die sämtlichen eigentlichen, oder wirklichen Städte des Stammes Asser, ohne Rücksicht darauf, ob sie bey der Gränzbezeichnung genant worden oder nicht!

Jakob in seinem prophetischen Segen (1 Mos. 49, 20.) sagt vom Asser: „Vom Asser komt Fett, seine (gewöhnliche) Speise; Er versieht königliche Tafeln damit;" d. i. Asser wird einst in seinem Canton die besten Landesprodukte bauen, nicht blos zur Nothdurft für sich, sondern überflüßig — daß er den Ueberfluß für königliche Tafeln (so gut und vorzüglich werden seine Landesprodukte seyn!) verkaufen wird. — Die

Küste,

Küste, die der Stam Asser vom Lande Canaan zugetheilt bekam, war auch in der That sehr fruchtbar, und bestand nicht nur aus einer anmutigen und sehr tragbaren Ebene am Meere, sondern auch aus fruchtbaren Bergen und Thälern, die Getreide, Wein und Oel in Menge lieferten. Die Reisenden rühmen noch heutiges Tages (wo doch ganz Palästina seiner ehemaligen Fruchtbarkeit nicht zu vergleichen ist,) diese Küste als ganz besonders fruchtbar.

Moses in seinem prophetischen Segen (5 Mos. 33, 24. 25.) spricht: „Gesegnet unter den Söhnen ist Asser;" (unter seinen Brüdern durch ein sehr vorzügliches Erbland ganz besonders beglückt.) — — „Er tunke in Oel seinen Fuß," (d. i. wird Oel — herrliches Olivenöl — in solcher Menge bauen, daß ers nicht achten, verschätzen und drein treten wird.) — „Eisen und Kupfer müssen deine Schlösser — seyn" — deine Schlösser und Riegel zur Verwarung der Thore. Diese pflegen im Orient aus Holz zu seyn. Allein die Schlösser und Riegel der Asseriten werden von Eisen und Kupfer seyn, d. i. seine Macht sich in seinem Wolstande zu erhalten, vorzüglich — seine Stärke fest — unüberwindlich! — das alles durch seinen Wolstand, den ihm sein fruchtbares Land gewärt. S. meine Bibel Th. 1. bey diesen Stellen.

### Asser oder Aser.

Zwischen den Stämmen Ephraim und Manasse, wird ein gewisser Ort Aser genent, wie aus der Grenzbeschreibung Jos. 17, 7. zu ersehen. Denn die Grenze von Manasse gieng von Ascherbis nach Michmathath. Eusebius und Hieronymus (Onomast ad voc. Aenn) beschreiben dieses Airr, als eine Stadt im Stamme Manasse, nämlich also: „Es sey zu ihrer Zeit daselbst ein Flecken zu sehen gewesen, der Aser geheissen, und an der öffentlichen Landstraße von Neapolis nach Scythopolis 15 römische Meilen von der ersten dieser Städte gelegen habe." In der alten Jerusalemischen Reisebeschreibung wird sie eben so, und zwar 6 Meilen von Scythopolis angegeben. Auch soll Hiob, nach der Meinung des Verfassers dieser Reisebeschreibung ein Landgut daselbst gehabt haben.

### Assen.

Eine Stadt in Mysien, oder genauer in Troas, oder Kleinphrygien, am ägäischen Meere, ehmals Troas. Apostg. 20, 13. — Nach Luthers Uebersezung komt die Stadt auch Apostg. 27, 13. vor. Allein da ist Assen nicht der Name eines Orts, sondern ein Adverbium, (ἄσσον prope propius) „(da) löseten sie die Anker und segelten nahe (näher) an Creta hin."

### Assur.

Der zweite Sohn Sems, 1 Mos. 10, 22. 1 Chr. 1, 17. d. i. das zweite von Assur abstammende Volk, welches aber vermutlich einen Sohn Sems, Namens Assur zum Stammvater hatte. Oder: Assur war der zweite Sohn Sems, und zugleich Stammvater eines nach ihm benanten Volks — Assur, d. i. der Assyrer. — Assur mit seiner Familie, oder dem Urstof des von ihm herkommenden in der Folge so berümt gewordenen assyrischen Volks, war es, der den berümten babylonischen Thurmbau in Sinear, aus der Absicht, um sich in dieser Gegend niederzulassen, und sich einen steten Wonsiz zu verschaffen rc. unternam. Durch ein Gewitter (das sie für ein Zeichen göttlichen Unwillens über ihr Unternemen ansahen, zumal wenn es, wie warscheinlich, an ihrem Thurme etwas beschädigt haben mochte,) geschreckt, verließ dieser Urstof der Assyrer die Gegend Sinear, und wandte sich in die jezige Gegend, welche in der Folge durch sie unter dem Namen Assyrien bekant und berümt ward, und baute Ninive, Rechoboth-Ir (Adiabene) und Caloh (Chera) — Nach Sinear aber, das Assur verlassen hatte, wandte sich Nimrod, und baute außer Babel noch drey Städte, und legte dadurch den Grund zu dem in der Folge gleich berümten babylonischen Reiche. Das alles ist so deutlich und ausdrücklich 1 Mos. 10 und 11. gesagt, daß mir die Verlegenheit, in welcher sich die Ausleger sonderlich bey 1 Mos. 10, 10. 11. befunden, unbegreiflich ist. Ich verweise auf meine Erläuterung dieser Geschichte in meiner Bibel Th. 1. bey 1 Mos. 10, 10. 11. S. 18. 19. und bey Kap. 11, 1–9. S. 90–92. und in meiner besondern Abhandlung über diese Geschichte, unter dem Titel: Gedanken über den babylonischen Stadt- und Thurmbau. Hildburghausen 1774. 8. — Die weitere Geschichte von Assyrien, in so fern sie in Ansehung der Bibel interessant ist, s. am gehörigen Orte unter Assyrer. Assyrien. —

### Assuri.

Ueber Gilead, Assuri, Jesreel, Ephraim und Benjamin über ganz Israel (im engern Verstande, den Stamm Juda ausgenommen,) machte Abner, Sauls Generalfeldmarschall, Sauls Prinzen, Isboseth, zum König. 2 Sam. 2, 8. 9. — Statt Assuri will Hr. R. Michaelis lesen Gessuri und die Landschaft Gassur, jenseits des Jordans darunter verstehen. Allein dieses Landschäftchen war wol zu unbeträchtlich; als daß es hier noch besonders hätte genannt werden sollen, da das sämtliche Land jenseits des Jordans schon unter dem Namen Gilead begriffen ist. — Das chiene versteht unter Assuri die Einwoner der Stadt Asser darunter. S. Asser. Allein an diese hat man wol am wenigsten zu denken. Die Stadt Asser war viel zu unbedeutend, als daß sie unter ganzen großen Provinzen und Cantons: Gilead, Jesreel (d. i. die beiden Cantons Isaschar und Sebulon), Ephraim und Benjamin hätte genannt werden können. — — Assuri sind ohne Zweifel die Asseriten, der Stamm Asser. —

### Assyrer. Assyrien.

Die Assyrische Geschichte ist äusserst verworren, ungewiß und nicht nur die hebräischen (der Bibel) und die griechischen Nachrichten (bey Profanscribenten,) sondern auch die lezteren sogar unter einander selbst so wenig übereinstimmend, so offenbar widersprechend, so unglaublich — daß auch für die Vernunft, bey noch so viel denkenden Köpfen, die an der Vereinigung, Berichtigung rc. der ganz zahlreich übrigen Materialien arbeiten, zu einer nur einigermaaßen zusammenhängenden Geschichte von Assyrien gar wenig Hofnung ist. — Das wenige zuverläßige von der Assyrischen Geschichte sagt uns die Bibel. An der Zuverläßigkeit dieser Urkunde wird wol niemand zweifeln, da sie im Oriente, in der Nähe von Assyrien, geschrieben wurde, und die Nachrichten in ihr nur ganz einzeln und zerstreut vorkommen, nemlich da, wo die Assyrische Geschichte in die vaterländische Geschichte verwebt war. — Mit den Nachrichten der Griechen, denen Assyrien ein fremdes Land war, dessen Geschichte sie nicht aus ächt-orientalischen Urkunden schöpften, als welche, wenn sie auch dergleichen gehabt hätten, zu verstehen oder verstehen zu lernen, ihnen die Sprache Orients zu unedel und barbarisch war — die, als die Chineser der Vorwelt, andern Völkern außer sich, und die morgenländischen mehr sondere, mit verächtlichen Augen ansahen, sich also auch nicht in Ansehung ihrer Geschichte sonderliche Mühe gaben, mit Hörensagen zufrieden waren, morgenländische Namen nationalisirten, und — oft gar sehr — verstellten rc. — — verhält sichs gar anders! — Eine ausfürliche kritische Geschichte von Assyrien zu schreiben, wäre wider den Plan dieses engbegränzten Werks. Also nur das für uns Interessante und Wahre aus der lautersten Quelle der Bibel! —

Assyrien und die Assyrer haben ihren Namen von ihrem ersten resp. Stammvater und Bevölkerer, dem Assur, Sems zweiten Sohn. S. Assur. Ich habe daselbst schon bemerkt, daß Assur mit einem großen Theile der Noachischen Familie, sich eigentlich in Sinear, auf der Westseite des Tigris, habe niederlassen und anbauen wollen; daß Er den berühmten babylonischen Stadt- und Thurmbau unternommen, aber, vom Himmel geschreckt, die Hand abgelassen, Sinear verlassen, und — jenseits des Tigris — ausgeführt habe, was er diesseits des Stroms Willens war. Assur baute jenseits des Tigris vier Städte: Ninive, (doch diese noch am diesseitigen Ufer,) Rehoboth-Ir, Calah und Resen. (S. von jeder unten am gehörigen Orte besonders.) 1 Mos. 10, 11. 12. — Und diese vier Städte waren die Grundlage des in der Folge mit Recht und Unrecht so berühmt gewordenen assyrischen Reichs. Assur (wenn anders unter diesem Namen wirklich eine Person, ein Sohn des Noah 1 Mos. 10, 22. 11. und nicht gleich ein kleines von ihm abstammendes Volk zu verstehen ist,) war also der Stifter des assyrischen Reichs, und, wenn ich so reden darf, der erste assyrische König. Diejenigen, welche den Nimrod zum ersten — König von Assyrien machen, sündigen wider 1 Mos. 10, 10. 11. sehr grob. Nimrod wird daselbst sehr deutlich Stifter eines von Assyrien verschiedenen Reichs genannt — Stifter von Babylonien. — Hier, diesseits des Tigris, herrschte — Nimrod über seine vier Städte rc. und jenseits des Tigris Assur, über die seinigen. — Assur, der nun wol der Feind des Erstern seyn mag, eroberte nach Nimrods Tode, wie die Sage lautet, Nimrods Reich — in Sinear. — Ninus, Semiramis, Ninyas und die 37 übrigen Könige bis auf den Thonos Concoleros, oder Sardanapalus — die Syncell aufzält, besaßen nicht nur beide Reiche, sondern sie waren nach des Ctesias von Cnidos und anderer Profanscribenten romanhaften Erzälungen Herren von Asien. — So wenig ich leugnen will, daß Assyrien und Babylonien in Ein Reich vereinigt, nach dem Assur oder Belus, noch einen Ninus (der vermutlich der von seinem Vater Assur erbauten Stadt Ninive den Namen lieh, wie etwa Hanoch, Kains Sohn, der von seinem Vater erbauten — Stadt, 1 Mos. 4, 17.) eine Semiramis (die Babylon gar wol mit Mauern versehen, erweitert und befestigt, und wie auch Ninus noch andere Thaten gethan haben mag, die zu ihrer Zeit für außerordentlich gehalten worden,) einen Ninyas und bis auf den Sardanapal noch 37 Könige gehabt habe, (denn es ist gar nicht warscheinlich, daß Assyrien nach seines Stifters Tode aufgehört haben sollte, ein Reich zu seyn, und etwa zu Phuls Zeit, welcher der erste eigentliche assyrische König ist, der in der Bibel namentlich vorkomt, erst zu einem Reiche gediehen seyn sollte,) — so wenig ich das alles leugne, so offenbar abgeschmackt und falsch ist es, wenn nach dem Ctesias von Cnidos und andern Profanscribenten, Assyrien in so frühen Zeiten seine Herrschaft über den größten Theil von Asien erstreckt, — Ninus, an der Spitze eines Heers von Millionen Menschen, — zu einer Zeit, wo das Menschengeschlecht noch so wenig zalreich war, den ganzen Orient, diesseits und jenseits des Euphrats bezwungen, und die Heldin Semiramis ihr Reich von Mohrenland bis an Indien ausgebreitet haben soll. — Die wenigen einzelnen aber treuen Spuren von der alten assyrischen Geschichte in der Bibel, vernichten die Mähre der Profanscribenten ganz. Davon hernach! —

Dionysius von Halicarnaß (Antiq. Rom. libr. 1.) schreibt, seiner Art nach, bescheidner und glaubwürdiger von dem ganz alten assyrischen Reiche, als der entweder sehr leichtgläubige, oder sehr unverschämte Arzt von Cnidos, Ctesias. Nach jenem hatte das assyrische Reich anfänglich sehr enge Gränzen. — Die alten Erdbeschreiber theilen Assyrien sieben Provinzen zu, die sie Arrapachitis, Sitacene, Adiabene, Apolloniatis, Calacene, Chalonitis und Arbelitis nennen. Allein das ist Assyrien schon in ziemlich spätern Zeiten und in sehr weitläuftigem Verstande, (und auch hier gleichwol noch drei Provinzen zu viel!) und doch machen diese sämtlichen Provinzen, nach Joh. Dav. Köhlers Charte (Asl. maj. geograph. antiq.) wo sie doch gewiß zu groß angegeben, nicht über neunzig deutsche Meilen in der Länge. Allein das eigentliche Assyrien oder Asorien im engsten Verstande, ist Adiabene, heutiges Tags von den Syrern Zabd und von den Arabern Zuabja genant, und von den Budgilanischen Kurden bewohnt, die unter Zelten leben und das Land bauen; die Gegend auf der Ostseite des Tigris, zwischen dem großen und kleinen Fluß Zab, die beide in den Tyger fließen. Ein Ländchen, nicht über funfzehn Meilen lang. — Zab, Zeb (זאב) heißt der Wolf; Arabisch und Syrisch Dib (ذيب — ܕܐܒ oder ܕܝܒܐ) und dieser Name ward dem Fluß, seines schnellen Laufes wegen, wodurch er gefärlich und ein Räuber vieler ihm zu nahe kommenden Menschen wird, zu Theil. (Ein Name den man auch den räuberischen Arabern giebt.) Die Griechen haben den Namen des Flusses Zab, Zeb, oder Dib nur übersetzt, und ihn auch in ihrer Sprache den Wolf λύκος — Lycus genant. — Die Syrer nanten, seines schnellen und gefärlichen Laufs wegen auch Chaddib, oder auch Chatjab (ܚܕܝܒ oder eigentlicher der Ableitung nach ܚܕ ܕܐܒ). Daher der Name der zwischen den beiden Zabs, Dibs, oder Chadjabs (Hadjabs, Adjabs) gelegenen Landschaft Adiabene. Mit Recht wird auch noch Ninive (denn Arbela, jetzt Arbel, Erbil oder Irbil genant, lag ohnehin zwischen den beiden Flüssen Zab,) dazu gerechnet, (1 Mos. 10, 11.) obgleich diese Stadt nach dem Plinius (Nat. Gesch. B. 6. Kap. 13.) auf der Westseite des Tigers lag, und zwar nach der Tradition der Landeseinwoner, auf dem Platz, wo jetzt noch Trümmer von Eski-Mosul, oder Altmosul zu sehen sind. S. Hrn. D. Büschings Asien S. 236. (bei 2ten Auflage) und Niebuhrs Verbesserungen S. 625. vergl. mit Hrn. Rit. Michaelis Vorrede zur andern Hälfte seiner Uebersetzung des Jesaia. —

Schon das gänzliche Stillschweigen der Bibel in der Geschichte Abrahams und Jacobs von einem assyrischen Monarchen, der den Orient dießseits und jenseits des Euphrats beherrscht habe, (zunächst und am natürlichsten also auch Mesopotamien, —) macht die Existenz eines so großen assyrischen Reichs, in jenen Kinderjahren der Welt, wie es die Profanscribenten beschreiben, äußerst verdächtig und unwahrscheinlich; noch mehr aber die Geschichte des in der Bibel zuerst vorkommenden Kriegs, 1 Mos. 14. — Wir finden da vier Könige: Amraphel von Sinear, Arioch von Elassar, Kedorlaomer von Elam, und Thideal, König der Gojiten. — Sinear ist das bekannte Sinear, in welchem Assur zuerst sich anbauen wollte, aber — vom Himmel geschreckt, die Gegend verließ, und sich weiter gegen Osten wandte, — das Sinear, das darauf Nimrod durch vier erbaute Städte sich eigen machte, und daselbst den Grund zum babylonischen Reiche legte, 1 Mos. 10, 10. Nach den Berichten der Profanscribenten kam Nimrods Reich, nach dem Tode dieses Helden, an Assur und blieb bey anderthalb tausend Jahre, bis auf die Theilung des Reichs, bey Assyrien. Allein nach der zuverläßigern ächten orientalischen Urkunde der Bibel, hat hier Sinear seinen eigenen König. Wäre Assyrien wirklich damals das große furchtbare Reich gewesen, so wäre unbegreiflich, wie der kleine König von Sinear das vorgeblich große assyrische Reich durch sein Gebiet hat unterbrechen können, ohne bey Zeiten von jenem verschlungen zu werden. Elassar, oder Thelassar, von welchem sich in der alten Stadt Athur oder Assur, ohnweit Mosul, am Tigris deutliche Spur finde, lag zunächst an dem eigentlich so genannten Assyrien, oder in Assyrien selbst. Wie ist ein König von Elassar denkbar, wenn Assyrien damals schon das große fürchterliche Reich war? — Oder — war der König von Elassar der damalige König von Assyrien selbst? — Wie klein war er dann! wie so ganz den assyrischen Monarchen, nach griechischer Abbildung, unähnlich! — Elam lag dem eigentlichen Assyrien ebenfalls ganz in der Nähe, und muß mit zu Assyrien gehört haben, wenn Assyrien damals das große Reich war, wie es uns die Profanscribenten vorträumen. Aber nach Mosen hat Elam seinen besondern König, und zwar unter den vier genannten gerade den mächtigsten. (Wie kan hierbei der Traum der Griechen von der großen assyrischen Monarchie bestehen?) Er — nicht ein König von Assyrien — nicht der König von Elassar — sondern Er, König von Elam, — ist Souverain der fünf kleinen Könige zu Sodom, Gomorra, Adama, Zeboim und Bela — dominus directus des Thals Siddim, (das bald nachher zu dem berühmten todten Meere ward,) und die fünf Könige des Thals (mit den Feudaljuristen zu reden) nur domini utiles, — oder Vasallen des Königs Kedorlaomer von Elam. — Zwölf Jahre lang waren sie dieses gewesen — dann aber abgefallen. Hierauf zog Kedorlaomer wider diese seine untreu gewordenen Vasallen, um sie wieder zum Gehorsam zu bringen, mit den drei oben genannten Königen, die seine Bundesgenossen waren, zu Felde. Und so entstand der 1 Mos. 14. beschriebene Krieg. Sie bekriegten in demselben Feldzuge die Rephäer zu Astharoth-Karnaim, die Susier oder Samsumiter zu Ham, die Emiter zu Schawe-Kiriathaim, die Horiter bis nach El-Pharan, hierauf nordwärts über En-Mispat die Amalekiter, und noch nördlicher die Amoriter zu Hazazon-Thamar mit glücklichem Erfolg, und nun waren sie dem Thal Siddim, und also den fünf treulosen Vasallen des Königs von Elam nahe, die daher gleich wider die vier Könige ins Feld rückten, aber wie alle die übrigen Völker, den Kürzern zogen. — Für jenes noch so junge Zeitalter waren diese Thaten und Siege der vier Könige, worunter man die ersten drei Assyrisch nennen könte, allerdings außerordentlich. Vielleicht thaten sie auch noch andere glückliche Feldzüge, von welchen wir aber in der Bibel nichts finden, weil sie die Geschichte der Erzväter nicht interessirten, (wie dieser Feldzug, in welchem sich Abraham mit weniger Mannschaft — mit 318 eingebornen Sklaven — als Helden zeigt, und in einem Ueberfall die Armee der vier Könige schlägt). Von diesen Nachrichten durfte nur etwas auf die um ein anderthalbtausend Jahr jüngern, große Armeen und große Reiche gewohnten Griechen kommen: so war eine Geschichte einer abentheuerlich großen assyrischen Monarchie in so frühen Zeiten — fertig! — Die vielen kleinen Könige in der Gegend von und um Assyrien, die gemeinschaftlich ansehnliche Eroberungen machten, waren nicht von einander unterschieden, sondern alle unter dem Namen Assyrer zusammengefaßt, und wenn auch hier und da einer von einem oder dem andern dieser Könige besonders sprach: so nante er ihn doch einen assyrischen König — daher wol die verschiedenen gar nicht mit einander zu reimenden und offenbar widersprechenden Nachrichten der Profanscribenten von dem alten assyrischen Reiche! —

Von der Zeit Abrahams an finden wir, bis auf Mosen, und zwar bis auf die lezten Lebensjahre desselben, als die Israeliten im Begriff waren, über den Jordan zu sezen und Canaan zu erobern, — in einem Zeitraum, in welchem jene nördlichen Mächte eben sowol wieder gefallen, als noch weiter und zu höherer Macht gestiegen seyn können, in der Bibel nicht die geringste Spur. — Bileam erwänt Assyriens zuerst wieder, und zwar unter seinem eigentlichen Namen Assur. Bileam (4 Mos. 24, 21. 22.) prophezeit den Keniteren, die er als ein in der arabischen und insbesondere moabitischen Wüste weidendes canaanitisches Nomadenvolk, vom Pisga herunter erblickte, eine feindliche weite Wegfürung durch die Assyrer. So viel siehet man, daß die Assyrer und Keniter damals einander in den Haaren lagen! Bileam prophezeit also den Keniteren was höchst warscheinlich war. — Es ist auch das offenbar, daß die Assyrer damals ein weit mächtigeres Volk waren, als das armselige Hirtenvolk, die Keniter; allein gleichwol scheinen sie mir nicht das große erstaunend mächtige Volk, wozu sie von den Profanscribentern gemacht werden. — Gleich drauf (V. 24.) prophezeit Bileam auch den Assyrern den Sturz: „Ein starkes Volk aus Chittim wird Assur demüthigen." — Ist Chittim Macedonien: so ist Bileams Weissagung durch Alexandern den Großen erfüllt. Nur daß es Alexander nicht unmittelbar war, der das assyrische Reich unterjochte. — Da Bileam am Euphrat zu Hause — und ein Mesopotamier war, 4 Mos. 22, 5. s. meine Bibel Th. 1. bey dieser Stelle,) und doch so nachtheilig — und zwar frei und öffentlich — wider Assyrien weissagte — so ohne alle Furcht und Scheu, öffentlich diesem Reich seinen Untergang prophezeit: so ist es nicht warscheinlich, daß Mesopotamien damals noch zu Assyrien gehört habe. Denn mit Bileam hats doch gewiß eine andere Bewandniß, als mit den Propheten der Juden. — Und wie finden auch noch viel später in Mesopotamien eigene Könige. —

Von Bileams Zeit an ists wieder von Assyrien lange Zeit stille. Weder zu Josuä, noch der Richter, noch Samuels, noch Sauls Zeit — die geringste Spur von Assyrien! Die Israeliten erobern Palästina — kein assyrischer Monarch komt mit ins Spiel — die assyrische Beherrschung Asiens, von welcher wir in den Profanscribenten so große Dinge lesen, muß sich also zu Josuä Zeit noch nicht, oder doch nicht mehr über Canaan erstreckt haben! — über Canaan, das Assyrien so nahe lag! — Zur Zeit der Richter, wo die benachbarten Völker wechselsweise an den Israeliten ihren Mutwillen übten, — finden wir keinen assyrischen Monarchen, weder als Freund noch als Feind erwänt. — Wäre Assyrien damals das mächtige Reich gewesen: so würden die Israeliten in ihrer damaligen jämmerlichen Lage, an demselben natürlicher Weise zuerst gescheitert seyn! — Aber Assyriens wird mit keinem Worte gedacht! — Vielmehr finden wir zum offenbaren Beweiß, daß Assyriens Macht damals noch sehr eingeschränkt war, Mesopotamien unter seinem besondern König, der aber auch nicht ermangelte, an den Israeliten seine Kräfte zu versuchen. Cusan Risathaim (so hieß der mesopotamische König,) unterjochte sie, und behielt sie acht Jahr lang unter seiner Botmäßigkeit, bis sie Othniel wieder in Freiheit sezte. Richt. 3, 8-10. — Unter Saul bemächtigten sich drittehalb Stämme des ungeheuren Landes (des wüsten Arabiens) bis an den Euphrat und an den persischen Meerbusen. (1 Chron. 6, (5,) 9-22.) und kein großer assyrischer Monarch hat im geringsten etwas dagegen einzuwenden! — Saul hatte zwar mit einem mesopotamischen König — König von Zoba, oder Nesibis, zu thun (1 Sam. 14, 47.), aber nicht mit einem assyrischen Monarchen. — Der gefärlichste Nachbar Davids gegen Norden war auch nicht etwa ein König von Assyrien, wie man nach den großen Begriffen der Profanscribenten von den assyrischen Monarchen erwarten sollte, — sondern derselbe mächtige mesopotamische König zu Zoba oder Nesibis, (2 Sam. 8, 3.) gegen welchen David anfänglich einige Feldschlachten verloren zu haben scheint, (s. Ps. 44. Ps. 60. Ps. 83. Ps. 85. Ps. 89.) ehe er ihn endlich doch noch besiegte. (2 Sam. 8, 3.) — Damaskus

und

und Hamath hatte damals ebenfalls seine besondern Könige, die, wie es scheint, Vasallen von Zoba oder Nesibis waren, (2 Sam. 8, 9 ‒ 10.) — nicht von Assyrien! — als welches mit keinem Worte erwähnt wird. — Damaskus war auch in der Folge noch lange Zeit ein besonderes, ganz mächtiges Königreich, nachdem sichs von David (an welchen es in dem Nesibenischen Krieg gekommen war, 2 Sam. 8, 5. 6.) oder vielmehr von folgenden israelitischen Königen wieder losgerissen hatte, und machte Israel viel zu schaffen. 1 Kön. 5, 1. Kap. 16, 6. u. s. w. — In allen diesen und noch mehrern vorhergegangenen Kriegen — nichts von Assyrien! Psalm 83, 6. werden die Assyrer mit unter Davids Feinden erwähnt. Sie sind aber in dieser Zeit so klein, daß gar der Name Assyrien nicht recht mehr üblich scheint. Im andern Buch Samuels (Kap. 10, 6. 8 ff.) führen die Assyrer nicht diesen ihren berühmten Namen, sondern sie heißen Aramäer von Beth Rehob, oder Adiabener. S. oben, und unten Rehob. —. Es scheint also ganz so, als wenn seit Bileams Zeit eine große Katastrophe mit den Assyrern vorgegangen — die Prophezeihung dieses Propheten früher, als ich sie oben erfüllt deutete, vorausgesehen und früher erfüllt worden wäre. Durch was für ein Volk? (das Bileam Chittäer nannte!) ob durch einen König von Mesopotamien? etwa durch den Cusan Rischathaim zur Zeit der Richter? oder insbesondere durch einen König von Zoba, oder Nesibis? — das läßt sich nicht sicher sagen! Kurz Assyrien ist in diesem langen Zeitraume wie gar nicht existierend! oder doch stille, und wie Bileam prophezeite — gedemüthiget! — Selbst der kleine assyrische König von Rehob wurde in dem ammonitischen Kriege David zinsbar. 2 Sam. 10, 19.

Nun ists wieder von Assyrien unter diesem sowol als unter andern Namen lange Zeit stille, bis sichs nach und nach wieder neue Kräfte sammelte, und auf einmal als ein ziemlich mächtiges Reich erscheint — gerade von der Zeit an, da die Profanscribenten von einer Theilung ihrer großen assyrischen Monarchie, in drei besondere kleinere Reiche, reden, wo also, jenen Gewährsmännern zu Folge, das eigentliche assyrische Reich ungemein geschmälert war. — Phul, (der erste König in dem kleinen und eigentlichen assyrischen Reiche, nach der Theilung der großen Monarchie,) ist der erste König in Assyrien, der wieder erwähnt wird — mächtiger und fürchterlicher, als irgend ein älterer assyrischer König, dessen die Bibel vorher gedacht, aber doch minder mächtig und fürchterlich als seine Nachfolger Tiglat-Pileser, Salmanasser, Sanherib, Assarhaddon. — Durch häufige Eroberungen vieler kleiner Reiche, deren es in der Gegend des Euphraths und Tigris unglaublich viele gab, (denn als der syrische König von Damaskus, Benhadad, wider den israelitischen König Ahab zu Felde zog und Samarien belagerte, hatte er seine Macht mit zwei und dreißig andern (freilich meist sehr kleinen) Königen vereiniget, 1 Kön. 20, 1. — also: durch häufige Eroberungen vieler kleiner Reiche in der Nachbarschaft der beiden großen Flüsse, gedieh Assyrien, von Phuls Zeit an, nach und nach zu einer ansehnlichen fürchterlichen Macht. — Diese Eroberungen und Besitzungen der Assyrer in diesem Zeitraume finden wir in der Bibel wol nicht alle, aber doch viele — beiläufig erwähnt:

1) In Assyrien, wie es die alten Erdbeschreiber zeichnen, selbst:

Arbela. Hos. 10, 14. Ebrl. Beth-Arbeel. Allein hiermit ist es ungewiß. S. Hrn. Ritt. Michaelis Vorrede zur andern Hälfte des übersetzten Jesaia. S. XIX.

Hala. 2 Kön. 17, 6. 1 Chron. 6, (5) 26. d. i. Calachene, die oben genannte assyrische Provinz, dem eigentlichen Assyrien gegen Norden. S. auch Chalach in Hrn. D. Büschings Asien. S. 172. Nr. 3. —

Thelassar. 2 Kön. 19, 12. Jes. 37, 12. oder Elassar, wie es 1 Mos. 14, 1. heißt. Man sieht wol, daß die Sylbe Thel oder El kein wesentlicher Theil des Namens ist; wie denn viele andere syrische, mesopotamische und assyrische Städte mit dieser Anfangssylbe componirt sind. Assar ist also der wesentliche Theil des Worts, und ohne Zweifel die alte Stadt Assur, (und im syrischen Dialekt) Achur oder Athur ohnweit Mosul am Tyger, deren Namen zugleich die ganze Gegend führte, welche das eigentliche Assyrien war. S. Büschings Asien. S. 235. der 2ten Auflage. — Bisher hatten es Eberiten im Besitz. Nun aber eroberten es die Assyrer.

Calan, Jes. 10, 9. oder wie es 1 Mos. 10, 10. heist, Calne, d. i. Ctesiphon, in der südlichsten Provinz Assyriens, die davon den Namen Chalonitis (s. oben) erhalten hat. Sie lag auf beiden Seiten des Tygers, und deswegen heist das Dorf, das heutiges Tages auf dieser Stelle steht, Modain, d. i. zwei Städte. Nach andern war die Stadt auf der Ostseite des Tygers nur Ctesiphon, und die auf der Westseite das später erbaute Seleucia. S. Büsching rc. S. 193.

Rezeph. 2 Kön. 19, 12. Jes. 37, 12. nach dem Abulfeda ohnweit Bagdad.

Da die Assyrer erst diese Städte und Landschaften erobern musten, die doch in Assyrien lagen: so kan man sich leicht vorstellen, wie jämmerlich es in der vorigen Periode, von welcher doch die Profanscribenten so viel Wunderdinge schreiben, ausgesehen haben müsse.

2) Medien. Denn nach 2 Kön. 17, 6. K. 18, 11. fürte Salmanasser von den Israeliten unter andern auch welche in die Medischen Städte ins Exilium. 1 Chron. 6, (5) 26. wird Mediens oder Medischer Städte zwar nicht gedacht; allein wir finden hier dafür Hara (הרא), oder ohne Hauch ausgesprochen, Ara, wie selbst die Vulgate hat. Ara oder Aria (αρια) aber ist ein Name Mediens, der auch bey den Griechen vorkomt, wie Arier (αριοι) ein Name der Einwoner Mediens oder der Meder ist. Bochart (Geogr. Sacr. libr. 3. c 14. p. 220.), der, weil er Beweise dazu liefert, hierbei zu vergleichen ist, versteht sonderlich das nördliche und gebirgigte Medien darunter, das deswegen bey den Arabern Eldschebal (الجبال d. i. das Gebirge) heist, und glaubt, der hebräische Name Hara (הרא von הר der Berg) sage eben das. — Nach dem Buch Tobiä (Kap. 1, 2. 15. 16. u. s. w.) hatte Salmanasser auch nach Rages oder Arsalia in Meden, Israeliten ins Exil gefürt, welches, zumal mit obigen Stellen verglichen, gar wol historisch wahr seyn kan, wenn auch die in dem Buch Tobiä erzälte Geschichte selbst — Fabel seyn solte. — Fürte nun Salmanasser Israeliten auch nach Medien ins Exilium: so folgt von selbst, daß Medien damals zu Assyrien gehört habe. Eben das gilt auch von den übrigen in den angefürten Stellen genanten Städten, in welche Israeliten ins Exilium gefürt worden sind. — Es widerspricht also hier die Bibel abermals den Profanscribenten, nach deren Berichten seit ihres Sardanapals Zeit, Medien gar nicht mehr zu Assyrien gehörte, sondern immer seine eignen souverainen Könige hatte. — Wenigstens Salmanasser und seine beiden Nachfolger, vermutlich auch seine beiden Vorfaren Phul und Tiglat-Pileser, (1 Chron. 6, (5) 26.) sind nach der treusten Zeugin der Bibel, Herren von Medien. — Ja sie waren sogar noch weiter nördlich gedrungen, nicht nur bis ans Caspische Meer, sondern sogar — wenigstens — bis an den Fluß.

3) Kir, oder Kur (κυρος Cyrus) der in den Araxes fällt, und durch diesen Strom sich ins Caspische Meer ergieße, und zwar schon Tiglat-Pileser, wo nicht schon sein Vorfar, Phul selbst. Denn Tiglat-Pileser fürt die besiegten Damascener nach Kir, (d. i. entweder in die Stadt Kir, (Cyropolis) die am Fluß Kir lag, oder in die Gegend dieses Stroms überhaupt. 2 Kön. 16, 9. — Doch das angränzende Armenien gehörte nicht unter die eroberten Provinzen der Assyrer. —

4) Persien. Unter den Kolonisten, die von dem assyrischen König — Assarhaddon — nach Samarien geschickt werden, finden wir auch Cuthäer — eine Kolonie von Cutha. 2 Kön. 17, 24. Cutha oder Cuthäa aber lag, nach dem Joseph, in Persien, wo es auch einen Fluß Namens Cuthus gab. — Ferner Esr. 4, 9. 10. finden wir unter den von dem großen Asnaphar oder Assarhaddon nach Palästina geschickten Kolonien auch welche von Persien, von Susan und von Elam. — — Was ist handgreiflicher, als daß wenigstens zu Assarhaddons Zeit — auch Persien zum assyrischen Reich gehöret habe? — Hieraus ist im Th. 9. meiner Bibel zu verbessern, was ich bey dieser Stelle geschrieben habe. — Die übrigen Esra 4, 9. genanten Kolonien von Dina, Apharsach, Tarpla und Deha kenne ich noch nicht genug.

5) Babylonien. Wenigstens von Assarhaddons Zeit an, welches sogar die Profanscribenten melden. — Daß sie diesmal Warheit melden, lehrt 2 Kön. 17, 24. Esr. 4, 9. wo unter den, von Assarhaddon, nach Samaria geschickten Kolonisten auch welche von Babel vorkommen, und 2 Chron. 33, 11. wo Manasse von

von den assyrischen Generals gefangen nach Babel gefürt wird. — S. auch unten Babylonien oder Babel.

6) Mesopotamien. Von Mesopotamischen Städten, die die Assyrer eroberten, werden folgende genant, und man kan leicht schließen, (wenn es auch nicht die Profanscribenten sagten,) daß sie von der ganzen Halbinsel (so nennen die Araber Mesopotamien — Aldschesira) Meister geworden:

Habor. 2 Kön. 17, 6. 1 Chron. 6, (5) 26. Beim Ptolemäus finden wir einen Berg, oder Gebirge Chaboras oder Haboras (ο χαβωρας το ορος) zwischen Assyrien und Medien. Allein ich denke doch lieber an eine Gegend in Mesopotamien, wo der Fluß Chaboras oder Haboras, der sich bey Karkisia in den Euphrat stürzt, und an den Distrikt Al-Chabur beim Abulfeda. S. Büschings Asien. S. 230. —

Gosan. 2 Kön. 17, 6. Kap. 19, 12. Jes. 37, 12. Ebenfalls eine Landschaft am Chaboras. S. Clericus Comment. bey 2 Kön. 17, 6. —

Haran. 2 Kön. 19, 12. Jes. 37, 12. Diese schon aus der Geschichte Abrahams sowol, als aus der römischen Geschichte (in letzterer unter dem Namen Carrae) bekante und berümte Stadt in Mesopotamien. —

Carchemisch. Jes. 10, 9. Eine berümte Stadt, in der Gegend, wo der Chaboras in den Euphrath fällt.

Sepharvaim. 2 Kön. 18, 34. Kap. 19, 13. Jes. 37, 13. Bey den Griechen Sippharа. Eine vormals berümte Stadt am Euphrat, (wo ein Arm von diesem Strom ausfließt, der bey Modain wieder in den Tyger fällt.) nach des Herrn Ritt. Michaelis Berechnung, auf des Stephanus Angabe, etwa funfzehn Meilen über dem alten Babel. Man kent jetzt weder ihren Namen noch ihre alte Stelle mehr.

Erech, (1 Mos. 10, 10.) oder Arach, Esr. 4, 9. d. i. die berümte Stadt Edessa, jetzt Ursa oder Orfa. — Unter den vom Assarhaddon nach Samarien geschickten Kolonisten waren auch welche von Edessa. —

Ana oder Hena. 2 Kön. 18, 34. Jes. 37, 13. — Ist vermutlich die Stadt Ana oder Anna auf beiden Seiten des Euphraths, wovon die auf der Westseite gelegene zum wüsten Arabien gehört. S. Büsching a. O. 233. —

Avvo oder Iwa. 2 Kön. 17, 24. Kap. 18, 34. Jes. 37, 13. Ist unbekant. Ich setze es hieher, weil es mit Ana verbunden wird. Solte man aber dabei an die Avabiaе des Ptolemäus in Bactriana zu denken haben: so würde es freilich nicht hieher gehören, sondern zu No. 4. —)

7) Syrien. Von syrischen Städten und Provinzen, welche die Assyrer in diesem Zeitraume erobert, kommen vor:

Arphad. 2 Kön. 18, 34. Kap. 19, 13. Jes. 10, 9. Kap. 37, 13. — Diejenigen, welche Arphad für Aradus halten, irren, meines Bedünkens, nicht so gar grob, als Hr. R. Michaelis meint. S. oben Arphad.

Hamath. Wird in den bey Arphad angefürten Stellen immer mit Arphad verbunden. Hamath war die Hauptstadt eines ziemlich mächtigen syrischen Königreichs. S. unten a. s. O.

Damaskus. Stadt und Königreich in Syrien, bey weitem noch berümter und mächtiger als Hamath. Tiglath-Pileser brachte dieses Reich zu Assyrien, wozu ihm König Ahas Veranlassung gab, und fürte die vermutlich reichsten und vornemsten Familien nach Kir. (S. oben No. 3.) 2 Kön. 16, 9. S. unten Damaskus.

Folglich war das ganze Syrien (von Palästina s. No. 8.) in assyrischen Händen.

8) Palästina. Jedoch eigentlich nur das Königreich Israel. — Schon Phul hatte unter der Regierung Menachems wider das Königreich Israel Böses im Sinne. Er kam ins Land. Allein mit tausend Talenten Silber, die der israelitische König Menachem dem assyrischen König Phul gab, ließ sich Phul begnügen, bestätigte Menachem auf dem israelitischen Throne und zog in Frieden wieder ab. 2 Kön. 15, 19. 20. — Nichts desto weniger hatte Menachem die Schwäche des Königreichs Israel dadurch deutlich genug verraten, und es konte also nicht fehlen, daß das Reich künftig doch einmal ein Raub des assyrischen Reichs würde, sobald es ihm nur beliebte, sich desselben zu bemächtigen. Es kam also auch bey

einer erhaltenen neuen Veranlassung, gleich Phuls Thronfolger, Tiglat Pileser, unter der Regierung des Pekah, Königs in Israel, und eroberte, außer den drittehalb Stämmen jenseits des Jordans, oder Gilead, auch das meiste diesseits des Jordans, und führte viele Israeliten ins Exilium. 2 Kön. 15, 29. 1 Chr. 6, (5) 16. — Denn als Ahas, König in Juda, vom damascenischen Könige Rezin und dem israelitischen König Pekah bekriegt wurde, und Rezin unter andern auch Elath, diesen wichtigen edomitischen Hafen eroberte, beging Ahas — freilich in der Verzweiflung — den großen Staatsfehler, daß er den König in Assyrien zu Hülfe rief, und sich ihm zum Vasallen, oder für tributair erklärte. — Tiglat Pileser kam und eroberte bey dieser Gelegenheit das damascenische Königreich (s. No. 7.) — und den größten Theil vom Königreiche Israel. S. oben und 2 Kön. 16, 5 : 9. — Unter dem Tiglat Pileser scheint aber Pekah und dessen Thronfolger Hosea noch völlig souverain regiert zu haben, und Assyrien noch nicht zinsbar gemacht gewesen zu seyn. Als aber Salmanasser auf den assyrischen Thron gekommen war: so zog er wider den König Hosea zu Felde, und machte ihn zinsbar. 2 Kön. 17, 3. — Und dabei wollte es Salmanasser, wie es scheint, bewenden lassen: Weil aber Hosea so unklug war, sich mit den (damals noch dazu sehr schwachen und den Assyrern gar nicht gewachsenen) Aegyptern zu verbinden, und Assyrien den Tribut zu verweigern, so rückte Salmanasser vor Samaria, eroberte es nach einer dreyjährigen Belagerung, nam den König Hosea gefangen, führte das Volk als Kolonisten in seine übrigen Staaten, und machte dem israelitischen Reiche ein Ende. 2 Kön. 17, 4. 5. 6. — Nun war noch das Königreich Juda übrig, welchem der folgende assyrische König Sanherib, unter des Hiskia Regierung, den Untergang gedrohet hatte. — Hiskia gab die Veranlassung dazu, indem er als ein König, der sich groß fühlte, und mit Aegypten (ob es gleich damals eben nicht das mächtige Reich war, wie sonst,) in gutem Vernehmen stand, das assyrische Joch von sich abschütteln, und dem König von Assyrien den Tribut verweigerte, zu welchem sich sein kurzsichtiger Vorfahr Ahas von selbst erklärt hatte. Vergl. 2 Kön. 18, 7. mit K. 16, 7. — Sanherib kam also im vierzehnten Jahre der Regierung des Königs Hiskia — (warum so spät erst? entweder weil Sanherib in andere Kriege verwickelt war; oder weil Hiskia erst um diese Zeit das assyrische Joch abwarf.) — als er wieder Aegypten zu Felde zog, ins Land; belagerte und eroberte die festen Städte in Juda. Als Sanherib vor Lachis lag, offerirte sich Hiskia, er wollte ihm Tribut bezalen, so stark als er ihm bestimmen würde. Sanherib foderte 300 Talente Silber, und 30 Talente Gold. Hiskia gab, was er zusammenbringen konte. Aber es scheint, er konte die ganze Summe demohngeachtet er auch den Tempelschatz angrif, und die Goldbleche, womit er selbst die Thüre und Pfosten des Tempels hatte überziehen lassen, wieder abriß, (2 Kön. 18. 14 : 16.) nicht zusammenbringen, oder Sanherib treulos, hielte nicht für rathsam, da er sich genöthigt sah, der wider ihn im Anmarsch seyenden Tarhaka wegen, nach Assyrien zurückzukehren, Jerusalem unerobert zurückzulassen — deswegen ließ Sanherib einen Theil seiner Armee vor Jerusalem rücken. Allein ein Sterben raffte in Einer Nacht 185000 Mann weg. Sanherib sah sich also auch deswegen genöthiget, von Jerusalem unverrichteter Sache abzuziehen. Und so war das Königreich Juda auf einmal von Assyrern wieder frei. 2 Kön. 18, 13 — bis Kap. 19 Ende. —

Sanheribs Prinz und Thronfolger Assarhaddon that, in Ansehung dieser Provinz, weiter nichts, als daß er, um das von seinen Vorfarern eroberte Königreich Israel nicht zur Einöde und ganz zur Wonung wilder Thiere werden zu lassen, aus seinen übrigen Staaten, aus Assyrien, Persien, Babylonien rc. Kolonien dahin schickte. S. 2 Kön. 17, 24. Esr. 4, 2. 9. 10. — Doch scheint Assarhaddon eben derselbe assyrische König zu seyn, dessen Generals den jüdischen König Manasse besiegten, und gefangen nach Babel lieferten; wo er aber gar bald, und wol noch unter Assarhaddon selbst, wieder los kam. 2 Chron. 33, 11 : 13.

9) **Asdod.** Eine der fünf ehemaligen philistinischen Hauptstädte, und damals sehr wichtige Festung, der Schlüssel zu Afrika, für die nördlichen Mächte, und insbesondere für Assyrien. Jes. 20, 1.

. . 20) Auch gegen die damals sehr schwachen Aegypter und die mit ihnen verbundenen Aethiopier führt Assyrien drei Jahre lang einen glücklichen Krieg. Jes. 20, 3 ff. —

Die Macht und Größe des assyrischen Reichs in diesem Zeitraume ist nun ganz einleuchtend; und die ungeheure Größe der assyrischen Residenzstadt Ninive wie sie Diodor und — der Prophet Jonas (Kap. 3, 3. drei Tagereisen, oder ohngefähr zwölf deutsche Meilen im Umfang,) beschreiben, ist dem Umfange des damaligen assyrischen Reichs ganz angemessen! —

Anmerkung. Assarhaddon ist der letzte assyrische König, der in der Bibel vorkomt. Die Profanscribenten nennen uns nach ihm noch seinen Sohn und Thronfolger Saosduchinus oder Saosduchäus, der zwanzig Jahr regiert, und wie einige vermuten, den König Manasse wieder in sein Reich eingesetzt, und unter welchem Aegyptern seine Freiheit wieder erlangt haben soll. S. allgem. Welthistorie Th. 3. §. 635. S. 606. Die Loslassung und Wiedereinsetzung des Manasse in sein Königreich geschah aber wol schon unter Assarhaddon. — Auf diesen Saosduchinus folgte sein Sohn Chyniladan, den diejenigen, welche die Erzälung des Buchs Judith für wahre Geschichte halten, und noch den sichersten Weg betreten, für den Nebucadnezar in diesem Buche halten. Endlich nennen die Profanscribenten noch den Sarac, welcher wol für den Sardanapal zu halten ist, mit welchem jene große assyrische Monarchie, die uns die Griechen vorträumen, ihre Endschaft erreicht haben soll, indem sie in drei besondere Reiche zertheilt worden sey. — Der Chaldäer Nabopalassar und der Meder Cyaxares machten dem assyrischen Reiche ein Ende.

## Astharoth.

Oder im Singular Aschtoreth, ist die Göttin Astarte der Sidonier oder Phönizier. 1 Kön. 11, 5. 33. 2 Kön. 23, 13. — Häufiger komt sie noch in der mehreren Zahl vor, Astharoth — die Astarten. Richt. 2, 13. K. 10, 6. 1 Sam. 7, 3. 4. K. 31, 10. vermutlich wegen der Mehrheit oder Vielheit ihrer an verschiedenen Orten aufgerichteten Statüen oder Bildnisse, deren jede eine Astarte war und hieß, wie die mehrern einzelnen Bildnisse der Juno, Junonen — oder jedes Bildniß dieser Göttin, das man aufrichtete und verehrte, eine Juno hieß. — So erklärt Augustin den so oft vorkommenden Plural Astharoth, bey Richt. 2. Quaest. 16. ganz natürlich. Man hat hin und wieder alte Altäre gefunden, die den Junonen (Iunonibus) geweihet waren. Vielleicht aber war auch der Astartendienst nicht immer und allenthalben ganz derselbe, sondern hier und da etwas verändert, auch wol die Abbildungen nicht immer ganz einerlei, obgleich die darunter vorgestellte Gottheit immer Eine und eben dieselbe war. — Sie fürt in der Bibel auch den Namen Aschera (אשרה Plur. אשרים 1 Kön. 18, 19. 2 Kön. 17, 10. Kap. 23, 4.) d. i. Hain oder Wald — Waldgöttin (1 Kön. 11, 7.); etwa wie die Diana auch Nemorensis heißt — weil ihr Bildniß, oder ihre Statüe immer in einem Haine stand, und sie in einem Hain verehret wurde. Jer. 7, 18. Kap. 44, 17. 18. wird eben diese Gottheit Mecheth-Haschschamaim (מלכת השמים) d. i. Königin des Himmels genant — die Himmelskönigin, und zwar die nächtliche, — die des Nachts regiert (1 Mos. 1, 16.) — die Luna — der Mond! — daß nicht die am Tage regierende Himmelskönigin, die Sonne, sondern die nächtliche Himmelskönigin, die, nebst der Sonne, vom ganzen alten Orient unter mancherlei Namen verehrte Luna unter der Astarte verstanden werde, ist ganz gewiß. Augustin (bey Richt. 2. Quaest. 16.) schreibt zwar: Iuno sine dubitatione ab illis (Poenis) Astarte vocatur. Und Hesychius: Βηλθης (Baaltis — eine phönicische Gottheit, die von der Astarte nicht verschieden ist.) ἡ Ἥρα ἢ Ἀφροδίτη d. i. „Belthes ist die Juno, oder die Venus." — Allein wenigstens nicht die Juno nach der griechischen und römischen Mythologie kan die phönicische Astarte seyn. Ist aber Jupiter ursprünglich die Sonne und Juno der Mond, dann ist die Astarte die Juno! — Herodian (B. 5.) schreibt: Οὐρανίαν Φοίνικες ἀστροάρχην ὀνομάζουσι, σελήνην εἶναι θέλοντες, d. i. „die Phönicier nennen die Urania (die Venus des Himmels —) Astroarche und verstehen den Mond darunter." — Astroarche ist, wenn das Wort nicht gar aus Astarte verstümmelt ist, offenbar die Astarte, und selbst dem Laute nach, Anspielung auf den Namen dieser Gottheit. — Die Luna ist aber auch, wenigstens des Nachts, Astroarche, oder die Fürstin oder Königin der Sterne. — Lucian schreibt: Ἀστάρεγω δαειν σεληναιαν εμμηνας, d. i. „Ich halte die Astarte für den Mond.“ — Vergl. Vossius de Theolog. gentil. libr. 2. c. 21. p. 407. sqq. — Baal ist bekanntlich die Sonne. Astarte wird sehr häufig mit Baal verbunden; und daraus erhellet, dünkt mich, ganz klar, daß Astarte der Mond sey. S. Richt. 2, 13. Kap. 10, 6. 1 Sam. 7, 4. Kap. 12, 10. — Es wird die Astarte auch unter dem Namen Aschera (Hayn, Waldgöttin, Diana) mit Baal (der Sonne) verbunden. — 1 Kön. 17, 19. werden die Priester Baals (der Sonne) und gleich dabei die Priester der Aschera oder Astarte genannt. — 2 Kön. 23, 4. wird Baal (die Sonne), dann Aschera, d. i. Astarte, und dann das übrige Gestirn des Himmels genannt, und V. 5. wird offenbar die Sonne, der Mond rc. dafür gesetzt. Und in den oben angeführten Stellen des Propheten Jeremias (Kap. 7, 18. Kap. 44, 17. 18.) wird die Astarte die Königin des Himmels (nämlich die des Nachts) genannt, und die Phönicier nennen die Astarte auch Baaltis (Baalath) d. i. gleichsam Baalin; oder Baals, (der Sonne) Weib, und die himmlische Coelestis, vrania — Belisama, d. i. Herr — oder Königin des Himmels (מלכת שמים oder מלכת השמים wie sie Jeremias nennt). — Die Astarte wurde mit einem Ochsenkopfe abgebildet, dessen Hörner, wie Sanchuniathon (beim Eusebius Praeparat. Evangel. libr. 1. c. ult.) schreibt, ihre königliche Würde und ihren (der Luna) Glanz vorzustellen. Allein natürlicher stellen die beiden Ochsenhörner den Mond selbst und zwar das eine den zunehmenden und das andere den abnehmenden, und beide zusammen den vollen Mond vor. Es scheint daher auch, man habe sie bisweilen die gehörnte Astarte geheissen. — Aschteroth. Karnaim. S. den folgenden Artikel. — Dieses alles zusammengenommen, setzt es ganz außer Zweifel, daß Astarte die Luna oder der Mond sey — folglich die Isis der Aegypter; die Alilath (هلالة Splendens noua luna) der Araber; die Mylitta der Assyrer; die Mitra der Perser, (von diesen beiden s. hernach) und die Diana — Nemorensis (s. oben) und Hekata der Römer, — und dann auch als Luna — die Venus. Man siehe, ohne mein Erinnern, ein, wie der Mond, die am Himmel thronende Königin der Nacht — als Venus oder Liebesgöttin habe verehret werden können. — Daß die Astarte, als Luna, zugleich auch die Urania oder himmlische Venus vorgestellt habe, und als Venus verehrt worden sey, ist eben so gewiß. — Nach dem Cicero (de nat. deorum libr. 3.) war die Astarte die syrische Venus, und zwar die von Tyrus, welche, der Tradition nach, den Adonis geheirathet. Cicero macht sie zu seiner vierten Venus. Sie soll aber von der auf der Insel Cypern Gebornen völlig verschieden seyn. — Nach dem Sanchuniathon (beim Eusebius praep. evang. libr. 1. c. ult.) der sich auf phönizische Nachrichten beruft, war Astarte die Aphrodite der Griechen oder die Venus. — Ambrosius (Ep. 31.) schreibt: „Coelestem Afri, Mitram Persae, plerique Venerem colunt, pro diuersitate nominis, non numinis diuersitate.“ — Und Suidas: Ασταρτη αφροδιτη, d. i. Astarte ist die Venus. — Es erhellet auch einigermaßen aus den Namen, welche diese Göttin bey andern Völkern führt: Mylitta bey den Assyrern, Mitra bey den Persern, nach dem Herodot (B. 1 und 3.) — Mylitta ist, wie schon Scaliger bemerkt, ganz Syrisch, (ܡܘܠܕܬܐ) d. i. γεννητειρα. Genitrix, wie die Venus gar häufig genannt wird. Und der persische Name Mitra ist nichts anders als das Wort Mader, (مادر) die Mutter — folglich mit Mylitta der Sache nach einerlei. Ptolemäus (libr. 2. Tetr.) schreibt von Syrien u. s. w. Οι περι τας χωρας ταυτας σεβουσι μεν ως επι παν την Αφροδιτην ως μητερα θεων. Ποικιλοις τε εγχωριοις ονομασι προσαγορευοντες. D. i. die Einwoner dieser Gegenden verehren überhaupt die Venus, als die Mutter der Götter, (Matrem Deum) unter verschiedenen einheimischen Namen. S. Selden de Diis Syris Syntagm. 2. c. 2. — Wir sehen auch aus 2 Kön. 23, 7. 4. 5. 6. daß der Dienst der Astarte ganz venerisch war. — S. auch unten Hure. Hurer. Hurerey. Außer dieser Hurerey bestand die Verehrung der Astarte in einigen Opfern aus dem Gewächsreiche — Kuchen und Wein, oder andern angenehmen Getränken, und in wohlriechendem Räucherwerk. S. Jerem. 7, 18. Kap. 44, 17. 18. an welchem allen die Opfernden vermuthlich Theil nahmen, um sich zu dem eigentlichen Astarten- oder Venusdienst desto aufgelegter und geschickter zu machen. Aus 1 Kön. 18, 19. sehen wir, daß eine grosse Menge Priester bey dem Astartendienst geschäftig gewesen. Isabel hielt deren allein vierhundert. — Und aus 2 Kön. 23, 7. erhellet, daß in den Astarten- oder Venushainen eine Menge Zelte, zum Behuf dieses unflätigen Götzendienstes, aufgeschlagen worden. Denn nach dieser Stelle waren, wie es scheint, Weiber immer mit Verfertigung neuer Zeltdecken beschäftigt. — Die berühmtesten und bekanntesten Tempel, wo diese Göttin auf sehr unflätige Art verehrt worden, waren der zu Tyrus, den Hiram erbauet, (s. Menander und Dius beim Joseph. Jüd. Alterth. B. 8. Kap. 2.); der zu Byblus, (wo nach dem Lucian de Dea Syr. diejenigen Weiber, welche sich nicht der Gewohnheit unterwerfen wollten, zur Betrauerung des Adonis, des Gemals der Venus, jährlich einmal ihr Haupthaar zu bescheeren, ihre Leiber jedem, der nur wollte, gegen ein gewisses Geld, das der Göttin gehörte, Preis geben mußten — welches Gesetz vermuthlich aller Orten galt, wo dieser abscheuliche Götzendienst eingeführt war,) der zu Aphak, am Berge Libanon, (welcher deswegen der berühmteste war, und gleichsam ein Privilegium zur Unflätterei mehr hatte, weil Adonis und Venus sich hier das erste und letzte mal genossen haben sollen. S. Bocharts Geogr. sacr. libr. 2. c. 14.) und der zu Thadamor oder Palmyra —

Eigentlich war also die Astarte, wie schon oben erinnert ist, unter diesem Namen eine Göttin der Phönicier. Wir finden sie aber auch nicht nur unter den Philistern, die ihr auch einen Tempel gebaut hatten, 1 Sam. 31, 10. sondern auch sogar hin und wieder unter den Israeliten. Richt. 2, 13. Kap. 10, 6. K. 1 Sam. 7, 3. 4. K. 12, 10. K. 31, 10. 1 Kön. 11, 5. 33. 2 Chron. 23, 13. 2 Kön. 23, 13. und die oben hin und wieder angeführten Stellen. S. auch Hain.

## Ascharoth.

Eine Stadt der Leviten, von dem Geschlechte Gersom, denen sie von dem halben Stamme Manasse, welchem sie bey der Landesvertheilung angewiesen war, (Jos. 13, 31.) hat müssen abgetreten werden. 1 Chron. 6, 71. Daraus ist zugleich zu erkennen, daß Ataroth, das dem Stamme Gad zuerkannt worden, 4 Mos. 32, 34. nicht mit diesem Ascharoth dürfe verwechselt werden. Von der Lage dieser Stadt sagt Eusebius (Onom. ad voc. Ἀσταρώθ) „sie habe in Batanäa gelegen, ohngefähr 6 römische Meilen von Adraa (das ist Edrei); welche von Bostra (das ist Bozra) 25 Meilen entfernt gewesen ist. Hieronymus aber setzt an statt dieser 25 Meilen, 15 Meilen." Nach 5 Mos. 1, 4. und Jos. 9, 10. ist sie des Königes Og zu Basan Residenz gewesen. Ihren Namen Ascharoth, oder auch mit dem Zusatz Ascharoth-Karnaim, d. i. gehörnte Astarten, hat diese Stadt ohne Zweifel von der Astarte oder Luna, die mit Hörnern, (als Symbolen des Monds, s. den vorhergehenden Artikel) abgebildet, und hier vormals vermuthlich verehret wurde. Das Alter der Stadt erhellet aus 1 Mos. 14, 5. wo derselben schon zu Abrahams Zeit gedacht wird. —

## Atad.

Tenne Atad, wo Joseph nebst seinem Gefolge seinen Vater Jakob sieben Tage lang beklagte, und daher Abel-Mizraim genannt. 1 Mos. 50, 10. 11. S. Abel-Mizraim.

## Atargation.

2 Macc. 12, 26. Nicht eine Stadt, wie Luther glaubte, und andere nach ihm wähnten, sondern ein Tempel zu Karnaim, (vergl. 1 Macc. 5, 43.) wo die Göttin Atargatis verehrt wurde, d. i. die Erde, von einer Wasserfluth überschwemmt, in derselben ihrer Kinder verlustig, doch so, daß ein Geschlecht davon übrig bleibt, und das Wasser wieder in Erdklüften versiegt. (Tradition von der Noachischen Ueberschwemmung der Erde.) — Wer mehr davon zu wissen verlangt, sehe Hrn. Ritt. Michaelis Orientalische und Exegetische Bibliothek Th. 6. S. 96. ff. vergl. mit dessen Anmerkung bey 1 Macc. 5, 43.

## Ataroth.

1) Jos. 16, 7. Eine Stadt auf der Gränze des Stammes Ephraim, zwischen Janoha und Jericho, wie man glaubt, mit Ataroth-Adar (V. 5. und Kap. 18, 13.) einerlei.

2) Eine Stadt der Gaditen. 4 Mos. 32, 34.

3) Atroth-Sophan, ebenfalls eine Stadt im Stamme Gad, 4 Mos. 32, 34. welche einige mit No. 2. für einerlei halten.

## Athach.

Eine Stadt im Stamme Juda, welcher David, weil er während seines einstmaligen Aufenthalts daselbst guten Willen und Freundschaft in ihr genossen, nebst andern Städten in Juda, von der amalekitischen Beute Geschenke schickte. 1 Sam. 30, 30. Von ihrer Lage haben wir weiter keine Nachricht.

## Athalia.

1) Eine königliche Prinzeßin der gottesvergessenen Jesebel und des abgöttischen Ahabs, Königs in Israel, eine Gemalin Jorams, Königs in Juda, 2 Kön. 8, 18. 2 Chron. 21, 6. Wird auch 2 Kön. 8, 26. eine Tochter (Enkelin) Amri, der ihr Großvater war, genennet. War von äußerst verderbten und lasterhaften Gemüthe; denn sie veranlaßte ihren Gemal, Joram, zu vielem Bösen, 2 Kön. 8. 18. Gab ihrem Sohne Ahas Anleitung zu einem bösen Leben. 2 Chron. 22, 3. Brachte alle königliche Kinder, welche auf die Thronfolge hätten Anspruch machen können, nach dessen Tode um, bis auf Joas. V. 10. 11. Hatte alles, was zur Erhaltung und Ausbesserung des Tempels hätte sollen verbraucht werden, an die Götzen verwendet. 2 Chron. 24, 7. Regierte sechs Jahr in Juda. Kap. 22, 12. Wird als eine Rebellin und Tyrannin aufs Hohenpriesters Befel getödtet. 2 Kön. 11, 14. 15. 16. 2 Chron. 23, 13. 14. 15.

2) Ein Israelit von den Nachkommen Elam. Esr. 8, 7.

## Athene.

Athen. Diese weitberühmte Stadt in Griechenland hatte, weil sie einer der vorzüglichsten Sitze der Wissenschaften gewesen, von der Minerva (Athena Aθηνα) ihren Namen erhalten, und lag zwischen dem Tempel der Diana und der Stadt Eleusen, gegen Norden am Fluß Asopus, und gegen Süden am ägeischen Meere. So aufgeklärt sie durch Wissenschaften war, so sehr war sie der Vielgötterei ergeben, als der Apostel Paulus im Jahr Christi 52 hieher kam. Dabei waren sie so übertrieben religiös, daß sie außer sehr vielen Altären, die ihren namentlichen Göttern gewidmet waren, auch noch einen Altar dem unbekanten Gotte weiheten, weil sie glaubten, es könte außer den ihnen namentlich bekanten und von ihnen verehrten Gottheiten, doch noch eine Gottheit geben, die ihnen noch nicht bekant wäre und ihre Rache an ihnen ausüben könte, wenn sie sie nicht verehrten. (S. Altar.) — Dieser unter einem so aufgeklärten Volk im Schwange gehenden Vielgötterei ohngeachtet, trat Paulus, der guten Sache der christlichen Lehre sich bewußt, in Athen auf, predigte von Jesu, und nam von dem Altar des unbekanten Gottes Gelegenheit, den Atheniensern den einzig wahren Gott, als diesen ihnen bisher noch unbekant gewesenen bekant zu machen. Paulus fand zwar häufigen Widerspruch, und er wurde auch als einer, der eine neue Religion einfüren wolle, auf den Areopagum, oder den Ort, wo sich die atheniensischen Richter, die Areopagiten, zu versammeln pflegten, gefürt, verhört, darauf aber nicht nur ohne alle Ahndung oder Verweis wieder entlassen, sondern seine Verantwortung hatte noch überdies die gute Wirkung, daß er selbst einen Areopagiten, oder einen seiner Richter, nebst einigen andern bekerte. Apostg. 17, 15'34.

## Athenobius.

Ein Sohn des Demetrius, wurde von dem syrischen Könige Antiochus Sidetes zu dem Simon Maccabäus als Gesandter geschickt. Die Geschichte, in welche er mit verwickelt ist, stehet 1 Macc. 15, 28 ff.

## Athniel.

Ein Sohn Kenas, des Bruders Caleb, dessen Tochter Achsa er durch die Eroberung von Debir, als versprochene Belonung, zum Weibe bekam, Jos. 15, 16. 17. Richt. 1, 12. 13. schlug Cusan Risathaim, und war der erste Richter in Israel. Kap. 3. 9. 10. 11.

## Atroth.

S. Ataroth.

## Attalia.

Sonst Attera, eine Stadt in Pamphilien, am mittelländischen Meer, wo Paulus und Barnabas das Evangelium predigten. Apostg. 14, 15.

## Attalus.

König von Pergamus, und zwar derjenige, welcher den Beinamen Philadelphus fürte, und den Römern sein Reich vermachte. Auch unter andern an diesen König war das römische Schreiben zum Vortheil der Juden gerichtet. 1 Maccab. 15, 22. 15. 16. ff. —

### Ava oder Jwa.

Eine unbekannte Stadt oder Landschaft, welche die Assyrer eroberten. S. oben unter Assyrien zu Ende der Nr. 6.) — 2 Kön. 18, 34. Kap. 19, 13. Jes. 37, 13. und aus welcher der König von Assyrien (Assarhaddon) auch eine Kolonie nach Samarien schickte. 2 Kön. 17, 24.

### Aven.

Hos. 10, 8. Amos 1, 5. In diesen beiden Stellen ist Aven kein Nomen proprium einer Stadt, wie Luther glaubte, sondern ein Nomen appellativum. In der ersten Stelle ist statt „die Höhen zu Aven" zu übersetzen: „die sündlichen Höhen" und in der andern Stelle für „das Feld Aven" besser: „das sündliche Thal" nämlich in der Gegend um Damaskus. —

### Aufgeben.

Räthsel aufgeben. S. Räthsel.

### Aufheben.

Die Hand beim Schwure rc. S. Hand.

### Aufhängen.

S. unter Henken.

### Auflegen.

Die Hand auflegen. S. Hand.

### Augen.

Die Morgenländer halten große weit offene, und dabei feurige, blitzende Augen für ein vorzügliches Stück der Schönheit, sonderlich am andern Geschlechte. „Taubenaugen" Hohel. Sal. 1, 15. Kap. 5, 12. sind wol erst so viel, als große, hervorstehende, feurige, (das sind die Augen der Tauben,) und in so fern, nach morgenländischem Geschmack, schöne Augen. Zwar wol hauptsächlich auf das Blitzen, doch aber auch zugleich auch auf die Größe der Augen der Sulamith wird gesehen, wenn sie mit den Hesbonschen Teichen (Hohel. Sal. 7, 5.) verglichen werden. Von der Lea im Gegensatz der schönen Rahel wird 1 Mos. 29, 17. gesagt, ihre Augen wären רכות, d. i. (wie man auch übersetzen könte,) zart, gering, klein gewesen — und folglich nach morgenländischem Geschmack, die ganze Lea nicht schön. Andere, und ich selbst in meiner Bibel — übersetzen: die Lea war triefäugigt; vielleicht aber nach richtiger, kleinäugigt. — Gefällt aber keine von beiden Uebersetzungen: so muß man die Augen für die ganze Gestalt nehmen, wie mehrmals, und dann würde die Lea, eines allzuzarten hagern Körpers wegen, der Rahel nachgesetzt. Doch das im Vorbeigehen! — Wenn nun auch nicht gerade kleine Augen der Schönheitsfehler der Lea waren, so bleibet dennoch gewiß, daß große Augen, nach morgenländischem Geschmack, eine vorzügliche Schönheit sind. — Motanabbi, ein arabischer Dichter, (Gedicht 9. V. 2.) nent die Augen einer Schönen große Augen der Rehkühe. Gazellenaugen — (d. i. große hervorstehende Augen) — ist überhaupt ein Lieblingsausdruck der arabischen Liederdichter zur Bezeichnung ihrer reizenden Schönen. — Homer nent, nach eben diesem Geschmack die Juno so oft Βοωπις Ηρη „die Ochsenäugigte, d. i. schöne Juno." Libanius versteht auch den Homer nicht anders: Ομηρος ενδειξασθαι βυλομενος ως ειχεν οφθαλμυς τη Ηρα καλυς τε μεγαλυς τε Βοωπιν αυτην εκαλεσε. D. i. Homer wolte damit sagen, daß die Juno schöne große Augen gehabt. — Noch heutiges Tages ist dieser Geschmack im Orient allgemein. — Man bedient sich daher, um die Größe der Augen noch mehr zu erheben, einer besondern Augenschminke. Nach dem Tavernier (Voyage de Perse. l. 2. ch. 7.) und D'Arvieux (Voyage au Camp. du grand Emir en 1664. p. 27. 28.) bestehet diese Augenschminke darinnen, daß sie den Rand der Augen reiben, und dann mit einer schwarzen Farbe bestreichen, wodurch dann die Augen ein weit größeres — und folglich schöneres — Ansehen bekommen. — Die heiligen Väter Tertullian (de cult. fem.) und Cyprian (de lapf. etc.) eifern sehr wider diese auch in Afrika unter Manns- und Weibspersonen gewöhnlichen Schminke: Unge oculos tuos (schreibt der Letztere) non stibio diaboli, sed Collyrio Christi. Auch unter den Römern war eine Art Augenschminke gewönlich:

Ille supercilium, madido fuligine tinctum,
Obliqua producit acu, pingitque trementes
Attollens oculos. — Juvenal. Sat. 2.

Und Plinius (Athenaeus lib. 12.) schreibt von ihren römischen Frauenzimmer: „Tanta est decoris affectatio, ut tinguntur oculi quoque." — Vorzüglich ist die Sitte orientalisch und dabei so alt, daß wir sie schon ziemlich früh auch in der Bibel finden. — Diese Augenschminke, oder die Materie, die dazu genennet wurde, wird im Hebräischen Puc oder Puch (פוך) genant, worunter man Antimonium, oder Spiesglas versteht, welches sich seiner dunkeln bleyschwärzlichen Farbe wegen zur Augenschminke, d. i. den Rand der Augen damit zu färben, um ihnen dadurch ein grösseres Ansehen zu geben, sehr wol schickt. — Es wird dieser Augenschminke gedacht: 2 Kön. 9, 30. (von der Isebel, von welcher, als sie erfaren hatte, daß Jehu seinen Einzug in Samarien halten sollte, es heist: „sie legte in Spiesglas ihre Augen" ותשם בפוך עיניה d. i. sie schminkte auf vorhin beschriebene Art ihre Augen damit.) — Jerem. 4, 30. (Ezech. 23, 40.) — Eine von Hiobs Töchtern hieß Keren Happuch (קרן הפוך) d. i. Horn, oder Gefäß des Antimons oder Spiesglases (als Augenschminke). Sie hatte also, wie andere schon vermutet haben, vom Schminken der Augen — ihren Namen. —

## Augenbraunen.

Auch diese, nebst allen den übrigen Haaren, muste der vom Aussatz Gereinigte abscheren. 3 Mos. 14, 9. weil man die Haare für den Hauptsitz der Unreinigkeit hielt. S. oben Abscheeren und unten Aussatz und Haar.

## Augustus.

Der erste, oder wenn man den Julius Cäsarschen mitzält, der zweete römische Kaiser, oder Universalmonarch in allen römischen Staaten und Provinzen. Sein vollständiger Name war Octavius Cäsar Augustus. Den Namen Octavius hatte er von seinem Vater, einem vornemen römischen Patricius; den Namen Cäsar von seiner Mutter Bruder, dem Julius Cäsar, der ihn adoptiret hatte, angenommen, und Augustus war mehr ein Ehrentitel, als eigentlicher Name, — den ihm das Volk gab. — Seine Geschichte ist zu bekant, als daß ich sie hier erzälen dürfte. — Das Merkwürdigste unter seiner Regierung ist die Geburt Christi des Weltheilandes. Vielleicht würde Christus zu Nazareth geboren worden seyn, wenn nicht der Befel dieses Kaisers, daß alle Einwoner des jüdischen Landes nach ihren Familien und Personen gezält werden solten, (denn Palästina war längst eine römische Provinz,) den Joseph und Maria, beide aus dem Stam Juda, veranlaßt oder genötiget hätte, sich von Nazareth in Galiläa weg, nach Judäa, und zwar nach Bethlehem zu begeben, eben zu der Zeit, da Maria schon hoch schwanger war, daher sie bald darauf den Weltheiland zu Bethlehem gebar. Luc. 2, 1 ff.

## Avim.

1) Eine Stadt, die dem Stamme Benjamin zu Theil wurde, Jos. 18, 23. Sie wird gleich nach Bethel erwänt, und lag vermutlich in dieser Gegend.

2) Ein altes cananitisches Volk — Avim, oder Aviter, welche die südwestliche Küste von Palästina bewonten, (von der ägyptischen Gränze an,) bis nach Gaza. Sie wurden von den Caphthoritern, einem ägyptischen Volke, von welchem die Philister abstammen, vertrieben — nicht eigentlich vertilgt, (im strengen Verstande) 5 Mos. 2, 23. sondern nur des grössern Theils des von ihnen bewonten Landes verlustig, auch wol sehr dünne gemacht. Der Ueberrest der Aviter drängte sich in den südlichen Theil ihres vormaligen grössern Landes, das nun in den Händen der Philister war, zusammen, und hatte auch zu Josuä Zeit eigene Könige, (Jos. 13, 3) bis in der Folge das Volk ganz verschwand.

## Aviter.

S. den vorigen Artikel Avim No. 2.

## Ausheute.

S. Beute.

## Austretten.

Absonderung aus dem Volk — heist nicht immer tödten. S. das bibl. Verballexicon oder den dritten Haupttheil dieses Werks.

## Ausrufen.

Feste ausrufen. S. Feste.

## Aussatz. Aussätzig.

1) Aussatz an Menschen. Eine abscheuliche Krankheit, die aber, zum Glück des grössern Theils der Menschen, nur in einem kleinen Theil der Erde einheimisch ist — in Syrien und den dazu gehörigen Palästina, in Arabien, Aegypten und andern Gegenden von Afrika. Aus Afrika haben ihn Mohrensclaven erst in diesem Jahrhunderte auf die amerikanischen Zuckerinseln gebracht. Nach Europa, und zwar insbesondere auch nach Deutschland, kam er durch die sogenanten Kreuzzüge oder heiligen Kriege, daher seinetwegen Lazarete angelegt werden musten. Allein unser Klima, unsere Lebensart und Kleidung,

hat

hat dieser Krankheit so wenig begünstiget, daß im vorigen Jahrhunderte nur wenige Spuren mehr von ihr noch übrig waren, und dieselbe gegenwärtig ganz wieder ausgestorben ist. — In den oben genannten orientalischen und südlichen Gegenden aber ist diese Krankheit heutiges Tages noch eben so häufig, als zu Mosis Zeit — kurz, in diesen Gegenden einheimisch! — Ihrer Schrecklichkeit wegen wird sie, statt aller übrigen empfindlichen Strafen, den Uebertretern der Gesetze Gottes, sonderlich des ersten Gebots, oder den Götzendienern gedrohet. 2 Mos. 20, 5. „Ich, Jova, dein Gott, bin ein eifersüchtiger Gott, der die Sünde der Väter an den Kindern derer, die mich hassen, straft, bis ins dritte und vierte Glied." — Diese bis ins dritte und vierte Glied fortwährende Strafe ist, wie schon Hr. Rat. Michaelis bemerkt, nichts anders als der Aussatz. Denn dieser ist erblich, aber gerade nur bis ins dritte und vierte Glied, und zwar so, daß nach dem Zeugnisse französischer Aerzte, im vierten Gliede nicht der volle Aussatz mehr übrig seyn soll, sondern blos der stinkende Odem. Bisweilen besteht die Forterbung in der bloßen nähern Disposition zum Aussatz, die vielleicht spät, (wol erst im vierzigsten Jahr, nach einer heftigen Gemüthsbewegung, sonderlich Schrecken — oder denn plötzlich, mit einem Fieber — s. unten,) vielleicht auch gar niemals ausbricht. — S. Hrn. R. Michaelis Mos. Recht. Th. 4. §. 208. S. 231 ff. — Noch jetzt wird der Aussatz im Orient für eine besondere Strafe der Gottheit angesehen, und dafür ward sie schon vor der Zeit der mosaischen Gesetzgebung gehalten, wie wir aus dem Buch Hiob sehen. Hiobs Krankheit war nichts anders, als die schlimmste Art des Aussatzes, die Elephantiasis. Hiobs Freunde bestehen daher, alles Widerredens des frommen Leidenden ohngeachtet, darauf, Hiob müsse gewisse schwere Sünden begangen haben, weil ihn Gott mit dem Aussatz — heimgesucht habe.

Nicht immer ist der Aussatz die schlimme, abscheuliche und gefährliche Krankheit, wie sie Hiob hatte. Es giebt (wenigstens kennen, nach Hrn. Niebuhr, die Araber) sonderlich drei Arten des Aussatzes, a) Bohak (בהק 3 Mos. 13, 39. Arab. بهق) — bricht mit verschiedenen bald weißlichten, bald röthlichten Flecken, von ungleicher Größe am Halse, im Gesichte und auf'm Kopf, aus, von denen sie sich nach und nach weiter ausbreiten. Sie sind ohne Glanz, und unmerklich höher als die Haut, deren Farbe bey dieser Krankheit weiter nicht verändert wird. Sie ist weder ansteckend noch gefährlich, und verdient den fürchterlichen Namen des Aussatzes nicht — führt daher auch schon bey Mosen ihren eignen Namen Bohak, wird aber noch jetzt von den Arabern für eine Art des Aussatzes gehalten, ob sie ihr gleich auch den besondern Namen Bahak geben. S. Niebuhrs Beschreibung von Arabien. S. 135 ff. — b) Baras (Arab. برص) — vermuthlich diejenige Art des Aussatzes, welche Hillary (Observations on the Manges of the Air and the concomitant epidemical diseases in the Island of Barbados) den Aussatz der Araber nennt. Er fängt sich (ich muß die Beschreibung dieser Krankheit mit Hrn. R. Michaelis Worten geben, da ich das in Deutschland seltne Buch des Hillary nicht bey der Hand habe,) ohne weitere Krankheit, mit gelben, (auch wie ich vermuthe, weißen) Flecken an, die bald bey den Europäern violet, und bey den Schwarzen kupferfärbig werden. Die Haut um sie herum wird hart, dick und mit Schuppen, die aber nicht abfallen, der Odem stinkend, das Odemholen schwer, die Ohrlappen, Backen und Augenbraunen dick und knotigt, die Träume fürchterlich, und das Gemüth melancholisch. Die Haare um die Augen fallen aus, und dafür wachsen dünnere und wenigere. Endlich werden die Füsse dick und fühllos, die Cartilago der Nase ausgefressen, die Stimme sehr heischer, und fast als wenn sie aus dem Bauch käme, die Augen unnatürlich rund, und das Weiße darin gelblich hart, die Ohren spitz, die endlich gar weggefressen werden, die Finger schwellen und bersten mit trocknen Oeffnungen. Bösartige Beulen erfolgen." — S. Michaelis arabische Fragen. S. 69. 70. — c) Dschudam (جذام) oder die Elephantiasis, die im Arabischen vom Verstümmeln, (weil bey dieser Krankheit sogar ganze Glieder abfallen,) und im Griechischen und Lateinischen vom Elephant den Namen hat, weil Hände und Füße zu einer ungeheuren Dicke aufschwellen, und den dicken Elephantenfüßen änlich werden. Dies ist die Krankheit Hiobs — und ver-

vermuthlich Hillarys zwote Art des Aussatzes, die er den Aussatz der Gelenke nennt. Diese abscheuliche Krankheit fängt sich mit einem und bald darauf folgenden mehreren Flecken, wie bey allen Arten des Aussatzes gewöhnlich, im Gesicht, und mit einem Jücken der Knie und des vordersten Theils der Finger an. (Hiob kratzte sich daher mit einer Scherbe. Hiob 2,8.) Die Haut des ganzen Leibes wird bleyfärbig, bald ins Röthliche, bald ins Schwarze fallend, und im letztern Fall, wenn die Haut schwärzlich worden ist, hält man die Krankheit für schlechterdings unheilbar, wiewol doch Hiob, der auch (Kap. 30, 28. 30.) der Schwärze seiner Haut gedenkt, wieder genas. — Es entstehet hin und wieder eine Geschwulst, die nach und nach den ganzen Körper einnimmt. Es brechen Beulen aus, und indem einige wieder heilen, brechen anderwärts dafür wieder andere hervor. Wenn sich die Geschwulst hier und da wieder setzt: so ist es ganz glaublich, daß die zuvor ausgedehnte Haut dann runzelicht und faltigt wird, oder sich übereinander legt. In den Beulen wachsen Maden, vermuthlich aus Eyern, welche gewisse Insekten in die Beulen legen. Finger und Füße schwellen, wie schon oben erwähnt, zu einer fürchterlichen Dicke, und letztere sehen dann den dicken Elephantenfüßen nicht unähnlich, daher der Name der Krankheit, Elephantia oder Elephantiasis! — Der Odem wird stinkend und unerträglich; die Augen werden dunkel und sehr verstellt, indem die Augenbraunen die Haare verlieren, schwellen und über die Augen herabhängen; die Haare auf dem Kopfe werden dünne und weiß, die Haare an den Händen, Füßen, Hüften rc. sterben gleichsam ab, und endlich werden auch Kinn und Scham von Haaren entblößt. Die Stimme wird heischer, die Nase verstopft, das Nasenbein angegriffen, die Knochen angegriffen, und fallen ganze Glieder, wie abgestorben ab — Finger, Glied vor Glied, Nase, Füße und bisweilen auch die Schamtheile. Das Gemüth ist niedergeschlagen und melancholisch. Der Patient hat wenig Schlaf, und wenn er schläft: so wird er durch fürchterliche Träume gequält. Sonderlich kommt es ihm im Traume vor, als ob er ersticken sollte. Er stirbt auch oft an einer gleichsam gewaltsamen Erstickung, wenn der Tod nicht bey einem schwachen Fieber (Febricula) unvermerkt erfolgt. — Bey dieser Krankheit soll sich der Patient mehr als bey jeder andern den Tod wünschen. — Vergl. Hrn. Ritt. Michaelis Fragen an eine nach Arabien reisende Gesellschaft, S. 101 ff. (Beynahe nicht einen einzigen Zug dieser Krankheit läßt Hiob in seinen Klagen unerwähnt! —) Dies sind die drei in Arabien bekanntesten Arten des Aussatzes. Hillary theilt den Aussatz, welchen die Sklaven aus Guinea nach Barbados gebracht haben, ebenfalls in drei Gattungen: in den Aussatz der Araber, (s. oben. No. b) Barras) in den Aussatz der Gelenke. No. c) Dschudam) und in denjenigen Aussatz, welcher im afrikanischen Yaws heißt. Diese dritte Art des Aussatzes Yaws fängt mit einer kleinen Finne, wie ein Nadelkopf groß, an, um welche herum die Haut weiß wird, birstet und etwas wenigen Wasser von sich läßt, welches trocknet und weiß wird. Unter dem Geschwür zeigt sich ein rothes schwammigtes Fleisch, welches durch die Haut bricht, (3 Mos. 13, 10. 11.) bisweilen kaum wie eine kleine Erdbeere, bisweilen aber wie die größeste Maulbeere, welcher es auch sonst sehr gleich sieht, indem es aus vielen kleinen Beeren bestehet. Wenn nach der Kur noch etwas von dem rothen schwammigten Fleisch übrig ist, so pflegt es wucherndes weggebeizt zu werden. Wird die Krankheit übel geheilt, und insonderheit die Speichelkur zu früh gebraucht: so wird ihr Recidiv oft unheilbar: es entstehen Knoten, aus sich fressende Geschwüre, Schmerzen in den Knochen, fast wie bey der großen Seuche, die Knochen werden verzehrt, das Gefühl verliert sich, und der Tod erfolgt. S. Michaelis arabische Fragen S. 71. — Hillary hält diesen Aussatz für den Aussatz der Juden. Allein wenigstens nicht allein war der Yaws der Aussatz der Juden. Moses scheint 3 Mos. 13. außer der Elephantiasis etliche Arten des Aussatzes zu unterscheiden. So viel wir Nachrichten vom Aussatz haben, so fehlen uns doch noch einige, um Mosis Theorie vom Aussatz vollkommen zu verstehen. Zum weitern Nachlesen dienen Hrn. R. Michaelis oben angeführte arabische Fragen No. 11. S. 20. ff. No. 18. S. 60. ff. No. 36. S. 97. ff. und Hrn. Cap. Niebuhrs Antworten darauf, in der Beschreibung von Arabien. S. 135. ff. Michaelis Anmerkungen zu 3 Mos. 13, 1 : 46. und zu Hiob 2. 7. und dessen mosaischen Recht. Th. 4. §. 210. S. 222. ff.

Der Aussaz (den Bohak, wenn man ihn für eine Art des Aussazes hält, ausgenommen,) steckt an; zwar nicht so leicht als die Pest und die Pocken, — nicht durch eine einzelne Berürung, ja nicht einmal immer durch den Beischlaf mit einem oder einer Aussäzigen; allein daß er wirklich anstecke, sezen nicht nur Moses Geseze 3 Mos. 13, 1-46. offenbar voraus, sondern es bestätiget es auch die Erfarung im Großen noch aus den neuern Zeiten, — da er durch die heiligen Kriege nach Deutschland, und durch Mohrensklaven auf die amerikanischen Zuckerinseln gebracht wurde, wo er zuvor unerhört war. — Hierzu komt auch noch das Zeugniß aller Einwoner derjenigen östlichen und südlichen Gegenden, wo der Aussaz einheimisch ist. — Nach Perssonels Meinung steckt er eigentlich nur solche Leute an, die eine des Aussazgiftes fähige, oder empfängliche Leibesbeschaffenheit haben. — Wenn aber auch das nicht ist: so ist die Krankheit schrecklich genug, daß sichs die Mühe verlohnte, bey dieser Krankheit äußerst aufmerksam zu seyn, und Weisheit des Gesezgebers ist es, auch von den Wenigen, die des Aussazgiftes empfänglich seyn möchten, die Gefar der Ansteckung durch besondere Geseze abzuwenden, wie 3 Mos. 13, 1-46. geschehen ist. —

2) Aussaz der Kleider. 3 Mos. 13, 47-59. Eine Kleiderkrankheit, figürlich der Aussaz genant, weil sie mit diesem an Menschen verschiedenes gemein hatte. Sie bestund darin, daß Kleidungsstücke — wollene, leinene, oder baumwollene und lederne — an einem oder mehrern Orten anfiengen kahl zu werden, ohne durch langen Gebrauch diese Veränderung erlitten zu haben. Diese kahlen Flecken hatten eine grünliche oder röthliche Farbe, und erschienen bald nur auf der linken bald auf der rechten Seite; bald am Aufzug oder Zettel, bald am Einschuß oder Einschlag der wollenen oder baumwollenen Kleidungsstücke. Diese Flecke breiteten sich in kurzem merklich aus, und namen nach und nach die ganzen Kleidungsstücke ein. Diese Krankheit steckte auch wieder andere Kleider an. — Hr. Rit. Michaelis (mos. R. Th. 4. §. 211. S. 261.) denkt bey diesem Kleideraussaz an die Sterbewolle, welche, sonderlich die von lange krank gewesenen Schafen, — zu Zeugen und Tüchern verarbeitet, sehr bald die Spizen verlieren, und die daraus bereitete Zeuge Grübchen bekommen, und endlich gar Löcher hineinfallen sollen. Allein 1) Sterbewolle, und zwar solche von lange krank gewesenen Schafen, wurde vermutlich im Orient nicht häufiger zu Zeugen für Menschen verarbeitet, als bey uns. Es ereignete sich der Fall, daß dergleichen Zeuge früh kahl wurden, Grübchen entstunden, und gar Löcher hineinfielen, eben so selten, als bey uns, wo Tausende gar nichts davon wissen, und am Ende blos große Manufacturiers und Kaufleute, die viele Zeuge aus allerhand Wolle verfertigt liegen haben rc. — Gegen so äußerst seltne Fälle aber pflegen keine Geseze gegeben zu werden. Moses hingegen scheint den Kleideraussaz als sehr bekant und gewönlich vorauszusezen. 2) Zeuge und Kleider aus dergleichen loser Sterbewolle können andere aus guter gesunder Wolle nicht anstecken. Allein der Kleideraussaz that das! 3) Eben dieser zeigte sich bald nur auf der rechten, bald nur auf der linken Seite. (3 Mos. 13, 55.) das läßt sich von der Sterbewolle nicht denken. So ist auch 4) von dem röthlichen oder grünlichen, immer mehr und mehr sich vergrößernden oder um sich greiffenden Flecken (V. 49.) bey dem Kleideraussaze, von den aus Sterbewolle verfertigten Tüchern, Zeugen und daraus gemachten Kleidern, nichts bekant. Endlich aber 5) fand sich diese Krankheit nicht blos an wollenen, sondern auch leinenen oder baumwollenen, ja ledernen Kleidungsstücken und Geräthen. Folglich ist die Erklärung derselben aus der Sterbewolle unzureichend. —. Ich glaube, der Kleideraussaz ward durch gewisse kleine mit bloßen Augen nicht zu erkennende Insekten verursacht, die von grünlicher und röthlicher Farbe waren. Nimt man dergleichen Insekten zur eigentlichen und unmittelbaren Ursache des uneigentlich sogenanten Kleideraussazes an: so läßt sich alles, was Moses davon sagt, daraus erklären, wie ich in meiner Bibel Th. 1. bey 3 Mos. 13, 47 — Ende S. 500-502. gezeigt habe, welches ich hier nicht wiederholen kann.

3) Aussaz der Häuser (es versteht sich „steinerner" — dergleichen die Häuser der Israeliten waren, s. Haus, Häuser). 3 Mos. 14. 33-57. — Eine Art von Salpeterfraß, der, weil er mit grünlichen und röthlichen Flecken und Grübchen anfängt, und dann immer weiter um sich frißt rc. figürlich ein Aussaz genant wird. Mehr davon s. in meiner Bibel Th. 1. bey der angefürten Stelle, S. 504. ff. und Herrn R. Michaelis mos. Recht. Th. 4. §. 212. S. 260. 265. ff.

### Auranitis.

Eine Landschaft, sonst Ituräa genannt, welche Luc. 3, 1. als ein Theil des Fürstenthums vorkömt, welches Philipp, dem jüngsten Sohne des Herodes zugefallen und dem Trachonitis zugefügt war. Und eben aus der Verbindung, in welcher Josephus (in s. Alterth. B. XVII. Kap. 10. desgleichen Kap. 13. welcher der Landschaft Auranitis gedenkt,) Trachonitis und Auranitis zusammensetzt, schließen Lighifoot, Cellarius, Reland und mehrere berühmte Geographen, daß es die Landschaft Ituräa sey, und behaupten, daß der Name Auranitis aus dem Namen der Stadt Hauran, deren Ezech. 47, 16. 18. mit Hamath und Damaskus erwähnt wird, entstanden wäre. Die Nachkommen aller Söhne Ismaels haben sich sonderlich durch das ganze wüste Arabien ausgebreitet, und daher ist zu vermuten, daß die Ituräer an den Gränzen Israels nahe bey Batanäa, Gaulanitis und Trachonitis niedergelassen, (in so fern man nämlich von Nomaden das sich Niederlassen sagen kan,) und eben das Land nach ihrem Stammvater Jtur, Ituräa genennet haben. Des Namens Jtur oder Jetur als eines Sohnes Ismaels wird gedacht 1 Chron. 1, 31. mit dessen Nachkommenschaft die Israeliten, welche das Land jenseits des Jordans bewont haben, als die Stämme Ruben, Gath und halb Manasse, nach 1 Chron. 5, 18. 19. einen sehr vortheilhaften Krieg geführt haben.

### Ausschütteln

Den Busen u. s. Busen.

### Ausspeyen.

Vor einem ausspeyen, ist auch schon bey uns eine sehr auffallende Beschimpfung; noch vielmehr aber im Orient. Man ist hier deswegen so übertrieben behutsam, daß man nicht leicht in Gegenwart eines andern ausspeyt, wenns auch der Naturtrieb erfordert, und so argwönisch, daß mans fast allezeit für Beschimpfung oder Verachtung aufnimt, wenn jemand auch nur aus diesem Naturtrieb sich des überflüßigen Speichels entledigt, sonderlich wenn er etwa von einer andern Handlungen redet u. s. Arvieux Voyage dans la Palaest. p. 140. Chardin in seinem von Harmar in Th. 3. der Beob. über den Orient S. 376. excerpirten Manuscript und Niebuhrs Beschreibung von Arabien S. 26. — Eben so wars auch schon beim ganz alten Orient. Hiob (Kap. 30, 10.) klagt daher: „Mit Abscheu entfernen sie sich vor mir, und halten vor meinem Angesicht nicht den Speichel zurück." D. i. scheuen sich nicht, vor meinem Angesicht auszuspeyen. — Noch größer ist natürlich die Beschimpfung, wenn man einem gar ins Gesicht speyt. Harmar (Beob. über den Orient. Th. 3. S. 377. f.) scheint ganz zu leugnen, daß die Morgenländer, wenn sie wirklich im Affect zur Schmach gegen einen andern ausspeyen; im Affect so weit gien gen, daß sie ihm gar ins Gesicht speyen — sondern sie speyen, seiner Meinung nach, blos vor der verhönen zu beschimpfenden Person auf die Erde aus. Das getraue ich mir nicht zu behaupten; vielmehr ist mir die Erwegung des ausschweifenden Affects des Morgenländers, der sich an keine Elne bindet, und die Stellen 4 Mos. 12, 14. 5 Mos. 25, 9. Matth. 26, 67. die sich nur sehr gezwungen für Harmars Meinung deuten lassen, ganz fürs Gegentheil. — Es fällt mir hierbey auch eine Nachricht aus Herrn Cap. Niebuhrs Beschreibung von Arabien (S. 29.) ein: „Ich erinnere mich, schreibt er, einmal in einer Karavane gesehen zu haben, daß jemand zur Seite ausspie, und meine Mohammedaner ein wenig auf den Bart traf, dieser aber darüber sehr entrüstet ward. Der Beleidiger bat aber sogleich um Entschuldigung, küßte dem andern den Bart, und so ward dieser wieder befriedigt." — Auch aus dieser Nachricht scheint zu erhellen, daß das Anspeyen ins Gesicht im Orient — wenigstens nichts Unerhörtes, und wie man leicht denken kan, was es auch schon bey uns in hohem Grade seyn würde, die äußerste Schmach und Beschimpfung sey. Bey dieser Begebenheit komt aber freilich auch noch der in morgenländischen Augen heilige — Bart — in Betrachtung! —

### Awith.

Die Geburtsstadt des edomitischen Königs Hadad, 1 Mos. 36, 35. Sonst ganz unbekant.

### Aza.

S. Gaza, oder Gasa.

### Azaria.

S. Asaria.

### Azem.

Oder Ezem. Eine Stadt des Stammes Simeon. Jos. 19, 3. 1 Chron. 4, 29.

### Azmon.

Eine Stadt an der südlichen Gränze von Canaan. 4 Mos. 34, 5. Jos. 15, 4.

### Azur.

Des falschen Propheten Ananias Vater. Jerem. 28, 1.

### Azza.

1 Chron. 8, (7) 28. ist die berümte Philisterstadt Gaza oder Gasa. S. unten a. s. O.

## B.

### Baal.

Baal (בַּעַל d. i. Herr) der Sache nach eben das, was Zeus oder Jupiter bey den Griechen und Römern, war der höchste Gott der Phönicier, und Cananiter überhaupt, ingleichen unter dem wenig und nur dialektmäßig veränderten Namen Bel (בֵּל, contracte בֵּל) (Jes. 46, 1. Jer. 50, 2. K. 51, 44.) der Assyrer und Babylonier und anderer benachbarten Völker. Man verehrte unter diesem Namen die Sonne, den ältesten Gegenstand, nebst dem Mond, — in welchem die Menschen die Gottheit fanden. (Hiob 31, 26, 27. 28.) — Daß man unter Baal die Sonne verstanden habe, sagt nicht nur Sanchuniathon und andere alte Schriftsteller ausdrücklich, sondern es erhellet auch daraus ganz offenbar, daß Baal so überaus häufig mit der Astarte (Asthoreth, Plur. Astharoth) oder der Luna zusammengesetzt wird, und zwar so, daß Baal immer voransteht. S. Richt. 2, 13. Kap. 10, 6. 1 Sam. 7, 4. K. 12, 10. u. s. w. Und 2 Kön. 23, 5. wird Baal ganz deutlich durch Sonne erklärt, wie jeder Kenner des Hebräischen ganz stark fühlt, wenn man auch den vorhergehenden V. 4. nicht dazu nimt. — Doch was längst als gewiß und ausgemacht eingestanden ist, darf ich nicht erst lange beweisen. Bey den Phöniciern hieß diese Gottheit Baal-Semen, (oder rein hebräisch ausgesprochen Baal-Samaim, oder Schamaim (בַּעַל שָׁמַיִם) d. i. Herr, oder König des Himmels, so wie die von ihnen ebenfalls göttlich verehrte Luna, Baaltis (Baala — gleichsam Baalin — Baals Gemalin) hieß, und beim Propheten Jeremias unter dem Namen Mecheth-Haschamaim, d. i. Königin des Himmels, vorkomt. S. oben Astarte. — Der Sidonische oder Phönicische Baal hieß auch Thalassius, d. i. Meerbaal, weil er die Gottheit eines am Meer wohnenden Volks war. Θαλασσιος Ζευς εν Σιδωνι τιμαται, d. i. Jupiter Thalassius s. marinus Sidone colitur, schreibt Hesychius. — Des Baals wird in der Bibel häufig in der mehrern Zahl gedacht, (Baalim בְּעָלִים Richt. 2, 11. Kap. 3, 7. K. 8, 33. K. 10, 10. 1 Kön. 18, 18. Jer. 2, 23. K. 9, 14. Hos. 2, 13. K. 11, 2.) womit es eben die Bewandniß hat, wie mit Astharoth, (s. oben.) — Der Baal oder die Sonne wurde von vielen Völkern, und von jedem an mehreren Orten, hier und da auch wol auf verschiedene Art verehrt. Allenthalben wo man ihn verehrte, waren Sinbilder dieser Gottheit aufgerichtet, die vielleicht ebenfalls in Manchem verschieden waren. Daher konte man von Baalim, oder Baals — in der mehrern Zal — sprechen. — Und wir finden auch verschiedene Gottheiten mit bestimmenden und unterscheidenden Beisätzen erwänt, z. B. Baal-Berith, Baal-Peor, Baal-Sebub u. s. w. wovon unten an den gehörigen Orten ein Mehreres. —

Wie man den Baal oder die Sonne abgebildet hat, ist ungewiß. Wir finden gewisser Statüen erwänt, welche der Sonne zu Ehren gesezt wurden. 2 Kön. 3, 2. u. s. w. — welche anderwärts einen eigenen Namen Hammanim (חַמָּנִים Sonnenstatüen rc.) füren. 3 Mos. 26, 30. Jes. 17, 8. Kap. 27, 9. Ezech. 6, 4. 6. 2 Chron. 14, 5. K. 34, 4. 7. — Aus 2 Kön. 23, 11. scheint es zu erhellen, daß Wagen und Pferde das gewönliche Sinnbild des Baals, oder der Sonne gewesen, wobei vermutlich auf den scheinbaren geschwinden Lauf der Sonne um die Erde gesehen wurde. Denn bekanntlich glaubte man gar lange Zeit, die Sonne bewege sich um die Erde. — Es ist aber aus der angefürten Stelle nicht deutlich zu ersehen, ob man lebendige Pferde der Sonne zu Ehren, an dem Ort, wo man sie verehret, gehabt und erhalten, oder aber nur hölzerne, oder aus Metallen gegossene aufgestellt habe. Aus 2 Chron. 28, 2. siehet man, daß dem Baal zu Ehren gegossene Sinbilder aufgestellt worden. Ob diese allzeit die Gestalt der Pferde und eines Wagens, oder auch andere Gestalt gehabt, und etwas einem Menschen Änliches, oder doch etwas einfacheres, als Wagen und Pferde vorgestellt habe, wie etwa der Moloch der Ammoniter, der ebenfalls nichts anders, als der Baal, Bel, oder die Sonne seyn sollte.

Anfänglich wurde die Sonne, weil sie täglich am Himmel zu sehen war, oder doch die Erde erleuchtete, und jedem bekant war, vermutlich nicht abgebildet, sondern man hob unmittelbar gegen sie und den Mond und

und die übrigen Gestirne die Hände auf und warf ihr Küsse zu (Hiob 31, 26. 27. 28.). In der Folge aber, da man angefangen hatte, auch andere vermeinte Gottheiten abzubilden, ersan man auch Sinbilder der Sonne, um sie auch dann vor Augen zu haben, wenn sie am trüben Himmel oder des Nachts — nicht erscheinet.

Der Baalsdienst wurde durch eine Menge Priester verrichtet, 1 Kön. 18, 22. 2 Kön. 10, 18/19. 2 Chron. 23, 17. Bel z. B. V. 9. Er bestand in Opfern und zwar in Brandopfern aus dem Thier- und Gewächsreich und in Trankopfern; im Tanzen um den Altar, wobey man sich, wenigstens dann, wenn der Gott Baal die Opfernden nicht erhören zu wollen schien, mit Messern und Pfriemen blutig rizte. 1 Kön. 18, 25/28. Bel zu Babel V. 2. — Es waren beim Baalsdienst aber auch Menschenopfer gewönlich, wenigstens bey ausserordentlichen Fällen, bey Landplagen, oder großen Unglücksfällen die dem Lande droheten, oder dasselbe bereits betroffen hatten rc. — Vom Punischen Gottesdienst, der vom Phönicischen und Cananitischen abstammte, sind Menschenopfer auch aus Profanscribenten bekant. Und die Bibel redet von Menschenopfern, die dem Baal gebracht wurden in vielen Stellen. S. 2 Kön. 17, 16. 17. 2 Chron. 28, 2. 3. Jerem. 19, 5. Kap. 32, 35. Ich will zwar nicht leugnen, daß in diesen Stellen hauptsächlich der ammonitische Baal, oder der Moloch gemeint werde, welcher wegen dergleichen grausamen Opfer so berüchtiget ist; allein es sind doch auch Menschenopfer unter andern Völkern, z. B. den Phöniciern rc. bekant. S. Porphyr. περι αποχης B. 2. §. 56. ff. Sanchuniathon beim Eusebius Praep. Ev. B. 1. K. 10. S. 36 f. 40. B. 4. Kap. 16. S. 156. —

Diejenigen, welche den Baalsdienst verrichteten, scheinen in drei verschiedene Klassen eingetheilt gewesen zu seyn, in Propheten, welche weissagten, (1 Kön. 18, 29.) d. i. gottesdienstliche Lieder, unter Instrumentalmusik absangen, und dabei wol auch Wahrsagerei und Gaukelei trieben, göttliche Offenbarungen vorgaben u. s. w. in eigentliche Priester und in Diener, oder Knechte, welche leztere beim Baalsdienste das waren, was die Leviten beim Gottesdienst der Israeliten — die Opfer mit zurechte zu machen, und überhaupt den Priestern in ihrem Amte behülflich waren, welchen allen ein hoher Priester oder Oberpriester als Chef vorstand. S. 2 Chron. 23, 17. — Diese drei Klassen finden wir 2 Kön. 10, 19. zusammen erwänt. Knechte Baals können zwar auch Verehrer Baals heissen, wie Knechte oder Diener des Jova — Jovas Verehrer sind. Allein 1) die Diener Baals werden in der angefürten Stelle zwischen den Propheten und Priestern Baals genant. 2) Aus der ganzen Geschichte, wie sie 2 Kön. 10, 18 ff. erzält wird, siehet man, daß Jehu nicht alle Verehrer Baals, sondern nur die Priesterschaft und was dazu gehörte, niedermachen lassen wollte. Der Baalspriester und was diesem anhieng, war an sich eine sehr große Anzal, wie aus den oben angefürten Stellen zu ersehen ist, und die achtzig Mann, welche Jehu vor den Baalstempel stellt, um die darinnen befindlichen Personen zu ermorden, hatten genug zu thun, wenn sie sich nur der vielen Baalspriester bemeistern. Und aus V. 18. 19. erhellet offenbar, daß die Execution Jehus blos die Priester rc. nicht aber die gemeinen Verehrer Baals unter dem Volke galt. — 3) Die Knechte oder Diener Baals hatten besondere Amtskleider bey ihrem Gottesdienste, wie aus 2 Kön. 10, 22. erhellet. Sie gehörten also ohne Zweifel zur Priesterschaft, und machten unter ihnen die unterste Klasse aus, wiewol auch bisweilen, wie es scheint, die ganze Priesterschaft und was dazu gehörte, unter den Dienern Baals begriffen wurde — und so vielleicht selbst V. 22. wo statt der drei Klassen V. 19. blos Diener Baals genant werden, wie es denn auch nicht warscheinlich ist, daß nur die Diener Baals, oder die unterste Priesterklasse Amtskleider sollten gehabt haben, die eigentlichen Priester und Propheten aber nicht. —

Daß der Baal in besondern Tempeln verehrt wurde, darf ich nicht erst erinnern. In der vorhin gedachten Geschichte der Zerstörung des Baalsdienstes durch Jehu, wird ein Baalstempel erwänt, (2 Kön. 10, 21. 23. 25. 26. 27.) bey welchem eine unterirdische Höle befindlich war, (V. 25. vergl. meine Bibel bey dieser Stelle,) durch welche die Baalsdiener vermutlich heimlich in den Tempel kamen, um die dem Baal täglich vorgesezten Speise- und Trankopfer, unter dem Scheine, als thät es der Baal selbst, zu verzeren, wie wir aus der Geschichte des Bels zu Babel wissen, in dessen Tempel sich eben dergleichen Hölen und unterirdische Gänge zu dieser Absicht befanden. Bel zu Babel V. 12. 20. — Der babylonische Baals- oder Belstempel wird von den grie-

chischen

dälschen Geschichtschreibern als außerordentlich prächtig und als ein Wunder der Welt beschrieben. Nach Herodot (B. 1. Kap. 181.) hatte er die Gestalt eines Thurms, dessen Grund ein Viereck war, jede Seite ein Stadium oder 125 Schritte lang. Er bestand aus acht Absätzen, oder acht besondern über einander gebauten Thürmen, deren jeder dünner als der andere war, so daß der unterste der dickste und der oberste der dünneste war, deswegen ihn Strabo (B. 16.) eine Pyramide nennt. Nach eben diesem Schriftsteller bestieg man ihn von außen, auf einer in die Runde laufenden Treppe. Inwendig waren viele auf Pfeilern ruhende Zimmer angebracht, und das allerooberste war eigentlich der Baalstempel, oder das heiligste Gemach desselben, worinnen sich viele goldne Statüen, und darunter eine vierzig Fuß hoch, befanden. Nach dem Diodor von Sicilien (B. 2.) stund dieser Tempel in seiner Pracht bis zur Zeit des Xerxes, der ihn nach dem unglücklichen griechischen Feldzuge zerstörte, und sich seiner Schätze bemächtigte.

Man pflegte dem Baal aber auch anderwärts Altäre zu bauen ohne Tempel, und zwar nach altorientalischer Sitte auf Anhöhen, 4 Mos. 22, 41. Kap. 23, 1 ff. 2 Chron. 33, 3. u. s. w. ja auf den Dächern, Jer. 32, 29. 2 Kön. 23, 12. wobei man aber freilich nicht an unsere Dächer, sondern an die flachen orientalischen zu denken hat. S. Dach.

Die Israeliten waren gleich nach Josuä Zeit dem Baalsdienst, den sie von den cananitischen und andern Völkern, unter und neben welchen sie wohnten, treiben sahen, ebenfalls sehr ergeben. Richt. 2, 11. 13. Kap. 3, 7. K. 8, 33. K. 10, 10. und auch in spätern Zeiten, 1 Kön. 16, 31. Kap. 18, 18. Kap. 22, 54. 2 Kön. 17, 16. K. 21, 3. Jer. 2, 23. K. 7, 9. K. 9, 14. K. 11, 13. 17. Hos. 11, 2. — Der israelitische König Ahab begünstigte und hegte den Baalsdienst seiner phönicischen Gemalin Jesebel zu Gefallen, welcher er vaterländisch war, ganz besonders, 1 Kön. 16, 31. K. 17, 18. 19. Auch sein Prinz und Thronfolger Ahasia behielt den Baalsdienst als väterliche und mütterliche Sitte bey, 1 Kön. 22, 54. — Eben so sehr als Ahab ist der jüdische König Manasse des Baalsdienstes wegen berüchtiget. 2 Kön. 21, 3. Sogar die beiden Tempelvorhöfe des wahren Gottes entweihte er durch Altäre der Sonne, dem Monde und übrigen Gestirnen zu Ehren erbaut. V. 4. 7. — Wagen und Pferde als Sinnbild des Baals oder der Sonne, hatten die jüdischen Könige zur Ehre dieses Götzen aufgestellt, und also den Tempel des wahren Gottes zum Baalstempel entweihet; s. oben. — Als Eiferer wider den Baalsdienst und Zerstörer desselben haben sich sonderlich Gideon (Richt. 6, 25. 28. 30.) Joram (2 Kön. 3, 2.) Jehu (2 Kön. 10, 18.) Josia (2 Kön. 23, 4. 5. 2 Chron. 34, 4.) der Prophet Elias (1 Kön. 18.) u. a. m. gezeigt.

## Baala

1) Oder Kirjath-Baal (Jos. 15, 60. Kap. 18, 14.) oder Kirjath-Jearim. Jos. 15, 9. 1 Chron. 14. (13) 6. S. Kirjath-Jearim.

2) Eine Stadt im südlichen Theile des Stammes Juda. Jos. 15, 29. mit Bala Jos. 19, 3. einerley, wie aus dem Verzeichniß der Simeonitischen Städte Jos. 19, 1 ff. vergl. mit Jos. 15, 28 ff. erhellet. Sie wurde dem Stamme Simeon abgetreten. Jos. 19, 3.

3) Ein Berg im Stamme Juda. Jos. 15, 11. Vermuthlich vom Baal, der an diesem Orte ehemals feierlich verehret wurde, benannt.

## Baalath.

Eine Stadt im Stamme Dan. Jos. 19, 44. 1 Kön. 9, 18. Nach dem Joseph. (Jüd. Alterth. B. 8. K. 2.) der sie Baleth (Βαλὲθ) schreibt, nicht weit vom Geser.

## Baalath-Beer-Ramath.

Die südlichste Stadt der Simeoniten. Jos. 19, 8. heißt 1 Chron. 5, (4) 33. Baal.

## Baal-Berith.

War die Gottheit, welche die Israeliten nach Gideons Tode zur gottesdienstlichen Verehrung wählten. Richt. 8, 33. — Sie ward feierlich zu Sichem verehrt, wo ihr zu Ehren ein Tempel erbauet war, der, wie es scheint, zugleich zur öffentlichen Schatzkammer gebraucht wurde, Richt. 9, 4. und sehr fest gebaut war, daher die Sichemiten, als sie in ihrer Festung (Thurm) nicht sicher genug zu seyn glaubten, ins Zriach des Tempels der Gottheit Berith (צְרִיחַ בֵּית אֵל בְּרִית) d. i. in den festen Tempel der Gottheit Berith, oder in den vorzüglich befestigten Theil dieses Tempels flüchteten. Richt. 9, 46. — Nach dem Philo Byblius (beim Eusebius Praep. evang. libr. 1.) war Beryth eine phönicische Gottheit. — Wäre die Stadt Beruth, Berytus, die noch heutiges Tages unter dem Namen Bairut existirt, in Ansehung ihrer Erbauung, wenigstens dem Josua gleichzeitig: so würde denn der von den Israeliten zu

Sichem

Sichem verehrte Baal-Berith ohne Zweifel nichts anders heissen, als der Baal, (die Sonne) wie er zu Beryth oder Berytus verehret wurde — der Berytische Baal; etwa wie zu Emesa die Sonne unter dem Namen Elah-Gabala, d. i. der Gott von Gebal oder Byblus, verehret worden ist. S. oben Aschima. Möglich wäre das hohe Alter der Stadt Berytus wol. Selbst der Name der Stadt Berith (ברית) oder Beruth (ברות) ist ein gutes Vorurtheil für das hohe Alter der Stadt, da er rein Hebräisch oder Phönicisch ist. Vergl. Cumberland on Sanchoniat. S. 151. — Will man aber nicht, daß Baal-Berith so viel heisse, als „der berytische Baal" — und will man das hohe Alter der Stadt Berytus, das freilich vorausgesetzt werden müßte, bezweifeln: so muß man den Namen Baal-Berith durch „Bundes-Baal" übersetzen, und einen Θεος ορκιος, Deus fidius, oder Iupiter Pistius darunter verstehen, einen Gott der Treue, der über die Bündnisse und Verträge gesetzt war, und den man zum Zeugen bey Eydschwüren, Verträgen und Bündnissen anrief. Die Stadt Berytus könte dann selbst von dieser Gottheit ihren Namen erhalten haben, wenn er in ihr vorzüglich verehrt worden ist, wovon wir jedoch keine weitere ausdrückliche Nachricht haben.

## Baal-Gad.

Eine Stadt, welche mit zur Bezeichnung der nördlichen Gränze des Landes Canaan genannt wird, Jos. 11, 17. von dem kahlen Berge der nach Seir gehet bis nach Baal-Gad. Nehmen wir Jos. 11, 7. und Kap. 13, 5. dazu, so wird die Lage dieses Orts noch genauer bestimmt, indem hinzugesetzt wird: in dem Thal des Libanons, unten am Berge Hermon, das ist, in dem Thale, welches diese beiden Gebirge, den Libanon und Hermon, wenigstens dem Namen nach, von einander trent. Also muß Baal-Gad ohngefähr nordwärts von dem Ursprunge des Jordans gelegen haben, und daher die äusserste Stadt des ganzen Landes auf dieser Seite gewesen seyn. Vergl. Bachiene Pal. Th. II. B. 4. §. 810.

## Baal-Hamon.

Ein Ort, der weiter nirgends als Hohel. 8, 11. erwähnt, und gesagt wird, daß Salomo Weinberge daselbst gehabt.

## Baal-Hazor.

Ein Ort ohnweit der Stadt Ephraim, im Stamme dieses Namens, wo Absalom Ländereien gehabt zu haben scheint. Denn er ließ daselbst seine Schafe scheren, und invitirte, weil die Schafschur ein Freudenfest war, seine Brüder, die übrigen königliche Prinzen, dazu, unter welchen er den Amnon aus Rache, weil dieser sein Halbbruder die Thamar, Absaloms leibliche Schwester, auch von mütterlicher Seite, geschändet hatte, durch seine Bedienten ermorden ließ. 2 Sam. 13, 23. ff.

## Baal-Hermon.

1) Eine Gränzstadt der Manassiten jenseits des Jordans, vermuthlich am Fuß des Berges Hermon. 1 Chron. 6, (5) 23. S. Hermon.

2) Der Berg Hermon selbst. Richt. 3, 3. Vermutlich so genant, weil vormals der Baal daselbst verehret wurde, wol hauptsächlich in der Stadt. No. 1.

## Baalim

Ist der hebräische Plural vom Singular Baal. S. Baal.

## Baal-Meon.

So wird diese Stadt von Mose genennt, und gesagt, daß ihr Name verändert sey. 4 Mos. 32, 38. Diese Anmerkung wird hernach von mehreren Städten wiederholt. Die Ursache davon ist wol gewesen, weil einige dieser Städte, und insonderheit Baal-Meon, oder wie es sonst heißt, Beth-Baal-Meon, nach gewissen heidnischen Gottheiten, deren Namen bey den Israeliten nicht erwähnt werden durften, 2 Mos. 23, 13. waren benennet worden; bey andern Städten hat die Namensveränderung nicht lange gedauert, denn man findet sie bald hernach wieder mit ihren vorigen alten Namen. Beth-Baal-Meon wird zwar vom Propheten Jerem. 48, 23. mit Weglassung des Worts Baal, das der eigentliche Name des Götzens gewesen, nur Beth-Meon genennet. Allein Ezech. 25, 9. und 1 Chron. 5, 8. wieder Baal-Meon, jedoch vermutlich von den Moabitern, welche damals diese Landschaft eingenommen hatten. Von der Beschaffenheit dieses Orts sagen Eusebius und Hieronymus, (in onomast. advoc. Βεελμαους) daß Baal-Meon zu ihrer Zeit ein großer Flecken bey Baaru in Arabien gewesen sey, und Beelmaus geheissen habe. Sie setzen ihn 9 römische Meilen von Hesbon, und sagen, daß daselbst warmes Wasser aus dem Boden gequellen sey. Baaru scheint der Ort zu seyn, wo das Wasser gequollen ist, und mag von dem Hebräischen באר (Beer ein Brunnen) herkommen.

## Baal-Peor.

Eine moabitische Gottheit. Peor war, wie man glaubt, nicht eigentlich der Name, sondern nur ein Beiname derselben, von dem Orte wo sie verehrt ward, auf dem Berge Peor und der Gegend, im Lande der Moabiter. Baal-Peor war also so viel, als der Baal zu Peor, oder der Baal, welcher, oder wie er zu Peor verehrt wurde. Allein es ist wahrscheinlicher, daß die Gottheit erst dem Berge den Namen gegeben habe, weil sie in der Gegend und auf dem Berge selbst verehrt worden ist. Und der Name der in dieser Gegend gelegenen Stadt Beth-Peor, 5 Mos. 3, 29. Jos. 13, 20. kan füglich durch Peorstempel übersetzt werden, welchen Namen die Stadt vielleicht davon erhalten hat, daß auf ihrer Stelle ein Baal-Peorstempel stand, welcher zur Erbauung der Stadt Veranlassung gab. Der Name Baal verräth in dieser moabitischen Gottheit die Sonne, (s. Baal) den Osiris der Aegypter, oder den Adonis, den Gemal der Isis, oder Luna, Astarte, Venus. — Der Adonis wurde als ein Todter in einem Sarge vorgestellt, (weil er in einem Walde, wo er mit der Venus lebte, von einem wilden Schweine getödtet worden seyn soll,) und dieses seines Todes wegen, kläglich beweint, wobei man sich stellte, als ob man ihn sehr ängstlich suche; — ihn wieder zu finden, und endlich that man, als habe man ihn wirklich wieder gefunden, (weil Venus, nach der Fabel von der Proserpina, es erhalten haben soll, daß Adonis wieder lebendig wurde, und jährlich nur sechs Monate in der Hölle und die andern sechs Monate auf der Erde zubringen durfte,) — brach demnach in ausgelassene Freude aus, erlaubte sich alle Ausschweifungen, und überließ sich ganz der Wollust, die ein Hauptstück dieses Götzendienstes ausmachte. (Daß die Entfernung der Sonne im Winter, und Wiederannäherung im Frühling, in der Fabel, die zu diesem Götzendienste Veranlassung gab, verborgen liege, ist bekant.) — Baal ist die Sonne, und daß der Baalpeorsdienst hauptsächlich in öffentlicher und privilegirter Hurerei bestund, ist aus 4 Mos. 25, 1-9. Hos. 9, 10. (nach S. oben Astharoth und unten Hurerei.) Es wird in der ersten Stelle nicht nur ausdrücklich gesagt, daß die Israeliten mit den Moabiterinnen gehurt, und der moabitischen Götzen, und namentlich den Baal-Peor verehret, sondern es wird auch V. 3. 5. und Psalm 106, 28. wo gesagt wird, daß die Israeliten dem Baal Peor gedienet, im Hebräischen ein solcher Ausdruck gebraucht, der das Wesentliche des Baal-Peordienstes, die Hurerei — zugleich schon mit ausdrückt: ויצמד לבעל פעור Copulabant, conjugebant se (Israelitae) Baali-Peor. Sie paarten — sich — dem Baal-Peor zu Ehren. Einige Neuere übersetzen zwar: „sie trugen Hauptbinden dem Baal-Peor zu Ehren,“ auf Rechnung des arabischen, und weil es beim Götzendienst hin und wieder gewöhnlich war, den Götzen zu Ehren dergleichen Kopfbinden zu tragen. Allein ich habe bey dieser Uebersetzung mancherlei Bedenklichkeiten, die mich abhalten, ihr meinen Beifall zu geben. Selbst der Name Peor verräth den unflätigen, oder doch geil und unflätig verehrten Götzen. Paar oder Peor (פער) heißt sich entblößen — und der Chaldäer setzt dieses Wort selbst in der angeführten Stelle 4 Mos. 25, 1. Im Hebräischen heißt aufsperren z. B. den Mund. Die Lefzen von einander thun. Hiob 16, 10. Kap. 29, 23. Jes. 5, 14. — So auch im Syrischen ܦܥܪ Hiavit und ܦܥܪܐ. Hiatus. caverna — und im Arab. فغر Aperuit (os). Aperuit se (flos). Hiavit (rima). — — Alles dieses zusammengenommen setzt es außer Zweifel, daß der Baal-Peorsdienst hauptsächlich im Huren bestanden habe — und der Götze folglich eine Art von Priapus gewesen. — Die Juden, ob sie gleich den Namen Peor ebenfalls a distendendo herleiten, denken sich einen andern, noch weit unflätigern Baal-Peorsdienst. R. Sal. Jarchi (bey 4 Mos. 25, 3.) schreibt: Distendebant coram illo (Baale-Peor) foramen podicis et stercus offerebant. Et hic erat cultus ejus! Eben das, mit noch mehr andern dergleichen Reinigerspäßen, sagt R. Moses Ben Maimon. More Nevuchim. Th. 3. K. 46. Nach den Träumen der Juden wär also der Baal-Peor eine Art von Deus Crepitus gewesen. — — Doch das ist nur ein Mährchen für Juden — nicht für uns! —

Da es Psalm 106, 28. von den Israeliten heißt: „sie paarten sich dem Baal-Peor zu Ehren. Aßen vom Opfer der Todten“ — : so haben bey den letztern Worten auch schon Andere an den Adonis gedacht, der todt, in einem Sarge liegend, vorgestellt wurde. — Doch dies ist nur noch zweifelhaft, da unter den Todten eben so wol leblose Götzen überhaupt, verstanden werden können, (im Gegensatz des wahren

ren lebendigen Gottes") und — nur vermöge des Parallelismus Membrorum, an den im ersten Gliede des Verses genannten Baal-Peor, der dann freilich der Adonis, oder die Sonne ist, gedacht werden kan.

Einen eigentlichen Baal-Peorstempel finden wir nicht erwänt. Allein der Vermutung nach war doch einer zu Beth-Peor. S. oben. Einer Höhe des Baals (worunter vermutlich der Baal-Peor verstanden wird) finden wir 4 Mos. 22, 41. erwänt, wo vermutlich ein Altar stand, auf welchem diesem Götzen geopfert wurde. Denn auch eigentliche Opfer wurden ihm gebracht, und ihm zu Ehren Opfermalzeiten angestellt. S. 4 Mos. 25, 2. Ps. 106, 28.

## Baal-Prazim.

Ein Ort im Thal Rephaim, ohnweit Jerusalem, wo David die Philister schlug. 2 Sam. 5, 20. — Der Ort bekam bey eben dieser Gelegenheit erst diesen Namen, und wird in der angefürten Stelle gleichsam prophetisch schon unter diesen Namen genant. —

## Baal-Salisa.

Eine Stadt, Flecken oder Dorf — vielleicht in dem 1 Sam. 9, 4. erwänten Distrikt Salisa gelegen. Nach dem Eusebius und Hieronymus lag der Ort funfzehn römische Meilen von Diospolis nordwärts. 2 Kön. 4, 42.

## Baal-Sebub.

Eine berümte Gottheit der Philister zu Ekron. Sebub (זבוב) heißt die Fliege, und scheint ein allgemeiner Name dieser Art Insekten zu seyn. Baal-Sebub kan nun auf zweierlei Art übersezt werden: Entweder Deus musca, oder Deus muscae oder muscarum. Nach der ersten Uebersezung wäre Baal-Sebub eine göttlich verehrte Fliege gewesen. Die Alexandriner nennen den Baal-Sebub 2 Kön. 1, 2. μυῖαν Θεὸν Ἀκκαρὼν (muscam, Deum Accaronis). Und Joseph (Jüd. Alterth. B. 9. K. 1.) ist ebenfalls für diese Uebersezung. Denn nach ihm schickt der israelitische König Ahasia προς τον Ἀκκαρων Θεον μυιαν (ad Accaronis Deum muscam). Und Suidas (unter Ηλιας) schreibt vom Ahasia: εχρησατο μυιαν τον εν Ἀκκαρων ειδωλω (usus est musca, Accaronitarum idolo). — Und bey den griechischen Kirchenvätern finden wir, vermutlich auf Veranlassung der Alexandriner, überhaupt diese Uebersezung allgemein angenommen. — Nach dem Plinius (Nat. Gesch. B. 30. K. 11.) und Plutarch (Sympos. B. 4. K. 5.) verehreten die an die Philister gränzenden Acaroner, von welchen die Philister eine Kolonie waren, auch den Käfer göttlich. Nach dem Aelian (de Animal. libr. 11.) wurde den Fliegen im Tempel des Apollo Actius järlich ein Fest gefeiert. — Man findet auch auf der Isistafel den Käfer und im Buch der Weisheit (Kap. 12, 8. 23. 24.) wird ganz deutlich gesagt, daß die cananäischen Völker, wenigstens die Einwoner eines Theils der Küste von Canaan, Fliegen und Hornisse göttlich verehrt. Nach der andern Uebersezung, welche wir bey den lateinischen Kirchenvätern finden, wäre Baal-Sebub der Gott der Fliegen, — ein Iupiter oder Hercules Απομυιος, Μυιωδης, Μυιαγρος — der die Fliegen vertrieb, den auch die Arkadier, die Einwoner von Elis, und andere alte europäische südliche Völker verehrten, so wie auch andere Völker, z. B. die Trachinier einen Hercules Κορνοπιων (Heuschreckengott), die Erythräer einen Ιποκτονος (der gewisse Würmer, ἴπες, die die Weinstöcke verheerten, vertreiben sollte,) und andere dergleichen Götter hatten, die man wider mancherlei schädliche und beschwerliche Insekten anrief und ordentlich göttlich verehrte. — Am Ende sind beide Uebersezungen Sachangemessen, schicklich, und in verschiedener Rücksicht gleich wahr. Die erste würde die Gestalt des Götzen verraten, unter welcher er verehret würde, (unter der Gestalt einer Fliege) und daß die Alexandriner Θεος μυια [Deus musca] übersezen, macht es sehr warscheinlich, daß wenigstens eine ägyptische örtliche Gottheit unter der Gestalt einer Fliege verehrt worden sey, die ihnen bekant war, und von welcher man denn wol sehr warscheinlich auf die Abbildung des Baal-Sebubs unter den Philistern schließen kan,) und die andere Uebersezung Deus muscae f. muscarum bezeichnete nur sein Amt — den in den südlichen Gegenden äußerst beschwerlichen und fürchterlichen Fliegen zu steuern. Diese leztere Uebersezung halt ich indessen für die natürlichste und eigentlich richtige, ob ich gleich damit gar nicht leugne, sondern vielmehr behaupte, daß der Baal-Sebub in Fliegengestalt abgebildet und verehrt worden sey. —

Uns, die wir in unserm viel nördlichern Klima von außerordentlichen und fürchterlichen Fliegenplagen nichts wissen, komt es unbegreiflich vor, wie man auf die Thorheit habe geraten können, einen besondern Fliegengott zu machen und zu verehren. Allein man

muß

muß erwägen, daß die Einwohner der südlichen Länder, doch immer in einem mehr als im andern, auf weit schrecklichere Art von Fliegen (bey welchen man aber freilich nicht an unsre Stubenfliegen, sondern an Mücken mit sehr langen gefährlichen Stacheln und an Bremsenarten zu denken hat, welche blutig stechen, und in einiger Menge sogar tödten können,) geplagt werden. Wir finden in der Geschichte Beispiele, daß dergleichen fürchterliche Fliegenschwärme sogar Kriegsheere genöthiget haben, Belagerungen aufzuheben. Sonderlich Aegypten und die benachbarten Gegenden (worunter zunächst auch das Land der Philister ist,) sind der Unverschämtheit sehr fürchterlicher Fliegenschwärme ausgesetzt, welche dort vorzüglich in den feuchten Gegenden von Niederägypten, bey den mittlern und östlichen Ausflüssen des Nils, (also ganz in der Nachbarschaft der ehemaligen Philister,) die bey den Griechen Bucolia heissen, wo sich Sümpfe und an den Ufern mit Schilf bewachsene stehende Seen, und in denselben solche Inseln befinden, in schrecklicher Menge erzeugt werden. — Plinius (N. G. B. 10. K. 18.) gedenkt einer einstigen Fliegenplage in Cyrene, (im Pentapolitanischen Lybien — in der Nachbarschaft von Aegypten,) durch welche sogar die Pest verursacht wurde. (Vermuthlich weil die gefährlichen Fliegenschwärme eine große Menge Menschen, oder doch Thiere, durch ihren Stich getödtet, [schon unsre europäische Pferdebremse, in einiger Menge, kan Pferde tödten!] und durch das Faulen der Aeser, welche die Geyer, denen man sie in Aegypten und der Gegend zur Speise unbegraben liegen läßt, nicht geschwinde genug verzehren konten, die Luft inficirt wurde.) Die Worte dieses Schriftstellers sind: „Cyreniaci Achorem Deum (inuocant) muscarum multitudine pestilentiam afferente, quae protinus intereunt, post quam litatum est illi Deo." Ob der Name dieses Cyrenäischen Fliegengottes Achor oder Acor die Philisterstadt Ekron verrathe, wo der Baal-Sebub verehrt worden, und folglich der Gott Acor und Baal-Sebub ein und eben derselbe, und dieser Fliegengötzendienst erst aus Ekron nach Cyrene verpflanzt worden sey, wie einige meinen, — mag ich weder zu leugnen noch zu behaupten. — Jes. 7, 18. 19. wird der ägyptischen Fliegenschwärme ebenfalls als einer sehr fürchterlichen Sache gedacht, und so finden wir sie auch in sehr hohem Grad von Pharao und den Aegyptern angesehen und gefühlt, 2 Mos. 8, 21–28. (s. hierbei meine Bibel!) — Die Fliegenplage (Luther setzt „Ungeziefer") allein richtete bey dem verstockten Pharao das aus, was keine der vorhergehenden Plagen bey ihm vermochte. Sie bewog ihn, daß er Mosen und Aaron versprach, ihre Nation in die Wüste zu ihrer Festfeier ziehen zu lassen, wenn er nur von den Fliegen befreiet würde — ob er gleich, nachdem die Bedingung erfüllt war, sein Wort wieder zurücknahm. S. Hrn. R. Michaelis Anmerk. zu 2 Mos. 8, 17. Aus diesem Wenigen was ich von den Fliegenschwärmen in Aegypten und den umliegenden Gegenden gesagt habe, wird es schon begreiflicher, wie ein ohnehin der Vielgötterei ergebenes und gewohntes Volk auf den Einfall habe kommen können, auch einen Fliegengott zu verehren.

Der Baal-Sebub ward aber nicht, wie man denken möchte, für einen kleinen, sondern für einen in der That sehr großen Gott gehalten, dessen Ansehen der Größe des Wolthäters, der die Macht und Güte hatte, sein Volk von so unerträglichen und fürchterlichen Plagen, dergleichen die Fliegen in diesen Gegenden verursachen, zu befreien, angemessen war. Er ward nach und nach zu einem Orakel, das wenigstens noch zu des Israelitischen Königs Ahasjá Zeit in großem Ansehen war. Denn dieser König, der kein Heide, sondern in der aufklärenden Religion des wahren Gottes unterrichtet, auch kein gemeiner schlechter Mann ohne Bildung des Verstandes, sondern ein König — und zwar König eines den einzig wahren Gott verehrenden Volks war, läßt, als er vom Oberhause seines Palastes herunter einen tödtlichen Fall gethan hatte, selbst den Baal-Sebub für sich fragen, ob er wieder genesen werde? — Das setzt doch in der That ein großes Ansehen, eine große Renommee dieses Götzen, und insbesondere des mit diesem Götzen wenigstens damals verbunden gewesenen Orakels voraus! — In der Folge mag aber, wie freilich nicht fehlen konte — das Ansehen dieses Orakels und des Götzen selbst sehr gesunken seyn. Sonderlich verächtlich und abscheulich war der Götze zu Christi Zeiten in den Augen der Juden, so daß sie seinen Namen nicht nur dem Obersten der Teufel beilegten, sondern noch überdies seinen Namen Baal-Sebub (Fliegengott) nach einer auch sonst in den morgenländischen Sprachen nicht ungewöhnlichen Verwechselung des B mit L, in Baal-Sebul (בעל זבול) d. i. Dreckbaal, Dreckgott, Mistgott — verwandelten. Matth. 10, 25.

Kap. 12, 24. 27. Marc. 3, 22. Luc. 11, 19. — Warum die Juden dem Obersten der Teufel den Namen des Ekronitischen Götzen Baal-Sebub gegeben, zeigt Mosheim in seinen Anmerkungen Th. 4. K. 25. aus dem damaligen Lehrbegriff der Juden von den guten und bösen Engeln, weitläuftig. —

## Baal-Thamar.

Ein Ort im Stamm Benjamin, wo die eilf Stämme die große Niederlage unter den Benjaminiten anrichteten. Richt. 20, 33. Nach dem Eusebius lag Baal-Thamar bey Gabaa oder Gibea. Denn hier war zu des Eusebius Zeit ein Ort Namens Bethamar (Beth-Thamar), welcher wol von Baal-Thamar nicht verschieden ist.

## Baal-Zephon.

Eine Stadt nicht weit vom rothen Meer, und zwar in der Gegend, wo die Israeliten hindurchgiengen. 2 Mos. 14, 2. 9. 4 Mos. 33, 7. Die Juden geben vor, Baal-Zephon sey eine ägyptische Gottheit gewesen, und zwar sey ihr Bild, das unter gewissen Constellationen verfertigt worden, von Pharao deswegen in diese Gegend gesetzt worden, daß sie die Israeliten aufhalten und in ihrer Flucht verhindern möchte. — Möglich ists indessen gar wol, daß Baal-Zephon ein Götze gewesen, der auf diesem Platze verehret worden, und von welchem die Stadt den Namen erhalten, und zwar verräth der Name Baal eine Art von Sonnendienst nicht undeutlich, (s. Baal.) wie denn auch Basnage Histoire des Iuifs liv. 2. p. 669. den Baal-Zephon für die Sonne hält. Die Sonne war überhaupt die höchste Gottheit der alten Völker, die unter mancherlei Namen verehret wurde. Man verehrte sie aber nicht immer als allgemeine Gottheit, sondern man theilte häufig ihre Geschäfte, und machte und verehrte mancherlei Gattungen des Baals, z. B. einen Baal-Peor, (Gott der Wollust) Baal-Sebub, (Fliegengott) rc. und so nun auch einen Baal-Zephon, der mir ein ägyptischer Gränzgott gewesen zu seyn scheint, (denn er wurde ganz an der ägyptischen Gränze verehrt, und, wie wahrscheinlich, stand auch sein Bildniß da!) und dessen Beruf war, die Gränzen zu bewachen und zu beschützen, wovon er auch den Beinamen Zephon (von צפה speculari) erhalten haben kan.

## Babel.

I) Das Reich. Babylonien. Die babylonische Geschichte ist, sonderlich in den ältesten und in den letztern Zeiten, in eben so viele Dunkelheiten gehüllt, als die Geschichte von Assyrien. Die Nachrichten der Bibel von Babylonien kommen sehr einzeln und sparsam vor, und die Nachrichten der Profanscribenten lassen uns theils ebenfalls große Lücken, theils sind sie erdichtet, — oder doch schwer mit den Nachrichten der Bibel zu vereinbaren.

Babylonien ist gewissermaßen das älteste Reich der Welt, aber bey seinem Ursprunge, der Zeit, in welchem es entstand, angemessen klein. Unter den vier Städten, welche Nimrod baute, ist Babel die erste, gleichsam die Hauptstadt seines Reichs (Sinear) und seine Residenz. 1 Mos. 10, 10. — Aus V. 11. vergl. mit Kap. 11. 2 ff. erhellet, daß Assur — ein Sohn Sems, als Anführer nebst einem ansehnlichen Theile der übrigen Noachischen Familie, (vermuthlich weil ihnen die armenischen Gebirge zu rauh, und die angenehmen und fruchtbaren Gegenden daselbst zu enge waren,) willens gewesen, sich in Sinear niederzulassen, und den Grund zur Stadt und Thurme Babel gelegt, aber, durch ein Gewitter geschreckt, diese Gegend verlassen, und sich anderwärts hin gewendet habe. Nicht alle, die dem Assur nach Sinear gefolgt waren, scheinen ihm weiter auch über den Tyger gefolgt, sondern mit seiner Anführung gleichsam unzufrieden, sich in verschiedene Gegenden zerstreut zu haben, wodurch also, von der Zeit an — verschiedene Völker — und bald auch verschiedene Sprachen, oder doch Dialekte entstanden, wozu jener Stadt- und Thurmbau auf entfernte Weise Veranlassung gegeben hatte, daher man (vielleicht Nimrod, der sich in Sinear niederließ, und auf den Grund der Stadt und des Thurms, den er antraf, baute, und den Werken seiner Hand doch auch einen Namen geben wollte,) die Stadt Babel, d. i. Verwirrung rc. nämlich der Sprachen, nannte. Da ich die Geschichte theils in einer besondern Schrift: Gedanken über den babylonischen Stadt- und Thurmbau, (Hildburghausen 1774. 8.) theils in meiner Bibel Th. 1. bey 1 Mos. 10, 10. 11. und Kap. 11. ausführlich erläutert habe: so würde es überflüßig seyn, hier zu wiederholen, was dort schon weitläuftig genug gesagt ist.

Also schon Nimrod war, wenn man will, der Stifter des babylonischen Reichs, wiewol es anfangs nicht einmal den Namen Babel, sondern Sinear geführt zu haben scheint. Denn der erste König, der

nach

nach Nimrod wieder erwähnt wird, ist Amraphel, König von Sinear, 1 Mos. 14. 1. 9. (ein sehr kleiner König, wie die ganze 1 Mos. 14. erzälte Geschichte lehrt.) — Von hier an beginnet, weil nun die Bibel schweigt, grosse Dunkelheit, Verworrenheit und Lücken in der alten babylonischen Geschichte — und einen Hauptumstand — den Einfall der Chaldäer in Babylonien — finden wir gar nirgends recht ausdrücklich erwänt. Unläugbar ist er; (s. Chaldäer.) allein die Zeit, in welche er zu setzen ist, hält man noch nicht für völlig gewiß. Herr R. Michaelis (Spicileg. Geogr. Hebr. ext. post Bochart. Tom. II. p. 83. sqq.) setzt ihn in die Zeit des Königs Manasse in Juda. Aus Jes. 23, 13, erhellet allerdings, daß die Chaldäer noch nicht gar lange Herren von Babylonien waren, und vor dieser Zeit ein unbeträchtliches, wenigstens umherirrendes, noch keinen unabhängigen Staat habendes Volk. — Hr. Prof. Forster (Epistola de Chaldaeis in Michaelis Spicileg. Geogr. Hebr. Tom. II. p. 95. sqq.) setzt aber den Einfall der Chaldäer in Babylonien weit früher hinauf, in die Zeit Mosis, gegen den Ausgang der Israeliten aus Aegypten — (deswegen that ich des Einfalls der Chaldäer hier schon Erwänung.) — und zwar auf Veranlassung des Stephanus und Eustathius, welche eines gewissen Königs Chaldäus (Χαλδαῖος) gedenken, welcher der vierzehnte vom Ninus an gerechnet, gewesen seyn soll. Diesen König Chaldäus (ein sehr verdächtiger Name, der beim Diodorus, Stephanus und Eustath wol nichts anders heissen soll, als „ein gewisser, und zwar der erste über Babylonien herrschender Chaldäer, dessen eigentlichen Namen man nicht weis!") finden wir nirgends, weder in des Eusebius, noch des Syncells Verzeichnisse, noch sonst wo. Hr. Prof. Forster will ihn in dem Ascadates finden, welcher beim Eusebius der sechzehnte ist, und macht diesen Ascadates, indem er den Baläus (Syncell 10.) und den Mamitus (Eus. 14.) oder Mamythus (Syncell 15.) — (aus leicht einzusehenden Ursachen, wenn man die beiden Verzeichnisse beim Euseb und Syncell nachsieht,) aus, und so könte dann Ascadates der vierzehnte König vom Ninus an gerechnet seyn. In wiefern kan aber dieser Ascadates, einer Namensähnlichkeit nach, der Chaldäus seyn? — Nach Hrn. Forster ist Ascadäs so viel, als Isch-Casdi (איש כשדי) Vir Chaldaeus. — Der Witz, den Hr. Prof. Forster hier zeigt, verdient einen Bückling; allein die Sache selber kömt mir sehr schwankend und unsicher vor. 1) Ascatad und Isch-Casd, oder auch Ascasd sind immer noch verschieden genug. 2) Ascatades heißt nur beim Syncell so; beim Eusebius aber Astacadis. Wer ist gut dafür, daß Syncells Ascatad nicht, wie mehrmals, ein Schreibfehler ist? — 3) Ascatades, oder Astacadis ist nicht der vierzehnte König vom Ninus an, wie schon oben gesagt. Ihn erst durch kritische Künste dazu zu machen, ist immer verdächtig. 4) Die beiden Verzeichnisse beim Eusebius und Syncell sind, in Ansehung ihres historischen Werts, selbst noch sehr zweifelhaft, und ist noch die grosse Frage, ob diese 36 oder nach dem Syncell gar 41 assyrischen Könige vor der sogenannten Theilung des Reichs existirt haben; vielmehr ist es warscheinlich, daß es, den Ninus und die Semiramis ausgenommen, (und auch diese wol unrecht angebracht!) lauter erdichtete Könige sind. Und wie sicher ist dann die Vergleichung des Königs Chaldäus mit dem Ascadates oder Astacadis? — Gleichwol, dünkt mir, muß man die Nachricht beim Stephanus und Eustath, von einem König Chaldäus, (d. i. dem ersten Chaldäer, der Herr und König von Babylonien war,) dem vierzehnten vom Ninus, nicht wegwerfen, nur darf man ihn nicht in der fabelhaften assyrischen Königsliste beim Euseb und Syncell, sondern man muß ihn in der wahren babylonischen Geschichte suchen. Machen wir hier den Nabonassar, den ersten eigentlichen König von Babylonien, zum Ninus der Profanscribenten, welches er ohne Zweifel war, und wofür ihn auch schon die Verfasser der allgem. Welthistorie (Th. 3. §. 121 ff. S. 694 ff.) halten; und zälen von ihm an die babylonischen Könige durch: so ist Nabopallassar der vierzehnte — und folglich jener Chaldäus, (denn Chinzerus und Porus dürfen nicht als 2 gezält werden, wie man sie denn auch nur für einen rechnet, weil sie entweder zugleich regierten, und etwa Brüder waren, oder gar nur zween Namen Einer Person sind,) und alles, alles spricht dafür, daß Nabopallassar der erste Chaldäer auf dem babylonischen Throne gewesen. Nicht nur die Stelle Jes. 23, 13. nach welcher die Chaldäer erst vor kurzem Herren von Babylonien geworden waren, sondern auch der Verfall des assyrischen Reichs, zur Zeit des letzten Königs Sarac u. s. w. — S. unten. — Aber, was der Herr Prof. Forster auf seiner Seite zu haben scheint, ist der Name des ersten babylonischen Königs Nabonassar, welcher allerdings auch Altchaldäisch klingt — so gut, wie Nabopallassar, (wenn anders dieser Name, wie Hr. Prof. Forster glaubt, wirklich Chaldäisch ist! — —) Nebucadnezar u. s. w. und sich auch eben so gut, wie leztere Namen, aus den Slavonischen Dialekten, welche ansehnliche Ueberbleibsel von der alten chaldäischen (eigentlich chaldäischen nicht syrischen!) Sprache zu enthalten scheinen, erklären läßt. S. Forster a. a. O. — Allein auch dieses giebt doch nur eine bloße Möglichkeit, daß Nabonassar schon ein Chaldäer gewesen, und am Ende ist die Frage, ob der Name Nabonassar nicht eben sowol auch Assyrisch seyn könne? Nach Hrn. Prof. Forster soll Nabonassar für Chaldäisch gehalten, nach dem Slavonischen so viel heissen, als Coelo noster Dominus. Allein hierbei fühlt wol jeder etwas Hartes und Unnatürliches, und vermutet, der Name Nabonassar möchte wol nicht Chaldäisch seyn! Und dann ists um Hrn. Prof. Forsters Meinung ganz geschehen! Der Name Nabonassar klingt auch Assyrisch! — Man denke an Tiglat-Phul-Assar, Salmanassar, Assarhaddon! In allen diesen Namen ist auch die Doppelsylbe Assar, die nicht undeutlich Assyrien verrät. Nabonassar kan also eben sowol auch ein Assyrer gewesen seyn, welches in der That sehr warscheinlich ist. Denn nur dann ist erklärbar und begreiflich, wie die babylonischen Könige, vom Nabonassar an, bey der grossen Macht der Assyrer, von Phuls Zeiten an, (denn nur von da an begannen die Assyrer groß zu werden; die große assyrische Monarchie vor Phuls Zeit ist ein Traum und eine bloße griechische Mähre!) unverschlungen und ruhig bleiben konnten, welches außer dem, wenn die babylonischen Könige, von Nabonassar an, nicht assyrischen Ursprungs, und zwar nicht Blutsverwandte der assyrischen Könige — eines Phuls, oder Tiglat-Pilesers — gewesen sind, ein wahres Räthsel bliebe, zumal da die babylonischen Könige bis auf den Nabopalassar gar kleine Könige — Herren eines gar kleinen, und dabei Assyrien so nah gelegenen Landes — waren. Klein war es! denn aus Jes. 23, 13. sehen wir, daß das grosse Stück Landes am südlichen Euphrat, das nachher den Namen Chaldäa erhalten, nach Assyrien gehörte. Die Assyrer gabens einigen herumziehenden nomadischen Chaldäerhorden ein, worauf etwa zu des babylonischen Königs Cenilabans Zeit die nördlichen Chaldäer, vielleicht auf Veranlassung der von den Assyrern an den südlichen Euphrat gepflanzten nomadischen Chaldäerhorden, welche jenen ihren Brüdern, Babylonien, an welchen sie zunächst wohnten, und seine Schwäche und Stärke genau kannten, verraten, und sie zum Ueberfall dieses Reichs gereizt haben mochten, — die Babylonier überfielen, sie besiegten, und sich auf den Thron sezten. Und Nabopalassar, welcher auch, wie oben gezeigt, sehr bequem der König Chaldäus beim Stephanus und Eustath gewesen seyn kan, war vermutlich der erste chaldäische König auf dem babylonischen Throne. —

Nun noch etwas von den babylonischen Königen, wie sie der Reihe nach auf einander folgten. — Wenn ich von einer Reihe der babylonischen Könige rede, so versteht sichs, daß ich erst von Nabonassar um das Jahr der Welt 3203 anfange. Denn wer von Amraphels des Königs in Sinear Zeit, bis auf den Nabonassar König in Babylonien gewesen, weis niemand.

1) Nabonassar ist der erste König, der als König von Babylonien genant wird. Er war ohne Zweifel ein Assyrer, und zwar, wie sehr warscheinlich, ein Sohn des ersten assyrischen Königs Phul, und Bruder des zweyten Königs von Assyrien, Tiglathpilesers. Babylonien scheint von Phul erobert — kurz zu einer assyrischen Provinz gemacht, und dann seinem jüngern Prinzen, dem Nabonassar, (weil dem ältern Tiglathpileser die assyrische Thronfolge selbst gebührte,) abgetreten worden zu seyn, vielleicht anfänglich nur als Gouvernement, über welches aber Nabonassar nachher, unter Genehmigung seines Vaters, (Phul) oder Bruders (Tiglatpilesers) den königlichen Titel annam, welcher dann, samt dem Reiche selbst, erblich wurde, wiewol Assyrien immer Dominus directus von Babylonien geblieben zu seyn scheint. — Phul gieng über den südlichen Euphrath und drang ins Königreich Israel ein — 2 Kön. 15, 19. 20. 1 Chron. 6, (5) 26. Er mußte also Babylonien paßiren. Wie wars möglich, daß Babylonien von ihm unangetastet blieb, da er schon jenseits des Euphraths neue Provinzen suchte — oder daß die babylonischen Könige ihn und seine Nachfolger so freundschaftlich so oft den Durchzug durch ihr Reich erlaubten, wenn die babylonischen Könige nicht in der genausten Verbindung mit den Königen von Assyrien stunden, oder Babylonien nicht schon eine assyrische Provinz — oder mit Königen assyrischen Ursprungs

besezt

besetzt war? Das alles wird, wie schon oben gesagt, begreiflich und einleuchtend, wenn sich die Sache ohngefähr so verhält, wie ich sie vorhin gemuthmaßet habe, — worinnen ich auch schon die Verfasser der allgemeinen Welthistorie (Th. 3. §. 223. ff. S. 690ff.) auf meiner Seite habe, die mich dieses nicht zuerst lehrten, sondern mir nur, als ich sie nachschlug, die Freude machten, ganz auch der Meinung zu seyn, die sie nach ihrer Art weitläuftig vortragen, und daher zum weitern Nachlesen dienen können. Nach eben diesen ist Nabonassar der Ninus des Ctesias und folglich Semiramis seine Gemahlin, welches man §. 228. S. 694. an, sehr warscheinlich gemacht findet, obgleich nicht alle Nebenbemerkungen gleichen Beifall zu verdienen scheinen. — Von diesem ersten babylonischen Könige schreibt sich die berümte Aere oder Zeitrechnung her, die von ihm den Namen Æra Nabonassarea erhalten hat. S. Jacksons Chronologische Alterth. S. 320 ff. — Nabonassar regierte 15 Jahr vom J. d. W. 3203.

2) Nadius — oder Nassius — welcher, wenn Nabonassar der Ninus des Ctesias ist, der Ninyas eben dieses Ctesias seyn muß. Der Name Nadius klingt freilich weder assyrisch noch überhaupt orientalisch — doch nur unter der griechischen oder lateinischen Endigung, die freilich kein wesentlicher Theil des Namens ist — welches auch von den meisten Namen der folgenden babylonischen Könige gilt. Nadius regierte 2 Jahr.

3) Chinzirus und Porus. Entweder zween Brüder, die gemeinschaftlich regieret, oder gar nur zween Namen Einer Person. — Regierte 5 Jahr. —

4) Jugäus. Nur dem Namen nach bekannt! Scheint auch — oder wol eigentlich — Baladan geheißen zu haben, wenn er anders Mardoc-Empads, seines Thronfolgers Vater war. S. No. 5. — Er regierte 4 Jahr.

5) Mardoc-Empad, welcher der Merodach-Baladan, der Sohn Baladans, Jes. 39, 1. oder wie er 2 Kön. 20, 12. heißt, Berodach-Baladan, Baladans Sohn — war, der nach der Niederlage der Assyrer vor Jerusalem, unter Sanherib eine Gesandschaft an den König Hiskias schickte, ihm Glück zu wünschen, woraus zu erhellen scheint, daß dieser König von Babylonien mit dem assyrischen Könige in keinem guten Vernehmen gestanden haben müsse; es müßte denn etwas anders diesen babylonischen König zu jener Gesandtschaft veranlaßt haben — etwa eine Furcht durch einen außerordentlich großen Begriff von dem Gott der Juden, der diese Niederlage im assyrischen Lager anrichtete, und weil er etwa als mit Assyrien verbrüderter und zunächst am Euphrath (näher als der König von Assyrien, folglich nahe an den israelitischen Gränzen wohnender); — freilich ohne Grund — aber dann als ein sehr feiger König — einen feindlichen Ueberfall und Rache für Sanheribs Großsprecherei und Feindseligkeiten besorgte. — Er regierte 12 Jahr.

6) Arkianus. Reg. 5 Jahr. Nach dessen Tode war ein zweijähriges Interregnum, wovon man die Ursache nicht weis.

7) Belibus. Nur dem Namen nach bekannt. Assarhaddon setzte ihn auf den Thron. Reg. 3 Jahr.

8) Apronadius. Reg. 6 Jahr.<br>
9) Regibelus. Reg. 1 Jahr.<br>
10) Mesessimordacus. Reg. 4 J.<br>
} Nur dem Namen nach bekannt.)

Nach des letztern Tode war wieder ein achtjähriges Interregnum, worauf sich endlich der assyrische König

11) Assarhaddon vermuthlich selbst auf den babylonischen Thron setzte, um das Jahr 3170, und bis an seinen Tod a. m. 3183. oder 13 Jahr lang Babylonien mit beherrschte. (S. Assyrien.)

12) Saosduchäus. (König von Assyrien.) Reg. 20 Jahr.

13) Chiniladan. (König von Assyrien.) Reg. 22 Jahr.

14) Nabopalassar. Der erste Chaldäer; der König Chaldäens beim [illegible] und Euphrath. — Die im Norden wohnenden Chaldäer fielen nämlich um diese Zeit, wie schon oben gesagt, in Babylonien ein, bemächtigten sich des Reichs und gemeinschaftlich mit den Medern, zugleich auch des Assyrischen selbst. — Nabopalassar hieß auch Nebucadnezar, und wird deswegen zum Unterschiede von seinem Sohn, dem großen Nebucadnezar, Nebucadnezar der Erste genannt. Wirklich ist Nabopalassar gar kein chaldäischer, (ob er sich gleich aus dem slawonischen Dialekt erläutern läßt,) sondern assyrischer Name, den dieser chaldäische König, als er den babylonischen Thron bestieg, annahm, und sein eigentlicher chaldäischer Name war Nebucadnezar, welcher auch weit barbarischer und chaldäischer klingt, und sich ausdrücklich auf Zar, oder Czar, welches in den slawonischen Dialekten Princeps heißt, und ohne Zweifel in dem alten eigentlichen

lichen Chaldäischen eben dieses hieß, erdichtet. Herr Prof. Forster verwandelt auch die letzte Sylbe sar in Nabonassar, Nabopalassar rc. in Zar oder Tzar, um diese Namen für eigentlich Chaldäisch ausgeben zu können. Allein da diese Sylbe in dem Namen des Nebucadnezar ausdrücklich Zar geschrieben ist, in den Namen Nabonassar, Nabopalassar rc. aber mit dem S — sar und die Enddoppelsylbe in diesen beiden Namen assar gar zu deutlich den Namen Assur oder Assyrien verräth: so scheint mirs verdächtig, die Namen Nabonassar und Nabopalassar für Chaldäisch zu halten, wie Hr. Prof. Forster thut. Nabopalassars vaterländischer Name war also wol, wie gesagt, Nebucadnezar, und Nabopalassar, (der offenbar mit Nabonassar auf Einem Stamme gewachsen, oder aus einer und eben derselben Sprache gebildet worden ist, und zwar, da Nabonassar, wie so gut als gewiß ist, ein Assyrer war, aus der assyrischen Sprache,) war der Name, den er als König von Babylonien und in so fern gleichsam Herr eines Theils des assyrischen Reichs, (da Babylonien unter Phul anfänglich ganz zu Assyrien gehörte, darauf von Nachkommen assyrischer Könige beherrscht, und von Assarhaddon an wieder völlig assyrische Provinz wurde, und als solche an die Chaldäer kam,) annahm. — Man darf nicht sagen: „Es wäre wol am Ende der Name Nebucadnezar auch Assyrisch, weil er das Nebo, Nabo, oder Nabu mit den assyrischen Namen Nabonassar und Nabopalassar gemein!" — Denn vermuthlich hatte das Chaldäische überhaupt gar manches Wort mit dem Assyrischen gemein! — Nabopalassar regierte 21 Jahr.

15) Nebucadnezar II. oder der Große, bey den Griechen Nabuchodonosar. Er hieß auch Naberolassar, welcher Name Assyrisch, und nach dem Beyspiel seines Vaters, etwa erst beim Antritt seiner Regierung von ihm angenommen zu seyn scheint. Dieser große König (von welchem unten a. s. O. ein mehreres, —) wird Esr. 5, 12. ausdrücklich ein Chaldäer genannt, und zwar so, daß man wol sieht, Chaldäer solle nicht so viel heissen, als Babylonier, sondern von den Chaldäern, einem von den Babyloniern ganz verschiedenem Volke, abstammend. — Nebucadnezar, König von Babel, der Chaldäer — ohngefähr wie Theuderich, König von Italien, der Ostgothe. — Nebucadnezar regierte 43 Jahr.

16) Evilmerodach. Regierte 3 Jahr. S. unten Evilmerodach.

17) Belsazer. Reg. 4 Jahr. S. unten Belsazer.

18) Darius Medus. Reg. 17 Jahr. S. unten Darius.

Von Nebucadnezars Tode an, ist die babylonische Geschichte wieder äußerst verworren, dunkel und ungewis. Glückliche und unglückliche Veränderungen über diesen kritischen Zeitraum bis auf den Cyrus (Kyros) der dem babylonischen Reiche ein Ende machte, kan man in der allgemeinen Welthistorie. Th. 3. §. 288 ff. S. 741 ff. nachlesen.

II) Die Stadt Babylon. Eine der berühmtesten, in Ansehung ihrer Grundlage ältesten, und in ihrem Flor prächtigsten Städte des Erdbodens — ein ehemaliges Wunder der Welt. Ihren ersten Grund legten diejenigen aus dem rauhen Armenien ausgezogenen Nachkommen des Noa, welche sich unter Anführung des Assur, Sinear zu ihrer künftigen Wonung ausgesucht hatten, und sich daselbst eine Stadt und einen Thurm bauen wollten, auch den Anfang dazu bereits gemacht hatten, als sie der Himmel aus dieser Gegend vertrieb. 1 Mos. 11, 1-9. (s. oben Nr. I.) — Nimrod, der sich nachher in Sinear einfand, und die Gegend bequem für sich hielt, legte die zweite Hand an, die verlassene Grundlage zu einer Stadt, die er hier antraf, bauete sie auf — und sie ward die erste der von ihm erbauten vier Städte, die zusammen sein kleines Königreich ausmachten. 1 Mos. 10, 10. — Ob Amraphel, König in Sinear (1 Mos. 14, 1 ff.) auch in Babel residirt, ob Babel, nach Nimrods Zeit, bis auf die Zeit des assyrischen Königs Phul, der unleugbar der Belus der Griechen ist — selbst der unverkennbaren Namensähnlichkeit nach (S. Phul.) erweitert, verschönert, befestiget worden, oder gar verfallen, und sich also verschlimmert, oder ob in diesem langen düstern Zeitraum der babylonischen Geschichte beides geschehen, läßt sich im Dunkel dieser Periode nicht sagen. — Wenigstens scheint Babylon zur Zeit des ersten assyrischen Königs Phul eine sehr unbedeutende Stadt gewesen zu seyn. Denn von seiner Zeit fieng Babylon, durch seine und der folgenden eigentlichen babylonischen und chaldäischen Könige große Bemühungen, erst an beträchtlich und endlich jenes Wunder der Welt zu werden. — Wer es eigentlich dazu gemacht, darinnen sind selbst die alten Schriftsteller nicht einig. Nach einigen

ists

ists Belus, (den man sich aber samt dem Ninus und der Semiramis um ein gutes Jahrtausend zu alt träumt,) nach andern ists Bel, Sohn und Thronfolger Ninus; nach andern die Semiramis, und nach noch andern Nebucadnezar. — Zuerst Berichtigung und Bestimmung dieses Namens! Belus ist ganz ohne Zweifel Phul (erster König von Assyrien, dem Babylonien schon gehörte, welches er denn seinem jüngern Prinzen Nabonassar abtrat. S. oben, und Phul.) Ninus ist Nabonassar, der erste eigentliche König über Babylonien von seinem Vater Phul dazu gemacht. S. oben. — Semiramis ist Nabonassars Gemalin. S. oben. — Nebucadnezar ist ohnehin kenntlich. — Alle diese sollen Babylon gebaut haben — welches aber vermutlich nur den Sinn hat, daß jeder etwas daran gebauet. Und in der That es ist von jedem glaublich. Vom Belus oder Phul — weil er Willens gewesen, Babylonien seinem jüngern Sohne abzutreten, und diese Provinz keine Stadt hatte, die zur Residenz eines eignen Königs ansehnlich genug gewesen. Er baute also Babylon, welches zu seiner Zeit eine alte, kleine, schlechte, vielleicht auch schon halb verfallene Stadt gewesen, besserte aus, verschönerte und befestigte es. Als nun sein Prinz Nabonassar, König von Babylonien war, und die Stadt Babylonien bezogen hatte: so läßt sich gar nicht zweifeln, daß er nicht auch das Seinige zur Erweiterung Verschönerung und Befestigung der Stadt werde beigetragen, oder wie die Profanscribenten sagen, die Stadt (d. i. an der Stadt noch) werde gebauet, und sie nach seinen Bedürfnissen und seinem Gutbefinden werde eingerichtet haben. Von seiner Gemalin, der Semiramis, die als eine Dame von Muth, Einsicht, und Geschmack beschrieben wird, läßt sichs ebenfalls erwarten, daß sie ihren Namen auch durch Verschönerung ihrer Residenz werde haben verewigen wollen; und vom großen Nebucadnezar dem Chaldäer — ists vollends sehr glaublich, wenn uns die Alten sagen, daß er, (vermutlich um den Ruhm der damals größten Städte in der Welt, der assyrischen Residenzstadt Ninive und des assyrischen Reichs selbst — zu verdunkeln,) seine Residenz vollends zum Wunder der damaligen Welt machte, — deren in die Augen fallende Größe und Pracht ihm selbst sehr schmeichelte, (Dan. 4, 27.) und von welcher nicht nur die Profanscribenten unerschöpflich in ihrem Lobe sind, sondern auch die heiligen Schriftsteller von ihr, als etwas Außerordentlichem reden. Jes. 13, 19. Kap. 25, 8. Jer. 51, 41.

Nebucadnezar fügte dieser Stadt noch eine völlige Hälfte hinzu. Vor ihm stand die ganze Stadt auf der Ostseite des Euphraths in Gestalt eines länglichen Vierecks. Nebucadnezar aber baute auf die Westseite dieses Stroms noch eine eben so große Stadt, in gleicher Gestalt, auf welche Weise die Stadt (beide — die Altstadt auf der Ost- und die Neustadt auf der Westseite zusammen genommen,) ein regelmäßiges Viereck vorstellte. Der Umfang der ganzen Stadt ergiebt sich aus dem Umfange der Mauer, den Herodot, welcher selbst in Babylon gewesen, auf 480 Stadien oder funfzehn deutsche Meilen setzt, und die Länge jeder der vier Seiten der Mauer, (denn daß die Stadt ein regelmäßiges Quadrat ausgemacht, ist schon vorhin gesagt;) auf 120 Stadien, oder 3¾ deutsche Meilen. Diese Mauer war an und für sich schon bewundernswert, nicht sowol in Ansehung ihres Umfangs, als welcher von dem Umfange der Stadt abhieng, als in Ansehung ihrer ungeheuren Dicke und Höhe. Sie waren, nach Herodot 87 Fuß dick und 350 Fuß hoch — aus Backsteinen, die mit Asphalt (statt Kalch oder Mörtel, s. oben Asphalt) an und unter einander verbunden waren, gebaut. Auf jeder Seite waren 25, folglich auf allen vier Seiten zusammen 100 Thore, jedes aus dichtem Erz. Auf jedes Thor stieß eine Gasse, die allzeit bey dem gerade gegenüberstehenden Thore auslief, und durch die wieder quer überlaufenden Gassen durchschnitten wurde. Die Zal der Gassen belief sich daher auf funfzig, wovon jede 150 Fuß breit war. Zwischen 2 Thoren waren allzeit 3 Thürme; und auch noch an jeder Ecke der Stadt einer, welche sämtlich zehn Fuß höher als die Mauer waren. Doch waren an denjenigen Gegenden, wo Moräste waren, und wo Feinde der Stadt ohnehin nicht beikommen konnten, keine Thürme angebracht, daher sich die Zahl der Thürme nicht höher als auf 250 belief. Die Häuser waren drei bis vier Stockwerk hoch, und aussen mit allerhand Zierraten ausgeschmückt. — An der Aussenseite der Mauern war ein Canal gegraben, der voll Wasser war, welches aus der Nordseite der Stadt links und rechts aus dem die Stadt mitten durchströmenden Euphrath abfloß, die Canäle durchfloß, und sich dann im Mittel der Südseite der Stadt von beiden Seiten her, wieder in den Hauptstrom ergoß. Aus der aus dem Kanal gegrabenen thonigen Erde wurden die Backsteine verfertigt, welche zu den Mauern kamen. —

Der

Der Euphrath theilte die Stadt genau in zwo Hälften, welche durch eine Brücke, ein Stadium oder 125 Schritte lang und 30 Schritte breit, mit einander verbunden waren.) Am östlichen Ende der Brücke stand der alte Palast, und zunächst an demselben der Beistempel; an dem westlichen Ende der Brücke aber der neue Palast. — Die Stadt lag, nach dem Herodot, in einer grossen Ebene, auf einem fetten und tiefen Boden. — Rauwolf aber fand die Gegend zu seiner Zeit ganz anders. „Der Boden (schreibt er) ist so trocken und unfruchtbar, daß er nicht gepflügt werden kan, und so kahl, daß ich niemals würde haben glauben können, daß die ehemals in dem fruchtbaren Lande Sinear gelegene prächtige Stadt daselbst gestanden habe, wenn ich es nicht an der Lage und an verschiedenen daselbst befindlichen Alterthümern — gekant hätte." — Wie die zur Zeit der Israeliten so fruchtbaren Berge in Palästina bis auf die Zeit unsrer neuern Reisebeschreiber zu kahlen Felsen haben werden können, kan ich mir wol erklären; wie aber die ebene Gegend um Babylon, seit Herodots Zeit sich so habe ausarten können, wie sie Rauwolf beschreibt, begreif ich nicht. — Vielleicht sah Rauwolf gerade zur Zeit der größten Dürre diese Gegend — vielleicht ist sie seit vielen Jahrhunderten, oder wol noch mehr als einem Jahrtausend nicht bearbeitet worden, und auf diese Weise verwildert — vielleicht stand Rauwolf selbst auf Ruinen der ehemals 15 deutschen Meilen im Umfang habenden Stadt, und vielleicht machten die die Unfruchtbarkeit des Bodens in der Gegend, von welcher Rauwolf redet — vielleicht will auch Herodot nicht sagen, daß die Ebene um Babylon eine Aue gewesen, sondern sie habe nur einen fetten — d. i. thonigten Boden gehabt, welches daraus erhellet, weil aus der aus dem Canal um Babel herum gegrabenen Erde Backsteine zu den Mauern verfertigt worden. —

Von den einzelnen Wundern der Stadt Babylon z. B. den sogenanten schwebenden oder hängenden Gärten; dem alten königlichen Palast, von einer deutschen Meile im Umfange; dem neuen 2 d. Meilen im Umfang habenden, vom Nebucadnezar erbauten königlichen Palast: dem Beistempel, (von diesem s. oben unter Baal); den künstlichen Wasserbehältnissen und Wasserleitungen rc. kan ich hier, ohne allzu weitläufig zu werden, nichts mehr gedenken, sondern muß auf Prideaux's Alt und N. Testament in eine Connexion mit der Jüd. und benachb. Völkerhistorie gebracht. Th. 1. S. 125 ff. (der 2ten Aufl.) oder die allgemeine Welthistorie Th. 3. §. 876 ff. S. 732 ff. verweisen.

Noch heutiges Tags sind die Trümmer der vormals prächtigen Stadt Babylon sichtbar und sehr deutlich. „Balby (diese Nachricht geb ich aus Hrn. O. C. R. Büschings N. Erdbeschr. Th. 5. Abth. 1. S. 298. der 2ten Aufl.) fand auf dem Wege von Felubische (nach Rauwolf Felugo, auf der Ostseite des Euphraths,) nach Bagdad, erst die verfallene Stadt Sendia, und eine halbe Stunde darnach auf der linken Seite den Anfang der Trümmer einer ungemein großen Stadt, welche er nicht unwarscheinlich für die alte gewaltige Stadt Babel hält. Ihr Anfang heißt jetzo Zacherria, und ihr Ende Durelaus. Neben diesen Trümmern reisete er länger als einen Tag hin und sah unter andern etliche Stücke von einer dicken Mauer, ein Stück von einem großen Thurm — und zuletzt einen Tempel von unglaublicher Höhe." — So weit Hr. D. Büsching. — Rauwolf (Reiseb. K. 8.) schreibt: „Das Dorf Felugo liegt an dem Ort, wo vormals das chaldäische Babylon gestanden hat." (Das soll wol heißen: Auf irgend einem kleinen Flecke der vormals 15 deutsche Meilen im Umfange habenden Stadt Babylon.) „Der Hafen ist eine Viertelmeile davon entfernt; man landet daselbst an, und komt hernach zu Lande in die berümte Stadt Bagdad, welche anderthalb Tagereise davon gegen Morgen am Tigris liegt. Der Boden ist rc. (s. oben die angeführte Stelle bis „gekant hätte") „Fürs erste erhellet es, (daß daselbst Babylon gestanden) aus der alten Brücke über den Euphrath, von welcher noch einige Pfeiler und Schwibbogen von gebranten Steinen angetroffen werden, die überaus feste sind. Das ganze vordere Theil des Dorfs Felugo ist der Hügel, worauf das Schloß gestanden hat. Man siehet noch den Ueberrest von den Befestigungswerken, wiewol alles eingefallen und wüste ist. Hinten, nicht weit davon, war der babylonische Thurm (d. i. der, auf welchem der Beistempel war). Man kan denselben noch sehen; er hat eine halbe Meile im Durchschnitt; ist aber völlig zerstört, niedrig, und so voller giftiger Thiere, welche in den Mauern ihre Löcher haben, daß man sich auf eine halbe Meile weit nicht demselben zu nähern getrauet, außer in zween Monaten des Jahrs im Winter, da diese Thiere nicht aus ihren Löchern gehen. Eine

gewisse

gewisse Art derselben, welche die Einwoner in der Landessprache Eglö nennen, füret ein sehr durchdringendes Gift bey sich. Sie sind größer als unsere Eidexen." — Hierbei wird man sich an die Weissagung des Propheten Jesaia Kap. 13, 19-22. erinnern. —

Im der Offenbarung Johannis Kap. 14, 8. Kap. 16, 19. K. 17, 5. K. 18, 10. steht Babylon für Rom, als welches mit Babylon in mancherley Stücken Aenlichkeit hatte, und dieses denn für das Heidenthum überhaupt.

## Babylon.

S. Babel II. —

## Babylonia.

Apostg. 7, 43. „Ich will euch wegwerfen jenseit Babyloniens;" d. i. jenseites Babyloniens, in die entferntesten Länder wegfüren lassen. S. Babel. I.

1 Petr. 5, 13. wo unter den Auserwälten zu Babylonia die Christen in den babylonischen Gegenden zu verstehen sind. —

## Babylonisch.

1) Babylonischer Mantel. S. Mantel.

2) Babylonische Gefangenschaft der Juden; oder vielmehr babylonisches Exilium. S. Israel. Juden. Nebucadnezar.

3) Babylonischer Thurm. S. Thurm.

## Baca.

Nach dem Zeugnisse der Rabbinen, welches aber hier, wie überhaupt in der Hierobotanik, nicht gilt, (s. Celsius, Hierobot. I. 335.) der Maulbeerbaum, den auch Luther 2 Sam. 5, 23. 24. 1 Chron. 15, (14) 14. 15. setzt. Baca ist ein Baum, den wir in Europa nicht haben. In Arabien und Palästina wächst er häufig, wie denn auch ein Thal auf der Südwestseite von Jerusalem seinen Namen von den dort vorzüglich häufig wachsenden Bacabäumen, oder Bacastauden hatte — das Bacathal (עֵמֶק הַבָּכָא) Psalm 84, 7. wofür der sel. Luther Thränenthal setzt, worinnen er schon die alexandrinischen griechischen Uebersetzer zu Vorgängern hatte, weil das Zeitwort Baca (בכא) weinen heißt. —. Der Baum fürt noch heutiges Tages im Orient den Namen Baca (بكا) oder Ebca (ابكا). Der sel. Forskal traf ihn um Dschöbla in Arabien an, und beschreibt ihn: „Arbor foliis obouatis, glabris, integris, lactescens, venenata. S. dessen Flora Ægypt. Arabica f. Descriptiones plantarum, quas per Ægypt. infer. et Arab. felic. detexit, illustrauit Petr. Forskal. Post mortem auctoris edidit Carst. Niebuhr. Hauniae 1775. 4. p. 198. No. XXXV.

## Bachides.

General des syrischen Königs Demetrius Soter, und Statthalter in Mesopotamien. 1 Macc. 7, 8. K. 9, 1 ff. 2 Macc. 8, 30.

## Bacenor.

Der Vater des Dositheus. 2 Macc. 12, 35.

## Bach. Bäche.

1) Das hebräische Wort Nahal (נחל) bedeutet eben sowol ein Thal als einen Bach, weil die meisten Bäche im Orient in Thälern fließen, und nur Regenbäche sind, die nur zur Regenzeit und im Frühling, wenn der Schnee auf hohen Bergen schmilzt, Wasser haben, im heissen Sommer aber versiegen, und dann die bloßen Thäler wieder erscheinen. Dergleichen Regenbäche sind daher ein sehr schickliches Bild treuloser Freunde. S. Hiob 6, 15-20. nebst meinen Anmerkungen in meiner Bibel Th. 3. S. 491. f.

Die vorzüglichsten Bäche, deren in der Bibel gedacht wird, sind:

a) Der Bach Kidron. S. unten.

b) Der Bach bey Jericho. Jos. 15, 7. K. 16, 1. Er soll, wie man glaubt, aus derjenigen Quelle bey Jericho entspringen, deren Wasser der Prophet Elisa gesund und trinkbar machte, 2 Kön. 2, 19-22. vergl. Joseph (de bell. Iud. B. 5. K. 4.) nach dessen Berichte der Bach längst der Stadt Jericho floß, und die ganze dabei gelegene Ebene wässerte und außerordentlich fruchtbar machte. Brochard (Beschr. des heil. Landes. Hauptst. 7.) setzt die Quelle an den Berg Quarantania, und beschreibt sie ebenfalls als sehr wasserreich, dergestalt, daß man, um die große Gewalt des Bachs zu hemmen, ihn in verschiedene kleine Bäche habe zertheilen müssen, damit man die dabey gelegenen Felder und Gärten wässere. Eben das sagt der Fürst Radzivil (Brief 2.) und setzt die Quelle eine halbe Meile von Jericho. S. Büschings histor. und geogr. Beschr. von Palästina Th. 1. B. 1. §. 69. S. 161 ff. — Diese beiden Bäche No. a. b. fallen auf der Westseite in den Jordan.

c) Der Sichor-Libnath oder Belus, der sich bey Ptolemais ins mittelländische Meer ergießt. S. unten Sichor-Libnath.

d) Der ägyptische Sichor, oder Bach Nojerti, und Bach der Wüste. S. unten Sichor. No. 1.

e) Der Bach Kison, der auch einmal, aber in Poesie, Kedumim heißt. S. Kison.

f) Der Bach Kana. Jos. 16, 8. Kap. 17, 9. 10. Andern ist Nahal-Kana ein Thal dieses Namens und noch andern z. B. eine Stadt. S. Nahal-Kana und Kana.

g) Der Bach Sorek. S. Sorek.

h) Der Bach Besor. S. Besor.

Diese Bäche fallen ins mittelländische Meer.

i) Der Bach Crith. S. Crith.

k) Der Bach Arnon. S. Arnon.

l) Der Bach Jabok. S. Jabok.

m) Der Bach Sared. S. Sared.

Diese Bäche fallen auf der Ostseite in den Jordan, und letzterer ins todte Meer — und außer diesen, nach Josephs Zeugniß, noch eine große Anzal kleiner und größer Bäche, die aber in der Bibel nicht erwänt werden, ja nicht einmal sonst bekant sind, weil sich kein Reisender wegen der herumstreifenden Araber ohne Lebensgefahr auf die Ostseite des Jordans wagen darf. S. Bachiene a. a. O. Hrn. D. Büschings Asien. S. 33 ff. —

n) Bäche Belials, 2 Sam. 22, 5. Psalm 18, 5. d. i. die Höllenflüsse; die Bäche oder Flüsse der Unterwelt. (S. Belial.) — Die Mythologie der Hebräer kent eben sowol Höllenflüsse, als die Mythologie der Griechen und Römer, zum Beweis daß sie aus Einer Quelle geflossen sind, — aus Aegypten. —

## Bachstädte.

Jes. 17, 9. Unrichtig von Luthern übersetzt. S. Manasse. —

## Bachsteine.

S. Hauptheil 3. Verbalien.

## Bachweiden.

Hiob 40, 17. wurden wie beim Laubhüttenfest gebraucht. 3 Mos. 23, 40. S. unten Weiden.

## Backen.

Von den verschiedenen und zum Theil sonderbaren Arten der Morgenländer, Brod und Kuchen zu backen, s. unter Brod und Kuchen.

## Backofen.

2 Mos. 8, 3. Hos. 7, 4. S. unten Ofen.

## Backtrog.

Kömt in Luthers Uebersetzung nicht vor, nach dem hebräischen Text ([illegible] pl. [illegible]) aber in folgenden Stellen, 2 Mos. 7, 28. Kap. 12, 34. 5 Mos. 28, 5. 17. — Die Backtröge der Morgenländer sind von unsern großen europäischen Backtrögen, in welchen auf einmal so viel Teig, als eine ganze große Familie auf acht oder vierzehn, oder noch mehr Tage Brodt nöthig hat, bereitet wird, sehr verschieden; denn weil die Morgenländer alle Tage backen, und nicht mehr als sie auf Einen Tag brauchen: so kann man von selbst schon vermuten, daß ihre Backtröge von ganz andrer Art seyn werden, als die unsrigen. Nach der Versicherung der Reisebeschreiber sind es kleine hölzerne Schüsseln, — und dergleichen kleine Backtröge konten auch die aus Aegypten ziehenden Israeliten ohne Beschwerde in ihren morgenländischen Obermänteln, auf den Schultern mitnemen, 2 Mos. 12, 34. welches sonst jedem abentheuerlich vorkömt, der in dieser Stelle an unsere Backtröge denkt. — S. übrigens meine Bibel Th. 2. bey dieser und den übrigen oben angefürten Stellen.

## Bad.

Von Natur warme Bäder, oder heisse Quellen, musten demjenigen, welcher zuerst dergleichen entdeckte, eine frappante Erscheinung seyn. Kein Wunder, daß vom Ana, einem Seiriten, 1 Mos. 36, 24. als etwas sehr Merkwürdiges bemerkt wird, er habe, als er seines Vaters Zibeons Esel hütete, in der (arabischen) Wüste (im peträischen Arabien) warme Bäder oder heisse Quellen entdeckt. Luther übersetzt, auf den Vorgang der Rabbinen, „Maulpferde" — wofür sich aber nichts weiter sagen läßt, als daß der Esel dabei gedacht wird, und aus der Vermischung des Esels und Pferdes Maulthiere entstehen. Allein das ist nicht genug, dem Worte [illegible] die Bedeutung Maulpferde oder Maulthiere, Maulesel — zu geben, und übrigens stehe dieser Bedeutung alles entgegen: 1) die Etymologie des Worts läßt keine Maulpferde zu. 2) Pferde giebts noch heutiges Tags nicht im peträischen Arabien, viel weniger in jener uralten Zeit. Dieser gebirgigte Theil von Arabien schickt sich gar nicht für Pferde, noch viel weniger, als Palästina, wo wir erst in sehr spätern Zeiten Pferde finden, und in der That mehr zum Luxus oder zur Pracht, als zum Nutzen. 3) Es wird auch in der angefürten mosaischen Stelle blos der Esel gedacht; der Pferde aber mit keinem Worte. — 4) Es heist daselbst, Ana habe [illegible] gefunden, angetroffen; welches vom Erfinden durch Nachsinnen und gemachte Versuche (— [illegible] nicht davon gebraucht) werden kan. Aber warme Bäder, heisse Quellen konten vom Ana in der arabischen Wüste, als er seines Vaters Esel weidete, gefunden, angetroffen und entdeckt werden. 5) Es giebt auch noch heutiges Tages im peträischen Arabien warme Bäder. Z. B. Hamam el Faraun, oder das Pharaonsbad, am rothen Meere, neben einem Berge, der davon den Namen Dschebel Hamam el Faraun hat, in einer felsigten Grotte, welches Reitzschütz (siebenjähr. Weltbeschauung S. 116.) genauer beschreibt; — das warme Bad bey Tor, dem Berge Sinai gegen Westen, und verschiedene warme und salpeterichte Quellen, etwa 30 englische Seemeilen von Corandal und 2 gegen Norden von Tor, am Fuß eines kleinen Berges, die man für Elim 2 Mos. 15, 27. hält, u. dgl. m. Auch in Palästina sind noch heutiges Tags verschiedene warme Bäder, sonderlich die bey Tiberias und Carach, oder Callirrhoe bekant. — 6) Die Vulgate hat auch in der mosaischen Stelle aquas calidas für das hebräische הַיֵּמִם. —

## Baden.

Die Morgenländer, am meisten aber die Frauenzimmer — hielten viel aufs Baden im Wasser, welches sie für ein vorzügliches Stück der Reinlichkeit ansahen. 2 Mos. 2, 5. Ruth 3, 3. Ezech. 23, 40. — Noch heutiges Tags ist das Baden eine Lieblingssache der Morgenländer, sonderlich der Türken, deren Bäder öffentliche und meist sehr ansenliche prächtige Gebäude sind, (s. Reitzschütz Sieb. Weltbeschauung. S. 49. 161.) sehr häufig besucht werden. — Moses verordnet in verschiedenen Fällen das Baden oder Waschen des ganzen Leibes. 3 Mos. 14, 8. 2 Kön. 5, 10. 3 Mos. 15. Kap. 17, 15. 16. Kap. 22, 6. 4 Mos. 19, 6. —

## Baela.

Jos. 15, 29. oder Bala Kap. 19, 3. aus Bilha, 1 Chron. 4, 29. eine Stadt im Canton Juda, die dem Stamme Simeon mit zugetheilt wurde.

## Baelath.

Eine Stadt im Canton Dan, die Salomo befestigen ließ. 1 Kön. 9, 18. 2 Chron. 8, 6.

## Baeljada.

1 Chron. 15, (14) 7. oder Eljada Kap. 3, 8. einer von Davids Söhnen.

## Baena.

1) Ein Oberster unter der Armee Isboseths, des König Sauls Prinzen und Thronfolgers, welcher seinen Herrn den Isboseth, vermuthlich in der Hofnung, sich bey David sehr beliebt zu machen, von ihm große Belohnung und hohe Ehrenstellen zu erhalten, in seinem Schlafgemach ermorden und dessen Kopf zu David nach Hebron bringen half; der aber statt der Belohnung auf Befehl Davids als Königsmörder auf der Stelle hingerichtet, und nachdem ihm Hände und Füße abgehauen, bey Hebron aufgehangen wird. 2 Sam. 4, 2. 5. 7. 12.

2) Ein Vater Heleb, des Helden Davids. 2 Sam. 23, 29.

3) Ein Sohn Ahilud, einer von den vom König Salomo gesetzten zwölf Amtleuten, (Creißgefälleinnehmern) welche Victualien, Zehenten u. einnemen und an den königlichen Hof liefern mußten, Thaanach, Megiddo und Bethsean war sein Bezirk. 1 Kön. 4, 12.

4) Ein Sohn Husai, ebenfalls ein solcher Beamter im Stamme Asser ec. V. 16.

5) Ein Vater Zadok, einer von den Vorstehern und Familienhäuptern Israel, die aus Babylon nach Canaan zurückkerten. Esr. 2, 2. vergl. Neh. 3, 4.

## Baesa.

Ein Sohn Ahia, vom Stamme Isaschar, 1 Kön. 15, 27. welcher den israelitischen König Nadab, Jerobeams Prinzen und Thronfolger (V. 25.) bey der Belagerung Gibethon ermordete, (V. 27.) und sich zum dritten Könige in Israel aufwarf, da er denn alle Nachkommen Jerobeams, wie Gott 1 Kön. 14, 10. vorher gesagt, ausrottete. Kap. 15, 28. 29. Doch war er auch, wie seine Vorfahren, dem Götzendienste ergeben, V. 34. und stets mit Assa, dem König in Juda, in Krieg und Zwistigkeit verwickelt, deswegen er auch Rama, an der Gränze Juda, befestigte, um sowol seine Unterthanen vom Gottesdienste zu Jerusalem abzuziehen, als auch dem König Assa den Weg in sein Land zu versperren. (V. 16. 17.) Er regierte zu Thirza, der damaligen Residenz der Könige von Israel 24 Jahr, v. 33. wo er auch starb und begraben wurde, Kap. 16, 6. aber seine ganze Familie wurde nach ihm durch Simri ausgerottet, v. 11. 12. nach der Weissagung des Propheten Jehu, 1 Kön. 16, 1-4. Kap. 21, 22.

## Bahre.

Apostg. 5, 15. Tragsessel, Tragbett, — auf welchen Kranke getragen wurden.

## Bahurim.

Eine Stadt im Stamme Benjamin, nicht weit von Jerusalem, an der Straße nach Jericho zu. 2 Sam.

1 Samuel. 3, 16. Kapitel 16, 5. 2 Samuel 17, 11.

## Baith.

D. i. Haus — oder Tempel. Vermuthlich ein moabitischer Götzentempel in der Stelle Jes. 15, 2.

## Bala.

S. oben Baala.

## Balaam.

S. Bileam.

## Balak.

Ein Sohn Zipor und König der Moabiter, 4 Mos. 22, 2. 4. dem das aus Aegypten gezogene und gegen ihn sich gelagerte große und siegende Kriegsheer der Israeliten solche Furcht und Grauen einjagte, (V. 2. 3.) daß er sich nicht getraute, dasselbe anders zu überwinden, als durch Hülfe eines solchen Mannes, welcher nach seiner Meinung eine Gottheit dahin bewegen könnte, das glückliche Schicksal und die siegreichen Waffen dieses Volks, durch seine Verfluchung dergestalt zu hemmen und zu ändern, daß er solches alsdenn auch schlagen und aus seinem Lande vertreiben könne. Einen so viel vermögenden Mann glaubte er an den zu seiner Zeit durch sein kluges Betragen und Rathgeben überaus berühmt gewordenen Bileam zu finden, an welchen er eine Gesandschaft ergehen läßt, die ihn einladen muß, zu ihm zu kommen, und dieses Volk zu verfluchen, 4 Mos. 22, 5. 6. Kap. 23, 7. 11. 13. wird aber über Bileam, da sich dessen Fluch in einen dreymaligen Segen verwandelt, äußerst aufgebracht, daß er ihm seine völlige Ungnade ankündigt, und denselben in vollem Unwillen wieder fortschickt. Kap. 24. 10. 11. 25. Jos. 24, 9. 10. Aus Richt. 11, 25. erhellet, daß Balak Bileams Segenspruch über Israel 4 Mos. 24. 9. „Gesegnet sey der dich segnet, und verflucht, der dir flucht," für so gewiß gehalten, daß er sich wider Israel in keinen Streit weiter einließ. Mich. 6. 5. Offenb. Joh. 2, 14.

## Baladan.

Oder Bal-Adan, der vierte babylonische König, der bey den Profanscribenten Jugäus heißt, der Vater Merodach oder Berodach-Baladans, oder wie er bey den Profanscribenten heißt, Mardoc-Empad's, des fünften babylonischen Königs. 2 Kön. 20, 12. Jes. 39, 1.

## Balsam.

Des Balsams wird in der Bibel verschiedene male gedacht, und zwar unter dem Namen Zri oder Zeri (צֳרִי. צְרִי.) welches der Saft der Balsamstaude oder das Opobalsamum, oder der sogenannte Balsam von Mecca ist, der wahre, ächte, natürliche Balsam, wie ihn die Balsamstaude bleutet. Balsam ist ein ursprünglich arabisches Wort, Balasan (بَلَسَان) oder kürzer ausgesprochen, Balsan, (d. i. der Balsambaum, die Balsamstaude,) woraus die Abendländer, durch Verwechslung des n mit m, Balsam gemacht haben. Da das Wort Balsan oder Balsam, Balsamum eigentlich, den Baum bezeichnet: so hat man den Saft des Baums, von dem Baum selbst zu unterscheiden, Opobalsamum, (d. i. Saft des Balsambaums, vom griechischen Wort Ὀπος, der Saft 2c.) genannt, — die Körner, oder die Frucht des Baums (von καρπος, die Frucht) Carpobalsamum, und die Zweige oder das Holz des Baums, Xylobalsamum (von ξυλον das Holz). — Carpobalsamum ist aber eigentlich der aus den Kernen der Staude gepreßte — und Xylobalsamum derjenige Balsam, welcher aus dem Holze und grünen Zweigen der Staude, durch chemische Kunst erzwungen wird. — Terminologien, die man, wie es scheint, den Arabern abgeborgt hat. Denn diese haben sie: Dohn-el-Balesan (دُهْن البَلَسَان) Opobalsamum. Hebb-el-Balesan (حَبّ البَلَسَان) Carpobalsamum. Ud-el-Balesan (عُود البَلَسَان) Xylobalsamum. S. z. B. Avicenna Canon Medicin. l. p. 140. nach dem gedruckten arabischen Original. — Das Opobalsamum oder der Saft der Balsamstaude wird sehr gewöhnlich Balsam von Mecca genennt, nicht als ob die Balsamstaude um Mecca herum häufig wüchse, wie viele gewähnt haben, (es wächst nicht Eine in der Gegend!) sondern weil der Balsam von Arabern in der Gegend, wo die Staude wächst, nach Mecca zum Verkauf gebracht wird, und zwar zu der Zeit, wenn die Türken dahin wallfahrten, wo er dann aufgekauft, und von den wieder zurückreisenden muhammedanischen Karavanen vorzüglich nach Damas und Kairo gebracht, und von hier über die ganze Türkey, und so weit er reichen will, verführet wird, S. Hasselquists Reise nach Palästina S. 567. 568.

Der Balsambaum, oder wie man ihn richtiger nennt, die Balsamstaude, wächst zwo bis höchstens drei Ellen hoch, hat ganz wenige und dor Rinde, aber viele mehr welche dem kleinen Basilikum ähnliche Blätter von weißlichgrüner Farbe, und grünt auch im Winter. Die Aeste fangen schon ganz tief unten, etwa einen Schuh von der Erde, an, aus dem Stamme zu wachsen. Das Holz ist harzigt, und von aussen — Stam und Aeste — röthlich. Die Aeste sind lang, ziemlich gerade, dünne und mit wenig Blättern, jedoch bald drei, bald fünf, bald sieben Blätter an Einem Stil, — nur daß die Stile sehr einzeln aus den Aesten herauswachsen, — besetzt. Sie geben einen angenehmen Geruch, sind harzigt und kleben fest an die Finger, wenn man sie angreift. Die Blüten, welche in röthliche schwarzen Hülsen stecken, sind klein, von Farbe weiß, den Acacienblüten ähnlich, und von sehr starkem Geruch. Die Samenkörner sind gelb, haben inwendig einen gelben dem Honig ähnlichen Saft, etwas bitter und scharf, und riechen stark nach Balsam. An Gestalt und Größe kommen sie der Frucht der Terebinthe sehr nahe, sind am Ende spitzig und in der Mitte dick. S. Prosper Alpin in dem seinem Tractat de Plantis Aegypti (Venetiis 1592. 4.) angehängten Dialog: de Balsamo p. 67. b. 68. a. — Aus dieser Staude fließt der Balsam (Opobalsamum) in den Monaten Junius, Julius und August theils von selbst, theils erzwingt man auch welchen aus der Staude dadurch, daß man den Stam mit einem Instrument verwundet, und dann den heraus dringenden Saft oder Balsam (Opobalsamum) auffängt. — Dieser Balsam soll, wie es aus der Staude rinnet, weis seyn; bald darauf aber grün werden, dann goldgelb, und endlich honigfarbig. Der frisch gesammelte Balsam ist anfangs trüb und dick, wie das frisch gepreßte Olivenöl; hierauf wird es ganz dünn und durchsichtig, und endlich dick wie Terpentin. Wenn er ganz frisch ist, ist er am flüchtigsten, und von so starkem, scharfen Geruch, daß er vielen Personen Kopfschmerzen und Nasenbluten verursacht. Je älter er wird, desto dicker wird er, und desto schwächer sein Geruch. — Vom Geschmack ist er bitter, scharf und anziehend. Er ist so leicht, und folglich geistig, daß er, wenn man ihn in eine Schale oder ein Glas mit Wasser tröpfelt, immer auf der Oberfläche bleibt, und wenn man auch nur einen oder ein paar Tropfen in ein Glas mit Wasser fallen läßt: so breitet er sich in dem Augenblick, da er hineinfällt, über das Glas, wie eine Haut, aus, welche Haut man mit einem Haar oder Seidenfaden vom Wasser rein abnehmen kan, so, daß das Wasser so hell bleibt als vorher, welches die gewöhnliche Probe des ächten Balsams in der Levante ist. Wenn aber die Balsamtropfen im Wasser entweder auf einer Stelle bleiben, oder die Haut trübe wird und Blasen bekomt, so ists ein sicheres Kennzeichen, daß der Balsam nicht ächt, sondern verfälscht ist. S. Prosper Alpin a. a. O. S. 68. a. 71. 72. und Hasselquists Reise nach Palästina S. 565. f. — Denn weil der Balsam sehr theuer ist: so wird er (worüber schon Galen klagt,) häufig verfälscht, nicht nur in Cairo und andern Orten, wo man ihn feil hat, sondern auch selbst in Mecca. — Nach Hasselquist S. 566. wird der Balsam häufig mit dem Oleo Sesami, das in Aegypten häufig gepreßt wird, und nach dem Dioscorides mit Terpentin, Alhenna, Mastix, Datteln, Lilien, bitter Mandelöl u. dgl. verfälscht. Mehr davon s. beim Prosper Alpin a. a. O. 71. b. —

Die Balsamstaude wächst, wenigstens heutiges Tages, nur in Arabien, und zwar in einem kleinen Bezirk des peträischen Arabiens wild, sonderlich auf einem kiesigen Berge bey Bedrunia, funfzehn Tagreisen von Cairo. S. Prosp. Alpin a. a. O. S. 63. b. — Hasselquist (S. 568.) erfur aus sichern Nachrichten in Aegypten, der Ort, woher der Balsam komme, sey einige Tagereisen von der Stadt Mecca, tief ins steinigte Arabien hinein. Der Baum wachse daselbst in bergigten Gegenden, und werde von einigen arabischen Familien, als ein kostbarer Schatz, eigenthümlich besessen. Die Araber führen den Balsam gegen die Zeit nach Mecca zum Verkauf, wenn die Karavanen aus Aegypten und der Türkey sich daselbst aufhalten, von welchen er nach Damas und Kairo gebracht, und von da — weiter verführet wird. — In den ältern Zeiten wuchs aber die Balsamstaude in mehreren Orten, z. B. 1) in Palästina. Denn unter den edlen Landesprodukten, welche Jakob seinen Söhnen nach Aegypten mitgab, war auch Balsam. 1 Mos. 43, 11. — Und zwar war sonderlich Jericho ehemals wegen des Balsambaues berümt. Justinus (B. 36. K. 3.) schreibt: „Est namque vallis, quae continuis montibus velut muro quodam cincta, ad instar castrorum clauditur. Spatium loci ducentorum millia jugerum. Nomine Hiericho dicitur. In ea valle sylva est, et ubertate, et amoenitate arborum insignis, siquidem palmeto et opobalsamo distin-

gui-

guitur. — — Opobalsamum in his tantum regionibus gignitur. (welches Letztere zu viel und zu und unrichtig gesagt ist.) — Theophrast (Hist. plantar. libr. 9. c. 6.) schreibt: Το δε βαλσαμον γινεται μεν εν τῳ αυλωνι τῳ περι Συριαν; wo er unter dem Thal ebenfalls die Gegend um Jericho verstehe, wie Dioscorides, Strabo, Diodor von Sicilien und Joseph, (B. J. B. 4. K. 8.) welche ebenfalls des Balsams in dieser Gegend gedenken. — Nach Joseph (jüd. Alterth. B. 9. K. 1.) wuchs auch Balsam um Engeddi: Γενναται δ' εν αυτῃ (Εγγαδδι) φοινιξ ο καλλιστος, και Οποβαλσαμον, sind Josephs Worte. Auch Hieronymus (Vita Paulae) gedenkt der Balsamgärten um Engeddi: Unde istam despiciens solitudinem ac terram quondam Sodomae ac Gomorrae, Adamae et Seboim, contemplata est balsami vineas in Engaddi et Segor. Daß Balsam in Palästina gewachsen, ist wol unleugbar; allein offenbar falsch ist es, wenn Joseph, (Alterth. B. 15. K. 5.) Plinius, (N. G. B. 12. K. 25.) Justin (B. 36. K. 3.) und Dioscorides schreiben, der Balsam wachse allein in Judäa, und eben so falsch (f. 1 Mos. 37, 25. Kap. 43, 11.) ist es, wenn Joseph (B. 8. K. 2.) vorgiebt, die Balsamstaude sey erst zu Salomonszeit durch die Königin von Saba nach Palästina gekommen, als welche ihm einige Pflanzen zum Geschenk mitgebracht habe. — Heutiges Tages wächst kein Balsam mehr in Palästina, nicht einmal um Jericho. S. Reitzschütz (Reisebeschr.) S. 346. — 2) In Gilead, d. i. in einem Strich des wüsten Arabiens, der mit zu Gilead, dem Lande der Israeliten jenseits des Jordans, gerechnet wurde. Diejenige Ismaelitische Karavane, an welche Joseph von seinen Brüdern verkauft wurde, hatte unter andern auch Balsam bey sich, und kam mit ihrer Ladung aus Gilead. 1 Mos. 37, 25. Des Gilead'schen Balsams wird sonst auch noch Jer. 8, 22. K. 46, 11 ff. gedacht. — 3) Im peträischen Arabien, wo er allein noch heutiges Tages wächst, aber doch auch nur in einem sehr kleinen Bezirkchen dieses großen Landes, und zwar bey Bedrunia, einem Flecken funfzehn Tagereisen von Kairo, auf einem sehr großen sandigten oder kiesigten Berge, auf welchem unzählige Balsamstauden wachsen. S. Prosper Alpin a. a. O. S. 63. b. — Nach der oben angeführten Stelle aus Hasselquists Reise nach Palästina S. 568. gehört dieser Balsambau in dieser Gegend (denn diese ist vermuthlich gemeint,) einigen arabischen Familien eigenthümlich, welche den Balsam zur Zeit der Wallfarten nach Mecca und Medina, in ersterer Stadt zum Verkauf bringen, von da er durch die muhammedanischen Pilgrimme nach Damas und Kairo, und von hier durch die ganze Welt, nur aber freilich selten unverfälscht, geführt wird. — In den ältern Zeiten wuchs auch noch Balsam 4) im glücklichen Arabien. Joseph meldet in der vorhin angeführten Stelle, die Königin von Saba habe dem Salomo Balsamstauden mitgebracht. Ob nun gleich diese Sage an und für sich selbst unwarscheinlich ist, da die Bibel nichts davon gedenkt: so scheint doch so viel daraus zu erhellen, daß ehemals Balsam im glücklichen Arabien gewachsen habe. Diodor von Sicilien (Bibl. Hist. libr 31. c. 48.) schreibt von der Landschaft der Nabatäer, eines Volks im glücklichen Arabien unter andern, (und wie es scheint, sogar von der Gegend am südlichen Ende des todten Meeres, welches aber ohne Zweifel tiefer in Arabien hinein zu verstehen ist.) γινεται δε περι τας τοπους τουτους εν αυλωνι τινι το πολυτιμον βαλσαμον εξ ου προσοδον λαμπραν λαμβανουσιν ουδαμου μεν της αλλης οικουμενης ευρισκομενου του φυτου τουτου. Welches letztere (daß weiter nirgends in der Welt die Balsamstaude wachse, als hier,) wol zu viel gesagt ist. Am Ende ist wol gar die Frage, ob Diodor von Sicilien nicht von einer Gegend im peträischen Arabien rede, in welche sich die Landschaft der Nabatäer erstreckte, etwa von der Gegend, wo noch heutiges Tags allein Balsam wächst. S. den No. 3. oder gar von der Gegend um Engeddi, am todten Meer, wo auch nach dem Joseph Balsam wuchs. — Und dann gehörte diese Stelle des Diodor gar nicht hieher. — S. auch Prosper Alpin a. a. O. S. 66. a. S. 87. a. — 5) In Aegypten — aber nicht in den ältesten Zeiten. Denn die Ismaeliter zu Jakobs Zeit handelten unter andern auch mit Balsam dahin. 1 Mos. 37, 25. — In viel spätern Zeiten wurden zu Matarea Balsamstauden, die man hatte aus Arabien kommen lassen, (denn daß die Cleopatra durch die Gnade des Marcus Antonius die Balsamstaude aus Palästina erhalten habe, ist Fabel!) gepflanzt, mühsam gewartet, und in diesem Balsamgarten wirklicher Balsam erzeugt. Allein dieser Balsamgarten dauerte nicht länger als zwei bis drei Jahr, worauf er, wie es heißt, durch die Nachläßigkeit der Aufseher

wie

wieder eingieng. Man pflanzte indessen zu wiederholtenmalen wieder frische Stauden, die man aus Arabien kommen ließ, nach; allein immer mit schlechtem Erfolg, so daß man sah, Aegypten sey zum Balsambau nicht geschickt. S. Prosper Alpin a. a. O. S. 63. b. und S. 65. b. Noch in ganz neuern Zeiten wollen Reisebeschreiber Balsamstauden in dem türkisch kaiserlichen Garten zu Mataree gesehen haben, — nicht einzeln, sondern einen ganzen Balsamgarten. S. z. B. Herrens von Polschitz (Reisebeschr. S. 365. 811.) nach dessen Bericht der Balsamgarten, den er zu Mataree gesehen, vom Bassa zu Kairo gepflanzt worden, der im Jahr 1575. vierzig Stauden aus Arabien habe kommen lassen. S. auch Fürers von Haimendorf Itinerarium Ægypti, Arabiae, Palaestinae, Syriae etc. p. 21. 22. —

Der Nutzen des Balsams als Arzneymittel innerlich, und sonderlich bey Wunden äußerlich gebraucht, ist groß, und man hält ihn im Orient für ein fast wunderthätiges Universalmittel, (s. Prosper Alpin a. a. O. S. 23. a.) wofür man ihn auch schon im Alterthum hielt, wie aus Jer. 8, 22. Kap. 46, 11. zu erhellen scheint.

## Balsamiren.

S. Salben.

## Bamoth.

Eine der letzten Lagerstätten der Israeliten auf ihrer Reise aus Aegypten, durch die Wüste nach Canaan, auf der moabitischen Gränze. 4 Mos. 21, 19. 20. Nach dem Eusebius war Bamoth eine moabitische Stadt am Arnon.

## Bamoth-Baal.

War nach 4 Mos. 22, 41. der Ort, wo Bileam das Lager der Israeliten von ferne betrachtete, als sie sich im Gefilde der Moabiter gelagert hatten, und der 4 Mos. 21, 19. schlechtweg Bamoth genennet wird. Diese Stadt, (wenns anders eine gewesen) war auf einer Anhöhe erbaut, wovon sie auch den Namen hat. Daher der sel. Luther das Wort במות, welches Höhen bedeutet, durch die Höhen Baals übersetzt.

## Bank.

Esth. 1, 6. Kap. 7, 8. S. Bette (und Lager.) —

## Bann.

Oder auch Verbannung, hebräisch Cherem (חרם) d. i. Heiligung (nach dem Arabischen. — Wenn man etwas Gott heiligte.) war bey den alten Hebräern eine Art von Gelübde, welches sich von den gemeinen Gelübden unter andern dadurch unterschied, daß es unerläßlich war — es mußte schlechterdings gehalten werden. Was man durchs Verbannungsgelübde Gott heiligte, z. B. Vieh, Grundstücke, ein Mensch u. — konte nicht wieder losgekauft, oder gegen etwas anderes von gleichem oder auch höhern Werth wieder eingetauscht werden, sondern es blieb geheiligt, und wenn das Cherem einen Menschen betraf: so mußte er sterben. 3 Mos. 27, 28. 29. Durch was für Ceremonien sich das Verbannungsgelübde von den gemeinen Gelübden unterschied, wird nirgends gesagt. Vielleicht bestanden diese Ceremonien in einer blossen Gelobungsformel, mit dem Zusatz, daß man allen und jeden Ansprüchen auf die gelobte oder geheiligte Sache feierlich und schlechterdings entsage. — Die gewöhnlichste, wenigstens uns bekannteste Art des Cherem war, wenn man feindliche Städte, bey welchen man es für gut befand, nach der äußersten Kriegsstrenge mit ihnen zu verfahren, zum voraus Gott unabänderlich heiligte. Die Vollziehung dieses Verbannungsgelübdes bestand darinnen, daß alle Einwohner der Stadt, samt den darin befindlichen Thieren getödtet, die Stadt selbst in die Asche gelegt, von keinem Israeliten für sich Beute gemacht, sondern der unverbrennbare Theil der in der Stadt befindlichen Güter, als Gold, Silber und andere Metalle zum Schatz des Heiligthums gebracht wurde; auch wol nach Befinden mit einem darauf gesetzten Fluch, wenn jemand sie wieder aufbauen würde. Beispiele dieser Art des Verbannungsgelübdes, und zwar das Merkwürdigste, haben wir an der Stadt Jericho; Jos. 6, 17-19. 21-24. Kap. 7, 1, 12-26. und früher an Arad, 4 Mos. 21, 1. 2. 3. und den Städten des amoritischen Königs Sihon. 5 Mos. 2, 34. 35. Aus welchen beiden letztern Beispielen wir sehen, daß das Verbannungsgelübde, welches man wider feindliche Städte gelobete, nicht immer gleich weit sich erstreckt habe, sondern daß man bisweilen etwas ausgenommen habe, z. B. das Vieh und andere Habseligkeiten der Feinde. Wenn aber das Verbannungsgelübde völlig allgemein abgefaßt, und unter andern auch das Beutemachen untersagt war: so durfte bey Lebensstrafe sich kein Israelit an etwas vergreifen, wie wir bey der Verbannung der Stadt Jericho, am Achan sehen. Jos. 7. — — Diese Verbannung mit vollkommener Strenge war auch wider israelitische Städte verordnet, welche den Götzendienst einführen. 5 Mos. 13, 12:18. — Sonst finden wir noch ein Paar Beispiele von diesem Gelübde: an Jephthah Richt. 11, 30:39. (dessen Gelübde sehr unbesonnen war. S. meine Bibel Th. 2. bey der angeführten Stelle, und Hrn. R. Michaelis mosaisches Recht. Th. 3. §. 145. S. 16 ff.) und an Saul, 1 Sam. 14, 24:45. dessen Verbannungsgelübde aber ebenfalls sehr unbesonnen, wie sein Geber selbst sehr willkürlich und eher schädlich und seinen Absichten nachtheilig als nützlich war, welches auch das Volk einsah, und daher es auch nicht geschehen ließ, daß das Verbannungsgelübde an Jonathan, der etwas wildes Honig gegessen hatte, und daher sterben sollte, vollzogen würde. —

In den spätern Zeiten kam unter den Juden eine ganz andere Art vom Bann auf, der mit jenem alten fast weiter nichts als den Namen gemein hatte, und vom Synedrium zuerkannt und ertheilt wurde. Er bestand in einer Excommunication und ward in den geringern und größern Bann getheilt. Der geringere Bann Niddui oder Schammatha, d. i. Absonderung oder Ausschließung genannt, bestand darinnen, daß jemand vom Umgange anderer dergestalt ausgeschlossen wurde, daß niemand unter vier Ellen weit sich ihm nähern durfte, welche Art von Bann einige in der Stelle 2 Thessal. 3, 6. 14. haben finden wollen. Der größere Bann, Cherem (חרם) genannt, schloß von aller menschlichen Gesellschaft aus, wurde von einer ganzen Gemeine bey angezündeten Wachslichtern, mit Blasen auf Hörnern, und unter schrecklichen Flüchen ausgesprochen. (Einige haben dabey an 1 Cor. 5, 5. K. 16, 22. gedacht.) Ueber wen dieser größere Bann ergieng, bey demselben durfte niemand wohnen, niemand mit ihm reden rc. — S. Bartoloccius Biblioth. rabbin. T. 3. p. 415. T. 4. p. 447. seq. Relands Antiquitat. sacr. vet. Hebr. P. 2. c. 7. §. 6. und Simonis Commentar. S. 116. —

Ohne Zweifel aus diesem Bann der jüdischen Kirche ist der Bann der christlichen Kirche entstanden, von welchem wir schon Matth. 18, 15. ff. 1 Cor. 5, 1:5. Spuren finden. Er wurde auch in der Folge beybehalten und geübet, um die christliche Kirche von allen unwürdigen Gliedern, die ihr in den Augen der Heiden zum Vorwurf und Nachtheil hätten gereichen können, zu säubern. Erst pflegte man ein lasterhaftes und überhaupt unwürdiges Glied der christlichen Kirche, nach der Vorschrift Christi, Matth. 18, 15. und Pauli Tit. 3, 10. etlichemal öffentlich zu bestrafen und zur Besserung zu ermahnen. Fruchtete dieses nicht: so erfolgte, wenn das Verbrechen nicht sonderlich groß war, der geringere oder kleine Bann (Separatio, wie ihn die Kirchenväter nennen), d. i. man schloß ihn vom heiligen Abendmal und dem öffentlichen Gebet der Gläubigen, auf eine Zeitlang aus, wiewol er doch noch die Kirche besuchen, dem Vorlesen der heil. Schrift, den Predigten und dem Gebet für die Catechumenos und Poenitentes, oder der Missa Catechumenorum noch mit beywohnen durfte. Besserte er sich nicht: so folgte der größere Kirchenbann, (anathema, oder Separatio omnimoda. S. oben Anathema) der über jeden groben Verbrecher und der andern Aergerniß gegeben hatte, er mochte von Geschlecht oder Stand seyn, von welchem er wollte, (auch Geistliche nicht ausgenommen) ergieng, und welcher den verruchten Menschen von der Kirche und aller Gemeinschaft der Christen ausschloß, und aller geistlichen Wolthaten beraubte. Ein solcher wurde von allen andern Gliedern der Kirche nach den Vorschriften der Apostel, Röm. 16, 17. 1 Corint. 5, 9. 2 Thess. 3, 14. 2 Joh. 10. 11. gemieden, d. i. man hatte keinen Umgang mit ihm; er wurde aus dem Kirchenbuche ausgestrichen; man nahm keine Gaben von ihm in der Kirche an; es wurde seine Excommunication allen christlichen Gemeinden durch Briefe bekannt gemacht, damit er sich nicht etwa bey einer andern christlichen Gemeine einschleichen möchte; und starb er als Excommunicirter: so wurde er ohne Gesang und Begleitung hinausgetragen und begraben. — Mehr vom christlichen Kirchenbann s. in Simonis christlichen Alterthümern S. 415 ff. —

## Bär.

Ein bekanntes Raubthier, das sich durch einen langhaarigen plumpen Körper, breite Fußsohlen und kurzen Schwanz von andern Raubthieren unterscheidet. Es giebt schwarze, braune und weiße Bären. Die schwarzen, welche man in Norwegen, Schweden und andern nördlichen Ländern findet, sind die größten, und oft acht bis neun Fuß lang, und dabey die unschädlichsten, indem sie sich blos von Gras, Wurzeln, Waldfrüchten und Ameisen nähren, daher man sie auch Ameisenbären nennet. Die braunen Bären, welche die gemeinsten und bekanntesten sind, und sich nicht nur in den kalten, sondern auch in den gemäßigtern

Ge

Gegenden aufhalten, sind kleiner, aber weit schädlicher, indem sie Menschen und Thiere anfallen. Sie klettern auf die Bäume, wo sie Nester von wilden Bienen merken, weil sie sehr begierig nach Honig sind, daher sie auch Honigbären genant werden. Die weissen Bär, entweder ganz weiß, welche man Silberbäre nent, oder weiß und mit schwarzen Haaren vermischt, sind die kleinsten, und halten sich in Rußland, Litthauen, in der grossen Tartarei rc. auf. — Die Bären leben einsam, in den abgelegensten Gegenden. Jeder hat seine eigene Höle, meist in einer ziemlichen Entfernung von den Hölen der Uebrigen. Im strengsten Winter bleiben sie in ihren Hölen, ohne irgend einige Narung zu sich zu nemen, schlafend, oder in einem Zustande, der der Erstarrung änlich ist, worinnen sie sich, wie man sagt, sonderlich in den ersten vierzehn Tagen, nicht einmal durch Schläge stören lassen. Die Bären sind, wenn sie jung gefangen werden, zahm zu machen, und zu allerhand Künsten abzurichten. Die Alten schätzten das Fleisch der Bären sehr, und noch jetzt gehören die eingesalzenen und geräucherten Bärentatzen unter die Leckerbissen der Grossen. — Das Bärenfett, geschmolzen, wird in der Arzney und auch als Oel gebraucht. Aus den Bärenhäuten werden jetzt Pelze, Muffe und Decken gemacht. S. Eberts Naturlehre. Band 1. S. 377 f. —

Auch in Palästina gabs Bären, vermutlich braune, als welche auch unter gemäßigten Himmelsstrichen leben, und Menschen (und Thiere) anfallen. 2 Kön. 2, 24. Dan. 7, 5. Spr. Sal. 28, 15. — Diese Art Bären ist an und für sich grimmig und grausam, noch mehr aber, wie man leicht denken kan, wenn ihm seine Jungen geraubt sind, und er ausgehet, sie zu suchen. 2 Sam. 17, 8. Spr. Sal. 17, 12. Hos. 13, 8. — David erlegte ausser einen Löwen auch einen Bären, der aus der Heerde seines Vaters, die er eben hütete, ein Schaf raubte. 1 Sam. 17, 34 ff. Sir. 47, 3. — Das Brummen des Bären wird bildlich Jes. 59. 11. und sonst noch des Bären Klagl. 3, 10. Amos 5, 19. Weish. 11, 18. Jes. 11, 7. gedacht. In der letztern Stelle komt der Bär, der neben der Kuh, und seine Jungen bey ihren Kälbern, ruhig liegt, als ein Zug im Gemälde eines goldnen Zeitalters vor. —

## Barak.

Ein Sohn Abinoam von Kedes-Naphthali, d. i. einer galiläischen Freistadt, welche im Stam Naphthali lag, Richt. 4, 6. vergl. Jos. 19, 37. K. 11, 32. wird von der Prophetin Debora aufgefodert, mit zehentausend Man vom Stamme Naphthali und Sebulon, wider den Sissera, der die feindliche Armee des cananitischen Königs Jabin commandirte, zu Felde zu ziehen, und sich auf den Berg Thabor zu legern, wo ihm diese Feinde mit ihren eisernen Wagen (Sichelwägen), als ihrer eigentlichen Stärke, nicht wie auf ebener Gegend beikommen und Schaden zufügen konten, V. 3. 4. 6. Greift, nachdem ihm die Debora und seine Armee von der Gewißheit des Sieges versichert, gleichsam von Mut und Vertrauen auf Gott beseelt, unvermutet den Sissera an, schlägt ihn dergestalt in die Flucht, daß im Nachsetzen die ganze feindliche Armee aufgerieben wird, V. 14. 15. 16. Füret bey dem von der Debora hierauf verfertigten zweichörichten Siegslied das männliche Chor an. Kap. 5, 1. 12. 15. S. meine Bibel bey dieser Stelle.

## Barasa.

Eine Stadt in Gilead. 1 Macc. 5, 25. S. Bosra.

## Bared.

Ein Ort im peträischen Arabien, wol nicht allzuweit von Kades und zwar, wie es scheint, nach Sur, oder Pelusium zu. 1 Mos. 16, 14. Vergl. V. 7. —

## Barfüsser.

Ein Schimpfname, der demjenigen von Rechtswegen gegeben wurde, welcher die Leviratsehe ausschlug. 5 Mos. 25, 10. Die Erläuterung des ganzen Gesetzes von der Leviratsehe s. in meiner Bibel rc. Th. 1. bey 5 Mos. 25, 5-10. S. 795-797.

## Bar-Jesu.

Oder nach einigen Exemplarien Bar-Jehu, war ein auf der Insel Cypern, in der Stadt Paphos bey dem Proconsul Sergius Paulus sich aufhaltender Jude und Zauberer. (Magus. Elymas, welches das arabische Wort [illegible] ist, welches einen Weisen, Gelehrten, Künstler, Magier bedeutet.) — Dieser, als Barnabas und Paulus dem lehrbegierigen Landvogt, Paulus Sergius, die Lehren des Christentums vortrugen, widerstund denselben, daß Paulus voll göttlichen Eifers, ihm auf eine Zeitlang die Blindheit seiner Augen als göttliche Strafe ankündigte, welche auch alsbald erfolgte. Apostelgesch. 13, 6. 7. 8. 11. Als der Proconsul dieses sah, nam er die Lehre Jesu an.

## Barnabas.

War von Geburt ein Levit aus der Insel Cypern. Weil sein eigentlicher Name Joses war, so wurde ihm zum Unterschied eines Matth. 13, 55. benannten Joses, eines Sohns Josephs des Zimmermanns und Bruders Jacobi, von den Aposteln dieser Zuname Barnabas beygelegt. Apostgesch. 4, 36. Um desto freier und ungehindert die Lehre des Christenthums mit ausbreiten zu können, auch als wahrer Jünger seines Meisters das Seinige dem gemeinschaftlichen Wol der Kirche aufzuopfern, verkauft er seinen Acker und legt den Aposteln das Geld zu Füssen, v. 37. nam den wunderbarbekerten und gen Jerusalem gekommenen Paulum, und fürt ihn zu den Aposteln Kap. 9, 26. 27. ward gen Antiochien gesandt Kap. 11, 22. kert wieder in Gesellschaft Pauli versehen mit einem gereichten Almosen und Beysteuer für die Brüder in Judäa, zurück gen Jerusalem v. 30. Kap. 12, 25. wird in der Stadt Lystra Jupiter genant, und geht von da mit Paulo gen Derben Kap. 14, 12. 20. komt mit Paulo scharf zusammen, und trent sich von ihm Kap. 15. 39. wird durch Heuchelei Petri mit verfüret, Gal. 2, 11. 12. 13.

## Barrabas.

War einer, der die Lebens- und Todesstrafe als Rebell und Mörder verwirkt hatte. Marc. 15, 7. Luc. 23, 25. Als Rebell war er wie ein römischer Staatsverbrecher, der im Aufrur, als Mitverwirker, ergriffen war, von dem römischen Landpfleger Pilato, der aufs römische Staatsinteresse wol zu sehen hatte, rechtlich zu behandeln; und als Mörder konte er weder nach jüdischen, noch nach römischen Gesetzen der Todesstrafe entgehen. Damit nun der unschuldige Jesus desto eher und gewisser möchte zum Kreuzestode verdamt werden: so baten die boshaften Juden um das Leben dieses Aufrürers und Mörders, welcher daher auch frei und ledig gelassen wurde. Matth. 27, 16. 17. 20. 21. 26. Marc. 15, 7. 11. 15. Luc. 23, 18. 25. Joh. 18, 40.

## Barsabas.

1) Der Beiname eines Josephs mit dem Zunamen Just, über welchen, nebst dem Matthias, die versammelten Apostel Gott anriefen, daß er durch das von ihnen geworfene Loos anzeigen möchte, welchen von beiden er an des abgewichenen Judas Stelle zum Apostelamt erwälet habe. Apostg. 1, 23-26.

2) Der Zuname Judas, eines von den Aposteln verordneten Lehrers, der als Gefärte Paulus, Barnabas und Silas mit gen Antiochien gieng, um die Lehre des Evangelii auszubreiten, und die Gläubiggewordenen zu bestärken. Apostg. 15, 22. 27. 32.

## Barsillai.

1) Ein Gileaditer aus der Stadt Roglim, einer von den treuen Unterthanen, die ihren Herrn, den König David, auf seiner Flucht vor Absalom zu Mahanaim mit nötigem Gerät und Viktualien versorgten, 2 Sam. 17, 27. 28. 29. wird als ein edler und wolhabender Mann beschrieben, Kap. 19, 32. begleitet den König bey seiner Wiederker bis über den Jordan V. 31. 36. der ihm viel Ehre und Gnade zur Vergeltung seiner Treue anträgt, welche er aber für seine Person in seinem achtzigjärigen Alter verbittet. V. 33. 34. 35. Salomo erhält mit im letzten Willen seines Vaters Davids, für dessen bewiesene Treue seinen Kindern noch Gnade zu erzeigen. 1 Kön. 2, 7.

2) Ein Meholathiter und Vater Adriels, des Königs Saul Eidam. 1 Sam. 18, 19. 2 Sam. 21, 8. Nach dieser Stelle wäre dieses Barsillai Schwiegertochter die zweite Prinzeßin Sauls, nämlich die Michal, welche aber im Abschreiben als mehr bekant und geläufig, leicht mit der Merab aus Versehen hat verwechselt werden können. S. Michal.

3) Ein Priester, der eine Tochter des sehr angesehenen Barsillai heiratete, die ihren Vater beerbte, und welcher daher den Namen ihres Vaters annam, und dessen Geschlechte fortfürte. Esr. 2, 61. Neh. 7, 63.

## Bart.

Die Morgenländer lassen sich den Bart wachsen, und sehen ihn für eine ausserordentliche Zierde, und beinahe für ein Heiligtum an. So wars im Altertume, und so ists noch jetzt. D'Arvieux (K. 7. S. 273.) kan nicht genug Worte finden, den [illegible] des Barts unter den heutigen Arabern zu beschreiben. Niemand kan sich im Oriente mehr beschimpfen, oder schänden, als wer sich den Bart abnimt. — Nur Trauernde pflegen sich den Bart abzuscheeren, welches der Ausdruck des heftigen Affekts ist, in welchem man gegen Ehre und Schande unempfindlich ist. S. Abscheeren. — Jemanden anders den Bart abschneiden, oder abscheren, ist nach D'Arvieux noch jetzt bey den Arabern eine grössere Schmach, als wenn jemand bey uns den Staubbesen bekomt, so daß viele lieber den Tod leiden, als sich den Bart abschneiden lassen

lassen

lassen wollen. Sie sagen, das Gesicht werde durchs Abschneiden der Nase nicht so sehr verstellt, als durchs Abschneiden des Barts. Man kan sich also nun leicht einen Begriff von der Größe der Schmach machen, die Davids Gesandten am ammonitischen Hofe wiederfur, indem sie mit abgeschornen Bärten wieder fortgeschickt wurden. 2 Sam. 10, 4. — Weil diese entbärteten Gesandten zu Jerusalem, wenn sie ohne Bärte dahin wieder zurückgekommen wären, jedem, der sie kante, zum Spott und Gelächter gewesen seyn würden: so ließ sie David wolmeinend, oder zu ihrer Schonung, bedeuten, auf ihrer Rückreise so lange zu Jericho (welche Stadt sie passiren mußten) zu bleiben, bis ihnen die Bärte wieder gewachsen wären. V. 5. — David empfand auch selbst die Schmach, die seinen Gesandten wiederfaren war, stark genug, — denn die Folge war ein blutiger Krieg. V. 6. ff. Kap. 12, 26. ff. — Nach D'Arvieux (a. a. O.) küssen die Weiber ihren Männern, und die Kinder ihren Vätern den Bart, wenn sie sie grüßen. Es küssen auch sonst Mannspersonen einander die Bärte wenn sie sich auf der Straße begegnen und einander grüßen wollen, oder wenn sie von der Reise kommen rc. — Thevenot (Voy. de Lev. I. S. 30.) schreibt: es wäre unter den Türken eine große Beleidigung, jemanden an den Bart zu greifen, außer nur in dem Fall, wenn es in der Absicht geschehe, ihn zu küssen, und in so fern geschehe es öfters. Und D'Arvieux (S. 71.) sah auch verschiedene arabische Fürsten, die zu einer gewissen Lustbarkeit zusammen gekommen waren, unter andern auch die Bärte einander küssen. Das Küssen des Barts ist, wie wir aus 2 Sam. 20, 9. sehen, eine sehr alte morgenländische Ceremonie. Joab faßte den Amasa beim Bart, um ihn zu küssen — und demselben bey dieser Gelegenheit unvermerkt einen tödlichen Stich mit dem Dolch zu versetzen. —

Es ist im Orient auch sehr gewöhnlich, wenn man Besuch bekomt, den Bart der Gäste mit wolriechenden Wassern zu besprengen, und dann mit Aloeholz (Ligno Agallochi) zu beräuchern. S. D'Arvieux K. 7. S. 174. Tavernier Th. 3. S. 458. — Einige haben diese Gewonheit auf Psalm 133, 2. anwenden wollen, und noch der sel. Prof. Faber in den Harmarschen Beobachtungen über den Orient Th. 2. S. 61. Anmerk. 32.) allein wol mit Unrecht. Die Erläuterung dieser Stelle, s. im Th. 4. m. Bibel a. a. O.

## Bartholomäus.

Einer der zwölf Apostel, dessen gedacht wird Matth. 10, 3. Marc. 3, 18. Luk. 6, 14. Apostg. 1, 13. Man weiß weiter nichts Zuverläßiges von ihm, als daß er, wie die andern Apostel, aus Galiläa gebürtig gewesen. Apostg. 1, 11. Kap. 2, 7.

## Bartimäus.

Ein Blindgeborner von Jericho, der Jesum auf seiner letzten Reise nach Jerusalem, am Wege sitzend um Hülfe anrief, und von ihm sehend gemacht wurde. Marc. 10, 46. 52.

## Baruch.

Neria's Sohn, und des Seraja, welcher königlicher Kämmerer, oder nach einer andern Lesart, Anführer der Karavane war, die den jüdischen König Zedekia nach Babel begleitete, (Jerem. 51, 59.) Bruder, vermutlich aus einem vornemen Geschlechte, — ein treuer Schüler und Amanuensis des Propheten Jeremia. Er schrieb dessen Weissagungen auf, als der Prophet, im vierten Jahre der Regierung Jojakims, von Gott Befel erhielt, sie aufzuzeichnen; und weil der Prophet damals Hausarrest hatte, so ließ er seine Weissagungen vom Baruch auch im Tempel vorlesen. Das kam durch den Micha, einen Sohn Gemaria's und Enkel Saphans, an die königlichen geheimen Räthe, welche darauf dem Baruch mit dem Buche holen und sich von ihm dasselbe vorlesen ließen, und durch diese, welche durch den Inhalt des Buchs sehr in Schrecken gesetzt wurden, an den König. Die königlichen Räthe rieten indessen dem Baruch, sich nebst dem Propheten Jeremias zu verstecken, weil zu befürchten stund, daß der König sie beim Kopf nemen werde. Der König ließ das Buch durch Judi holen, und sich von ihm vorlesen, und weil ihm der Inhalt misfiel, so schnitt er eine Kolumne nach der andern, wie sie ihm vorgelesen war, ab, und warf sie in das vor ihm stehende Kohlfeuer, gab Ordre, den Baruch und den Propheten Jeremias gefangen zu nemen; allein man konte ihrer nicht habhaft werden. Jeremias bekam Befel, seine Weissagungen von neuem aufzuzeichnen, wozu er dann den Baruch abermals brauchte. Jer. 36, 1-Ende. — Baruch sah sich als den öffentlich bekanten Copisten oder Schreiber des bedenklichen Buchs des Propheten Jeremia in Verfolgung und Lebensgefar, weswegen ihm aber der Prophet Kap. 45, 1-5. Trost zuspricht, und ihn im Namen Gottes der Erhaltung seines Lebens versichert. —

Als das vom Nebucadnezar in Palästina zurückgelassene jüdische Volk sich entschloß, nach Aegypten zu gehen, und der Prophet Jeremias ihnen dieses auf göttlichen Befehl verbot: so glaubte das Volk, Baruch habe sich hinter den Propheten gesteckt. Das Volk gehorchte also dem Propheten nicht, sondern es zog nach Aegypten, und Jeremias und Baruch mit. Jerem. 43, 1–7. Der Prophet starb in Aegypten, und Baruch begab sich darauf nach Babylon, wo er im zwölften Jahre des Exiliums gestorben seyn soll.

Das unter Baruchs Namen bekannte apokryphische Buch ist, wenigstens den fünf ersten Kapiteln nach, nicht von ihm, da sie verschiedene historische Irrthümer enthalten, z. B. Kap. 1, 2. vergl. 2 Kön. 25, 4. 9. — Kap. 1, 8. vergl. 2 Kön. 24, 17. u. — Der ganze Brief ist vermuthlich von einem spätern Juden untergeschoben.

Außer diesem Baruch kommen noch zween andere Personen, die diesen Namen geführet, vor: Nehem. 3, 20. Kap. 11, 5.

## Baschama.

Oder Baskama, vom Joseph Baska genannt, eine Stadt in dem weitläuftigen Lande Gilead, von welcher man keine weitere Nachricht hat. 1 Macc. 13, 23.

## Base.

Tante, des Vaters Bruders Frau. Die Ehe mit derselben ist verboten. 3 Mos. 18, 14.

## Basek.

1 Sam. 11, 3. S. Besek.

## Basilisk.

Hebräisch צפע und צפעוני (Spr. Sal. 23, 32. Jes. 11, 8. Kap. 14, 29. Kap. 59, 5. Jer. 8, 17.) der Etymologie nach (wenigstens aus Vergleichung des Arabischen [illegible] Cidaris. Pileus rotundus. Superior pars tiarae orientalis) eine Schlange, die eine Art von Krone, Turban u. auf dem Kopfe hat; worauf sich auch der Name Basilisk beziehet (βασιλίσκος, wie die siebenzig Dollmetscher Spr. Sal. 23, 32. und Aquila Jer. 8, 17. — und Regulus welches die Vulgate durchgehends für das hebräische Wort setzt,) — gleichsam die königliche Schlange, der kleine (Schlangen) König — weil sie eine Art von Krone auf dem Kopfe trägt. Der Basilisk der Alten ist nichts anders als die gehörnte Schlange (Coluber cornutus C.) oder der Cerast (κεράστης von κέρας das Horn) wie die LXX Dollmetscher das hebräische Wort Spr. Sal. 23, 32. übersetzen. Diese Schlange hat nämlich auf dem Kopfe zwei Fühlhörner, die man bald für Hörner, bald für eine Krone angesehen, und daher die Schlange bald Cerast, oder gehörnte Schlange, bald gekrönte Schlange, oder Schlangenkönig, Basilisk, Regulus u. genannt hat. Die Schlange ist nicht groß, aber ihres tödtlichen Giftes wegen sehr fürchterlich. Ihre Fühlhörner helfen ihr zu vieler Beute. Sie verbirgt sich ganz im Sand oder dichten Gras, bis auf ihre Fühlhörner. Diese sollen die Vögel für Würmer ansehen, auf diese vermeinten Würmer aus der Luft herabschießen, und dann von der, wie ein Blitz aus dem Sand oder Gras herausfahrenden Schlange gefangen werden. Eben diese Schlange heißt 1 Mos. 49, 17. שפיפן welche Bochart für den Cerast hält. (S. dessen Hierozoicon Th. 2. B. 3. Kap. 12.) — In der angeführten Stelle wird der Cerast als eine Schlange beschrieben, die auch sogar Pferde anfällt. Vermuthlich nicht der Nahrung wegen, sondern nur wenn sie, die sich im Staub am Wege verborgen hatte, sich durch das Staubmachen des laufenden Pferdes, für aufgefordert und beleidiget hält, da sie sich dann an ihrem vermeinten Feinde rächt, sich um die Vorderbeine des Pferdes schlingt und es beißt, worauf es, um den Feind loß zu werden, sich bäumt, mit den Vorderfüßen schmeißt, daß der Reuter rücklings stürzt, und ebenfalls der Schlange Preiß gegeben wird. Eine kunstmäßige Beschreibung dieser Schlange giebt Hasselquist (Reise nach Palästina S. 365. f.), die ich der Kürze wegen hier mittheile: COLUBER CORNUTUS. Scutis abdominalibus 150. squamis caud. 50, tentaculis in vertice duobus.

*Caput.* Corpus, rostrum, maxillae, oculi et lingua ut in vipera Aegyptiaca

*Dentes* in maxilla superiore nulli. Officula 2 in palato longitudinalia, denticulis instructa, numero fere X qui acuminati parum arcuati, versus gulam reflexi, aequales. Denticuli in maxilla inferiore prope marginem, ab utraque parte apicis, 3 l 4, in apice nulli, nec posterius in maxilla inferiore.

*Tentacula* duo, utrinque unum, ad latera verticis in margine superiore orbitae oculi, erecta, parte aversa parum arcuata, eademque parte parum canaliculata, subdura, mem-

membrana tenaci vestita; basi squamis minimis una serie erectis cincta, brevia, orbitae oculorum dimidia longitudine.

*Cauda* infra anum cylindracea, sensim angustata usque ad apicem, ubi tenuissimo aculeo terminata.

Viperae Aegypti duplo longior.

*Scuta* abdomen tegunt no. 150. oblonga, apicibus eorundem in lamellas divisibila, horum primum et ultimum minima, semicircularia. Squamae caudam subtus tegunt no. 50. l. 15. paria.

*Color.* Caput supra dorsum, latera et cauda ex maculis lucide ferrugineis et fuscis amplis irregularibus mixta. Abdomen albidum, una cum gula et cauda subtus.

*Longitudo* totius ped. $3\frac{1}{2}$ lin. 3. Caudae poll. $2\frac{1}{3}$.

*Crassities* digiti maximi circa abdomen. Caudae, calami scriptorii.

*Locus.* Aegyptus. —

Hr. R. Michaelis versteht auch unter dem Saraf (שָׂרָף), denjenigen Art Schlangen, welche die Israeliten in der Wüste bissen, und dergleichen eine von Kupfer aufgerichtet werden mußte. 4 Mos. 21, 6. 8. vergl. 5 Mos. 8, 15. Jes. 14, 29. — Die gehörnte Schlange, den Cerast, oder den Basilisk der Alten. Gefährlich genug ist diese Schlange dazu, auch der Name ist ganz angemessen, denn Saraf (שָׂרָף vom Arab. شَرِيف) bedeutet einen Edlen, — Fürsten u. — welchen Namen der Cerast aus eben der Ursache bekommen haben kan, aus welcher er Basilisk oder Regulus genant worden, nämlich seiner aufm Kopf habenden Fühlhörner wegen, die man für eine Art von Krone ansehen kan. — Hr. Ritt. Michaelis führt unter andern auch aus Jes. 14, 29. wo der Saraf מְעוֹפֵף genant wird, welches Hr. R. Michaelis durch Vögelfangend übersetzt (— „der Vögelfangende Saraf" —) einen Beweis, daß Saraf die gehörnte Schlange sey, als welche auf die oben beschriebene Art häufig Vögel fänge. Allein ich sehe nicht, wie das hebräische Wort (מְעוֹפֵף) durch „Vögelfangen" übersetzt werden dürfte; wenigstens fehlt der Sprachgebrauch, so viel ich weiß, ganz, ob ich gleich nicht leugne, daß die Bedeutung möglich wäre. Sicherer übersetzt man das Wort (מְעוֹפֵף), wie gewöhnlich, durch „fliegend" welches dann als ein poetisches Epitheton, so viel, als „sich geschwind bewegend" heissen kan, — ein Epitheton, welches sich zum Cerast sehr gut schickt, sollte es auch nur in der Rücksicht seyn, daß er sehr schnell seine Beute hasche, oder überhaupt auf den Feind losfährt, den er durch seinen Biß verletzen will.

Man hat lange keine richtige Abbildung vom Cerast gehabt, bis Joh. Ellis 1766. die erste zuverlässige Zeichnung der Londonschen Societät der Wissenschaften mitgetheilt hat, die in den Philosophical Transactions stehet, und wovon Hr. R. Michaelis eine Copie seiner Anmerkung zu 4 Mos. 21, 6. S. 41. beigefügt hat. —

## Basmath.

a) 1 Mos. 26, 34. oder Ada, 1 Mos. 36, 2. 4. 10. eines Hethiters, Elons, Tochter. Sie scheint beide Namen geführt zu haben. Wenn aber Ismaels Tochter, die Esau nachher noch heiratete, 1 Mos. 36, 3. Basmath genant wird, da sie doch, nach Kap. 28, 9. Mahalath hieß, so scheint der Name Basmath 1 Mos. 36, 3. ein Schreibfeler und Mahalath heissen zu müssen. Man könte zwar auch sagen, die Mahalath habe auch Basmath geheissen; allein aus kritischen Gründen ist mir dieses nicht sehr warscheinlich. —

b) Salomons Tochter, die sich mit dem Ahimaaz vom Stamme Naphthali vermälte. 1 Kön. 4, 15.

## Bath.

Ein Maaß flüßiger Dinge unter den Hebräern, welches so viel, als ein Epha hielt. S. Epha. — Das grosse küpferne Waschbecken (eherne Meer) im Tempel, hielt, nach 1 Kön. 7, 26. zweitausend Bath, nach 2 Chron. 4, 5. aber dreitausend. Diesen Widerspruch zu heben, nemen einige an, das Becken habe zwar 3000 Bath fassen können; allein man habe es nur mit 2000 Bath gefüllt. Andere, die ein Bassin annemen, in welches das überflüßige Wasser, durch Röhren abgeflossen, glauben, das Bassin habe 1000, und das obere eigentliche Wasserbehältniß 2000, also zusammen dreitausend Bath enthalten; und noch andere nemen an einem von beiden Stellen einen Schreibfeler an.

## Bathseba. Bathsua.

Eine Tochter Eliams, Ahitophels Enkelin, Urias Weib; wird, als ihr Mann bey der Belagerung Rabba mit zu Felde ist, unterdessen vom König David beschlafen und schwanger. 2 Sam. 11, 4. 5. Ps. 51, 2. Das aus Ehebruch gezeugte Kind wird krank und stirbt, Kap. 12, 15. 18. Wird nach abgelegter Trauer um ihren Mann Davids Ehegemalin, K. 11, 27. und gebiert ihm den Salomo. K. 12, 24. 1 Kön. 1, 11 ff. Kap. 2, 13 f. 1 Chron. 3, 5. heist sie Sua an statt Bathsua oder Bathseba, und ihr Vater Amiel für Eliam. Matth. 1, 6. — Die übrigen Kinder der Bathseba finden wir 2 Sam. 5, 14. 1 Chron. 3, 5. — Als Adonia, dem ohngeachtet Gott den Salomo zum Thronfolger Davids ernant hatte, (Ps. 132, 11. 2 Sam. 7, 12. 13.) sich die Krone seines alten Vaters aufsetzen wollte, und der Prophet Nathan dies der Bathseba gesteckt hatte, gieng diese zu David, und sagte ihm was vorgehe — daß sich nun Adonia die Krone aufsetze, die doch ihrem Sohn Salomo verheissen sey. David versicherte ihr, daß sie diesen nicht entbehren sollte. Er ließ ihn also sogleich öffentlich und feierlich zu seinem Thronfolger ausrufen, und dämpfte die Unruhen des Kronprätendenten Adonia. 1 Kön. 1, 15 ff. Als nachher Salomo wirklich auf dem Throne saß, wünschte Adonia Davids ehemalige schöne Beischläferin Abisag von Sunem zur Gemalin zu erhalten, und brachte es bey der Bathseba, die als eine Dame von sehr edlem gutem Character erscheint, dahin, daß sie bey ihrem Sohne dem König Salomo, um die Erfüllung dieses Wunsches des Adonia bat. Da aber Adonia durch diese Bitte wenigstens nach Salomons Vermuten, nicht undeutlich zu erkennen gegeben, daß er auf die königliche Krone noch immer Anspruch mache, (denn das Serail wird in Asien für ein gleichsam wesentliches Stück der versicherten Thronfolge angesehen, s. meine Bibel Th. 2. bey 1 Kön. 2, 12 ff.): so ward die Bitte der Bathseba der Untergang des Adonia. Salomo ließ ihn als noch immer zu fürchtenden Rebellen und Kronprätendenten hinrichten. 1 Kön. 2.

Nicht unwarscheinlich hält man die Bathseba für die königliche Mutter, die ihrem Sohne die Sprw. Sal. 31. stehenden Lehren gegeben. Wir lernen sie daraus als eine Dame von viel Einsicht und Bildung kennen.

## Bauern.

Wenn Bauern so viel als Ackerleute, die den Acker- oder Feldbau treiben, heissen: (Jer. 51, 23.) so bestand das ganze israelitische Volk aus Bauern; denn jeder Israelit hatte sein Erbgut, das er bauete und bearbeitete, den Stamm Levi ausgenommen, der keine Feldgüter hatte, (weil sich der Ackerbau zu seiner Bestimmung nicht schickte, und die Leviten, wenn Feldbau mit dem Dienst im Heiligtum verbunden worden wäre, nothwendig einen von beiden unvollkommen hätten treiben müssen,) und diejenigen in andern öffentlichen Aemtern stehenden Personen ausgenommen, denen ihre Amtsgeschäfte zu dem sonst für sehr edel und anständig gehaltenen Feldbau (s. 1 Sam. 11, 5. und meine Anmerkung dazu im Th. 2 meiner Bibel) keine Zeit übrig liessen. Aber Bauern in dem gewönlichen Sinn dieses Worts bey uns, die wir zugleich den niedrigsten Stand, auch wol Herrendienste u. mit dem Begriff des Worts verbinden, gabs unter den Israeliten nicht. Denn alle waren einander gleich, einer so edel als der andere. Nur öffentliche Aemter, Alter und vorzügliche Vermögensumstände machten einen Unterschied. — Der sel. Luther setzt das Wort Bauern sehr unbequem im Liede der Debora, Richt. 5, 7. 11. Die bessere Uebersetzung und Erläuterung dieser Stellen s. im Th. 2. m. Bibel.

## Baukunst.

Die Stammväter der Israeliten waren Beduinen, oder Viehhirten, zogen mit ihren Heerden herum, und ihre Wonungen waren bewegliche Zelte; man hat also keine Baukunst unter ihnen zu erwarten. Eben so wenig unter den Israeliten in Aegypten, welche ebenfalls Beduinen waren. Doch finden sich zu Mosis Zeit einige wenige unter ihnen, die in der Baukunst und andern damit verwandten Künsten Kenntnisse hatten, unter welchen Bezaleel und Ahaliab genant werden, (2 Mos. 31, 2 ff. Kap. 35, 30. K. 36, 1.) welche die Stiftshütte samt ihrem Geräte verfertigten. Diese mochten genauern Umgang mit ägyptischen Baumeistern und ähnlichen Künstlern gehabt, und von ihnen gelernt haben. In der arabischen Wüste hatten die Israeliten zur Erlernung und Uebung der Baukunst gar keine Gelegenheit. Als sie Besitzer des Landes Canaan waren, bekamen sie zwar welche; allein es scheint diese Kunst sehr mittelmässig, oder gar schlecht beschaffen gewesen zu seyn, welches der allgemeinen Beschäftigung der Nation mit dem Feldbau und dem rohen und von allem Luxus entfernten Volk zuzuschreiben ist. Denn noch zu Salomons Zeit finden sich unter den Israeliten keine Baumeister, denen er den Bau des Tempels und seines Pallastes hätte anvertrauen mögen. Er bittet sich also unter andern auch Baumeister vom Könige Hiram zu Tyrus aus, und sagt dabei ausdrücklich, daß seine

Nation in der Baukunst (sonderlich in Ansehung der Zimmerarbeit; denn in der Steinarbeit mögen die Israeliten etwas mehr gethan gehabt haben, weil die Häuser in Palästina gewöhnlich von Stein aufgebauet wurden. S. Häuser.) unerfahren wäre. 1 Kön. 5, 6. — Ueberhaupt Künste und was wir Handwerker nennen, waren die Sache der Israeliten gar nicht, dergestalt, daß es unter Saul noch nicht einmal einen Schmidt in ganz Israel gab, sondern sehr unklug — ließ man alles eiserne Geräte und Waffen bey den Philistern verfertigen. 1 Sam. 13, 19. 20. (s. meine Bibel Th. 2. bey dieser Stelle.) — So mußte sich auch Salomo zur Verfertigung der kupfernen Tempelgeräthe einen Phönicier vom König Hiram ausbitten. 1 Kön. 7, 13 ff. — In der Folge finden wir die Israe[illegible] eben so wenig als sonderliche Baumeister. Nach [illegible] babylonischen Exilium baueten die Juden die M[illegible] und den Tempel zu Jerusalem wieder auf, [illegible] war sehr schnell. Ob sie in ihrem Exilium [illegible] etwas profitiret, oder andere [illegible] mit zur Hülfe genommen, ist eben [illegible] als gleich möglich! —

## Baumeister

Unter den Israeliten. S. den vorigen Artikel Baukunst.

## Baum.

1) Wenn die Israeliten junge Bäume pflanzten, sollten sie, nach 3 Mos. 19, 23. die Früchte der drei ersten Jahre nicht genießen, sondern sie als Vorhaut (des Baums) ansehen und abschneiden; das heißt wol, gleich wie sie zum Vorschein kommen, oder gleich die Blüten selbst, abreißen. Dieses frühzeitige Abnehmen der Blüten oder Früchtchen, wie sie sich ansetzen, ist wenigstens dem Abschneiden der männlichen Vorhaut (welches gleich am achten Tage nach der Geburt geschehen mußte,) ähnlicher, als das Abnehmen der völlig reifen Früchte. Offenbar ist die Absicht des weisen Gesetzgebers, daß die jungen Bäume, (die zum völligen Anwurzeln drei völlige Jahre nöthig haben,) durch die ersten Früchte nicht entkräftet, folglich entweder gleich die Blüten, oder doch die noch ganz jungen unreifen Früchtchen abgebrochen werden sollen. Denn man gewann nichts dabei, wenn man die Früchte hätte reif werden lassen wollen, weil man sie nicht essen durfte: dabei sagte jedem die Vernunft, daß die noch ganz jungen Bäume durch die ersten Früchte entkräftet werden; natürlicher Weise riß man also Blüten, oder die sich ansetzenden noch ganz jungen Früchtchen bey Zeiten ab. Und das war die Absicht des Gesetzes. Vergl. Hrn. R. Michaelis mosaisches Recht. Th. 4. §. 221. S. 150 f. — Die vierte Frucht der jungen Bäume mußte, als die Erstlingsfrucht, Gott gebracht werden, und vom fünften Jahr an durften die Israeliten die Früchte erst essen. V. 24. 25.

2) Die Israeliten sollten nach 5 Mos. 20, 19. 20. in des Feindes Lande der Obstbäume schonen, und sie nicht etwa um aus dem Holz Bollwerke zur Belagerung der feindlichen Städte machen, umhauen. Die Ursache wird hinzugesetzt: „denn du kanst davon essen" als Sieger und Herr des feindlichen Landes die Früchte der Bäume, mit deren Wachsthum es ohnehin so langsam hergehet, — der Bäume, die schon tragbar sind — genießen. Wilde Bäume hingegen, oder überhaupt Bäume, die keine genießbaren Früchte tragen, durften die Israeliten in des Feindes Lande umhauen, und das Holz zu Bollwerken bey Belagerungen feindlicher Städte gebrauchen. Wider jenes Verbot handelten die Israeliten nach 2 Kön. 3, 25. im Lande der Moabiter.

3) Es wird sehr oft geklagt, daß die Israeliten und selbst viele Könige, unter grünen Bäumen — — unter allen grünen Bäumen geopfert, nämlich heidnischen Götzen. 5 Mos. 12, 2. 1 Kön. 14, 23. 2 Kön. 16, 4. Kap. 17, 10. 2 Chron. 28, 4. Jes. 57. 5. Jerem. 17, 2. Ezech. 16, 13. Dieß geschah sonderlich der Astarte oder Venus zu Ehren, welche in Hainen verehret wurde. S. oben Astaroth (Astarte) und unten Hain.

4) Baum des Lebens und Baum des Erkentnisses Gutes und Böses, s. meine Bibel Th. 1. bey 1 Mos. 2, 9. b) und d) S. 39 f. und die Erläuterung der ganzen Geschichte vom Fall im Kap. 3. — S. auch den 2ten Haupttheil dieses Werks.

## Baumöl.

Olivenöl. 3 Mos. 24. 2. S. Oel.

## Baumwolle.

Kemt zwar in Luthers Uebersetzung niemals, im Original aber unter verschiedenen Namen, die ich unten anführen werde, desto öfter vor; zwar nicht sowol die rohe Baumwolle, als feines baumwollenes Garn, und feine baumwollene Zeuge — weiß und verschiedentlich gefärbt. — Die Baumwolle ist die Frucht einer Staude und eines Baums, daher man die

Frucht,

Frucht, die der Schafwolle ähnlich ist, Baumwolle genant hat. Die Alten nanten die baumwollenen Zeuge leinen; oder: sie sahen sie für eine Art von Leinwand an. Der berühmte Byssus, die feine ägyptische Leinwand, ist nichts anders, als sehr feines baumwollenes Zeug, das wir, wiewol uneigentlich, Nesseltuch — oder Cammertuch nennen würden, wie denn das Wort Byssus ein ursprünglich orientalisches Wort ist, welches ich unten zeigen werde, sonderlich das weisse feine baumwollene Garn und Zeug bezeichnet, (Buz בוץ). — Auch die Leinwand, das Linnene, in Luthers deutscher Uebersetzung der Bibel, ist mehrentheils nichts anders, als feines baumwollenes Garn, oder feine baumwollene Zeuge. Doch ehe ich der biblischen Stellen, in welchen die Baumwolle erwähnt wird, gedenke, muß ich erst einige Nachrichten von der Baumwolle selbst geben.

Die Baumwolle wächst entweder an einer Staude oder an einem Baum.

Die Wollenstaude (Xylon f. gossypium herbaceum) ist ein Sommergewächs, welches järlich aus Samen, den man auf ordentlich zugerichtete, jedoch nicht fette Aecker, die man zwar mit Asche und Wasser begossen, (um theils schädliche Würmer abzuhalten, theils durch die erstere dem Erdreich mehr Hitze zu geben,) im Junius säet, erzeugt wird. Sie treibt einen 2 bis 3 Fuß hohen holzigen, mit einer braunröthlichen, rauchen Schale überzogenen Stengel mit einigen kurzen Zweigen. Die dunkelgrünen, rauchen und behaarten fünflappigten, und dem Weinlaub änlichen Blätter, sitzen an langen Stielen. Die blaßgelben und am Boden purpurfärbigten, in ziemlicher Menge sich ansetzenden Blüten, haben die Gestalt einer Glocke, und sind, bis an den Boden hinunter, in fünf bis sechs Stücke getheilt. Die in vier Hölen getheilte Frucht, welche ohngefär die Größe einer Haselnuß erreicht, thut sich, wenn sie reif geworden, von selbst auf, und enthält ein Knäulgen schneeweisser, verwickelter, weicher Wolle, welches an der Wärme, dergestalt aufläuft, daß es so groß als ein Apfel wird. In dieser Wolle stecken ohngefär sieben schwarzgraue, oder braune eyförmige, wollige Samenkörner, in der Größe kleiner Erbsen, in welchen ein kleiner öligter Kern, von lieblichem nußartigem Geschmack befindlich ist. Dieser Same wird dann zur Fortpflanzung der Wollenstaude im Junius des folgenden Jahres wieder ausgesäet, von welcher Zeit an man binnen drei bis vier Monaten wieder reife Baumwolle zu gewarten hat. (S. Ad. Olearius Pers. Reisebeschreib. V. 8.) Die Staude wächst in Syrien und dem dazu gehörigen Palästina, auf der Insel Cypern, in Persien, auch in verschiedenen Gegenden des südlichen Europa, z. B. in Sicilien, Neapel, Malthe, u. s. w. In Amerika wächst sie auch wild. Die Staudenwolle wird nicht nur überhaupt für besser, feiner und länger gehalten, als die vom Baum, sondern auch unter der Staudenwolle noch die Cyperische für die beste, und wird sonderlich von Frankreich und Venedig gesucht. S. Hasselquists Reise nach Paläst. S. 604. Nr. 9.

Der Wollenbaum (Xylon gossypium arboreum) ist perennirend, hat einen mehr holzigten Stam und wächst zu sechs, acht bis funfzehn Fuß hoch, und kommt im übrigen fast ganz mit der Wollenstaude überein, sonderlich in Ansehung der Blüten und Früchte. Die Blätter aber sind glatt, zweimal tief eingeschnitten, und folglich dreilappicht, wenigstens aus drei Hauptlappen bestehend. Allein diese Wolle vom Baum ist nicht so fein und weiß, als die von der Staude. Der Wollenbaum wächst sonderlich in Aegypten, doch nur in Gärten, (s. Prosper Alpin. de plantis Aegypti p. 38. b) und in Ostindien; doch auch in Palästina. La Roque fand ihn häufig um Sidon: Cotovic, Rauwolf und Fürer bey Rama, und andern Orten in Palästina. —

Die Baumwolle zu Garn und Zeugen, Kleidern rc. verarbeitet, komt in der Bibel unter drei hebräischen Namen vor:

a) Schesch (שש), oder Ses. Dies ist der älteste Name des feinen Nesseltuchs und feinen baumwollenen Garns; und zwar des weissen ungefärbten. Der Name ist noch jetzt im Orient übrig. — Prosper Alpis a. a. O. schreibt: „In Arabia ex hac xilini lanugine telas illas tenuissimas, (quas sessa illi appellant, atque multis byssum antiquorum esse persuasum est) parant, quae unique ob pulchritudinem ab omnibus commendantur." — Sessa aber ist ganz unser hebräisches Wort שש. — Schaß oder Schesch ist das arabische Wort eigentlich auszusprechen, denn im Arabischen wird es شاش geschrieben, welches tenuis, d. i. dünn, zart, fein bedeutet, und dann auch zur Bezeichnung der feinen baumwollenen Gewebe, des

feinen

feinen Nesseltuchs, (aus Baumwolle) und des feinen baumwollenen Garns selbst — gebraucht worden ist. Dasselbe Wort schreibt Hr. Cap. Niebuhr (Beschreib. von Arabien S. 62.) Sasch, und übersetzt es durch feines Nesseltuch, wovon diejenige Binde zu seyn pflegt, welche die Araber als einen Theil des Turbans um die Mütze desselben wickeln. — Das arabische Wort شاس verhält sich zu dem hebräischen Worte שֵׁשׁ, wie das arabische شمس zu dem hebräischen שֶׁמֶשׁ (die Sonne). — Nach Herrn Prof. Forster (de Bysso Antiq.) ist das hebräische Wort (שֵׁשׁ) ursprünglich Aegyptisch, und sollte eigentlich Schenes heissen, aus Sche der Baum, n welches Adjectiva bildet, und bey dergleichen Zusammensetzungen gebraucht wird, und es die Baumwolle. Schenes, oder nach einer nicht ungewöhnlichen Contraction Sches (שֵׁשׁ), hieß also Gossypium Arboreum, (die Baumwolle vom Baum — den ich oben beschrieben habe) —. Ist das Wort wirklich Aegyptisch: so müßte es das arabische شاس ebenfalls seyn, und daß dieses Wort sonst im Arabischen auch tenuis heisset, wäre dann ganz zufällig. — Doch dem sey wie ihm wolle: so ist doch so viel gewiß, daß das hebräische Schesch (שֵׁשׁ) die Baumwolle bedeute, nämlich feines Garn oder Zeug von Baumwolle, und nicht leinen, wie man sonst glaubte, am allerwenigsten aber Seide, — die man in so frühen Zeiten, in welchen wir das Wort Schesch in der Bibel finden, noch gar nicht kannte. Baumwolle war in jenen frühen Zeiten überaus hoch geschätzt, und wenigstens eben das, was nun die Seide ist, — ja sie ward noch für weit kostbarer gehalten. Denn wo Schesch in der Bibel vorkommt, da verräth sichs allzeit als etwas weit kostbareres, als heutiges Tags die Seide ist. Man darf nur in den Stellen, die ich hernach anführen werde, bey Schesch (oder Buz, welches der Sache nach eben das ist) an die Seide denken, und sich damit in unsere Zeiten versetzen, um ziemlich stark zu fühlen, daß Seide, die bey uns schon häufig von gemeinen Leuten gebraucht wird, nicht die kostbare Sache seyn könne, was das Schesch den biblischen Stellen nach gewesen seyn muß. Es ist historisch gewiß, daß in jenen frühen Zeiten die Stelle der Seide die Baumwolle vertrat. — Vom Werth der Baumwolle unter den Alten s. Plinius (N.G. B. 12. K. 11. B. 19. K. 1.) — Daß sie sie höher geschätzt als wir heutiges Tags die Seide, erhellet klärlich aus einigen der hernach anzuführenden biblischen Stellen. Vielleicht war sie auch damals noch nicht so häufig vorhanden, als heutiges Tags die Seide. Vielleicht hatte man noch nicht angefangen, durch Aussaat und Bebauung sie zu vermehren. — Würden heutiges Tags nicht unzählige Felder mit Baumwollensamen besäet, sondern sammelte man nur was wild wächst: so würde noch jetzt die Baumwolle ungleich seltener seyn, als die Seide.

Wenn Pharao den Joseph, als Großvezier von Aegypten, in königlicher Pracht dem Volke vorstellen will: so läßt er ihn mit Schesch, d. i. in Baumwolle — in fein Nesseltuch — kleiden. 1 Mos. 41, 42. Wollte man die Geschichte Josephs modernisiren: so müßte man dem Joseph statt der baumwollenen Kleidung, ein samtnes, gesticktes und mit brillantenen Knöpfen besetztes Kleid geben. — Das vertrat aber damals die Baumwolle — feines ägyptisches Nesseltuch, Byssus. S. No. b)

Unter den freiwilligen Beiträgen zur Stiftshütte, und zur hohenpriesterlichen Kleidung, war auch Schesch 2 Mos. 25, 4. Kap. 35, 6. und dieses Schesch oder weisses baumwollenes Garn, ward dann auch nebst andern gefärbten baumwollenen Garn, mit zu den kostbarsten Stücken, sonderlich der hohenpriesterlichen Kleidung und den Decken oder Tapeten der Stiftshütte, bald einfach, bald gezwirnt (מָשְׁזָר) — verarbeitet. 2 Mos. 26, 1. Kap. 27, 9. 16. 18. K. 28, 6. 8. 15. K. 36, 8. K. 39, 8. 14. 29. — K. 26, 31. 36. K. 27, 16. K. 36, 35. K. 39, 2. — Kap. 28, 5. 39. K. 35, 25. 35. K. 39, 3. 27. 28. K. 28, 39. Daß auch die Aegypter für ihre so sehr geehrten und angesehenen Priester ebenfalls baumwollene Kleider verfertiget, sagt uns Plinius (N. G. B. 19. K. 1.) —

Ezech. 16, 10. 13. kommt feines Nesseltuch (שֵׁשׁ) ebenfalls als das kostbarste Zeug zur Kleidung vor. Auch Spr. Sal. 31, 22. Und wenn Ezech. 27, 7. der äußerst übertriebene Luxus der Tyrier beschrieben werden soll: so wird gesagt, sie hatten Segel von feinem baumwollenen Zeuge, mit ägyptischer gestickter Arbeit ausgespannt. —

b) Buz (בּוּץ) ist der andere Name des weissen feinen baumwollenen Tuchs, Nesseltuchs, Kammertuchs &c. — Dieser Name ist jünger als der vorige (שֵׁשׁ) und kommt nicht früher als beym Ezechiel

Kap. 27, 16, und dann noch 1 Chron. 4, 21. K. 16, (15) 27, 2 Chron. 3, 14. Esth. 1, 6. vor. Er drückt die Farbe aus; denn das Stammwort Buz oder Biz (בוץ ביץ Arab. بَضَّ) heißt weiß seyn. Von eben diesem Stammworte haben auch im Hebräischen, Syrischen und Arabischen die Eyer den Namen (ביצים) von der weissen Farbe. — Das Nennwort Buz (בוץ) würde erstlich überhaupt das Weisse bezeichnen, und dann insbesondere das weisse feine baumwollene Garn und Zeug. — Aus diesem orientalischen Namen Buz ist ohne Zweifel das griechische Wort βυσσος Byssus entstanden, unter welchem (wie auch unter Σινδων Matth. 27, 59. Marc. 14, 51.) das feine weisse baumwollene Zeug im neuen Testamente (Luc. 16, 19. Offenb. 18, 12. 16. K. 19, v. 14.) und bey griechischen und lateinischen Profanscribenten vorkomt. — Hr. Prof. Forster (a. a. O.) hält aber das Wort βυσσος Byssus ebenfalls für ägyptisch, und aus dem Artikel pie, oder pe und ος die Baumwolle, und der griechischen Endigung ος zusammengesetzt, also eigentlich πιεσος und barbarisch ausgesprochen βυσσος! — In der That sehr scheinbar und täuschend, allein doch, wie mir dünkt, verdächtig, hauptsächlich wegen des coptischen oder ägyptischen Artikels, der in dem Worte beibehalten worden seyn soll; nicht zu gedenken, daß statt des π im coptischen Artikel, in dem Worte βυσσος ein β ist, und das griechische υ aus ι entstanden seyn müßte, — nicht recht nach barbarischer Analogie, wie sonst die Griechen orientalische Wörter naturalisiren. Was ist hingegen natürlicher als Byssus aus Buz. Da ist das B unverändert beibehalten; u ist in y und z in s oder ss übergegangen — ganz analogisch! — wie bey so unzähligen orientalischen, von Griechen copirten Namen geschehen ist. — Hierzu komt noch die vollkommen schickliche und natürliche ursprüngliche Bedeutung des Worts Buz — Weiß, die Weisse — wovon das schöne weisse baumwollene Zeug benant werden konte; daher ich weit geneigter bin, das griechische Wort βυσσος von dem hebräischen Buz (בוץ) als mit Hrn. Prof. Forster aus dem Coptischen herzuleiten. — Wir finden den Byssus bey den Alten als eine Art von Leinwand beschrieben. (Λινα τι εἰδος. S. Pollux VII. 17. Philostrat Vit. Apollon. II. p. 79. u. s. w.) Nicht als ob sie damit leugneten daß Byssus baumwollen Zeug sey, sondern weil sie die baumwollenen Zeuge unter die Leinwande rechneten, und sie nur für die kostbarsten darunter hielten. Die Alten wurden nicht so leicht bey dem Namen Leinwand, von baumwollenen Zeug gebraucht, irre, als wir, die wir das Gewächs, woraus jene feinen Zeuge gesponnen und gewebt werden, Wolle zu nennen für gut befunden haben, weil das Gewächs mit der Wolle viel Aehnlichkeit hat, ob es gleich von der eigentlichen Wolle seinen Ursprung, und der Sache selbst nach eben so verschieden ist, als vom Flachs, und doch nanten die Alten den Byssus feine Leinwand — aber offenbar richtiger, als wenn sie ihn fein Wollenzeug genant hätten. Wäre aber geschehen: so wäre dann das Wort Wolle eben so uneigentlich gebraucht worden, als das Wort Leinwand, wenn die Alten den Byssus darunter verstehen. Aber der Sache nach ist baumwollenes Zeug der Leinwand so ähnlich, daß ich nicht zweifle, es werde mancher Gelehrter, der sich um nichts als Bücher bekümmert hat, feine Leinwand und feines baumwollenes Zeug nicht recht zu unterscheiden wissen. Die alten Griechen und Römer nanten also den Byssus gar nicht unrecht feine Leinwand, da die feinen baumwollenen Zeuge an Weisse, Weichheit und Feinheit an keine Art Zeuge näher gränzen, als an die Leinwand. — Wir finden jedoch das Wort Byssus bey den Alten, auch bisweilen in der eigentlichen Bedeutung für Baumwolle. Es sagt z. B. Pausanias, (Eliac. post p. 204.) man säe in Elis Lein und — Byssus (ist hier offenbar Baumwolle!) weil das Erdreich dieser Landschaft vorzüglich geschickt dazu sey. Was kan klärer seyn, als daß der Byssus baumwollen Zeug gewesen, und nur uneigentlich, der Aehnlichkeit wegen, Leinwand genant worden — und daß diejenigen folglich sehr irren, welche durch das Λινον, linum, linteus der Alten getäuscht, den Byssus für wirkliche Leinwand gehalten haben. — Leinwand konte unmöglich darunter verstanden werden, weil die orientalische, und insbesondere die ägyptische wirkliche Leinwand und Leinen Garn noch heutiges Tags sehr schlecht ist, also von den Alten unmöglich so angestaunt werden konte, als wie es doch geschehen ist. — Hasselquist (Reise nach Palästina S. 500.) schreibt: Linum (sativum) Colitur copiosissime in Aegypto, praecipue in Insula Delta et juxta Damiatam. Ingenti quantitate praeparatum exportatur quotannis Venetias et Liburnum. Molle est et bonum, non

non tamen Europaeam bonitate superans. Telae contexuntur adhuc hodie ex lino in Aegypto, sed grossiores et nullius pretii respectu ad Europaeas; a Turcis tamen copiosissime coemtae, etiam ab Europaeis pro usu viliore. Hasselquist, der den Byssus der Alten, der Gewonheit nach, ebenfalls für wirkliche Leinwand hielt, schloß daraus, daß jene berümte ägyptische Leinwand (byssus) ebenfalls nicht besser gewesen, als die heutige, zumal da diejenige Leinwand, die man noch an den Mumien bemerkte, von gleich schlechter Art sey. Allein der Grund von den Mumien hergenommen, ist bedenklich, leidet starke Einschränkung, und die Zeugnisse der Alten von der Feinheit und Fürtreflichkeit des Byssus behalten noch immer das Uebergewichte, und es bleibt gewiß, daß der Byssus baumwollen und nicht leinen gewesen, jedoch uneigentlich und nur der Aenlichkeit wegen, von den Alten leinen genant worden, — wie ich denn finde, daß selbst die Hebräer es gethan. Denn 1) das Wort פשתים Leinwand, wird oft vom Schesch, Buz oder Byssus gebraucht. S. hernach No. c) — 2) Die leinenen Beinkleider (מכנסי בד) der Priester wurden nach 2 Mos. 39, 28. aus gezwirnetem Schesch oder Byssus (שש משזר) gemacht. Sie werden hier ausdrücklich leinen genant, (im Gegensaz der Wolle) und sogleich hinzugesezt, „aus gezwirnetem Byssus" oder gezwirnetem feinen weißen baumwollenen Garne. — Offenbar wurde also dergleichen Garn, oder Zeug, auch von den Hebräern für eine Art von Leinen angesehen. 3) Nach 2 Sam. 6, 14. hatte David, als er die Bundeslade aus Zion begleitete, einen linnenen kurzen Obermantel um (אפוד בד) und nach 1 Chron. 16, (15) 27. war es ein Mantel von Byssus (מעיל בוץ) — Diese drei Nummern zusammengenommen, sezen es außer allen Zweifel, daß auch die Hebräer den Byssus oder fein weiß baumwollen Zeug für eine Art von Leinwand angesehen.

c) Fischtha (פִּשְׁתָּה) ist der dritte Name, den die Baumwolle, baumwollen Garn und Zeug im Hebräischen fürt. Eigentlich bedeutet das Wort, welches nach Hrn. Forsters Meinung ebenfalls Aegyptisch ist, und woraus das griechische Τὸ Σινδὼν entstanden seyn soll, den Flachs (2 Mos. 9, 31.) und die eigentliche Leinwand wird aber, in so fern der Byssus auch von den Hebräern für eine Art von Leinwand angesehen wurde, meistentheils von der Baumwolle, weissem baumwollenem Garn und Zeug gebraucht, — in welcher Rücksicht man auch das Wort Bad (בד Leinen, Leinwand) unter die hebräischen Namen des Byssus rechnen könte, wenigstens Dan. 10, 5. Kap. 12, 6. 7. scheint unter Bad Byssus verstanden zu werden. — Das Wort Fischtha bezeichnet meines Bedünkens in folgenden Stellen die Baumwolle, — das Garn, Dochte und Zeug: Jes. 42, 3. Kap. 43, 17. Ezech. 44, 17. 18. (dafür 2 Mos. 39, 28. Schesch (שֵׁשׁ) oder Byssus steht) — Jos. 2, 6. komt Fischthe-Ez (פשתי עץ) vor, welches Luther durch Flachsstengel übersezt, wol aber besser durch Baumwollenreisig, Baumwollenstroh rc. zu übersetzen ist. Das Wort עֵץ (Holz) scheint sich wie zum Flachs nicht zu schicken, wol aber zur Baumwolle, selbst zur Wollenstaude, welche, wie bereits oben bemerkt, holzige ist. Eigentlich wäre zu übersetzen: Baumwollen Holz, d. i. die ganzen ausgerauften Wollenstauden. Unter diese — welche die Rahab auf ihrem flachen morgenländischen Dache, zum Nachreifen ausgebreitet hatte, (denn die Wollenkapseln werden nicht alle ganz zu gleicher Zeit reif. Wenn aber die meisten reif sind: so werden die Stauden ausgerissen, und der einzelnen daran befindlichen noch unreifen Früchte wegen, zum Nachreifen ausgebreitet) — unter diese — versteckte die Rahab die zwei israelitischen Kundschafter. —

Schesch (שֵׁשׁ Ses, Sessa, Sasch) und Buz (בוץ Byssus) sind indessen die beiden eigentlichen Namen der Baumwolle, zu Garn und Zeug fein verarbeitet, und zw. weiß oder angefärbt. Ist je unter Schesch und Buz noch ein anderer Unterschied, als das Alter beider Wörter (Schesch komt schon bey Mosen, Buz aber erst beim Ezechiel vor!): so mag er darinnen bestehen, daß Schesch die Wolle vom Baum und Buz die Wolle von der Staude bezeichnet, wie der sel. Faber will. Beob. über den Orient. Th. 1. S. 383 f. — Fürs erstere ist die oben erwänte coptische Etymologie des Hrn. Prof. Forster, nach welcher das Wort Schesch die Wolle vom Baum (Gossypium arboreum) bedeutet. —

Der ägyptische Byssus war der berümteste, wiewol man dergleichen wenigstens in den spätern Zeiten, auch in Palästina verfertigte. 1 Chron. 4, 21. werden ein Paar ganze jüdische Familien genant, die sich von Verfertigung des Byssus närten. —

Schesch, Buz oder Byssus ist, wie schon mehrmal erinnert, nur weisses, oder ungefärbtes baumwollenes Garn und Zeug, worinnen ich dem sel. Faber, der sich (Beob. Th. 2. S. 385.) auf Esth. 1, 6. K. 8, 15. Luc. 16, 19. beruft, gerade zu widersprechen wage. — Man pflegte es aber auch verschiedentlich zu färben, und dann führte es blos den Namen der Farbe, die es hatte, z. B.

Argaman (אַרְגָּמָן) Purpurfarbe, d. i. purpurfärbiges, feines baumwollenes Garn, (ohngefähr was wir jetzo türkisches Garn nennen) und Zeug. 2 Mos. 25, 4. Kap. 28, 5. 4 Mos. 4, 3. Ezech. 27, 16. Dan. 5, 7. Jon. 3, 6. u. s. w. Eben das ist πορφυρα im neuen Testamente, Marc. 15, 17. 20. Luc. 16, 19. Offenb. 17, 4. Kap. 18, 12. und bey den Prosanscribenten. —

Tholaath-Schani (תּוֹלַעַת שָׁנִי); Karmesin oder Cochenillfärbig, d. i. dergleichen feines baumwollenes Garn und Zeug. 2 Mos. 25, 4. Kap. 28, 5. u. s. w. Im N. T. κοκκινος Matth. 27, 28. Offenb. 17, 3. 4. u. s. w. Thecheleth (תְּכֵלֶת); blau, d. i. blau gefärbtes, feines baumwollenes Garn und Zeug. 2 Mos. 25, 4. Kap. 26, 1. 31. Kap. 28, 31. 37.

Man pflegte den Byssus auch bunt zu sticken; und dergleichen bunt gestickter Byssus, (oder fein-weiß baumwollenes Tuch) hieß Rikma (רִקְמָה) Psalm 45, 15. Ezech. 16, 18. Kap. 26, 16. — Aus Ezech. 27, 7. erhellet, daß vorzüglich-schön gefärbter Byssus in Aegypten verfertigt wurde; denn es wird daselbst des שֵׁשׁ בְּרִקְמָה מִמִּצְרַיִם gedacht. —

**Bazekath.**

Jos. 15, 39. oder Bazkath, 2 Kön. 22, 1. eine Stadt im Stamme Juda. Ungewisser Lage und auch sonst unbekannt.

**Bazra.**

S. Bozra.

**Bdellium.**

S. unten Bedellion.

**Bealia.**

Einer von denjenigen mit Saul verwandten Benjaminiten, die zu David nach Ziklag kamen, gute Bogenschützen und Schleuderer waren, und ihm im Kriege beistunden. 1 Chron. 13, (12) 5. vergl. B. 114. —

**Bean.**

Söhne Bean oder Bajans (von Bajan Arab. بنو زيان Banu Bajan) ein arabisch-beduinischer Stam, der auf gut Arabisch, Straßenräuberei trieb, und unter andern auch gegen die Juden. Judas zog wider sie zu Felde, und weil sie sich in ihre Thürme (Festungen) warfen: so belagerte sie hier Judas, zündete die Thürme an und verbrannte sie, samt den in dieselben geflüchteten Feinden. 1 Macc. 5, 4. 5.

**Bebai.**

Dessen Nachkommen an der Zal 623. aus Babel nach Judäa zogen. Esr. 2, 11. Kap. 8, 11.

**Beben**

Der Erde. S. unten Erdbeben.

**Becher.**

1) Oder Kelch. Vom Schicksalsbecher — Glücks- und Unglücksbecher x. den Gott, nach der sinlichen Vorstellung der Hebräer den Menschen einschenkt und dieselben trinken läßt, s. den 2ten Haupttheil dieses Werks. —

2) Ein Sohn Ephraims, dessen Nachkommen die Becheriten. 4 Mos. 26, 35.

3) Ein Sohn Benjamins, des Semira Vater 1 Mos. 46, 21. 1 Chron. 8, (7) 6. —

**Becker.**

Waren an ägyptischen und andern morgenländischen Höfen diejenigen, welche den Hof mit Brod und Gebackenem, auch wol mit den übrigen Speisen versehen mußten. Ueber diese war ein Chef oder Oberaufseher gesetzt, welcher, wie der oberste Mundschenke, einen sehr vornemen Rang hatte, und ein wirklicher königlicher Minister war. (1 Mos. 40, 2.) Er wird 1 Mos. 40, 1. geradeweg der Becker (nämlich im vorzüglichen Verstande,) wie der oberste Mundschenke blos Schenke genannt. Wie sonst auch der Oberpriester oder Hohepriester öfters schlechtweg Priester genant wird.

**Bedan.**

Ein Richter oder Easser der Israeliten, der aber im Buch der Richter unter diesem Namen nicht vorkomt. 1 Sam. 12, 11. Es scheint ein Beiname des Barak zu seyn; denn es ist nicht zu erwarten, daß Barak in der angeführten Stelle nicht mit solte genant worden seyn, da doch V. 9. ausdrücklich der Unterdrückung der Israeliten durch den König Jabin, oder dessen Feldmarschall Sissera gedacht worden ist, und Barak der Befreier der Israeliten von diesem fürchterlichen Feinde war. Es haben auch die LXX Dollmetscher in

der

der angeführten Stelle ausdrücklich Barak für Bedan gesetzt. — Der Chaldäer, die Rabbinen und viele alte Ausleger, die ihnen folgen, verstehen den Simson darunter. Allein diejenigen, welche den Richter Jair darunter verstehen, haben wenigstens etwas mehr vor sich; weil Jair ein Gileaditer war, und 1 Chron. 8, (7) 17. wirklich ein Gileadite, Namens Bedan vorkommt, — wiewol sich hierbei doch noch einige Bedenklichkeit findet —

## Bedellion.

Hebräisch Bdolach (בְּדֹלַח) kömmt 1 Mos. 2, 12. als ein Produkt des Landes Hevila, (Hawila, Hawlan) und 4 Mos. 11, 7. wo das Manna damit verglichen wird, vor; — ein Zankapfel der Gelehrten! — Einigen ist Bdolach ein Edelstein; bald der Krystal, bald der Karfunkel, bald der Beryll. — Allein wenn alle Edelsteine, die wir kennen, die Revüe passirt haben, und man geht zu Mosen (1 Mos. 2, 12.): so sieht man bey ganz mittelmäßiger hebräischer Sprachkenntniß ein, daß Bdolach gar kein Stein seyn könne. Sollte Bdolach ein Stein seyn: so müßte Moses geschrieben haben שָׁם אֶבֶן הַבְּדֹלַח וְהָאֶבֶן הַשֹּׁהַם oder nicht, wie er doch wirklich schreibt: שָׁם הַבְּדֹלַח וְאֶבֶן הַשֹּׁהַם, Moses schließt hier offenbar das Bdolach von dem Steinreich aus! — Andere, sonderlich Bochart, (Hieroz. Th. 2. K. 5. col 674 ff.) sehr scheinbar und täuschend, machen Bdolach zur Perle. — Da ich selbst noch vor kurzem auf Bocharts Seite war: so halt ich mich verbunden, meinen vormaligen Glauben durch Anführung der scheinbaren Gründe zu rechtfertigen — doch nur gegen diejenigen, welche den Bochart nicht kennen: 1) Das Land Havila (in welchem sich nach 1 Mos. 2, 11. Bdolach fand) ist nach Bochart, derjenige Theil von Arabien, bey Catipha und Baharain, am persischen Meerbusen, wo Perlen gefunden werden. Denn den paradiesischen Fluß Phison hält Bochart für einen Arm des Euphraths, der bey Catipha in den persischen Meerbusen fällt. 2) Daß bey Baharain im persischen Meerbusen Perlen gefischet werden, sagen viele alte und neue Schriftsteller. Und Benjamin von Tudela (Itinerar.) schreibt von Catipha, bey der Insel Baharain: שָׁם נִמְצָא הַבְּדֹלַח daselbst findet man Bdolach. Aus dieser und noch einigen andern Stellen, die Bochart anführt, erhellet, daß die Juden unter Bdolach Perlen verstanden haben. 3) Weil 4 Mos. 11, 7. das Manna mit Bdolach verglichen wird, das Manna aber weißlicht und rund ist; die beiden Eigenschaften aber die hauptsächlichsten der Perlen sind: so ist es wahrscheinlich, daß Bdolach die Perle sey. — 4) Im Talmud wird das Manna beschrieben als rund, wie Coriander, und weiß, (כבדולחים) wie Perlen. Joma K. 8. fol. 75. a. — 5) Baal-Haturim bey 1 Mos. 2. vergl. 4 Mos. 11. wird vermuthet, daß das Manna deswegen der Gestalt nach mit Bdolach verglichen werde: שאבנים טובות ומרגליות היו יורדים עם המן: quod pretiosi lapides et margaritae cum manna descendebant. — — 6) In zwo arabischen Uebersetzungen, in einer zu Leiden und der andern zu Paris edirten, die sonst im Uebrigen sehr von einander abweichen, ist das Wort בְּדֹלַח durch لؤلؤ d. i. Perle übersetzt. 7) Eben so hatten zwo andere Uebersetzungen, die Bochart in Schweden im MS. nachsah, in der Stelle 4 Mos. 11. Allein 1 Mos. 2., hatte die eine den Karfunkel und die andere den Krystall. — 8) R. Saadias Gaon, Aben-Esra und Kimchi erklären sich bey dem Wort Bdolach sehr deutlich für die Perle. — 9) Der jüdische Verfasser der vom Seb. Münster edirten Geschichte des andern Tempels S. 40. 87. 146. 117. 148. braucht das Wort Bdolach ebenfalls von der Perle, wie sonderlich aus p. 40. klar ist. — —

### Widerlegung dieser Bochartschen Gründe.

1) Daß Havila die Gegend um Catipha und Baharain sey, ist unerwiesen, und wie es scheint, durch einen Cirkelschluß vom Bochart dazu gemacht, — weil er Bdolach für die Perle hält, und um Catipha und Baharain Perlen gefischt werden. Von Havila s. unten a. s. O. — 2) Alle übrige Gründe von No. 2 bis 9. (nur No. 3. ausgenommen,) sind zusammen nur Ein einziger, nämlich dieser: Viele Juden haben unter dem Bdolach in den beiden mosaischen Stellen die Perle verstanden, und daher auch in ihren Schriften das Wort hin und wieder für die Perle gesetzt. — No. 6 und 7. gehören in so fern daher, daß die daselbst genannten arabischen Uebersetzungen vermuthlich von spanischen Juden verfertigt worden sind. — Wie schwach aber dieser, obgleich vielköpfige, Grund sey, weiß jeder, der mit der Philologie der Juden bekannt ist. — Sie übersetzen gar oft schwere hebräische Wörter, bald nach Konjektur, bald nach Willkür, bald nach nicht viel bessern Tradition und brauchen dann auch in ihren Schriften dergleichen Wörter frisch weg unter diesen illegitimen Bedeutungen. Und das ist

ohnstreitig auch hier der Fall. Denn aus Vergleichung der Gründe und Gegengründe wirds am Ende ganz klar erhellen, daß Bdolach nicht die Perle seyn könne. 3) Der dritte Grund ist eben so schwankend: 4 Mos. 11, 7. wird die Gestalt des Manna mit Bdolach verglichen. Das Manna ist weiß und rund; die Perlen sinds auch. Also ist Bdolach die Perle. Mit dieser Art zu schließen kan man Bdolach zu Allem machen, was nur weiß und rund ist! — Überdieß aber ist es falsch, daß das Manna weiß sey. Wenigstens kan es der Farbe nach mit nichts unglücklicher verglichen werden, als mit der Perle. Perlfarbnes Manna hat noch kein Mensch in der Welt gesehen. 2 Mos. 16, 31. wird zwar das Manna ausdrücklich weiß genant; allein das Weiß der Hebräer drückt auch das Weißlichte, ins eine andere Farbe Spielende aus. — Das Terendschabin aber, oder dasjenige Manna, welches vermutlich die Israeliten in der arabischen Wüste gegessen, ist gelblichtweiß und durchsichtig — folglich ganz von der Gestalt der Perlen verschieden. S. meine Bibel Th. 1. bey 2 Mos. 16, 15. Anm. a. S. 360. — Man sollte viel eher erwarten, daß das Manna ein Gummi, oder eine Resine, mit einem andern bekanntern Gummi oder Resine verglichen würde. Und das ist auch nach derjenigen Meinung, die ich unten behaupten werde, wirklich geschehen. — Bochart irrt sich vermutlich auch, wenn er glaubt, daß 4 Mos. 11, 7. das Manna auch in Ansehung der runden Gestalt mit Bdolach verglichen würde. Denn unmittelbar vorher wurde es in eben dieser Rücksicht, mit Coriander verglichen. Wenn es nun unmittelbar darauf mit Bdolach verglichen wird — (es habe wie Bdolach ausgesehen): so läßt sich ganz natürlich vermuten, daß es dadurch nicht nochmals als rund beschrieben werde, sondern nach einer andern Eigenschaft. Da nun außer der Rundung (aber nur vor Sonnenaufgang ist es rund; — denn von der Sonnenhitze schmelzt es in ganze Klumpen zusammen. S. meine B. a. a. O.) die Durchsichtigkeit eine Haupteigenschaft des Manna ist: so ists sehr warscheinlich, daß das Bdolach, womit es — vermutlich in dieser Rücksicht — verglichen wird, ein änliches durchsichtiges Gummi sey. S. unten. — 4) Beide mosaische Stellen, am meisten aber die 1 Mos. 2, 12. — sind für Perlen, die weit später entdeckt und geschätzt worden sind, viel zu früh. — Wenn die Art Perlen zu fischen bekant ist, der wird in so frühen Zeiten gewiß keine Perlen vermuten. — Hätte Moses die Perlen schon gekant, und wären sie ein Stück des Schmucks seiner Nation gewesen (und das müßte doch seyn, wenn er 4 Mos. 11, 7. das Manna mit Perlen hätte vergleichen wollen): so würden die Perlen gewiß auch mit — so gut als Gold — unter den Beiträgen zur Stiftshütte und priesterlichen Kleidern vorkommen, und mit dazu — wenigstens zum Schmuck des hohen Priesters verarbeitet worden seyn. Aber — nicht ein Wort von Perlen! weder unter dem streitigen Namen Bdolach, noch unter irgend einem andern Namen! — Ja! nicht David, nicht Salomo kent die Perlen. In Salomons Schriften will man sie zwar unter dem Namen Peninim (פנינים) finden, und ich muß gestehen, daß sie sich sehr gut in den Zusammenhang schicken; allein die Stelle Klagl. 4, 7. widerspricht der Bedeutung Perle, was auch Bochart für Rettungsmittel vorschlägt, — offenbar! — Korallen, — welche vermutlich das Wort (פנינים) bedeutet, schickt sich freilich zu Spr. Sal. 3, 15. zu schlecht, weil Korallen heutiges Tags in keinem vorzüglichen Werte sind. Wenn aber die Korallen zu Salomons Zeit in sehr vorzüglichem Wert gestanden — wie bey uns die Perlen — wie dann? — dann dürfen uns die Korallen in dieser und in andern Stellen der Sprüche Salomons nicht mehr zum Anstoß seyn. Und der vorzügliche Wert der Korallen zu Salomons Zeit ist ganz begreiflich; nicht nur weil sie ein schönes Gewächs sind, sondern auch weil sie schwer und mit Lebensgefahr erbeutet werden, fast wie die Perlen — und natürlicher Weise noch mehr in den ältern Zeiten. S. Hiob 28, 18. Die Schwierigkeit, sie zu überkommen, machte sie selten. Was bedarfs aber mehr zum vorzüglichen Wert und zur Schätzbarkeit einer Sache, als Schönheit, Seltenheit, verbunden mit Brauchbarkeit, — wärs auch blos zum Luxus! — Nicht früher als Esther 1, 6. und zwar unter dem rechten, ächten, auch durchs Arabische autorisirten Namen Dar (דר) komt die Perle vor. Wie wäre sie 1 Mos. 2. und 4 Mos. 11. zu erwarten? — —

Bdolach ist ohne Zweifel das Bdellium, — ein durchsichtiges Gummi, von starkem Geruch, welches in Asien, sonderlich in Arabien, aus einem schwarzen stachlichten Baum, an Größe dem Oelbaum, an Blättern der Steineiche änlich, Malachia (Molachal, Molachil) genant, rinnet. Es sieht und riecht den Myrrhen sehr änlich, hat aber keinen bittern, sondern

süßen

süssen Geschmack. Das frische Bdellium muß fettig seyn, wol riechen und sich brechen lassen, sonst ist es mit Wachs verfälscht. S. Vollständiges Lexicon aller Handlungen und Gewerbe. Tom. 1. Fol. 403. — Mich. Adanson (Reise nach Senegal S. 190.) fand nebst andern stachlichten Bäumen, die nur in dem allertrockensten Boden wachsen, auch denjenigen, welcher das Bdellium — in Menge — schwitzt. Die Oualofen nennen ihn Niottouli. — Daß das Harz dieses Baums, oder das Bdellium, unter dem hebräischen Worte Bdolach wirklich verstanden werde, wird mir aus folgenden Gründen höchst warscheinlich, und so gut als gewiß:

a) Bdellium ist weder ein ursprünglich griechisches noch lateinisches Wort, wie mir wahre Kenner beider Sprachen leicht zugeben werden. Möglich wäre wol die Abstammung aus dem Griechischen — von βδέλλω exprimo, mulgeo. βδέλλιον könnte nun davon allenfalls so viel als ein Harz, ein Gummi, das aus einem Baume dringt, überhaupt heissen. Aber das Bdellium ist eine besondere Gattung von Harz oder Gummi; — ein ausländisches und zwar orientalisches Harz, dem man also natürlicher Weise seinen orientalischen Namen ließ, und ihn nur nach Art der Griechen accidentalisch modelte, d. i. aus Bdolach, Bdelah, Bdellah rc. βδέλλιον Bdellium machte. Es hat auch meines Wissens noch kein guter Grieche und zugleich Naturkündiger das Wort Bdellium für ursprünglich griechisch gehalten. Das ה am Ende wird ohngefähr wie unser H, wenns am Ende steht, bey der Aussprache fast gar nicht gehört. Die Griechen hörten also nur Bdol, Bdel, oder höchstens Bdelle, und daraus machten sie dann durch beigefügte griechische Endigung βδέλλιον, und die Römer Bdellium; ja die Griechen auch nur βδέλλη Bdelle — wie z. B. Joseph hat.

b) Das Bdellium ist ein wolriechendes Harz oder Gummi. Die Morgenländer aber lieben alles wolriechende ungleich mehr als wir; alles Wolriechende ist ihnen daher auch interessanter als uns. Wuchs nun im Lande Havila das Bdellium vorzüglich häufig, so darf es uns nicht befremden, daß es 1 Mos. 2, 11. als ein Landesprodukt von Havila mit genannt wird.

c) Es ist auch ganz natürlich, daß 4 Mos. 11, 7. das Manna mit einem im Orient sehr gewönlichen, und vielleicht aus Arabien nebst andern arabischen Landesprodukten nach Aegypten geschafften, und daher auch dort sehr bekanten Gummi der Gestalt nach verglichen wird.

d) Fast alle alte Uebersetzer haben das Wort als einen in ihren Sprachen beibehaltenen Namen eines orientalischen Gummi beibehalten, und nur nach ihren Dialekten und Sprachen gemodelt. Z. B. der Syrer setzt ܒܕܘܠܚܐ Bdulcho, welches offenbar ܒܕܘܠܚܐ Bdulcho heissen soll, indem ܪ mit ܕ oder ܕ mit ܪ, der grossen Aenlichkeit beider Buchstaben wegen, die sich nur durch das drüber oder drunter stehende Punkt, von einander unterscheiden, verwechselt worden ist, wol nicht vom Uebersetzer selbst, sondern von einem Abschreiber. Bdulcho aber ist ganz das hebräische Wort Bdolach, nur syrisch geformt. Der Samaritaner behält das Wort ebenfalls bey, und setzt nur statt des ה am Ende ein (ת). — Der Chaldäer setzt בְּדֻלְחָא oder אבדולחא welches ganz das syrische Bdulcho ist, d. i. das hebräische Bdolach, nur Syrisch geformt. — Hätten diese Uebersetzer unter Bdulcho die Perle oder einen Edelstein verstanden: so würden sie natürlicher Weise gleich den rechten Namen dafür gesetzt haben; allein sie behalten das Wort bey, zum offenbaren Beweis, daß sie weder Perlen noch Edelsteine darunter verstanden, sondern etwas, das in ihren Dialekten eben diesen Namen fürte, und bis selbst bey den Occidentalern eben diesen Namen füret, der mit der Sache selbst, wie auch sonst gewönlich zu ihnen gekommen ist — — das Bdellium. Die spätern Juden aber, die vermutlich das Bdellium selbst nicht kanten, und folglich auch das Bdulcha des Chaldäers eben so wenig, als das Bdolach der Urschrift verstunden, befanden sich in der Verlegenheit zu raten — Eine Verlegenheit, in welcher wir sie so oft finden! — Weil nun das Bdolach 1 Mos. 2, 11. als ein Landesprodukt von Havila nebst dem Golde erwänt wird: so dachte der Jude, seiner Meinung nach, ganz natürlich, an Perlen — hielt Bdolach für einen Namen der Perlen, und so — erlaubten sich dann auch die Juden das Wort Bdolach in ihren Schriften von den Perlen zu brauchen, wie wir aus den vom Bochart angefürten Stellen sehen. — — Die Vulgate setzt beidemal geradezu Bdellium. Und Joseph, der doch mit den Alexandrinern (die Bdolach für einen Edelstein halten,) sehr vertraut gewesen, beschreibt gleichwol das Manna als ὅμοιον τῷ τῶν ἀρω-

μαgartem βδέλλα, d. i. als dem aromatischen Bdellium änlich nach 4 Mos. 11, 7. —

Diese Gründe zusammengenommen machens doch gewiß höchst warscheinlich, daß Bdolach das Bdellium sey. —

### Beel-Sebub.

S. oben Baal-Sebub.

### Beerben.

S. Erben. Erbschaft.

### Beerdigen. Beerdigung.

S. Begraben. Begräbniß.

### Beere.

Wenn die Israeliten Weinlese hielten, so durften sie die Stöcke nicht allzugeizig ablesen, und die abgefallenen Beeren nicht auflesen. 3 Mos. 19, 10. Ein Gesetz zum Vortheil der Armen, welchen die Nachlese nach Moses Verordnung gehörte. — So auch beim Getraide S. B. 9. —

### Beeroth.

1) Ein Ort, dessen 5 Mos. 10, 6. gedacht wird, unter dem Namen Beeroth-Bne-Jakan, wo Aaron gestorben und begraben ist, lag in der arabischen Wüste, ist aber sonst unbekant.

2) Eine Stadt und zwar die zweite von denen, die nach Jos. 9, 17. zu dem Gebiete der Stadt Gibeon gehört haben. Nach Jos. 18, 25. und 2 Sam. 4, 2. hat sie dem Stamme Benjamin gehören. Auch haben, wie aus Esr. 2, 25. und Neh. 7, 29. erhellet, die Benjaminiten nach ihrer Zurückkunft aus Babel diese Stadt sich wieder zugeeignet. Hieronymus mag dieses Beroth mit einer andern Stadt Namens Beer (Richt. 9, 21.) verwechselt haben, welches desto leichter hat geschehen können, weil Beroth die mehrere Zal von dem Wort Beer in der einzeln Zal ist. Eusebius redet von der Lage dieses Orts in Onomast. ad vocem. Βηρωθ: daß Beroth unter Gibeon, nämlich unten am Fuße des Berges Gibeon gelegen, und zu seiner Zeit ein Flecken gewesen, der 7 römische Meilen von Jerusalem, auf dem Wege nach Nicopolis zu gelegen habe. Also wäre sie gegen Nordwest, und mehr gegen Westen als Norden von Jerusalem zu sehen. Eben dieser Meinung ist auch der Jesuit Bonfrerius, (Annotat. ad onomast. Eusebii) und setzt das Beroth auf seiner Charte ohngefehr gegen Westen von Jerusalem, nach der Seite von Nicopolis, zwischen Jerusalem und Gibeon. Eben damit vereinigt sich Reland in s. Paläst. S. 618. 619. Unter die wenigen Merkwürdigkeiten dieser Stadt gehöret, daß die zween Feldherren Isboseths, Sauls Sohn, und der dem David den Thron entziehen wollte, Baena und Rechab, die ihren Herren verrätherischer Weise ermordet haben, aus dieser Stadt gebürtig gewesen sind, daher werden sie 2 Sam. 4, 2. 3. Söhne Rimmons, des Berothiters aus den Kindern Benjamin, (wozu Beroth gerechnet wurde,) genennet. Auch war Beroth der Geburtsort des Naharai, Joabs Waffenträgers, der 2 Sam. 23, 37. ein Berothiter genant wird. Von den Berothitern wird Neh. 11, 33. erzälet, daß sie nach Githaim, welches eine andere Stadt in Benjamin ist, geflohen, und daselbst als Fremdlinge gelebt haben. Diese Flucht ist vermuthlich nach Sauls Tode geschehen, da die Philister, die in der Schlacht auf dem Gebirge Gilboa den Sieg auf ihrer Seite hatten, sich ohne Zweifel aller hinter ihnen gelegenen Städte, und mithin dieses Beroths werden bemächtiget haben. Vergl. 1 Sam. 31, 7. —

### Beesthra.

Die LXX Dolmetscher haben diese Stadt Βοσορα geschrieben, welches von dem ursprünglichen hebräischen Namen wenig abgehet. In der gemeinen lateinischen Uebersetzung findet man Bosra; weil aber dadurch der Name mit der bekanten Stadt Bosra in Arabien oder Idumäa leicht verwechselt wird; so ist der Ausdruck unbequem. Dieser Ort komt Jos. 21, 27. unter den Städten vor, welche der halbe Stam Manasse den Leviten von dem Geschlechte Gersons hat abtreten müssen. Dieser Stam komt nur das einzige mal in der Bibel vor. — Weil zwischen den hebräischen עַשְׁתָּרֹת und בְּעֶשְׁתְּרָה ein so kleiner Unterschied ist, so ist es mit Astharoth, welches die Residenz des Königs Og zu Basan war, für eins gehalten worden, wie Bonfrerius (annot. ad Euseb. onom. ad vocem Βεεσθερα) gethan hat, welche Meinung er noch dadurch zu bestätigen suchet, da unter die Levitenstädte im halben Stamme Manasse nach 1 Chron. 6, 71. für Beesthera die Stadt Astharoth gezält wird. S. Bachiene Paläst. Th. II. B. 4. §. 140.

### Befestigen.

Heißt in der Bibel sehr häufig auch bauen, d. i. bauen wird für ausbauen, befestigen gebraucht. S. den 1ten Haupttheil dieses Werks. — Die hauptsächlichsten Befestungswerke oder Fortificationen bestunden in hohen und dicken Mauern, der vorzüglich festen Städten, in mehr als Einer (s. Mauer.) in

Thür-

Thürmen (s. Thurm) und Gräben um die Städte, wodurch zugleich eine Art von Wall entstund. Von Gräben um die Städte, die bisweilen auch, wenns möglich war, mit Wasser angefüllt wurden, wie von Babylon bekannt ist, (s. oben Babel II.) finden wir 2 Sam. 17, 13. eine Spur, wo unter נחל (das Thal; Luther: Bach) nichts anders als ein um die Stadt geführter Graben verstanden werden kan, — ein Graben mit oder ohne Wasser. Denn נחל bedeutet ein Thal, und dann auch eben sowol einen Bach, weil fast alle morgenländische Thäler ec. zur Regenzeit Wasser haben. S. Bach. Eben so zweideutig steht das Wort hier. — Unter dem hebräischen Wort חיל verstehen auch einige den Graben um die Ringmauer; allein des sel. Fabers Vermuthung, daß חיל der Zwinger sey (Pomoerium), gefällt mir besser. S. dessen Archäologie der Hebräer. Th. 1. S. 311 ff.

## Begießen.

Die Morgenländer pflegen sich, sonderlich bey Gastmalen und überhaupt bey Lustbarkeiten ec. mit wohlriechenden Oelen, Balsam und Wassern zu begießen. S. Oel.

Merkwürdige Steine, in welchen man auf irgend eine Art etwas Göttliches fand, pflegte die alte Welt ebenfalls mit Oel zu begießen, und dadurch zu Bätylien oder Oertern des Gottesdienstes zu weihen. S. Oel.

## Begraben. Begräbniß.

Die ganz alten Hebräer, die theils im Naturstande lebten, theils noch sehr nahe an denselben gränzten, begruben ihre Leichen sehr spät. Sie hatten sie, wie man leicht denken kan, lieb, und konten sich nicht eher entschließen, sie in die Erde zu senken, und gleichsam auf ihren Besitz Verzicht zu thun, bis ein hoher Grad der Fäulniß und dadurch verursachter unausstehlicher Gestank es ihnen nothwendig machte. — Sara starb, wie es scheint, in Abrahams Abwesenheit. Er kommt und trift sie tod an, beklagt und betrauert sie, welches wenigstens nach späterer hebräischer Sitte allein sieben Tage lang geschah. Hierauf bewirbt er sich erst um ein Grab für den Leichnam seiner Gattin — um ein Erbbegräbniß. Unter vielen Ceremonien, gewechselten Komplimenten und Weitläuftigkeiten erhält er eins — und nun begräbt er erst den Leichnam seiner Gattin. 1 Mos. 23, 1 ff. — Abraham und Isaak wurden beide von ihren entfernt von einander wohnenden Söhnen, jener von Isaak und Ismael, (1 Mos. 25, 9.) und dieser von Esau und Jakob, (1 Mos. 35, 29.) welche, als Nomadenemirs, keine beständige Wohnung hatten, sondern mit ihren Heerden auf den gemeinen oft weit entlegenen Triften herumzogen, folglich so geschwind nicht angetroffen werden konten, als man, ohne mit ihren Sitten bekant zu seyn, glauben wird, — begraben; vermuthlich also auch ziemlich spät. — Jakob ward auf ägyptische Art, und zwar als ein vornehmer Mann, begraben: vierzig Tage lang balsamirt, siebenzig Tage lang betrauert, und dann erst nach Palästina ins hebräische Erbbegräbniß gebracht. 1 Mos. 50, 1 ff. — Joseph ward ganz nach ägyptischer Sitte balsamirt, und dann in einen Sarg gelegt, aber nicht in die Erde begraben. Noch zu Mosis Zeit lag Josephs Leichnam oder Mumie in dem blossen Sarge unbegraben — über der Erde, also ohngefähr seit anderthalb hundert Jahren — und dann blieb er noch wenigstens so lange, als die Israeliten in der Wüste waren, vierzig — also zusammen fast zweihundert Jahre unbegraben. — Ob nun dieses letztere gleich ein außerordentlicher Fall war, (doch nur in so fern Joseph ein Hebräer war. Denn in Aegypten war es sehr gewöhnlich, die balsamirten, sonderlich vornehmen Leichname in bloßen Särgen unbegraben hinzustellen) — so sehen wir doch aus diesen Beispielen, mit der Vermuthung von einem so alten Volk zusammengenommen, daß die Hebräer, zumal da sie lange in Aegypten lebten, und vermuthlich ägyptische Sitte nachahmten, — ihre Leichen lange unbegraben liegen ließen. Da aus dieser Gewohnheit, zumal wenn die Leichname nicht auf ägyptische Art einbalsamirt wurden, welches die Hebräer (wie ich unten unter Salben zeigen werde) nicht thaten, schädliche Folgen für die Gesundheit und das Leben vieler Tausende entstehen konten: so wars Weisheit des Gesetzgebers, frühere — und möglichst frühe Begräbnisse entweder unmittelbar zu befehlen, oder doch auf entfernte Weise zu veranlassen. Das letztere that Moses durch das Gesetz von der levitischen oder bürgerlichen Verunreinigung an den Todten. Alle Leichen erklärte er für unrein. Wer sie auf irgend eine Art berührte, oder nur in dem Zelte, oder Zimmer des Hauses war, in welchem jemand starb, ward auf sieben Tage bürgerlich unrein. Alle Gefäße die nicht zugedeckt oder zugebunden waren, wurden darinnen unrein. 4 Mos. 19, 11 ff. — Wer nun nicht

nicht der grossen Beschwerlichkeit, immer, oder doch von einer Woche zur andern, — lange Zeit hindurch bürgerlich unrein zu sein, ausgesezt seyn wollte, der eilte mit seinen Leichen zur Erde, zumal wenn die Erwägung der grossen Beschwerde eines in die Fäulniß übergehenden Leichnams noch überdies hinzukam. — Vergl. Michaelis mosaisches Recht. Th. 4. §. 215. S. 299 ff. — Moses erreichte auch durch sein Gesetz den Endzweck — Sein Volk begrub die Leichen früher, und wie es scheint, nicht später, als höchstens nach sieben Tagen, als wie lange die tiefe Trauer, oder das Beklagen der Verstorbenen währte, — oft auch wol weit früher. Apostg. 5, 6. 10. Und sonst finden wir auch das „Begraben" im A. T. immer gleich unmittelbar hinter dem „Sterben" dergestalt erwänt, daß man an gar keinen langen Zwischenraum zwischen Tod und Begräbniß denken kan. —

Ehe die Leichname begraben wurden, pflegte man sie zu waschen (Apostg. 9, 37.), welches, wie so unzählige Handlungen der Morgenländer, symbolisch war, und vermuthlich die sittliche Reinigung vorstellen — oder anzeigen sollte, der Verstorbene komme als ein vollkommen rechtschaffener, tugendhafter, unbeflekter Mann in den Schooß der Erde. — Sonst ist wenigstens das Waschen des Leibes mit Wasser ein sehr gewönliches Sinbild der sittlichen Reinigung. S. Waschen. — Noch heutiges Tages ist das Waschen der Leichen im Orient gewönlich. S. Thevenot Th. 1. B. 1. Kap. 43. De la Roque Kap. 23. S. 313. Chardin Th. 4. S. 81. — Waren die Leichname gewaschen: so wurden sie dann mit wolriechenden Salben bestrichen (Luc. 23, 56.) und samt den leinenen Tüchern, darein sie gewickelt werden sollten, mit wolriechenden Dingen, als Myrrhen und Aloe, (Agallochum) und der Leichnam, wenn er bereits eingewickelt war, selbst — geräuchert. Denn wenn es Joh. 19, 39. 40. heist, man habe den Leichnam Jesu mit Myrrhen und Aloe in Leinwand eingewickelt: so heist das wol nichts anders, als man habe ihn und die Leinwand damit ausgeräuchert. — Je mehr welriechende Specereien verbrant wurden, desto mehr Ehre erwies man dem Leichnam, desto prächtiger war das Begräbniß. Nicodemus brachte für den Leichnam Jesu eine beträchtliche Menge Myrrhen und Aloe (Holz, Agallochum) Joh. 19, 39. — Vom König Asa 2 Chron. 16, 14. heist es, man habe ihm (zu Ehren) einen großen Brandt gemacht, d. i. mit einer grossen Menge Specereien seinen Leichnam, Sarg oder Paradebette und Grab ausgeräuchert — kurz, ihm zu Ehren viel wolriechende Specereien verbrant. — Die Ehre, die dem Leichnam des Königs Hiskia von seinen Unterthanen widerfur, 2 Chron. 32, 33. bestand ebenfalls hauptsächlich im Anzünden einer ansenlichen Menge Räucherwerk, welche Ehre der Prophet Jeremias Kap. 34, 5. dem Könige Zedekias, der in Babylonien, oder doch durchs Schwerdt der Babylonier, zu sterben, und folglich nicht königlich begraben zu werden fürchtete, verheißlich versicherte. — die aber dem gottlosen unwürdigen König Joram versagt wurde. 2 Chron. 21, 19.

Das Einwickeln des Leichnams in Leinwand hab ich vorhin schon beiläufig gedacht. Je nachdem der Verstorbene reich oder vornem war, je nachdem wurde sein Leichnam in feine oder schlechtere Leinwand gewickelt, wiewol man nach Chardin (Th. 4. S. 14.) meist feine Leinwand dazu nimt. Der Leichnam Jesu wurde in Sindon oder Byssus, d. i. in feine Leinwand oder vielmehr fein Kammertuch (s. oben Baumwolle) gewickelt. Matth. 27, 59. Marc. 15, 46. Luc. 23, 53. — War der Leichnam in Leinwand eingeschlagen: so wurde er alsdenn noch mit Binden, oder breiten Streifen von Leinwand, umwickelt; daher es Joh. 11, 44. vom Lazarus heist, er sey mit gebundenen Händen und Füßen aus dem Grabe gegangen, weil nämlich seine Hände und Füße bey der Beerdigung mit in Leinwand gehüllt, und mit den gleichen leinenen Binden umwickelt worden waren. — Um den Kopf wurde ebenfalls ein Tuch von Leinwand gebunden, welches im N. T. Sudarium (Σουδάριον) genent wird. Joh. 11, 44. K. 20, 7. (Eigentlich: ein Schweißtuch, d. i. womit man sich den Schweiß vom Gesichte wischt — und dann gleichsam überhaupt, das Tuch, das man den Leichen um den Kopf band. Wir würden dafür Schnupftuch oder Halstuch sagen.) — Diese drei Stücke: die Leinwand, (Sindon) in welche die Leichname geschlagen wurden, die leinenen Binden und das Sudarium oder Kopftuch werden zusammen Othonia (ὀθόνια, welches Wort Hesychius durch λινᾶ ἱμάτια leinene Tücher, erklärt) genant. Luc. 24, 12. Joh. 19, 40. Kap. 20, 7. — Das eigentliche Einbalsamiren aber, wodurch die Leichname nicht nur vor der Fäulniß bewart, sondern gar verhärtet, und zu einer Art von Stein oder zu Mumien wurden, war nicht hebräische, sondern ägyptische

Sitte.

Stirn. Wenn Jakob und Joseph balsamirt wurden, so geschah es in Aegypten, und weil sie gleichsam naturalisirte Aegypter waren. S. unten Salben. —

War der Leichnam auf die bisher beschriebene Art zubereitet und eingewickelt: so wurde er in einen Kasten, oder Sarg gelegt und zu Grabe getragen. Luc. 7, 14. Dieser Kasten oder Sarg war seiner Bestimmung und seinem Gebrauche nach, mehr eine Bahre als ein Sarg; denn er kam nicht mit in die Erde, sondern diente nur dazu, die Leichname darinnen zu Grabe zu tragen. Beim Grabe wurde der auf obenbeschriebene Art eingewickelte Leichnam aus dem Sarge oder der Bahre herausgenommen und ins Grab gelegt. Daher berührte der Leichnam jenes Mannes, der in Elisas Grab gelegt wurde, den Leichnam (hebr. die Gebeine) des entseelten Propheten unmittelbar. 2 Kön. 13, 21. — Statt des Sargs oder der Bahre wurde, wenigstens bey sehr vornehmen Leichen, eine Art von Bette gebraucht. Abner wurde auf einem solchen (hebr. מִטָּה) zu Grabe getragen, 2 Sam. 3, 31. und auf einem dergleichen, (hebr. מִשְׁכָּב) welches mit Gewürzen und andern dazu bereiteten wohlriechenden Spezereien angefüllt war, der König Asa. 2 Chron. 16, 14. Auch in Aegypten wurden nicht alle, welche in die Grabstätte kamen, in Särge gelegt, sondern, nach dem Maillet (Lett. 7. S. 281.) war dieses eine Ehre, die nur den Vornehmen wiederfuhr. Sonst wurden die balsamirten und eingewickelten Leichname in den Todtenbehältnissen dicht an einander hingelegt. Die ägyptischen Särge waren gewöhnlich von Sycomorenholz oder Stein, nach der Gestalt der Leichname gearbeitet. — Helden pflegte man ihre Waffen mit ins Grab zu geben (s. Ezech. 32, 27.), welches nach Thevenots (Th. 1. B. 2. K. 43.) Chardins (Th. 4. S. 107.) und Taverniers (Th. 1. B. 5. K. 19.) Berichten noch heutiges Tags gewöhnlich ist. —

Die Leichenbegleitung stand mit der Würde, dem Ansehen und der Gunst, in welcher der Verstorbene in seinem Leben gestanden hatte, im Verhältniß. Jakobs Leiche begleiteten nicht blos die zu seiner Familie gehörten, sondern auch alle Minister und übrige Hofbedienten des Königs, ja auch alle Aeltesten, der Adel des ganzen Landes, 1 Mos. 50, 7. 8. 9. — Zum Begräbniß des Propheten Samuels versammleten sich alle Israeliten. 1 Sam. 25, 1. — Unter dem Trauergeleite Abners befand sich selbst der König. 2 Sam. 3, 31. Die Leiche des Jünglings zu Nain ward von einer Menge Volks begleitet; vermuthlich weil er sich die Gunst der Einwoner seines Orts erworben hatte.

Von den Gräbern der Hebräer, von der Trauermusik, Trostbecher, Klagen, Klageweibern s. unten unter diesen Titeln. —

Todtengräber von Beruf oder Profeßion hatten die Hebräer nicht, wie noch jetzt die Morgenländer keine halten, (s. Chardin Th. 4. S. 107.) sondern die Verwandten, Freunde, Nachbarn, Dienstfreunde verrichteten dieses Geschäfte. Abraham setzte den Leichnam seiner Gattin Sara, in dem von den Hethitern erkauften Erbbegräbniß selbst bey. 1 Mos. 23, 19. — Er selbst wird von seinen Söhnen Isaak und Ismael (1 Mos. 25, 9.); Isaak von seinen Söhnen Jakob und Esau (1 Mos. 35, 29.); Rahel von Jakob (1 Mos. 48, 7.) begraben. S. auch 1 Kön. 2, 31. K. 13, 30. 2 Kön. 13, 32. 1 Macc. 2, 70. Tob. 14. 16. Matth. 27, 59. 60. Marc. 6, 29. —

Nach morgenländischem Kriegsgebrauche ließ man die im Treffen gebliebenen Soldaten auf der Wahlstadt unbegraben liegen, und wurden den Raubvögeln, den Hunden, Schackals und Hyänen Preiß gegeben. Daher die so häufig vorkommende Redensart: den Hunden, wilden Thieren und Raubvögeln Preiß gegeben, von ihnen gefressen werden, d. i. im Kriege umkommen, durchs Feindes Hand, und überhaupt unnatürlich sterben rc. S. 1 Sam. 17, 44. 46. 1 Kön. 14. 11. K. 16, 4. K. 21, 24. Psalm 63, 11. Ps. 68, 24. Ps. 79, 2. 3. Jerem. 7, 33. K. 8, 2. K. 16, 4. K. 22, 19. K. 34, 20. K. 36, 30. Ezech. 29, 5. K. 32, 4. K. 39, 17-20. u. s. w. Eines dergleichen unnatürlichen Todes sterben, oder unbegraben bleiben, ward natürlicher Weise für sehr schimpflich gehalten, und daher oft von Gott als Strafe grober Sünden gedrohet. Abia soll von Jerobeams Nachkommen allein begraben werden, d. i. eines natürlichen Todes sterben — seines rechtschaffenen Wandels wegen. 1 Kön. 14, 13. rc. — Eben dahin hat man die so häufig vorkommende und uns oft überflüßig scheinende Bemerkung zu deuten: „Er starb und ward begraben." — Vergl. G. Fr. Webers unter Fr. Jac. Reuchlins Vorsitz vertheidigte Observationes Sacr. circa funera populorum orientis. Argent. 1767. 4. welche unter dem Titel: Von den Leichen der Morgenländer; aus Reisebeschreibungen, zur

Aufklärung einiger Stellen der heiligen Schrift zu Koburg 1782. 8. ins Deutsche übersetzt herausgekommen sind. Und Harmars Beobachtungen über den Orient. Th. 2. S. 144 ff.

### Begürten.

S. Gürtel.

### Behemoth.

Die ganze Schilderung dieses Thiers Hiob 40, 10 bis 19. lehrt Zug für Zug sehr deutlich, und setzt es ganz außer Zweifel, daß Behemoth der Elephant sey. Selbst der hebräische Name dieses Thiers läßt uns an kein anderes, als an eins der größten ungeheuersten vierfüßigen Thiere denken. Denn Behemoth ist der Pluralis magnitudinis, oder majestaticus von Behema (בְּהֵמָה jumentum). Uebrigens s. unten mehr von diesem Thiere unter Elephant.

### Beherbergen.

S. Gastfrey. Gastfreundschaft.

### Beklagen.

S. Klagen.

### Bel.

Jes. 46, 1. Jer. 50, 2. Kap. 51, 44. Bel zu B. 2 ff. S. Baal.

### Bela.

1) Eine sehr alte aber kleine Stadt im oder doch nicht weit vom Thal Siddim, die zu Abrahams Zeit, wie die übrigen in diesem Thal gelegenen Städte, einen eignen kleinen König hatte. 1 Mos. 14, 2. 8. — Lot nahm, als Sodom nebst den übrigen Städten des Thals Siddim untergehen sollte, seine Zuflucht dahin, weils eine kleine Stadt war, in welcher er keine dergleichen herrschende grobe Laster, wie in Sodom, anzutreffen, und deswegen sicher in ihr zu seyn glaubte, daher die Stadt Zoar, d. i. „klein" genant wurde — jene kleine Stadt — in welche Lot floh. Eusebius schreibt, sie sey noch zu seiner Zeit am todten Meer — an der östlichen Gränze von Judäa — existent und bewont gewesen, (natürlich eine viel jüngere und nur wieder auf den alten Platz gebaute Stadt,) und habe eine römische Besatzung gehabt.

2) Beors Sohn, König in Edom. 1 Mos. 36, 32. 33.

3) Benjamins ältester Sohn. 1 Mos. 46, 21. 4 Mos. 26, 38. 1 Chron. 8, (7) 6. K. 9, (8) 1. 3.

4) Asans Sohn, ein Rubeniter. 1 Chr. 6, (5) 8.

### Belagern. Belagerung.

S. unten Krieg. Kriegswesen.

### Belial.

Hebräisch בְּלִיַּעַל. Ich bin noch zweifelhaft, ob das Wort ursprünglich Hebräisch oder Aegyptisch sey. Für Hebräisch gehalten, und von der Partikel בְּלִי non und יָעַל (dessen Stammwort יָעַל in der Conj. Hiphil Prodesse heißt) abgeleitet, würde es so viel heissen, als ein Taugenichts, ein unnützer Mensch. Nach der arabischen Bedeutung des Worts יָעַל oder (وعل Altum esse, eminere) wäre Belial so viel als „ein Niedriger — Niederträchtiger" welche Bedeutung sich in dem Contexte der meisten Stellen, wo das Wort vorkomt, schickt. Doch diese Bedeutung geht mich hier nichts an, sondern den Verfasser des dritten Haupttheils dieses Werks. Hier komt eine andere Bedeutung des Worts in Betracht: Belial ist nämlich auch der Name des Höllengotts, oder des Pluto der Hebräer; Königs des Scheol, oder des Reichs der Todten. — 2 Sam. 22, 5. Ps. 18, 5. kommen die Bäche Belials vor; die Flüsse des Pluto, d. i. die Höllenflüsse, die aus der Mythologie der Griechen und Römer bekant genug sind. Die Griechen erhielten den größten Theil, wenigstens den Urstoff ihrer Mythologie, und insbesondere ihre Höllenlehre aus Aegypten. Aus Aegypten kamen auch die Israeliten; daher dürfen uns mythologische Bruchstücke in den Schriften der Hebräer, übereinstimmend mit der Mythologie der Griechen, nicht befremden. — Unbegreiflich wären sie, wenn die Israeliten mit den Aegyptern nie vertraut gewesen wären. — Da die Israeliten ihren Pluto offenbar aus Aegypten mitgebracht haben, und das Wort Belial, — offenherzig zu reden, — mehr ein barbarisches als hebräisches Wort zu seyn scheint, (wenigstens sind Wortcompositionen mit der verneinenden Partikel בְּלִי in der ganzen hebr. Sprache, in sofern wir sie kennen, unerhört — und überdies ist die Bedeutung des Worts aus dem Hebräischen abgeleitet, — man nenne welche man will — äußerst verdächtig!): so wäre ich nicht ungeneigt, das Wort Belial für ursprünglich Aegyptisch zu halten. Die Israeliten brachten es mit der Sache selbst, d. i. mit der mythologischen Idee von einem Pluto oder Höllengott aus Aegypten, und weil sie sich denselben nicht nur der Gestalt, sondern auch dem Karakter nach, schrecklich, häßlich und abscheulich vorstellten: so brauchten sie diesen Namen auch von jedem Ausbund abscheulicher, niederträchtiger, gottloser

Menschen. In dieser Rücksicht wäre בני בליעל jedesmal den nicht unschicklich durch Höllenbuben zu übersetzen, welcher Ausdruck im Deutschen nicht selten gerade so gebraucht wird, wie das hebräische Ben- oder Bene Belial.

## Belsazer.

Ein chaldäischer und zwar acht-chaldäischer, nicht syrischer-Name. S. oben Babel und unten Chaldäa-äer. — Es ist der Name

1) Des letzten babylonischen Königs; der einsmals seinen vornehmsten Bedienten ein großes Gastmal gab; im trunknen Muth die goldnen und silbernen Gefäße, die Nebucadnezar aus dem Tempel zu Jerusalem mit nach Babylon genommen hatte, holen ließ, um mit seinen Gästen daraus zu trinken; hierauf im besten Muth eine ihm unbekannte Schrift an der Wand gewahr ward, die ihn sehr bestürzt machte, und die niemand als Daniel lesen konnte, nach dessen Auslegung dem Belsazer — sein Tod und Untergang des babylonischen Reichs angekündigt wurde. Der Erfolg bestätigte Daniels Auslegung der prophetischen Worte vollkommen. Belsazer wurde noch in derselben Nacht getödtet rc. Dan. 5, 1 ff. — Da sich ungemein große Aehnlichkeit zwischen dem Belsazer der Bibel und dem Evilmerodach nach des Berosus Beschreibung findet: so haben Herm. Conring, J. G. Grän und die Verfasser der allgemeinen Welthistorie (Th. 3. §. 891. S. 743 f.) den Belsazer für den Evilmerodach des Berosus gehalten. Allein Baumgarten (a. a. O. in der Anmerk. 506.) zeigt aus verschiedenen triftigen Gründen, daß er Evilmerodach nicht gewesen seyn könne, — sondern Nabonedius, Nebucadnezars und der Nitocris Sohn, (Anmerk. 511. S. 751. und Anm. 517. S. 757 f.), den auch schon Joseph (jüd. Alt. B. 10. K. 11.) dafür angenommen hat.

2) Der chaldäische Name des Daniel; den er sonn, als er Page oder doch etwas am babylonischen Hofe wurde. Dan. 1, 7. K. 2, 26. K. 4, 5. — Genauer geschrieben: Beltsazar.

## Ben.

Ein musikalischer Levit zu Davids Zeit. 1 Chron. 16, (15) 18.

## Ben-Hinnom.

Das Thal (Ge-) Ben-Hinnom, auch bloß Ge-Hinnom (Hinnomsthal) woraus das Wort Gehenna entstanden. S. Hinnom.

## Benjamin.

Der jüngste unter Jacobs Söhnen von der Rahel, die nach dessen Geburt starb. Seine Mutter nannte ihn, der harten Geburt wegen; kurz vor ihrem Tode, Ben-Oni, d. i. Sohn meines Schmerzens; sein Vater aber gab ihm den, dem Laut nach ähnlichern Namen Benjamin, (1 Mos. 35, 16-19.) d. i. Sohn der Rechten, welches dem Sinne nach und so viel als Beistand oder Stütze (im Alter) heissen sollte. Jacob sah ihn auch dafür an; denn als er seine übrigen Söhne nach Aegypten schickte, behielt er den Benjamin, als seinen Liebling, aus Sorge für sein Leben, zu Hause bey sich, (1 Mos. 42, 4.) bis er ihn endlich auf Josephs Befehl, bey der andern Reise seiner Söhne nach Aegypten, unter viel Sorge und Kummer mitreisen lassen mußte. (1 Mos. 42, 36. Kap. 43, 14. 29.) — Die vorzügliche Liebes- und Ehrenbezeigung, die dem Benjamin von Joseph widerfuhr, ist aus 1 Mos. 43, 29 ff. K. 45, 14 ff. bekannt. — Die von Benjamin zunächst abstammenden Söhne und Familien waren nach 1 Mos. 46, 21. zehn: Bela, Becher, Asbel, Gera, Naeman, Ehi, Rosch, Muppim, Huppim und Ard. 4 Mos. 26, 38-40. aber werden nur sieben Familien genannt, zum Theil auch mit andern Namen. (s. oben unter Aphsibama.) vermuthlich weil einige Söhne Benjamins frühzeitig, oder doch ohne Kinder starben. — Die Familie Benjamins wuchs in der Folge zu einer beträchtlichen Anzahl zu einem ansehnlichen Stamme heran. In der Wüste hatte er 35400 Mann tüchtige Soldaten, von zwanzig Jahren an gezählt. 4 Mos. 1, 36. 37. 4 Mos. 2, 23. Knaben und Jünglinge unter zwanzig Jahren, Greise und Weibspersonen nicht gerechnet. Und beim Einzuge in Canaan hatte er 45600 Mann. — Nach der Eroberung des Landes bekam der Stamm Benjamin seinen Canton zwischen Juda und Ephraim durchs Loos angewiesen. Jos. 18, 11-30. in welcher Stelle die Gränzen desselben sehr genau bestimmt werden. — Ich gebe hier eine neue freie Uebersetzung von dieser Stelle, nach dem hebräischen Original, weil die Lutherische theils unrichtig, theils unverständlich ist: „11. Es kam also (fürs erste) das Loos der Benjaminiten nach ihren Familien heraus. Die (nördliche und südliche) Gränze, welche durch ihr Loos bestimmt wurde, lief zwischen Juda und den Nachkommen Josephs (den Ephraimiten) hin. 12. Ihre nördliche Gränze fieng zunächst am Jordan an, lief

auf

auf der Nordseite von Jericho vorbei, hierauf weiter westwärts nach dem Gebirge (Ephraim); dann in die Wüste Bethaven (Quarantania). 13. Von hier nach Lus, und zwar auf der Südseite von Lus, das nun Bethel heißt, vorbei; dann nach Atrot-Addar herab, gieng über den Berg, der auf der Südseite von Niederbethoron liegt, 14. und krümmte sich auf der Südseite des Bethoron gegen Osten gelegenen Berges, gegen ihr westliches Ende, nämlich nach der Juda Nachkommen gehörigen Stadt Kirjath-Baal, welche jetzt Kirjath-Jearim heißt, und die westliche Gränze machte. 15. Die äußerste, südliche Gränze gieng wieder von Kirjath-Jearim an, lief darauf wieder etwas westwärts zu den Quellen der Bäche Nephthoah, 16. am Fuß des dem Thal Ben-Hinnom gegen Osten gelegenen Bergs, im Thal Rephaim, gegen Norden ins Thal Hinnom hinab, auf der Südseite der Jebusiter, (d. i. von Jerusalem) vorbei, zum Brunnen Rogel. 17. Dann schlang sie sich wieder nordwärts, lief nach Ensemes und weiter nach Geliloth, welches dem Steiger Adummim gegenüber liegt, und dann zum Stein Bohans des Rubeniten hinab, 18. auf der Nordseite der Araba vorüber, in die (Jordans-) Ebene; 19. Hierauf nordwärts vor Beth-Hagla vorbei, wo sie dann bey der nördlichen Spitze des Salzmeers, beim südlichen Ende des Jordans (d. i. wo er in das Salzmeer fällt), ausläuft. Dies ist die südliche Gränze. 20. Auf der Ostseite machte der Jordan die Gränze. — Innerhalb dieser Gränzen, die zwar keinen großen, jedoch sehr angebauten und nach Joseph (jüd. Alt. B. 5. K. 1.) ungemein fruchtbaren Distrikt bezeichneten, lagen sechs und dreißig Städte, (nebst den dazu gehörigen Dörfern) die Jos. 18, 21-28. namentlich aufgezählt werden. Die berühmtesten darunter waren: Jericho, Bethhagla, Bethel, Gibeon, Rama und Jebus, oder Jerusalem. — Jerusalem, die Hauptstadt, nicht nur des Stammes Benjamin, sondern in der Folge auch des ganzen israelitischen, und nach der Theilung — des jüdischen Reichs, — war noch in den Händen der Jebusiter. Diese sollten die Benjaminiten vertreiben, um auch wirklich zum Besitz der ihnen mit zugetheilten so vorzüglichen Stadt zu gelangen. Allein Richt. 1, 21. wird über die Benjaminiten geklagt, daß sie die Jebusiter nicht vertrieben, — wenigstens gesagt, sie hätten sie nicht vertreiben können, — nämlich aus dem obern und sehr festen Theil der Stadt — Zion. Denn den untern minder festen Theil der Stadt hatte bereits der Stam Juda, welcher, in Ansehung der Stadt Jerusalem, fast gemeinschaftliches Interesse mit den Benjaminiten hatte, erobert. S. Richt. 1, 8. nebst meiner Anmerk. a) im Th. 2. meiner Bibel S. 14. — Die Burg Zion wurde erst von David den Jebusitern entrissen. 2 Sam. 5, 6 ff.

Zur Zeit der Richter litten die Benjaminiten in einem innerlichen Kriege einen schrecklichen Verlust, von 25000 Mann, mit streitbare Soldaten, oder gerade die beste Mannschaft, und auch beinahe alle Frauenspersonen. Die Geschichte ist kurz diese: Ein Levit auf dem Gebirge Ephraim hatte eine Beischläferin aus Bethlehem, die ihn aber verlassen hatte, und zu ihrer Vaterstadt zurückgekehrt war. Nach vier Monaten holte sie der Levit wieder. Auf der Rückreise blieb er zu Gibea, im Canton Benjamin über Nacht; konnte anfänglich keinen Gastfreund finden, bis ihn endlich noch ein alter Ephraimit aufnahm. Die Gibeoniten rückten hierauf vor die Herberge des Leviten, und verlangten ihn heraus, um ihn auf die unzüchtigste Weise zu misbrauchen. Sie bekamen endlich seine Beischläferin, welche sie zu Tode schändeten. Der Levit nahm ihren Leichnam mit aufs Gebirge Ephraim, zerhieb ihn in zwölf Stücke, wovon er in jeden israelitischen Canton eins schickte. Es entstand hierauf über die Schandthat der Gibeoniten, zwischen dem Stam Benjamin, der die Gibeonitischen Frevler nicht ausliefern wollte, und zwischen den eilf übrigen Stämmen ein blutiger Krieg. Die Armee der eilf Stämme wurde zwar anfänglich zweimal nach einander geschlagen: das drittemal aber wandte sich das Blatt; die eilf Stämme siegten, und machten unter den Benjaminiten die obengedachte große Niederlage. Dabei schwuren sie den noch übrigen Benjaminiten, unter welchen im letzten Kriege das weibliche Geschlecht fast ganz ausgerottet war, keine Weiber aus ihrem Mittel zu geben. Sie sahen dabei aber freilich ein, daß dieser Stam sich dann nie wieder erholen, wo nicht gar aussterben würde, welches ihnen doch zu Herzen gieng und ihren gethanen Schwur bereuten. Sie suchten also zwar ihren Schwur zu halten, den noch übrigen Benjaminiten aber doch indirekte zu Weibern zu verhelfen. Denn weil ganz Israel bey Lebensstrafe nach Mizpa (d. i. auf den gottesdienstlichen Berg bey Silo,) beschieden war, und die Einwohner von Jabes nicht erschienen: so wurden zwölftausend

Mann

Mann nach Jabes geschickt, welche alle Männer und verehlichte Weibspersonen niedermachen, die Jungfrauen aber, an der Zahl 400, mitnehmen mußten, welche den Benjaminiten zu Weibern überlassen wurden; weil sie aber noch nicht hinreichten: so gab man ihnen an die Hand, am nächsten hohen Feste zu Silo, beim Tanze sich noch so viel Silonitische Mädgen zu rauben, als sie brauchten, welchen Rath sie auch folgten. — Auf diese Weise hatten die Israeliten ihren Schwur gehalten, und doch den noch übrigen Benjaminiten zu Weibern verholfen. Die Geschichte ausführlich siehe Richt. 19, 20. 21. wo ich sie im Th. 2. meiner Bibel, nebst meinen Anmerkungen S. 192 bis 210. nachzulesen bitte. —

So sehr der Stam Benjamin damals geschwächt war, so zahlreich finden wir ihn gleichwol in der Folge wieder. Zu Davids Zeit hatte er 59434 allein tüchtige Soldaten, 1 Chron. 8; (7) 6 ; 11. zur Zeit des Königs Assa 280000, 2 Chron. 14, 8. und zu Josaphats Zeit 100000. 2 Chron. 17, 17. —

Dieser Stam hatte auch die Ehre seiner Nation den ersten König zu geben. Saul war ein Benjaminit. 1 Sam. 9, 1. 2. — Nach Sauls Tode hielten es die Benjaminiten, wie sich erwarten ließ, mit Sauls Prinzen Isboseth, (2 Sam. 2, 8. 9. 15. 31.) bis David, nachdem Isboseth ermordet worden war, Herr über ganz Israel wurde. Seit dem David die Jebusiten vertrieben, und Jerusalem, und zwar die Burg Zion zu seiner Residenz gemacht hatte, war der Stam Benjamin, zu dessen Canton Jerusalem gehörte, mit dem Stam Juda, dessen Canton unmittelbar an Jerusalem stieß, wieder in diejenige genaue Verbindung getreten, in welcher beide Stämme vormals schon (s. Richt. 1, 8.) mit einander gestanden zu haben scheinen. — Daher sich auch nach Salomons Tode bey der Theilung des Reichs der Stam Benjamin zu Juda schlug, und gleichsam die kleine Hälfte des Königreichs Juda ausmachte. Benjamin und Juda stand noch vor der Theilung des Reichs in so genauer Verbindung mit einander, daß der Stam Benjamin (vermuthlich vor der Theilung des Reichs,) ein paarmal sogar mit unter dem Namen Juda begriffen wird. Z. B. 1 Kön. 11, 13. Kap. 12, 20. vergl. mit meinen Anmerkungen bey diesen Stellen im Th. 3 meiner Bibel. —

## Benoni.

1 Mos. 35, 18. s. den vorigen Artikel Benjamin.

## Beon.

Eine Stadt jenseits des Jordans. 4 Mos. 32, 3. der Name Beon soll aus Baal-Meon contrahirt seyn, wie man gemeiniglich dafür hält. — Eusebius (unter Baean) giebt die Stadt dem Stamme Ruben; vermuthlich weil er sie auch mit Baal-Meon für einerlei hielt, und letztere Stadt als dem Stamme Ruben gehörig V. 37. 38. genant wird.

## Ber.

Richt. 9, 21. ist daselbst ein Nomen adpellativ. (בְּאֵר) d. i. Brunn; Cisterne. S. meine Bibel Th. 2. bey dieser Stelle. S. 145. 146.

## Berah.

Einer von den alten heidnischen Königen im Thal Siddim zu Abrahams Zeit, und zwar König zu Sodom. 1 Mos. 14, 2.

## Berg.

Der Berge und Gebirge wird in der Bibel sehr häufig gedacht; weil Palästina, auch das angränzende Arabien rc. sehr bergigt ist. So kennen wir diese Gegenden aus der Bibel. (1 Mos. 15, 17. 5 Mos. 3, 25. K. 11, 11. K. 33, 19. Ezech. 34, 14. u. s. w.) und so fanden sie auch noch heutiges Tages alle Pilgrime. — Von jedem Berge und Gebirge, dessen in der Bibel gedacht wird, sag ich das Nöthige unter eines jedweden Namen. Hier nenn' ich sie nur und gebe von denjenigen einige Nachrichten, welche keinen sonderlich charakteristischen Namen haben:

Ararat.

Sinai.

Horeb.

Hor.

Seir.

Der kahle Berg. (הָהָר הֶחָלָק) Jos. 11, 17. K. 12, 7. nicht weit vom Gebirge Seir, vermuthlich aber näher nach Palästina zu, als das Gebirge Seir.

Gebirge der Amoriter, (5 Mos. 1, 20. K. 18, 7.) oder das

Gebirge Juda. Es hieß "Gebirge der Amoriter" weil es vormals von Amoritern bewohnt wurde, und „Gebirge Juda" weil es dem Stamme Juda mit zu Theil ward. Es stieß südlich ans Gebirge Seir, und nördlich ans Gebirge Ephraim. Ein sehr berühmtes Gebirge, dessen daher sehr oft blos unter dem Namen „Gebirge" gedacht wird.

Prosim.

Gebirge Ephraim.

Del

Oelberg.
Golgatha.
Quarantania.
Zemaraim.
Gaas.
Grisim und Ebal.
Zalmon.
Gilboa.
Carmel.
Thabor.
Hermon (wo. von demjenigen Hermon, der ein Theil des Antilibanons ist, unterschieden.)
(Berg Christi, oder wie er heutiges Tags eigentlich heißt: Berg der Seligkeiten, der Berg, auf welchem Christus die sogenannte Bergpredigt gehalten haben soll, Matth. 5, 1. 2 ff. — in der Gegend von Kapernaum und der galiläischen See. Brochard setzt ihn drei Stunden gegen Osten von Saphet und nicht über einen Steinwurf von der galiläischen See. Bachiene (hist. geogr. Beschreib. von Palästina Th. 1. B. 2. §. 110. S. 263.) hält diesen Berg auch für den gewöhnlichen Ort, wo Jesus zu beten pflegte, (Luc. 6, 12.) und wo er seine zwölf Apostel erwählte. (Marc. 3, 13. 14.)
Gebirge Naphthali.
Libanon (und Antilibanon.)
Hermon, oder Sion, Sirion, Senir.
Amana.
Gebirge Gilead.
Gebirge Basan.
Abarim. (Nebo. Pisga.)

## Berggötter.

Das ist: Schutzgötter bergigter Länder und der darinnen wohnenden Völker, die diesen ihren Schutzvölkern alles, was auf und bey Bergen vorgenommen wird, gedeihen und gelingen lassen. So nannten die Syrer die Gottheit der Israeliten. 1 Kön. 20, 23. Mehr davon s. im Th. 2. meiner Bibel bey dieser Stelle. S. 702 f.

## Bergwerk.

Die Bergwerke sind wider alles Erwarten eine sehr frühe Erfindung. Schon zu Thubalkains Zeit war Eisen und Kupfer erfunden. Denn 1 Mos. 4, 22. heißt es von ihm: לטש כל חרש נחשת וברזל d. i. er habe alles gehämmert, (geschmiedet; oder auch: allerlei geschmiedet,) als ein Kupfer- und Eisenschmidt — Vermuthlich war aber damals die Bergwerkswissenschaft noch in ihrer ersten Kindheit. Schwerlich grub man Eisenstein und schmelz, mit dem schrecklichen Grade des Feuers, der dazu erfordert wird, das Eisen heraus, sondern man suchte vermuthlich blos gediegenes Eisen in denjenigen Gegenden, wo man solches zufällig, entweder ganz oder doch fast auf der Oberfläche gefunden hatte — gediegenes Eisen, dergleichen sich noch jetzt in Norwegen vieles findet. Gold und Silber war, wenigstens schon zu Abrahams Zeit, nicht nur entdeckt, sondern auch dem Werte nach geschätzt, und zu Schmuck und dergleichen verarbeitet. 1 Mos. 13, 2. K. 24, 35. — Natürlicher Weise war man auch noch zu Abrahams Zeit gewohnt, Metalle und insbesondere auch Gold und Silber nur gediegen zu suchen. — Zu einem bewundernswürdigen Grad der Vollkommenheit war die Bergwerkswissenschaft aber schon zur Zeit des Verfassers des Buchs Hiob — des ältesten Buchs in der Welt — gekommen, wie aus K. 28, 1—11. erhellet. Es wird in dieser Stelle die Größe des menschlichen Verstandes, aus der Erfindung des Bergbaues gezeigt. Ich muß die Leser auf den dritten Theil meiner Bibel verweisen, wo ich diese für die Geschichte des menschlichen Verstandes überhaupt, und der Bergwerkswissenschaft insbesondere so interessante Stelle S. 615 ff. ausführlich erläutert habe, um das dort Gesagte hier nicht wiederholen und zu weitläufig werden zu müssen. —

Wenigstens zu Mosis Zeit gabs auch schon Eisen- und Kupferbergwerke in Palästina, sonderlich im nördlichen Theil dieses Landes, wie aus 5 Mos. 8, 9. K. 33, 25. erhellet. — Uebrigens, siehe von den einzelnen Metallen unter ihren besondern Namen. —

## Berith.

S. Baal-Berith.

## Bernice.

Bernice. Apostg. 25, 13. 23. K. 26, 30. Des großen Herodes Agrippa Tochter. Sie heirathete ihres Vaters leiblichen Bruder, Herodes, König in Chalcis. Nach ihres Gemahls Tode vermählte sie sich wieder mit dem über Pontus und einen Theil von Cilicien herrschenden Polemon, unter der Bedingung, daß er sich beschneiden lassen mußte. Allein sie verließ ihn bald wieder, und begab sich zu ihrem Bruder, dem jungen Agrippa, mit welchem sie sich der Blutschande sehr verdächtig machte. Sie war mit ihrem Bruder Agrippa bey der Rede gegenwärtig, welche der Apostel Paulus zu Cäsarea vor dem römischen Statthalter Festus hielt.

hielt. — Auch Titus, Vespasians Sohn, soll einer von den Liebhabern dieser Prinzeßin gewesen seyn und Vespasian selbst ihr große Geschenke gemacht haben. S. Tacitus Histor. libr. 2. c. 81. Vergl. Calmets Dictionaire de la bible unter diesem Titel. L.

## Berotha.

Es wird dieser Stadt Ezech. 48, 16. bey der neuen Landesvertheilung nach der babylonischen Gefangenschaft an den nordlichen Gränzen des Landes Meldung gethan. Die Lage dieses Orts ist gewiß, wenn man weis, wo Kedes gelegen habe. Denn Joseph (in antiq. libr. 5. cap. 1. fol. 140.) spricht: „daß diese Stadt nicht weit von Kedes entfernt gewesen sey," und fügt hinzu, „die Cananiter, die sich wider Josua rüsteten, hatten bey Berotha ihren ersten Versammlungsort gehabt, welches bey dem Wasser Merom (sonst der See Samochonitis genannt,) nach Jos. 11, 8. geschehen ist. Daher setzt man Berotha auf der Karte zwischen Kedes und dem gedachten See.

## Berrhöen.

Berrhöa. Beroe. Eine Stadt in Macedonien. Apostg. 17, 10. 13. Kap. 20, 4. —

## Berseba. Beerscheba.

1) In Ansehung dieser Stadt hat uns Moses B. 1. Kap. 21, 22 / 32. die Veranlassung zu diesem ihren Namen bekannt gemacht, בְּאֵר־שָׁבַע das ist Brunn des Eidschwures. Als Abraham in der Gegend von Gerar als Nomade herumzog, ließ er eine Cisterne graben, sein Vieh zu tränken. Dieses Brunnens wegen entstand zwischen seinen und Abimelechs Hirten Zänkereien, die durch ein feierliches Bündniß zwischen Abraham und Abimelech, bey diesem Brunnen in der Güte beigelegt wurde. Dieses Bündniß wurde nach damaliger Gewohnheit durch einen Eidschwur bey dem Brunnen bestätiget. Auch mag Isaak mit eben dem Abimelech hernach gleichen Vorfall gehabt haben, vergl. 1 Mos. 26, 26 / 33. wodurch die Ursache dieser Benennung mehr bestätiget worden ist. Nach dieser Zeit ist an dem Orte eine Stadt erbauet worden, die von diesem Brunnen den Namen Beerscheba erhalten hat. Berseba wird Jos. 15, 28. zuerst als eine Stadt angeführt, in der Geschichte der Landesvertheilung durch Josua, da dieselbe dem Stamm Juda durchs Los zufiel. Hernach aber mußte Juda diese Stadt dem Stamme Simeon abtreten, um die bey der ersten Theilung vorgefallenen Mängel und Irrungen zu verbessern. Daher kommt Jos. 19, 2. diese Stadt in dem Verzeichnisse der Städte des Stammes Simeon vor. Lange hernach wird zwar von Beerscheba, als von einer Stadt in Juda 1 Kön. 19, 3. geredet, es ist dieses aber nicht von dem Stamme, sondern von dem Reiche Juda, dem Reiche Israel entgegen gesetzt, zu verstehen. Es wurde zwar von Abraham schon gesagt, 1 Mos. 21, 19. er habe bey Berseba gewohnt, nachdem er auf einem Berge im Lande Moriya geopfert hatte. Daraus folgt aber nicht, daß Berseba schon damals eine Stadt gewesen; und eben so wenig daraus, wenn hernach 1 Mos. 26, 23. von Isaak, und Kap. 28, 10. und K. 46, 1. von Jakob gesagt wird, daß sie nach Berseba gezogen wären, und daselbst gewohnt hätten. Denn diese drei Erzväter waren herumziehende Nomaden. — Aber zu Moses Zeit war Berseba eine Stadt, wie aus 1 Mos. 26, 33. erhellet. Von ihrer Lage sagt Jos. 15, 28. vergl. mit V. 21. daß sie auf den äußersten mittägigen Gränzen des Stammes Juda längst dem Lande der Edomiter gelegen habe. Auch wird das durch 2 Sam. 24, 7. bestätiget, da Joab und die andern Hauptleute, die auf Befehl Davids das Volk zählten, an dem Mittag von Juda nach Berseba kamen. Zu Zeiten Eusebius und Hieronymus (Onom. ad voc. Βηϑσαβεε) war Berseba als ein großer Flecken noch vorhanden, und mit einer römischen Kriegsbesatzung versehen, und bestimmen es auf 20 römische Meilen von Hebron gegen Mittag. Cellarius (Geogr. Ant. Tom. II. p. 497.) meint, diese Zahl der Meilen sey entweder durch die Nachläßigkeit der Abschreiber verfälscht, oder von den Verfassern selbst unrichtig berechnet worden, und setzt die Stadt Berseba viel weiter gegen Mittag von Hebron, und näher an die mittägigen Gränzen des Landes, über 40 römische Meilen weit von dieser Stadt. Bachiene (Palest. Th. II. B. 2. §. 360.) sieht sich aber durch den in der Bibel oft wiederholten Ausdruck: von Dan bis Berseba, und umgekehrt, als Richt. 20, 1. 1 Sam. 3, 20. 2 Sam. 3, 10. K. 17, 11. K. 24, 2, 15. 1 Kön. 4, 25. 1 Chron. 21, 2. 2 Chron. 30, 5. nicht genöthiget, diesen letzten Ort gerade auf die äußersten mittägigen Gränzen des Landes Israel zu setzen. Es sey bey der Bestimmung der Länge des Landes nach den Städten Dan und Berseba genug, wenn man weiß, daß Berseba unter den mittägigen, und zunächst an den Gränzen des Landes gelegenen Oertern, die vornehmste und bekannteste Stadt gewesen sey. Unter die Merkwürdigkeiten

dieser Stadt ist zu rechnen, daß als Samuel in sei-nem Alter einen Theil seines richterlichen Amtes sei-nen beiden Söhnen Joel und Abia auftrug, er ihnen diese Stadt zu ihrem Sitze anwieß, um in derselben alle in dem südlichen Theile des Landes vorfallende Streithändel abzuthun, nach 1 Sam. 8, 2. Der Prophet Amos Kap. 5, 5. und K. 8, 14. sagt nicht von dieser Stadt, daß sie ein Hauptsitz der Abgötte-rei gewesen; dies geschah selbst unter der Regierung des sonst gottesfürchtigen Königs Uzzia. Der Pro-phet Amos K. 5, 5. und K. 8, 13. 14. warnet vor der Abgötterei zu Berseba. Weiter ist zu bemerken, daß Ahasias Gemalin, Zibia, mit welcher er seinen Sohn und Nachfolger Joas gezeuget, von Berseba gebürtig war. Joas Mutter heißt 2 Kön. 12, 1. Zibia von Berscheba. Nehem. 11, 27. 30. lieset man die späteste Nachricht von dieser berühmten Stadt, und zwar daß einige vom Stamme Juda nach ihrer Rückkehr aus dem babylonischen Exilium sich unter andern auch zu Berseba und den dazu gehörigen Or-ten wonhaft niedergelassen haben.

2) Eine Wüste. Hier hatte sich nach 1 Mos. 21, 14–21. Hagar, als sie mit ihrem Sohne Ismael aus Abrahams Hause vertrieben war, eine Zeitlang aufgehalten. Es ist warscheinlicher Weise eben die-selbe Wüste, nach welcher sich der Prophet Elias be-geben hat, als er in der Stadt Berseba vor der Ver-folgung der Jesabel nicht sicher war, und welche die-ser Stadt gegen Mittag gelegen hat. Davon 1 Kön. 19, 3. 4.

## Beryll.

Offenb. Joh. 21, 20. Ein durchsichtiger Edelstein meergrüner Farbe, daher er auch Thalassius (von Θαλασσα das Meer), Marinus und Aquamarin (Aqua marina) genant wird. Er weicht jedoch in Ansehung der Farbe vielfältig ab. Bisweilen fällt er mehr ins Bleichgelbe, und dann nent man ihn seines Goldglanzes wegen Chrysoberyll oder Goldberyll; die noch bleichgelbere Sorte nent man Chrysopras; die hyacinthfärbigen Hyacinthiconteus, die kupferfär-bigen Aeroides, die wachsgelben Cereos und die ölfarbenen Oleagineos. Man findet sie in den Bergwerken in Indien, auf der Insel Ceylon, in Martaban, Pegu und Kambaya. Den Wert des Berylls bestimt seine mehr oder minder schöne Farbe. Er pflegt gemeiniglich vieleckigt geschliffen zu werden, um ihm, vermöge des Widerscheins desto mehr Lebhaf-tigkeit und Glanz zu geben. S. Vollständiges Lexi-con aller Handlungen und Gewerbe. Tom. I. fol. 421. —

## Besäen.

S. Säen. Saamen.

## Bescheren.

S. Abscheren. Bart. Haar.

## Beschlafen.

S. Schänden und Beyschlaf.

## Beschneiden. Beschneidung.

Die Beschneidung, oder das Abschneiden der die Eichel des männlichen Gliedes bedeckenden Vorhaut ist eine so frappante Verordnung, daß sich schon im Vor-aus höchst warscheinlich vermuten läßt, sie müsse eine sehr wichtige Absicht gehabt haben. Denn schwerlich wird der Allweise so etwas — ohne Rücksicht auf ei-nen dadurch zu erreichenden großen Nutzen verordnen — schwerlich so nachdrücklich und unter Drohung der Ausrottung einschärfen — so etwas schwerlich zum Zeichen und zur Bedingung des Bundes zwischen sich und einem Theil des Menschengeschlechts machen — welches wir doch alles 1 Mos. 17. von der Beschnei-dung lesen. —

Es ist schon aus der Verordnung der Beschneidung in dieser Stelle ziemlich klar, daß sie die Fruchtbar-keit oder stärkere Vermehrung — zur Hauptabsicht gehabt habe. Denn die Vorbereitung zu dem durch die Beschneidung mit dem Abraham und dessen Nach-kommen aufzurichtenden Bunde mit Gott, besteht aus lauter Versicherungen und Vorbildern einer sehr starken Vermerung der Familie Abrahams: 1) „Ich will dich sehr vermeren" spricht Gott V. 2. — 2) „Ein Vater vieler Völker sollst du werden" V. 4. und in V. 5. verwandelt Gott den Namen Abram (hoher Vater) in Abraham, d. i. Vater der Menge — und setzt die Ursache hinzu: denn ich habe dich zum Stammvater vieler Völker (großer Stämme. Völker für „Stämme" wie mehrmals!) bestimt." — Zum Stammvater eines großen, aus vielen ansehnlichen Stämmen bestehenden Volks. — 3) „Ich will dich sehr fruchtbar machen; zu Völkern sollst du gedeihen, Könige sollen von dir kommen" V. 6. — 4) „Das Land Canaan will ich deinen Nachkommen zum Besitz geben" V. 8. welches, ohne eine sehr zalreiche mäch-tige Nachkommenschaft nicht geschehen konte. — Das alles wird gesagt; aber „du und deine Nachkom-men müssen euch beschneiden! V. 9. 10. — Offenbar

solte

solte also die Beschneidung ein vorzügliches Mittel zur stärkern Vermehrung seyn. — Was sich aus der Verordnung der Beschneidung, wie sie uns Moses aufbehalten hat, höchst warscheinlich abnemen läßt, sagt Philo (von der Beschneidung S. 210.) mit ausdrücklichen Worten. Denn nach ihm war die Hauptabsicht der Verordnung der Beschneidung η προς πολυγονιαν κατασκευη. — Er setzt hinzu, man habe bemerkt, τα περιτεμνομενα των εθνων πολυγονωτατα και πολυανθρωποτατα ειναι — die beschnittenen Völker wären die fruchtbarsten und zahlreichsten. Ohne alle weitere Bestimmung gesagt, ist dies ohnstreitig falsch und wider die Völkergeschichte. — Die Beschneidung ist nicht das einzige Mittel der starken Bevölkerung. Wenn andere Mittel fehlen und im Gegentheil wieder starke Hindernisse eintreten: so wirkt die Beschneidung wenig, so unstreitig viel sie alsdenn wirkt, wenn die Bevölkerung allen übrigen Vorschub und keine weitern Hindernisse hat, wie ich gleich zeigen werde. Philo hatte vermuthlich die Israeliten im Sinn, in Rücksicht welcher er vollkommen Recht hatte; allein bey diesen traffen auch alle Mittel zur Fruchtbarkeit zusammen. (S. meine Bibel Th. 1. bey 2 Mos. 12, 37. b) S. 324 ff.)

In wie fern konte aber die Beschneidung die stärkere Vermehrung eines Volks befördern? Nach dem Philo ist der erste Nutzen der Beschneidung der, daß sie einer schweren (schmerzlichen) und schwer zu heilenden Krankheit, welche vermuthlich ihres brennenden Schmerzes wegen, Anthrax oder Carbunkel, (d. i. glühende Kohle) genant wird, und welcher die Unbeschnittenen mehr unterworfen sind, vorbeugt. (Χαλεπης νοσου και δυσιατου παθους απαλλαγη, ην ανθρακα καλουσι.) — Die Entstehungsart dieser zum Beischlaf natürlicher Weise untüchtig machenden, und wenn sie sich unter einem Volke nur einigermaßen häufig einfindet, die Bevölkerung sehr hindernden Krankheit des heissen Orients, läßt sich aus Herrn Cap. Niebuhrs Nachricht (Beschreibung von Arabien S. 77.) leicht einsehen: „Die Beschneidung, (schreibt er) ist in den heissen Ländern, bey denen die sich nicht fleißig waschen, gewis nützlich. So versicherte mich der Arzt der Engländer zu Haleb, daß sich in den heissen Ländern mehrere Feuchtigkeiten unter der Eichel sammeln, als in den kältern, und einer meiner Freunde in Indien — hatte eine Art von Beulen unter der Eichel bekommen, welches nicht so leicht zu befürchten gewesen seyn würde, wenn er beschnitten gewesen wäre." — Nachdem Herr Cap. Niebuhr weiter bemerkt hatte, daß man durchs fleißige Waschen dieses Gliedes dieser Krankheit oft vorbeugen könne, so schreibt er weiter: „Weil nun ein Beschnittener sich mit weniger Mühe waschen kan, als ein Unbeschnittener — so verschaft die Beschneidung denen, die sie gebrauchen, auch eine große Bequemlichkeit, und dies könte schon für eine Ursache gehalten werden, warum die Muslemen, bey welchen sie einmal eingeführt ist, sie beibehalten." — Joseph (Contra Apion. B. 2. §. 13.) erzält von dieser Krankheit ein sehr merkwürdiges Beispiel: Apion, der die Juden unter andern auch der Beschneidung wegen verspottet hatte, bekam selbst eine Beule an der Scham. Er muste sich operiren lassen; aber es geschah zu spät. Er mußte an der Beule unter großen Schmerzen sterben. — Eben diese Krankheit scheint unter den grossen Plagen verstanden werden zu müssen, mit welchen Pharao und sein Hof von Gott um der Sara willen belegt wurde. 1 Mos. 12, 17. — Und an eben diese Krankheit hat man bey der Krankheit Abimelechs, des Königs zu Gerar zu denken, die ihm Gott ebenfalls um der Sara willen zuschickte. 1 Mos. 20. — Denn im V. 6. sagte Gott zum Abimelech im Traum: „Ich habe dich behütet, daß du nicht wider mich sündigtest, und habe dirs leicht zugegeben, daß du sie berührtest." Was kan das anders heissen, als, Gott habe ihn mit einer solchen Krankheit heimgesucht, vermöge welcher er die Sara ungeschändet lassen mußte? — zumal da es V. 17. 18. heißt: „Abraham aber betete zu Gott; da heilte Gott (den) Abimelech wieder, und sein Weib und seine Mägde, daß sie Kinder gebaren. Denn der Herr hatte zuvor hart verschlossen, alle Männer des Hauses Abimelech, um Sara willen." — Abimelech hatte weder mit seiner Gemalin noch mit seinen übrigen Beischläferinnen ein Kind gezeugt. Nun wird er der schönen Sara gewahr. Er will sie in sein Harem aufnemen, um vielleicht mit ihr Kinder zu zeugen; aber so eben bekam er die schändliche Krankheit, die ihm den Beischlaf nun ganz unmöglich machte. Es klärt sich indessen auf, daß Sara Abrahams Frau sey — er entsagt also auf Veranlassung des Himmels allen Ansprüchen auf diese vergebliche Schwester Abrahams — und nun wird er nicht nur von seiner schändlichen und schmerzlichen Krankheit befreit, sondern seine Gemelin und Beischläferinnen werden nun auch von ihm schwanger und gebären Kinder. — Ob Abimelechs Harem zugleich auch mit einer änlichen Krankheit belegt worden, oder ob ihr „Heilen" nur von der Fruchtbarwerdung zu verstehen sey, laß ich unentschieden. — Dieser im Orient gewönlichen Krankheit, welche den Beischlaf völlig unmöglich macht, wurde nun durch die Beschneidung vorgebogen (wie Philo ausdrücklich sagt), nicht nur in so ferne, daß man die Eichel des männlichen Glieds leichter rein halten und waschen kan, sondern auch überhaupt in so fern sie unbedeckt ist, keine scharfe Feuchtigkeiten sich auf ihr sammeln können, sondern wie sie sich nach und nach erzeugen, durch die Bewegung vom Hemde rc. von selbst weggenommen werden. — Wurde nun auf diese Weise, durch die Beschneidung, jener im Orient nicht ungewönlichen, oft tödtenden, allzeit aber den Beischlaf hindernden Krankheit vorgebogen: so wird man nicht zweifeln, daß die Beschneidung die stärkere Bevölkerung ansenlich habe befördern können. — Sie konnte es aber auch noch in einer andern Rücksicht. Es gibt Mannspersonen, deren Vorhaut zu eng ist, und welche deswegen beim Beischlaf große Schmerzen empfinden, und zu einem fruchtbaren Beischlaf gewönlich ganz untüchtig sind. Von Europäern ist dieses bekant, und von Morgenländern versichert es uns auch Hr. Cap. Niebuhr (a. a. O.) aus einem sehr grosen Beispiel. Auch diesem Mangel, der, ob er gleich auch im Orient nicht eben sehr häufig vorkommen mag, aber unter einem Volk, das aus sechsmal hunderttausend und noch mehr mannbaren Mannspersonen bestand, doch ziemlich oft erscheinen, und im Großen folglich doch die Bevölkerung beträchtlich hindern mochte, half die Beschneidung, wie jeder Arzt zugiebt, völlig ab. Hr. Niebuhr ist daher geneigt, den wahren Nutzen der Beschneidung darein zu sezen, daß dadurch viele Männer, welche eine zu enge Vorhaut haben, erst zum Beischlaf tüchtig gemacht werden. So wenig ich aber glaube, daß dieses der einzige und wahre Nutzen der Beschneidung gewesen, so höchst warscheinlich ist es, daß der Gesetzgeber diesen Nutzen mit intendirt habe. — Aus dem bisher Gesagten ist es nun wol ganz offenbar, daß die eigentliche Absicht der Beschneidung die stärkere und ungehindertere Bevölkerung gewesen, und nunmehr wird dichs auch einleuchten, in wie fern die Beschneidung die stärkere Vermehrung eines Volks habe befördern können. — Auch Christus Joh. 7, 22. 23. scheint wie auch schon Hr. R. Michaelis (mos. Recht Th. 4. §. 186. S. 43.) bemerkt, die Beschneidung für eine, einen medicinischen Nutzen habende Sache anzusehen, weil er sie mit der Heilung anderer Krankheiten ganz in Eine Classe sezt. —

Nun wird man die Frage aufwerfen: Ist die Beschneidung dem Abraham von Gott zuerst verordnet worden? oder ist sie vorher schon Sitte anderer Völker gewesen? — Vor etwa acht Jahren, als ich meine Anmerkungen übers erste B. Mose niederschrieb, war ich noch der Meinung, die Beschneidung sey eine bis auf Abrahams Zeit andern Völkern gänzlich unbekante Sache gewesen. Ich suchte also die Gründe des Hrn. R. Michaelis, der die Beschneidung für vorhin schon bekant hielt, zu entkräften; allein bey später angestellten Untersuchungen wurde ich doch zweifelhaft, und neue Gründe, die sich mir darboten, jagen mich ganz von meiner vormaligen Meinung ab. — Was ich in meiner Bibel Th. 1. bey 1 Mos. 17. wider die Gründe des Hrn. R. Michaelis für das über Abrahams Zeit hinausreichende Alter der Beschneidung rc. eingewendet habe, verliert, dünkt mich, ohnehin seine Stärke, wenn man alle Gründe, die ich anführen werde, zusammennimt.

1) Es ist höchst warscheinlich, daß die Beschneidung schon in den frühesten Zeiten in Aegypten gewönlich gewesen. Philo beschreibt die oben gedachten Carbunkeln als eine sonderlich ägyptische Krankheit, wovon ich mancherlei Spuren auch in der Bibel gefunden zu haben meine, z. B. die Krankheit des Pharao, (1 Mos. 12, 17.) und die Krankheit des Abimelech, Königs zu Gerar, (1 Mos. 20, 6. 17. 18.) beide um der Sara willen, (s. oben.) — „Die Schmach oder Schande Aegyptens," die Gott nach Jos. 5, 9. durch die Beschneidung von den Israeliten gewendet, oder weggewälzet, ist, wie ich nun glaube, nichts anders, als jene schändliche ägyptische Krankheit, welcher die Beschneidung vorbeuget. „Heute hab ich die Schande Aegyptens von euch gewendet." d. i. euch vor jener schändlichen ägyptischen Krankheit in Sicherheit gesezt. Denn warscheinlich hatte sich diese Krankheit unter den unbeschnittenen Israeliten in der Wüste ebenfalls eingefunden. — Dieß alles zusammengenommen, macht es doch gewis sehr warscheinlich, daß die Carbunkeln eine in Aegypten sehr gewönliche Krankheit gewesen. War dieses: so kann

man

man natürlicher Weise schon in sehr frühen Zeiten auf Heil- aber auch Verbeugungsmittel. Das natürlichste war, die jene Krankheit mittelbar erzeugende und übrigens entbehrliche Vorhaut abzuschneiden. Es ist also höchst wahrscheinlich, daß die Beschneidung schon in den frühesten Zeiten in Aegypten gewöhnlich gewesen sey. Es ist wenigstens sehr begreiflich; wie die Beschneidung, eine an sich wunderlich- und gewissermaßen grausam scheinende Sitte, schon in den frühesten Zeiten, ohne Gesetzgeber, in dem so frühzeitig aufgeklärten erfinderischen Aegypten üblich seyn konnte. —

2) Die ältesten griechischen Geschichtschreiber gedenken der Beschneidung als einer ursprünglich ägyptischen und habessinischen Sitte. Die Stellen führt Spencer (de legibus Hebraeorum ritualibus; Libr. I. c. 5. p. 55 ff.) und Hr. Rit. Michaelis (mos. Recht. Th. 4. §. 185. S. 17 ff.) an, nach dessen Uebersetzung ich sie auch hier wiederholen will: — Herodot (B. 2. §. 36.) schreibt: „Andere Völker, nur die ausgenommen, die die Aegypter nachahmen, lassen die Schaamtheile, wie sie von Natur sind; die Aegypter aber beschneiden sie." — Und §. 104. wo er zu beweisen sucht, daß die Colchier, ursprünglich Aegypter wären, schreibt er: „Noch wichtiger ist, daß blos die Colchier, Aegypter und Aethiopier, von den ältesten Zeiten her die Beschneidung haben. Denn die Phönicier und die Syrer in Palästina (d. i. die Israeliten) sind selbst eingeständig, diese Sitte von den Aegyptiern gelernt zu haben. Die am Fluß Thermodon und Parthenius wohnenden Syrer aber und ihre Nachbarn, die Makronen, sagen: sie hätten den Gebrauch erst neuerlich von den Colchiern angenommen. Dieß sind die einzigen Völker, die sich beschneiden, und diese scheinen es alle den Aegyptiern nachgethan zu haben. Von den Aegyptiern und Aethiopiern aber selbst kann ich nicht sagen, welches von beiden Völkern die Beschneidung von dem andern gelernt. Denn die Gewohnheit ist sehr alt. Daß aber andere Völker sie von den Aegyptiern haben, davon giebt mir auch dieß einen starken Beweis, daß diejenigen Phönicier, die mit den Griechen Umgang haben, hierinne den Aegyptiern nicht mehr nachahmen und sich nicht beschneiden." —

Diodor von Sicilien schreibt (B. 1. K. 28.): „Auch die Colchier in Pontus, und die Juden zwischen Arabien und Syrien, halten einige für ägyptische Kolonien, weil diese Völker ihre Knaben bald nach der Geburt beschneiden; welchen alten Gebrauch sie aus Aegypten mitgebracht zu haben scheinen."

Strabo (B. 17. S. 1140.) rechnet zu den Sitten der Aegyptier, „daß sie Knaben und Mädchen beschneiden, wie auch die Juden thäten, die aber ursprünglich Aegyptier wären."

Diese drey alten berühmten griechischen Geschichtschreiber, (deren Fehltritte in der jüdischen Geschichte uns nicht befremden, und nicht irre machen dürfen,) beschreiben also die Beschneidung als eine zu ihrer Zeit schon uralte ägyptische Sitte, deren Ursprung sie gar nicht kannten, und die aus Aegypten erst zu den Israeliten übergegangen sey. —

Auch der Jude Philo, an dem oben angeführten Ort, beschreibt die Beschneidung als eine wenigstens eben so gut ägyptische als jüdische Sitte: „Sie ist, schreibt er, auch bey andern Völkern, sonderlich den Aegyptiern, die man für eine der zahlreichsten, ältesten und gelehrtesten Nationen gelten läßt, im Gebrauch, und wird sehr eifrig von ihnen beobachtet."

Joseph (Antiq. Iud. L. 8. c. 10. §. 3. und Contr. Apion. Libr. 1. c. 22.) führt den Herodot von der Beschneidung der Aegyptier, an, ohne ihm zu widersprechen; und im B. 2. wider den Apion. §. 13. sucht er die Ehre der Beschneidung, welche Apion angetastet hatte, dadurch zu retten, daß er sich auf das Beispiel der Aegypter berief, die sie nicht nur ebenfalls üben, sondern nach Herodots Meinung sogar erst zu andern Völkern gebracht hätten. —

3) Die Aegypter werden Jer. 9, 25. 26. unter diejenigen Völker gezält, die sich eben sowol als die Israeliten beschnitten — dabei aber ein unbeschnittenes Herz haben, wie diese. Ich muß um Verzeihung bitten, daß ich diese Stelle, weil ich sie sonst anders verstand, in meiner Bibel fürs Gegentheil angeführt habe.

4) Noch heutiges Tages ist die Beschneidung in Aegypten und Habessinien gewöhnlich, nicht etwa blos als muhammedanischer Religionsgebrauch — unter den Muhammedanern, — sondern überhaupt als Landessitte, daher sich auch die coptischen Christen beschneiden — zum offenbaren Beweis, daß die Beschneidung in Aegypten recht eigentlich zu Hause, und unter diesem Clima nothwendig sey.

Diese Gründe, mit den übrigen und eigentlichen Gründen des Hrn. R. Michaelis, die ich in meiner Bibel Th. 1. bey 1 Mos. 17, 10. a) angeführt, aber zu widerlegen gesucht habe — sonderlich wie sie dieser Gelehrte in s. mos. Recht. Th. 4. S. 26 ff. anfürt, zusammengenommen, machen es höchstwarscheinlich, daß die Beschneidung zu Abrahams Zeit schon in Aegypten gewönlich gewesen. — Ohne alle diese Gründe zusammen zu nemen, möchte man, wenn man weis, daß die Aegyptier die Beschneidung gehabt, und jetzo noch haben, auf die Gedanken kommen, sie möchten sie von den Israeliten angenommen haben. Allein dazu waren die Aegypter viel zu stolz, und die Israeliten, wie alle nomadische Völker, ihnen zu verächtlich. (1 Mos. 43, 32. Kap. 46, 34.) Sie pflegten von andern Völkern häufig nachgeamt zu werden; aber nicht andere nachzuamen. Der einzige mögliche Zeitpunkt, da die Aegypter israelitische Sitten hätten annemen können, wäre, als Joseph Großvezier in Aegypten war. Allein dieser erscheint gar nicht so, als wenn er seine vaterländischen Sitten in Aegypten hätte einfüren wollen, sondern wir finden ihn durchaus als naturalisirten Aegypter. —

Es bleibt wol das Natürlichste, daß die Aegypter die Beschneidung selbst erfanden. Erfinderisch und beherzt genug, dergleichen Versuche zu machen, waren sie; — sie konten sie also wol erfinden; — und unstreitig hatten sie auch den Willen dazu, wenn, wie natürlich und oben gezeigt, die Abschneidung der Vorhaut ein Verwarungsmittel vor die Carbunkeln ist, und diese Krankheit in Aegypten häufig war. —

Nun ist die Frage: Beschnitten sich alle Aegypter? War die Beschneidung Sitte des ganzen Volks? — Die Priester der Aegypter mußten sich alle beschneiden. Vermutlich um vor der schädlichen ägyptischen Krankheit, die den Priesterstand zu entweihen schien, dadurch vorzubeugen. Dieß gieng so weit, daß auch keinem Laien, der nicht beschnitten war, der Zugang zu der geheimen Lehre der ägyptischen Priester verstattet wurde. Wer sie wissen wolte, muste sich schlechterdings beschneiden lassen, offenbar aus dem Grunde, um nicht der schändlichen Krankheit ausgesezt zu seyn, die jene heiligen Lehren würden entweihet haben. (S. Origenes Comment. Tom. 4. S. 495. bey Röm. 2, 13. —) Daß sich daher auch Pythagoras hat beschneiden müssen, ehe er zu der geheimen Lehre der ägyptischen Priester Zugang erhielt, ist bekant. — Also — alle ägyptische Priester musten sich beschneiden. Aber ob auch alle Laien, oder der große Theil der Nation? — Da diese kein Gesetz eines Obern dazu verband: so läßt sich leicht denken, daß sich nicht alle Aegypter werden beschnitten haben, weil die Beschneidung an sich eben keine angeneme Sache war. — Apion, ein Aegypter verspottet die Juden unter andern auch der Beschneidung wegen. (Vermutlich weil sie die Juden, seiner Meinung nach, ohne Noth brauchten. „Die Beschneidung der Juden kam ihm vor, als wenn man sich einen Finger abschneiden ließ, um nicht den kalten Brand daran zu bekommen! —) Wäre diese Sitte unter seiner Nation so völlig allgemein gewesen, wie unter den Juden, so würde Apion vernünftiger Weise nicht darüber haben spotten können. Es scheint also, man brauchte in Aegypten die Beschneidung nur als Operation — wenn man mit den Carbunkeln behaftet war, oder sie doch befürchtete. — Apion, der über die Beschneidung der Juden gelacht hatte, bekam ein Geschwür an der Schaam, (die schändliche ägyptische Krankheit, die Carbunkeln!) und muste sich deswegen selbst noch beschneiden lassen. — Da, wie aus dem oben Gesagten erhellet, die Carbunkeln eine sehr gewönliche Krankheit in Aegypten waren, und folglich viele sich beschneiden musten — viele auch, die sich auch nur geneigt zu der Krankheit fülten, sich beschnitten, ehe sie wirklich ausbrach — und alle Priester sich beschneiden musten, so konte man immer von den Aegyptern sagen: „sie hätten die Sitte der Beschneidung gehabt" — welches nicht nur die oben angefürten griechischen Profanscribenten von ihnen sagen, sondern auch selbst die Bibel in der oben ebenfalls angefürten Stelle. —

Abraham war, nach Mosis Erzälung, nicht eben lange vorher in Aegypten gewesen, als er den Befel zur Beschneidung erhielt. Im Kap. 12. beschreibt Moses Abrahams Aufenthalt in Aegypten, und Kap. 17. schon den göttlichen Befel zu der Beschneidung, nachdem er beinahe weiter nichts von Geschichte dazwischen gemeldet hatte, als jenen ersten bekanten Krieg in der Welt (1 Mos. 14.). — Abraham sah den Pharao und seinen Hof, um seiner Frau willen — krank, und zwar, wie ich oben schon vielleicht mit Grunde behauptet habe, an den zum Beischlaf untüchtig machenden Carbunkeln krank, vermutlich sah er auch diesen samt seinem Hof — auch wol außerdem noch andere Aegypter, um sich von dieser Krankheit zu befreien, sich beschneiden. — Ja es wäre auch gar wol möglich, daß Abraham, oder doch einer und der andern seiner Knechte diese Krankheit selbst aus Aegypten mitgebracht hätte. — Doch dem sey wie ihm wolle! — Kurz, die Providenz fügte es so, daß sich Abraham von dem Nutzen, ja von der Nothwendigkeit der Beschneidung überzeugen lernte — und nun — davon überzeugt, verordnete Gott ihm die Beschneidung zur ewigen Sitte unter seinen Nachkommen. — Es ist dieses wenigstens der Art, wie Gott das kindische Zeitalter der Welt belehrte, und seiner Weisheit gemäß. — Und nur auf diese Weise konte Abraham die, unter der Bedingung der Beschneidung, ihm gegebene Versicherung einer sehr zalreichen Nachkommenschaft — nur auf diese Weise konte er das ihm so nachdrücklich eingeschärfte Gesetz von der Beschneidung, einer an sich äußerst frappanten Sache, wenn man ihren Nutzen nicht kent, begreifen, welches Gesetz ihm außerdem nicht anders, als lächerlich hätte vorkommen können. —

Das Gesetz von der Beschneidung selbst (1 Mos. 17, 10—14.) ist kurz dieses: 1) Alle Mannspersonen in der Familie und den Nachkommen Abrahams sollten beschnitten werden, V. 10. 11. — und zwar die Knaben, die künftig geboren werden würden, wenn sie acht Tage alt wären, V. 12: nicht früher, aber auch nicht später. Nicht früher; weil die noch gar zu zarten schwachen Kinder die Beschneidung sonst nicht möchten haben aushalten können; — aber auch nicht später; weil die Kinder, je älter sie werden, desto stärker die Wunde empfinden. — 2) Auch alle Knechte der Nachkommen Abrahams sollten beschnitten werden, nicht blos eingeborne, sondern auch erkaufte. V. 12. — Da die Beschneidung ein Beförderungsmittel der Fruchtbarkeit war, und die Knechte einen Theil des Reichtums ausmachten, auch wenn eine Familie mit der Zeit zum Volk gedeihet, einen beträchtlichen Theil des Volks selbst ausmachen: so ist sehr begreiflich, warum Gott, der sich vorzüglich auch ums irrdische Glück Abrahams und seiner Familie verdient, und dieselbe geschwind zu einem zalreichen Volk machen wollte, auch den Knechten der Familie Abrahams die Beschneidung anbefal. — 3) Die Beschneidung solte das Zeichen des Bundes Gottes mit Abraham und seiner Familie seyn, d. i. die Bedingung, unter welcher Gott seine Verheissung, dem Abraham eine sehr zalreiche Nachkommenschaft, und dieser das Land Canaan zum eigentümlichen Besitz zu geben, erfüllen wollte. V. 11. vergl. mit V. 7. 8. —

Man siehet hieraus, daß die Beschneidung sehr unschicklich und unrichtig ein Sacrament genant, und mit der Taufe des N. T. verglichen wurde. Durch die Beschneidung wurde ein Nachkomme Abrahams blos zu einem glücklichen Gliede dieses Geschlechts legitimirt, und zugleich zum Dienste des einigen wahren Gottes verpflichtet, und konte sich völlige Theilnehmung an dem diesem Geschlechte von Gott verheissenen Glücke versprechen; und ein Fremder, der sich beschneiden ließ, ward durch die Beschneidung verbunden, mit Annemung der wahren Religion, in der Nachkommenschaft Abrahams naturalisiret. — Nur ein Nachkomme Abrahams, und insbesondere ein den einigen wahren Gott verehrender Israelit durfte das Osterlamm essen. Wollte es aber auch ein Fremder mit geniessen, so mußte er sich beschneiden (2 Mos. 12, 48.) d. i. zum Israeliten naturalisiren lassen, und als solcher wie alle Israeliten, den einigen wahren Gott verehren. Denn mit der Beschneidung, in so fern man durch sie in der Nachkommenschaft Abrahams und unter den Israeliten insbesondere naturalisirt werden wolte, war die Annemung der wahren Religion, oder die Verehrung des einigen wahren Gottes und Entsagung alles Götzendienstes (1 Mos. 17, 1.) nothwendig verbunden.

Uebrigens konten Ausländer unter den Israeliten wonen, die Religion der letztern für die wahre halten und annemen, und dem wahren Gott im Tempel Opfer bringen, ohne deswegen zur Beschneidung verbunden zu seyn. S. Hrn. R. Michaelis mos. Recht. Th. 4. S. 20 ff. — Sie wurden nur alsdenn nicht für naturalisirte Israeliten angesehen, sondern blieben — Fremdlinge, und durften daher auch das Osterlamm nicht mit geniessen.

## Schlußanmerkung.

Die uns bekanten Völker welche sich beschnitten, waren 1) die Aegypter und Aethiopier. S. oben. — 2) Alle Nachkommen Abrahams, und zwar a) die Israeliten, b) die Edomiter (Esaus Nachkommen.) wenigstens bis auf die Zeit des Propheten Jeremia. S. Jerem. 9, 24. 25. — Aber zur Zeit des jüdischen Königs Johannes Hyrkanus, 129 Jahr vor Christi Geburt hatten die Edomiter die Beschneidung nicht mehr. Denn als dieser Idumäa eroberte, stellte er es den Edomitern frei, entweder sich beschneiden zu lassen und im Lande zu bleiben, oder — auszuwandern: — Sie wälten das erste — ließen sich beschneiden,

ben, und wurden dadurch (als ehedem Nachkömmlinge Abrahams,) mit den Juden Ein Volk. S. Joseph jüd. Alt. B. 13. K. 9. §. 1. vergl. Hrn. R. Michaelis mos. Recht. Th. 4. S. 6 ff. c) Ein großer Theil der Araber, die von Abraham, durch Ismael und seine Söhne von der Ketura abstammen. Durch diese ist die Beschneidung auch bey den Muhammedanern Sitte geworden. Denn Muhammed war ein ismaelitischer Araber. Und weil er beschnitten war und ein großer Theil seiner Anhänger, die gleicher Abkunft mit ihm waren, sich beschnitten: so ward die Beschneidung auch von allen übrigen seiner Anhänger, gleichsam als Religionsgebrauch angenommen, ob sie gleich Muhammed in seinem Koran niegends verordnet hat. S. Michaelis a. a. O. — 3) Lots Nachkommen, die Moabiter und Ammoniter. Jerem. 9, 24. 25. — 4) Die Colchier, als eine ägyptische Kolonie; und 5) die am Fluß Thermodon und Parthenius wohnenden Syrer und deren Nachbarn, die Makronen, welche nach Herodot die Beschneidung von den Colchiern angenommen haben. —

### Beschwöhren. Beschwöhrer.

S. Schlange. Zauberer.

### Besek oder Bezek.

1) Eine Stadt in Canaan, gegen Mitternacht, nicht weit von Hebron. Ist jetzt, wie man dafür hält, das Dorf, welches Bortesrllach heißt. Daselbst residirte ein König Adoni-Besek, (d. i. Herr von Besek) wurde in seiner Residenz, nachdem er vom Stamme Juda geschlagen war, gefangen genommen ihm die Daumen an Händen und Füßen abgehauen, nach Jerusalem gebracht, woselbst er nach Richt. 1, 4–8. an seinen Wunden gestorben ist. In Maundrells Reise S. 116. liest man, daß die Türken glauben, es könne in diesem Orte kein Türke, der nur über 1 Jahr alt wäre, am Leben bleiben; daher er von Christen, und zwar griechischer Religion, bewohnt würde.

2) Ein anderer Flecken, dessen 1 Sam. 11, 18. gedacht, und der vom sel. Luther Basek genannt wird. Eusebius und Hieronymus sagen: zu ihrer Zeit wären zween nahe bey einander gelegene Flecken desselben Namens gewesen. Da sie aber dieselben 17 römische Meilen weit von Neapolis oder Sichem, an den Weg nach Scythopolis setzen, so schließt daraus Bonfrerius (Annotat. ad Onomast. Euseb.) daß keiner von diesen beiden Flecken die Stadt Bezek, worinnen Adoni-Bezek residirt habe, könne gewesen seyn.

### Besessene.

**Daemoniaci.** Δαιμονιζόμενοι. Δαιμόνιον ἔχοντες. — Man hat von den Besessenen, oder dämonischen Leuten, deren im N. T. gedacht wird, zwo Hauptmeinungen. Die eine und zwar die alte und sonst allgemeine — ist, „sie wären wirklich vom Teufel besessen" — Die andere und jetzt fast allgemeine: „sie wären nur mit einer gewissen Krankheit, sonderlich mit Wahnsinn, Raserei behaftet gewesen." Jene in die evangelische Geschichte, wo der dämonischen Leute gedacht wird, zu passen, brauche man weiter nichts zu wissen, als: Ob eine solche Einwirkung der Geister in Körper möglich sey? Und diese Frage beantwortet jeder Pneumatologe mit Ja! — Und überhaupt komt man mit dieser Meinung bey der Erklärung der Evangelisten am besten weg; nur daß sie gelehrten Denkern nicht behagt. — Diesen sind also die dämonischen Leute nichts anders, als Kranke — und zwar mit Wahnsinn, Raserei — oder auch Epilepsie behaftete. Am warscheinlichsten haben dieses gemacht: Hr. D. Semler in einer Dissert. de Daemoniacis, quorum in euangeliis fit mentio. Halae 1760. 4. und vermehrter 1769. und deutsch in der Untersuchung der dämonischen Leute, oder sogenannten Besessenen, nebst Beantwortung einiger Angriffe. 1762. 8. und der englische Presbyterianische Prediger in der Gegend von London, Hugh Farmer, in einer 22 Bogen starken Abhandlung, welche Hr. Kirchenrath Bamberger unter dem Titel: Versuch über die dämonischen Leute, oder sogenannten Besessenen, deren im Neuen Testamente gedacht wird. (Berlin 1776. 8.) aus dem Englischen ins Deutsche übersetzt, auch Hr. D. Semler herausgegeben hat. — Farmer sucht in zehn Sätzen zu erklären und zu bestimmen, was unter den dämonischen Leuten im N. T. zu verstehen sey:

1) Die Geister, von welchen man glaubte, daß sie von den menschlichen Leibern Besitz nähmen, werden im N. T. Dämonen (δαιμόνια, δαίμονες) nicht Teufel (διάβολοι) genant; (obgleich Luther das aus dem griechischen Wort διάβολος entstandene Wort Teufel setzt.) — Wenn aber Christo vorgeworfen ward, er treibe die Dämonen durch den Fürsten der Dämonen aus, und Er darauf antwortete: wie kan Ein Satan den Andern austreiben: so muß man daran denken, daß Satan überhaupt einen

Widersacher bedeute, und die Juden einen jeden Dämon (und die Dämonen wurden für feindliche, schädliche Geister gehalten, s. No. 2.) Satan nennen, daher Samael von ihnen der Fürst der Satane genennet wird. — S. die folgenden Sätze. —

a) So oft das Wort Dämonen in Beziehung auf Besitzungen, entweder in den Büchern der heil. Schrift, oder in andern Schriftstellern vorkomt, müssen wir dadurch keine gefallenen Geister, sondern heidnische Gottheiten, die zuvor Menschen gewesen, darunter verstehen. — Dämonen sind, nach griechischem Sprachgebrauch, diejenigen abgeschiedenen menschlichen Geister, die der Aberglaube vergötterte, und eben dieses sind sie auch dann, wenn von Besitzungen die Rede ist. Die Heiden hielten diese Dämonen für fähig, in die Leiber der Menschen einzugehen, und Wahnsin und Verwüstung hervorzubringen, welches man gerade für die gewöhnlichste Wirkung dämonischer Besitzungen hielt. (S. unten.) Das Prophezeihen war unter den Heiden mit Wut und Raserei verbunden. Die Pythia zu Delphi und die Sibyllen schäumten für Wut auf, und waren ganz außer sich. — Fast alle heidnische Götteraussprüche gehörten zu der Gattung von Weissagung, die durch Raserei geschah, durch eine solche Raserei, die sie der Kraft und Gegenwart ihrer Götter — und zwar vergötterter Menschen zuschrieben. Von dergleichen Dämonen, oder vergötterten Menschen Besessene, inspirirte, und in ihrem Verstande verrückte Personen, werden unter andern auch Δαιμονιζομενοι genant, (s. Plutarch Sympos. libr. 7. quaest. 5. gegen das Ende und de Aur. p. 1159.) — also ganz mit demselben Namen, den die Besessenen im N. T. führen. Auch Δαιμονωντες (s. Lucian Philopseudes p. 337. V. 2. wo auch von einem Exorcisten gesagt wird: εξελαυνει τον δαιμονα.) — Hippocrates (Oper. p. 303.) sagt ausdrücklich, die Griechen schrieben die Besitzung ihren Göttern zu, sonderlich der Mutter der Götter, dem Neptun, Mars, Apollo, der Hecate und den Helden, welche insgesamt menschliche Geister waren. — Die Cerriti und Laruati der Römer waren von vergötterten menschlichen Geistern Besessene, und kommen mit den dämonischen Leuten des N. T. aufs genauste überein. Cerriti heißt so viel, als „von der Ceres Besessene" sonderlich in Cereris Sacris furore correpti. — Hauptsächlich aber die Laruati stimmen auf eine merkwürdige Weise mit den dämonischen Leuten des N. T. überein. Die Laruae, von welcher sie den Namen haben, sind so viel als Lares. Diese aber sind eben das, was die Dämonen der Griechen. „Quos Graeci δαιμονας, nostri, opinor, Lares." Cicero in Timaeo 3. — Doch wurde unter den Laribus und Laruis (als den beiden Klassen der Manium) dieser Unterschied gemacht, daß jene weiland gute Menschen, gute und unschädliche, diese aber (weiland böse und schädliche Menschen) schädliche Geister waren; jene hielten sich in ihren vormaligen Häusern ruhig auf, und waren nach fürs Wohl ihrer Hinterlassenen besorgt; diese aber schweiften herum, schreckten die Lebendigen — auch Rechtschaffene, — und den Bösen fügten sie allerhand Schaden zu. Diese leztern sind wol eigentlich die Dämonen der Griechen, wenigstens diejenigen, von welchen man glaubte, daß sie von menschlichen Leibern Besiz nähmen. Diejenigen nun, deren Leiber diese Laruae oder bösen Manes (umbrae etc.) wie man glaubte, besessen hatten, wurden Laruati genant, d. i. δαιμονιζομενοι — dämonische Leute. — (Viele Stellen der Alten sammlet Farmer S. 22. 23.) — Dieß war der allgemeine Wahn der Heiden zu Christi Zeit. Strabo (B. 5. p. 346.) nent die (in Italien geborne) Göttin Feronia einen Dämon, und sagt, die von diesem Dämon Besessenen könten mit bloßen Füßen über glühende Kohlen gehen rc. — Philostrat im Leben des Apollonius von Tyana, (B. 3. K. 38. p. 128.) der ein Zeitgenosse Christi war, berichtet, daß ein Dämon, der einen jungen Menschen besessen, bekant habe, er sey der Geist einer Person, die in einer Schlacht geblieben. — Von diesem Wahn der Heiden, sonderlich der Griechen und Römer, waren nun auch die Juden zu Christi Zeit, durch die auf die morgenländische Philosophie ursprünglich gebaute griechische Gelehrsamkeit, die damals von den Juden sehr getrieben und bewundert wurde, angesteckt. Es ist also ganz natürlich, daß die Juden, welche, wie ihre heidnische Lehrer, würkliche Besitzungen glaubten, solche Wirkungen denselben Geistern zuschreiben, welchen diese sie zuschrieben. — Es wird Matth. 10, 25. Kap. 12, 24. 27. Marc. 3, 22. Luc. 11, 15. 18. 19. eines Chefs, Fürsten, oder Obersten der besizenden Dämonen gedacht, und derselbe Beelzebub oder Beelzebul genant. Diesen Beelzebub hat man, weil man die ihm untergeordneten Dämonen für Teufel, oder gefallene gefallener Engel hielt, für das Oberhaupt der gefallenen Engel gehalten. Allein Farmer wendet ein; man könne weder aus der Bedeutung des Namens, noch aus dem sonstigen Sprachgebrauche der Juden beweisen, daß Beelzebub den Obersten der Teufel oder gefallenen Engel bezeichne, vielmehr heiße dieser in den Schriften der Juden Sammael. — Bochart und Andere fühlten und gestanden schon diese Schwierigkeit — welche freilich ganz wegfällt, wenn die Pharisäer in den angeführten Stellen gar nicht vom Teufel reden. — Der Beelzebub war der Gott der Philister zu Ekron — der in sehr großem Ansehen stand, selbst unter den benachbarten Völkern, wie aus dem Beispiel des Ahasja erhellet. 2 Kön. 1, 2. — Er war ein Dämon, d. i. eine heidnische Gottheit, aus einer ehemaligen Menschenseele. (Ob das letztere war oder nicht, thut nichts zur Sache; kurz er wurde, wie wir sehen, unter diese Dämonen gerechnet, und zwar seines vorzüglichen Ansehens wegen, gebaut auf seine vermeinte vorzügliche Macht; zum Fürsten oder Obersten; d. i. Vorzüglichsten aller Dämonen, (von welchen allen man glaubte, daß sie Menschen besitzen könnten,) gemacht. (Vom Beelzebub s. oben unter Baal-Sebub.) Das Oberhaupt der Teufel oder gefallenen Engel, kan, nach Farmers Meinung, auch aus dem Grunde nicht unter dem Beelzebub verstanden werden, weil vom Teufel (διαβολος) niemals in der Schrift gesagt werde, daß er Menschen besitze, sondern nur von den Dämonen. — Der berühmte jüdische Geschichtschreiber Joseph, ein gelehrter Pharisäer und fast Zeitgenosse der Apostel, mit den Meinungen und der Sprache seiner Nation, wie man leicht denken kan, vollkommen bekant, der auch in derselben Sprache schrieb, in welcher die Evangelisten schrieben, der also allerdings zum Commentator über die Dämonologie der Evangelisten legitimirt genug ist, redet viel vom Austreiben der Dämonen, giebt unter andern auch dem König Salomo diese Geschicklichkeit (Jüd. Alt. B. 8. K. 2. §. 5.) — und an einem Orte (Jüd. Krieg B. 7. Kap. 6. §. 3.) sagt er mit ausdrücklichen Worten: „die Dämonen wären die Geister gottloser Menschen, die in die Lebendigen eingiengen und diejenigen tödteten, die (durch diejenigen, welche die Kunst verstehen, Dämonen auszutreiben,) keine Hülfe erlangen." Nicht genug! Justin, der Märtyrer, der in Palästina geboren, als Heide erzogen, in der Stoischen, Peripatetischen, Pythagoreischen und Platonischen Philosophie unterrichtet war, und darauf ein Christ wurde, und nah an die Zeiten der Apostel reichte, sagt uns ausdrücklich: „diejenigen, die von den Seelen der Verstorbenen ergriffen und niedergeworfen werden, sind solche, die von Allen — dämonische Leute und Wahnsinnige genant werden." Apol. I. (II.) p. 65. Edit. Paris. p. 54. Edit. Bened. p. 27. ed. Thirlby. — Justin sagt uns hier, was auch noch die ersten Christen von den Besessenen in der evangelischen Geschichte dachten — und daß sie sie noch richtig verstanden. Wie es gekommen seyn mag, daß die Kirchenväter nach Justin die Besitzungen den gefallenen Engeln oder Teufeln zuschrieben, zeigt Farmer S. 39 ff. in der Anm. i) —

3) Solche Dämonen, von welchen man glaubte, daß sie in den menschlichen Leibern Besitz nähmen, wurden vermuthlich von den Juden für böse Wesen gehalten. — Das Wort Dämonen (δαιμονια, δαιμονες) wird zwar auch von guten Geistern gebraucht, (Apostg. 17, 18. 1 Tim. 4, 1. Offenb. 9, 20.) allein Jac. 2, 19. (K. 3, 15.) und dann allezeit, wenn ihrer als Menschenbesitzend gedacht wird, sind es böse Dämonen. (Larvae, wie sie die Römer nanten; Joseph (in der bey No. 2. angeführten Stelle) sagt ausdrücklich, „die dämonischen Leute wären von den Geistern böser Menschen besessen gewesen." — Diese Dämonen werden auch ausdrücklich böse (Luc. 7, 21. K. 8, 2.) und unrein (Matth. 10, 1. Marc. 1, 23. Kap. 5, 2. 8. 13. Luc. 4, 33. 36. Apostg. 5, 16. K. 8, 7.) genant, wiewol beide Prädikate hier auch einen andern nicht auf Sittlichkeit beziehenden Sinn haben könten. — Aber die Kirchenväter verstanden insgemein das Wort Dämon in einer bösen Bedeutung, und glaubten, daß es so in der Schrift verstanden werden müsse. —

4) Diejenigen, von welchen gesagt wird, daß sie Dämonen hatten, litten wirkliche und sehr heftige Krankheiten, von welcher Ursache auch diese Krankheiten herkamen! — Nachdem Matthäus (Kap. 4, 24.) in allgemeinen Ausdrücken gesagt hatte: sie brachten zu ihm allerlei Kranke, mit mancherlei Seuchen und Quaal behaftet — so führt er folgende besondere Fälle namentlich an: „von Dämonen Besessene, Mondsüchtige und Gichtbrüchige." Diese (und zwar unter diesen die von Dämonen Besessenen zuerst) werden also unter den Kranken und mit mancherlei Seuchen und Quaalen Behafteten, verstanden. An

der

vornehmlich sagt der Evangelist (Matth. 8, 16. 17.): „sie brachten viele mit Dämonen Besessene zu ihm, und er trieb die Geister aus mit Worten, und machte allerlei Kranke gesund. Auf daß erfüllet würde, das gesagt ist durch den Propheten Jesaia, der da spricht: er hat unsre Schwachheit auf sich genommen, und unsere Seuche hat er getragen" (Jes. 53, 4.) — Da nach dem Evangelisten unter andern auch durch das Austreiben der Dämonen, die Weissagung des Propheten erfüllet wurde: so muß der Evangelist die dämonischen Leute für krank angesehen haben — Oder: die Besitzungen sind, nach dem Sinn des Evangelisten, mit unter den Schwachheiten und Krankheiten begriffen. — Es bedienen sich die Evangelisten, wenn sie die den dämonischen Leuten widerfahrne Hülfe beschreiben wollen, derselben Ausdrücke, deren sie sich von der Kur anderer Krankheiten bedienen. Matthäus (K. 4, 24.) sagt von den dämonischen Leuten eben sowol als von den Mondsüchtigen und vom Gichtbrüchigen: „Er heilete sie." Und von der Tochter des cananäischen Weibes, die von einem Dämon übel geplagt ward, sagt er (Kap. 15, 28. Ἰάθη) „Sie ward geheilet" — Und Lucas (K. 6, 18.) sagt: „Eine große Menge Volks kam, daß sie geheilet würden von ihren Seuchen, und die von unsaubern Geistern umgetrieben wurden, die wurden gesund." (Ἐθεραπεύοντο.) — Luc. 7, 21. heißt es: „Jesus habe viele gesund gemacht von Seuchen und Plagen und bösen Geistern." — Und Kap. 8, 2. wird gewisser Weiber gedacht, „die von bösen Geistern waren geheilet worden." — Bisweilen wird das Austreiben des Dämons und das Heilen der dämonischen Menschen als gleichbedeutend gebraucht. Z. B. von dem Mondsüchtigen heißt es Matth. 17, 16. „deine Schüler konnten ihn nicht heilen" und V. 18. „der Dämon fuhr aus von ihm, und der junge Mensch ward gesund" — und Luc. 9, 42. „Jesus machte den Knaben gesund." Hieraus erhellet, daß, so oft von Christo gesagt wird, er habe einen Dämon ausgetrieben, er eine wirkliche Krankheit geheilt habe. Und unter den Griechen und Römern sowol als unter den Juden, standen diejenigen, welche man für Besessene hielt, schwere Krankheiten aus. —

5) Die besondern Krankheiten, welche die Alten, sowol Heiden als Juden, der Besitzung der Dämonen zuschrieben, waren nur solche die den Verstand verwirren. — Schon Lightfoot (über Matth. 17, 15.) bemerkt, daß es bey den Juden gewöhnlich gewesen, den bösen Geistern einige von den gefährlichen Krankheiten zuzuschreiben, besonders solche, in welchen entweder der Leib gekrümmt, oder der Verstand verrückt war. — Die Larvati und Cerriti der Römer (s. No. 2.) waren ebenfalls nichts anders, oder doch hauptsächlich, als Wahnsinnige und des Verstandes Beraubte, als Rasende — besessen. Die Larvati werden vom Festus beschrieben, als furiosi et mente moti, quasi larvis exterriti. Beim Plautus (Captiv. Act. 3. Sc. 4. v. 65.) wird vom Aristophontes gesagt: Iam deliramenta loquitur; laruae stimulant virum. Und (Aulular. Act. 4. Sc. 4. v. 15.) „Laruae hunc atque intemperiae insaniaeque agitant virum." — Larvarum pleni sind ebenfalls Rasende. (Plautus Amphitr. Act. 2. Sc. 2. v. 144.) — Auch bey den Griechen waren Raserei und Wahnsinn die gewöhnlichsten Folgen der Inspiration und Besitzung. Daher δαιμονα ἔχειν und δαιμονίζεσθαι, aber bey guten Griechen δαιμονᾶν 1) a daemone possideri 2) insanire bedeuten. Ja es werden diese Wörter und Redensarten auch von der Raserei gebraucht, wenn man sie auch nicht den Dämonen zuschrieb. (Z. B. die mit dem hitzigen Fieber verbundene Raserei etc.) S. Farmer S. 65, 66. — Eben so redeten auch die Juden. Joseph (Jüd. Krieg B. 2. K. 13. §. 4.) sagt, daß gewisse Betrüger das Volk überredeten, von einem Dämon besessen zu seyn, (δαιμονᾶν τὸ πλῆθος ἀνέπειθον) d. i. sie überredeten das Volk, daß es als Wahnsinnig oder Rasend handelte. An dämonische Besitzung ist hier gar nicht zu denken, sondern an blossen Wahnsinn oder Raserei. Lightfoot hat a. a. O. gezeigt, nicht nur daß die Juden den bösen Geistern solche Krankheiten zuschrieben, die den Verstand zerrütteten, sondern auch daß dergleichen mit einem bösen Geist Geplagte wahnsinnig waren. S. auch bey Matth. 8, 28. Luc. 13, 11. — Die Stelle des Maimonides (Sabbath. 2. 5.) ist sonderlich merkwürdig: Spiritum malum vocant omnes species morborum, qui vocantur Melancholia." — Was bisher vom Sprachgebrauch der Juden in Ansehung der Besessenen gesagt worden ist, das finden wir auch bey den Arabern. [illegible] (Dschenna) heißt: „von einem Dämon beses-

sinn seyn“ und „wahnwitzig, rasend seyn.“ — In der vierten Conjugation „einen dämonisch oder rasend wahnwitzig machen“ und in der fünften Conjugation „Raserei oder Wahnwitz zeigen, zu rasen scheinen.“ — Das Stammwort جن (Dschenn) heißt ein Dämon, collectiv جنة (Dschennath) Dämonen und — die Tollheit, Raserei, Manie. — مجنون (Madschnun) vom Dämon besessen — und — toll, rasend, wahnwitzig. — Manie, oder Raserei und dämonische Besitzung ist nicht nur beim ganzen Orient, sondern auch bey der ganzen alten Welt einerlei. Doch pflegten die Griechen nicht die Raserei eines Fiebers, und den Wahnsin, der durch übermäßiges Trinken verursacht wurde, und wie es scheint, überhaupt alle Raserei und Wahnsin, wovon man die Ursachen einsah, den Dämonen zuzuschreiben, sondern nur diejenigen Gattungen von Wahnsin und Raserei, deren natürliche Ursachen man nicht erklären konte. — Außer der Raserei schrieben die Alten auch die fallende Sucht der dämonischen Besitzung zu, eine Krankheit, die mit jener viel Aenlichkeit und Verwandschaft hat, und bisweilen nach langer Zeit noch auf jene folgt. (S. Meads Medica S. p 69.) — Sie ist ebenfalls mit einer Beraubung des Verstandes und mit krampfhaften Bewegungen, oder mit einem aberwitzigen und unsinnigen Betragen begleitet. — Man findet nicht einen einzigen Fall einer (sogenanten) dämonischen Besitzung, die sich nicht durch eine Verwirrung des Verstandes geäußert hätte, oder wenigstens damit begleitet gewesen wäre. Ein Beispiel aus den Schriften der Alten von einem Menschen, den man für Besessen ausgab, und der doch bey richtigem Verstande war, wird schwerlich zu erwarten seyn.

d) Die dämonischen Leute, deren im N. T. gedacht wird, waren insgesamt entweder Unsinnige, oder mit der fallenden Sucht Behaftete. — Die Juden, welche sich an Christi Reden ärgerten, sprachen (Joh. 10, 20.): „Er hat einen Dämon und ist unsinnig, was höret ihr ihm zu.“ Das Unsinnig seyn steht hier entweder ganz synonym und explicativ, oder — als Wirkung von der Ursach (d. i. „einen Dämon haben“). Das erstere ist wenigstens eben so warscheinlich als das letztere, da die Wörter in der griechischen und den orientalischen Sprachen, welche dämonische Besitzung bedeuten, zugleich auch als synonym Raserei und Wahnsin bezeichnen. S. bey No. 5. — Die von Christo günstig urtheilten, verwiesen auf die Verläumdung seiner Feinde: „dieß sind nicht Worte eines solchen, der einen Dämon hat.“ Joh. 10, 21. Offenbar soll dieses, zumal verglichen mit dem Vorwurf der Juden V. 20. nichts anders heissen, als „das sind nicht Worte eines Rasenden!“ — So redet kein Rasender oder Wahnsinniger. — Joh. 8, 48. sagen die Juden zu Christo, dessen scharfe Verweise sie nicht ertragen konten: „Sagen wir nicht recht, daß du ein Samariter bist, und hast einen Dämon? d. i. und bist wahnsinnig — nicht wol bey Sinnen — rasend. — Jesus antwortete (V. 49.): “Ich habe keinen Dämon!” d. i. ich bin wol bey Verstande. — Als Jesus (V. 51.) hinzusetzte: „So jemand mein Wort wird halten, der wird den Tod nicht sehen ewiglich“ so sagten seine Feinde: „nun ists offenbar, daß du einen Dämon hast“ (d. i. nicht wol bey Verstande, — wahnsinnig, rasend bist —) „Abraham ist gestorben — — — aus du selbst?“ — Joh. 7, 19. beschuldigt Christus die Juden, „daß sie ihm das Leben nehmen wollten.“ Im V. 20. antworten sie ihm: „Du hast einen Dämon, (bist nicht wol bey Sinnen!) Wer sucht dich zu tödten?“ — Aber nicht blos Raserei, sondern auch Schwermut, oder Melancholie schrieben die Juden den Dämonen zu. (S. oben die Stelle des Maimonides bey No. 5.) — Matth. 11, 18. Luc. 7, 33. wirft Christus den Juden vor: „Johannes der Täufer ist kommen, und aß nicht Brod und trank keinen Wein“ (fürte ein rauhes, besonderes auffallendes Leben, vom muntern Umgange der Menschen entfernt, in der Wüste —) „so sagt ihr: Er hat einen Dämon!“ — ist schwermütig — von der Melancholie befallen thut er das! — (Die Melancholie einem gewissen bösen Geiste zuzuschreiben, war aber nicht blos unter den Juden zu Christi Zeit, sondern wenigstens schon zur Zeit des heil. Verfassers der Lebensgeschichte Sauls, im ersten Buch Samuels gewönlich. Denn Sauls Melancholie wird 1 Sam. 16, 14. einem bösen Geiste oder Dämon zugeschrieben. (S. meine Bibel Th. 2. bey dieser Stelle.) — Meistentheils aber waren dämonische Leute Rasende. Dieß lehren nicht nur die vorhin aus dem Evangelisten Johannes angefürten, sondern auch noch mehrere andere Stellen: z. B. die, in welchen von dem

(oder

(oder nach dem Matthäus Kap. 8, 28. den beiden) Gadarenischen dämonischen Menschen geredet wird. Er hatte einen unsaubern Geist (Marc. 5, 2.) oder Dämonen (Luc. 8, 27.) dämonisch (Marc. 5, 15. 16.) — Und von diesem dämonischen Menschen wird von den Evangelisten (Matth. 8, 28. Marc. 5, 3–5. Luc. 8, 27.) erzält: Er sey äußerst wütend gewesen, so, daß niemand sicher habe die Straße paßiren können; man habe ihn mit nichts, auch nicht mit Ketten binden — kurz auf keine Weise bändigen können, so oft man ihn an Ketten gelegt, habe er sie zerrissen; er habe keine Kleider angezogen, sich in keinem Hause, sondern in Gräbern (Begräbnißhölen) und auf Bergen aufgehalten, sich selbst mit Steinen verwundet — Daß dieser dämonische Gadarener ein Rasender gewesen, oder daß seine dämonische Besitzung in wahrer Manie oder Raserei bestanden habe, ist aus dieser Beschreibung sowol, als aus der Unterredung desselben mit Christo offenbar. Sein Dämon wird auch in so fern von den Evangelisten selbst (Marc. 5, 15. Luc. 8, 35.) für Raserei und Wahnsinn erklärt, daß sie ihn, nach seiner Heilung, als vernünftig (σωφρονουντα) vorstellen. — Diejenigen, welche den Zeiten der Evangelisten nahe lebten, verstanden auch die Sprache der Evangelisten, in Ansehung der dämonischen Leute, richtiger, als man sie in spätern Zeiten verstand. — Celsus nent die Maria Magdalena, von welcher (nach Marc. 16, 9. Luc. 8. 2. 3.) sieben (d. i. verschiedene, viele) Dämonen ausgefaren" gerade zu „ein unsinniges Weib" das von der wütendsten Raserei (welche zu verursachen Ein Dämon nicht hinzureichen schien) geheilet worden.— Mit einer andern Art von Unsin oder Raserei war jenes Mädchen zu Philippi behaftet, (Apostg. 16, 16 f.) sie hatte einen Geist des Python, oder Apollo, d. i. man glaubte von ihr, daß sie durch denselben Geist des Python oder Apollo besessen und inspirirt würde, der die Göttersprüche in dem pythischen Tempel bekant machte. Das ist, sie wahrsagte, prophezeite künftige Dinge. Alle Wahrsager und Wahrsagerinnen aber, die man von einer Gottheit, oder einen Dämon besessen und inspirirt hielt, zeigten überhaupt und indem sie Eingebungen zu haben glaubten, und ihre Göttersprüche hervorbrachten insbesondere erschienen sie allzeit als Rasende — mit solchen Bewegungen und Gebärden, die man nur an Wahnsinnigen und Rasenden gewont ist. Es erschien auch dieses philippische Mädchen — in ihrem Betragen gegen Paulum (Apostg. 16, 17. 18.) bis der Apostel den Geist aus ihr ausgetrieben hatte. —

Unter den dämonischen Leuten werden im N. T. aber auch mit der fallenden Sucht Behaftete verstanden. Z. B. der junge Mensch, dem die Jünger Jesu nicht helfen konten, Matth. 17, 15. Marc. 9, 18. Luc. 9, 38. Er wird als Dämonisch oder von einem bösen Geist oder Dämon besessen, beschrieben, (Marc. 9, 17. 20. 25. Luc. 9, 39. 40. 42.) und die Umstände, welche die Evangelisten von der Krankheit dieses Menschen anfüren: daß er gewaltig geschrien, geschäumet, mit den Zähnen geknirscht, sich herumgewälzt habe, heftig auf die Erde geworfen worden, und oft ins Feuer und ins Wasser gefallen sey, das Periodische seiner Krankheit, setzen es außer Zweifel, (und es giebt es ohnehin jeder zu) daß die Krankheit dieses Menschen die fallende Sucht gewesen. Der Vater des elenden Menschen sagt, sein Sohn habe einen sprachlosen (stummen) Geist (Marc. 9, 17.) und Jesus nent den Geist stum und taub, (V. 25.) vermutlich deswegen, weil dem Menschen während des Paroxysmus die Sprache und das Gehör verfiel. — So war auch der Mensch in der Schule, der einen unsaubern Geist hatte. (Marc. 1, 23. 26. Luc. 4, 33.) nichts anders, als ein mit der fallenden Sucht Behafteter. — In wie fern auch die fallende Sucht der dämonischen Besitzung, die eigentlich nur in einer Verrückung des Verstandes bestand, zugeschrieben werden konte, ist bey No. 5. gezeigt. — Dämonische Leute im N. T. sind also entweder Unsinnige (Rasende, Melancholische) oder mit der fallenden Sucht Behaftete. — Aber Matth. 9, 3. komt auch ein stummer dämonischer Mensch, und Matth. 12, 22. Luc. 11, 14. ein blinder und stummer dämonischer Mensch vor! — Antwort: Beide waren Melancholische! — Das Stummseyn oder Nichtreden ist eine sehr gewönliche Folge der Schwermut. Daher pflegten die Alten zu sagen, ein solcher, bey welchem sich die Schwermut sonderlich durch Stumheit äußert, er habe einen stummen Geist, und unterschieden dadurch diese Art Stumheit von derjenigen, welche in die Augen fallende Ursachen hatte, z. B. fehlerhafte Sprachorganen. — Wenn die Warsagerin Pythia im dämonischen Enthusiasmus war, so hieß es von ihr: „sie sey voll eines stummen und bösen Geistes" (Αλαλου και κακου πνευματος) Plutarch de Orac. de-
fect.

fest. p. 438. — Auch Blindheit wird bisweilen durch die Melancholie verursacht. Hippocrates (Aphorism. libr. 6. Aph. 56.) und Galen (in s. Anmerk. darüber) sagen ausdrücklich, „daß Melancholie bald Schlagflüsse, bald Krämpfe, bald Blindheit hervorbrächte, je nachdem die zähe Feuchtigkeit auf diesen oder jenen Theil falle." —

7) Die dämonischen Besitzungen, (man mag sie nun für wirklich oder für eingebildet halten,) und die denselben zugeschriebenen Krankheiten, waren dem jüdischen Lande und den Zeiten Christi nicht besonders eigen; und es erhellet auch nicht, daß sie in diesem Lande, oder um diese Zeit häufiger waren, als irgend einige andere Krankheiten. — Beydes behaupten die Vertheidiger der wirklichen dämonischen Besitzungen, deren Raisonnement Farmer, S. 101 bis 106. anführt, und als falsch verwirft. — Viele Jahrhunderte vor Christi Geburt, und auch in andern Gegenden, als im jüdischen Lande, schrieben die Menschen überhaupt ihre Krankheit den Geistern zu. Celsus (libr. I. Praefat.) schreibt: „Morbos tum ad iram Deorum immortalium relatos esse et ab iisdem opem posci solitam." Vergl. Homers Odyssee B. 396. — Und die dämonischen Leute insbesondere finden wir auch schon in sehr alten Schriftstellern, im Aeschylus, Sophocles, Euripides und auch in spätern dramatischen Dichtern. Die Art, wie ihrer gedacht wird, lehrt auch ganz deutlich, daß die dämonischen Leute eben so häufig gewesen, als bey uns die Wahnsinnigen und mit der fallenden Sucht Behafteten. Es gedenkt ihrer auch Herodot B. 4. K. 79. und die alten Aerzte. Es war, wie aus dem Hippocrates (de Morbo Sacro) erhellet, etwas sehr gewöhnliches, die fallende Sucht und allerley Wahnsinn der Besitzung der Dämonen und Helden zuzuschreiben. — Am meisten finden wir davon bey den alten Weltweisen, weil die Dämonologie einen ansehnlichen Theil der Pythagoräischen und Platonischen Philosophie ausmachte, (Plutarch de Placit. Philos. libr. 1. c. 8. Cicero de Divinat. L. I. §. 5. 6. 31. 87.) die vor und nach Christi Zeiten sehr allgemein war. Lucian schrieb seinen Philopseudes in der Absicht, um die Thorheit der gelehrten Aerzte und der geschicktesten Philosophen, der Häupter ihrer verschiedenen Secten, wegen ihrer ungereimten Neigung zum Dämonismus, zu den Besitzungen und zu der Magie, lächerlich zu machen. Es erhellet aus diesem Philopseudes, daß zu Lucians Zeiten die Besitzungen, Exorcismi und magischen Künste zum Glauben der Philosophen von allen Secten (des Democritus seine ausgenommen) sowol, als des gemeinen Mannes gehörten. — Die ausdrückliche Erwähnung der Besessenen vom Lucian, Plutarch und Apollonius dienet der gewöhnlichen Meinung von der Existenz in ihren Zeiten zum hinlänglichen Zeugniß. Lucian (Philopseud. S. 337.) redet von solchen, welche die dämonischen Leute (τους δαιμονωντας) von ihren Schrecken befreyten. Plutarch (Sympos. libr. 7. c. 5.) sagt: die Zauberer geboten den dämonischen Leuten (δαιμονιζομενους) die Ephesischen Schriften durchzulesen und herzusagen." — Im Leben des Apollonius vom Philostratus wird eines jungen Menschen gedacht, der zwei Jahr lang ein Dämonischer gewesen, δαιμονων δυο ετη. (B. 3. K. 38. S. 128.) Von einem andern Jüngling heißt es: ο δαιμων ελαυνει σε. Und Apollonius gab vor, Dämonen auszutreiben. B. 4. K. 20. S. 157. — Die heidnische Theologie gründete sich hauptsächlich auf den Dämonismus, von ihrem Ursprunge an bis auf ihren Untergang. Und die Götteraussprüche wurden ordentlicher Weise von solchen vorgetragen, die man für Besessene hielt. — In Ansehung der Juden meldet Joseph (Jüd. Alt. B. 8. K. 2. §. 5.) daß die vom Salomo vorgeschriebene Art des Exorcismus unter denselben bis zu seinen Zeiten geherrscht habe, und glücklich von Statten gegangen sey. — Wenn er (Alterth. B. 6. K. 8. §. 2.) vom Saul redet, so sagt er: „die Dämonen kamen auf ihn und beunruhigten ihn. — David war sein einziger Arzt gegen die Unruhen, die er von denselben ausstand, und brachte ihn zu seinem richtigen Verstande zurück." Kap. 11. §. 2. läßt er Jonathan zu seinem Vater sagen: „wenn ein böser Geist und Dämon sich seiner bemächtiget hätten: so habe David dieselben ausgetrieben (εξελαυνεν)." — Anderwärts (Jüd. Kr. B. 7. K. 6. §. 3.) sagt er: „die Pflanze Baaras vertreibe (εξελαυνει) die Dämonen." Und Alterth. B. 8. K. 2. §. 5. redet er von einem Dämon, „der aus der besessenen Person ausgegangen (εξιοντα) und beschworen worden sey, nicht mehr wiederzukommen." Phraseologie, die mit der im Evangelio sehr übereinstimmt. — Auch die unleugbare Existenz der Exorcisten (Matth. 12, 27. Apostg. 19, 13. Joseph. Alt. B. 8. K. 2. §. 5. Justin der Märt. Dial. mit dem Tryph. S. 311.

S. 311. Jenn. B. 1. K. 6. §. 2. Orig. contr. Cels. B. 1. p. 17. B. 4. p. 184. u. s. w.) vor und nach Christi Zeit, und die unter Juden und Christen eingerißnen magischen Künste, machen es offenbar, daß der Glaube häufiger Besitzungen beiden gemein gewesen. — Daß er insbesondere auch in Palästina gemein gewesen, lehren die Reden des cananäischen Weibes, (Matth. 15, 21. 22. Marc. 7, 24.) „Erbarme dich mein, meine Tochter wird von einem Dämon übel geplagt" und des Juden (Matth. 17, 15. Marc. 9, 17. Luc. 9, 39.) „Besuche doch meinen Sohn, er hat einen Geist, und wird sehr geplagt" — und der Vorwurf, den die Juden Christo und seinem Vorläufer machen, „sie hätten einen Dämon" Matth. 11, 18. Joh. 7, 48. 52. — Es erhellet doch offenbar daraus, daß dämonische Besitzungen auch schon vor Christi Zeit eine ganz bekannte Sache gewesen seyn müssen. Nie erscheinen sie im N. T. als etwas Neues und Außerordentliches, sondern als etwas Altes und Bekanntes. Es wurde auch Christo nie vorgeworfen, daß er die Dämonen erst ins jüdische Land gebracht habe — um seine Macht über sie zu beweisen u. s. w. — Die dämonischen Leute sind aber auch nicht nach Christi Zeit verschwunden. Die Schriften der Kirchenväter sind von ihnen voll; es ist ihnen keine Materie bekannter als diese; und nichts, dessen sie sich so sehr rühmen, als der Macht des geringsten Christen, Dämonen aus den Leibern der Menschen zu treiben. Der Besitzungen geschiehet in der Kirchengeschichte häufiger Meldung, als in irgend andern Geschichtbüchern; es wird ihrer auch in den Kirchenliturgien, alten Kirchengesetzen, und in andern kirchlichen Schriften viele Jahrhunderte nach dem Tode Christi, als einer bekannten und gewöhnlichen Sache gedacht.

8) Die dämonischen Leute des N. T. sind von solchen, deren in andern alten Schriftstellern gedacht wird, nicht verschieden; und es muß von beiden ein gleiches Urtheil gefällt werden. — Die dämonischen Leute im N. T. und die, deren andere ältere und spätere Schriftsteller gedenken, hatten ganz einerley Zufälle, wie aus dem vorigen Numero erhellet; die Ausdrücke, deren sich die Evangelisten und andere Schriftsteller von den dämonischen Leuten bedienen, sind auch ganz dieselben! — ja sogar einerley Wörter brauchen die Evangelisten und andere Schriftsteller von den dämonischen Leuten; und die heiligen Schriftsteller des N. T. sagen nirgends, daß die dämonischen Leute, von welchen Sie reden, von denjenigen deren andere Schriftsteller gedenken, verschieden wären! Folglich u. —

9) Aus der Vernunft kan man keine hinlängliche Beweisgründe für die Wirklichkeit dämonischer Besitzungen herleiten; ja die Vernunft streitet sehr stark dagegen. — Die Dämonen, von welchen man glaubte, daß sie menschliche Leiber besitzen, waren nicht gefallene Engel oder Teufel, sondern wie oben bewiesen worden ist, die Geister verstorbener Menschen. Daß aber letztere in menschliche Leiber eingehen und quälen, oder die Ursachen der Raserey, Melancholie und fallenden Sucht seyn können, ist noch nie aus der Vernunft bewiesen worden. — Die Lehre von der dämonischen Besitzung kam von einigen Alten her, die bey eingeschränkter Kenntniß der Natur und des menschlichen Leibes sich genöthiget sahen, alles — erklären zu wollen, um nie als Unwissende zu erscheinen. Die natürlichen Ursachen der Raserey, Melancholie und Epilepsie waren ihnen völlig unbekannt — sie schrieben sie also den Dämonen, oder Geistern verstorbener böser Menschen zu. Und die wunderbaren Äußerungen dieser Krankheiten machten dieses Vorgeben dem leichtgläubigen Alterthume glaubhaft. Man hielte für Wahrheit — daß nur wahre Rasende, Melancholische und die der Epilepsie behaftete — dämonisch seyn, d. i. von einem oder mehrern Dämonen besessen, die in ihren Körpern so schrecklich feindlich wirkten. — Allein es gab doch auch welche, die den Ungrund der Meinung von der dämonischen Besitzung einsahen. Aristoteles leugnete sogar die Wirklichkeit der Dämonen (Metaphys. libr. 11. und 3. de anima) und behauptete (in seinen Problemen) daß die vorgebliche Besitzung die Wirkung der Melancholie sey. Hippocrates beweist in s. Buch von der heil. Krankheit (Epilepsie — die man nämlich den Dämonen zuschrieb) daß die Epilepsie eben so wenig etwas Uebernatürliches an sich habe, als andere Krankheiten, und daß man sie nur aus Unwissenheit und Verlegenheit den Dämonen zuschreibe, und durch Zaubermittel zu heilen suche. S. 307. schreibt er: „die Ziegen sind der Epilepsie mehr unterworfen, und wenn man den Kopf zerschneidet, so findet man das Gehirn mit einer sehr übelriechenden Feuchtigkeit überladen; ein deutlicher Beweis, daß das Thier krank; nicht aber von einem

Geist

Gottheit besessen war." — Celsus (B. 3. K. 18.) bey Gelegenheit des Wahnsins, gedenkt auch der dämonischen Besitzung, und schreibt sie verschiedenen Ursachen zu, wie den Wahnsin des Ajax und Orestes, der von Dichtern den Göttern zugeschrieben ward, falschen Einbildungen. — Plotinus, ein Platonischer Philosoph im dritten Jahrhunderte (Ennead. 2. libr. 9. c. 14.) redet von denen, die vorgaben, die Krankheiten durch Austreibung der Dämonen zu heilen, als von solchen, die nur vom Pöbel bewundert würden, da hingegen Männer vom Verstande sie verachteten, und glaubten, daß alle Krankheiten aus natürlichen Ursachen herkämen. Aus dem Origenes (in Matth. Tom. 13. Vol. I. p. 311. Huet. — Vol. 3. p. 577. Bened.) erhellet, daß die Aerzte seiner Zeit (in Sec. 3.) die dämonische Besitzung natürlich erklärten. — Auch Philostorgius (zu Anfang des 5ten Jahrhunderts H. E. libr. 8. c. 10.) tadelt den Posidonius, den berühmtesten Arzt seiner Zeit, weil er behauptet, „daß der Wahnsin nicht der Einwirkung der Dämonen, sondern dem Ueberfluß böser Feuchtigkeiten zuzuschreiben sey" u. s. w. — Wenn die Alten solche Personen, die man für besessen hielt, von ihrem Uebel befreien wollten, so gebrauchten sie vielerlei Mittel, die nach den Zufällen des Kranken eingerichtet waren, (s. Farmer S. 131. u.) und unsre neuen Aerzte empfelen auch noch Aderlassen, Schröpfen, Abfüren u. s. w. Allein werden Geister dergleichen Arzneymitteln weichen — wenn die Krankheiten, wie man wänt, von Geistern — von Dämonen herkommen? — Den eigentlichen philosophischen Beweis Farmers (S. 111 ff. S. 133 ff.) daß die Existenz dämonischer Besitzungen wider die Vernunft streite, selbst, muß ich, da er keines Auszugs fähig ist, wenn er seine völlige Stärke behalten soll, selbst zum Nachlesen empfelen; auch seine Briefe an D. Worthington, die Hr. D. Semler eben herausgegeben.

10) Anstatt daß die Lehre von den dämonischen Besitzungen, durch die jüdische und christliche Offenbarung unterstützt werden sollte, wird sie vielmehr durch beide gänzlich umgestoßen.

Im ganzen alten Testamente findet sich nicht die geringste Bestätigung der Lehre von den wirklichen Besitzungen — weder irgend ein Beispiel davon, noch eine Anleitung darauf. Der böse Geist von Jova, der den Saul unruhig machte, war die Melancholie. Denn die Juden nennen, wie schon oben gezeigt ist, jede Art von Schwermut „einen bösen Geist." — Wenn der heil. Geschichtschreiber sagt „ein böser Geist von Jova beunruhigte den Saul" so läßt sich daraus weiter nichts folgern, als daß man auch schon damals die Melancholie einen bösen Geist genannt habe, und folglich jene Sprache der Juden sehr alt sey. — Der heil. Geschichtschreiber bedient sich der Sprache seines Zeitalters, (wie die Schriftsteller des N. T.) und ist so weit davon entfernt, die Melancholie Sauls wirklich einem Dämon zuzuschreiben, daß er vielmehr bald darauf anmerkt, wie dieser böse Geist von Saul gewichen sey — durch Musik — welche wol seiner ganzen Ueberzeugung nach, keinen wirklichen Geist, wol aber Melancholie vertreiben konte — Und übrigens finden wir im ganzen alten Testamente nicht das Geringste, das die Lehre von den wirklichen Besitzungen begünstigte, oder vermuten ließe, daß dieselbe darinnen ursprünglich gegründet seyn könne. — Auch nicht die Schriftsteller des N. T. sind die ersten Urheber der Lehre von den dämonischen Besitzungen. In Chaldäa, in Aegypten, in Griechenland und in allen andern Ländern hatte die Lehre von den Dämonen von den frühesten Zeiten her die Oberhand. Die Magier unter den Chaldäern lehrten, die Luft sey voller Gespenster, (εἰδώλων πλήρη εἶναι τὸν ἀέρα Diog. Laert. Proem. Segm. 7.) — Aus dem Diodor von Sicilien (B. 1. S. 11.) erhellet, daß die Lehre von den Dämonen in Aegypten geglaubt ward. Pythagoras behauptete, „der Luft sey voller Seelen, und es wären lauter solche, die man für Dämonen und Helden hielte." (Diog. Laert. Pythag. libr. 8. §. 31.) — Thales (id. B. 1. §. 27.) Pythagoras (id. §. 32.) Heraclitus (id. B. 9. §. 7.) Plato und die Stoiker lehrten, daß alles voller Dämonen wäre. Plato Convir. p. 1194. Plutarch de Plac. Philos. lib. I. c. 8. S. auch Varro beim Augustin de Civit. Dei lib. 7. c. 6. — Von den Heiden kam die Lehre auf die Juden, nicht nur in Babylon, sondern an jedem Orte ihrer Zerstreuung, und in Palästina selbst. Das N. T. ist, (wenn man auch sonst mit dem Alterthume nicht bekant ist.) Beweises genug, daß die Lehre von den dämonischen Besitzungen zu Christi Zeit unter Juden und Heiden gewönlich gewesen. S. oben No. 8. und Matth. 12. 27. Apostg. 19, 13. 19. — Sie ist offenbar vom heidnischen Aberglauben erzeugt. — Aber haben

Christus und die Evangelisten die Lehre nicht wenigstens bestätiget? — Nein! sie bedienen sich nur der zu ihrer Zeit gewöhnlichen Sprache des Landes, in welchem sie lebten, redeten und schrieben. — Der weitläuftige, gelehrte und scharfsinnige Beweis des Hrn. Farmer, daß die Bibel der Wirklichkeit der dämonischen Besitzungen sogar widerspreche, ist keines zweckmäßigen Auszugs fähig. Man muß ihn, wenn man will, S. 152 = 194. selbst nachlesen. —

Einwürfe:

I) Aus dem, was von den dämonischen Leuten selbst gesagt und geschehen ist.

a) „Die dämonischen Leute wußten und sagten aus, daß Jesus der Meßias sey. Luc. 4, 34. und Marc. 1, 24. — Matth. 8, 29. — Luc. 4, 41. — Antwort: Die allgemeine Erwartung der Erscheinung des Meßias um diese Zeit; das Zeugniß, das Jesu durch seinen berühmten Vorläufer gegeben ward; und insbesondere die vielen Wunderwerke, die Jesus im Anfange seines Lehramts verrichtete, machten ihn zum Gegenstande der allgemeinen Aufmerksamkeit, breiteten seinen Ruf im ganzen jüdischen Lande und in den benachbarten Ländern aus, (Matth. 4, 23. 24.) und erweckten in dem jüdischen Volke eine starke Vermuthung, daß er der Meßias sey. Epileptische und wahnsinnige Personen aber sind nicht beständig (Luc. 8, 27.) des Gebrauchs ihres Verstandes beraubt, sondern nur wenn ihr Paroxysmus kam. In ihren gesunden Perioden, aber auch vorher, ehe sie noch mit ihrer Krankheit behaftet waren, nahmen sie an der fast allgemeinen Meinung von Jesu Antheil, und was andere aus Klugheit im Herzen behielten, das sagten sie (die Wahnsinnigen) wenn ihr Paroxysmus kam, laut heraus — Vielleicht machte aber auch die gewöhnliche Meinung von Jesu, als dem verheißenen Meßias, bey diesen dämonischen Menschen, welchen die Armuth seines Standes und die geistliche Beschaffenheit seiner Lehre, nicht wie andern anstößig war, mehr Eindruck als bey andern. —

b) „Christus befal den Dämonen, ihn nicht zu entdecken. Marc. 1, 34. K. 3, 12. Luc. 4, 41. Es müssen also doch wirklich Dämonen in den sogenannten Besessenen existiret haben." — Antwort: Nach der Meinung der Alten hatten die Dämonen ihren Sitz in den Seelen dieser Leute, und verrichteten alle Geschäfte derselben in ihrem Leibe. Während dieser Besitzung beobachtete der dämonische Mensch selbst ein Stillschweigen, der Dämon sprach allein, der in ihm rede. Dies behauptet Plato ausdrücklich. (S. Clemens von Alex. Strom. I. p. 405. Edit. Oxon.) — Lucian, wenn er die gewöhnliche Meinung von den Besessenen anzeigt, sagt: „der Kranke beobachtet ein Stillschweigen; der Dämon erwiedert die Antworten auf die vorgelegten Fragen u. s. w." — Apollonius redet einen Jüngling, den man für besessen hielt, so an: „du bists nicht, der mich so schmähet, (υβριζας) sondern der Dämon" (der dich besitzet). Philostrat. Vit. Apollon. p. 157. Edit. Oxon. — Alles was der dämonische Mensch that, ward dem ihn besitzenden Dämon zugeschrieben. (Δαιμων ελαυνει σε. Der Dämon treibt, regiert dich. Philostrat a. a. O.) Die dämonischen Leute wurden nicht nur von andern, sondern auch insgemein von sich selbst für solche gehalten, die unter dem Einflusse der (wie sie glaubten) sie besitzenden Geister, redeten und handelten, oder für diese Geister selbst. Wenigstens stimmt alles, was sie sagten und thaten, mit ihren Vorstellungen von den Gedanken und Neigungen der einwohnenden Dämonen überein (Cuinam haec res est similis? homini, in quo est spiritus malus, et opera quae facit, omnia ex eius sententia facit, et omnia verba quae loquitur, ex eius sententia loquitur. Pirke Eliezer 13.), da sie selbst (nach ihrer Einbildung) wirklich nichts weiter, als ihre Werkzeuge der Rede und Handlung waren. — (Die dämonischen Leute im N. T. reden Jesum eben so an, als solches [nach ihrer Einbildung] von Dämonen geschehen seyn würde, wenn sie gegenwärtig gewesen wären. Da sie entweder sich selbst mit den Dämonen verwechselten, und sich selbst für solche hielten: oder da sie in ihrem Namen und unter ihrem eingebildeten Einfluß redeten, so bitten sie, nicht vor der Zeit gequält zu werden, und ersuchen Christum um Erlaubniß, in die Heerde von Schweinen zu fahren; und einer antwortete auf die Frage Christi, wie er heiße? — Ich heiße Legion rc. —) — Daher wird der Dämon und der dämonische Mensch in der gemeinen Rede so oft mit einander verwechselt; beide wurden unter derselben Benennung vorgestellt, und dieselbe Handlung wird einem Jeden ohne Unterschied zugeschrieben. In der Stelle beym Plautus (Mercator. Act. 5. Sc. 4. v. 20. etiam loquere tu larua scheint das Wort Larua, welches eigentlich einen (bösen, menschlichen, besitzenden) Geist bedeutet, für den

den Wahnsinnigen, der durch denselben besessen war, gebraucht zu seyn. — So auch im N. T. — In der Stelle Joh. 10, 21. stehe Dämon offenbar für den vom Dämon vermeintlich Besessenen. „Kan ein Dämon (d. i. ein dämonischer, wahnsinniger Mensch) auch der Blinden Augen aufthun?“ Eben so Marc. 3, 11. vergl. mit Kap. 5, 6. 7. Matth. 8, 28. 29. Luc. 8, 28. Und Marc. 5, 10. vergl. mit Luc. 8, 31. — Die Bitte, in die Säue zu faren, wird von den dreien Evangelisten den Dämonen zugeschrieben. Matth. 8, 31. Marc. 5, 12. Luc. 8, 32. — Wenn also Jesus den Dämonen verbietet zu sagen, daß er der Meßias sey: so ist dieses von dämonischen Menschen, und nicht von den sie vermeintlich besitzenden Dämonen zu verstehen. — Christus wollte überhaupt auch von seinen Jüngern nicht (Matth. 16, 20.) aus Klugheit und politischen Ursachen — zur Unzeit — für den verheissenen Meßias ausgeschrien seyn, weil dieses von nachtheiligen Folgen gewesen seyn würde. —

c) „Die dämonischen Leute können keine Wahnsinnige seyn, weil sie sich sehr vernünftig mit Christo unterredeten, und zweckmäßiger sprachen, als der grosse Hause derer die bey Verstande waren.“ — Antwort: Nichts weniger! — Man hat diesen Einwurf sonderlich auf den (oder, nach dem Matthäus: die beiden) Gadarenischen dämonischen Menschen gebaut. Allein 1) der dämonische Mensch, als er Jesum von ferne sah, lief auf ihn zu. (Matth. 8, 28. Marc. 5, 2. Luc. 8, 27.) — Und doch fürchtete sich der unsaubere Geist für nichts so sehr, als von Jesu ausgetrieben zu werden! — Er hätte Jesum also vielmehr fliehen sollen. — 2) Wenn ihn Christus fragte: Wie heissest du? so antwortet er: Mein Name ist Legion, denn unser sind viele. — Was würde man von dem Verstande eines Soldaten denken, der, wenn er gefragt würde, wie er heisse? antwortete: Mein Name ist Kriegsheer, denn unser sind viele. — 3) In dem einen Augenblicke leugnet er die Macht Jesu und schilt auf sein Vorhaben, ihn auszutreiben: Was habe ich mit dir zu thun, du Sohn des allerhöchsten Gottes? (Luc. 8, 28. Marc. 5, 7.) und in dem nächsten Augenblicke erkennet er seine Macht über ihn und bittet ihn, sich ihrer nicht zu bedienen: Ich bitte dich, ich beschwöre dich bey Gott, daß du mich nicht quälest. Gleich darauf macht er ihm Vorwürfe, und scheint zugleich einige Wirkungen seines Unwillens zu erwarten: Bist du herkommen uns zu quälen, ehe denn es Zeit ist? (Matth. 8, 29.) — Sodann nimt er abermals seine Zuflucht zum Bitten, und ersucht Christum, daß er ihn nicht aus derselben Gegend vertriebe, (Marc. 5, 10.) und ihn auch nicht in die Tiefe faren hiesse, (Luc. 8, 31.) d. i. nicht in den Ort des Aufenthalts der Gottlosen, bis zum Gerichte. — Diese Reihe von Reden zusammengenommen, verräth den Wahnsinnigen deutlich genug. S. Farmer S. 214 ff. — 4) Und wie närrisch ist der Einfall: Willst du uns austreiben, so erlaube uns in die Heerde Säue zu faren —? Matth. 8, 31. Die dämonischen Menschen hielten sich nämlich nicht nur selbst für besessen, sondern verwechselten sich mit den sie vermeintlich besitzenden Dämonen selbst, d. i. sie hielten sich bisweilen auch selbst für die Dämonen. — Doch hiervon hernach bey II. mehr. — Aus allem diesen erhellet gerade das Gegentheil von dem Einwurf c) — Und gesetzt, sie hätten mehr Vernünftiges als Närrisches geredet: so könte doch nicht daraus folgen, daß die dämonischen Menschen aus Eingebung des Teufels geredet. Denn auch Wahnsinnige reden oft vollkommen richtig, sammeln in den Zwischenzeiten ihrer Gesundheit richtige Ideen und Nachrichten, und diese entfaren ihnen in ihren traurigen Paroxysmen eben sowol als ihre Narrheiten.

d) „Die mehr als menschliche Stärke der dämonischen Leute, vermöge welcher sie Ketten und Fesseln zerrissen.“ Marc. 5, 3. 4. — Antwort: die ausserordentliche und fast übermenschliche Stärke der Rasenden, die einen ausserordentlichen Zufluß der animalischen Geister, oder irgend etwas anders zur Ursache hat, ist bekant, und wir bewundern sie, ohne dabei an den Teufel zu denken. Rasende können wir heutiges Tags freilich mit Ketten und Banden bändigen; vielleicht verstanden aber die Alten die Kunst nicht so gut, als wir heutiges Tags, oder vielleicht ließ man sich, nachdem man mit Ketten von geringer, doch solcher Stärke, die auch den stärksten Menschen bändigen konte, Versuche an ihnen gemacht, aber gesehen hatte, daß sie gleichwol von den dämonischen Menschen zerrissen wurden, zu allen weitern Versuchen, mit noch stärkern Ketten abschrecken. Kurz, es sind hier der Fälle und Umstände so viele denkbar, daß man gar nicht berechtigt ist, die Stärke der dämonischen Leute für ausserordentlicher zu halten, als

die

die Stärke der Rasenden zu seyn pflegt; es müßte denn, wie wol möglich, in den heissern Himmelsgegenden der Grad der Raserei und die Stärke der Rasenden noch ausserordentlicher seyn, als bey uns. —

II) „Aus dem Untergange der Heerde Säue, in welche die Dämonen eingefaren seyn, und in denselben eine plözliche Wut hervorgebracht haben sollen.“ Matth. 8, 30. Marc. 5, 11. Luc. 8, 32. Antwort: da oben erwiesen ist, daß die sogenanten Besessenen oder dämonischen Leute nichts anders, als Wahnsinnige und Rasende waren, und kein Dämon am allerwenigsten aber ein Teufel sie wirklich besessen gehabt, sondern man nur Raserei zu Christi Zeit den Dämonen zugeschrieben habe, und es nur in jenen Gegenden und zu jener Zeit Sprachgebrauch gewesen sey, Rasende dämonisch, oder von einem Dämon besessen zu nennen rc. so ists natürlich, daß auch in die Schweine keine wirklichen Dämonen gefaren, sondern daß das Einfaren der Dämonen in die Schweine ebenfalls nichts anders anders heissen sollte, als: „die Schweine wurden rasend — bekamen dieselbe Krankheit, welche jener erbarmenswerte Gadarener verloren hatte — und stürzten in der Wut von einem steilen Orte ins Meer. — Dies fürt Farmer S. 228 bis 251. mit vielem Scharfsinne aus, widerlegt die in der That abgeschmackte Meinung, als hätten die beiden dämonischen Menschen des Matthäus, oder der einzige des Marcus und Lucas die Schweine ins Meer gejagt, sehr gründlich, und zugleich die Absicht, die Jesus bey diesem Wunder gehabt haben mochte, und den vielfältigen Nutzen desselben. Ich setze hinzu, daß zwar nicht eben zu zweifeln sey, daß die Heerde Schweine von einer Art Raserei befallen worden, und vermöge dieser, zumal an einem ohnehin gefärlichen, schroffen Orte nach der See zu, in die See gestürzet; allein die Raserei der Schweine könne eben sowol auch blos scheinbar gewesen seyn, d. i. — der Herr der Natur fügte es, daß die Schweine gerade zu der Zeit da der dämonische (d. i. rasende) Mensch (oder nach dem Matthäus die beiden!) seinen Dämon (d. i. seine Raserei) verlor, durch irgend einen äußern Umstand scheu wurden, und wie wütend, auf einen äusserst gefärlichen Orte an das steile Ufer der See losranten, und so im Rennen von dem steilen Ufer in die See hinabstürzten. Hier schienen die Schweine von den Dämonen besessen worden zu seyn, die so eben aus dem Gadarener ausgefaren zu seyn geglaubt worden, d. i. sie schienen mit der Raserei belegt werden zu seyn, welcher der Gadarener so eben losgeworden war. — Die Anwendung dieses Gedankens auf die ganze Geschichte ist leicht. — Frage: Läßt sich denn aber zur Erläuterung des sonderbaren Verlangens des dämonischen Menschen, im Namen seines Dämons in die Heerde Schweine zu faren, gar nichts sagen? — Der Gadarener merkte, daß Jesus seine vermeinten Dämonen austreiben würde. Zu Zeiten schienen sie ihn zu verlassen, d. i. er hatte gesunde Zwischenzeiten, in welchen er von den Anfällen der Raserei los war. Sie kamen aber immer wieder. Er verlangte also, seine Dämonen sollten vor seinen sichtlichen Augen in andere Körper faren, und sich in denselben festsetzen, um nie wieder in den seinigen wie zuvor, zurückzukeren. Und nun sah er in der Ferne eine Heerde Schweine — und in deren Leiber wünschte er nun seine grausamen Dämonen hinein. Und Christus erfüllt, der Sache nach, seinen Wunsch. — Es ist auch schon andern bey dem wunderlichen Verlangen der Dämonen in der Person jenes Gadareners, von Christo, in die Heerde Schweine faren zu dürfen, jener Wahnsinnige eingefallen, der Sperlinge im Kopfe zu haben, troz jedem Widerspruch, zuversichtlich glaubte, und auf keine andere Weise von seinem Wahnsinn zu befreien war, als dadurch, daß ein gewisser ehemaliger großer Arzt zu Jena ihm beipflichtete, — er habe in der That Sperlinge im Kopfe — und ihn überzeugte, daß eine Operation an seinem Kopfe nöthig sey, nämlich einen Einschnitt zu machen und die Sperlinge herauszunemen. Die Operation ward vorgenommen. Der Arzt, der seine Taschen mit Sperlingen wol versehen hatte, ließ wärend der Operation einen Sperling nach dem andern aus der Tasche ins Zimmer fliegen. Und nun erst glaubte der Kranke seiner Krankheit wirklich los zu seyn; — und er wars! —

III) „Aus der Sprechart Christi und seiner Apostel, der sie sich von den dämonischen Leuten bedienen.“ — Sie reden von ihnen als wirklich Besessenen (Matth. 4, 24. Marc. 1, 32. — Apostg. 5, 16. Kap. 16, 16. K. 19, 13. 16.), unterscheiden sie von den Kranken, (Marc. 1, 32.) sogar von den Mondsüchtigen (Matth. 4, 24.); Jesus bedräuet die Dämonen und gebietet ihnen auszufaren, (Marc. 1, 25. Luc. 4, 35. Matth. 17, 18. Marc. 9, 25.) so auch Paulus Apostg. 16, 18. Die Heilung der dämonischen Leute

Leute wird eine Austreibung oder Entfernung der Dämonen genannt. Matth. 12, 18. Luc. 11, 20. Luc. 4, 35. Apostg. 8, 7. Kap. 19, 11. 12. Matth. 8, 31. Luc. 8, 2. vergl. Marc. 16, 9. Luc. 10, 17. 20. Die Heilung der dämonischen Leute und die Heilung anderer Kranken wird von einander unterschieden: Luc. 7, 21. Kap. 13, 32. — Matth. 8, 16. Marc. 1, 34. Matth. 10, 1. 8. Marc. 6, 13. — Endlich sagt man, Marcus (Kap. 5, 15.) nenne den Gadarenischen dämonischen Menschen den, der die Legion hatte, Marc. 5, 15. und Jesus stelle den unsaubern Geist so vor, daß er sieben Geister zu sich nimt, die ärger sind als er selbst. Wie kan nun, fragt man uns, ein Mensch eine Legion Krankheiten haben? oder — kan eine Krankheit mit Ueberlegung und Absicht sieben andere zu sich nemen, die ärger sind als sie selbst? — Aus allen diesen Stellen schliessen die Gegner, Christus und seine Apostel hätten die Lehre von den wirklichen Besizungen angenommen und begünstiget. Antwort: Es ist schon oben gezeigt, daß weder Christus noch seine Apostel die Lehre von den Besizungen, oder die Sprachart, die sie ausdrückte, zuerst in die Welt eingefürt, und erstere so wenig begünstiget, daß sie ihr vielmehr deutlich genug widersprochen haben. Uebrigens kan man blos aus der Art, wie sie von den dämonischen Leuten reden, nicht schliessen, daß sie die Wirklichkeit der dämonischen Besizung haben behaupten wollen. Denn es ist nicht nur bey den heiligen Schriftstellern und unserm Heilande selbst, sondern unter allen Klassen von Menschen überhaupt sehr gewönlich, sich über viele Materien in der Sprache des gemeinen Volks auszudrücken, ob sie gleich wissen und zugeben, daß diese Sprache sich ursprünglich auf eine falsche Philosophie gründe. Wir nennen eine gewisse Krankheit die Mondsucht, weil sie die Alten so nanten, indem sie einen Einfluß des Mondes bey derselben annemen zu müssen glaubten — das glaubt heutiges Tages kein Mensch mehr, und doch wird sie noch die Mondsucht genant. Des heiligen Antons Feuer und des heil. Vitus Tanz, oder Veitstanz, sind noch jezt gewönliche Namen von Krankheiten, ob sie gleich kein vernünftiger Mensch mehr diesen Heiligen zuschreibt. — Den Alp oder das Alpdrücken schreibt heutiges Tags kein Mensch mehr einem Nachtgeiste zu, und doch nennen noch jezt die Aerzte die Krankheit mit diesem alten Namen, den Alp. — So sprechen unsere neuesten Philosophen, und eben so die heil. Schriftsteller, die Sonne gehe auf, gehe unter, laufe (Psalm 19, 5. 6. Jos. 10, 12.) ohne daß die ersten die Bewegung der Sonne glauben, oder aus diesen Ausdrücken der leztern die Bewegung der Sonne mit irgend einigem Rechte erweislich wäre. So spricht man — und eben so spricht die Bibel — der Thau falle — er falle vom Himmel, träufle aus den Wolken auf die Erde 1 Mos. 27, 28. Dan. 4, 15. 2 Sam. 17, 12. Spr. Sal. 3, 20. 5 Mos. 33, 28. und vom Manna, es falle vom Himmel mit dem Thau, 4 Mos. 11, 9. da es doch gewiß ist, daß der Thau aus der Erde und den Pflanzen, und das Manna aus einer gewissen Staude dringt. — Folgt denn nun also aus der oben gedachten Sprachart Christi und seiner Apostel von den dämonischen Menschen, daß sie sie wirklich von Dämonen besessen gehalten? oder vielmehr, daß sie sich nur der Sprache ihrer Nation bedienet, ohne eben, in Ansehung der Sache, wie dem Pöbel eins zu seyn? — Warum verlangt man, daß sich Christus und seine Apostel gerade in Ansehung der dämonischen Menschen philosophisch genau hätten ausdrücken sollen, da sie und die sämtlichen Verfasser der Bibel es doch in Ansehung anderer kein derlich natürlicher Dinge nicht gethan, sondern sie, ohne daß man dieses sonst im geringsten tadelt, der Sprache des gemeinen Lebens bedient haben? — War Christus etwa in die Welt gekommen, die Begriffe der Juden von natürlichen Dingen zu berichtigen? sie Philosophie zu lehren? — Ueber diese dritte Klasse von Einwürfen, gegen die oben behauptete und bewiesene Meinung, sagt Farmer von S. 265–311. viel Schönes, das ich aber, der allzugrossen Weitläuftigkeit wegen, hier übergehen, und zum eignen Nachlesen empfelen muß, wenn man anders noch Ueberzeugung bedarf. —

Unbequemlichkeiten der gewönlichen, und Vortheile der oben vorgetragenen Erklärung.

Man pflegt zum Behuf der gewönlichen Meinung von der sogenanten dämonischen Besizung zu sagen, „daß das Austreiben der Teufel aus den Leibern der Menschen, ein grösseres Wunderwerk sey, als die Heilung natürlicher Krankheiten, und es sey schicklich ja nöthig gewesen, daß Christus, der als der grosse Feind des Fürsten der Finsterniß in die Welt kam, einen öffentlichen Beweis seiner Macht über ihn und seine Mitgesellen, durch Austreibung derselben gab.

Man

Man erzeigt also dem Christenthum einen schlechten Dienst damit, wenn man behauptet, die dämonischen Leute wären natürliche Kranke gewesen u. s. w." — Antwort: 1) Dieses Raisonnement wird nicht durch das Zeugniß der Schrift unterstützt. Weder unser Heiland noch seine Apostel haben jemals behauptet, oder sich verlauten lassen, daß der Teufel zur Zeit der Erscheinung Christi in der Welt eine außerordentliche Freyheit gehabt habe; noch weniger aber haben sie sich bemühet, für eine solche ihm damals verstattete Freyheit irgend einen Grund anzuführen, oder zu beweisen, daß die Verstattung derselben schicklich gewesen sey u. s. w. 2) Das ganze Raisonnement gründet sich auf die falsche Hypothese, daß die Geister, die die Menschen besessen haben sollen, Teufel oder gefallene Engel gewesen. Daß aber diese Hypothese falsch sey, ist oben bewiesen. 3) Man setzt auch voraus, daß die Besitzungen zu Christi Zeiten häufiger gewesen, als zu irgend einer andern Zeit. Allein das ist eine Voraussetzung, der von allen Denkmalen des Alterthums widersprochen wird, wie auch schon oben ausführlich gezeigt worden ist. 4) Die Fälle von dämonischen Leuten, die im Evangelio beschrieben werden, verschaffen keinen Beweis von der Wirksamkeit des Teufels oder irgend eines bösen Geistes. 5) Die Austreibung der Dämonen, wenn man sie buchstäblich versteht, ist kein öffentlicher Beweis von der Macht Christi über den Teufel; theils weil die Besitzungen nicht dem Teufel zugeschrieben werden; theils weil es keinen Beweis von Austreibungen giebt, der aus den Thatsachen selbst entstehet, gesetzt auch sie wären wirklich. — Aber zum Beweis ihrer Wirklichkeit beruft man sich ohne Grund auf die Offenbarung. 6) Die blosse Austreibung der Dämonen kann nicht für ein grösseres Wunderwerk, in Rücksicht auf die Menschen, ausgegeben werden, da es schwer ist, mit Gewißheit zu bestimmen, welche von beyden einen höhern Grad der Kraft erfordert. 7) Die Lehre von der dämonischen Besitzung gereicht dem Christenthum zum großen Nachtheil, ist eine Quelle vieles Aberglaubens, setzt Vernunft und Offenbarung in Streit, benimmt der wunderthätigen Auslegung und Heilung der Krankheiten ihren Kredit, und zernichtet die Evidenz der Wunderwerke überhaupt. —

Die Vortheile der wahren Erklärung von den dämonischen Leuten des Evangelii sind: Sie beweisen die Gewißheit der an ihnen geschehenen Wunderwerke; entdecken die Größe derselben; lassen einen mächtigen Eindruck auf die Zuschauer zurück, und verdienen zu den herrlichsten Zeugnissen der göttlichen Sendung Jesu gerechnet zu werden. — Alle diese Punkte führt Farmer S. 311 bis 341. sehr gründlich und scharfsinnig aus, den man daher selbst nachlesen muß, weil ich mich keine Zeile mehr über die Besessenen hinzusetzen darf, indem ich ohnehin schon allzu weitläuftig geworden bin.

## Besitzung

Dämonische. S. Besessene. —

## Besor.

Ein Bach; oder wie Hr. Ritt. Michaelis will, ein Thal (denn נחל bedeutet beides, s. Bach.) an der südlichen Gränze von Palästina. Er pflegt auf den Charten ohnweit Gaza gesetzt zu werden, wo er ins mittelländische Meer fällt. Joseph nennt ihn *Βεσορ* (Jüd. Alt. B. 6. K. 15.). Es wird desselben 1 Sam. 30, 9. 10. gedacht. David gieng mit vierhundert Mann über diesen Bach, als er die Amalekiter, die die Stadt Ziklag ausgeplündert hatten, verfolgte.

## Betah.

Eine Stadt im Nesibenischen Syrien, die dem König von Nesibis oder Zoba gehörte, und David eroberte, und sonderlich viel Kupfer in ihr fand. 2 Sam. 8, 8. In der Parallele 1 Chron. 19, (18) 8. steht dafür Thibchath oder Thebah. Weder unter diesem noch unter jenem Namen kennen wir sie — man müßte sie denn in Taibe (in Palmyrene,) oder Tabsacus, oder Barajeth suchen wollen, das man auf der Hasischen Charte vom Davidischen und Palmyrenischen Reiche findet.

## Betane.

Judith 1, 9. Ein Ort zwischen Jerusalem und Kades, wie aus dieser Stelle selbst erhellet. Hiller versteht Batanea darunter. Allein dieses ist, in Ansehung seiner Lage, mit der angeführten Stelle, ohne auffallende geographische Härte, nicht zu vereinigen. Reland (Palaestina p. 615. sq.) hält mit mehrerer Warscheinlichkeit für die Stadt Ain, Jos. 15, 16. die in der Folge auch Beth-Ain (בית עין) genannt wurde, und noch zu des Eusebius und Hieronymus Zeit, Bethannin oder Bethennim hieß, welches vier römische Meilen von Hebron lag. —

### Beten.

Eine Stadt im Stamme Asser; Jos. 19, 25. übrigens unbekannt.

### Bethabara.

Bethabara heist ein Ort der Ueberfart, weil hier die gewöhnliche Ueberfart über den Jordan für diejenigen war, welche zwischen Judäa und Peräa hin und her reiseten. Aus Joh. 1, 28. erhellet, daß Bethabara am Jordan, und zwar jenseits dieses Flusses gelegen gewesen. Ob dieser Ort eine Stadt oder ein Flecken gewesen sey, ist ungewiß. — Johannes der Täufer hat sich an dem Orte aufgehalten, Joh. 1, 28. vergl. mit Kap. 10, 40. zu lehren, und durch die Taufe zur Besserung zu ermahnen; indem von hieraus, wo so viele Fremde durch die Fähre über den Jordan gesetzt wurden, seine Lehre am geschwindesten in das ganze Land erschallen konte, welches auch geschehen ist, denn es wurden von Jerusalem Priester und Leviten dahin geschickt, nach ihm zu fragen. Aus Joh. 1, 19-27. und V. 29-36. erhellet, daß Johannes vom Herrn Jesu zu Bethabara sey besucht worden. Und die meisten meinten, daß auch hier Jesus die Taufe empfangen habe, obgleich in der angezeigten Stelle Matth. 3, 13-17. der Ort nicht genant worden ist. Eusebius (Onomast. ad voc. Βηθαβαρα) sagt: „daß viele Christen zu seiner Zeit, eben um dieser Ursache (nämlich der Taufe Christi) willen, sehr begierig gewesen wären, sich an diesem Orte taufen zu lassen. Nach Joh. 10, 4. hat der Heiland diesen Ort wieder besucht, da er, wegen Nachstellung seiner Feinde von Jerusalem flohe. Ohnweit von Bethabara muß auch der Ort gewesen seyn, wo der Prophet Elias auf einem feurigen Wagen gen Himmel fur. 2 Kön. 2, 1-14. Der Richter Gideon hat Richt. 7, 24. nachdem er die Midianiter besiegt, den Befel gegeben, den Jordan mit Soldaten zu besetzen, bis an Beth-Bara, welches ohne Zweifel der abgekürzte Name von Bethabara ist. Es muß aber Bethabara oder Beth-Bara mit Betharaba, welches unter die Städte des Stammes Juda Jos. 15, 61. und des Stammes Benjamin Jos. 18, 22. gerechnet wird, nicht verwechselt werden.

### Beth-Anach.

Eine Stadt im Stamme Naphthali. Jos. 19, 38. Richt. 1, 33. ist, nach dem Eusebius, der Flecken Batanda (Βατανεα) funfzehn römische Meilen von Cäsarea (Diocäsarea d. i. Sipporis) gegen Morgen, wo gesunde Bäder waren.

### Bethania.

Ein Ort nahe bey Jerusalem auf dem Oelberge, Marc. 11, 1. Luc. 19, 29. Jesus kam Luc. 19, 1. dieses mal, als er nach Bethanien gieng, von Jericho, und also von Osten her. Und nach den Berichten anderer lag Bethania gerade von Jerusalem gegen Morgen, und zwar nach Joh. 11, 18. ohngefähr 15 Stadien oder Feldwege davon. Deswegen hat Hieronymus (Onom. ad h. voc.) mit Recht eine Entfernung von zwo römischen Meilen angegeben, denn eine römische Meile begreift 8 Stadien, also wäre nach unserem Längenmaße Bethania eine starke halbe Stunde von Jerusalem. Die Bestimmung der Weite hat Johannes wol deswegen hinzugefügt, um einzusehen, wie man den Tod Lazari, der in Bethania erfolgt war, sobald in Jerusalem erfaren habe, weil so viele Juden hinaus gegangen, seine Schwestern Martha und Maria zu trösten, Joh. 11, 19. Von dieser gottseligen Familie des Lazarus, welcher mit seinen Schwestern da gewont, ist der Ort Joh. 11, 1. denkwürdig. In diesem Hause hielt sich Jesus oftmals auf, und pflegte, sonderlich in den letzten Zeiten, von Jerusalem des Abends hinauszugehen, und da zu bleiben. Matth. 21, 17. Marc. 11, 11. 12. Daselbst salbete Maria, eine von den Schwestern Lazari, des Herrn Jesu Füße, mit dem köstlichsten Nardenwasser. Joh. 11, 1. 2. 3. Hier wurde dem Herrn das freundschaftliche Gastmal gegeben, wo das merkwürdige Gespräch zwischen ihm und der Martha vorfiel, Luc. 10, 38 bis 42. In Bethania besuchte auch Jesus den Pharisäer Simon, mit dem Beinamen der Aussätzige, und aß mit ihm. Luc. 7, 36-40. Bey dieser Gelegenheit widerfuhr ihm die Salbung von der Sünderin, l. c. V. 36-50. und zu Bethania Matth. 26, 6-12. segnete Jesus seine Jünger und nam von ihnen Abschied vor seiner Himmelfart. Luc. 24, 50. 51. Die Himmelfart selbst aber ist (Apostg. 1, 12.) wol nicht da, sondern auf dem Oelberge geschehen, wohin sich also Christus gleich von Bethanien aus begeben haben muß. — Jetzt wird der Ort von Mohren (oder Arabern) bewont, die sich mit Ackerbau nären. Er wird von allen, die dahin gereiset sind, als ein elender Flecken beschrieben, so daß kaum der vierte Theil davon gehörig bebaut wäre. Hier wird an dem Fuße eines Hügels das Grab Lazari, der bis an den vier-

vierten Tag darinne gelegen, als ihn der Herr Jesus wieder auferweckte. (Joh. 11, 43. 44.) gezeigt. Das Grab war sehr tief in einen Felsen gehauen, daher es Joh. 11, 38. als eine Kluft oder Grotte beschrieben wird. Hieronymus (Onomast. ad voc. Bethania) berichtet, daß zu seiner Zeit bey diesem Grabe eine Kirche gestanden, deren Erbauung der Kaiserin Helena zugeschrieben wird. Auf dem Wege zwischen Bethania und Jerusalem zeigt man auch den Ort, wo Jesus nach Matth. 21, 17:19. den Feigenbaum verfluchet hat.

## Betharaba.

Eine Stadt, die nach Jos. 15, 61. zum Stamme Juda, und nach Jos. 18, 22. zum Stamme Benjamin gerechnet wird.

## Beth-Aran. Beth-Haram.

Eine Stadt im Stamme Gad. 4 Mos. 32, 36. Jos. 13, 27. Lag nach dem Eusebius und Hieronymus am Jordan, wurde von den Syrern Betharamphta genannt, und nachher vom Herodes Livias. Auch die Juden im Thalmud schreiben Beth-Haran sey in der Folge Betheramtha (בית רמתא) genannt worden. Joseph nennt die Stadt gemeiniglich Julias, doch Alt. S. 14. auch Livias. Er gedenkt auch einer Stadt Betharamathon, (worinnen man Betharamtha nicht verkennt,) jenseits des Jordans. —

## Beth-Aven.

1) Eine Stadt bey Ai und Michmas gelegen, im Stamm Benjamin. Es darf diese Stadt nicht mit Bethel verwechselt werden. Obgleich der Prophet Hoseas das Bethel oftmals aus Verachtung Beth-Aven nennet; auch Hieronymus (Onomast. voc. Bethaven.) und insonderheit die Juden zu seiner Zeit, (Onom. voc. Bethel.) es für eine Stadt mit zween Namen gehalten haben, so ist doch dieses gänzlich ungegründet. S. Bachiene Paläst. Th. 2. B. 2. §. 251. Auch wird in der Bibel von Beth-Aven als einer von Bethel unterschiedenen Stadt geredet, Jos. 7, 2. wo von Ai gesagt wird, es habe bey Beth-Aven gegen Morgen von Bethel gelegen. Mit Beth-Aven wird auch die Lage der Stadt Michmas bestimmt. 1 Sam. 13, 5. woraus zu ersehen, daß dieses eine der Lage nach sehr bekannte Stadt damals gewesen seyn muß.

2) Eine Wüste, die von der Stadt Bethaven den Namen hat, und deren bey der Bestimmung der nördlichen Gränzen des Stammes Benjamin Jos. 18, 12. erwähnt wird. Bachiene (Paläst. Th. 2. Band 2. S. 366.) hält diese Wüste sehr wahrscheinlich für denjenigen Wald, aus welchem zween Bären kamen, die zwei und vierzig Kinder von Bethel, welche den Propheten Elisa verspotteten, zerrissen. Auch vermuthet er, daß dieses eben dieselbe Wüste bey der Stadt Ephraim sey, wohin Christus, um den Nachstellungen der Juden zu entgehen, flüchten mußte. Joh. 11, 54.

## Beth-Baal-Meon.

Eine Stadt die zu dem Stamm Ruben gehöret, Jos. 13, 17. 20. und von dem moabitischen Abgott Baal-Peor (s. oben und 4 Mos. 25, 3.) benannt. Es ist eben die Stadt, die 4 Mos. 32, 38. blos Baal-Meon genannt wird. Die Ursache der Namensveränderung dieser und anderer Städte, war der auf wahre Religion gegründete Abscheu vor heidnischen Gottheiten. Vergl. 2 Mos. 23, 13. Bey andern Städten hat die Namensveränderung nicht lange gedauert. Man findet sie Jes. 15, 16. Jer. 48. Ezech. 25. mit ihren vorigen alten Namen. Selbst Beth-Baal-Meon wird von dem Propheten Jer. 48, 23. nur ohne Zusatz des Wortes Baal, Beth-Meon genennet. Jedoch auch an andern Orten, als Ezech. 25, 9. 1 Chron. 5, 8. wieder Baal-Meon. Ohne Zweifel hatten die Moabiter, die zu jener Zeit die Landschaft wieder eingenommen hatten, die vorigen Namen wieder erneuert. Eusebius und Hieronymus (Onom. ad voc. Βεελμεών) sagen: daß Baal-Meon zu ihrer Zeit ein großer Flecken bey Baaru in Arabien gewesen sey, und Beelmaus geheissen habe. Sie setzen ihn neun römische Meilen von Hesbon, und fügen den Umstand bey, daß daselbst warmes Wasser aus der Erde geflossen sey. Und Bachiene in seinem Palästina setzt hinzu, daß Baaru vielleicht der Name des Berges gewesen seyn, an dessen Fuße das warme Wasser entsprungen wäre. Andere hingegen halten das Baaru für das Thal Baaras, welches Joseph (de bell. libr. VII. c. 25. p. 981.) beschreibt.

## Beth-Bara.

Richt. 7, 24. S. Bethabara.

## Beth-Basen

Oder vielmehr Bethbasi, 1 Macc. 9, 62. 64 ff. eine übrigens ganz unbekannte Stadt in der syrischen oder arabischen Wüste, welche Jonathan und Simon, und die es mit ihnen hielten, befestigten, und darauf vom Bacchides, wiewol vergeblich, darinnen belagert worden.

Beth-

## Beth-Birei.

Eine Stadt des Stammes Simeon, 1. Chron. 5, (4) 31. übrigens unbekant.

## Bethcar.

1 Sam. 7, 11. Ein übrigens unbekanter Ort, vermutlich im Stamme Juda, nahe am Lande der Philister gelegen. Beim Joseph (Jüd. Alt. B. 6. K. 2.) heist er Κοῤῥαιον.

## Beth-Cherem.

Ein Ort nahe bey Thekoa. Durch die verschiedenen Abschriften ist die Benennung dieses Platzes immer verändert worden. In der griechischen Uebersetzung stehet Βαιθαχαρμα, und in einigen Abschriften Βηθαχάρ, in der gemeinen lateinischen Bethacharam und Bethacaram. Bonfrerius hat es als Eine Stadt mit dem Namen Bethacaro in seine Karte eingetragen, und setzt sie eine Viertelstunde gegen Nordost von Thekoa, dem auch viele andere folgen. Jerem. 6, 1. heist der Ort im Hebräischen Beth-Hacherem, welches einen Ort des Weinbergs bedeutet. Und der Prophet setzt diesen weinreichen Platz bey Thekoa. Sonst komt auch diese Benennung Nehem. 3, 14. vor. Bachiene in seiner Beschreibung von Paläst. Th. II. B. 2. sagt: was eigentlich das Beth-Cherem gewesen sey, wäre schwerlich auszumachen. Inzwischen ist gewis, daß der Platz von den Weinbergen den Namen hat. Ferner daß es ein erhabener Ort müsse gewesen seyn, ist daraus zu ersehen, weil den Benjaminiten gerathen wird, auf demselben ein Panier (Feuerzeichen) als ein Signal für das Volk, sich zum Streite zu versamlen, aufzuwerfen.

## Beth-Dagon.

D. i. Dagonstempel. Der Name zwo verschiedener Städte, 1) einer im Stamme Juda, Jos. 15, 41. — 2) einer im Stamme Asser. Jos. 19, 27.— Eusebius gedenkt eines Dorfs Caphar-Dagon (d. i. Dagonsdorf) zwischen Jamnia und Diospolis. Dies scheint das letztere Beth-Dagon zu seyn. Beyde Städte haben vermutlich ihren Namen vom Götzen Dagon, der daselbst mochte verehrt worden seyn.

## Beth-Diblathaim.

Eine Stadt im Lande der Moabiter. Jer. 48, 22. Sonst unbekant.

## Bethel.

1) Eine Stadt, und zwar eine der ältesten und berümtesten im jüdischen Lande. Hieß zu der Zeit, da Abraham sich in der Gegend aufhielt, Lus oder Lus, Richt. 1, 23. Dieser Name bedeutet nach Hieronymus Meinung einen Mandelbaum, dem Bochart (Geogr. sacr. part. II. L. I. c. 35.) beypflichtet. Eben dieses giebt die alte Jerusalemsche Reisebeschreibung zu erkennen, da es heist: ibi est arbor amygdala. Eusebius und Hieronymus (in Onom. voc. Βαιθήλ) bestimmen die Lage dieser Stadt auf 12 römische Meilen, oder 4 Stunden von Jerusalem, auf dem Wege nach Neapolis oder Sichem. Also lag Bethel gegen Mitternacht von Jerusalem, und fast in der Mitte von Palästina, auf dem Gebirge, welches 1 Sam. 13, 2. die Benennung von dieser Stadt erhalten hatte, und einen Theil des Gebirges Ephraim ausmachte, das sich zwischen Bethel und Rama und weiter erstreckt hatte, Richt. 4, 5. Bethel hat seinen Namen von dem Erzvater Jacob auf seiner Reise nach Padan-Aram bekommen, wie Moses Buch 1. Kap. 28, 10/17. ausführlich beschreibet, da ihm Gott selbst erschienen war, als er vor seinem Bruder flohe, 1 Mos. 35, 6.-7. Daher nennet sich der Herr selbst den Gott zu Bethel. 1 Mos. 31, 13. Hierauf spielt Hoseas 12, 5. an, wenn er sagt: Jacob habe zu Bethel Gott gefunden. Hernach hat die Stadt den Namen als desto mehrerm Rechte behalten, weil die Stiftshütte, das Haus, worinne Gott unter dem Volke Israel wonte, und welche Richt. 18, 31. das Haus Gottes genennet wird, eine Zeitlang zu Bethel nebst der Bundeslade gewesen ist. Es ist dieses auch aus Richt. 20, 18. 26. und besonders V. 27. zu ersehen, da es heist: die Kinder Israel fragten den Herrn — (nämlich zu Bethel) denn es war daselbst die Lade des Bundes Gottes zu derselben Zeit. Darauf zielet Hosea (K. 12, 5.) und wie wollen wir 1 Sam. 10, 3. anders verstehen, als daß Gott zu Bethel sein Haus, die Stiftshütte, damals gehabt habe? ob sie gleich von Gilgal nach Siloh gebracht war, so ist sie doch nicht immer zu Siloh geblieben, sondern Bethel ist auch eine Zeitlang ihr Wohnplatz gewesen. Bethel war eine Residenz von einem canaanitischen Könige, ehe die Israeliten das Land Canaan besaßen. Daher ist sie in dem Verzeichnisse Jos. 12, 9. unter den königlichen Städten, und zwar die dritte nach der Reihe. Josua hatte sie dem Stamme Joseph zuerkant, das ist Ephraim und Manasse. Hernach aber fiel sie bey genauerer Ausgleichung dem Canton Benjamin zu. Wie denn Bethel in dem Verzeichnisse der Städte, die

die Benjamin besitzen sollte, Jos. 18, 22. ausdrücklich mit angegeben wird. Inzwischen gieng die Gränzscheidung zwischen den Distrikten Benjamin und Ephraim gegen Mittag von Bethel vorbei, Jos. 18, 13. daß also Bethel auf dem Boden des Landes Ephraim gelegen hat. Dieses machte an sich keine Schwierigkeit, wie es mehrmals geschahe. S. Jos. 16, 9. Kap. 17, 8. 11. u. a. m. Jedoch namen die Benjaminiten sich dieser Stadt wenig an, welches weil Gelegenheit gab, daß Bethel, welches von Josua bereits eingenommen war, wieder in der Canaaniter Hände geraten ist. Hernach haben sie die Ephraimiten wieder an sich gebracht, woraus man zu ersehen, wie Richt. 1, 22:25. berichtet wird, wie die Nachkommen Ephraims die Stadt durch Verräterei eingenommen haben. Diese Verräterei ist ohnmaßen theils eines Bürgers aus der Stadt selbst geschehen. Da aber dabei so viel Blut vergossen werden, suchte der Mann seine schwarze That wieder gut zu machen, und baute im Lande der Hethiten eine neue Stadt, die er Lus hieß, und noch heutiges Tages vorhanden ist, Richt. 1, 26. welche neue Stadt nicht mit der jetzt beschriebenen, nämlich mit dem alten Lus zu verwechseln ist. Dieses Bethel gehörte nun zum Reiche Israel, weswegen der Richter Samuel seinen jährlichen Gerichtstag daselbst hielte, 1 Sam. 7, 16. Unter der Regierung des ersten Königs in Israel Jerobeam wurde hernach diese Stadt zur Verleugnung des wahren Gottes, und Ausübung der Abgötterei verleitet, so daß hier ein Hauptsitz der Abgötterei wurde, 1 Kön. 12, 28:33. wobei verschiedene Begebenheiten vorgefallen, davon 1 Kön. 13. zu lesen ist. Auch ist hier nicht zu übergehen, daß der oberste Priester des Götzentempels Amasia den Propheten Amos wegen seiner daselbst gehaltenen Strafpredigt zur Rede gesetzt, Amos 7, 10:13. und aufs Leben angeklagt habe. Unter Abia dem König von Juda, der Jerobeam schlug, 2 Chron. 13, 19. und sich Bethel bemächtigte, wurde der Dienst der errichteten goldenen Kälber eine Zeitlang gehemmet. Als aber Bethel einige Zeit hernach von Baesa, dem Königreiche Israel wieder unterwürfig gemacht worden war, so ist auch der vorige Götzendienst wieder in Gang gekommen, 2 Kön. 10, 28. 29. der um deswillen allemal unter der Sünde Jerobeams verstanden wird, als 1 Kön. 14, 16. K. 15, 26. 34. K. 16, 19. u. s. w. Daraus erwuchs die Verspottung, die der Prophet Elisa von





den unartigen Knaben dieser Stadt erdulden mußte: 2 Kön. 2, 23. 24. deswegen die harte Bestrafung, daß nämlich 42. dieser Knaben von 2 Bären zerrissen wurden, erfolgte. (S. Bachiene Th. I. B. I. §. 566. Anm. 16.) Um dieses Götzendienstes willen ist Bethel bey den Propheten in übeln Andenken, und wenn ihr Name genennet wird, als Amos 4, 4. K. 5, 5. so wird ihre Abgötterei gemeinet. In der Prophet Hosea (Kap. 4. 15. K. 5, 8. K. 10, 5. 8.) hält diese Stadt, ihres schönen Namens Beth=El, d. i. ein Haus Gottes, sogar unwert, und nennt sie Beth=Aven, d. i. eine Stätte der Ungerechtigkeit, oder wie es andere übersetzen, einen Ort der Eitelkeit oder Nichtigkeit, mit Anspielung auf die Abgötterei, deren Dienst eitel und nichts ist, 1 Cor. 8, 4. Auch ist diese Verwechselung des Namens Amos 5, 5. vergl. mit Hos. 4, 15. und K. 10, 5. vergl. mit 1 Kön. 12, 28. 29. gebraucht. Deswegen Bethel unter diesem beygelegten Namen nicht mit einer andern Stadt Beth=Aven, die wir schon beschrieben haben, zu verwechseln ist. Die Einwoner zu Bethel hatten das Schicksal, vom Nebucadnezar nach Babel geführt zu werden, welches daraus zu erkennen, weil unter denen von Juda und Benjamin, die aus Babel nach ihrem Vaterlande zurückgekeret sind, die Kinder von Bethel und von Ai mit namhaft gemacht werden, Esr. 2, 28. Nehem. 7, 32. worauf die Benjaminiten sich der Stadt Bethel, Kraft der alten Theilung des Landes von Josua, zum zweitenmale angemaßet haben, Nehem. 11, 31. In dem Kriege mit den Römern hat sie Vespasian eingenommen, und eine Kriegsbesatzung hineingelegt. (Ioseph. Antiq. XIII. 2.) Eusebius und Hieronymus haben Bethel zu ihrer Zeit als einen Flecken noch angetroffen. Die Neuern wissen Bethels Lage nicht mehr. Daher Maundrell (Reise von Aleppo nach Jerusalem S. 83.) nur bey Gelegenheit der Trümmern eines Dorfes und Klosters, die er zwischen Khan=Leban und Jerusalem angetroffen, sagt: „Hier, oder in dieser Gegend, wie man meint, ist Jacobs Bethel gewesen, wo ihm das steinerne Nachtlager, wegen des herrlichen und erfreulichen Gesichts im Traume, so gemächlich fiel." Endlich bemerken wir, daß nach 1 Mos. 35, 8. nahe bey Bethel Debora, nicht die Richterin dieses Namens, sondern die, welche die Amme und Wärterin der Rebecca, Isaacs Weibes gewesen, gestorben und begraben worden ist.

## Beth-Emek.

Eine Gränzstadt des Stammes Asser. Jos. 19, 27. Sonst unbekant.

## Bethesda.

Ein Teich beim Schaafthor zu Jerusalem, der einen so genanten Gesundbrunnen zur Quelle hatte. Das Wasser aber bewies seine Heilkräfte nicht immer sondern wie andere dergleichen periodische Quellen auch, — nur bisweilen, und zwar dann, wenn das Wasser in Bewegung gerieth — vermutlich wenn die gesunde Quelle wieder zu brudeln anfieng, nachdem sie immer eine Zeitlang verstopft gewesen, oder versiegt war — Durch dieses periodische Hervorbrechen dieser vermutlich sehr starken Quelle, ward der Teich bewegt, und vielleicht auch das Wasser getrübt und warm — und das war das Zeichen, daß der Teich mit neuen mineralischen Theilen und Heilkräften geschwängert war. Dann stiegen die Kranken, Blinde, Lahme, Ausgezehrte etc. welche sich unter fünf Hallen, die beim Teiche, vermutlich hiezu, gebaut waren, in großer Menge aufhielten, und die Bewegung des Wassers, d. i. das frische Brudeln und Brausen der gesunden Quelle abwarteten, hinein. Joh. 5, 2 ff. Die Bewegung des Wassers wird in dieser Stelle V. 4. einem Engel zugeschrieben. Niemand, der mit der Sprache und den Begriffen der Hebräer bekant ist, wird hier an einen wirklichen Engel denken. Alles Außerordentliche, das sich die Hebräer nicht natürlich erklären konten, schrieben sie einem Engel zu, sonderlich das Gewitter, die Pest, den tödtenden Ostwind Samum u. s. w. (S. meine Bibel bey folgenden Stellen: 2 Mos. 3, 2. a) Kap. 13, 21. 22. Kap. 14, 19. 20. 24. K. 23, 20. K. 33, 2. a) Richt. 5, 23. b) 2 Kön. 19, 35. a) — So schrieben die Juden die ihnen (als schlechten Naturkündigern) unbekante und unerklärbare, neue Heilkräfte hervorbringende, Bewegung des Teichs einem Engel zu, und Johannes bedient sich der Sprache seiner Nation. — „Ein Engel bewegte das Wasser" soll nichts anders heissen, als: „das Wasser wurde durch eine gewisse unbekante Kraft bewegt, und demselben zugleich neue Heilkräfte mitgetheilt." — Und — ist diese bewegende Kraft erklärbar. S. oben. — Der Evangelist schreibt weiter: „Wer nach der geschehenen Bewegung des Wassers zuerst hineingestiegen, sey gesund geworden, was er auch für eine Krankheit gehabt haben mochte." — Das ist ganz begreiflich. Denn je geschwinder einer ins Wasser stieg, nachdem sich die mineralische, gesunde Quelle ergossen hatte, desto kräftiger und wirksamer war das Wasser. Alle Gesundbrunnen haben sehr flüchtige Bestandtheile, die, uneingeschlossen, bald verfliegen, und ein unkräftiges, der Heilkraft ganz oder doch beinahe ganz beraubtes Wasser zurücklassen. —

Heutiges Tages findet man diesen Teich nicht mehr. Da die Quelle nur bisweilen floß, so konte sie eben sowol auch ganz versiegen, und an einem weit entfernten Orte wieder ausbrechen. Joseph (Jüd. Kr. B. 6. K. 12.) gedenkt eines Teichs auf der Nordseite des Tempelberges; Eusebius und Hieronymus gedenken zweener, sie nennen diesen Teich den Schafteich, (κολυμβηθραν προβατικην). Er ist heutiges Tags ganz ohne Wasser; das Bett desselben etwa 120 Schritte in der Länge, 40 in der Breite, und 8 bis 9 in der Tiefe. Am westlichen Ende entdeckte man noch drei alte Schwibbögen, Hallen oder bedeckte Gänge, die nun zugeschlossen sind. S. Maundrell p. 107. Thomson §. 123. S. 56. Korte S. 91. Hrn. D. Büschings Harmonie etc. S. 123. 360. und Maas Anmerk. zu Bachiene Th. 2. B. 1. §. 167.

Noch muß ich bemerken, daß viele den ganzen V. 4. im K. 5. des Evangelisten Johannes, in welchem des Engels gedacht wird, für unächt und zwar für eine in den Text gekommene Glosse eines Abschreibers halten, weil viele gute Abschriften des N. T. den Vers nicht haben. Kritische Gründe hat man nun wol dafür; allein es läßt sich doch auch etwas zur Rettung des Verses sagen: der Vers enthält, buchstäblich verstanden, sonderlich wegen des Engels, etwas sehr frappantes und äußerst Unwarscheinliches. Dies fühlten schon einige alte Abschreiber; sie ließen also den Vers (ohne an die Vorstellungsart der Juden zu denken, —) aus guter Meinung für die Ehre des N. T. in ihren Kopien aussen. Von diesen Kopien wurden wieder neue Abschriften gemacht — folglich der Vers auch ausgelassen, auch dann, wenn er von einer spätern Hand an den Rand geschrieben war, weil er um desto dreister für eine nicht in den Text gehörige — Randglosse gehalten wurde. Der beste kritischste Abschreiber würde dieses gethan haben — und so konte der Vers, wenn er auch wirklich ächt ist, in den besten Handschriften fehlen.

### Beth-Gader.

1 Chron. 2, 51. S. unten Geder. Gedera.

### Beth-Gamul.

Eine moabitische Stadt. Jerem. 48, 23. Sonst unbekant.

### Beth-Hagla.

Eine Stadt im Stamme Juda. Jos. 15, 6. Kap. 16, 19. 21. Uebrigens unbekant.

### Beth-Hanan.

Eine Stadt im Stamme Dan. 1 Kön. 4, 9. Sonst unbekant.

### Beth-Haram.

Jos. 13, 27. oder Beth-Aran, 4 Mos. 32, 36. eine Stadt jenseits des Jordans, die dem Stamme Gad zu Theil und von ihm befestiget ward. —

### Beth-Horon.

Es waren zwo Städte dieses Namens, die zwar nahe bey einander gelegen, aber dadurch von einander unterschieden wurden, daß die eine Ober-Beth-Horon, und die andere Nieder-Beth-Horon geheissen hat. Die Benennung dieser Namen mag von der Lage dieser Städte entstanden seyn, indem ein holer Weg nahe dabei oder in dieser Gegend sich befunden. Und J. H. Hottinger (in differt. de Geogr. terrae Canaan §. XXXIV.) sagt, der hebräische Name dieser Städte hieße so viel als ein Ort der Vertiefung, ein tiefer oder holer Ort, oder ein holer Weg. So hat Ober-Beth-Horon auf einem Berge, und Nieder-Beth-Horon in einem Thale gelegen. Von diesem holen Wege, der von Ober- nach Nieder-Beth-Horon zugegangen, redet Jos. 10, 11. desgleichen 1 Maccab. 4, 16. 24. Diese beiden Städte haben zwischen den Cantons Ephraim und Benjamin gelegen, gegen Mittag. Jos. 16, 3. 5. Sie haben auch beide zum Distrikt von Ephraim gehöret. Daher komt es, daß man von einer gewissen Frau, Namens Seera, aus dem Geschlechte Ephraim 1 Chron. 7, (8) 14. lieset: sie habe das Niedere und Obere Beth-Horon gebauet, das ist, wieder in Stand gesetzet. Die Erdbeschreiber des jüdischen Landes setzen diese beiden Orte als zween Flecken beinahe 12 römische Meilen, das ist 4 Stunden Weges von Jerusalem, auf dem Wege nach Nicopolis, und Hieronymus (in Epitaph. Paullae) macht die Erklärung, daß sie durch viele Kriege verwüstet, und dadurch zu offenen Flecken worden wären. Unter den Städten, welche die Leviten vom Theile Ephraim empfangen haben, wird Jos. 21, 22. Beth-Horon genant. Und es ist gewis, daß eine von diesen Städten die Leviten von den Ephraimiten erhalten haben, jedoch ohne zu bestimmen welche. Inzwischen wollen Eusebius und Hieronymus (in Onomast. ad voc. Βηθωρών) daß Nieder-Beth-Horon alleine den Leviten eingeräumet worden wäre. Unter der Regierung des Königes Salomo stunden diese beiden Städte in gutem Flor, indem er sie bauen ließ. 1 Kön. 9, 17. und 2 Chron. 8, 5. das heist, wie das Wort bauen in Ansehung der heil. Schrift gebraucht wird, nicht alleine vergrössern und verbessern, sondern auch zugleich befestigen. Bey Beth-Horon wird das Treffen bemerkt, welches zwischen Judas Maccabäus und dem Nicanor, dem syrischen Feldhauptmann gehalten worden, in welchem der letztere mit seinem ganzen Kriegesheere, welches 35000 Mann war, blieb. 1 Macc. 7, 9-15. 2 Macc. 15, 25-37. Eben in diesen Büchern der Maccabäer und beim Joseph wird der Name dieser Städte, obgleich bisweilen ohnfehlbar durch Versehen der Abschreiber, ganz unrichtig oft genennet, doch aber nur als Ein Ort, und in den neuen Reisebeschreibungen findet man gar nichts davon, weil vermutlich erst eine und dann auch die andere zerstöret gewesen ist.

### Beth-Jesimoth.

Eine Stadt, die vom Josua K. 12, 3. an den Salzsee gesetzet wird. Eben dieses thun Eusebius und Hieronymus (in Onom. ad voc. Βηθασιμουθ) und sagen, „sie haben 10 römische Meilen gegen Süden (eigentlicher gegen Südosten) von Jericho, und nahe bey dem todten Meere, d. i. bey dem Salzsee gelegen.“ Beth-Jesimoth ist also weiter gegen Mittag als Abel-Sittim zu suchen. Nach Josua 13, 20. war diese Stadt dem Stamme Ruben eingeräumt. Hernach wird sie unter den Orten angezeigt, welche die Moabiten nach der Gefangenschaft der Israeliten durch den Assyrischen König Salmanassar wieder eingenommen haben. Ezech. 25, 9. Sie war die andere Stadt, bey welcher sich die Israeliten gelagert hatten, als sie ins Land Canaan einziehen wollten. 4 Mos. 33, 49.

### Beth-Lebaoth.

Eine Stadt, die den Simeoniten zugetheilt ward. Jos. 19, 6. Sonst unbekant.

## Bethlehem.

1) Eine Stadt im Canton Sebulon. Jos. 19, 15. Ist um deswillen zu merken, um zu wissen, warum jenes berühmte Bethlehem, der Geburtsort Jesu, Bethlehem in Juda genennet wird. Richt. 17, 9. Matth. 2, 5. Davon nun 2) eine Stadt in Juda, welche noch heutiges Tages, sogar bey den Muhammedanern, in so fern sie Jesu Geburtsort gewesen, und er von denselben für einen großen Propheten gehalten wird, in heiligen Andenken ist. Abulfeda sagt davon: „Bethlehem liegt 3 arabische Meilen von Jerusalem, und ist ein Flecken wo Jesus geboren worden ist. Beim Eusebius und Hieronymus (in onomast. sub. voc. Βηθλεέμ) lesen wir, daß es sechs römische Meilen, (oder 2 Stunden) gegen Mittag von Jerusalem an dem Wege nach Hebron liege. Und der berühmte Benjamin von Tudela (Itinerar p. 46.) setzt es ebenfalls auf zwo Parasangen, welche zwei Stunden betragen, von Jerusalem. Der Name Bethlehem ist aus den Wörtern בית und לחם zusammengesetzt, welches einen Ort oder Haus des Brods, d. i. eine Gegend, wo Brod und Speise gefunden wird, bedeutet. Und daß unter andern ein reichlicher Kornbau daselbst gewesen, ist aus der Geschichte des Boas Ruth 2. zu erkennen. In der Geschichte Jacobs 1 Mos. 35, 16. 19. vergl. mit Kap. 48, 7. wird diese Stadt Ephratha genennet, welche Benennung zu mehrmalen vorkömt: als Ruth 4, 11. K. 5, 1. Ps. 132, 6. 8. Euseb. und Hieron. (in onom. voc. Ἐφραθά) meinen mit mehreren andern daß Ephratha nicht die Stadt allein, sondern auch die um Bethlehem liegende Gegend bedeutet habe, daher sie dieses regionem Bethlehem (die Gegend von oder um Bethlehem) übersetzen. Einen deutlichen Beweis lesen wir hiervon Ruth 1, 2. da Mahlon und Chiljon, zween Söhne Elimelechs, Ephrater von Bethlehem Juda genennet werden. Vergl. mit 1 Sam. 17, 12. So muß also in der Beschreibung beim Propheten Micha K. 5, 1. Bethlehem in dem Distrikt Ephratha verstanden werden. Die Stadt selbst hat nach Matth. 2, 6. in dem Lande Juda gelegen, und wird unter die Städte gezählet, welche Rehabeam gebauet, das heist befestiget hat.

Im A. T. wird daher dieser Ort gemeiniglich mit dem Zunamen Bethlehem Juda, d. i. Bethlehem im Stamme Juda, bezeichnet, Richt. 17, 9. Kap. 19, 1. 2. 18. Ruth 1, 1. 2. Jedoch komt Bethlehem nicht in dem Verzeichnisse der Städte des Erbtheils Juda mit vor. Jos. 15. Den Juden kan aber nicht Schuld gegeben werden, als wenn sie Bethlehem in dem hebräischen Verzeichnisse ausgestrichen hätten, daß man nicht wissen solle, ob der verheissene Meßias, der hier sollte geboren werden, aus dem Geschlechte Juda wäre. Um diesen bösen Endzweck zu erreichen, hätten sie vielmehr die Stelle aus dem Propheten Micha 5, 1. verfälschen oder unterdrücken müssen, in welcher zu diesem Bethlehem Ephrata ausdrücklich gesagt wird: aus dir soll mir derjenige kommen, der in Israel Herr sey. Vielmehr ist es bey der Beschreibung der Theilung des Landes Canaan durch Josua, um seiner wenigen Beträchtlichkeit, da es allzu klein war, zu benennen ausgelassen worden, und eben darum hernach Nehem. 11, 25–30. Es war damals Bethlehem nichts mehr, als ein geringer und offener Flecken, so wie es auch ausdrücklich der Flecken Bethlehem Joh. 7, 42. genennet wird. Auf diese Geringfügigkeit des Orts siehet Micha 5, 1. wo der Erbauer der seyn soll: „ist es gleich an dem, daß du klein unter den Tausenden in Juda bist; so soll dieses doch nicht hindern, daß nicht aus dir derjenige herkomme, der ein Herrscher nicht allein über Juda, sondern selbst über ganz Israel seyn wird." Wenn der Prophet unter den Tausenden in Juda redet, so siehet er nicht sowol auf die Größe der Stadt selbst, als auf die geringe Anzal der Einwoner. Es gründet sich der Ausdruck auf die Eintheilung, nach welcher Moses die streitbare Manschaft der Israeliten in Tausende, Hunderte, Funfzige u. s. w. gemacht, und darüber Obersten gesetzt hatte. 2 Mos. 18, 25. 5 Mos. 33, 17. 1 Sam. 13, 23. und 1 Chron. 17, 14. Vom Stamme Juda insonderheit fand sichs, daß er bey der Zälung in der Wüsten Sinai 74600 streitbare Manschaft stark war. 4 Mos. 1, 27. Unter diesen war zwar Bethlehem mit begriffen, allein um seines gar zu wenigen Beitrags an Volke nicht betrachtungswerth. Die Stadt nebst den dazugehörigen Ländereien war dem Geschlechte, woraus David abstammte, zugetheilt. Wie auch Davids Voreltern als Einwoner zu Bethlehem angezeigt werden. Ruth 2, 1. 4. K. 4, 14–17. 22. 1 Sam. 16, 1. Kap. 17, 12. Daher wird man ersehen, warum Bethlehem, seit dem David zum Könige erholen worden, die Stadt Davids genennet wird, Luc. 2, 4. 11. welche aber nicht mit einer andern Stadt Davids, welches die Burg Zion war,

2 Sam. 5, 7. zu verwechseln ist. Obgleich David die Liebe zu diesen seinen Geburts- und Erziehungsorte, nicht dadurch hat beweisen können, daß er daselbst seine Residenz aufgeschlagen, weil er gar zu enge war, sondern ehe Jerusalem erobert worden, 7 Jahre zu Hebron sein Hoflager gehabt, 2 Sam. 5, 5. so ist er doch zu Bethlehem vom Samuel zum König über Israel gesalbet worden. 1 Sam. 16, 1-13. Aus dieser Neigung zu Bethlehem ist vielleicht zu erklären, warum David so viele Einwoner dieser Stadt zu grossen Ehrenstellen erhoben, auch aus dem Brunnen zu Bethlehem zu trinken Lust hatte, 2 Sam. 23, 15-17. 1 Chron. 17, 19. Es ist kein Zweifel, daß die Nachkommen Davids sich auch zu Jerusalem und zu Bethlehem werden aufgehalten haben, ob gleich Joseph und Maria zu Nazareth wonten, welches aus Furcht für den König Herodes den Großen geschahe. Denn es war ihnen eben so wenig als den andern Juden unbekant, daß der Meßias, von dem man glaubte, er sollte ein eigentlicher und irdischer König seyn, von dem Geschlechte Davids, und zwar aus Bethlehem, seinen Ursprung haben würde. Joh. 7, 42. Matth. 2, 4-6. Er stellte sich vor, daß der Meßias ihn, da er sich unrechtmäßiger Weise auf den Thron geschwungen hatte, wieder herunter stürzen würde. Und da er ohnehin ein tyrannischer Herr war, wie aus dem hernachmaligen Kindermorde zu Bethlehem abzunemen, so war es kein Wunder, wenn die Eltern Jesu dieser Grausamkeit ausgewichen waren, und sich desto weiter von Jerusalem, nämlich nach Nazareth in Galiläa gewendet hatten, welchem Exempel auch die übrigen Nachkommen Davids werden nachgefolget seyn. Ob nun gleich dadurch die Geburt des Meßias unwarscheinlich wurde, so mußte doch der Schätzungs- oder Ausschreibungsbefel des Kaisers Augustus, der sich über ganz Judäa erstreckte, die Lage der Sachen ändern. Dadurch wurden alle Einwoner genöthiget, und also auch Joseph und Maria, sich in ihre Vaterstadt Bethlehem zu begeben, um ihre Personen, Güter und Besitzungen anzugeben. Wärend der Zeit geschah es, daß Maria einen Sohn, den längst gewünschten Heiland, gebar, Luc. 2, 1-7. welches auch, trotz allen Verdrehungen der Jüden, selbst von dem bekanten Rabbi, Dav. Gans, (in Zemach David. Num. 761. fol 14. col. 2.) bezeuget wird, der spricht: „Jesus der Nazarener ist im Jahre 3761. nach Erschaffung der Welt, welches ist das 42. Jahr der Regierung des Kaisers August zu Bethlehem, anderthalb Meilen von Jerusalem geboren.“ Diese merkwürdige Begebenheit beweget alle Reisebeschreiber von dieser Stadt weitläuftig zu erzälen. Sie stellen sie als einen nicht großen, auf einer Anhöhe gelegenen offenen Flecken vor. Von dieser Anhöhe, die von Morgen gegen Abend sich etwa 1000 Schritte erstrecket, und mit Oliven und andern Obstbäumen reichlich besetzt ist, hat man die angenemste Aussicht über die umliegenden Berge und Thäler. Hingegen sieht es inwendig desto elender aus. Es bestehet nur aus wenigen schlechten Häusern, die meistentheils von Mohren oder auch von Griechen bewont werden, welche Einwoner etwa 200 Familien ausmachen. Den Fremden, welche nach Bethlehem kommen, wird vorzüglich die Kirche der heiligen Maria de Präsepio gezeiget, welche, wie man vorgiebt, auf dem Platze erbauet ist, wo Christus zur Welt gekommen wäre. Sie war die erste, welche die Kaiserin Helena in dem heiligen Lande erbauet hat. (S. Euseb. vit. Constant. L. III. c. 42.) Sie ist sehr groß, und ruhet auf vier Reihen Säulen von rothem Marmor, jede Reihe von 11 Säulen, mithin zusammen auf 44. Die Mauern und das Gewölbe sind auf vergoldetem Grund künstlich gemalt; oben ist sie mit Cedernholz bedeckt, welches mit Bley überzogen ist. Unter dem großen Altare ist eine unterirdische Höle oder Grotte, wo der eigentliche Platz samt der Krippe gezeigt wird, wo Christus geboren worden, und gelegen habe. Dieses Chor samt der Grotte besitzen jetzt die auch da wonenden Römischkatholischen. S. D. Büschings Erdbeschr. V. Th. S. 345. Die Franciscanermönche haben nahe bey diesem Tempel ein Kloster, welches in abgesonderten Zimmern auch von griechischen und armenischen Mönchen bewont wird. In diesem Kloster halten sich die Pilgrimme auf, welche Bethlehem besuchen. Wer eine genaue und weitläuftige Beschreibung von diesem Kloster mit allem Zubehör und Begebenheiten lesen will, der findet solche bey Kootwyk (Itinerar. hierosol. p. 227.) Unter die Merkwürdigkeiten bey Bethlehem gehört der Thurm der Heerde (oder Migdal Eder) wovon 1 Mos. 35, 21. und Mich. 4, 8. geschrieben worden, und den Bethlehemitischen Hirten gedienet habe, ihr Vieh in demselben zu bewaren. Dabei ist noch heutiges Tages ein Dorf zu finden, welches alleine von Hirten

bewont

bewont wird, wo auch die Engel bey der Geburt Christi erschienen seyn sollen. Zwischen Bethlehem und Jerusalem hat der Erzvater Jacob seine geliebte Rahel begraben, und ihr ein Grabmal aufgerichtet, 1 Mos. 35, 19. 20. vergl. Kap. 48, 7. Dasjenige Grabmal aber, welches zwo römische Meilen von Bethlehem gewiesen wird, ist zu modern, und nach späterer türkischen Baukunst errichtet. Ferner gehört unter die Merkwürdigkeiten von Bethlehem die Teiche und Wasserleitung Salomons, von welchen jetzt noch viele Ueberbleibsel vorhanden sind. Es waren dieser Teiche dreye, welche Maundrell (Reise von Aleppo nach Jerusalem S. 112. f.) genau beschrieben hat. Diese 3 Teiche hatten ihr Wasser alles aus dem Brunnen, der ohngefähr 150 Schritte über dem obersten Teiche entfernt ist, und der versiegelte Brunnen genennet wird. Darauf spielet wol Salomo, dieser Sachen Erbauer, Pr. Sal. 2, 4. 5. 6. im Hohel. 4. 12. an. Nun kan man auch erkennen, was von dem Brunnen Etam zu halten, denn nach dem Berichte der Juden liegt Etam an dem nämlichen Orte, wo der versiegelte Brunnen war, nämlich an dem Wege von Jerusalem nach Hebron, und das Wasser wird eben so durch Röhren nach Jerusalem geleitet. Also waren beide einerlei. (S. Lightfoot Chorog. Iohanni praemiss. Tom. II. opp. fol. 589.) Einer von den kostbaren Gärten, die Salomo angelegt, soll auch bey Bethlehem gewesen seyn, den die Christen jetzt den verschlossenen Garten nennen, und für eben denselben halten, auf welchen Hohel. 4. 12. gedeutet wird. Davon Kootwyk (Itiner. Hierosol. p. 243.) schreibet, und Corn. de Bruin berichtet, welcher letztere auch von einem Kastelle bey den obersten der gedachten 3 Teiche eine Beschreibung beifüget. Endlich kan man von dem Oelbaume, der mit einer Mauer umgeben, wo Maria mit dem Kinde geruhet haben soll, Pokocks Beschreibung von Paläst. S. 58. nachsehen. —

## Beth-Maacha.

2 Sam. 20, 14. 15. Eigentlich: **Abel-Beth-Maacha.** S. oben.

## Beth-Marcaboth.

Eine Stadt der Simeoniten. Jos. 19, 5. 1 Chron. 4, 31. Sonst unbekant. —

## Beth-Maon.

Oder Beth-Meon, dessen Jeremias (K. 48, 23.) unter den moabitischen Städten gedenkt, ist von Maon im Stamme Juda wol zu unterscheiden. Bethmaon lag auf der Ostseite des todten Meeres im Lande der Moabiter, und ist vermutlich das heutige Maan in der Landschaft Schorat im peträischen Arabien — eine kleine Stadt, die schon zu Abulfeda's Zeiten zerstört war. Bachiene (hist. geogr. Beschr. von Palästina Th. 2. B. 2. §. 316.) verstehet nicht ohne Wahrscheinlichkeit unter den Maoniten (Richt. 10, 11. 12.) die Einwoner dieser Stadt Bethmaon, welche dann für die Moabiter überhaupt stünden, weil dort alle benachbarte Völker, aus deren Gewalt Gott die Israeliten befreiet habe, genant würden, aber die Moabiter nicht, die doch als Feinde der Israeliten so bekant wären.

## Beth-Nimra.

Eine Stadt jenseits des Jordans im Stamme Gad, nicht weit von Beth-Haram. 4 Mos. 32, 36. Jos. 13, 27. Nach dem Eusebius und Hieronymus (Onomast. unter Bethnabran) war Bethnimra zu ihrer Zeit ein Flecken mit Namen Bethnabris, jenseits des Jordans, ohngefähr 5 römische Meilen von Livias, oder Livias, d. i. Julias.

## Beth-Paleth.

Eine Stadt im Stamme Juda. Jos. 15, 27. Nehem. 11, 19. Uebrigens unbekant.

## Beth-Pozez.

Eine Stadt im Stamme Isaschar. Jos. 19, 21. Sonst unbekant.

## Beth-Peor.

1) Ein Ort, dem Stamme Ruben gehörig, nicht weit vom östlichen Ufer des Jordans, 4 Mos. 23, 28. 5 Mos. 3, 29. K. 4, 46. K. 34, 6. (S. oben Baals Beth-Peor.) — Gegen über war

2) ein Thal oder eine Ebene — sonst das Gefilde Moabs genant. S. die bey No. 1. angeführten Stellen.

## Bethphage.

Ein Flecken bey Jerusalem, auf der östlichen abhängenden Seite des Oelbergs, und zwar, wie man glaubt, nordostwärts von Jerusalem, etwas nördlicher als Bethanien, welches Jerusalem gerade gegen Osten lag. Das gewisseste ist, daß Bethphage und Bethanien auf der Ostseite des Oelbergs gelegen habe; denn nachdem Jesus auf seiner Reise nach Jerusalem diesen Flecken paßiret hatte, zog er den Oelberg herab, — es verstehet sich, die westliche Seite des Oelbergs, — auf Jerusalem zu. Luc. 19, 36. 37. — Sonst

wird

wird Bethphage bey Gelegenheit des Einzugs Christi in Jerusalem, Matth. 21, 1. Marc. 11, 1. Luc. 19, 29. noch gedacht. — Nach der noch jetzt in Palästina übrigen Tradition lag Bethphage näher bey Jerusalem als Bethania, nämlich etwa 300 Schritte westwärts von Bethania, und also von der Ostseite her noch etwas mehr den Oelberg hinauf, so, daß Bethphage auf der Ostseite des Berges zwischen seinem Gipfel und Bethania gelegen. Wenn man von Jerusalem nach Jericho reiset (Jesus reisete damals von Jericho nach Jerusalem, Luc. 19. 1.): so nimt man seinen Weg über, oder rechter Hand längst dem Oelberge und läßt Bethphage und Bethania linker Hand, nahe am Wege liegen. Nach dem Porocke, Mannwolf und andern Reisenden sieht man noch Haufen Steine und etwas Gemäuer von Bethphage, und hier zeigt man noch den Ort, wo die Jünger Christi die Eselin abgebunden haben sollen. S. Hrn. D. Büschings Harmonie der 4 Evangelisten S. 35 ff. Erdbeschreibung Th. 5. Abtheil. 1. S. 339. Korte's Reise nach dem gel. Lande. S. 158 ff. — Der Name dieses Fleckens heißt so viel, als „ein Ort oder eine Gegend unreifer Feigen (בית פגי).

## Beth-Rechab.

1 Chron. 2, 55. Besser: Familie Rechab. S. m. Bibel Th. 3. bey der angeführten Stelle.

## Beth-Rehob.

Richt. 18, 28. s. Rehob.

## Bethsaida.

1) Eine Stadt (Joh. 1, 45. Luc. 9, 10. vergl. Matth. 11, 20. 21. — κωμη, unter welchem Namen es Marc. 8, 20. 23. vorkomt, wird auch von kleinen Städten gebraucht,) in Galiläa, (Joh. 12, 21.) daher Philippus, Andreas und Petrus, welche aus Bethsaida gebürtig waren, (Joh. 1, 45.) so oft Galiläer genant werden. Bethsaida lag auf der Westseite des so fischreichen galiläischen Sees und des Jordans, und von den Einwonern dieser Stadt wurden sonderlich viele Fische gefangen, daher auch die Stadt ihren Namen (בית צידה) — Ort des (Fisch) Fangs — erhalten hat. Vermutlich hat eine kleine Reihe Fischerhäuser die Grundlage zu dieser Stadt gegeben, wie schon andere vermutet haben. — Jesus muß in dieser Stadt viele Wunder gethan haben, wie aus seiner Drohung erhellet. Matth. 11, 20-23. — Diese Drohung gieng bald darauf in Erfüllung. Denn die Stadt wurde dergestalt zerstört, daß sie ganz in Vergessenheit gekommen ist. Man weiß ihre Ruinen nicht einmal mehr gewis genug.

2) Eine Stadt auf der Westseite des galiläischen Sees. Sie war anfangs nur ein Flecken; allein nach dem Joseph (Jüd. Alterth. B. 18. K. 3.) gab der Tetrarch Philipp (Fürst über vier Landschaften auf der Ostseite des Jordans,) Bethsaida, einem Flecken an dem (östlichen) Ufer des Sees Genezaret die Gestalt einer Stadt, vermehrte es mit Einwonern beschenkte es mit einigen Privilegien, und nennte es nach der Prinzeßin des Kaisers August, Julia, Julias. An dieses östliche Bethsaida hat man, wie Bachiene a. a. O. §. 709. wie mir dünkt, sehr gründlich bewiesen hat, Luc. 9, 10. zu denken. Denn Christus unternam die Reise, (wozu ihn die Nachricht von der Hinrichtung Johannes des Täufers bewog, Matth. 14, 13. Marc. 6, 30. 31.) wie natürlich, von Galiläa, und zwar, wie warscheinlich, von Kapernaum aus. Setzte er sich nun auf der Westseite des Sees zu Schiffe, fur über den galiläischen See, und kam in eine einsame Gegend, in eine Wüste bey der Stadt Bethsaida Luc. 9, 10.): so kan dieses Bethsaida unmöglich das Bethsaida in Galiläa seyn. Der Zusatz „in Galiläa" mit welchem das letztere Bethsaida Joh. 12, 21. genant wird, machet auch ziemlich offenbar, daß es noch ein anderes Bethsaida außer Galiläa gegeben haben müsse. — Und wollte der Heiland das Gebiet des Herodes Antipas verlassen: so durfte er sich nicht diesseits des Sees Genezareth — in Galiläa aufhalten — sondern es ist ganz natürlich, daß er über die fur, um aus Galiläa zu kommen — und daß folglich dieses Bethsaida nicht das in Galiläa, sondern das östliche in der Landschaft Gaulonitis sey. — Hier war also auch die Wüste, in welcher Jesus die fünftausend Mann speisete. Matth. 14, 15-21. Marc. 6, 35 bis 44. Luc. 9, 12-15. —

## Bethsean. Bethsan.

Eine berümte Stadt diesseits, oder auf der Westseite des Jordans, bey Zarthan unter Jesreel, d. i. etwas weiter herunter nach dem Jordan. 1 Kön. 4, 12. — Nach dem Joseph (Leben fol. 1025.) lag Bethsean von Tiberias 120 Stadien, oder funfzehn römische Meilen, d. i. 4 bis 5 Stunden Wegs; und nach 1 Macc. 12, 29. sechshundert Stadien, oder 75 römische Meilen, d. i. ohngefär 20 Stunden Wegs von Jerusalem; die letztere Bestimmung komt aber Reland

den

den (Palaest. p. 430.) verdächtig vor, der nur 500 Stadien lesen will, d. i. nur 62 bis 63 röm. Meilen. Noch mehrere Bestimmungen der Lage dieser Stadt von andern Orten, s. beim Bachiene (hist. und geograph. Beschr. von Paläst. Th. 2. B. 3. §. 602. S. 445.) — Nach dem Abulfeda (s. Index Geogr. ad vit. Salad. unter Baisa) lag die Stadt auf dem 58 Grad der Länge und 32 Grad 50 Min. nördl. Breite. Er beschreibt sie ferner (zu seiner Zeit) als eine kleine Stadt ohne Mauern, die angenehme Gärten und Bäche habe; gegen Südwesten habe sie das Gebirge Gilboa, an dessen Fuß sie liege. Vor der Stadt fließe ein Bach vorbei. (El-Bise heißt er jetzt, und fällt hier in den Jordan!) Sie liege 18 Meilen von Tiberias. — Fast eben das sagt Bernh. von Breitenbach (Reisebuch des heil. Landes Th. 2. S. 127.): „Zwo Meilen von Suna (Sunem) liegt die Stadt Bethsan, zwischen dem Berge Gilboa und dem Jordan, und zwar nur eine halbe Meile von diesem Flusse. Sie heißt jetzt Bethsan (Beisan, Baisan, El-Baysan) von allen Menschen, und ist eine gar lustige Gegend.“ — Die Stadt lag ehemals im Bezirk des Stammes Isaschar, ist aber dem Stamme Manasse zugetheilt worden, Jos. 17, 11. Daher wir sie Jos. 19, 17. 23. nicht mit unter den Städten des Stammes Isaschar antreffen. — Aber auch die Manassiten scheinen sie entweder erst spät, oder wie andere wollen, gar nie besessen zu haben. Richt. 1, 27. vergl. Jos. 17, 12. wird geklagt, daß die Manassiten diese Stadt nicht hätten erobern können, sondern in den Händen der, sonderlich wegen ihrer im Kriege gewöhnlichen Sichelwägen, furchtbaren Cananiten hätten lassen müssen. Aus der Geschichte 1 Sam. 31, 10-13. vergl. 2 Sam. 21, 12. schließt man, daß auch noch zu Sauls Zeit Bethsean noch nicht in den Händen der Israeliten, sondern entweder der Philister, oder eines andern mit den Philistern verbundenen Volks gewesen, weil Sauls und seiner Söhne Leichname von den Philistern an die Mauern zu Bethsean gehängt worden, — und die Einwoner von Jabes in Gilead sie des Nachts wieder abgenommen und begraben — welches nicht geschehen seyn würde, wenn Bethsean unter Sauls Botmäßigkeit gestanden hätte. Allein nothwendig ist doch die Folge nicht. —

In den spätern Zeiten, jedoch vermutlich nicht eher als zur Zeit der Macedonier in Syrien, erhielt die Stadt den Namen Σκυθῶν πόλις, (Stadt der Scythen) oder zusammen gezogen Σκυθόπολις, Scythopolis — (Scythenstadt). So heißt sie bey den LXX Dolmetschern Richt. 1, 27. (wo aber die Worte: ἥ ἐστι Σκυθῶν πόλις vermutlich eine in den Text gekommene Randglosse einer spätern Hand ist,) so auch in den apocryphischen Büchern, (Judith 3, 14. 2 Macc. 12, 29.) beim Joseph (Alterth. B. 12. K. 12.) und bey andern Schriftstellern häufig. Was zu diesem von den Scythen entlehnten Namen Veranlassung gegeben haben mag, ist unbekant. Was Bachiene darüber vermutet, (hist. und geogr. Beschr. von Paläst. Th. 2. B. 3. §. 613.) ist nicht gar wahrscheinlich. Noch eine andere Vermutung mag man beim Reland (Palaestina p. 992.) nachlesen. In den ersten Jahrhunderten nach Christi Geburt hat sich in dieser Stadt eine christliche Gemeine befunden, die unter der Aufsicht eines Bischofs stand, — dergleichen Scythopolitanischer Bischöfe verschiedene aus der Kirchengeschichte bekant sind, als Patrophilus, Saturninus, Severianus, Theodosius und Olympius; welche die Handlungen einiger Kirchenversamlungen in den ersten Jahrhunderten mit unterschrieben. Ohne Zweifel hat auch Christus selbst in dieser Stadt seine Lehre verkündiget, und also den Grund zu seiner nachherigen Gemeine gelegt. Denn Christus lehrte in dem Distrikt Decapolis das Evangelium. Matth. 4, 25. Marc. 5, 20, K. 7, 31. und diese Stadt (Scythopolis) war gerade die einzige von den zehn Städten dieses Distriktes, die diesseits des Jordans an der Gränze von Galiläa lag. — Diese Stadt wurde auch nachher eine von den drey zu dem Patriarchat zu Jerusalem gehörigen Metropolitankirchen. Im heiligen Kriege erhielt der Metropolitan dieser Stadt den Titel eines Erzbischofs, und es waren ihm neun Bischöfe subordinirt; einige Zeit darauf aber wurde dieser erzbischöfliche Sitz nach Nazareth verlegt. — Am Ende des sogenannten heiligen Krieges wurde Scythopolis von dem ägyptischen Chalif Saladin, als die Einwoner den Anzug des Feindes hörten, und die Stadt nicht für fest genug hielten, und deswegen nach Tiberias flüchteten, gänzlich ausgeplündert. — Von dieser Zeit an verfiel die Stadt gänzlich, und blieb nur ein kleines schlechtes Städtchen. (S. Bachiene a. a. O.) — Heutiges Tages ist von der Stadt gar nichts mehr übrig, als der Name (Beysan, Elbeysan), welchen

welchen ein auf die Trümmer der alten Stadt gebautes Kastel führt. —

## Beth-Semes.

D. i. Ort, Platz, Gegend — Stadt oder auch Tempel der Sonne. Vermuthlich ist hier von den alten Cananitern die Sonne (s. Baal) in einem ihr geweihten Tempel verehret worden, — daher der Name! — Diese Stadt wurde dem Stamme Juda zugetheilt, und komt Jos. 15, 10. als eine nördliche Gränzstadt dieses Stammes vor, und wird daher auch 2 Kön. 14, 11. 2 Chron. 25, 21. Bethsemes in Juda genant. Sie war mit unter denjenigen Städten, welche der Stam Juda den Priestern abtrat, (Jos. 21, 16.) Daher wir sie in dem Verzeichnisse der Städte des Stammes Juda (Jos. 15, 21:63.) nicht antreffen. Sie lag also auf der nördlichen Gränze des Stammes Juda, nahe beim Stamme Dan, Thimna gegen Morgen, (Jos. 15, 10.) und wurde von Priestern, denen sie gehörte, bewont. Nach dem Eusebius und Hieronymus (Onomast. unter Bethsames) lag Bethsemes zehn römische Meilen von Eleutheropolis, auf dem Wege nach Nicopolis. Dieses Bethsemes ist durch die Bundeslade, die aus dem Philisterlande zuerst wieder in dieser Priesterstadt ankam, und jene große Niederlage unter dem Volke veranlaßte, berümt. 1 Sam. 6, 12:19. Die nötige Betrachtung der Schwierigkeit, die man in dieser Stelle, sonderlich im V. 19. findet, s. im Th. 2. meiner Bibel bey dieser Stelle weitläuftig! — Auch ist diese Stadt durch ein Treffen berümt worden, welches bey derselben zwischen den beiden Königen von Israel und Juda, Amazia und Joas, vorgefallen, und in welchem der leztere geschlagen und gefangen genommen worden ist. 2 Kön. 14, 11:13. — Unter der Regierung des Königs Ahas kam diese Stadt in die Hände der Philister. 2 Chron. 28, 18. — Da diese Stadt 2 Kön. 14, 11. 2 Chron. 25, 21. Bethsemes in Juda genant wird: so erhellet schon daraus, daß es auch noch ein anderes Bethsemes außerhalb Juda gegeben haben müsse. Und wir finden auch noch ein

2) Bethsemes im Stamme Naphthali, auf der Gränze des Stammes Isaschar, Jos. 19, 38. 22. dessen aber weiter nicht gedacht wird; und ein

3) Bethsemes in Aegypten. Jer. 43, 13. welches die berümte Stadt On (d. i. die Sonne), griechisch Heliopolis (Sonnenstadt) ist. S. On.



## Beth-Sitta.

Richt. 7, 22. S. unten Sittim.

## Beth-Thapuah.

S. unten Thapuah.

## Bethuel.

Nahors (des Bruders des Abraham) und der Milca Sohn, Labans und der Rebecca, die den Isaac heiratete, Vater. 1 Mos. 24, 15. —

## Bethul.

Eine Stadt der Simeoniten. Jos. 19, 4. Calmet hält sie für das Bethelia des Sozomenus (Hist. eccles. libr. 5. c. 15.) nach welchem es ein sehr volkreicher Flecken war, zu Gaza gehörig, der verschiedene alte und prächtige Tempel, und unter andern auch ein auf einer Anhöhe stehendes, über die ganze Stadt hervorragendes Pantheon hatte, daher die Stadt ihren Namen (Bethelia, Bethul) Gotteshaus erhalten haben mochte, wie Sozomenus vermutet. Nach dem Hieronymus war Bethelia fünf kleine Tagereisen von Pelusium. —

## Bethulia.

Eine Stadt in der Nachbarschaft von Jesreel und Dothaim, auf einem Berge, an dessen Fuße Quellen waren, vermutlich auf der Ostseite der Ebene Jesreel. Die Stadt ist wegen der Belagerung des Holofernes, in welcher dieser aber getödtet wurde, berümt. Judith 6, 6. 9. Kap. 7, 1. 12. K. 8, 3. K. 12, 8. K. 15, 7. 9. K. 16, 22. 25. 28.

## Beth-Zachara.

Oder genauer Beth-Zacharja. Ein durch die merkwürdige Schlacht, die hier zwischen dem Antiochus Eupator und Judas Maccabäus, vorfiel, berümter Ort, der nach dem Joseph, 70 Stadien vom syrischen Lager, oder von Bethzur, entfernt gewesen. 1 Macc. 6, 32. — Noch jetzo haben Reisende zween Oerter dieses Namens in dieser Gegend gefunden, denen sie als Häuser des Zacharias, des Vaters Johannes des Täufers, gezeigt worden sind — zu welcher Fiction (denn mehr ists wol nicht!) vermutlich der Name Beth-Zacharia, der so viel als „Haus des Zacharias" heißt, Veranlassung gegeben hat.

## Beth-Zecha.

Richtiger: Beth-Zethe. Im Original wird es Βηζιθ geschrieben, 1 Macc. 7, 19. welches eine Abkürzung von Βηθζηθα ist. So, nur mit der forischen Endigung, schreibt Joseph: Βηθζηθω. — Bethzetha war zu Christi und Josephi Zeit der, auf einem Hügel am nördlichen Ende von Jerusalem gebaute Theil dieser Stadt. Joseph (Jüd. Krieg B. 5. K. 4. §. 2.) sagt ausdrücklich, dieser Hügel habe ehedem nicht mit zu Jerusalem gehöret, sondern wäre erst als eine Neustadt hinzugekommen. — Zur Zeit der Maccabäer war nun Bethzetha noch nicht zu Jerusalem gezogen, sondern ein nicht weit von der Stadt gelegener besonderer Hügel — vermuthlich angebaut. — Beth-Zetha (בית זיתא von זיתא die Seiffe) würde so viel, als Seiffenhaus, Seiffenstadt, Seiffengegend bedeuten, vermutlich weil in dieser Gegend das Kraut häufig wuchs, woraus die Seiffenasche (Alkali, Potasche) verfertigt wurde — oder auch weil man in dieser Gegend diese Asche, und aus dieser, mit Olivenöl viel Seiffe verfertigte. — Noch jezo heist ein nahe bey Bethzetha gelegener Hügel „der Hügel der Seiffenasche." S. Pokocks Beschr. des Morgenl. Th. 2. §. 23. Eben dieser gelehrte Reisende sagt auch, auf der Südseite des Hügels der Seiffenasche sey eine lange Cisterne. Und einer grossen Cisterne wird auch 1 Macc. 7, 19. gedacht. — S. Hrn. R. Michaelis Anmerk. zu 1 Macc. 7, 19. S. 156. 157. —

## Beth-Zur.

Eine Stadt im Stamme Juda, 2 Chron. 11, 7. und zwar auf dem Gebirge. Jos. 15, 58. 48. In der Geschichte des syrischen Kriegs unter den Maccabäern, kommt Bethzur beim Joseph, auch in den Büchern der Maccabäer oft vor. 1 Macc. 4, 29. 61. K. 6, 7. 26. K. 14, 33. 2 Macc. 11, 5. K. 13, 19. — In der leztern Stelle heists: „Bethzur sey ein fester Platz, fünf Stadien von Jerusalem." — Weil dieses Bethzur so nahe bey Jerusalem gelegen: so hat man das Bethzur in den Büchern der Maccabäer und dem Joseph für einen andern, und von obigem Bethzur verschiedenen Ort gehalten; allein Cellarius (Geogr. antiqu. Tom. II. lib. 3. c. 13. p. 477. 478.) behauptet, es müsse statt σταδιους πεντε gelesen werden σχοινους πεντε. Fünf Schönen (ein ägyptisches Weitenmaaß, 30 Stadien, oder beinahe eine deutsche Meile, begreifen) kommen dann mit des Eusebius und Hieronymus Aussage, daß Bethzur zwanzig römische, d. i. nicht gar fünf deutsche Meilen von Jerusalem entfernt gewesen, nach Hebron zu. Und dann hat man nicht nöthig zweierlei Bethzur anzunehmen.

Die Einwoner dieser Stadt Bethzur halfen, nach Nehem. 3, 16. an der Wiederaufbauung der Mauern zu Jerusalem.

Bey dieser Stadt soll, nach einer alten Sage, die wir schon beim Eusebius und Hieronymus finden, und die man noch jezt im Orient hört, der Minister der Königin Candace von Philippus getauft worden seyn, und man zeigt die am Fuße eines Bergs entspringende Quelle, wo Philippus die Taufe verrichtet habe. Allein der Weg dahin soll, nach dem Maundrell (Reise von Aleppo ꝛc. S. 117.) mit einem Wagen (dessen sich der Minister bediente) schlechterdings unmöglich seyn. — Bachiene vermutet also, Eusebius und Hieronymus möchten sich versehen, und ein anderes, in der Bibel nicht vorkommendes Bethzur, welches nach ihrer eigen Aussage, eine römische Meile von Eleutheropolis gelegen, folglich an dem geradesten Wege von Jerusalem nach Gaza, (den der Minister der Königin Candace paßirte) mit dem unsrigen vermengt haben. —

## Betonim.

Eine Gränzstadt des Stammes Gad, zugleich auf der Gränze des jenseitigen halben Stammes Manasse. Jos. 13, 26. Zur Zeit des Eusebius führte die Stadt noch diesen ihren alten Namen. —

## Bette.

Weder Federbetten noch Spanbetten, oder eigentliche Bettgestelle, Federbetten darein zu legen, haben die Morgenländer. Wenn also in der Bibel eines Bettes erwähnt wird, so hat man an keines von beiden zu denken. —

Die Stelle unserer Federbetten vertritt den Morgenländern ihr Surtout oder Obermantel, — ein viereckigtes Stück Tuch, etwa sechs Ellen lang und dritthalb bis drei Ellen breit, womit sie sich des Tags über wider Regen, Wind und brennende Sonnenstralen zu bedecken, sonst aber dasselbe auf der einen Schulter zu tragen pflegen. (S. meine Bibel Th. 1. bey 2 Mos. 12, 34. c) und unten: Kleid. Mantel.) In diesem Obermantel, der heutiges Tags bey den Arabern Hok oder Hyk (حيك) heist, und bey den Hebräern unter verschiedenen Namen (כסות. בגד. מעיל. שלמה. שמלה) vorkömt, hüllen sich die Morgenländer auch des Nachts, oder decken sich nur mit zu. 1 Mos. 9, 21. 23. — Ganz Arme oder Reisende haben des Nachts zur Bedeckung, und überhaupt statt eines Bettes weiter gar nichts als diesen Mantel; daher Moses das weitthätige Gesetz gegen ganz Arme gegeben hat: „Wenn ein Armer, der sonst weiter nichts von einigem Werth und Brauchbarkeit hat, als sein Oberkleid, dieses verpfändet, so soll der Schuldherr seinem armen Schuldner dieses Pfand noch vor Sonnenuntergang wieder zurückgeben; denn es sey seine einzige Decke, in welche er sich des Nachts hülle und darinnen schlafe." 2 Mos. 22, 26. 27. 5 Mos. 24, 12. 13. — Reiche und Vornehme bedienen sich dieses Obermantels ebenfalls, doch nur zur Decke. Die königliche Prinzeßin und Davids Gemalin, Michal, deckte das Götzenbild, welches ihren Gemahl, zu Bette liegend vorstellen sollte, mit einem Kleide (בגד) d. i. Oberkleid, Heyk — zu. 1 Sam. 19, 13. Und von David, in seinem kraftlosen Alter, heißt es 1 Kön. 1, 1. „er habe sich nicht mehr erwärmen können, ob man ihn gleich mit Kleidern (בגדים d. i. Oberkleidern, Heyks) zugedeckt." — Bey Wohlhabenden, Reichen und Vornehmen dienet also der Obermantel, der bey Armen das völlige Bette ausmachte, nur statt der Decke. Das übrige Bettwerk bestehet aus einer Matratze, über welche noch ein Bettuch (im Winter ein Teppich, oder sonst eine wollene Decke,) mit Wolle, oder Baumwolle gestopft liegt. S. Rußel Natural. Hist. of Aleppo. Vol. 2. p. 158.

Die Stelle unsrer Spanbetten oder Bettgestelle vertritt entweder der bloße Fußboden, auf welchen das vorhingedachte Bettwerk hingebreitet wird, oder ein Kanapee, d. i. ein zwei bis drei Fuß hoher Sitz an der Wand, gemauert, oder mit Holz getäfelt, und bisweilen mit einem Gitter umgeben. Dafür hat man auch bisweilen eine frei stehende Ruhebank. Dieses Kanapee, oder mit seinem gewöhnlichen orientalischen Namen, (der mit der Sache selbst auch zu uns gekommen ist,) Soffa (صفّة Pers. صُفّه) vertritt nicht nur die Stelle der Stühle, dergleichen die Morgenländer nicht haben, und worauf sie sitzen, wenn sie speisen, oder auch sonst in Gesellschaft mit ihren Freunden, wenn sie sich mit denselben unterreden und berathschlagen, sondern auch der Bettgestelle. Sie sind gewöhnlich mit dicken Matratzen und Polstern, dicht mit Baumwolle ausgestopft, die gegen die Wand, oder bey freistehenden Soffas an die Querlehnen gelehnt sind, versehen, und bey Reichen und Vornehmen meist sehr prächtig. Esth. 1, 6. K. 7, 8. An dieses Soffa, welches mit dem oben erwähnten Bettwerke versehen, zugleich die gewöhnlichste Art guter und anständiger Betten im Orient ist, hat man meistentheils zu denken, wenn in der Bibel des Bettes, Lagers, Sitzes ꝛc. erwähnt wird. Es führt im Hebräischen verschiedene Namen, als: מטה (gleichsam der Ort des Neigens, Ausstreckens — wo man sich neigt, hinlegt, hinstreckt; von נטה) משכב (der Ort, wo man liegt, oder sich hinlegt, um zu schlafen.) מושב (der Ort, wo man zu sitzen pflegt, z. B. Psalm 1, 1.) סוד (gleichsam was man sich unterlegt — um darauf zu liegen; von יסד Arab. وسد etwas zu Grunde legen; ein Küssen unterm Kopf legen, den Kopf gleichsam darauf stützen. Daher وساد — der Grammatik nach ganz das hebräische סוד — ein Hauptkissen, Polster, Ruhebette; Kanapee —) — Daß übrigens dieses Sopha für den Ort der Versamlung, der Berathschlagung, Abhandlung geheimer wichtiger Sachen, und für Geheimnisse ꝛc. selbst gesetzt werde, gehört nicht hieher. Vergl. meine Bibel Th. 2. bey 1 Sam. 19, 13. Th. 3. bey Esth. 1, 6. Kap. 7, 8. und Fabers Archäologie der Hebräer Th. 1. S. 430 f. —

## Betteln. Bettler.

Bettler scheinet unter den Israeliten, sonderlich in den ersten Zeiten ihrer Republik, gar nicht gegeben; und Moses scheint auch unter seinem Volke gar keine erwartet zu haben, daher er ihrer in seinen Gesetzen auch mit keinem Worte gedenkt. Den 5 Mos. 15, 4. wo nach Luthers Uebersetzung der Bettler gedacht wird, stehen im Original keine, — sondern Arme, die deswegen noch nicht Bettler sind. Ueberhaupt ist die Stelle von Luthern falsch übersetzt. S. meine Bibel Th. 1. bey dieser Stelle. — Wie wars aber möglich, daß es unter den Israeliten keine Bettler gab? Antwort: 1) die Israeliten unter Mosen, und noch eine gute Zeit herunter, gränzeten an den Naturstand. Die Gleichheit der Stände war also noch allgemeiner als in der Folge, oder unter mehr gebildeten und mehr dem Luxus ergebenen Völkern. Wo aber jeder dem andern gleich ist, oder doch die allermeisten einander gleich sind, jeder einen gleich edlen Theil der Nation ausmacht, und jeder sich einbilden kan und einzubilden pflegt als der andere, da wird selten einer so ganz ohne Ehrliebe seyn, unter seines gleichen herumzugehen und zu betteln. Ohne höchste dringende Noth wird

wird da, wie man leicht denken kan, keiner betteln. 2) Moses hatte weislich dafür gesorgt, daß eine ziemliche Gleichheit in Ansehung des Vermögens unter seinem Volke statt finden konte. Jeder hatte ein Grundstück zum ewigen Eigenthume, das nie veräußert werden konte, und ewig auf seine Nachkommen forterbte. Hatte jeder ein Erbgut, das ihn und seine Familie ernährte: so konte eigentlich keiner dergestalt verarmen, daß er zum Bettelstab schlechterdings genötiget wäre. 3) Kam aber einer durch Unglücksfälle gleichwol herunter: so brauchte er deswegen noch nicht zu betteln; (wie ihm denn diese unedle Lebensart schwer würde eingegangen und von seinen Mitbrüdern sehr würde verdacht worden seyn!) denn er bekam als Eigenthümer nutzbarer Grundstücke, auf seine künftigen Aernten, (denn die Veräußerung der Grundstücke selbst war nicht erlaubt) allenthalben geborgt, und konte nach und nach wieder zu Kräften kommen. Kam er aber dergestalt herunter, daß er gar keine Hofnung hatte, sich je wieder zu erholen: so konte er sich an einen begüterten wolhabenden Israeliten zum Knechte verkaufen, wenn er anders nur arbeiten mochte und kein Taugenichts war. Nur einem solchen, den auf ehrlicher Weise niemand zum Knechte haben mochte, — war weiter nichts, als der Bettelstab übrig. Und solche mochte es schon zu Davids Zeit geben, als welcher der Bettler oder des Bettelns zuerst gedenkt. Psalm 109, 10. wo Davids Feinde, unter andern Flüchen auch wünschen: „Seine (Davids) Kinder müssen umher irren und betteln, und von ihren Verwüstern, (d. i. von denjenigen, durch welche sie in diese unglücklichen Umstände versetzt worden sind,) heischen.“ — Und in der sonst für schwer gehaltenen Stelle Psalm 37, 25. „Ich bin jung gewesen und alt worden, und habe noch nie gesehen den Gerechten verlassen und seinen Saamen nach Brod gehen“ (seine Kinder und übrige Nachkommen Unterhalt betteln). — Bey welcher Stelle man an die bürgerliche Verfassung der Israeliten denken muß, um sie wahr und nicht auffallend zu finden. Dieser zu Folge konte nur ein Erztaugenichts und Bösewicht betteln gehen — den kein Mensch nicht einmal zum Knecht haben mag, und der also, wenn er nicht verhungern will, betteln muß. — Außer dieser schwarzen Klasse von Bettlern finden wir aber auch — doch erst spät — noch eine andere — nämlich solche Arme, die zugleich einen Leibesmangel hatten, und ihr Brod durch Arbeit nicht verdienen konten. Aber auch diese finden wir nicht wie unsre Bettler herumgehend, sondern nur an Landstraßen, vorm Tempel, vor eines Reichen Thüre liegend etc. Marc. 10, 46. Luc. 16, 20. 21. Apostg. 3, 3. — Vergl. Hrn. R. Michaelis mos. Recht Th. 2. §. 142. S. 441 ff.

## Beute.

Beutemachen war, wie bey allen alten orientalischen Völkern, also auch bey den Israeliten, als Siegern im Kriege gewöhnlich, und diesen auch durch die mosaischen Gesetze nicht verboten, vielmehr durch dieselben begünstiget und nur einige nötig scheinende Verordnungen deswegen gemacht. Nach der bürgerlichen und Kriegsverfassung der Israeliten war das Beutemachen auch allerdings zuläßig. Denn die Israeliten hatten keine stehenden besoldeten und regulirten Armeen, sondern wenns Krieg ward, mußte jeder zum Soldaten tüchtige Bürger die Waffen ergreifen, und ins Feld ziehen, und das ganz ohne Sold. Folglich setzte jeder Bürger Leben und gesunde und gerade Glieder aufs Spiel, ohne nur das nötige Brod dabey zu kriegen. Und dabei versäumete er noch überdies zu Hause ein Beträchtliches an seinem Feldbau und übrigen Hauswesen. Es war also der Klugheit gemäs, dem Volke eine Entschädigung für dieses alles zu verwilligen, und diese konte in nichts anders als in Beute bestehen. Die Hofnung, Beute zu machen, war dann noch ein starker Bewegungsgrund zur Vertheidigung des Vaterlandes die Waffen zu ergreifen, und Gesundheit und Leben zu wagen. Mit dieser Hofnung zog jeder gern in den Krieg, und — man drang sich sogar dazu, wie wir an dem Beispiele der Ephraimiten sehen. Richt. 12. — Die drittehalb Stämme jenseits des Jordans fürten wider die Ammoniter einen glücklichen Krieg, ohne die übrigen Stämme diesseits des Jordans, und insbesondere den damals sehr mächtigen, gleichsam herrschenden und deswegen stolzen Stam Ephraim dazu genommen zu haben. Dieser letztere war übel damit zufrieden, zwar wol großen Theils deswegen, weil er sich für den herrschenden Stam ansah, und verlangte, daß die übrigen Stämme ohne ihn, nichts von dergleichen Wichtigkeit unternemen sollten, aber doch wol auch hauptsächlich um der Beute willen, an welcher er, ohne selbst mit im Felde gewesen zu seyn, freilich nicht participiren konte. — Die Ephraimiten waren durch diese vermeinte Zurücksetzung, und den Verlust

eines

eines großen Vortheils an einem und vielleicht größtentheils der feindlichen Beute, dergestalt aufgebracht, daß sie den dreyhalb Stämmen den Krieg ankündigten, der aber übel für sie ablief. — Daß die Beute einen außerordentlichen Reiz für die Israeliten gehabt haben mußte, sehen wir unter andern auch daraus, daß wenn eine recht große und außerordentliche Freude beschrieben werden soll, gesagt wird: „eine Freude wie wenn man große Beute macht, oder wenn Beute ausgetheilt wird.“ Psalm 119, 162. Jes. 9, 3.

Was man zu erbeuten pflegte, war:

1) An Menschen, insgemein der wehrlose Theil derselben, von welchem man nichts zu befürchten hatte, wenn man sie mit ins Land zurück nam, und zu Sclaven und Sclavinnen machte, d. i. Weiber und Kinder. 5 Mos. 20, 14. Kap. 21, 10. 11. Unter diesen sah man die Jungfrauen für den edelsten Theil der Beute an, daher man bisweilen nur diese zur Beute mitnam und zu Sclavinnen machte, (weil es bey der unter den Israeliten gewöhnlichen und erlaubten Polygamie oft an Jungfrauen fehlte,) und Männer und Weiber niedermachte, sonderlich in einem Rachkriege. 4 Mos. 31, 11. 14–18. 35. Richt. 21, 12. vergl. Klagl. 1, 18. Judith 16, 6. — Seltner wurden auch Männer oder sonst erwachsene Mannspersonen zur Beute mitgenommen, weil diese schon fürchterlich sind, und über lang oder kurz Unruhen verursachen, Verräter und desto gefährlichere Feinde werden können. Diese wurden also nach dem allgemeinen orientalischen Kriegsrechte — so viel man ihrer habhaft werden konte, nieder gemacht. —

2) Vieh. Großes und kleines — Hornvieh, Schafe, Ziegen, Cameele und Esel — welches für Israeliten ein sehr interessanter Theil der Beute war.

3) An leblosen Dingen, alle bewegliche und leicht fortzubringende Sachen von Werth, Gold, Silber, Kleidungsstücke, Schmuck und anderes dergleichen Geräte.

Die Beute an Menschen und Vieh ward zusammengestellt, gezält, und denn auf folgende Art vertheilt: Die gegen den Feind zu Felde gezogen waren, bekamen die eine Hälfte, wovon sie nur das fünfhundertste Stück den Priestern abgeben mußten. Die nicht mit zu Felde gezogen waren, und deren natürlicher Weise weit mehr waren, bekamen die andere Hälfte, und mußten noch das funfzigste Stück an die Leviten abgeben. Die Beute an leblosen Dingen hingegen gehörte jedem, der sie machte. Siehe 4 Mos. 31. —

Als David mit seinen 600 Mann die Amalekiter, die in seiner Abwesenheit Ziklag geplündert und in die Asche gelegt hatten, verfolgte, und dreyhundert Mann davon beim Bache Besor zurückblieben, weil sie zu müde waren: so wollten die 400 Mann, mit welchen David die Amalekiter eingeholet, in die Flucht geschlagen und viele Beute von ihnen gemacht hatte, den am Bache Besor bey der Bagage zurückgebliebenen von der Beute nichts geben. Allein David sprach ihnen gleichen Antheil an der Beute zu, als wenn sie auch mit dem Feind geschlagen hätten, (und das mit Recht. Denn es fehlte ihnen nicht an Willen, sondern nur an Kräften — sie waren schon zu sehr ermüdet). Und dabei wird angemerkt, „so seys auch in der Folge unter den Israeliten gehalten worden. 1 Sam. 30, 20–25.

Seitdem die Israeliten Könige hatten, fiel ein ansenlicher Theil der Beute in die königliche Schatzkammer, wenigstens von David finden wir, daß er diese sehr dadurch bereicherte, und wird auch nicht ein Wink gegeben, daß er es widerrechtlich gethan habe. 2 Sam. 8, 7. 8. 11. 12. —

Bisweilen war das Beutemachen ganz und gar verboten, sondern es mußte alles niedergemacht und zerstört werden. S. Bann. Verbannung. — Vergl. Hrn. R. Michaelis mos. Recht Th. 3. §. 178. 191.

Beweinen.

S. Klagen.

Beyschlaf.

In der Monogamie pflegt es in Ansehung des Beyschlafs, wie oft er geschehen soll, weder eigentliche Gesetze noch Observanzen, die die Gültigkeit der Gesetze erlangt haben, zu geben, weil hier allzeit zu vermuten ist, daß der Naturtrieb die Stelle eines Gesetzes ohnehin, reichlich vertreten werde. In der Polygamie aber, (die Moses unter seinem Volke schon als Sitte fand, und aus Klugheit und zum Vortheil seines Volks tolerirte,) wo Ungerechtigkeiten des Mannes gegen eine oder die andere minder geliebte Beyschläferin, die aber doch eben den starken Naturtrieb hat, wie die Favoritin des Mannes — zu fürchten sind, werden gesetzliche Verordnungen schon nöthiger. Moses verordnet zwar nicht, wie oft der Mann seinen Weibern den Beyschlaf schuldig sey; allein es scheint doch eine gewisse Observanz oder Ge-

wohnwonheit, welche die Gültigkeit eines Gesetzes erlangt hatte, unter seinem Volk gefunden, und durch sein Stillschweigen genemigt zu haben. Denn 2 Mos. 21, 10. 11. verordnet er, „daß der Sclavin bey der zweiten Verheiratung ihres Herrn, an Beyschlaf nichts abgehen soll; widrigenfalls sollte sie die Freiheit erlangen." — Die Sclavin als Beyschläferin mußte also doch den Beyschlaf so und so oft haben fordern können. Und zwar vermöge Herkommens. — Denn ein positives Gesetz davon finden wir bey Mosen nicht. — Aus der Geschichte 1 Mos. 30, 14-17. scheint Hrn. R. Michaelis (mos. Recht Th. 2. §. 118. S. 308.) zu erhellen, daß lange vor Mosis Zeit in der Vielweiberei jede Frau ihre eigne Nacht gehabt, oder eine nach der andern von Nacht zu Nacht ihren Mann genossen habe; weil Rahel ihre Nacht (wie M. glaubt) an die Lea für Dudaim verkauft. Allein meines Bedünkens folgt das aus der mosaischen Erzälung dieser Geschichte nicht; sondern aus den Worten der Lea V. 15. „hast du (Rahel) nicht genug, daß du mir meinen Mann genommen hast?" und aus V. 20. wo Lea bey der Geburt ihres sechsten Sohnes hoft, „ihr Mann würde ihr nun (gern) wieder beywonen, weil sie ihm nun sechs Söhne geboren habe" — läßt sich vielmehr schließen, daß Jacob der Lea sehr selten und ungern beigewont habe. Soviel ist aber doch gleichwol richtig, daß Moses, wie aus seiner oben angefürten Verordnung erhellet, ein gewisses Herkommensrecht, wie oft eine Frau oder Beyschläferin den Beyschlaf fordern konte, unter seinem Volke gefunden habe. —

Der Beyschlaf machte levitisch d. i. bürgerlich unrein bis an den Abend, oder den Anfang des folgenden Tages. 3 Mos. 15, 18. — Dies Gesetz hatte die weise wichtige Absicht, daß der Beyschlaf nicht zu oft geschehen konte, — daß die Natur nicht erschöpft und desto stärkere Kinder gezeugt werden möchten. Denn wer wollte täglich, oder auch nur die meisten Tage der Woche bürgerlich unrein seyn? d. i. sich vom Umgang anderer ausschließen lassen, und schlechterdings unfähig seyn, den Ort des Gottesdienstes zu besuchen, und den Opfermalzeiten, welche die fröhlichsten und größten Gastmale waren, beizuwonen?

Der Beyschlaf mit einer Frauensperson wärend ihrer monatlichen Reinigung wird 3 Mos. 20, 18. verboten, vermutlich weil der Körper einer Frauensperson in diesen Umständen schwach und kränklich ist, und der Beyschlaf zu dieser Zeit nicht nur ihrem Körper selbst mehr nachtheilig angreifen, sondern auch schwächlichen Kindern das Daseyn geben würde. Nach dem Astruc (de morbis Venereis B. 1. K. 11. §. 3.) kan aus einem solchen Beyschlaf mit einigen dazu kommenden Umständen, unter dem heissen Himmelsstrich sogar die geile Seuche entstehen. Und Hundertmark (de Ozaena venerea) erzält, es entstehe selbst in Europa bisweilen aus dem Beischlaf scorbutischer Personen, zur Zeit wenn die Frau ihre Zeit hat, ein der geilen Seuche änliches Uebel an den Schamtheilen. — Dies war dem weisen Gesetzgeber, dem Gesundheit und Fruchtbarkeit seines Volks so sehr am Herzen lag, Grund genug den Beyschlaf mit einer Frauensperson zur Zeit ihrer Reinigung zu verbieten. Vergl. Hrn. Ritt. Michaelis mos. Recht Th. 3. §. 271. S. 325 ff. —

S. auch Ehe. Hurerey.

## Bezaleel.

Ein Sohn eines gewissen Uri, und Enkel Hurs, aus dem Stamme Juda, ein geschickter Künstler in Gold- Silber- Kupfer- Stein- und Holzarbeit, der mit dem Daniten Ahaliab die Stiftshütte samt deren Geräte verfertigte. 2 Mos. 31, 2. Kap. 35, 30. K. 36. 1 f. Kap. 37, 1. —

## Bezer.

1) Eine von den Freistädten jenseits des Jordans. Jos. 20, 8. vergl. 5 Mos. 4, 43. Sie lag im Cantone Ruben, mußte aber den Leviten des Geschlechtes Merari abgetreten werden. Jos. 21, 36.

2) Ein Sohn Zophachs, ein Asserite. 1 Chron. 7, (6) 78.

## Bibel.

S. Schrift heilige.

## Bichri.

Ein Benjaminit, des Aufrürers Seba Vater. 2 Sam. 20, 1 ff. —

## Bidekar.

Ritter (Minister) des Jehu. 2 Kön. 9, 25.

## Biene.

Von diesem bekanten und nützlichen Insekt, welches wir gemeiniglich nur als zahm in Körben und Stöcken gehegt, kennen, gibts auch änliche wilde Arten, welche ihre Nester in holen Bäumen, Steinhausen und dergleichen Orten anlegen, und zu diese, zu welchen unsere zahmen Bienen ursprünglich vermutlich ebenfalls gehören, (wie unter andern auch daraus

daraus zu erhellen scheint, daß die jungen Schwärme, wenn sie von den alten Bienen vertrieben werden, einen so großen Hang zur Wildheit zeigen, sich an Bäume und Gebüsche hängen, und nicht ohne oft große Mühe, in einen Korb gebracht werden.) hat man zu denken, wenn in der Bibel der Bienen gedacht wird. Denn wenn unter dem „Honig aus dem Fels“ 5 Mos. 32, 13. wirklich Bienenhonig zu verstehen ist: so ists Honig von wilden Bienen, die ihre Nester in Felsenhölen und Klüften angelegt haben. Außerdem daß ihr süßes Produkt, das wir Honig nennen, Sir. 11, 3. gerümt wird, kommen sie als ein Bild zalreich mächtiger unverschämter Feinde vor, der man sich nicht erwehren kan: Jes. 7, 18. Psalm 118, 12. auch 5 Mos. 1, 44. — Sonst pflegt man in der Geschichte Simsons, in Ansehung der Bienen, eine Schwierigkeit zu finden. Es wird nämlich Richt. 14, 8. erzält, Simson habe in dem Aas des von ihm erlegten Löwen, einen Bienenschwarm und Honig angetroffen — und doch ist es gewiß, daß die Bienen, ein sehr reinliches Volk, allen Gestank überhaupt, und den von Aesern insbesondere, sorgfältig fliehen. Diese Schwierigkeit hat man sich aus Mißverstand der Worte des heil. Geschichtschreibers wo nicht erst geschaffen, doch sehr vergrößert. Nach Luthers und der gemeinen wider die hebräischen Sprachregeln laufenden Uebersetzung, kam Simson „nach etlichen Tagen“ wieder zu dem Aas, des von ihm erlegten Löwen — Allein der heil. Geschichtschreiber, richtiger verstanden, sagt: „nach Verlauf eines Jahrs“ und da war natürlicher Weise das Aas des Löwen nicht mehr Aas, sondern bloßes geruchloses, reines Gerippe, das auch die ekle Biene nicht scheuen durfte, darinnen zu wonen, wenn es ihr nur sonst zur Wonung bequem genug war. Eine änliche Erzälung des Herodot (B. 5. K. 114.) sezt die Glaubwürdigkeit jener Erzälung vollends außer allen Zweifel: „Als die Bürger zu Amathusia dem Onesimus den Kopf abgeschlagen, und denselben an eins ihrer Thore aufgehängt hatten, sezte sich, nachdem er ausgeleert, oder das Fleisch davon verzehret war, ein Bienenschwarm hinein, und sammelte Honig darinnen.“ Vergl. meine Bibel Th. 2, bey Richt. 14, 8. b) S. 170. —

Bienschwarm.

**Richt. 14, 8.** S. Biene.

Bigevai.

Ein jüdisches Familienhaupt nach dem babylonischen Exilium. Esr. 2, 2. 14. K. 8, 14. Neh. 7, 7. —

Bigtha.

Ein Kämmerer (Verschnittener, **geheimer Minister**) des Königs Ahasverus. Esth. **1, 10.**

Bigthan.

Ebenfalls ein geheimer Minister **des K. Ahasverus.** Esth. 2, 21. K. **6,** 2.

Bild. Bilderdienst.

Es ist ein sonderbarer, auch schon von denkenden Gelehrten, sonderlich vom Hrn. R. Michaelis (mos. Recht Th. 5. §. 250. S. 159 ff.) gerügter Irrtum, daß Moses alle Bilder ohne Ausname verbiete. Die vollkommen genugthuende Widerlegung dieses Irrtums mag man bey diesem Gelehrten selbst nachlesen. Was Moses verbietet, ist: Keine Bilder zu machen, die die Gottheit vorstellen, oder mit ihr im Verhältniß stehen, am allerwenigsten aber unter ihnen die Gottheit zu verehren, 2 Mos. 20, 4. 5. 5 Mos. 4, 15–18. Kap. 27, 15. Die Ursache dieses Gesetzes ist klar: weil nämlich aus Bilderdienst leicht Götzendienst wird. D. i. die unsichtbare Gottheit, welche das Bild vorstellen solte, wird endlich vergessen, und das bloße leblose Bild angebetet. Unter einem so sinnlichen Volke, wie die Israeliten waren, war dieses in kurzem zu besorgen. Den wahren Gott unter einem Bilde zu verehren, ist aber auch in so ferne nicht zuläßig, weils eine Beleidigung für das vollkommenste Wesen ist, dasselbe unter einem unvollkommenen, von menschlicher Willkür gewälten Bilde vorzustellen, und es leicht geschehen kan, daß man sich einen zu niedrigen, unanständigen falschen Begriff von der höchsten Gottheit macht. — Vom Bilderdienst, in so fern Verehrung abgöttischer Bilder, oder Götzenbilder — Abgötterei oder Götzendienst darunter verstanden wird, **s. Abgötterey. Götzendienst. —**

Bildad.

Einer von Hiobs Freunden, der auch seinen Freund Hiob der Heuchelei beschuldigt. Er wird ein Suhite genant, d. i. ein Nachkomme von Suah, einem Sohn Abrahams, von der Ketura. (1 Mos. 25, 2.) Hiob 2, 11. K. 8, 1. K. 42, 9. —

Bildniß.

**S. Bild.** Bilderdienst.

Bileam.

Ein Prophet, oder berümter Wahrsager zu Pethor,

am Euphrat in Mesopotamien, den der moabitische König Balak, als er das zahlreiche israelitische Volk erblickte, und einen feindlichen Einfall des mächtigen Volks in sein Land befürchtete, kommen ließ, um den Israeliten zu fluchen, d. i. ihnen Fluch und Mißglück von Gott anzukündigen, um sie glücklich schlagen und aus dem Lande treiben zu können. 4 Mos. 22, 5 ff. Aus V. 6. erhellet, daß man dem Bileam eine solche Vertraulichkeit mit der Gottheit zutraute, daß es nur von seinem Willen abhänge, Völker glücklich oder unglücklich zu machen — so viel galt er bey der Gottheit! — Die ganze Geschichte Bileams hier zu erzählen, und die vielen mit unterlaufenden Schwierigkeiten aufzulösen, ist hier eigentlich der Ort nicht. Ich muß also auf den Th. 1. meiner Bibel verweisen, wo ich bey der angeführten Stelle 4 Mos. 22. ff. diese Geschichte ausführlich erläutert habe. — Nur das wiederhole ich hier, daß mir Bileam gar nicht als Betrüger vorkomme, wenigstens nicht in jener moabitischen Geschichte. Ob ers sonst gewesen, das weiß ich nicht. — Kurz in jener Geschichte erscheint er gar nicht als Betrüger, auch nicht als Geldgierig und Gewinsüchtig; wenn er aber im N. T. so gezeichnet wird (2 Petr. 2, 15. Jud. 11. Offenb. 2, 14.): so hat man daran zu denken, daß die Evangelisten und Apostel meist den zu ihrer Zeit gewönlichen Erklärungen des A. T. folgten. — Die Juden mögen also den Bileam, aus Mosis Erzälung, ohngefär wie Hr. R. Michaelis, für einen gewinsüchtigen Betrüger gehalten haben, und diese damals gewönliche Vorstellung hatten denn auch die Apostel angenommen, weil sie eben keinen Beruf fühlten, gewönlichen und übrigens für die christliche Lehre unnachtheiligen Erklärungen der heiligen Bücher der Juden zu widersprechen.

## Bilha.

Die Magd der Rahel, welche, auf der Rahel Geheiß, Jacob beschlief, und mit ihr den Dan und Naphthali zeugte. Rahel hatte noch kein Kind, und hielt sich ganz für unfruchtbar. Die Schande der Unfruchtbarkeit von sich abzulenen, wollte sie, Jacob sollte diese ihre Magd beschlafen, und sie sollte auf ihrem Schooße gebären, d. i. die mit ihr gezeugten Kinder ihres Mannes wollte sie für die ihrigen erkennen und annemen, oder adoptiren. 1 Mos. 30, 3 ff. S. meine Bibel Th. 1. b. d. Stelle. — S. auch unten Schooß. Bilha war auch diejenige Beyschläferin Jacobs, mit welcher Ruben Blutschande trieb. (1 Mos. 35, 22. vergl. K. 49, 3. 4.)

## Biesemäpfel.

Besser: Balsambüchschen, (Hebr. בתי הנפש) eigentlich: Behälter des Dufts — duftender Gerüche — ohngefär was wir Balsambüchschen nennen. Sie kommen Jes. 3, 20. mit unter dem Frauenzimmerschmuck und Geräte vor. —

## Bischof.

Bischöfe (Episcopi) und Aeltesten (Presbyteri) waren zur Zeit der Apostel einerlei, wie aus Apostg. 20, 17. vergl. mit V. 28. und aus Tit. 1, 5. vergl. mit V. 7. deutlich erhellet. „Idem est Presbyter, qui est Episcopius" schreibt auch Hieronymus. (Comment. in Epist. ad Tit.) — Die Papisten und einige englische Theologen von der sogenannten bischöflichen Parthei, behaupten einen Unterschied unter beiden, und geben den Bischöfen einen höhern Rang, als den Presbyteris, wobei sie sich hauptsächlich auf den Ignatius berufen, der unter beiden ebenfalls einen Unterschied macht. Allein man muß nur die Zeiten der Apostel von den spätern Zeiten unterscheiden. In diesen entstand allerdings ein Unterschied zwischen den Bischöfen und Aeltesten, und vermutlich schon zu Ende des ersten, oder Anfang des zweiten Jahrhunderts, und da ist freilich der Unterschied, den Ignatius von den Bischöfen macht, begreiflich. Hier ist von den Bischöfen zur Zeit der Apostel die Rede, welche mit den Aeltesten einerlei waren. Von ihrem Amte s. oben Aelteste.

## Bischofamt.

1 Tim. 3, 1. S. Bischof und Aelteste.

## Bisjoth-Ja.

Eine Stadt im Stamme Juda, die Jos. 15, 28. hinter Bersaba genannt wird, lag also vermutlich in dieser Gegend.

## Bistha.

Ein Kämmerer (Verschnittener; Minister) des Königs Ahasverus. Esth. 1, 10.

## Bithja.

Eine Tochter Pharao's, welche Mared, ein Israelit, heiratete. 1 Chron. 4, 18. — S. meine Bibel Th. 3. bey dieser Stelle S. 35 f. —

## Bithron.

Hebr. בִּתְרוֹן heißt so viel, als ein abgeschnittenes, oder abgesondertes Land, (von בָּתַר abschneiden, absondern,) und ist das von dem eigentlichen Lande

Canaan

Canaan durch den Jordan abgeschnittene Gilead, oder das Land der drittehalb Stämme jenseits des Jordans, in spätern Zeiten Peräa (Περαια Sc. γη. Terra transjordana) genannt. 2 Sam. 2, 29. —

## Bithynia.

Eine Provinz in Kleinasien, am Propontis, worinnen die berühmten Städte Nicäa, Nicomedia und Chalcedon lagen. Apostg. 16, 7. 1 Petr. 1. 1. —

## Bitter.

Bittere Salse (Kräuter). Mit diesen mußte das Osterlamm gegessen werden, deren unangenehmer, herber Geschmack die Israeliten an ihr Elend in Aegypten x. erinnern sollte. 2 Mos. 12, 8.

Das bittere Wasser zu Mara, das Moses durch ein gewisses Holz, das er hineinwarf, süß und trinkbar machte. 2 Mos. 15, 23. 24. 25. S. Wasser.

Das bittere (giftige) Fluchwasser, das eine des Ehebruchs verdächtige Frau trinken mußte. 4 Mos. 5, 18 ff. S. Wasser.

## Blachfeld.

So übersetzt Luther meist das Wort עֲרָבָה, welches jede Ebene überhaupt bedeutet, aber von der berühmten Jordansebene, oder dem Jordansthal (von den Arabern heutiges Tages Algaur, d. i. das Thal κατ' ἐξοχην genannt,) insbesondere gebraucht wird. Diese große Ebene erstreckt sich vom galiläischen Meere (See Genezareth, — Cinnereth, oder Cinnerοth) südwärts bis ans todte Meer, (Jos. 11, 2. K. 12, 3.) und ist ohngefähr drei teutsche Meilen breit (Joseph berechnet die Breite dieser Ebene auf 120 Stadien. Jüd. Krieg B. 5. K. 4. und die arabischen Erdbeschreiber auf eine halbe Tagereise. S. Schultens Ind. geogr. in vit. Salad. unter Algaurum): und durch diese Ebene fließt der Jordan — aus dem See Genezareth ins todte Meer; daher sie auch der Jordanskreis, (Creis — weil sie rings herum mit Bergen umgeben ist כִּכַּר הַיַּרְדֵּן 1 Mos. 13, 10 ff. 2 Chr. 4, 17.) das Land um den Jordan (Matth. 3, 5.) und die ganze Gegend um den Jordan (Luc. 3, 3.) genennet wird. Sie heißt auch schlechtweg der Creis, (aus der vorhin angezeigten Ursache) und das Thal von Jericho (als ein Theil dieser Ebene auf der Westseite des Jordans, s. hernach) genannt. 5 Mos. 34, 3. — Aus dieser letztern Stelle erhellet, daß zu dieser Ebene auch diejenige Fläche bisweilen mit gerechnet werde, in welcher das Salzmeer ist, d. i. das ehemalige Thal Siddim, welches, ehe es zur See ward, allerdings auch einen Theil der Jordansebene ausgemacht hat. Daß es aber auch noch nachher bisweilen mit zu dieser Ebene gerechnet worden sey, erhellet, wie gesagt, aus der letzt angeführten Stelle. Denn Zoar lag am südlichen Ende der Salzsee. — Und daraus ist zu erklären, wie Eusebius (Onom. unter Ἀυλων) sagen könne, diese Ebene erstrecke sich bis an die Wüste Pharan, im peträischen Arabien, und wie Joseph die Länge dieser Ebene auf 1200 Stadien, oder etliche dreißig deutsche Meilen setzen konte; denn von der Tiberiatischen See bis zum todten Meer ist nicht so weit. — Nach dem Joseph (Jüd. Kr. B. 5. K. 4.) ist diese Ebene von der Hitze gleichsam verbrant, und hat eben deswegen eine ungesunde Luft. Die nahe am Ufer des Jordans stehenden Palmbäume sollen fürtreflich wachsen, die aber weiter vom dem Fluß entfernt sind, schlecht aussehen — von der allzubrennenden Hitze und Mangel an Feuchtigkeit. —

Die ganze große Jordansebene wird von dem Jordan, der durch sie fließt, in zwo Hälften getheilt.

Die eine und zwar westliche Hälfte wird, wenigstens zum Theil, (im weitläufigern Verstande auch wol ganz,) die Ebene oder Ebenen von Jericho genannt. Jos. 4, 13. Kap. 5, 10. (עַרְבוֹת יְרִיחוֹ) Diese Gegend ist, weil sie von einem Bach oder Fluß, der aus dem Brunnen Elisä entspringt und in den Jordan fließt, gewässert wird, bey weitem der anmuthigste und fruchtbarste Theil der ganzen Jordansebene. Nicht nur Joseph, Justin, Strabo und andere alte Schriftsteller, sondern auch neuere Reisende rühmen sie sehr. In dieser Ebene wurde der König Zedekia, als er bey der Belagerung der Stadt Jerusalem durch die Chaldäer, die Flucht genommen hatte, von den Feinden eingeholt und gefangen genommen. 2 Kön. 25, 5.

Die andere und zwar östliche Hälfte dieser Ebene heißt, die moabitische Ebene, oder Ebene (עַרְבוֹת מוֹאָב) 4 Mos. 22, 1. Kap. 33, 48: 50. weil sie die Moabiter in Besitz genommen hatten. Sonst auch geradeweg Mischor (מִישׁוֹר die Ebene, das gerade, ebene Land,) 5 Mos. 3, 10. K. 4, 43. 2 Chron. 26, 10. — Vergl. Bachiene histor. geogr. Beschr. von Palästina, Th. 1. B. 1. §. 134 ff. S. 340 ff.

## Blattern.

Böse schwarze Blattern, wie Luther übersetzt; besser aber: (Pest) [illegible], aus welchen immer wieder neue Geschwüre hervorbrechen." Hierdurch wird nicht undeutlich die abscheulichste und schrecklichste Art des Aussatzes, die Elephantiasis, beschrieben. Es war eine von den ägyptischen Landplagen. 2 Mos. 9, 9. 10. — Vom Aussatz überhaupt und der Elephantiasis insbesondere s. oben Aussatz.

## Blau.

Die blaue Farbe, blaue Leinwand und dergleichen Kleider (תְּכֵלֶת) finden wir in der Bibel als etwas sehr kostbares. Z. B. Ezech. 23, 5. 6. „in Blau gekleidete Fürsten und Herren, schöne Jünglinge rc. Vergl. Kap. 27, 7. 24. Die blaue Farbe — an Garn und Leinwand finden wir auch mit zur Stiftshütte und den hohenpriesterlichen Schmuck verarbeitet. 2 Mos. 25, 4. K. 26, 1. 31. K. 28, 31. 37. — Und heutiges Tags ist die blaue Farbe die gewöhnlichste und gemeinste im Orient. Alle Hemden der Araber sind von blauer Leinwand. Wie konnte sich hierinnen der Orient so sehr ändern, der sich doch in allem Uebrigen in Jahrtausenden gleichbleibt? — Harmar im Th. 3. der Beobacht. über den Orient. S. 385 ff. scheitert hier. — Mir scheint die Auflösung des Räthsels leicht: das kostbare Blaue in der Bibel ist, wie ich oben im Artikel Baumwolle (gegen das Ende) gezeigt habe, Byssus, blau gefärbt, klarer blauer Cattun, oder dergleichen Garn. Das Kostbare war eigentlich das Garn, oder Zeug selbst, (fein baumwollen —) worein sich Könige und Fürsten kleideten, auch wenn es roh, weiß, ungefärbt (d. i. eigentlicher Byssus) war. Doch gab ihm auch die blaue Farbe in so fern noch einen höhern Wert, weil sie sich, wie jede andere Farbe, auf Baumwolle, der Weisse wegen, sehr schön ausnimt; nicht so auf gemeiner schlechten (sonderlich ungebleichten) Leinwand. Einerlei blaue Farbe auf fein weiß baumwollen Garn, oder Zeug, und auf gemein schlecht leinen Garn, oder Zeug getragen, nimt sich zum Erstaunen verschieden aus. Gemeine, schlechte blau gefärbte Leinwand, wie sie heutiges Tages die Morgenländer tragen, trug man vermutlich auch schon in den ältern Zeiten, und war auch damals wol eben so wenig für kostbar gehalten, als heutiges Tages. Aber Thchelet — blau gefärbter Byssus, war das Kostbare, an welches man in den oben angefürten Stellen zu denken hat — und so steht der heutige Orient mit dem alten nicht im Widerspruch. —

## Bley.

Des Bleyes wird in der Bibel, seiner bekanten Schwere wegen, (Sir. 22, 17.) vermöge welcher es im Wasser untersinkt, (2 Mos. 15, 10.) und wegen seines ehemaligen Gebrauchs als Schreibmaterie, Hiob 19, 24. gedacht. Man machte unter andern auch Tafeln in Bley, und grub, sonderlich Merkwürdigkeiten zur Notiz für die Nachwelt, mit eisernen Griffeln hinein. Sonst wird des Bleyes, jedoch ohne Koch sicht auf eine von dessen Eigenschaften, noch in mehreren Stellen gedacht: 4 Mos. 31, 22. Jer. 6, 29. Ezech. 22, 18. 20. Kap. 27, 12. Zach. 5, 7. 8, Sir. 47, 20. —

## Blindschleich.

Hebr. חֹמֶט. Kömt 3 Mos. 11, 30. unter den den Israeliten zu essen verbotenen Thieren vor. Das hebräische Wort ist ungewiß. Eine Eydechsenart bedeutet es; aber welche? läßt sich schwerlich errathen. Denn es bleibt bey dem Worte nichts als Rathen übrig. —

## Blitz.

Vom Blitz, den sich die Hebräer so wenig natürlich erklären konten, als den Donner (Hiob 36, 14. Kap. 36, 29. Kap. 37, 4. 5. 15. s. meine Bibel Th. 3. bey diesen Stellen.) finden wir bey denselben verschiedene Vorstellungen:

a) Gott blickt vom Himmel herab auf die Erde — auf böse Menschen rc. — für: Es blitzt — oder: der Blitz färt auf die Erde, rükt, erschlägt rc. — Psalm 21, 10. Hiob 40, 7. 2 Mos. 14 24. (1 Mos. 3, 8. K. 4, 4. K. 11, 5.) — Diese Vorstellung ist vermutlich aus dem sinlichen Begriff der Hebräer von Gottes Providenz, seiner Erhaltung der Menschen, Belonung der Frommen und Bestrafung der Bösen, entstanden. Da sie sich Gott immer als Mensch vorstellten: so war es natürlich, daß sie ihn auch aus den Himmel, seiner Wonung, herab auf die Menschen sehen ließen, oder glaubten, er müsse hersehen — wenn sie sich sein Walten und seine Providenz rc. vorstellen wollten. Denn ein Mensch, der über andere Aufsicht hat, sie erhalten, schützen, — die Guten belonen, die Bösen bestrafen will, muß sich umsehen, muß forschen, untersuchen. — Eben so dachten sich die Hebräer die Gottheit: Sie sehe aus dem Himmel auf die Menschen herab, (s. 1 Mos. 6, 12. K. 11, 5. Psalm 14, 2. Psalm 53, 3. (2 Chr. 24, 22.) Psalm 102, 20. Klagl. 3, 50.) — Sie dachten sich die Gottheit auch mit majestätischem Glanz umgeben; nun war ihnen der Blitz eine physikalisch

unter

unerklärbare Erscheinung — ihr nun ganz natürlich zu erwartender Gedanke war also: der Blitz sey Gottes Angesicht — wenn es blitzt: so sehe Gott mit seinem glänzenden Angesicht vom Himmel auf die Erde — schaue auf die Menschen, auf ihre Schicksale und auf ihr Thun — daher heist der Blitz in der Bibel, sonderlich in Mosis Schriften, so oft Gottes Angesicht. Z. B. 2 Mos. 3, 8. K. 4. 4. 5. 2 Mos. 13, 21. 5 Mos. 4, 37. — Eben daher leite ich die Meinung der alten Welt, daß man Gott mit leiblichen Augen, — gleichsam persönlich — ohne äusserste Lebensgefahr nicht sehen könne — daß, wer Gott sehe, ohnfehlbar sterben müsse. S. 1 Mos. 32, 30. 2 Mos. 33, 20. Richt. 6, 22. 23. Kap. 13, 22. (vergl. meine Bibel Th. 1. 2. bey diesen Stellen.) — Es ist, dünkt mich, ziemlich offenbar, oder doch gewiß sehr warscheinlich, daß diese Vorstellung eine Tochter von jener sey — vom Blitz, (vor dessen rödtenden Stral freilich kein Mensch sicher ist) als Gottes Angesichte. —

b) Gott schießt (feurige) Pfeile, die er mit seinem Bogen (denn auch diesen geben ihm die hebräischen Dichter Hiob 20, 24. Psalm 7, 13. Klagl. 2, 4. wozu vermutlich der Regenbogen Veranlassung gegeben hat, welcher der Bogen Gottes heist, 1 Mos. 9, 13. 14. 16.) abdrückt. Diese bildliche Benennung des Blitzes scheint mir aber nicht sowol von den gemeinen Pfeilen hergenommen zu seyn, als von den Feuerpfeilen, oder Brandpfeilen, welche die Alten im Kriege ebenfalls bisweilen brauchten, sonderlich um Häuser, Städte, Läger rc. damit in Brand zu stecken. Man machte sie aus Ginsterholz, welches sehr lange Feuer hält, brennte sie an, und schoß sie dann ab; oder man befestigte auch wol nur glühende Kohlen von Ginsterholz, oder Brände daran, und schoß sie damit ab. Psalm 120, 4. vergl. Eph. 6, 16. — Das Bild ist dann wenigstens schöner, wenns von Feuerpfeilen hergenommen ist, und es ist auch wenig daran zu zweifeln, daß es nicht davon hergenommen seyn sollte, weil die Hebräer dergleichen Pfeile kanten. — Daß übrigens Pfeile Gottes, die zunächst den Blitz bezeichnen, oft für göttliche Strafen, sonderlich für recht sichtbare und in die Augen fallende, (sonderlich schwere Krankheiten, als Aussatz rc. welche die Hebräer vorzüglich dafür hielten,) überhaupt — gesetzt werden, (denn welche Art der Rache des Himmels ist augenscheinlicher und sichtbarer, als wenn einer vom Blitz erschlagen wird? — Es versteht sich, nach der Vorstellung der alten Welt!) ist bekant. 5 Mos. 32, 23 f. 42. Hiob 6, 4. Kap. 34, 6. Psalm 7, 14. Ps. 38, 3. Klagl. 3, 12. Ezech. 5, 16.

c) Schwerdt Gottes. 1 Mos. 3, 24. „flammendes blinkendes Schwerdt" d. i. der Blitz. Schwerdt Gottes steht dann oft wieder für augenscheinliche göttliche Strafe und Rache überhaupt. 5 Mos. 32, 41. Hiob 19, 29. Kap. 20, 25. Psalm 7, 13. Ps. 17, 13. Jes. 27, 1.

d) Feuer (אש), Feuer vom Himmel (und dies ist der gewöhnlichste Name, den der Blitz in der Bibel trägt, (2 Mos. 9, 23. 24. 3 Mos. 9, 24. 1 Kön. 18, 24. 38. 1 Chron. 22, (21) 26. 2 Chron. 7, 1. 3. 2 Kön. 1. 10. 12. 14. Hiob 1, 16. Luc. 9, 54. Offenb. 23, 13. und noch in sehr vielen Stellen sonderlich des A. T. oft auch mit dem Beysatz: „verzehrend, fressend, 2 Sam. 22, 15. u. s. w.) Feuer und Schwefel — vom Himmel regnend, gestreut rc. 1 Mos. 19, 24. Luc. 17, 29. vergl. 5 Mos. 29, 23. Ps. 11, 6. Ezech. 38, 22. Auch Schwefel allein. Hiob 18, 15. — Sonst komt der Blitz auch noch unter folgenden bildlichen Namen vor: Stricke (פחים) Psalm 11, 6. glühende Kohlen, Feuerkohlen, Kohlenklinge. Psalm 18, 13. 14. Fackel, Feuerfackel. 2 Mos. 20, 18. —

S. auch Donner. Gewitter.

## Blut.

Blut zu essen, war den Israeliten sehr nachdrücklich, bey Strafe der Ausrottung aus dem Volk, und unter Androhung besonderer göttlicher Rache, die den Bluteesser verletzen soll, verboten. 3 Mos. 3. 17. K. 7, 26. 27. K. 17, 10/14. K. 19, 26. 5 Mos. 12, 16. 23. 24. K. 15, 23. Sogar den nur unter dem Schutz der Israeliten lebenden Fremden, war das Blutessen, bey Lebensstrafe, verboten. 3 Mos. 17, 10. — Alles Blut der vierfüßigen Thiere und Vögel war zu essen verboten, das Blut der Fische ausgenommen. 3 Mos. 7, 26. Kap. 17, 13. — Die Ursache, warum das Blutessen an so vielen Orten unter so harten Drohungen, so nachdrücklich verboten worden ist, ungleich nachdrücklicher, als der Genuß irgend einer sogenanten unreinen Speise, ist, weil Blutessen in Asien bey Götzenopfern und heidnischen Festen sehr gewönlich war. Da die Israeliten, wie ihre Geschichte lehret, einen unbeschreiblichen Hang zum Götzendienst hatten, und bey diesem das Blut essen gewönlich war, so wars Weisheit des Gesetzgebers, das Blutessen zu verbieten, weil sein Volk, wenn es kein Blut genoß, (und wie bald verursachen Speisegesetze, zumal wenn dadurch solche Speise und Getränke verboten werden, welche an und für sich eben nicht vorzüglich reizend für den Gaumen sind — eine Art von natürlichen Abscheu gegen dergleichen Speisen und Getränke, zumal wenn schon ein paar Generationen (je mehr, je besser!) dies Gesetze gehabt haben. Zum Beispiel denke man an die heutigen Juden, bey welchen man in der That eine Art von natürlichen Abscheu vor den ihren Vätern von Mosen verbotenen Speisen bemerkt, —) sich auch nicht zum Götzendienst einweihen — nie dazu verführen lassen konte. — Um das Verbot des Blutessens, durch eine damit verbundene moralische Bedeutung noch mehr zu heiligen und ehrwürdig zu machen, (schreibt Hr. R. Michaelis) erklärte Gott: Alle Israeliten wären ihrer Sünden wegen, die sie täglich begiengen, und die nie durch Opfer auf dem Altare völlig versönt würden, als Blut der Thiere, die sie schlachteten, Gott schuldig und dürften es nicht essen, weil Blut zur Versönung der Sünden bestimt sey. 3 Mos. 17, 11. 12. 14. — Ob der weise Gesetzgeber beim Verbote des Blutessens zugleich auch (wie sonst öfters) eine medicinische Absicht gehabt habe, lasse ich dahin gestellt seyn. Zu viel noch warmes, sonderlich Rinderblut, getrunken, kan, indem es im Magen gerint und Convulsionen verursacht, plözlichen Tod bewirken. Daher die Griechen ihren Malefikanten, statt des Gifttranks dergleichen Blut zu trinken gegeben. — Oft und viel Blut getrunken, kan ein Volk auch zur Grausamkeit gewönen und gegen Blut nach und nach unempfindlich machen. — Die Hauptabsicht des verbotenen Blutessens war aber, die Israeliten dadurch auf entfernte Weise vor Abgötterei zu bewahren. Daher wir auch das verbotene Blutessen nicht nur Apostg. 15, 20. 29. sondern auch bey den Arabern und im Koran in Gesellschaft der Götzenopfer antreffen. — S. Hrn. R. Michaelis mos. Recht Th. 4. §. 206. S. 212 ff. —

Blutvergießen. S. Mord. Todschlag.

Mit dem Blut des Osterlammes musten die Israeliten die Pfosten ihrer Thüren bestreichen, und dadurch ihre Wonungen von der Aegypter ihren unterscheiden. Aller derjenigen Häuser, deren Thürpfosten mit dem Blut der Osterlämmer bestrichen und gezeichnet waren, schonte Gott, als er eine allgemeine Seuche unter die Aegypter und deren Vieh schickte, welche alles Erstgeborne und Vorzüglichste tödtete. 2 Mos. 12, 7, 12. 13. 21. 23. 29. 30. Man hat sich freilich die Sache nicht so vorzustellen, als wenn Gott dieses deswegen verordnet hätte, damit er wissen möchte, in welchen Häusern Israeliten wonten — um ihrer zu schonen — sondern es solte nur den Israeliten eine Versicherung seyn, daß Gott ihrer wunderbarlich schonen werde; und die wunderbare Schonung der Israeliten solte dann auch, durch die Bezeichnung der israelitischen Häuser, desto mehr in die Augen fallen, und die Größe und Macht des Gottes der Israeliten desto offenbarer werden.

Das Wasser in Aegypten (der Nilstrom) ward in Blut verwandelt, 2 Mos. 4. 9. Kap. 7, 17 bis 21. d. i. bekam eine blutrote Farbe. Die Hebräer nennen mehrmals die rote Farbe Blut; daher den roten Wein Traubenblut, 1 Mos. 49, 11. 5 Mos. 32, 14. und Joel 3, 4. heists, der Mond solle in Blut verwandelt werden, d. i. sich blutrot färben. Nach Pococke und andern Reisebeschreibern wird der Nilstrom in Aegypten alle Jahre einmal zu Anfang des Junius rot, welches von der roten Erde komt, die aus den Quellen des Nils geschwemmet wird, wenn sie sich stärker zu ergießen anfangen. Das Außerordentliche des sich Rotfärbens des Nilwassers mag also darinnen bestanden haben, 1) daß das Wasser sich viel stärker rot färbte als sonst, so daß es dem Blute änlite. — 2) Daß es zu einer ungewönlichen Zeit geschah. Und das eigentliche Wunderbare bestand darinnen, daß es Moses so zuverläßlich vorhersagte, und genau bestimte, wenn es geschehen solte.

Uebrigens s. auch im 2ten und 3ten Haupttheile dieses Werks unter Blut.

## Blutacker.

Hakel-Dama. So wurde das Stück Feld genant, welches die Hohenpriester für das Geld kauften, welches Judas für seine Verräterei von ihnen erhalten, aber als er sah, daß Jesus zum Tode verurtheilt worden war, ihnen wieder zurückgegeben hatte. — Das dafür erkaufte Stück Feld wurde zum Begräbniß der Proselyten bestimt. Matth. 27. 8.

## Blutbräutigam.

2 Mos. 4. 25. 26. S. meine Bibel Th. 1. bey dieser Stelle. —

### Blutfluß.

Die monatliche Krankheit des Frauenzimmers. Mosis Verordnungen, diese betreffend, stehen 3 Mos. 15, 19 ff.

Beyschlaf mit einer, die diese ihre Krankheit hat, verboten. 3 Mos. 20, 18. warum? s. oben unter Beyschlaf. —

### Blutgang.

1) Der ordentliche Blutabgang, Blutfluß der Kindbetterinnen. 3 Mos. 12, 7.

2) Eine Krankheit. Entweder unordentliche Reinigung, bald zu langes Außenbleiben, bald zu starkes Fließen —; oder, welches noch warscheinlicher ist, die eigentlich sogenanten Hämorrhoiden, oder goldene Ader, zu häufig und unordentlich fließend. Was für schreckliche Verwüstung diese Krankheit unter diesen Umständen im Körper anrichten kan, wissen die Aerzte; nicht weniger daß auch das Frauenzimmer, neben ihrer Zeit derselben unterworfen sey. Diese Krankheit heilte Jesus an einem Weibe, das zwölf Jahr lang damit behaftet gewesen. Matth. 9, 20. Marc. 5, 25. Luc. 8. 43.

### Bluträcher.

Goel. Der nächste Anverwandte eines Entleibten, der die Pflicht auf sich, und dem Herkommen und den Begriffen der Hebräer und Araber nach, vollkommenes Recht hatte, den Tod des Entleibten an dem Thäter wieder mit dem Tode zu rächen. Die Sitte, die Moses unter seinem Volke fand, schränkt er 4 Mos. 35, 12. 19 ff. weislich ein, weil sie ohne Einschränkung viel Unheil anrichten konte. Mehr von der Blutrache wird man in meiner Bibel Th. 2. bey 4 Mos. 35, 19. a) S. 699 f. finden, welches ich hier nicht wieder abschreiben kan, sondern darauf verweisen muß. S. auch Hrn. R. Michaelis mos. Recht. Th. 2. §. 131-136, S. 385 ff. wo man diese Materie sehr weitläuftig und scharfsinnig abgehandelt finder. — Vergl. 5 Mos. 19, 6. 12. Jos. 20, 9. 2 Sam. 14, 11. —

### Blutschande.

S. Ehe.

### Bnebarak.

Eine Stadt im Stamme Dan; wird zwischen Jehud und Gath-Rimmon angezält. Jos. 19, 45.

### Bneharqem.

[illegible] (Ain wie g ausgesprochen, wie z. B. in Gomorra rc.) Filii τῶ tonare S. tonationis. Infinitiv in Hiphil, von [illegible]. Oder Boanerges. Βοανεργὲς, welches durch υἱοὶ βροντῆς übersetzt wird. Der Syrer schreibt das Wort [illegible]

Bnai-rges (rgesch), woraus durch barbarische Aussprache Boanerges geworden ist. Filii tumultus, oder tonitru tumultuantis; oder genauer, wenn man das Jut am Ende fürs Suffixum hält: „Meine Donnersöhne“ — Wie der Syrer zu dem Jut gekommen ist, seh ich nicht ein. Es ist wol ein bloßer Beweis seiner Freigebigkeit. Wenigstens wie der Evangelist das Boanerges übersetzt, konte sich dieser kein Jut Suffix. denken. — Es dachte sichs also nur der Syrische Uebersetzer daran, und drückte es dann auch aus. Jesus gab diesen Namen dem Jacobus und Johannes, vielleicht weil diese nach Luc. 9, 54. wünschten, daß auf die Samariter Feuer vom Himmel fallen möchte. Marc. 3, 17.

### Bnejaekan.

Eine Lagerstätte der Israeliten im peträischen Arabien, zwischen Moseroth und Horgidgad. 4 Mos. 33, 31. 32. Uebrigens, sonderlich stereographisch, unbekant.

### Boas.

1) Ein sehr wolhabender und tugendhafter Mann, ein Sohn Salomons und der Rahab, ein Bethlehemit aus dem Geschlechte Elimelechs. Er leistete der Ruth die Levirats-Ehe, nachdem der noch übrige nähere Anverwandte seinen Ansprüchen auf die Wittwe und das Erbgut ihres ohne männliche Nachkommen verstorbenen Mannes feierlich entsagt hatte. Ausführlich steht die Geschichte im Buch Ruth Kap. 2 f. wo man sie im Th. 2. meiner Bibel mit den nöthigen Erläuterungen nachlesen kan. Boas ward einer von den Stammältern Davids und Jesu. Ruth 4, 21. Matth. 1, 5. Luc. 3, 32.

2) Der Name einer von den beiden ehernen (kupfernen) Säulen, die Salomon vor den Tempel setzen ließ. 1 Kön. 7, 21. Sie stund auf der linken Seite, die andere Säule, Jachin, aber auf der rechten Seite, am Eingange des Tempels. Jachin (יָכִין) heißt so viel, als: „Er (Gott) wird befestigen“ und Boas (בֹּעַז) „in ihm ist Stärke.“ — Diese beiden Säulen am Eingange des Tempels enthielten also, vermöge ihrer Namen, gleichsam die Devise: „Gott wird machen, daß dieser Tempel von steter Dauer ist; denn Er ist stark (mächtig) genug dazu“

(Ihn

(ihn zu schützen und zu erhalten.) — Die Säulen hatten zusammen eine Höhe von 35 Ellen (2 Chron. 3, 15.), nämlich jede 17½ Elle hoch, ohne den eine halbe Elle hohen Postement, oder 18 Ellen, das Postement mit gerechnet. 1 Kön. 7, 15. Jerem. 52, 21. Oder will man das Postement nicht zur Ursache der Differenz machen, so muß man annemen, in den beiden letzten Stellen würde die ganze runde Zal 18 statt der gebrochenen 17½ gesetzt. — Ihr Umfang betrug zwölf Ellen, 1 Kön. 7, 15. hielten also vier Ellen im Durchschnitt. Nach Jer. 52, 21. waren sie vier Finger dick — folglich inwendig hol, welches ganz natürlich ist, denn Säulen von solcher Länge (17½ Elle) und Peripherie (12 Ellen) wären unmöglich zu gießen gewesen, wenn sie nicht hol gewesen wären. Der Knauf jeder dieser beiden Säulen betrug überhaupt fünf Ellen in der Höhe, 1 Kön. 7, 16. Jer. 52, 22. wenn aber diese Knäuffe anderwärts bald drei (2 Kön. 25, 17.) bald vier Ellen hoch sind: so hat man hierbei an ein verschiedenes Maas der Verzierungen zu denken, deren Höhe einzeln, bald zusammen gemessen wird. Ohngefär so: der Bauch des Knaufs betrug drei Ellen — die Zierraten, vermöge welcher er mit dem Schaft der Säule verbunden war, Eine Elle, (dies sind also 4 Ellen) und das Gitterwerk auf dem Knauf betrug auch eine Elle. Das sind zusammen fünf Ellen.

## Bochim.

Das ist, die Weinenden — Ort der Weinenden. So wurde der Ort genant, bey Silo, vermutlich wo der Engel Gottes, den Israeliten die Vernachläßigung ihrer Pflicht verwies, und darüber ein allgemeines Weinen unter dem Volke entstund. Richt. 2, 1-5. Was hier unter dem Engel Gottes zu verstehen sey, s. im Th. 2. meiner Bibel bey dieser Stelle.

## Bock.

I. Böcke von Schaf- und Ziegenvieh machten einen grosen Theil der Opfer der Israeliten aus dem Thierreiche aus. Sonderlich merkwürdig waren die beiden Ziegenböcke, über welche am Versönungsfeste das Loos geworfen wurde, und unter welchen der eine der Asasel, oder sogenantes Hircus emissarius war. Es verhielt sich damit folgender Weise: der Hohepriester muste von dem Volke zween Ziegenböcke nemen zum Sündopfer für das Volk, dieselben vor den Eingang der Stiftshütte stellen, und das Loos über sie werfen. Zu dem Ende muste er zwei Loose machen. Das eine Loos bedeutete, daß der Bock, auf den es fält, zum Sündopfer geopfert werden sollte; und das andere bestimte den Asasel. War jener nebst dem Brandopfer geopfert: so muste der Hohepriester den letztern nemen, seine Hände auf dessen Kopf, und dadurch symbolisch alle Sünden des Volks auf ihn legen, und ihn darauf durch einen dazu bestellten Mann in eine Wüste füren, und den Bock gleichsam die Sünden des Volks dahin tragen lassen. 3 Mos. 16, 5 ff. Durch diesen Bock wurde auf sinliche Art die Wegschaffung der Sünden vom Volk, d. i. die Vergebung derselben vorgestellt. — Asasel (עֲזָאזֵל) von עזל (Arab. عزل Secessit — eine Form aus der zwölften Conjugation der Araber gemacht, wie [illegible] von [illegible]) heist, der Etymologie nach, so viel als Secedens oder weil die Conjugation die Bedeutung verstärket, (s. meine ausfürliche hebr. Sprachlehre, §. 27. S. 238.) Omnino secedens etc. —

II) Sturmböcke oder Mauerbrecher, deren man sich beim Einbrechen der Mauern bediente. Ezech. 4, 2. Kap. 21, 22. — Plinius (H. N. libr. 7. c. 56.) schreibt ihre Erfindung dem Epeus bey der Belagerung der Stadt Troja zu; Vitruv (libr. 10. c 19.) und Tertullian (de Pallio) aber den Carthaginensern. Da man bey Belagerungen leicht auf sie verfallen muste, so konten sie von verschiedenen Völkern zu verschiedenen Zeiten erfunden worden seyn, ohne daß sie eins dem andern abierntte, nur daß sie natürlicher Weise unter einem Volke immer eine etwas andere Gestalt hatte als unter dem andern. —

## Böcklein.

„Du sollst das Böcklein nicht kochen in seiner Mutter Milch.“ 2 Mos. 23, 19. K. 34, 26. 5 Mos. 14, 21. Dieses Gesetz, an dessen Beobachtung dem Gesetzgeber vorzüglich viel gelegen gewesen seyn muß, weil es zu dreien malen, an drei verschiedenen Orten, eingeschärft wird, hat den Auslegern viel zu schaffen gemacht. — So viel siehet man, daß das Gesetz wider eine damalige Gewonheit gerichtet sey. Gewonheit unter den Israeliten, oder wenigstens übrigens unschuldige ökonomische Gewonheit scheinet nicht gewesen zu seyn. Denn wider diese würde wol der Gesetzgeber nicht so sehr geeifert haben — höchstens misfällig hätte sie ihm seyn können, weil sie einer Unbarmherzigkeit änlich sahe. Sie dann Einmal zu untersagen, war genug. — Aber dreimal eingeschärft,

schärft, unter andern auch an zweyen Orten außer aller Verbindung mit andern Speisegesetzen, verräth etwas mehr als bloße ökonomische Gewonheit oder Speisesitte. — Spencer (de legibus Hebraeorum ritualibus, Libr. 2. cap. 9. Sect. 2. p. 331. sqq.) hat sehr warscheinlich gemacht, daß in diesem Gesetz ein gewisser damals bekanter heidnischer Gebrauch morgenländischer Völker verboten werde, welche unter andern auch Böckchen in Milch gekocht opferten, und mit einem Theil dieser Milch, nach der Aerndte ihre Fruchtbäume und Felder besprengten, und sich davon Fruchtbarkeit aufs folgende Jahr versprachen. Von dieser oder einer änlichen Sitte zeigt Spencer auch unter abendländischen heidnischen Völkern Spuren. Hatte diese Sitte auf diese Weise mit Abgötterei Zusammenhang: so ist dann freilich der Eifer des Gesetzgebers wider diese Sitte, die ihn vermochte, das Verbot derselben zu drei verschiedenen malen zu geben, Denn Sitten und Gebräuche, welche auf irgend eine Art mit Abgötterei Zusammenhang hatten, sind wir an Mosen gewont, zu wiederholten malen nachdrücklich eingeschärft zu finden, weil Abgötterei und Götzendienst das Grundgesetz des israelitischen Staats aufhob. — Spencers Meinung wird auch durch den Zusammenhang, in welchem dieses Gesetz an den drei Orten stehet, vollkommen bestätigt. Wir finden es nämlich in den drei Stellen unmittelbar beim Laubhütten- oder Aerndtefeste. — Die übrigen Beweise und Gründe für diese Meinung muß man beim Spencer a. a. O. selbst nachlesen, weil ich zu weitläuftig werden würde, wenn ich diesen Schriftsteller hier erschöpfen wollte. — Hr. R. Michaelis trägt über dieses mosaische Gesetz eine andere Meinung vor. Für kochen übersetzt er, wie es scheint, lieber braten. (Beides heißt das hebräische Wort!) Unter der Milch versteht er Butter. (Dagegen ist einzuwenden, daß dann Moses nicht das Wort חלב, d. i. frische Milch, wie sie gemolken wird, sondern wol lieber dicke Milch, Sahne, Rahm, חמאה gesetzt haben würde. Eigentlich haben die Hebräer kein Wort für die Butter, weil sie in Palästina weder schmackhaft noch sonderlich gewönlich war, weil man sich dafür selbst des weit wolschmeckendern Olivenöls bediente. Zur Bezeichnung der Butter aber mögen sie sich wol des Worts חמאה das eigentlich Sahne oder Rahm bedeutet, mit bedient haben. Er scheint auch überhaupt daran zu zweifeln, obs möglich sey, Fleisch in Milch zu kochen. Allein was von andern Völkern, wie Spencer zeigt, wirklich geschehen ist, muß doch möglich seyn. Rindfleisch, zumal zwanzigjähriges, und dabei schlecht gemästetes Kuhfleisch in Milch gar zu kochen, möchte wol freilich ein schlimmer Auftrag auch für den geschicktesten Koch seyn; allein Fleisch von ganz jungen, etwa sieben bis vierzehntägigen Zickchen, beinahe das zarteste das man kent, das zum Ekel zart — möchte doch wol in Milch genießbar zu kochen seyn. Obs übrigens aber völlig gar gekocht oder nur in Milch gebrüht wurde, ob die Milch, wärend des Kochens gerinnen durfte oder nicht, läßt sich aus Mosen weder bejahen noch verneinen; folglich komt die Möglichkeit, junges Zickchenfleisch und noch weniger Fleisch überhaupt in Milch gar zu kochen, gar nicht in Betracht. Die Meinung des Hrn. R. Michaelis läuft übrigens dahinaus: Moses verbiete seinem Volke junges Ziegenfleisch in Butter zu braten, um sie an den Gebrauch des Olivenöls zu gewönen, und sie vom Gebrauch der Butter abzuhalten; und das deswegen, damit sie nicht wieder Lust nach Aegypten bekommen möchten, wo das alle Butter in Geschmack übertreffende Olivenöl, wie es in Palästina wächst, wenn man sich einmal daran gewönt hat,) nicht wachse, sondern man sich gemeiniglich mit übelschmeckender Butter behelfen müsse. — Scharfsinnig hat dies Hr. Michaelis (mos. Recht Th. 4. §. 205. S. 203 ff.) ausgefürt, aber beipflichten kan ich gleichwol nicht. — Denn 1) Milch ist noch nicht gleich Butter; am allerwenigsten kan unter חלב Butter verstanden werden. Und darauf ruht doch das ganze Gebäude! — 2) Warum verbietet Moses blos junges Böckchenfleisch in Butter zu braten? — Anderer Gegenstände, die vielleicht jeder gleich selbst fühlt, zu geschweigen. — Das aber ist wol richtig, daß „des Böckchens Mutter Milch" so viel als Ziegenmilch überhaupt bedeuten kan, wie dieser Gelehrte a. a. O. S. 207. zeigt. Es kan aber auch im eigentlichen Verstande angenommen werden, weil es möglich, ja warscheinlich ist, daß die benachbarten heidnischen Völker ihre jungen Böckchen, wenn sie sie zu dem oben gedachten Aberglauben brauchten, in ihrer Mutter Milch kochten. —

## Bogen.

1) Eine sehr gewönliche und bekante Art Waffen, unter allen alten Völkern, und noch heutiges Tages unter verschiedenen, z. B. den Arabern. — Was

er eigentlich für eine Gestalt unter den Hebräern hatte, wissen wir nicht. Wüßten wirs: so verstünden wir vielleicht besser, was Psalm 78, 57. Hos. 7, 16. ein loser Bogen sey. S. meine Bibel Th. 4. bey der erstern Stelle. — So viel wissen wir, daß die Bogen der Alten überhaupt von Holz gewesen. Es wird in der Bibel auch eherner (d. i. küpferner) Bögen gedacht, z. B. Psalm 18, 35. 2 Sam. 22, 35. allein figürlich. Ein eherner Bogen soll so viel heissen, als ein starker Bogen, der nicht zerbricht, wenn man ihn auch noch so sehr spannt. (S. den 3ten Haupttheil unter Bogen.) So auch Hiob 20, 24. bey welcher Stelle ich meine Bibel Th. 3. S. 378 f. zu vergleichen bitte. —

2) Der Regenbogen. 1 Mos. 9, 13. 14. 16. — Man pflegt hierbey zu fragen, ob man denn vor der Sündflut noch keinen Regenbogen gesehen habe? Die Antwort ist leicht: da der Regenbogen entsteht, wenn sich die Sonnenstralen in den Regentropfen brechen, und es natürlicher Weise vor der Sündflut eben sowol als nach derselben geregnet hat, und die Sonnenstralen sich vermuthlich auch bisweilen in den Regentropfen gebrochen haben: so erschien der Regenbogen natürlicher Weise auch vor der Sündflut. — Gott machte ihn nur nach der Noachischen Wasserflut zum Bundeszeichen. S. meine Bibel Th. 1. S. 83 ff.

S. auch noch den 3ten Haupttheil unter Bogen.

## Bohen.

Stein Bohen, des Rubeniters, auf der Gränze zwischen Juda und Benjamin, zu deren Bezeichnung dieser Stein Jos. 15, 6. K. 18, 17. mit genannt wird. Was es mit diesem Stein für eine Bewandniß gehabt, und warum er von einem Sohne, d. i. Nachkommen Rubens diesen seinen Namen erhalten, ist unbekannt. —

## Bohnen.

Nicht die grünen saftigen Schoten, wie wir sie am gewöhnlichsten zu verspeisen pflegen, sondern die völlig reif gewordenen Kerne werden im Orient zur Speise gebraucht, theils geröstet und zu einer Art Grütze gemacht, theils auch nur gemalen und zu Brod gebacken. Des letztern Gebrauchs wird auch Ezech. 4. 9. gedacht. Sonst kommen noch die Bohnen unter den Victualien vor, womit David auf seiner Flucht vor Absalom, zu Mahanaim, von drey treuen Unterthanen versorgt wurde. 2 Sam. 17, 28. —

## Bohren.

2 Mos. 21, 6. 5 Mos. 15, 17. S. Knecht.

## Borgen.

Einem etwas borgen — d. i. leihen. 5 Mos. 24, 10. 11. S. leihen.

Von einem etwas borgen. s. im dritten Haupttheil Borgen.

## Borhasira.

2 Sam. 3, 26. Richtiger: Brunn, oder Cisterne Hasira, oder eigentlich ohne Artikel, Sira (Bor na heißt Cisterne). — Nach dem Joseph (Alterth. B. 7. K. 1.) war diese Cisterne nur 20 Stadien von Hebron. Sir heißt ein Topf. Vielleicht war sie wie ein Topf gegraben, daher sie den Namen erhalten haben mag.

## Borte.

1) Von Weber- oder Bortenwirkerarbeit, womit die Oeffnung eben in der Mitte des blauen längern Mantels des Hohenpriesters eingefaßt werden mußte, damit die Oeffnung nicht weiter reiße. 2 Mos. 28, 32. —

2) Jes. 3, 23. Besser: Turband, oder Kopfbund, und zwar (dem Context nach) der Frauenzimmer-Turband, oder wie es die Türken eigentlich aussprechen, Dhulbend, heißt sonderlich der Kopfschmuck der Männer, eine Art Mütze, die bald höher, bald niedriger ist, an welcher einige Abschnitte künstlich herumgewundener bunter Tücher sich befinden. Ezech. 23, 15. Der weibliche Hauptschmuck ist nur in Ansehung der Form, der Kostbarkeit und Schönheit verschieden, die er durch gekräuselte Locken, Blumen, Edelsteine ꝛc. erhält. S. Lüdekens Erläuterung einiger Schriftstellen aus der Natur und den Sitten des Orients §. 50. S. 79. f. —

## Bosor.

1) Eine Stadt in Gilead, hebräischer: Bozar, sonst Bezer (s. Bezer.) 1 Macc. 5, 26. 28.

2) Der Name des Vaters Bileams. 2 Petr. 2, 15. — Sonst (4 Mos. 22, 5.) Beor genannt.

## Bozez.

Eine Felsenspitze auf der einen Seite eines engen Passes, Michmas gegenüber. 1 Sam. 14, 4. 5.

## Bozra.

1) Eine sehr alte Stadt und zwar eine Hauptstadt der Edomiter, zu deren Gebiet, zu des Propheten Jeremiä Zeit, gewisse Landstädte gehörten. 1 Mos. 36, 33. Jes. 63, 1. Jer. 49, 13. Amos 1, 12. —

eines

Ihre Lage ist ungewis, weil sie aus diesen Stellen nicht abzunemen ist, und wie in spätern Zeiten gar keine Nachrichten von ihr finden. Bey den Arabischen Erdbeschreibern finden wir zwar häufig eines Bozra gedacht; allein dieses liegt viel nördlicher. — Jeremias prophezeite dem alten Bozra, samt dessen Landstädten, die völlige Zerstörung, und sie erfolgte so richtig, daß wir dessen nach dem babylonischen Exilium nirgends wieder erwänt finden.

2) Eine Stadt im Lande der Moabiter. Jerem. 48, 14. Uebrigens unbekant.

3) Eine Stadt im Stamme Ruben. In den spätern Zeiten Bozor und von den Griechen Βοσορ ausgesprochen; sonst Bezer. S. Bezer.

Calmet (Dictionnaire de la Bible) und andere halten diese drei Städte für eine und eben dieselbe; allein nicht ohne große Unbequemlichkeit und Unwarscheinlichkeit.

## Brandopfer.

Hebr. עוֹלָה plur. עולות von עָלָה aufsteigen. Also 1) was aufsteigt. 2) Ein Opfer überhaupt, das auf den Altar steigt, und von da durchs Feuer im Rauch gen Himmel; und in der Folge, da man verschiedene Gattungen von Opfern erfunden und festgesezt hatte, brauchte man das Wort erst blos von Brandopfern — weil diese ganz auf den Altar kamen und ganz in Rauch aufgiengen. — Denn Brandopfer im eigentlichen und engern Verstande (עולות) sind Opfer aus dem Thierreiche, welche, nachdem sie in gewisse Theile zerlegt worden, ganz, d. i. völlig (die Haut oder das Fell ausgenommen, welches ein Accidenz des opfernden Priesters war. 3 Mos. 7, 8.) auf dem Altare verbrant wurden, zum Unterschiede der Sünd- und Dankopfer, von welchen nur gewisse Stücke auf den Altar kamen. Die Brandopfer heissen daher auch ganze Opfer (כָּלִיל) 5 Mos. 33, 10. 1 Sam. 7, 9. Psalm 51, 21. Richt. 11, 40. — und im Griechischen Holokaustum, d. i. Opfer, das ganz, völlig verbrant wird. — Nicht alle reinen, d. i. zu essen erlaubten und gewönlichen Thiere waren, nach Mosis Gesez, zu Brandopfern erlaubt, sondern nur Stiere, Schaf- und Ziegenböcke, ohne Gebrechen, und Turteltauben oder junge Haustauben. Mosis Verordnung von den Brandopfern siehe 3 Mos. 1, 3 bis Ende. — Die Absicht der Brandopfer war Versönung der durch Sünden beleidigten und erzürnten Gottheit. Außer den festlichen und außerordentlichen Brandopfern sind die täglichen Brandopfer, das bekante Morgen- und Abendopfer zu merken, das an heiliger Stätte auf dem Brandopferaltare geopfert wurde. Es bestand aus zwei jährigen Lämmern, wovon eins des Morgens und das andere gegen Abend geopfert wurde. 2 Mos. 29, 38 ff. 3 Mos. 6, 9 f. 4 Mos. 28, 3. 6. 1 Chron. 17, (16) 40. 2 Chron. 2, 4. Kap. 13, 11. — Die Brandopfer waren die vornemsten und gewönlichsten Opfer; vermutlich auch mit die ältesten. Was Abel opferte, war hauptsächlich Brandopfer, (die Erstlinge seiner Heerde) und die Fettstücken, die er opferte, waren Dankopfer — (1 Mos. 4, 4 f.) recht wie Moses in der Folge es verordnete, oder vielmehr schon als eine hergebrachte Sitte bestätigte. Noah opferte Brandopfer, 1 Mos. 8, 20, (vermutlich aber auch zugleich als Dankopfer, und wol nicht blos zur Versönung der erzürnten Gottheit — d. i. wol nicht blos als Brandopfer.) —

S. Opfer.

## Brandopferaltar.

Ehe noch die Stiftshütte verfertigt wurde, bedienten sich die Israeliten in der arabischen Wüste vermutlich ganz simpler Altäre von Erde, oder schlechten unbehauenen Steinen, dergleichen sie so oft neu baueten, als sie in eine andere Gegend kamen. Wenigstens erlaubte ihnen Gott keine andern Altäre, als welche von Erde oder unbehauenen Steinen waren. 2 Mos. 20, 24. 25. —

Der Brandopferaltar, der zur Stiftshütte verfertigt wurde, war, wie Moses ihn uns beschreibt, aus Schittimholz, d. i. Acacienholz, oder Schotendorn, (s. Förenholz) und mit Kupferblech überzogen; er war fünf Ellen lang und breit, folglich ein regelmäßiges Viereck, und drei Ellen hoch. In der Mitte der Höhe lief ein Gesimse um den Altar herum, und die untere Hälfte war bis ans Gesimse mit einem Nezförmigen kupfernen Gitter umzogen. An den vier Ecken waren kupferne Ringe befestigt, durch welche Stangen von Schittimholz und mit Kupferblech überzogen, gesteckt waren, um den Altar beim Ausbruch des Lagers mit fortragen zu können. Inwendig war er ganz hol. So viel giebt Moses von dem Altare Nachricht, (2 Mos. 27, 1–8. Kap. 38, 1–7.) welche ich vollständiger so verstehe: „Der Brandopferaltar war ein Gestelle von Acacienholz, fünf Ellen lang und breit und drei Ellen hoch. Die vier Ecken machten die vier Säulen aus, in welche oben und unten, vielleicht auch in der Mitte, Querbalken auf allen Seiten eingezapft waren, die obersten Querbalken gerade drei Ellen hoch von der Erde. (Denn die Höhe des Altars wurde durch die Oberfläche der obersten Querbalken bestimmt.) Die mittlern Querbalken stellten ein Gesimse vor, — (entweder schon an und für sich selbst von Holz dazu gearbeitet, oder erst durch den Ueberzug von Kupferblech dazu gemacht, indem etwa das Kupferblech auf der Oberfläche der mittlern Querbalken weit übergieng oder herausragte.—) und die vier Ecksäulen ragten über die Oberfläche des Altars, oder der obersten Querbalken um ein gut Theil hervor. Was von diesen Ecksäulen über die Oberfläche des Altars herborragte, nennt Moses Hörner. Alles dieses Gebälke war mit Kupferblech überzogen, die untere Hälfte des Altars von der Erde an bis zum Sims, oder bis an die Mitte, war mit einem netzförmigen kupfernen Gitter umgeben, die obere Hälfte aber, vom Sims bis zur Oberfläche, war unbedeckt, oder offen, die ganze Oberfläche selbst aber war mit einer kupfernen Platte bedeckt, so daß die sogenannten Hörner noch eben so weit über die Oberfläche hervorragten. — An den vier Ecken waren kupferne Ringen befestiget und durch dieselben Acacienhölzerne und mit Kupferblech überzogne Tragstangen gesteckt, den Altar damit fortzutragen. (Aus 3 Mos. 10, 22. wo gesagt wird, daß Aaron, nachdem er geopfert, herabgestiegen, schließet man, daß ein Aufgang, oder ein allmählig sich erhebender Weg zum Altar gegangen. Vergl. 2 Mos. 20, 26). — — Das Sims oder Gesimse war entweder blos Verzierung, oder es hatte die Absicht, daß, wenn vom Altar etwas herunter fallen sollte, dasselbe nicht auf die Erde, sondern aufs Sims fallen möchte. — Die sogenannten Hörner des Altars waren auch entweder bloße, dem damaligen Geschmack angemessene Verzierung, oder sie waren — und vielleicht zugleich — nötig, weil sonst die obersten Querbalken nicht fest genug in die Säulen hätten eingezapft werden können, indem die Säulen außerdem oben leicht gespalten haben würden; sie dienten auch wol dazu, daß das Holz vom Altar nicht herabfiel; und wie einige wollen, band man auch die Opferthiere dran. Mit Kupferblech mußte das ganze hölzerne Gestelle überzogen werden, theils zur Pracht, (denn Kupfer war zu Mosis Zeit weit höher ästimirt als jetzt,) theils und hauptsächlich damit der Altar vom Feuer keinen Schaden nehmen möchte. — Ganz von Kupfer konte er nicht gemacht werden, weil er sonst der Schwere wegen nicht hätte fortgetragen werden können. — Das Gitter um die untere Hälfte des Altars war vermuthlich auch theils zur Verzierung, theils auch dazu, daß man nicht gerade auf den Boden des Altars, und das dahin geschüttete viele Opferblut möchte sehen können. Die obere Hälfte war deswegen offen und ohne Gitter, damit das Blut bequem unter oder in den Altar — auf den Boden des Altars geschüttet werden konnte. 2 Mos. 29, 12. 3 Mos. 4, 7. 18. 25. 30. 34. — Daß der hole Altar mit Erde ausgefüllt worden sey, hab ich eine Zeitlang mit geglaubt; aber schon lange nicht mehr. S. 2 Mos. 27, 8. Kap. 38, 7. — In der Stelle 2 Mos. 20, 24. ist von einem andern Altar aus bloßer Erde oder Rasenstücken die Rede. Ich bitte hieraus in meiner Bibel Th. 1. bey diesen Stellen zu verbessern, was sich auf jene gemeine, aber gewis falsche Meinung beziehe. —

Vermöge seiner Bestimmung konnte der Altar nicht ins Heiligtum, im engern Verstande, d. i. nicht ins sogenannte Heilige, oder Allerheiligste zu stehen kommen, weil sonst der Rauch in Kurzem alles verderbt, und den Priestern es unmöglich gemacht haben würde, ihr Amt zu verwalten. Er kam also in den Vorhof unter freien Himmel, und zwar gegen Morgen, dem Eingange der Stiftshütte gegenüber. —

Die zum Brandopferaltar gehörigen Geräte (2 Mos. 27, 3. Kap. 38, 3.) waren: 1) סירתיו לדשנו Aschentöpfe. Eigentlich: Töpfe, ihn (den Altar) von der Asche zu reinigen. 2) יָעָיו Schaufeln — die Asche damit in die Aschentöpfe zu thun. 3) מִזְרְקֹתָיו Becken — das Opferblut damit aufzufangen. 4) מִזְלְגֹתָיו Gabeln — die Opferstücken damit zurecht zu legen. 5) מַחְתֹּתָיו Kohlpfannen — wie man gemeiniglich glaubt; richtiger aber wol: entweder Feuerzangen, oder Kohlschaufeln. S. Simonis Vorles. über die jüdischen Alterthümer S. 55. No. 5. — Alle diese Geräte waren von Kupfer.

Von dem Brandopferaltar im Tempel Salomons wissen wir weiter nichts Gewisses, als was uns die Bibel davon sagt, „Salomo habe einen ehernen, d. i. kupfernen Altar verfertigen lassen, zwanzig Ellen lang und breit, und zehn Ellen hoch." — 2 Chron. 4, 1. — Kupfern heißt nur so viel, als mit Kupfer (starkem Kupferblech) überzogen. Denn ein so ungeheures

Stück Kupfer zu gießen, war, wenigstens damals, schwerlich möglich. Der mosaische Brandopferaltar wird 2 Mos. 39, 39. der kupferne Altar genennet, und von diesem wissen wir gewis, daß er eigentlich von Holz, und nur mit Kupferblech überzogen gewesen. Kap. 27, 1. 2 ff. Der Rauchaltar heist der goldne Altar, 2 Mos. 39, 38. Kap. 40, 5. 26. und doch war er von Holz, und nur mit Goldblech überzogen. — Eben so verhält sichs natürlicher Weise auch mit Salomons kupfernem Altar. Das Gestelle war vermuthlich, wie beim mosaischen Brandopferaltar, von Holz, und nur mit starkem Kupferblech überzogen. Einige glauben ohne Grund, er sey von Stein gewesen, und werde nur deswegen der kupferne Altar genannt, weil er die Stelle des kupfernen Altars Mosis vertreten habe. — Aus 2 Kön. 16, 14. erhellet, daß dieser Altar, wie der mosaische, leicht fortzuschaffen gewesen, und zwar im Ganzen. Wär er von Stein gewesen, so hätte das nicht geschehen können. — Da der Altar sehr hoch war, so mußte er natürlicher Weise eine Treppe oder einen Aufgang haben, (das Hinaufsteigen auf einer Leiter wird 2 Mos. 20, 26. ausdrücklich verboten,) weil sonst die Priester nicht darauf hätten opfern können. — Den Standort hatte dieser Altar vermuthlich mit dem mosaischen gemein, d. i. er stand ebenfalls im Vorhofe, gegen Morgen, dem Eingange des Tempels gegenüber. — Alles übrige, was man über den Salomonischen Brandopferaltar zu sagen pflegt, gründet sich auf jüdische Grillen. — Man sehe z. B. Lunds Jüdische Heiligthümer B. 1. K. 33. S. 174 ff. —

Der jüdische König Ahas sah zu Damaskus einen Altar, der ihm besser gefiel, als der im Salomonischen Tempel. Er schickte also dem Hohenpriester Uria Modell und Abbildung davon, wornach derselbe einen verfertigen, in den Vorhof setzen, und den Salomonischen Altar nach Mitternacht hin beyseite setzen und auf dem neuen damascenischen opfern mußte. 2 Kön. 16, 10-15. — Da dieser neue Altar Nachahmung eines Götzenaltars war: so ists warscheinlich, daß ihn von seinem Sohne Hiskia, nebst andern Götzenaltaren, wieder weggeschaft (2 Kön. 18, 22.) und entweder der alte Salomonische Altar wieder an seine Stelle gesetzt, oder ein neuer nach bessern Modell verfertiget worden. — Aus 2 Kön. 25, 13 ff. Jerem. 52, 17 ff. will man schließen, daß zuletzt im Salomonischen Tempel ein steinerner Altar gewesen, weil in den Stellen alle kupferne Sachen, welche die Babylonier ruiniret und mitgenommen, sehr genau genannt würden, und darunter des Brandopferaltars mit keinem Worte gedacht würde. Man vermutet also, entweder des Ahas damascenischer Altar sey von Stein gewesen, und habe damals noch gestanden, oder es sey statt des vom Ahas beyseite geschaften Salomonischen Altars ein steinerner gebaut worden; daher auch die Juden nach dem babylonischen Exilium wieder einen steinernen bauten.

Der Altar im andern Tempel war, wie aus 1 Macc. 4. 44-47. klar erhellet, von Stein. Ob Herodes einen neuen Altar habe bauen lassen, oder ob der alte steinerne Altar in dem vom Herodes verbesserten und verschönerten Tempel unverändert geblieben, läßt sich nicht sagen. Kurz von dem Altare in Herodes Tempel finden wir bey den Juden weitläuftige Nachrichten, die ich, um nicht zu weitläuftig zu werden, als ohnehin minder interessant übergehen, und auf Lund a. a. O. S. 317 ff. verweisen muß, der sie gesammelt hat. — Nur das bemerke ich, daß dieser Altar noch weit größer gewesen, als der Salomonische; (wie denn dieser schon die Größe des mosaischen weit überstieg.) — Doch kommen die jüdischen Schriftsteller in Ansehung des Maßes des Altars nicht mit einander überein. Nach dem Joseph (jüd. Kr. B. 6. Kap. 6.) war er vierzig Ellen lang und breit, und funfzehn Ellen hoch. —

S. auch Altar.

## Braten.

2 Mos. 12, 8. 9. 1 Sam. 2, 15. Jes. 44. 16. 19. — Nach dem la Roque (Voy. dans la Palaest. Chap. 14.) pflegt man im Orient gewöhnlich an Spiesen zu braten. Lämmer und Böcke brät man ganz, Schöpsen- und Rindfleisch aber so, daß mans in kleine Stücke, einer welschen Nuß groß, zerschneidet, diese mit Salz und Pfeffer würzet, und dann an eisernen Spiesen, eines Fußes lang, über einem kleinen Holzkohlenfeuer brät. Nach le Bruyn (B. 1. S. 407.) braten die Morgenländer das Rindfleisch mit Zwiebeln, indem sie zwischen die geschnittenen Fleischstückchen allzeit eine Zwiebelscheibe mit an den Spies stecken und braten, wovon das gebratene Fleisch einen außerordentlich angenehmen Geschmack annehmen soll. — Daß die Morgenländer ihr Fleisch in kleine Stücken zerschnitten braten, versichern auch alle übrige Reisebeschreiber, die von der morgenländischen Art

zu braten Nachricht geben. Russell sagts von Aleppo und Pococke von Aegypten, welcher letztere zugleich bemerkt, daß man diese Stückchen Cabobs nenne (كَبَاب) — welchen Namen im Arabischen auch eine Art orientalischer Fleischklößchen füret, die aus zerschnittenem Fleisch, mit Zwiebeln und Eyern gekocht, bestehen. — S. Harmars Beobachtungen über den Orient. Th. 1. S. 317. f. — Daß auch die alten Hebräer auf oben beschriebene Art möchten gebraten haben, läßt sich sehr warscheinlich vermuten, da es bekant ist, mit wie vielem Eigentume sich der Orient in Ansehung hundert anderer Sitten Jahrtausende gleich geblieben ist. Daß die Hebräer junge Lämmer und Böcke ganz — am Spies gebraten, wie noch die heutigen Morgenländer pflegen, ist vom Osterlamme abzunemen, welches am Spies ganz gebraten wurde. S. Osterlamm. Passah. Nach Luthers Uebersetzung 5 Mos. 16, 7. 2 Chron. 35, 13. wäre das Osterlamm gekocht worden; allein das in diesen Stellen vorkommende hebräische Wort בשל heist eben sowol braten als kochen — und die Stelle 2 Mos. 12, 8. 9. ist entscheidend, daß das Osterlamm gebraten werden mußte. — Die andere Art, sonderlich Rind- und Schöpsenfleisch zu braten, nämlich in kleine Stückchen geschnitten, war unter den Hebräern ohne Zweifel ebenfalls gewönlich. —

Gebratenes Fleisch wird, nach la Roque (S. 197. 198.) von den Arabern für ein köstliches Gericht gehalten, und daher selten gegessen — nur bey festlichen Gelegenheiten und sonst auf vornemen und fürstlichen Tafeln. Es ist sehr warscheinlich zu vermuten, daß dies auch bey den alten Hebräern so gewesen. —

## Braut. Bräutigam.

Bey den Hebräern pflegte, wie noch jetzt im Orient gewönlich ist, der Bräutigam die Braut zu kaufen. Der Vater, auch die Brüder der Braut bestimten den Kaufpreis: die Morgengabe — die der Bräutigam der Braut und die Geschenke, oder die eigentliche Kaufsumme, die derselbe an Vater, Mutter und die Brüder, oder wol überhaupt Geschwister der Braut — geben mußte. 1 Mos. 34, 11. 12. Kap. 24, 53. — Jakob will seine Braut oder den Kaufpreis für dieselbe abverdienen 1 Mos. 29. 18. nicht etwa aus Armut, sondern um aus einem scheinbar triftigen Grunde vom Hause abwesend, und vor Esaus Nachstellungen sicher zu seyn. — Hoseas kaufte ein Weib für funfzehn Sekel Silber und fünfzehn Epha Gerste. Hos. 3, 2. — Doch bekam die Braut auch von ihrem Vater nach dessen Vermögensumständen Geschenke mit, und Sclavinnen zur Bedienung. 1 Mos. 24. 59. 61. —

## Brodach.

Oder Merodach — ein babylonischer König. 2 Kön. 20, 12. Jes. 39, 1. — S. oben Babel.

## Brod.

Unter Brod wird alles Back- und Kuchenwerk verstanden. Bey uns pflegt das, was wir nach gemeinem Sprachgebrauch Brod nennen, aus Rocken- oder Kornmehl, Kuchen und Gebacknes im engern Verstande aber aus Weizenmehl gebacken zu werden. Dies ist im Oriente anders. Korn, das eigentlich nur in den nördlichen Ländern wächst, hat man ordentlicher Weise im Orient gar nicht, sondern Weizen und Gerste. Das tägliche und gewönliche Brod der Morgenländer wird eben sowol aus Weizenmehl gebacken, als das Kuchenwerk. Und hieraus ist erklärbar, in wie ferne auch alles Kuchenwerk den Namen Brod füren kan. Brod aus Gerstenmel ist nur die Speise dürftiger Leute. (S. Pitts Account of the Religion and Manners of the Mahometans, S. 35. 108. vergl. Richt. 7, 13. mit meiner Anmerk. im Th. 2. meiner Bibel ꝛc.) — Kuchenwerk wird nur durch die besondere Zubereitung und Zutaten, als Olivenöl, (statt unserer Butter) doch auch, wiewol seltener, Butter, (weil sie im Orient übelschmeckend ist) Honig, Essig ꝛc. vom gemeinen Brod unterschieden, und fürt dann auch zum Theil verschiedene besondere Namen.

Das gewönliche Brod der Morgenländer wird auf folgende Art bereitet: Nachdem der Weizen auf der Handmühle gemalen worden, machen sie das Mehl in kleinen hölzernen Backtrögen mit Wasser zu einem Teig. Dieser Teig wird nun mit Sauerteig gesäuert, hierauf zu kleinen Kuchen eines Fingers dicke und im Umfange eines Tellers gewirkt und dann gebacken. — Von der Handmühle, auf welcher das Getreide von den Weibspersonen einer jeden Familie, sonderlich von den Sclavinnen, (wer welche hat!) gemalen wird, s. unten Mühle. — Die Backtröge, in welchen der Teig gemacht wird, sind weder in Ansehung der Größe noch der Gestalt mit unsern Backtrögen zu vergleichen. Es sind nach Shaws und anderer

derer Reisenden Bericht, kleine hölzerne Schüsseln. Von eben dieser Art waren die Backtröge der Israeliten. Denn sie trugen sie samt dem Teig in ihre Oberkleider gewickelt, auf der Schulter, sonder Beschwerde mit fortragen. 2 Mos. 12, 34. — (In Luthers Uebersetzung findet man weder in dieser noch in den übrigen Stellen, wo dieser Backtröge (משארות) gedacht wird, (2 Mos. 8, 3. 5 Mos. 28, 5. 17.) dieselben erwänt, sondern das Wort (משארת) in den drei Stellen anders und unrichtig ausgedrückt.) — Aus der Geschichte des Auszugs der Israeliten aus Aegypten erhellet, daß man das Mehl erst blos mit Wasser zu einem Teige machte, und ihn dann erst eine kurze Zeit stehen ließ, ehe man ihn säuerte, oder mit Sauerteig vermischte. Denn als die Israeliten unvermutet über Hals und Kopf aus Aegypten mußten, hatten sie zwar ihren Teig in ihren Backtrögen gemacht; allein er war noch nicht gesäuert, (2 Mos. 12, 34.) daher sie zum Andenken dieser Begebenheit am Passafest allzeit ungesäuertes Brod essen mußten. S. auch Hos. 7, 4. — Damit es die Leser dieser merkwürdigen Geschichte nicht paradox finden, daß die Israeliten, wie aus Mosis Erzälung zu erhellen scheint, denselben Tag, als sie aus Aegypten zogen, alle eben Brod backen wollten, da sie doch nichts davon wußten, daß sie noch denselben Tag ausziehen sollten, muß ich erinnern, daß die Morgenländer täglich frisches Brod backen — und daher gewönlich nie mehr, als sie auf Einen Tag gebrauchen, weil sich ihr Brod nicht länger als einen Tag über gut hält. (S. de la Porte Reisen Th. 1. S. 429.) Was auf den andern Tag davon übrig bleibt, muß schon wieder angefrischt werden, wenn es genießbar seyn soll. (S. Lüdeckens Erläuterung einiger Schriftstellen aus den Sitten des Orients. §. 18. S. 39.) Weil nun die Morgenländer täglich frisches Brod backen — nicht mehr als sie auf Einen Tag brauchen: so wird daraus auch begreiflich, wie ihre Backtröge so klein und doch brauchbar seyn können. — Aus der oben gedachten Geschichte erhellet eben so augenscheinlich, daß die Israeliten gewönlich ihr Brod zu säuern pflegten. — Shaw (Reisen rc. S. 202.) schreibt vom heutigen Orient: „In den Städten und Dörfern, wo man öffentliche Backöfen hat, ist das Brod gemeiniglich gesäuert; allein bey den (herumziehenden beduinischen) Arabern und Kabylen wird es, sobald es geknetet (der Teig mit Wasser gemacht) ist, (ungesäuert) — gebacken." — Die Ursach ist vermutlich, weil das Säuern des Teigs das Brodbacken aufhält, und die Beduinen wenig Zeit aufs Backen wenden können. Es mochten auch wol die alten Hebräer bisweilen ihr Brod nicht gesäuert haben, wenn das Brod geschwind fertig seyn sollte. Die Kuchen, (d. i. Brodte; nach morgenländischer Art, in Gestalt kleiner Kuchen,) welche Sara in aller Eile backen mußte; 1 Mos. 18, 6. waren vermutlich ungesäuert, wie schon Shaw a. a. O. vermutet. Vielleicht hat man auch 1 Kön. 17, 12. 13. an dergleichen ungesäuerte Kuchen oder Brod zu denken — wie denn überhaupt das Wort עגה einen in der Geschwindigkeit gebackenen Kuchen oder Brod zu bezeichnen scheint — ungesäuert und unter Kohlen gebacken (davon hernach Nr. 4. wie auch von dem ungesäuerten guten Gebackenen!) — Die gewönlichen morgenländischen Brodte sind gemeiniglich nur eines Tellers groß und eines Daumens dick. (S. Korte's Reise nach dem gelobten Lande. S. 438.) — Beim Kullern des Brodes ins Lager der Midianiter Richt. 7, 13. denkt man sich das Brod ohnehin rund, wenn es auch länglich rund war, wie Lüdeke a. a. O. das Brod der Morgenländer beschreibt, — womit auch Chardin übereinstimmt. S. Harmars Beobachtungen über den Orient. Th. 3. S. 61. — (Weil die Brodte der Morgenländer so klein und dünne sind: so ists begreiflich, wie Abigail habe glauben können, David könne nebst seiner Mannschaft zu Einer Malzeit, oder höchstens auf Einen Tag, (denn länger bleibt das Brod im Orient nicht gut!) zweihundert Brodte brauchen, die sie ihm also nebst noch vielen andern Victualien, theils in gleicher, theils verhältnißmäßiger Menge schickte. 1 Sam. 25, 18.) Weil das morgenländische Brod so dünne ist, so pflegt man es nicht zu schneiden, sondern zu brechen. Daher des Brodbrechens in der Bibel so oft gedacht wird. —

Gebacken — wird das Brod auf mancherlei Art: 1) in Backöfen, dergleichen es in Städten und Dörfern öffentliche giebt, wie aus der oben angefürten Nachricht des Shaw erhellet. Pitts a. a. O. giebt mehrere Nachrichten von diesen öffentlichen oder gemeinen Backöfen. Nach ihm „machen die Weiber nur zu Hause den Teig zurechte, und die gemeinen Becker schicken Knaben in den Gassen herum, welche sich erbieten müssen, den Teig in die Backhäuser zu bringen. Hierauf kommen die Frauen und pochen inwendig an die Thüre. Sobald das die Knaben hören,

hören, gehen sie aufs Haus zu, die Frau macht die Thür ein wenig auf, und reicht ihnen mit verhülltem Angesicht den Teig hinaus. Ist er gebacken: so bringen ihn die Knaben wieder, welchen dann ein Stück oder ein ganzes kleines Brod, statt des Backgelds gegeben wird, welche Brodte dann die Becker verkaufen. — Eben dergleichen öffentliche Backhäuser muß es auch in den ältern Zeiten im Oriente und in Palästina insbesondere gegeben haben, wie aus Hos. 7, 4. deutlich erhellet, einigermaßen auch aus Jerem. 37, 21. wo der Beckerstraße (oder vielleicht richtiger: Beckerplatz, Beckermarkt, s. Beobachtungen über den Orient Th. 1. Fabers Anmerk. 9. S. 145 ff.) gedacht wird. — Doch scheints, die Israeliten hatten gewöhnlich ihre eignen Backöfen, sondern sich die Begüterten und Vornehmen, (wie denn Pitts meldet, daß die heutigen öffentlichen Backhäuser eigentlich nur von den gemeinen Leuten gebraucht würden). — Aus 3 Mos. 26, 26. ists offenbar. — Doch hat man sich unter diesen Oefen nicht solche Backöfen vorzustellen, dergleichen wir haben, sondern Backkrüge, d. i. große steinerne (nach dem Kimchi) oder auch kupferne (nach dem Hieronymus) Backkrüge, in welchen man Feuer anmacht, und inwendig eine Art Brodes oder Kuchen, und auswendig dünne Waffeln bäckt. Von der Art, wies geschieht, bald mehr. Man hat im Oriente aber auch noch andere Arten von Backöfen, z. B. Chardin fand folgende Art: „Man gräbt ein Loch in die Erde, vier bis fünf Schuh tief, und drei im Durchmesser, welches mit Mörtel wol überworfen ist. Ist dieser Ofen heiß: so legen sie das Brod neben an die Seite, welches dann, weil es dünne (nur Fingersdick) ist, in einem Augenblicke gebacken ist. S. Harmars Beobachtungen über den Orient. Th. 3. S. 61. — Eine andere Art von Oefen beschreibt Tavernier Reisebeschreib. Th. 1. S. 64. b. „Es wird ein rundes Loch einen halben Schuh tief, und 2 oder 3 im Diameter in die Erde gegraben, und darein Gestäude geworfen und angezündet. Darauf legt man Kieselsteine, die werden feurig und erhitzen bald den Platz. Unterdessen wird der Teig auf dem runden Leder, welches auf die Erde gelegt, für Tisch und Tischtuch dienet, zubereitet. Wenn das Loch genug erwärmet, werden die Steine und Asche heraus, und nachdem solches gesäubert, der Teig hinein gethan, der dann vom Abend bis Morgen Zeit zu backen hat. Dieses Brod ist sehr wolschmeckend und zwei Finger dick." — Diese Art Oefen waren vermuthlich auch unter den alten Hebräern gewöhnlich, und hiessen חוֹרִים. חור heißt ein jedes Loch, und dann würde es insbesondere von der beschriebenen Art Backöfen gebraucht, die nichts weiter als Löcher in der Erde waren, die man heizte. Von dieser andern Bedeutung mag das Stammwort חרר (Arab. حَرَّ) die Bedeutung Incaluit, incanduit erhalten haben, d. i. durch diese Bedeutung ein Denominativum geworden seyn. חוֹר nante man hernach auch das Brod oder Gebackene, welches in diesen Oefen gebacken wurde. Und in dieser Bedeutung ist wol das Wort חרי 1 Mos. 40, 16. zu nemen סַלֵּי חֹרִי d. i. Körbe mit Gebackenem; (nicht weisse Körbe, auch nicht Körbe mit weissem Backwerk, wie man übersetzt und ich selbst sonst gethan habe. Denn das Wort von חור abgeleitet, kan nur weiß — aber noch nicht gleich „weiß Backwerk" bedeuten. Und „weiß Backwerk" ist gar kein orientalischer Ausdruk, weil man im Orient ordentlicher Weise alles aus weissem weizenen Mehl bäckt. Nur bey uns ists anders, wo man von weissen und schwarzen Kuchen, weissen und schwarzen Brod redet.) Körbe mit Backwerk! — Also ohngefähr wie noch jetzt im Orient das im Tadschen (Pfanne) Gebackene ebenfalls Tadschen genennt wird, wie ich hernach No. 2. aus dem Shaw bemerken werde. Eine merkwürdige Stelle, die meine Vermuthung völlig begünstiget, führt Buxtorf in Lex. Thalmud rabb. Chald. col. 835. an: „Faciunt חור foramen, vel cauitatem in terra, et calefaciunt eam igni coquuntque in ea panem, qui vocatur בְּחֹרָה a חור s. cauitate illa, in qua coctus est."

2) Im Tadschen, طاجن Syr. [illegible] Griech. Τηγανον — ganz dasselbe Wort, welches auch die LXX 3 Mos. 2, 5. für das hebräische מחבת setzen. Tagen oder arabisch ausgesprochen, Tadschen, ist ein flaches irdenes Gefäß wie eine Bratpfanne. Was darinnen gebacken wird, heißt ebenfalls Tadschen, nach dem Namen des Gefäßes. S. Shaw's Reisen rc. S. 202. — Daß die Hebräer auch schon in diesem Geschirr gebacken, erhellet aus 3 Mos. 2, 5.

3) Auf den erhitzten Feuerheerden, die zuweilen von Eisen sind, (s. Pococke Beschreib. des Morgenl. Th. 2. S. 96.) ingleichen auf kupfernen Platten,

oder

oder Heerden, die zum Backen eingerichtet sind. (S. Rauwolf S. 149. 150.) Diese Platten werden auf folgende Art zum Backen gebraucht: man macht ein Loch in die Erde, macht Feuer darinnen an, legt die Backplatte darauf, auf diese den Teig, der dann, weil er dünne ist, bald ausbäckt. S. Paul Lucas Reise in Kleinasien und Afrika. S. 128.

4) Unter Ofen auf der bloßen Erde, sonderlich auf sandigtem Boden, wie er im Orient meistentheils ist. Man macht ein Feuer auf die Erde, und wenn die Erde genug erhitzt ist: so thut man die Kohlen und Asche weg, legt den Teig auf den erhitzten Platz und die glühenden Kohlen und Asche oben drauf, wendet den Kuchen etlichemal um, und in einer kleinen halben Stunde ist der Kuchen oder das Brod ausgebacken. S. Rauwolf und de la Roque a. a. O. — Diese Art Brod zu backen, ist im Orient sehr gewöhnlich. Man ist gleich damit fertig, daher man sich dieser Art zu backen hauptsächlich auf Reisen bedient. Die arabischen Beduinen backen gewöhnlich ihr Brod auf diese Weise. Diese Art Brod oder Kuchen heißt im Hebräischen Hugga (עֻגָּה), 1 Mos. 18, 6. 1 Kön. 17, 13. Ezech. 4, 12. Hos. 7, 8. und 1 Kön. 19, 6. mit dem ausdrücklichen Zusatz רְצָפִים (Kohlen) — עֻגַת רְצָפִים Kohlen-Hugga, d. i. ein Kuchen unter glühenden Kohlen gebacken. Die Alexandriner drücken das Wort עֻגָּה recht gut durch ἐγκρυφίας (panis subcinericius) aus 1 Mos. 18, 6. 2 Mos. 12, 39. In der Bulgarei ist, nach Busbeck (Itin. Constant. p. 36.) der Name dieser Aschkuchen oder Brodte noch jetzt übrig. Sie heißen daselbst Hugath. Sobald man Fremde ankommen sieht, so backen die Weiber in aller Eile dergleichen Brodte oder Kuchen, und verkaufen sie an die Fremden. Hierbei wird man ohne mein Erinnern an 1 Mos. 18, 6. denken, wo Sara in aller Eile, bey der Ankunft der drei merkwürdigen Gäste, dergleichen Aschenkuchen backen mußte — nur daß sie sie nicht an dieselben verkaufte, sondern die Gäste umsonst damit tractirte. — Nach der wunderlichen und unreinlichen Art zu backen, sollte man glauben, diese Aschenbrodte oder Kuchen müßten von sehr schlechtem Geschmack seyn; allein die Reisebeschreiber sagen dieses nur von der Rinde, welche nach Rauch, Asche und der nicht eben appetitlichen Feuerung (Kuhmist) schmecken, oder wie sich einige ausdrücken, einen sehr hohen Gout haben soll; allein die Brosame soll überaus schmackhaft seyn. (S. Rauwolf S. 149. 150. d'Arvieux Coutumes des Arabes c. 14.) — Ich habe schon oben bey der Beschreibung dieser Aschenkuchen bemerkt, daß sie etlichemal pflegen umgewendet zu werden. Rauwolf, Thevenot (Voyage de Lev. Th. I. p. 173.) und andere Reisebeschreiber sagen dieses ausdrücklich. Und diese Bemerkung ist wegen der Stelle Hos. 7, 8. wichtig. Hier wird Ephraim ein Aschkuchen, der nicht umgewendet worden ist, genannt, d. i. der nicht ausgebacken — nur auf der einen Seite gebacken ist und auf der andern noch liebt — noch klebender Teig ist. Wie ein solcher Kuchen noch klebt, so — klebt auch Ephraim, d. i. die zehn Stämme, mit fremden Völkern zusammen — hängen sich an fremde Völker; — suchen sehr unklug bey fremden Mächten Schutz. —

Die Morgenländer backen also ihr Brod und ihre Kuchen auf verschiedene Art, wie wir Europäer auch, nur daß bey uns die Kunst zu backen einen höhern Grad der Vollkommenheit erreicht hat.

Das zweite Kapitel des dritten Buchs Mose, wo von den Opfern aus dem Gewächsreiche, sonderlich von Mehlopfern, geredet wird, liefert uns ein angenehmes Verzeichniß der unter den Israeliten gewöhnlich gewesenen, verschiedenen Arten von Brod und Kuchenwerk oder Gebackenem, und zwar dem besten Gebackenen; und es erhält aus den bisher gegebenen Nachrichten schon ziemlich Licht. Ich will die dort genannten Arten von Gebackenem hier kürzlich durchgehen, und die zur Erläuterung noch nöthigen Anmerkungen beyfügen. Von Backwerk konnte gegeben werden:

a) Im Ofen Gebackenes. 3 Mos. 2, 4. Und dieses wird auf zwo Gattungen eingeschränkt, bey welchen beiden ich mir keinen andern Ofen denken kan, als einen Ofenkrug, d. i. einen steinernen oder kupfernen Krug, (s. oben unter No. 2.) den man heizt, und dann gerade auf zweierlei Art zum Backen braucht: Erstlich — man füllt den Krug bis um die Hälfte, mit kleinen glatten Kieselsteinen aus, heizt hierauf den Krug, legt den Teig darauf und läßt ihn so ausbacken. S. d'Arvieux Voyage dans la Palest. p. 194. — Diese Kuchen werden, wie natürlich, wenigstens auf der einen Seite, oder wenn sie, wie wahrscheinlich, um durchzubacken, auch umgewandt werden, auf beiden Seiten von den Kieselsteinchen, die statt des Heerdes dienen, löcherricht — könnten also löcherichte Kuchen heissen, und weil sie dünne und daher auch wol durchsichtig sind, mit unsern Eisen-

oder

oder Wafferkuchen verglichen werden. — Außerdem bäckt man an diesen geheizten Krügen auch auswendig ganz dünne Fladen auf folgende Art: man macht aus Mehl und Wasser einen dünnen Teig, läßt ihn aus der hohlen Hand um den geheizten Krug herum laufen. Diese dünnen Fladen sind, wie man denken kan, in einem Augenblicke gebacken. — Die beiden Gattungen des im Ofen Gebackenen welche geopfert werden durften, nent Moses Halloth (חַלּוֹת) d. i. der Etymologie nach, löcherichte Kuchen — und Rekikim (רְקִיקִים) d. i. dünne Kuchen. (Natürlich dünner als die gemeinen eines Fingers dicken morgenländischen Kuchen zu seyn pflegen.) Vergl. 2 Mos. 29, 2. — Ein Kuchen der ersten Art mußte auch zum Erstlingsopfer vom Teig gebraucht werden. 4 Mos. 15, 20. — Und eines dergleichen wird auch 1 Sam. 10. mit dem Beisatz „Brod" (חַלַּת לֶחֶם) gedacht. — Es leidet wol wenig Zweifel, daß diese beiden Arten vom Ofengebackenen jene vorhin beschriebenen beiden Arten sind. — Moses verordnet dabei, sie sollten beide ungesäuert, und die erstere Art (die inwendig im Krug Gebackenen) mit Oel eingemengt, und die andere Art, die dünnen Fladen, nur mit Oel bestrichen seyn. — Unter dem Oel ist Olivenöl zu verstehen, welches, wie es frisch in Palästina gepreßt wird, dem Gebackenen wenigstens eben den delikaten Geschmack giebt, wie unsre Butter, als welche im Orient nichts taugt. — Die Fladen, die auswendig am geheizten Ofenkruge gebacken wurden, sollten nur mit Oel bestrichen, nicht damit eingemengt werden, vermuthlich weil sie sehr dünne waren, und wenn sie heiß mit Oel bestrichen wurden, ohnehin leicht davon durchdrungen und fett genug und wolschmeckend wurden, und ein mit Oel gemachter Teig so dünn, als er seyn muß, um an dem geheizten Kruge herumzulaufen, vielleicht allzufett, ungesund, ekel und ungenießbar gewesen seyn würde. Was aber von Mehlopfern geopfert wurde, mußte genießbar seyn. Denn es bekamen die Priester einen Theil davon. V. 10.

b) In der Pfanne Gebackenes. 3 Mos. 2, 5. — Was Moses מַחֲבַת nent, heißt jetzt im Orient Tadschen. S. oben No. 1. — Auch dies Gebackene soll ungesäuert und mit Olivenöl eingemengt seyn. —

c) Nach dem V. 6. konte dies Tadschen (denn das im Tadschen Gebackene wird heutiges Tags auch Tadschen genennet, s. oben No. 2.) auch in Stücken zerbrochen und Olivenöl darauf gegossen, d. i. wie mans heutiges Tags im Orient heißt, zu einem Mefrumoh oder Mafruka gemacht werden — welches noch jetzt ein Lieblingsgebäcke der Araber ist. Die heutigen Araber machens auf folgende Art: Sie backen (nach dem Thevenot Voy de Lev. Th. 1. S. 173.) einen ordentlichen Aschenkuchen (Hugga), auf die oben No. 4. beschriebene Art; ist er auf beiden Seiten gebacken: so brechen sie ihn in ganz kleine Stücke, kneten ihn mit etwas Wasser von neuem wieder, und thun Butter (dafür hatten und brauchten die Israeliten das weit bessere Olivenöl! nach Monconys (Reise. S. 135.) und Meitzschütz (Reisebeschr. S. 143.) wird auch jetzt Oel, ingleichen Essig statt Butter gebraucht.) zuweilen auch Honig hinzu. Daraus machen sie wieder einen zähen Teig, zerbrechen ihn in große Stücke, und bearbeiten und drücken ihn zwischen den Fingern, und so genießt man ihn dann als eine Delikatesse, nachdem man ihn nach Monconys (a. a. O.) abermals gebacken. — Das Mafruka, wie es Moses zum Opfer erlaubt, ist appetitlicher und simpler. Der einzige Anstoß möchte das allzuviele Olivenöl bey diesem Gebäcke seyn: Erst mit Oel eingemengt und gebacken, dann in kleine Stücken zerrissen und wieder Oel drüber gegossen! — Vielleicht ist Mosis Meinung nicht, daß dieser Teig, wie auch die übrigen, mit bloßem Oel eingemengt werden soll, sondern es soll nur Oel mit darunter gemengt werden, so wie unsere Köchinnen ihre Küchenteige mit Milch oder Wasser einmengen, aber zerlassene Butter mit untermengen. — Und dann würde der Teig nicht zu übermäßig fett, wenn er auch, nachdem er gebacken worden, wieder in Stückchen zerrissen und Oel darüber geschüttet wird. Olivenöl ist aber auch nicht so ungesund, als gleiche Quantität Butter. — In allzugroßer Menge genossen, möchte aber doch auch das Olivenöl ungesund seyn. —

d) Auf dem Heerd Gebackenes. V. 7. — Auf steinernen oder eisernen Heerden, oder auch auf kupfernen Platten, die einen Heerd vorstellten. Davon s. oben No. 3. — Auch dies Gebackene mußte mit Oel eingemengt werden.

Diesen von Mosen zu opfern erlaubten Arten von Gebackenen siehet mans deutlich genug an, daß sie die auserlesensten und besten waren, welche die Israeliten kanten. Es war auch billig, Gott nicht vom Schlechten, sondern vom Besten ein Opfer zu bringen. Auch der Arme war zu einem solchen Opfer reich genug.

Oliven,

Oliveröl und Weizen, zwei häufige und reichliche Landesprodukte des gesegneten Palästina, wurde von den allermeisten selbst gebaut, und von den ganz Armen wolfeil gekauft! —

Weil dieses Gebackene durfte nicht gesäuert werden, (also gerade das beste und — das schlechteste Gebäcke — z. B. die Aschenkuchen, s. oben No. 4. wurde nicht gesäuert!) vermutlich weil Sauerteig nur zu dem gewöhnlichen guten Brod gebraucht wurde, und derselbe bey diesen vorgeschriebenen vorzüglichern Arten von Gebackenem eben so überflüßig war, als bey unsern sogenannten Blättergebackenem, welches blos, aus Butter und Mehl bereitet wird, ohne alle Hefen oder Sauerteig. (Am allerunschicklichsten wäre bey diesem Gebackenem der Letztere.) — Es mag aber auch wol seyn, daß die benachbarten Völker gesäuerte Kuchen ihren Götzen opferten. Moses wollte also vielleicht auch hierinnen die Opfer, die dem wahren Gott gebracht würden, von den heidnischen Opfern unterscheiden. Wenigstens vom Honig, (den die Morgenländer bey ihren Bäckereien häufig brauchen, z. B. zum Mafruka, [s. oben No. c.] — Sie backen auch Kuchen von Reis, Gerste und Hirsen in Honig — eben sowol als in Oel. S. Olearii Reisebeschr. S. 377. Straußens Reisen. S. 103.) ists gewiß, daß die heidnischen Völker Honig und viel mit Honig Zubereitetes und Gebackenes ihren Götzen opferten. Und Honig verbietet Moses, samt dem Sauerteig, 3 Mos. 2, 11. ausdrücklich. —

Mit sehr starken Ausdrücken wird der Gebrauch des Salzes bey allen diesen zu opfern erlaubten Arten von Gebackenem eingeschärft, V. 13. — Daß diese alle genießbar, gut und wolschmeckend seyn mußten, hab ich schon oben erinnert. Man sollte also denken, das Salz wäre um des Wolschmacks und der Gesundheit willen dazu verordnet. Allein zu dieser Absicht sind Mosis Ausdrücke zu stark. Moses stellte sich also vermutlich durch diese Verordnung wieder einer heidnischen Sitte entgegen. — Denn wider alles was nach Heidentum schmeckte, eifert Moses immer vorzüglich stark. S. meine Bibel Th. 1. bey 3 Mos. 2, 13. a) —

Noch finden wir zweierlei Gebackenes von besonderer Art in der Bibel erwähnt: Nikkudim und Lebiboth. — Von beiden ists ungewis, was es für besondere Arten von Gebackenem sind. — Nikkudim, (נקדים) im Singular Nikkud 1 Kön. 14, 3. würde, der Etymologie nach, so viel als Geflecktes, Gesprengtes, Gedipptes, Punktirtes rc. bedeuten. Castell (Lex. Chald. Thalmud. Rabb.) schreibt: נקודים Orbiculi parui panis instar dimidii oui. Terumoth c. 5. — und anderwärts (Epit. rad. Hebr. p. 544.) „Et bucellata I. Reg. 14, 3. quae biscocta vulgo vocant, sic dicta, quod in frustra exigua rotunda, quasi puncta conficerentur, aut quod singulari forma interpunctarentur." — Daß es Zwiebak seyn sollen, d. i. eine Art Zwiebak — kleine hart gebackene Brödchen, die, weil sie durchaus hart gebacken sind, lange gut bleiben und nicht verderben — vielleicht auch wirklich zweimal gebacken! — ist nicht unwarscheinlich. Denn 1) im Morgenlande hat man Zwiebak. Man bedient sich desselben sonderlich auf Reisen, (s. Rauwolf S. 149. und Pitts a. a. O. S. 88.) weil sich das gemeine morgenländische Brod nicht länger als Einen Tag gut hält, und auf der Reise täglich zu backen beschwerlich ist. 2) Der Etymologie nach war dieses Gebackene gedippelt, punktirt rc. — Jeder, der vom Bäckerei etwas versteht, wird einsehen, daß ein Gebacknes, das im Backen völlig austrocknen, und in so ferne sich lange halten soll, sehr natürlich gedippelt, d. i. mit den Fingern oder einem Instrument löcherricht gemacht werde, ohngefär wie die Mazzen unserer deutschen Juden zu seyn pflegen. Die Hitze durchdringt es leichter und trocknet es stärker und leichter aus! — 3) Die Gibeoniten sagen Jos. 9, 5. 12. ihr Brod sey wärend ihrer langen Reise נקדים geworden. Man übersetzt „schimlicht" — weil unser Brod, wenns alt wird, schimlicht wird — vielleicht auch das gemeine orientalische. — Allein diese Bedeutung des Worts (נקדים) ist am Ende blos Vermutung, ohne hinlänglich warscheinlichen Grund. Fleckigt kan das Wort bedeuten! — Aber Fleckigt ist noch nicht gleich Schimlicht! — Nikkudim ist, wie aus 1 Kön. 14, 3. und andern Umständen erhellet; eine Art von Gebackenem. Und das ists natürlich auch in dieser Stelle. Die Gibeoniten wollen also vermutlich sagen, ihr Brod sey wärend ihrer langen Reise Zwiebak worden, d. i. so hart wie morgenländischer Zwiebak! — Harmar (Beobacht. über den Orient. Th. 1. S. 215.) versteht Zwiebacke mit Samenkörnern bestreut — darunter. — Russell (S. 80.) bemerkt, daß die Morgenländer ihr Gebackenes oft mit verschiedenen Samenkörnern (als Mohnsamen



samen

samen, Röm. Kerlander 2c.) bestreuen. — Weil davon das Backwerk fleckigt aussiehe: so meint er, es habe davon den Namen [illegible] erhalten. Allein vom Bestreuen des Gebackenen mit dergleichen Samen konnte es wol nicht diesen Namen bekommen, weil mir dünkt, daß man im Orient allerlei Gebackenes mit dergleichen Körnern bestreut — und die Etymologie des Worts, wie ich vorhin gezeigt habe, auch ohne auf die Gewonheit, Gebackenes mit Saamenkörnern zu bestreuen, erklärbar ist. —

Lebiboth — (der Etymologie nach etwa Herzgebackenes — wie es scheint, ein vorzüglich gutes Gebackenes — denn die Thamar mußte es dem sich krank stellenden Amnon backen! 2 Sam. 13, 6.) kenne ich weiter nicht. Ob es deswegen den Namen vom Herz hat, weil es etwa in einem Model, das ein Herz vorstellte, gebacken wurde, — oder ob es so viel, als Herzstärkend heissen soll, weil es vielleicht mit Gewürzen, oder andern stärkenden Ingredienzien gebacken wurde, kan ich nicht sagen. Das leztere ist mir noch das Warscheinlichste.

Nun zum Schluß noch etwas von der Feuerung der Morgenländer, der sie sich unter andern auch beim Backen bedienen. — Holz gehört unter die spärlichen Landesprodukte des Orients. Von Groscairo schreibt Petit, (a. a. O. S. 114.) man habe daselbst weiter kein Holz, als was aus der Nachbarschaft des schwarzen Meers hergebracht und — nach dem Gewicht verkauft werde. — Den Holzmangel sucht man sich auf eine uns sehr parados scheinende Art zu ersezen. Man bedient sich nämlich des getrockneten Kuh- und Kameelmists zur gewönlichen Feuerung. Dies versichern uns einmütig alle glaubwürdige Reisebeschreiber. — Man ist daher sehr darauf bedacht sich mit dergleichen Mist zu versehen. „Die Kinder, (sagt Arvieux Voy. dans la Palaest. p. 193. 194.) lesen den Mist auf und werfen ihn an eine Mauer zusammen, damit er austrockne. Davon nimt man von Zeit zu Zeit so viel man zum Backen oder zum Wärmen braucht." — Nach Korte (Reise nach dem gelobten Lande S. 438.) ist auch der gedörrte Kuh- und Kameelsmist sehr bequem, vorzüglich bey dem, was auf der Platte (s. oben No. 3.) gebacken wird, weil er als Zunder fortglimt, und diese Platte wenig Hitze erfordert, die Kuchen auch nicht, weil sie dünne sind. — Aber die Folge von dieser sonderbaren Feuerung ist, daß, wie Arvieux a. a. O. versichert, das Brod und Gebackene der Morgenländer nach dem Mist, womit es gebacken wird, schmeckt. — Doch nur die Rinde! — Die Brose schmeckt, wie ich schon oben bemerkt habe, sehr gut! — Wenn Gott dem Propheten Ezechiel (Ezech. 4. 12.) zum Vorbild der äußersten Noth, welche die Juden treffen soll, unter andern auch befiehlt, einen Aschenkuchen aus Gerstenmehl (wie ihn nur die Aermsten und Dürftigsten zu essen pflegen, s. oben.) mit Menschenmist zu backen: so hat man, meines Bedünkens, dabei insbesondere und zunächst an Armut an Vieh zu denken. Die Israeliten sollen sich genöthigt sehen mit Menschenmist zu backen, — natürlich, weils ihnen an der sonst gewönlichen Feuerung, an Viehmist, felen werde, d. i. aus höchster Armut an Vieh! — dem sonstigen hauptsächlichsten Reichtum der Morgenländer! — Endlich erlaubt Gott dem Propheten V. 15. seinen Aschenkuchen mit Kuhmist zu backen, weil er sich nicht gern verunreinigen mochte. — Aber gleichwol sollte das Vorbild nach der ersten Vorschrift seine Gültigkeit behalten! —

Außerdem bedient man sich noch zur Feuerung, nach dem Ruffell, auch der Schalen von Früchten, der im Orient wild wachsenden Myrte, Rosmarin und anderer Pflanzen und stenglichtem Grases, (hieher die Stelle Matth. 6, 28. 29. 30. wo des Grases erwänt wird, das heute noch stehe und morgen (zur Feuerung) in den Ofen geworfen wird, (s. Shaws Reisen S. 85. — deswegen vermutlich in der Mischna Tr. Schebiith Saturey, Ysop und Thymian unters Holz gerechnet und von grünen und dürren Weinblättern und Schilf, die man sammle, geredet wird!) und dann auch der Weinreben, (Voy. dans la Palaest. p. 198.) Dornen (Pred. Sal. 7, 6.) und verschiedenen kleinen Gesträuches. — Doch bedient man sich dieser holzartigen Dinge, wie aus den Nachrichten der Reisebeschreiber, und in Ansehung der Dornen, aus Pred. Sal. 7, 6. zu erhellen scheint, mehr zum Kochen, Sieden und Braten, wozu starkes Feuer erfordert wird,) als zum Backen. Vergl. Harmars Beob. über den Orient. Th. 1. S. 230 ff.

Von den Schaubrodten s. unten a. s. O.

## Brodkuchen.

S. Brod. No. 2) —

## Brunn.

Man hat im Orient zweierlei Brunnen. 1) Quellbrunnen, die ihr Wasser von einer Quelle haben.

Diese kommen in der Bibel unter mancherlei Namen vor: עין und מקור (doch bezeichnen diese beiden Wörter mehr die Quelle, als den aus derselben entstehenden Brunnen,) מעין (doch auch die Quelle an sich selber, —) באר doch glaub ich nur dann, wenn מים חיים (lebendiges Wasser, d. i. Quellwasser,) dabei steht: באר מים חיים Brunn von lebendigem Wasser, d. i. von Quellwasser. 1 Mos. 26, 19. (Offenb. 21, 6.) zum Unterschied von den Cisternen — Quellbrunnen giebts in dem überhaupt Wasserarmen Orient wenig, (am meisten noch in Judäa, wie Rauwolf versichert,) und sind deswegen sehr geschätzt. Daher es niemanden befremden darf, daß sich die gerarischen Hirten mit Isaaks Hirten über einen Quellbrunnen zankten. 1 Mos. 26, 20. — Weil Quellen auf der Oberfläche der Erde von der heftigen Sommerhitze bald verzehrt und ausgetrocknet werden, oder wenn sie wenige Schritte geflossen sind, im nächsten Sande versiegen: so gräbt man, sobald man eine Quelle antrift, einen tiefen Brunnen, wo sich das Wasser, den Sonnenstralen entzogen, sammeln kan. S. Fabers Archäologie der Hebräer Th. 1. S. 122.

2) Cisternen oder Regenwasserbehälter. Durch diese sucht man sich im Orient den Mangel an Quellwasser zu ersetzen. Sie sind da sehr gemein. Es sind sehr tiefe Löcher in der Erde, die unten weit und oben enge sind, wie ein Zuckerhut, damit das Wasser nicht so stark ausdünsten möge, weil es auf diese Weise von den Sonnenstralen gar nicht getroffen werden kan, zumal da man die enge Mündung der Cisterne noch überdies mit einem großen Stein bedeckt. 1 Mos. 29, 3. 8. 10. Weil die Mündung oder Oeffnung dieser Regenwasserbehälter sehr klein ist, und es leicht geschehen kan, daß unversehens ein Vieh hineintritt, hineinstürzt und sich todt oder lahm fällt: so hat Moses 2 Mos. 21, 33. 34. verordnet, daß wenn einer seine Cisterne aufthue und nicht wieder zudecke, oder eine Cisterne grabe, und ihre Oeffnung nicht verware, und es falle ein Ochse oder Esel (d. i. überhaupt ein Stück Vieh) hinein: so sollte der Eigenthümer der Cisterne das verunglückte Thier bezalen, und das Aas sollte sein seyn. — Gesetzt auch, ein Ochse oder Esel sey in eine Cisterne gefallen, ohne sonderlichen Schaden zu nemen; so war es doch nicht wol möglich, das Thier lebendig wieder herauszubringen. — Fiel ein Mensch in eine solche Cisterne, auch wenn sie, wenns lange nicht geregnet hat, kein Wasser haben, (s. 1 Mos. 37, 24.) so muß er elendiglich darinnen sterben, weil er sich ohnmöglich selbst, ohne anderer Beihülfe, heraushelfen kan — er muß verhungern und verdursten, oder auch, wenn eben die Regenzeit einfällt, in dem sich darinnen sammelnden Regenwasser ersaufen. Daher ließen sich Jakobs Söhne, die ihren Bruder Joseph ermorden wollten, den Rath des Ruben, den Joseph in eine Cisterne zu werfen, gefallen, weil sie wußten, daß er darinnen eben so gewis umkommen müßte, als wenn sie ihn mit ihren Händen todschlügen. 1 Mos. 37, 21-24. Weil aus diesen Cisternen (auch wenn sie kein Wasser haben,) niemand entkommen kan: so wurden sie auch zu Gefängnissen gebraucht, oder auch Gefängnisse nach der Art dieser Cisternen gegraben. Daher בור, ביר oder nach einer andern Ortographie, באר (Cisterne) auch von Gefängnissen gebraucht wird. 1 Mos. 40, 15. 2 Mos. 12, 29. Jes. 24, 22. u. s. w. — Cisternen sind daher auch ein gewönliches Bild des fürchterlichsten Unglücks, Elends, Lebensgefahr rc. Psalm 4, 3. Psalm 69, 16. Psalm 88, 7. Klagl. 3, 53, 55. Auch des Unterreichs oder Reichs der Todten, Schattenreichs, weil sich die Hebräer das Schattenreich unter der Erde dachten. (S. Hölle.) Psalm 28, 1. Psalm 30, 4. Jes. 14, 15. Kap. 24, 22.

Um aus diesen beiden Gattungen von Brunnen, Quellbrunnen und Cisternen, Wasser zu holen, bedient man sich besonderer an Stricke gebundener Wasserleimer, welche nicht, wie bey uns, an den Brunnen befestiget sind, sondern die jeder, der Wasser holen will, mitbringen muß. Rauwolf (S. 322.) schreibt von der Cisterne zu Bethlehem: „Es ist eine gute ergiebige Cisterne; sie ist tief und weit, weswegen die Leute, welche hier Wasser holen, mit kleinen ledernen Eimern und einem Stricke, wie in diesen Gegenden gebräuchlich ist, versehen sind; und so versorgen sich auch die Kaufleute damit, welche in Caravanen durch große Wüsten in ferne Länder reisen, weil man in diesen Gegenden mehr Cisternen oder Brunnen, als hochliegende Quellen antrifft." — Das letztere, daß sich auch Reisende mit dergleichen Schöpfeimern versehen müssen, erhellet aus dem Thevenot Th. 1. S. 178.) wo er erzälet, was er zu seiner Reise aus Aegypten nach Jerusalem mitgenommen — worunter auch lederne Wassereimer waren. — Hieraus erhält auch, wie schon Harmar (Beobacht. über den Orient Th. 1. S. 401.) bemerkt, die Rede des samaritischen Weibes Joh. 4, 12. Licht, — da sie Jesu verwirft, er habe ja keinen Schöpfeimer, und wolle ihr doch aus dem tiefen Jacobsbrunnen—Wasser geben. —

## Brunnenloch.

S. Brunn.

## Brunnenthor

Zu Jerusalem; auf der Westseite des Bergs Zion, von dem Mistthore weiter gegen Süden. Es hat seinen Namen davon, weil man durch dieses Thor zum Brunnen Siloam gieng. Nehem. 2, 14. Kap. 3, 15. Kap. 12, 37. —

## Brustschild

Des Hohenpriesters. S. Amtsschild.

## Bubastus.

Hebräisch Phibeseth. Eine berühmte Stadt in Aegypten, am östlichen Arm des Nils gelegen, welcher von ihr den Namen Bubastischer Arm erhalten hat. Ezech. 30, 17. —

## Buch.

Von den Büchern der Alten suche unten unter Schreiben.

Das Buch von den Streiten (Kriegen) des Herrn, (d. i. von großen, wichtigen, merkwürdigen Kriegen) 4 Mos. 21, 14. war, wie es scheint, eine Samlung historischer Kriegslieder, worinnen nicht nur die wichtigsten Kriege der Israeliten besungen waren, wie es scheint, auch Lieder, worinnen die benachbarten Nationen ihre wichtigsten Kriege besungen hatten, und die auf irgend eine Art für die Israeliten interessant schienen, mit aufgenommen und gesammelt worden waren. Es scheint, man sammelte nur solche Lieder, in welchen Kriege besungen waren, durch welche Reiche erweitert und andere wieder verengt wurden, so daß diese Lieder die Besitzungen und Gränzen der benachbarten und für die Israeliten interessanten Völker dokumentirten. Das ist, sie vertraten bey der Nachwelt die Stelle der Documente und Reversse, wie selbst aus Moses Anfürung der Stelle aus einem solchen Kriegsliede, klärlich zu erhellen scheint. — Die in der obigen Stelle V. 14. 15. angefürten Worte: „Vaheb in Supha — — Gränze Moab“ sind erst aus einem solchen Kriegsliede, welches, wie es scheint, von den Amoritern, nachdem sie das Land der Moabiter bis an den Arnon erobert hatten, so daß sich also die Gränze der Moabiter nicht weiter als bis an den Fluß Arnon erstreckte, verfertigt und mit in das Buch der Gesänge von den Kriegen des Jova (d. i. von sehr wichtigen Kriegen) aufgenommen war, entlent. Von der Absicht, warum diese Stelle aus jenem amoritischen Kriegs- und Siegeslied angefürt wird, s. meine Bibel Th. 1. bey 4 Mos. 21, 14. a) S. 637. weitläuftiger! —

Das Buch der Frommen, (Jos. 10, 13.) der Redlichen (2 Sam. 1, 18.) Eine Samlung von Gesängen, die auf merkwürdige Begebenheiten verfertiget waren. S. meine Bibel Th. 2. bey den angefürten beiden Stellen. In Ansehung der erstern kan ich auch hier nicht unerinnert lassen, daß auch V. 14 und 15. aus dem aus dieser Samlung citirten Liede sind. — Nimt man dieses nicht an: so verwickelt man sich in nicht geringe Schwierigkeiten. —

Buch des Lebens — Buch Gottes u. s. w. Die Hebräer, sonderlich die hebräischen Dichter, stellen sich Gott immer als König vor, als König der ganzen Welt, und als ihres Volks und Landes insbesondere. Sie lassen ihn also in allen Stücken als König handeln. — Könige pflegen schriftliche Verzeichnisse der Namen ihrer Unterthanen zu halten, aus welchen die von Zeit zu Zeit Sterbenden ausgestrichen werden. Ein solches Buch fürt auch Gott über die unzähligen Unterthanen seines großen Reichs. Moses nent überhaupt das Buch Gottes. 2 Mos. 32, 32. 33. und Psalm 69, 29. heißts das Buch der Lebendigen. — In dieses Buch, welches zugleich die Annalen Gottes sind, schreibt Gott die Schicksale der Menschen, das Leiden, das sie betrift, das Unrecht, das ihnen angethan wird, und nimt dann seine Maasregeln darnach. Psalm 56, 9. Er schreibt auch hinein die Zal der Tage und Jahre, die jeder Mensch leben soll. Psalm 139, 16. —

## Buche.

Ein uns sehr bekanter Baum, dessen Name Luther für drei ganz verschiedene Namen morgenländischer Bäume setzt, aber ohnfehlbar unrichtig. Die hebräischen Namen sind: Thidhar (תִּדְהָר) Jes. 41, 19. Kap. 60, 13. Thirsa (תִּרְזָה) Jes. 44, 14. Ela, (אֵלָה) Hos. 4. 13. alle drei unbekant, und von den Auslegern und biblischen Botanisten zu mehr als zehnerlei Bäumen gemacht! Ich habe selbst noch zu wenig Gewisses oder auch nur Warscheinliches, als daß ich glauben dürfte, ich erzeigte den Lesern mit einer hier anzustellenden Papier- und Druckkosten kostenden Untersuchung, deren Resultat doch nur Ungewisheit ist,

ist, einen Dienst. Man lese dafür des Olaus Celsius Hierobotanicon (von Thidhar) Th. 2. S. 271 f. (von Thirsa) S. 269 f. (von Ela) Th. 1. S. 34. und Ursins Arboret. biblic. (von Thidhar) cap. 4. 8. (von Thirsa) cap. 7. (von Ela) cap. 13. §. 1. —

## Buchstab.

Von der Erfindung der Buchstabenschrift s. unter Schreiben. Schrift.

3. Mos. 19, 28. verbietet Moses Buchstaben — oder andere Figuren einzubrennen. Es ist noch jetzt unter den Arabern gewöhnlich, sich bald zur vermeinten Zierde, bald aus Aberglauben, einem Götzen zu Ehren, bald auch zum Andenken, z. B. wenn man die heiligen Oerter in Palästina besucht hat, allerhand Figuren in die Haut zu brennen, und das Brandmal mit Alhenna zu färben, — welches Mal beständig bleibt, und nicht wieder weggebracht werden kan. Dieser orientalischen Sitte, die, wie wir sehen, sehr alt ist, widersetzt sich Moses, weil sie eine Schändung des menschlichen Körpers ist, und bisweilen auch eine abgöttische Sitte war. —

Uebrigens s. im dritten Haupttheil unter diesem Titel. —

## Buchsbaum.

Diesen bey uns sehr bekanten Baum versteht Luther unter dem Baum Theaschur (תאשור) Jes. 41, 19. K. 60, 13. auch noch der gelehrte Ursin im Arboret. bibl. Sect. 2. c. 9. p. 147. sqq. sucht mit vieler Weitläuftigkeit und Gelehrsamkeit zu beweisen, daß Theaschur der Buchsbaum sey, allein dem ohngeachtet mit wenig Warscheinlichkeit. Einige Juden und nach ihnen einige christliche Gelehrte haben noch weit unglücklicher den Brasilbaum darunter verstanden. Bochart (Phaleg unter ברש) und Celsius (Hierobotanic. T. 2. p. 154. sqq.) verstehen eine Art von Cedern darunter. Alles was über diesen Baum gesagt und geschrieben worden ist, ist lauter Ungewißheit, in welcher wir bleiben werden, bis uns einst ein Reisender den alten Namen des Baums in der Gegend des Antilibanon verräth. —

## Bücken.

Als eine Art von Ehrenbezeigung, s. oben Anbeten.

## Bul.

Der achte Mond des jüdischen Kirchenjahres, d. i. vom Nisan an gerechnet. 1 Kön. 6, 38. Er heißt sonst auch Marchesvan und entspricht theils unserm October, theils unserm November. Einige glauben er habe seinen Namen (Bul) von der Sündflut (Mabbul) weil in diesem Monat (im zten des bürgerlichen Jahrs — vom Tisri an gerechnet,) die Sündflut einbrach. S. 1 Mos. 7, 11. — Allein richtiger glauben andere, der Monat habe seinen Namen vom Abfallen der Blätter (נבל) welches im Herbste um diese Zeit geschieht.

## Bund. Bündniß.

Unter diesem so merkwürdigen Titel, von welchem man den 2ten und 3ten Haupttheil dieses Werks vorzüglich nachsehen muß, hat hier weiter keine Bemerkung statt, als die über die Gewonheit und Art der Alten, sonderlich der alten Hebräer, Bündnisse zu errichten: Man schlachtete ein, oder mehrere Stücken Vieh, theilte sie von einander, legte die Stücken getheilt gegen einander über. Zwischen diesen Stücken giengen die Paciscenten hin, und dieses Durchgehen zwischen den getödteten und in Stücken zerhauenen Thieren sollte eine Anrufung an Gott seyn, demjenigen, der meineidig und bundbrüchig werden würde, eben so zu thun, wie den zum Bundeszeichen gebrauchten Thieren geschehen war. Auf diese Art machte schon Abraham seinen Bund mit Gott. Er schlachtete ein dreyjähriges Kalb, eine dreyjährige Ziege, einen dreyjährigen Widder, eine Turteltaube und eine junge Haustaube. Die junge Kuh, Ziege und den Widder zerhieb er und legte die Stücken gegen einander über, die beiden Tauben wurden zwar mit getödtet, (denn zertheilt wurden die nicht) und auf jede Seite eine gelegt. — Statt dessen, daß nun Gott selbst hätte durchgehen sollen, ließ er eine Flamme, (vermutlich den Blitz) zwischen den Stücken hinfahren. 1 Mos. 15, 9–18. — Diese Sitte, Bündnisse zu errichten, ist auch Jer. 34, 18. sehr kentlich. Gott spricht daselbst: „Den Uebertretern meines Bundes, die den vor meinen Augen gemachten Bund nicht gehalten haben, will ich thun, wie dem Rind geschehen ist, das sie in zween Theile zerschnitten, und zwischen den Stücken durchhingegangen sind.“ — Vergl. 1 Sam. 11, 7. — Von dem Zerhauen der Thiere bey Errichtung eines Bündnisses ist die Redensart entstanden כרת ברית Secare foedus für „ein Bündniß errichten;“ einen Bund machen —; wie bey den Römern Percutere oder icere foedus, unter welchen eben diese Ceremonie gewönlich war. Ihre Priester (Feciales) schlachteten ein Schwein, und

schlu-

sagten dabei: Qui prior defecit dolo malo, hunc de illo die Iupiter sic ferito, ut ego hunc porcum feriam. Livius Dec. I. Libr. I. c. 24. — Wir finden von dieser Sitte auch noch unter andern Völkern Spuren, z. B. unter den Chaldäern, (s. Cyrill contr. Iulian. x.) Von den Molossiern schreibt Zenobius: οἱ Μολοττοὶ ἐν τοῖς ὁρκωμοσίαις κατακόπτοντες εἰς μικρὰ τοὺς βοῦς τὰς συνθήκας ἐποιοῦντο. („Die Molossier zerhauen Stiere in Stücken, wenn sie beiderseitige Bündnisse machen." —) Und von den Böotiern Plutarch (Quaest. Roman.) „Βοιωτοῖς δημοσίᾳ καθαρμός ἐστι κυνὸς διχοτομηθέντος τῶν μερῶν διεξελθεῖν." („Sie gehen bey ihren Lustrationen zwischen den Stücken eines entzwei gehauenen Hundes durchhin.") — Von einer Hündin sagt auch Livius (libr. 29.): „Caput mediae canis praecisae et prior pars ad dextram, posterior ad laevam viae ponitur. Inter hanc divisam hostiam copiae armatae traducuntur." — Vergl. Grotius Annotat. ad V. T. bey 1 Mos. 15, 17. — Hieher gehört auch das Ὅρκια πιστὰ ταμόντες beim Homer (Il. β. v. 124. und γ. v. 73.) und ὅρκια ταμόντες beim Dionysius von Halicarnaß B. 5. —

Also die hebräische Redensart כרת ברית Secare, icere foedus ist aus der Gewohnheit bey Errichtung eines Bündnisses, Thiere zu zerhauen, entstanden; und so scheint auch aus der damit verbundenen Sitte, zwischen den zerstückten Thieren durchhinzugehen, die Redensart עבר בברית transire (παρελθεῖν LXX.) in foedus (in ein Bündniß treten) 5 Mos. 29, 10. 12. und בוא בברית (διελθεῖν ἐν διαθήκῃ LXX) 2 Chron. 15, 12. entstanden zu seyn.

Für eine wesentliche oder doch sehr wichtige Ceremonie bey Errichtung eines Bündnisses wurde es gehalten, daß die Paciscenten mit einander aßen. Sehr merkwürdig ist die Stelle 1 Mos. 31, 46. auch Kap. 26, 30. 31. (Jos. 14, 14.) — Sykes (Versuch über die Natur, Absicht und den Ursprung der Opfer S. 72 ff.) zeigt, daß diese Ceremonie auch bey andern heidnischen Völkern gewöhnlich gewesen, — sonderlich aus dem Virgil.

Weil bey Bündnissen von beiden Theilen etwas versprochen wird: so steht Bund häufig für Versprechen, Verheißung, z. B. Psalm 25, 14. Ps. 89, 29. Ps. 106, 45. Ps. 111, 5. u. s. w.

Bund steht auch oft für dasjenige, worüber ein Bund gemacht worden ist, z. B. für Religion, Gebote Gottes ꝛc. worüber er mit den Menschen einen Bund gemacht hat, (sie zu beglücken, wenn sie die Vorschriften seiner Religion befolgen würden,) Psalm 50, 16. Psalm 78, 10. 37. Psalm 103, 18. Psalm 132, 12. u. s. w. Doch hievon im dritten Haupttheil. —

## Bundeslade.

S. unter Lade des Bundes.

## Bunt.

Bunte, d. i. buntgestickte oder auch aus mehrern Stücken verschiedener Farben zusammengesetzte Kleider sind, nach dem jetzigen morgenländischen Geschmack sowol (s. Shaws Reisen. S. 199.) als nach dem Geschmack der alten Hebräer, Staatskleider, Merkmale der Ehre und eines vorzüglichen Standes. — Schon von Jakob wird 1 Mos. 37, 3. gesagt, er habe dem Liebling unter seinen Söhnen, dem Joseph, zum Zeichen seiner vorzüglichen Liebe, einen bunten Rock machen lassen. Richt. 5, 30. werden bunte Kleider als vorzügliche Beute genannt. Und von der königlichen Prinzeßin Thamar 2 Sam. 13, 18. wird gesagt, sie habe einen bunten Rock angehabt, und dabey bemerkt, daß die königlichen Prinzeßinnen, so lange sie unvermählt wären, dergleichen zu tragen pflegten. S. Kleider.

## Bürge. Bürgschaft.

Von Bürgen und Bürgschaft finden wir vor Salomons Zeit wenig. Juda verbürgte sich für seinen Bruder Benjamin. 1 Mos. 43, 9. Kap. 44, 32. und Hiob (Kap. 17, 3.) wünscht, Gott möchte sich bey sich selbst für ihn verbürgen. — Hieraus sehen wir zwar, daß die Bürgschaften sehr alt sind; aber weil Moses ihrer in seinen Gesetzen mit keinem Worte gedenkt: so scheint doch daraus zu erhellen, daß Bürgschaften zu Mosis Zeit selten vorkamen, oder doch keine schweren Rechtshändel darüber entstunden, die eine Entscheidung oder Norm des Gesetzgebers bedurft hätten. Aber von Salomons Zeit an kommen die Bürgschaften sehr häufig vor, in den Sprüchen Salomons, (der oft dafür warnt und ihnen gar nicht günstig ist,) Kap. 6, 1. 2. K. 11, 15. K. 17, 18. K. 20, 16. K. 22, 26. und im Sirach — Kap. 8, 16. K. 29, 18. 19. 20. 22. 24. 26. Die Ceremonie, welche man dabei beobachtete, bestand, wie aus Spr. Sal. 6, 1. deutlich erhellet, in einem Handschlag,

welchen

welchen man nicht dem Schuldherrn, sondern dem Schuldner that, und ihn dadurch, vermuthlich in Gegenwart des Schuldherrn, versicherte, daß man nöthigen Falls für ihn haften und bezalen wolle. Diese Ceremonie ist alt. Ich finde sie schon im Buch Hiob, wo Hiob (Kap. 17, 3.) zu Gott sagt: „Reich deine Hand (d. i. thue mir den Handschlag!) verbürge dich für mich bey dir! denn wer könte sonst für mich sich bürgen?" — S. meine Bibel Th. 3. bey dieser Stelle. — Das Bürgschaftsrecht bey den Juden war eben so strenge als bey uns. Der Bürge mußte sichs gefallen lassen, wenn man ihm das Hemde vom Leibe nam. Spr. Sal. 20, 16. — Diese auf altes Herkommen gegründete Strenge dieses Rechtes, das so manchen, der aus Leichtsin, Freundschaft ꝛc. sich verbürgte, ohne weiteres Verschulden, oft um Hab und Gut brachte, machte jenem weisen König die Bürgschaften verhaßt. —

## Bus.

1) Ein Sohn Nahors und der Milca und Bruders des Uz. 1 Mos. 22, 21. Stammvater eines arabischen Volks Jer. 25, 23. und des Elihu, eines der Freunde Hiobs, welcher daher ein Busite genant wird. Hiob 32, 2.

2) Ein Israelit, des Stammes Gad. 1 Chron. 6. (5). 14.

## Butter.

So übersezt Luther, wie sonst gewönlich, durchgängig das hebräische Wort חֶמְאָה; allein in den meisten Stellen offenbar unrichtig. Das hebräische Wort bedeutet 1) und zwar meistentheils saure dicke Milch, sauren dicken Ram, oder Sane, woraus Butter gemacht wird. Dies erhellet a) aus dem Lied der Debora, (Richt. 5.) wo im ersten Glied des V. 25. חָלָב (Milch überhaupt) steht und im andern Glied חֶמְאָה, welches nur die Art Milch genauer bestimt — חֶמְאָה wars! vergleichen wir damit die Geschichte Richt. 4. 19. so sehen wir, daß dasjenige, was Jael dem Sissera gab, Milch war. Im Lied der Debora wird nur die Art Milch durch חֶמְאָה genauer bestimt. Es war saurer Ram, saure dicke Milch. b) Hiob 20, 17. wird der Ströme, oder Canäle von Honig und חֶמְאָה gedacht. Butter kan das Wort hier unmöglich bedeuten; denn Ströme von Butter — — Wer sagt so? und wer mag so sagen? Aber Ströme von Milch! — von dicker, fetter Milch! — ein reizender Zug im Gemälde des Wolstandes eines Nomaden. — c) Wenn Hiob sich seines ehemaligen Wolstandes erinnert: so sagt er unter andern; „er habe seine Füsse in, oder mit „חֵמָה gewaschen„ — schwerlich mit Butter! — wol aber mit Milch und zwar zum Beweis des sehr vorzüglichen Wolstandes, mit dicker, fetter, bester Milch! — d) Saure Milch schäzen noch jezt die Araber, zur Erfrischung, höher, als süsse. (S. Beob. über den Orient. Th. 1. S. 165.) Natürlich hat man also unter חֶמְאָה, das Abraham nebst חָלָב, (frischer, süsser Milch) seinen drey vornehmen Gästen, (1 Mos. 18, 8.) die Jael dem durstigen und müden Sissera (Richt. 5, 25.) und jene drey Biedermänner dem auf der Flucht vor Absalom begriffenen müden König David, zu Mahanaim, (2 Sam. 17, 27.) brachten, nicht Butter, (die im Oriente schlecht und beinahe ungenießbar ist,) sondern dicke, saure Milch zu verstehen, die einem durch eine weite Reise Ermüdeten und Durstigen die angenehmste Erfrischung ist.

2) Die aus dergleichen Milch gemachte Butter. Doch in nicht mehr, als höchstens zwo Stellen. Spr. Sal. 30, 33. „Druck der Milch gibt חֶמְאָה — Butter„ und Psalm 55, 22. „Ihr Mund ist glätter, „denn (oder ist glatt, wie) מַחְמָאֹת Butter!„ — Allein wegen der lezten Stelle bin ich noch sehr zweifelhaft: Ist מַחְמָאֹת mit חֶמְאָה ganz einerley? und warum steht der Plural? — Der Plural, der, wenn das Wort Butter hier, ganz unschicklich wäre, — und die ganz verschiedene Form des Worts läßt eine andere Bedeutung vermuthen — und was für eine? — Ich glaube מַחְמָאֹת heiße ein Milchschlauch — eigentlich ein Instrument, oder Gefäß der dicken, sauren Milch (מ instrumenti s. vasis) und das ist ein Milchschlauch. Die Milch hebt man im Orient ordentlicherweise in ledernen Schläuchen auf, und buttert auch in denselben. Fetter und glätter, als dergleichen Butter- oder Milchschläuche kan wol kaum etwas seyn. Daher David: „Glatt, wie Milchschläuche, ist sein Mund ꝛc.„ — Auch in der ersten Stelle wüßte ich, wenn man חֶמְאָה gar niemals Butter bedeuten lassen will, Auskunft: „Süsse Milch in „einen Schlauch gethan, (wenn zumal schon saure „Milch darinnen gewesen ist) wird bey wenigem „Drücken und Bearbeiten des Schlauchs sauer und „dick — wird zu חֶמְאָה!„ — Niemand wird etwas

Ser

Erhebliches gegen diesen Sinn der Worte Agurs einwenden! —

Fragt man, warum denn der Butter in der Bibel so ungemein selten, oder wol gar nicht erwähnt werde, da doch die Israeliten so starke Viehzucht hatten: so antworte ich 1) die Butter ist im Oriente nicht gut, sondern hat, wie Troileur (Voy. dans le Palæst. p. 200. 201.) versichert, einen unschmackhaftigen Geschmack. — 2) Zum Schmelzen ihrer Speisen und zum Backen bedienten sie sich des in Palästina so häufig und so vorzüglich wachsenden Olivenöls, welches ihnen die beste Butter entbehrlich machte. S. Oel. 3) Sie machten vermuthlich gar keine Butter, oder nur gar selten, sondern verbrauchten die Milch, die sie so sehr schätzten, und die überhaupt eine Lieblingskost der Morgenländer ist, süß und sauer! — letztere sonderlich zur Erfrischung unter ihrem heissen Himmel, wie noch jetzt die Araber. —

Vom Butter- und Honigessen Jes. 7, 15. 22. s. meine Bibel rc. bey dieser Stelle. —

## Byssus.

S. oben Baumwolle.

# C.

## Cabul.

1) Eine Stadt, die bey der Gränzenbezeichnung des Stammes Asser mit genant wird. Jos. 19, 27. übrigens in Ansehung der Lage der gedachten Stelle im Buch Josua ohngeachtet noch sehr ungewis.

2) Eine Landschaft an der Phönicischen Gränze, welche zwanzig schlechte Städte begriff. Salomo schenkte sie dem Könige von Tyrus, Hiram, zum Aequivalent für viele zum Tempelbau rc. gelieferte Baumaterialien, und wurde also von dieser Zeit an, vom israelitischen Reiche getrennt und zu Phönicien geschlagen. Sie erhielt ihren Namen erst von dieser Zeit an, vom tyrischen König Hiram, der ihr denselben gab, als er ihre Städte besah und sie schlecht fand. Denn Cabul soll in der phönicischen Sprache, wie Joseph (Jüd. Alt. B. 8. K. 2.) meldet, so viel als Mißfallen oder Was nicht gefällt (μη αρεσκον) bedeuten. Vermuthlich gab aber auch die Stadt Cabul (No. 1.) die in dieser Gegend gelegen haben mag, oder wol gar eine von diesen zwanzig schlechten Städten war, (vielleicht noch die beste darunter!) dem König Hiram die nächste Veranlassung dazu, diesen ganzen Distrikt von zwanzig schlechten Städten, den ihm Salomo geschenkt hatte, Cabul zu nennen. — 1 Kön. 9, 11/13. —

## Cab.

Ein Gefäß zu trocknen (1 Kön. 17, 12. 14. 16.) und fließenden Dingen, (2 Kön. 18, 34.) ob von bestimmter oder willkürlicher Größe? — ist unbekant.

## Cain.

D. i. Geburt. So nante die Eva ihren erstgebornen Sohn — das erste Kind der neugebildeten Erde, (von קנה gebähren rc.) 1 Mos. 4, 1. S. meine Bibel Th. 1. bey dieser Stelle. — Er trieb — zuerst — den Feldbau (1 Mos. 4, 2.) und brachte Gott zu Ende der — vermuthlich ersten — Aerndte, ein Opfer von seinen erbauten Feldfrüchten. Dieses war, wie Cain vermuthlich aus der mißrathenen Aerndte des nächstfolgenden Jahres schloß, Gott mißfällig. Mißgünstig und neidisch gegen seinen Bruder Abel, dessen Opfer, wie aus dem vorzüglichen Segen, der in seinen Viehheerden sichtbar war, zu erhellen schien, Gott wolgefällig war, ermordete seinen unschuldigen Bruder — vermuthlich um dadurch Erbe und Eigenthümer von dessen Vieheerde zu werden. 1 Mos. 4, 1/8. Von der auf diese That erfolgten Unterredung Gottes mit Cain, Vertreibung desselben in eine rauhe unfruchtbare Gegend, s. meine Bibel Th. 1. bey 1 Mos. 4, 9/16. und noch mehr Aufklärung dieser Unterredung s. in einer andern bald herauskommenden Schrift, „die Bibel in ihrer wahren Gestalt. — Nach 1 Mos. 4, 17. baute Cain eine Stadt (עִיר) die er nach seinem Sohn Hanoch nante. Vielleicht bedeutet עִיר in dieser Stelle nicht so wol eine Stadt als eine Höle — denn עִיר hat auch diese Bedeutung. 1 Sam. 15, 5. 2 Kön. 10, 25. Hiob 24, 12. Psalm 31, 22. wie غار im Arabischen. Cain war also der erste Troglodyt — seine Höle hieß er nach seines Sohnes Hanochs Namen, Hanochshöle. — Cains Genealogie steht 1 Mos. 4, 17. 18 ff. —

## Cainan.

Komt beim Evangelist Lucas Kap. 3, 30. als des Arphachsads Sohn und Vater des Sala vor. 1 Mos. 10, 22. 1 Chron. 1, 17. finden wir ihn nicht; nicht beim Joseph, nicht beim Philo, nicht bey den ältesten Kirchenvätern bis ins vierte Jahrhundert herab, als welche nicht mehr als zehn Generationen von Noah bis

bis Abraham rechnen, da doch deren eilf wären, wenn Cainan mitgezählt würde. Bey den LXX Dolmetschern finden wir aber diesen Cainan, doch fehlt er auch in einigen Handschriften und Ausgaben dieser Uebersetzung. Es ist ungewiß, ob Lucas diesen Cainan aus seiner Handschrift der LXX, wenn er ihn darinnen fand; oder aber ein späterer Abschreiber aus seiner Handschrift dieser griechischen Uebersetzung den Cainan erst eingerückt habe. Das letztere scheint aus den alten Kirchenvätern zu erhellen. —

## Caiphas.

Joseph, mit dem Beinamen Caiphas, des Hannas Eydam, ein Sadducäer, Apostg. 5, 17. erhielt vom römischen Statthalter Valerius Gratus die hohepriesterliche Würde, welche er auch, so lange Pilatus Statthalter war, behielt. Als aber Pilatus nach Rom zurückgerufen wurde, verlor er, wie seine Vorfahren, diese Würde. Aus seinen Grundsätzen als Sadducäer pflegt man sich manches von seinem Verfahren mit Jesu zu erklären. Matth. 26, 3. 5. Luc. 3, 2. Joh. 11, 49.

## Calah.

Eine der ersten oder ältesten Städte in Assyrien, 1 Mos. 10, 11. 12. — Der Syrer Ephraim beim Assemann (Biblioth. or. Tom. III. P. I. p. 485. P. II. p. 709.) hält sie für Hatra ([illegible]) jenseits des Tigris, in der Landschaft Marga, (nach über den Ursprung des Zab oder Lykus nach Osten hin;) welches jetzo nur ein Dorf ist. Assemann hält dieses Hatra oder Chatra für Chatracharta des Ptolemäus (B. 6. K. 1. p. 147.) denn Chatracharta heißt so viel als „Stadt Hatra" ([illegible]). — Von dieser Stadt Calah oder Calach hat ohne Zweifel die Provinz Calachene ihren Namen erhalten. S. Bocharts Geogr. sacr. libr. 4. 5. 22. p. m. 290. (welcher jedoch ohne Zweifel irrt, wenn er Calah und Halah 2 Kön. 17, 6. K. 18, 11. für eine und eben dieselbe Stadt hält.) und Hrn. R. Michaelis Spicil. Geogr. Hebr. ext. post Bochartum P. I. p. 244. sqq. S. auch oben Assyrien. —

## Caleb.

1) Sohn des Jephunne vom Stamme Juda, ein rechtschaffener und dabei muthvoller Mann. Er wurde als Kundschafter mit nach Canaan geschickt. (4 Mos. 13, 3. 6. 7.) Als die sämtlichen Kundschafter ins Lager wieder zurückgekommen waren und das Land Canaan zwar als sehr gut und reizend, dabei aber seiner Einwohner wegen als sehr furchtbar beschrieben, und nicht nur diese selbst, sondern auch das ganze Volk allen Muth verloren hatten, zur Eroberung des Landes einen Versuch zu machen: so suchte Caleb das unruhige Volk zu besänftigen, und sprach ihm Muth ein (V. 18: 31.); allein die übrigen Kundschafter blieben muthlos und veranlaßten das ganze Volk durch eine übertriebene Beschreibung von der Furchtbarkeit der Einwoner Canaans, zu einer Empörung wider Mosen und Aaron, und zu dem Entschluß, sich einen Anführer zu wählen, und wieder nach Aegypten zurück zuziehen. (V. 32. 33. 34. Kap. 14, 1-4. — Caleb behielt dem allem ohngeachtet nicht nur seinen Muth, sondern versuchte auch von neuem das unruhige Volk zu besänftigen und ihm Muth zuzusprechen; als aber auch dieses nicht fruchten wollte: so wurde dem störrigen Volke angekündiget, daß es in der Wüste sterben und das glückliche Land Canaan nicht betreten sollte; aber Caleb — sollte es sehen und noch mit bewohnen. Es raffte auch bald ein Sterben einen großen Theil des Volks weg, und die sämtlichen feigen Kundschafter, die Aufwiegler des Volks, bis auf den würdigen Caleb und Josua. (Kap. 14, 6-38. vergl. Kap. 26, 64. 65.) Caleb erlebte auch nicht nur die Eroberung Canaans, (sie erfolgte 45 Jahr nach jener Rebellion im 85 Jahre seines Alters, Jos. 14, 10.) sondern er erhielt auch von Josua ein vorzügliches Eigenthum darinnen für sich und seine Nachkommen. Er wünschte nämlich ein Stück des Gebirges Juda, worauf Hebron nebst andern dazu gehörigen Ortschaften lag, zum Eigenthume zu erhalten, und er erhielt es von Josua. (Jos. 14, 6-15.) Hebron war zwar schon erobert (Jos. 10, 36. 37. K. 12, 10.); allein ein Theil der Cananiter, die daselbst gewohnt hatten, waren in unterirdische Höhlen geflüchtet, sonderlich drei Enakimsfamilien, Sesai, Ahiman und Thalmai, und diese vertrieb der im hohen Alter noch sehr muntere und starke (Jos. 14, 11.) Caleb, um sich den Besitz von Hebron völlig zu sichern, Jos. 15, 14. — Nun war auch Debir, sonst Kirjath-Sepher, welches, ob es gleich von Josua ebenfalls schon erobert war, (Jos. 10, 38. 39.) doch wieder von dem Ueberrest der alten Einwoner eingenommen und bewohnt worden zu seyn scheint, von Neuem zu erobern, und den alten Einwonern wieder zu entreißen. Caleb versprach dem seine Tochter zur Ehe, der Debir erobern würde —

und hierzu fand sich Athniel, der so glücklich war, Calebs Tochter, Achsa, zu erhalten. Jos. 15, 15 ff. Richt. 1, 13. — Weiter finden wir keine Nachricht von ihm — nichts von seinem Tode! —

2) Der Strich Landes, den Caleb von Josua zugetheilt bekommen hatte, und Hebron, Debir, nebst mehrern andern Ortschaften begriff. 1 Sam. 30, 14. „Mittag oder Süden Calebs" der südliche Theil der Landschaft Calebs. —

3) Nabal war einer von Caleb — ein Calebiter. 1 Sam. 25, 3. — Caleb heißt hier entweder so viel, als ein hundeartiger, toller, boshafter, unverträglicher Mann, (und es scheint ganz so, als habe der heil. Geschichtschreiber auf diese Bedeutung Rücksicht genommen,) oder „ein Nachkomme Calebs" — dann wäre der Sinn: „Nabal war ein harter, bösartiger Mann, und doch ein Nachkomme Calebs!" — also seinem Stammvater in Ansehung des Charakters sehr unähnlich und seiner unwürdig. —

4) Hezrons Sohn. 1 Chron. 2, 18. 19. wegen einer genealogischen Schwierigkeit in dieser Stelle s. meine Bibel. Th. 3. S. 27.

## Calno.

Jes. 10, 9. oder Calne, Chalne. 1 Mos. 10, 10. S. Chalne.

## Camaniem.

S. Chammanim.

## Camarim.

S. Chamarim.

## Camos.

S. Chamos.

## Camin.

Weder Camine noch Oefen hat man im Oriente in den Zimmern, sondern man bedient sich dafür eines ehernen Topfs, in welchem man Feuer anmacht oder Kohlen hineinthut. An einen solchen Feuertopf hat man auch Jerem. 36, 22. 23. zu denken. — Die gewöhnlichste Feuerung der Morgenländer, sonderlich zum Backen, ist, wie ich oben unter dem Titel Brod bemerkt habe, getrockneter Küh- und Cameelsmist; allein in den Zimmern zum Heizen bedient man sich nach dem Russel und andern Reisenden, bey im Oriente so seltenen und theuern Holzes und ordentlicher Holzkohlen.

## Cana.

1) Allzeit mit der Bestimmung „in Galiläa" Joh. 2, 1. 11. Kap. 4, 46. K. 21, 2. Man schließt daraus, daß es noch ein Cana gegeben, das nicht in Galiläa gelegen. Jos. 19, 28. finden wir auch in der That noch ein Cana, welches dem Stamm Asser zugetheilt worden war. Wollte man sagen, der Stamm Asser habe auch zu Galiläa gehört: so erinnert Bachiene (hist. geogr. Beschr. von Palästina Th. 1. B. 4. S. 208.) daß man in dem Verzeichnisse der asserischen Städte viele Städte antreffe, die gänzlich außerhalb der eigentlichen Gränzen des Landes Israel, so weit es die Israeliten im Besitz gehabt, und also auch außerhalb Galiläa, ja sogar auf der Nordseite des Gebirges Libanon gelegen haben, und welche von den Asseriten nie erobert worden — dahin habe auch dieses Cana gehört, und von diesem werde jenes Cana, durch den Beisatz „in Galiläa" unterschieden. — Viel Wichtiges läßt sich dagegen nicht einwenden. Doch dünkt mir, war das Cana in Syrophönicien zu wenig bekant, (es kömt wenigstens in der Bibel nirgends vor,) als daß das Cana in Galiläa durch den Beisatz „in Galiläa" davon hätte unterschieden werden dürfen, zumal — wenn jenes Cana (wenigstens in den spätern Zeiten) gar nicht zum Lande Israel gehörte. — Das im Evangelisten Johannes vorkommende Cana kan auch gar füglich deswegen den bestimmenden Zusatz „in Galiläa" erhalten haben, weils vermutlich ein sehr unbedeutender, kleiner und wenig bekanter Ort war. Dergleichen Orte pflegt man ja gar gewönlich zugleich nebst dem Lande oder der Provinz zu nennen, worinnen sie liegen. — Dann wäre bey dem „Cana in Galiläa" an jenes Syrophönicische Cana gar nicht zu denken. — In Ansehung der Lage des im Evangelio Johannis erwähnten Cana ist nur so viel gewis, daß es in Galiläa gelegen. Aus einer Nachricht des Joseph (Leben fol. 1005.) schließt Bachiene (a. a. O. §. 675.) daß es etwa sieben bis acht Stunden Weges von Tiberias gelegen. Phocas setzt es zwischen Sephoris und Nazareth, (Descript. Palaest. §. X.) ohne weitere Bestimmung. Brocardt (Descript. Terr. S. cap. 6. §. 1.) setzt es fünf Stunden Wegs gegen Südosten von Achon (Acco oder Ptolemais) und bemerkt dabei, die Stadt habe gegen Norden einen hohen runden Berg, an dessen Fuß sie liege; und an der Südseite eine weite, angenehme, fruchtbare Ebene. — Maundrell (Reise rc. S. 147.) traf Cana ebenfalls auf dem Wege von Nazareth nach [illegible]) und zwar zwischen Nazareth und Sephoris an, bey etwas

Westwärts. Nach Breitenbach liegt Cana 4 deutsche Meilen gegen Süden, etwas ostwärts von Acre, und 2 M. gegen Süden von Sephoris. Korte setzt Cana 2½ Stunde Weges ostwärts von Nazareth; Nau aber nur 1½ franz. Meile. Pococke schreibt, es liege Nazareth gegen Norden. Er nennt es Kephar Kenna (Dorf Kenna). Denn es ist heutiges Tags nur ein Dorf — vielleicht wars zu Christi Zeit auch nichts — oder doch nicht viel — mehr — darum bedurfte es der Bestimmung seiner Lage — „in Galiläa." — Vergl. Bachiene a. a. O. —

## Canaan. Cananiter.

1) Canaan. Ein Sohn Hams. 1 Mos. 9, 18. 22. wird von seinem Großvater, Noa, verflucht. v. 25. 26. S. meine Bibel rc. Th. 1. bey dieser Stelle. — der Stammvater der Cananiter. S. Nr. 2.

2) Canaan (Land) im gewönlichen Verstande ist der schmale Strich Landes zwischen dem mittelländischen Meer und dem Jordan, und hat von seinen ersten eigentlichen Einwonern den Namen. — Die alten unter dem Namen Cananiter so berümten Einwoner dieser Küste wonten ursprünglich in Arabien am roten Meer, im Lande Edom. — Vermutlich beflissen sie sich schon an diesem ihrem ursprünglichen Wonsitz der Schiffart, und handelten zur See. Ophir (die südlichen Küsten von Afrika) und Tarsis (Spanien) waren die ersten fernen Küsten, welche der Handelschaft wegen, von den alten Phöniziern beschifft worden; und es ist nicht unwarscheinlich, daß die am roten Meer wonenden ursprünglichen Cananiter ebenfals schon von ihrer Küste aus, Afrika umschifft und nach und nach bis nach Tharsis gekommen. Weil ihnen aber der Weg nach Tharsis (Spanien) um das ganze südliche und westliche Afrika herum, zu weit war; so entdeckten sie einen nähern Weg von der Syrischen Küste aus. Und diese Bequemlichkeit der Schiffart von hier aus nach Tharsis, bewog vermutlich die Cananiter, wenigstens zum Theil, auszuwandern und die syrische Küste, die sich überdem auch durch Fruchtbarkeit und vorzügliche Landesprodukte empfal, und vermutlich noch gar keine eigentliche Bewoner hatte, sondern höchstens nur als gemeine Weidetrift von Viehhirten durchzogen wurde, in Besitz zu nemen. — Herodot (Clio Kap. 1.) sagt es ausdrücklich, daß die Phönizier (d. i. die an der äussersten syrischen Küste wonenden Cananiter) vom roten Meer, ans mittelländische Meer gezogen. — Diese Nachricht ist so wenig verdächtig, daß sie sich vielmehr sehr gut mit Mosen verträgt, und so gar einem sonst für schwer und unverständlich gehaltenen Ausdruck Mosis volkommenes Licht gibt; mehr und zuverlässiger, als andere Aufklärungen, welche die Ausleger versucht haben — und worunter ich auch selbst die meinige rechne, die ich im T. 1. meiner Bibel darüber gegeben habe. — Moses sagt nemlich zweimal (von Abrahams Zeit), daß damals die Cananiter schon im Lande gewonet. 1 Mos. 12, 6. Kap. 13, 7. Dies setzt voraus, daß die Cananiter eine Zeitlang vor Abraham noch nicht in Canaan gewonet. Ferner: Moses beschreibt (1 Mos. 36. 20:30. 5 Mos. 2, 12. 22.) ein uraltes Volk, das vor Esau in Seir, oder Edom gewonet, als Horiten d. i. Troglodyten, Hölenbewoner. Aus diesem Volk war die eine Frau des Esau (1 Mos. 36, 2. 24.) Da nun nach 1 Mos. 26, 34. 35. Kap. 28, 8. 9. Esau drey Frauen gehabt, und zwo davon Cananiterinnen und die dritte eine Enkelinn Abrahams gewesen: so folgt von selbst, daß die in Edom ehedem wonenden Horiten Cananiter gewesen. — Wie schön stimt mit Mosen Herodot, und wie viel Warscheinlichkeit gewinnt seine Aussage, daß die Cananiter vom roten Meer her gekommen und das in der Folge von ihnen benante Land Canaan in Besitz genommen und bevölkert! — Justin (B. 18. Kap. 3.) sagt, nur mit andern Worten, dasselbe: „Tyriorum gens condita a Phoenicibus fuit. — Phönizier sind hier wol so viel, als Edomiter, nach einer bey den alten griechischen Schriftstellern ganz gewönlichen griechischen Uebersetzung des orientalischen Namens Edom (d. i. rot). — Sonst nennen die Griechen nur die ihnen bekannten d. i. die an der äussersten syrischen Küste wonenden Cananiter Phönizier (d. i. Rote — orientalisch: ursprünglich Edomiter ebenfals: Rote!) — Nach der Geographie der alten Griechen gabs zweierley Phönizier (Edomiter) 1) Die ursprünglichen, im Lande Edom, sonderlich an der Küste des Edomitischen Erythräischen oder roten Meeres. 2) Die Kolonie von diesen an der syrischen Küste. Die ersten meint wol Justin, oder sein Originalschriftsteller Trogus — die letztern aber waren unter diesem Namen in der griechischen Geographie die bekanntesten. — Diese auswandernden Edomiter, oder, wie sie die Griechen in ihrer Sprache übersetzt, nennen Phönizier, liessen sich, wenn anders die oben von mir vermutete Ursache ihrer

ner Auswanderung richtig ist (wahrscheinlich und hörbar dünkt sie mir wenigstens) anfänglich, oder zuerst vermuthlich an der äussersten syrischen Küste nieder d. i. die Zidonier waren die erste Canaanitische Colonie. Dies begünstiget auch Moses 1 Mos. 10, 15. wo er Zidon den ersten Sohn Canaans nennt, welches vermuthlich nichts anders heissen soll, als „die Zidonier„ waren die erste Colonie der Cananiter, die sich in dem von ihnen in der Folge sogenannten Lande Canaan, und zwar ganz an der Seeküste, niederliessen. Diesen folgten dann nach und nach auch mehrere verbrüderte Familien, die Hethiter, Jebusiter, Amoriter, Girgositer, Heviter, Arkiter, Siniter, Arvaditer, Zemariter und Hemathiter (1 Mos. 10, 15 bis 18.) welche nicht nur das ganze Land zwischen dem mittelländischen Meere und dem Jordan, sondern auch jenseits des Libanons und auf der Ostseite des Jordans ansehnliche Striche einnahmen und bevölkerten. 1 Mos. 10, 19. werden die Gränzen der Cananiter auf folgende Art bestimmt: „Ihre Gränze lief von Zidon über Gerar nach Gaza, von hier über Sodom, Gomorra — bis nach Lasa" (Leschem, oder in der Folge Dan — auf der nördlichsten Spitze vom eigentlichen Canaan.) — Sie breiteten sich aber nachher noch weiter aus, sonderlich nördlich, im eigentlichen Syrien. Hier treffen wir (meist zunächst am Meer) die Arkiter, Siniter, Arvaditer, Zemariter und Hamathiter an. (Von diesen finden wir in der Folge weiter nichts, und in der Geschichte der Eroberung Canaans wird ihrer mit keinem Worte gedacht; weil die Israeliten mit ihren Eroberungen unter Josua (und den Richtern) nicht weiter kamen, als bis Lasa oder Leschem — die alte nördliche Gränze Canaans. (1 Mos. 10, 9. — S. auch noch zu Ende dieses Tiels — und von allen canaanitischen Völkern, deren in der Bibel gedacht wird, s. unter jedem Titel besonders.) Justin a. a. O. setzt die erste canaanitische Colonie nicht zunächst an die Seeküste, sondern an die Tiberiadische See; wie er denn auch eine ganz andere Ursache oder Veranlassung zu ihrer Auswanderung angiebt. Seine Worte sind: „Tyriorum gens condita a Phoenicibus fuit, qui terrae motu vexati, relicto patrio solo Assyrium stagnum, (d. i. die Tiberiadische See) primo, mox mari proximum litus incoluerunt condita ibi urbe, quam a piscium ubertate Sidona appellaverunt." Mahr kann seyn, daß ein Erdbeben mit — Veranlassung gegeben hat, daß eine canaanitische Colonie auswanderte; aber sollten sie sich erst bey der tiberiadischen See und dann erst unmittelbar an der Küste niedergelassen, und die Stadt Zidon erbauet haben? — Ja! wenn diese Colonie nicht schon im Wandernde Seefart trieb, sondern sie erst an der syrischen Küste began — und ein dieses Erdbeben ihre Auswanderung veranlaßte; dann ists glaublich! — Vielleicht ist in dieser Nachricht des Justin Warheit mit Fabel gemischt; wenigstens ist so viel gewis, daß Justin den Namen Zidon nur halb richtig deklarirt. Nicht von der Menge Fische, sondern vom Fischfang (צוד) kan Zidon den Namen haben. Uebrigens bestätigt Justin auch Mosis Aussage, daß Zidon der erste Sohn Canaans, d. i. die erste canaanitische Colonie gewesen. —

Aus dem bisher Gesagten erhellet also 1) daß die alten Cananiter Colonien der ältesten Edomiter gewesen. 2) Daß die ältesten Edomiter, die vor Esau Edom bewohnten, die ursprünglichen Cananiter gewesen, oder: daß sich Canaan, ein Sohn Hams, oder eine von ihm abstammende Familie (1 Mos. 10, 6.) ursprünglich in Edom und zwar nahe am rothen Meere niedergelassen. 3) Daß die Griechen die Cananiter Phönicier nannten, welcher Name aber gemeiniglich nur auf denjenigen haftete, welche zunächst an der Küste wohnten, — den Sidoniern oder Tyriern, die einen ausgebreiteten Seehandel trieben, und unter allen ihren vielen canaanitischen Brüdern, den Griechen, die Bekanntesten waren — wie sie denn von allen, oder doch den allermeisten übrigen canaanitischen Völkern, wenig oder gar nichts wußten. —

Noch ein großes zahlreiches Geschlecht der Cananiter waren die so berüchtigten Amalekiter, welche in Arabien zurückblieben und Viehzucht trieben, daher sie keinen gewissen Wohnsitz hatten, sondern mit ihren Viehheerden, auf Beduinenart, auf den geräumigen Weidetriften des wüsten Arabiens herumirrten. S. oben Amalekiter.

Die Cananiter werden von den von Moses in Kades-Barnea ausgeschickten Kundschaftern als ein starkes Volk — als Leute von sehr großer Leibesstatur, unter welchen sich auch Riesen und Enakim — Leute von ausserordentlicher Größe, befänden, beschrieben, gegen welche sie wie Heuschrecken gewesen. 4 Mos. 13, 29. 32. 33. 34. So übertrieben diese Beschreibung, welche die Kundschafter von den Cananitern mach-

machten, seyn mag — so offenbar ist es doch, daß die Cananiter von größerer Leibesstatur gewesen, als die Israeliten, welches auch an sich schon ganz begreiflich ist, weil die Israeliten aus dem schon südlicher liegenden und weit heißern Aegypten kamen. Denn Südländer sind immer von kleinerer Statur, als Nordländer. Jenen ihr Wachsthum hindert die enmattende Sonnenhitze, und diesen ihres gewinnen durch die Kälte, welche den Körper abhärtet und stärkt. Auch die sehr frühen Ehen mögen auf die kleinere Leibesstatur der Israeliten einen Einfluß gehabt haben. —

Die Cananiter wohnten meist in Städten, (doch einige auch in Höhlen, dergleichen es in Palästina viele giebt.) — welche groß, mit Mauern umgeben und sonst befestiget waren. 4 Mos. 13, 29. 5 Mos. 6, 10. und waren der Kriege mit mächtigen Feinden nicht ungewohnt. Sie waren unter andern auch mit Streit- und Sichelwägen versehen, welche wir nur unter keinen andern Völkern in solcher Anzal antreffen, wie unter den Cananitern. Der einzige canaanitische König Jabin zog mit 900 dergleichen Wägen zu Felde. Richt. 4, 13. —

Ihre Nahrung war Ackerbau, Wein- und Oelbau, (5 Mos. 6, 10. 11. Jos. 24, 13.) und — Handelschaft. Diese wurde durch die Schiffahrt der Zidonier begünstiget, beförderte — und beträchtlich — Die Cananiter waren die größten berühmtesten Kaufleute ihrer Zeit, daher man jeden, der Handelschaft trieb, — jeden Kaufmann — einen Cananiter nente. (Spr. Sal. 31, 24. Hiob 40, 25. (30.) Jes. 23, 8. Hos. 12, 7. (8.) — ohngefähr wie man jeden Sternkundigen einen Chaldäer (Dan. 2, 10.); jeden Straßenräuber einen Araber ꝛc. nante.

Die Sprache der Cananiter war eben dieselbe, welche die Israeliten redeten, deren Stammvater Abraham, als er nach Canaan gezogen war, und unter den Cananitern lebte, natürlicher Weise ihre Sprache annehmen mußte, wiewol Abrahams vaterländische Sprache damals noch wenig von der canaanitischen verschieden gewesen seyn wird. Bochart (Geogr. Sacr. P. 2. libr. 2. c. 1. p. m. 776 sqq.) sucht aus vielen Gründen zu beweisen, daß die canaanitische Sprache mit der hebräischen fast ganz eine und eben dieselbe gewesen — bis auf geringe dialektmäßige Verschiedenheit, wie denn selbst die hebräische Sprache ihre Dialekte hatte, (Richt. 12, 6. K. 18, 3. Matth. 26, 73.) und jede andere Sprache ihre Dialekte hat. Bocharts Gründe sind: 1) die allermeisten Namen der canaanitischen Städte, auch jene alten, die schon zur Zeit der Erzväter vorkommen, sind vollkommen rein Hebräisch, als Beth-El, Bethlehem, Salem, Beer-Scheba u. s. w. — 2) Das canaanitische Weib, die Rahab, unterredet sich mit den von Josua abgeschickten Kundschaftern — das sich nicht anders denken läßt, als — beide müssen Eine Sprache geredet haben. 3) Jes. 19, 18. wird das Hebräische die Sprache Canaans genant. 4) In den Ueberbleibseln von der phönicischen (d. i. canaanitischen) Sprache ist das meiste rein Hebräisch. — Das Weitere, nebst den beantworteten Einwürfen dagegen, muß man beim Bochart a. a. O. selbst nachlesen. —

Aus der Geschichte Abrahams (1 Mos. 14, 18. 19. 20.) erhellet, daß die Cananiter damals noch den reinen Dienst des einzigen Gottes gehabt. Denn Melchizedek war ein Priester des Allerhöchsten. Dafür erkante ihn auch Abraham — indem er ihm den Zehnten gab. — Nach und nach aber artete ihr Gottesdienst in den abscheulichsten, grausamsten Götzendienst aus, um dessen willen sie Gott ausgerottet wissen wollte.

Die Regierungsform der Cananiter war monarchisch — aber das Land war in sehr viele kleine Königreiche, wie sie in jener Kindheit der Welt zu seyn pflegten — getheilt. Josua besiegte 31 canaanitische Könige, Jos. 12, 9-24. und in dem Thal Siddim, welches untersank, und an dessen Stelle das todte Meer ausbrach, herrschten ehemals allein fünf Könige — in jeder der untergesunkenen fünf Städte Sodom, Gomorre, Adama, Zeboim und Bela — einer. Die Könige der Cananiter waren also nichts mehr, als Herren einer Stadt, nebst dem dazu gehörigen kleinen Distrikte mit einigen Dörfern. Vermuthlich waren sie aber einander an Macht nicht gleich — mancher hatte wol mehr als eine Stadt u. s. w. wie es denn nicht selten kam, daß nicht ein stärkerer kleiner König den andern aufrieb u. s. w. — Vom Adonibesek, dem Könige zu Besek, lesen wir Richt. 1, 7. daß er siebenzig (dergleichen kleine) Könige überwunden, und auf orientalische grausame Kriegsmanier behandelt habe. — (Natürlich waren es nicht lauter canaanitische, sondern und vermuthlich meistentheils ausländische kleine Könige — Es scheint auch

auch nicht, als wenn er ihre Länder erobert, sondern sie nur zu Vasallen gemacht habe.) —

Die Fruchtbarkeit des Landes Canaan war sehr vorzüglich. Schon Isaak hielt in der Nachbarschaft der Stadt Gerar hundertfältige Aerndte. 1 Mos. 26, 12. — Auch Christus (Matth. 13, 8.) redet von dreißig= sechzig= und hundertfältiger Aerndte — auf gutem Erdreich. — Canaan wird daher ein gutes (5 Mos. 3, 25. Jos. 23, 13.) fettes (Nehem. 9, 25. 35.) schönes, liebes, edles, vorzügliches Dan. 11, 16. 41. Jer. 3, 19. Ezech. 20, 6. Psalm 106, 24. Zach. 7, 14.) Land genannt — und sehr oft „ein Land, worinnen Milch und Honig fließt" d. i. ein Land, das an den besten, vorzüglichsten Produkten Ueberfluß hat. — Man vergl. auch 5 Mos. 8, 7-9. K. 11, 10-12. 2 Kön. 18, 32. Jes. 36, 17. — Auch Profanscribenten — Eingeborne und Ausländer beschreiben die Fruchtbarkeit des Landes Canaan mit gleichstarken Ausdrücken, — z. B. Joseph (Jüd. Alterth. B. 5. K. 1. B. 15. K. 5. Jüd. Krieg B. 3. K. 2.) Hecatäus Abderita (beim Joseph gegen Apion B. 1. §. 22.) Plinius (Nat. Gesch. B. 5. K. 17. B. 12. K. 25. B. 13, 4. u. s. w.) Tacitus (Hist. B. 5. K. 6.) Justin (B. 36. K. 3. u. s. w.) Ammianus Marcellinus, Polybius u. s. w. und alle neuere Schriftsteller, sonderlich Reisebeschreiber, die das Land selbst gesehen haben. Noch jetzt ist es ein fruchtbares Land, ob gleich nicht in dem hohen Grade wie vormals, weil die heutigen Einwohner zu träge sind, dasselbe gehörig zu bauen, wiewol sich ein großer Theil der vernachläßigten Bebauung des Landes auf eine gewisse Muthlosigkeit der jetzigen Einwohner gründet, welche die unverschämten Einfälle der Araber, die die Saaten und Pflanzungen feindlich verheeren, verursacht haben. Seit Jahrtausenden haben auch starke Regengüsse rc. die ehemalige lockere und fruchtbare Erdrinde, womit die vielen Berge des Landes bekleidet waren, sehr seichte gemacht, auch großentheils gar abgewaschen, so, daß heutiges Tags viele nackte Felsen im Lande gesehen werden, welche vormals Getreide, Wein und Oel trugen. — Dies beherzigen diejenigen nicht, welchen die biblischen Lobsprüche auf die Fruchtbarkeit des Landes übertrieben vorgekommen sind. — Da das Land Berge, Thäler und Ebenen dürre und feuchte Gegenden und auch verschiedenes Erdreich hatte: so wuchsen fast alle Produkte darinnen, die man in Einem, zumal so kleinen Lande sonst nicht zusammen antrifft — z. B. 1) vorzügliche Weide, sonderlich längst dem mittelländischen Meere hin, welche daher eine sehr starke Viehzucht begünstigte. 2) Viel und schönes Getreide, sonderlich Weizen und Gerste, (denn Korn, diese eigentlich nur nordländische Getreideart, wird im Orient nicht gebaut.) Dieses schöne Getreide wuchs nicht blos auf Ebenen und Thälern, (Psalm 65, 14.) sondern auch an und auf den Bergen, (Psalm 72, 16. Ezech. 36, 8. 9.) welche mit lockerer, fruchtbarer Erde, die man durch Absatzweise an und übereinander gelegte Steine fürs Herabrollen und Abflüchen verwahrte, (wovon man noch jetzt Spuren bemerkt. S. Maundrel S. 83.) bedeckt waren. — 3) Sehr viel und sehr kostbarer Wein. 5 Mos. 6, 11. Kap. 8, 8. 2 Kön. 18, 32. vergl. Jes. 36, 17. Jerem. 40, 10. Vorzüglich berühmt waren die Engeddischen Weinberge, (Hohel. 1, 14.) die zu Thimnath (Richt. 14, 5. K. 15, 5. K. 21, 20.) Naboths 1 Kön. 21, 1. 2. u. s. w. s. unter Wein. — 4) Sehr viel und sehr kostbares Olivenöl. 5 Mos. 6, 11. K. 8 8. 2 Kön. 18, 32. u. s. w. Wir finden daher Korn, (Getreide) Most und Oel, als die vorzüglichsten und reichlichsten Produkte des Landes Canaan so oft in der Bibel beyeinander. — 5) Palmbäume, (deren Früchte die so berühmten Datteln sind,) Feigen= Mandel= Aepfel= Granat= und viele andere Fruchtbäume — und von andern wilden Bäumen Cedern, Cypressen, Terebinthen, Eichen, Weiden und noch viele andere, die wir noch nicht genug kennen. 6) Balsam — s. Balsam. 7) Honig — nicht nur Bienenhonig, sondern auch das sogenannte wilde — die Speise Johannis des Täufers — neben welchem man auch noch verschiedene Arten von Honig oder Syrup aus Trauben, Datteln rc. künstlich bereitete. S. Honig. 8) Salz — welches ohne künstliche Salzwerke, aus dem salzigen Wasser des todten Meeres in großer Menge erbeutet wird. S. Salz. 9) Fische — welche das mittelländische Meer, die tiberiadische See, der Jordan und andere Wasser in großer Menge darboten. — 10) Metalle, sonderlich Eisen und Kupfer. S. Bergwerke. Eisen. Kupfer. — Vergl. Bachiene Palästina. Th. 1. B. 1. §. 166 ff. S. 373 ff.

Dieses reiche fruchtbare Land wurde Abraham und seinen Nachkommen verheißen, 1 Mos. 12, 7. K. 13. 15. K. 15, 18. K. 17, 8. und ihnen auch wirklich zu

Theil

Theil. Die Geschichte der Eroberung des Landes Canaan durch die Israeliten finden wir Jos. 1–24. erzält, und die Vertheilung durchs Loos K. 13–19. S. auch unter Israel und unter jedem Namen der zwölf israelitischen Stämme. —

Was hatten aber die Israeliten für ein Recht auf Canaan? — eine Frage, über deren Beantwortung schon die Kirchenväter schwitzten, und die auch noch neuern Gelehrten schwer vorgekommen ist. Ohne mich auf Anfürung und Widerlegung solcher Meinungen einzulassen, denen ich nicht beypflichten kan, sage ich gleich was ich denke und wobei ich mich beruhige: 1) Die Israeliten waren, so viel wir wissen, das einzige Volk auf dem Erdboden, das die wahre Religion hatte, folglich in Gottes Augen das Würdigste unter allen. 2) Dieses Volk war aus Aegypten vertrieben, hatte keiner Handbreit Land, wo es hätte leben und gedeihen können. In der dürren arabischen Wüste durch alle Zeiten hin herumzuziehen, war eine unmögliche Sache für ein so großes Volk — und dabei war es der Gefar ausgesetzt, in wenigen Jahrhunderten durch Sterben (das sie schon in den vierzig Jahren mehrmals erfaren hatten,) geschwächt und dann von andern herumstreifenden Hirtenvölkern vollends ausgerottet — oder doch zur Abgötterei, zu welcher der größere Theil des jüdischen Volks ohnehin so starken Hang hatte, verfürt zu werden. — 3) Ein Land, wo sie wonen konten, und so wenig als möglich sich mit andern abgöttischen Völkern vermischen durften — mußten sie haben. Keins, das brauchbarer gewesen wäre, war leer — kein anderes Volk wollte sie aufnemen, weil sie jedem zu furchtbar vorkamen, und befürchten ließen, sie möchten sich einst zu Herren aufwerfen &c. — sie mußten sich also Platz machen. 4) Ihr natürlicher Gedanke mußte seyn, dasjenige Land einzunemen, welches von ihren Urvätern von Abraham, Isaak und Jakob einst bewont worden war, und Gott wohlgefällig mußte dieser Gedanke und dessen Ausfürung in so fern seyn, wenn das Volk, das dieses Land bewonte, verdiente, verdrungen und ausgerottet zu werden. Nun sind die Cananiter, von Seiten der Religion betrachtet, aus der Bibel als das abscheulichste Volk bekant, das je der Erdboden auf seinem Rücken getragen hat. Es konte also Gott unmöglich misfällig seyn, wenn das Würdigste der Völker sich, durch den Ruin des Unwürdigsten, und Eroberung des Landes desselben, vom Untergange rettete, und sich zu dem Werkzeuge brauchte, dessen sich Gott selbst vielleicht auf andere Art bedienet haben würde, denselben gedoppelten großen Endzweck zu erreichen. — Also auf dieser Seite betrachtet, war die Eroberung Canaans durch die Israeliten gar nicht so unrechtmäßig, als sie ausgeschrieen worden ist. Und vergleichen wir die Bibel: so finden wir die Sache eben so vorgestellt, wie ich oben gethan habe, nur mit andern Worten: Gott verhieß dem Abraham und seinen Nachkommen (d. i. versprach ihnen zu geben) das Land Canaan zum eigenthümlichen Besitz — als ein Land, dessen seine Einwoner einst unwürdig seyn würden. — Verstehen wir diese Verheißung eigentlich: so ist das Land Canaan für ein Geschenk anzusehen, das Gott, der uneingeschränkte Herr der Welt, den Israeliten machte, und welches diese folglich eben so rechtmäßig besaßen, als Gott (zumal in Rücksicht der so augenscheinlichen Unwürdigkeit der bisherigen Einwoner des Landes) es den Cananitern nehmen und den Israeliten geben konte. Wie wenn Gott Canaan, durch eine Ueberschwemmung, oder durch die Pest, völlig entvölkert und nun die Israeliten ins Land gerufen hätte — würde man denn die Gerechtigkeit Gottes anklagen? — Man klagt sie also nur deswegen an, daß sie nicht Wasserfluten, oder Pest, sondern die Israeliten selbst als das Werkzeug der Vertilgung der unwürdigen Cananitern gebraucht hat! — Von der Rechtmäßigkeit der Vertilgung der Cananiter setz ich noch eine sehr lesenswürdige Stelle aus dem Bachiene (hist. geogr. Beschreibung von Palästina T. 1. B. 2. S. 196.) hieher: „den Kanaanitern geschah nicht das geringste Unrecht dadurch, daß Gott ihnen ein Land abnam, in der Absicht, es seinem Volk zu schenken; weil sie dies ihr Eigenthum durch ihre Abgötterey und andere daher entstehende greuliche Sünden, schon längst verwirkt hatten. Hierauf beruft sich auch der Herr, um dies sein Verfaren als gerecht zu vertheidigen, wenn er zu Abraham spricht: die Sünden der Amoriter (das ist Kananiter) sind noch nicht voll (1 Mos. 15, 16.) Gott zeigt hier also die Ursache an, warum er dies Land damals, ohngefähr 400 Jahre früher, dem Abraham nicht geben wolte: nämlich, weil die Sünden der Amoriter zu der Zeit noch nicht voll waren; das ist, noch nicht so groß und zahlreich waren, daß sie ihn nötigten, dies Volk schon damals zu vertilgen. Dieses setzte aber voraus, daß ihre Missethaten

im

in dem Zeitlaufe der folgenden 400 Jahre immer mehr und mehr würden zunehmen, und zuletzt so hoch steigen, daß sie dem Herrn die gerechteste Ursache geben würden, sie sämtlich durch das Volk Israel aus ihren Besitzungen vertreiben zu lassen. Der Erfolg hat dies auch gezeigt, weswegen Moses zu den Kindern Israel sprach: Um ihres gottlosen Wesens willen vertreibt der Herr diese Völker vor dir aus ihrem Lande. (5 Mos. 9, 4.) Insonderheit werden unter diese Sünden gezählt die Abgötterey (5 Mos. 12, 30. K. 20, 17. 18.) und allerley unnatürliche Quellen der Unzucht, (als ein Stück ihres abscheulichen Götzendienstes,) 3 Mos. 18, 24–27. Aus einer Stelle des Buchs der Weisheit (Kap. 12, 3. 5. 6.) würde man auch schließen müssen, daß unter ihren Hauptsünden auch das Schlachten und Essen ihrer eigenen Kinder begriffen gewesen sey. Der Verfasser redet Gott an, und sagt: „Du warest feind den vorigen Einwohnern deines heiligen Landes. Du hast durch unserer Väter Hände die ungöttlichen Opferer vertilgt, und die unbarmherzigen Mörder ihrer Kinder. Die da Menschenfleisch fraßen, und greulich Blut soffen, womit sie dir Gottesdienst erzeigen wollten; und die so Aeltern waren, erwürgeten die Seelen, die keine Hülfe hatten. Auf daß das Land, das vor dir unter allen das edelste war, eine würdige Wohnung würde der Kinder Gottes."

Wer demnach behaupten wollte, Gott habe hierinnen wider seine Gerechtigkeit gehandelt; der würde Gott ein Recht streitig machen, das selbst den Königen dieser Erde zugestanden wird. Diese gebrauchen ihre Kriegsheere gegen ihre Unterthanen, wenn sie sich des Hochverraths, des Ungehorsams, oder anderer dergleichen Verbrechen schuldig gemacht haben. —

Ja es ist so weit davon entfernt, daß dies Verfahren mit einer Ungerechtigkeit verknüpft sein sollte, daß die Gerechtigkeit sogar erforderte, diesen Weg der Schärfe und Strenge in Ansehung solcher Völker einzuschlagen, die solchen groben und unnatürlichen Sünden ergeben waren. Wenn die Richter der Erde verpflichtet sind, grobe Missethäter zum Schrecken anderer nach dem Verlust ihres Vermögens, und Lebens zu strafen: wer wird denn leugnen, daß Gott, der oberste Richter der ganzen Welt zur Handhabung seiner Ehre, seiner Gerechtigkeit mit diesen Canaanitern so habe verfahren müssen? Ihre Verbrechen waren von der Art, daß sie in einem jeden, wohl eingerichteten Staate, wo Recht und Gerechtigkeit statt finden, selbst durch die Hände der Scharfrichter, mit dem Tode hätten gestraft werden müssen; und die Beweise davon sind so offenbar, daß zu ihrer Vertheidigung nichts vorgewandt werden kann. Und weil diese Missethaten unter ihnen so allgemein, und durch die Länge der Zeit, ihnen zu einer andern Natur geworden waren; so konnte man keine Besserung von ihnen erwarten. Auf diese Art haben auch die spätern Juden das Eigenthumsrecht ihrer Vorfahren an dem Lande Canaan, gegen die Vorwürfe der Ungerechtigkeit vertheidigt.

Die Einwürfe, die Hr. R. Michaelis gegen obige Deduction der Rechte der Israeliten auf Canaan macht, sind von keiner Erheblichkeit und seine Deduction, die er (Mos. R. Th. 1. §. 31. S. 154.) vorträgt, „Palästina sey von undenklichen Zeiten ein Land der hebräischen Hirten gewesen, und die Israeliten, die sich ihres Rechts nie begeben, hätten es von den Cananitern, als unrechtmäßigen Besitzern, wieder gefordert," hält die Prüfung nicht aus. — 1) Abraham, der Ahnherr der hebräischen Nation wird von Mosen gar nicht als Eigenthümer des Landes Canaan gezeichnet. Als er nach Canaan zog, war das Land schon in den Händen der Cananiter — wie Moses an zween Orten ausdrücklich sagt 1 Mos. 12, 6. Kap. 13, 7. — 2) Abraham, Isaak und Jakob zogen wie Moses so oft ausdrücklich sagt, als Fremdlinge — mit ihren Heerden — als Nomaden — auf den Triften des Landes herum. Als Fremdlinge hielten sich die Stammväter der Ebräer im Lande auf, und durchzogen es, natürlich mit Genehmigung der eigentlichen Landeseinwohner, oder nach dem gütigen [illegible]. 3) Nach Mosis Berichte hat Gott jenen Stammvätern der Israeliten das Land Canaan für ihre einstige Nachkommenschaft erst verheißen; folglich war es nicht schon damals ihr Eigenthum. 4) Abraham hatte nicht so viel Land in Canaan zum Eigenthum, wo er den Leichnam der Sara hätte hin begraben können. Er mußte also von den Hethitern (Cananitern) erst eine Höhle kaufen — die er dann zum Erbbegräbniß seiner Familie bestimmte. 1 Mos. 23. Abraham erscheint bey dieser Gelegenheit gegen die Hethiter so demüthig, daß man aus diesem seinem Betragen allein schließen sollte, Abraham könne in Canaan nichts anders als Fremdling gewesen seyn, und nichts weniger als Eigenthümer oder Herr des Landes. — Wie kann

man

man bey so bewandten Umständen sagen: „Palästina sey ein Eigentum der alten Hebräer — und die Cananiter unrechtmäßige Besitzer gewesen?“ doch ich muß abbrechen, um nicht zu weitläuftig zu werden.

Eine andere Frage. „Konte Canaan so viel Einwoner fassen, als Moses hineinzusetzen vorhatte?“ beantwortet dieser Gelehrte beste befriedigender. Das Land Canaan hatte ohngefähr drey bis vierhundert deutsche Quadratmeilen. (Denn nur das eigentliche Canaan dießseits des Jordans war den Israeliten verheißen.) In dieses kleine Land solte ein Volk von 2,500,000, oder wol gar von drei Millionen Menschen kommen, und zw. sich vom Feldbau nären. Auf Eine deutsche Quadratmeile kämen also 6 bis 7000 Köpfe — der Vermutung nach — ja offenbar zu viel! da es in jedem Lande Plätze giebt, die man gar nicht — oder doch wenig nutzen kan. — Wie konte also das kleine Land so viele Menschen nären, als Moses hineinsetzen wolte? — Antwort: 1) Das eigentliche Canaan, d. i. das Land, so weit es von Cananitern bewont wurde, erstreckte sich viel weiter, als es auf den Landcharten gezeichnet wird. Wir finden, wie schon oben bemerkt ist, fünf cananitische Völker jenseits der ehemaligen nördlichen Gränze von Canaan, wie sie Moses (1 Mos. 10, 19.) angiebt, und auf den Landcharten pflegen gezeichnet zu werden, welche bey der Eroberung des Landes Canaan im ruhigen Besitz gelassen wurden — weil die Israeliten, da dritthalb Stämme von ihnen zufällig auf der Ostseite des Jordans Unterkunft fanden, nicht nötig hatten, so weit nördlich zu dringen, wie sie denn mitten im Lande viele Cananiter noch übrig ließen, die sie vermutlich auch vertilgt haben würden, wenn es ihnen an Unterkunft gemangelt hätte. Aus 4 Mos. 13, 22. und K. 34, 5. läßt sich schließen, daß jene fünf ganz nördlichen cananitischen Völker, selbst das nördlichste und beträchtlichste darunter, die Hamathiten, so gut wie die übrigen, auf der Vertilgungsliste Moses gestanden, und daß die Israeliten auf Eroberung ihrer Besitzungen ausgegangen seyn würden, wenn ihnen nicht die Eroberungen auf der Ostseite des Jordans, oder in Gilead, in welchem dritthalb Stämme unterbracht werden konten, das Land Canaan bis an den Libanon geräumlich genug gemacht, und sie der Beschwerlichkeit, auf dem Libanon zu fechten, überhoben hätte. — Die Cananiter wonten auch, wie es scheint, tief in den Süden hinein; wenigstens wissen wir, daß die zehnthalb Stämme dießseits des Jordans südwärts manches in Arabien besessen. —

2) Palästina war ein überaus fruchtbares Land. Das ist schon oben weitläuftig gezeigt. 3) (Diese und die folgende Nummer geb ich mit den Worten des Hrn. Ritt. Michaelis mos. R. Th. 1. S. 110 ff.) „Da jeder Israelite seinen Acker völlig eigen hatte, und ihn einschließen und nutzen konte, wie er selbst wolte, und da keine gemeine Hut und Weide dem Eigentümer hinderlich fiel, sondern man die Heerden in die Wüste trieb: so hat Palästina mehr Menschen nären können, als ein anderes gleich gutes Land, in welchem der Eigentümer durch gewisse Rechte der Gemeine gehindert wird, das Seinige so vortheilhaft zu nutzen, als ihm möglich ist.

4) Kan ein gleich fruchtbares Land unter dem 32sten Grad der Breite mehr Einwoner ernären, als unter dem 51sten. Unsere Länder brauchen große Plätze zu Wäldern, und wenn ich auf jeden streitbaren Mann järlich nur 4 Klafter Holz, (die Klafter zu 216. Cubicfuß) rechne, was für einen Platz nemen Waldungen, in denen zwei Millionen Klafter järlich gefället werden können, ein? Allein in einem wärmern Lande braucht man zur Heizung fast gar kein Holz; und mitten in Palästina war wirklich das Brennholz selten. Wie vielmal mehr Wolle und Leinwand bedürfen wir zu unserer Kleidung, als ein Einwoner von Palästina? Dieses mehrere Bedürfniß nimt doch Land zum Flachsbau und Viehweiden weg: die Israeliten hatten vermutlich mehr Wolle, als sie vor sich brauchten, wenn das war, so konten sie sie verarbeiten und an Fremde verkaufen, (s. Sprw. 31, 24.) und vor das gelöste Geld wieder einkaufen, was etwan das Land selbst nicht in genugsamer Menge hervorbrachte. Ein Land, das unter einem nur etwas gütigern Himmelsstriche liegt, als der unsrige ist, pflanzt Weinberge an, und sucht sein Getränke auf Hügeln, die bey uns unfruchtbar, oder blos zu Waldungen gut sind. Wir hingegen müssen zu unserm Getränke, dem Bier, gutes Land anwenden. Unter dem 34sten Grad kan einerlei Grund, wie Gärten bestellet, mehrmals des Jahres gebraucht werden, als bey uns, ein Vortheil, den Moses ausdrücklich an Palästina rümt. 5 Mos. 33, 14. Vielleicht scheint es etwas kleines, wenn ich sage, daß die Völker gegen Mittag mit wenigerem gesättiget sind, als in den nördlichen Ländern; es ist indessen doch gewis, und selbst

aus der Kirchengeschichte bekant, daß französische und ägyptische Mägen sich bey Einfürung asiatischer Fasten sehr verschieden verhielten. Allein das ist wichtiger, daß der Fleiß der Ackerleute in einem etwas durstigen Himmelsstriche, wo man den Acker künstlich tränken muß, wenn der Regen ausbleibt, den in unsern Ländern weit übertrift. Sie lernen also auch jeden Fußbreit Landes nutzen: sie belegen die nackten Felsen mit Erde, und ziehen Mauern, damit der Platzregen die Erde nicht wegschwemme. Schon in der Schweiz ist man in den Gegenden, wo der Weinbau möglich ist, so lobenswürdig geizig; daß aber Palästina ehedem auf die Art gebaut gewesen ist, davon hat Maundrel auf seinen Reisen die Spuren gefunden. Dies ist wol genug, Mosis Gesetz zu rechtfertigen, der wenigstens 480000 Mann diesseits des Jordans mit Ackern versorgt wissen will. Vermehrte sich die Anzal des Volks mit der Zeit, so konte man in die vorhin durchweideten arabischen Wüsten, da wo etwas Quellen und Wasser war, (denn selbst der Sand ist in dem Himmelsstriche fruchtbar, wenn nur Wasser da ist,) oder in die Thäler des Libanons Colonien füren; und das ist wirklich geschehen. 1 Chron. 4, 39:42. Richt. 18. — Ich setze noch hinzu

5) Weil das Land sehr bergigt ist, und viele sehr ansenliche und dabei der Urbarmachung fähige Berge hat, so hatte es auch eine weit größere Fläche, als ein ebenes Land von gleichem Umfange. „Man setze (schreibt der Uebersetzer des Bachiene bey Th. 1. B. 1. S. 385.), ein Berg neme einen Raum einer Fläche von Einer Quadratmeile ein, d. i. daß er an seinem Fuße etwas über drei Meilen im Umfange habe. Man setze weiter, daß er rundlich zulaufe, und von der Höhe sey, daß er ohngefär eine halbe Kugel ausmache: so wird seine Oberfläche schon beinahe zwo Meilen, und wegen seiner Ungleichheiten und Krümmungen noch drüber ausmachen. Wie viel fruchtbares Erdreich hat man dadurch gewonnen? und wie viele Menschen und Vieh können in einer solchen Gegend, wenn sie auch im Umfange klein ist, reichlich ihre Narung finden?" — Man kan, dünkt mich, sicher rechnen, daß Canaan durch seine vielen Berge, eine um den dritten Theil größere Oberfläche habe, als man sichs dem Umfange nach verstellt. — Die Geschicklichkeit der alten Einwoner dieses Landes, die dürresten Felsen, durch Auftragung lockerer Erde und Verwarung derselben durch Steine, (s. oben) urbar zu machen, und wie Gartenland zu bauen, macht diesen Umstand wichtig. —

Zum Schluß noch ein paar Anmerkungen.

1) Außer den oben genanten elf canaanitischen Völkern, welche nach 1 Mos. 10, 15:18. das ganze Geschlecht Canaans ausmachten, finden wir 1 Mos. 15, 19:21. noch sechs andere genant, deren einige auch anderwärts mehrmals erwänt werden. a) Die Cananiter (V. 21.) Es versteht sich, nicht die sämtlichen canaanitischen Völker überhaupt, sondern ein besonderes canaanitisches Volk, das diesen Namen fürte. Bachiene (Th. 1. Band 1. §. 210.) vermutet, es möchten von den jenseits den von Mosen (1 Mos. 10, 19.) bestimten alten Gränzen Canaans gezogenen canaanitischen Völkern, den Arkiten, Siniten, Arvaditen, Zemariten und Hamathiten verschiedene Familien, welche keine Lust hatten, ihre alten Wonsitze, ohne dringende Noth zu verlassen, zurückgeblieben seyn, sich nachher versammelt, durch Heirathen mit einander vereinigt, und weil sie sich nach keinem besondern Stammvater hätten nennen können, sich nach dem Namen ihres gemeinschaftlichen Stammvaters Canaans, Cananiten genennet haben. So viel scheint offenbar zu seyn, daß diese Cananiter ein Zusammenfluß verschiedener Familien, von verschiedenen namentlichen canaanitischen Völkern gewesen — ob sie aber gerade Familien von jenen nördlichsten canaanitischen Völkern gewesen, oder von andern, — ist doch noch ganz ungewis. — Gewisser sind ihre Wonplätze. Sie woneten in Ebenen — in zwei verschiedenen Gegenden. Der eine Theil bewonte die Ebene längst dem mittelländischen Meere, und der andere die Ebene am Jordan. 4 Mos. 13, 30. Daher auch Jos. 11, 3. die Cananiter gegen Morgen und die gegen Abend unterschieden werden. — b) Die Keniter, c) die Kinisiter, d) die Kadmoniter, e) die Pheresiter, f) die Rephäer — oder Rephaiten — Riesen. Von den fünf letztern Völkern s. unten an ihren besondern Orten.

2) Die Amoriter werden oft statt der Cananiter überhaupt genant. S. Amoriter. Auch wie es scheint die Hethiter. S. Hethiter.

3) Das Land Canaan fürt außer diesem noch verschiedene Namen, als: Israel, (vom Stammvater der Israeliten, wie Canaan vom Stammvater der Cananiten, Richt. 12, 2. Ps. 76, 2.) oder das Land Israel (1 Sam. 13, 19. 2 Kön. 6, 23. Ezech. 7, 2.

Zach.

Ezech. 27, 17.) seitdem nämlich die Israeliten zum Besitz dieses Landes gekommen sind; das Land der Hebräer, d. i. der Israeliten — (sonderlich bey den Profanscribenten, am meisten beim Joseph) Palästina (häufig bey heidnischen, jüdischen und christlichen Schriftstellern — und zwar auch schon bey den ersten Kirchenvätern. Es soll eigentlich so viel heissen, als „Land der Philister." Diesen Namen führte anfänglich nur die kleine Küste am Meer, welche die Philister wirklich bewohnten; in der Folge aber wurde sie dem ganzen Lande Canaan gegeben, und das diesseits des Jordans gelegene Land der Israeliten darunter verstanden — und so noch jetzt.) Syria Palaestina (doch nur seitdem die Römer das Land erobert und zur Provinz Syrien geschlagen hatten, — daher auch vornemlich nur bey römischen Schriftstellern.) Das verheissene Land. (Ebr. 11, 9.) Gelobte Land, (wie es sonderlich von deutschen christlichen Schriftstellern genant worden ist. Gelobt soll vermutlich hier so viel heissen als „verheissen" und ist also eben das, was das verheissene Land — folglich ein Name aus Ebr. 11, 9. entlehnt.) Das heilige Land. (Ein Name vermutlich aus Zach. 2, 12. entlehnt — vergl. Weish. 12, 3. — wo nicht, so ist die Ursache dieses Namens ohnehin begreiflich genug.) Judäa oder das jüdische Land, (häufig in den Evangelisten. Eigentlich war Judäa nur der südliche Theil des Landes, nach der spätern Eintheilung; weil er aber der gröster und ansehnlichste war: so brauchte man ihn oft vom ganzen Lande; obwol auch der übrigen Theile des Landes nach der damaligen Eintheilung, Samaria, Galiläa etc. häufig erwähnt wird.)

4) Von dem Lande der Philister, welches mit zu Canaan im weitläuftigen Verstande gerechnet wird, und sogar dem ganzen Lande Canaan einen sehr bekanten Namen (Palästina) gegeben hat; wie von den Philistern selbst s. unten Philister.

S. auch Israel.

## Canandisch.

Oder Cananitisch, d. i. von cananitischer Abkunft, 1 Mos. 46, 10. 2 Mos. 6, 15. Das canandische Weibiein, d. i. ein cananitisches Weib; eine Cananitin. Matth. 15, 22. — Sie war nach Marc. 7, 26. aus Phönicien (Syrophönicien, Phönicien in Syrien) gebürtig, d. i. aus der Gegend von Zidon und Tyrus — wo die älteste cananitische Colonie, die Zidonier, auch unter der Beherrschung der Israeliten vom Lande Canaan, bis in die spätern Zeiten herunter, im Besitz ihrer Küste blieben, wie bey ihrem väterlichen Götzendienste. —

## Cananiter.

S. Canaan.

## Candace.

Ein, wie man glaubt, gemeiner Name der über Meroe herrschenden äthiopischen Königinnen, (denn meist sollen Königinnen über Meroe geherrscht haben) und so hieß auch diejenige Königin, deren Kämmerer (Verschnittener — geheimer Minister) und Schatzmeister nach Jerusalem zur Huldigung gekommen war, und auf seiner Rückreise bey Bethsura, auf dem Wege nach Gaza vom Philippus getauft wurde. Apostg. 8, 26. 27 ff.

## Caninchen.

So übersetzt Luther Schafan (שפן) ein Thier, welches nach 3 Mos. 11, 5. 5 Mos. 14, 7. wiederkäuet, dabei aber keinen einmal gespaltenen Huf oder Klauen hat, (wie der Hase) daher es den Israeliten zu essen verboten war. — Psalm 104, 18. Spr. Sal. 30, 26. wird das Thier als in Bergen oder Felsen wonend beschrieben, und dabei ein „nicht starkes Volk" genant — also ists ein kleines Thier, wie es denn ausdrücklich V. 24. unter vier der kleinsten oder doch sehr kleiner Thiere gezält, und zwischen der Ameise und Heuschrecke genant wird — und ein animal gregarium, d. i. ein Thier, daß sich truppweise bey einander aufhält und in Colonnen zieht. — So weit, aber weiter nicht, kennen wir das Thier aus der Bibel. Der Meinung Luthers, daß es das Caninchen sey, sind, oder waren doch sonst — auch noch viele andere. Ihre Gründe, die man in Donats Auszuge aus Scheuchzers Phys. Sacr. Th. 3. S. 40. nachlesen kan, sind sämtlich von keinem Belang, und Bochart (Hieroz. P. I. Lib. 3. c. 33.) setzt dieser Meinung auch einige Gründe entgegen, die man noch immer mit einigen vermehren kan. Z. B. vom שפן sagt Moses ausdrücklich, es kaue wieder. Das Caninchen aber kaut nicht wieder, daher es auch der Ritter von Linné nicht unter die wiederkauenden, sondern nagenden Thiere setzt, und selbst zweifelt, daß das Safan der Bibel das Caninchen sey. — Das Caninchen ist auch viel zu groß, als daß es unter die kleinsten Thiere gerechnet, und zwischen die Ameise und die Heuschrecke gesetzt werden könnte, wie Agur thut Spr. Sal. 30. — Bochart behaup-

behaupten und macht sehr wahrscheinlich, daß Safan die Bergmaus mit den langen Hinterfüßen sey — die Aegyptische Bergratte (Rat de Montagne wie sie die in Aegypten lebenden Franzosen nennen — nach Hasselquist Reise nach Paläst. S. 279.) welche die Araber Dscharbuha (جربوع) nennen, und — (welches wegen des dieses Thier betreffenden mosaischen Speisegesetzes wichtig ist,) auch häufig zur Speise brauchen. — Diese Bergmaus hat zwei sehr kurze Vorderfüße, aber desto längere Hinterfüße, auf welchen sie aufrecht geht, oder vielmehr springt, daher man sie auch den Springer nent. Das Thier hat die Größe eines Eichhorns, (s. Olear us pers. Reisebeschr. B. 6. S. 64. welcher unter andern auch versichert, daß Babylonien und Arabien voll dieser Thiere sey, und die Einwoner sich derselben zur Speise bedienten.) Nach dem Damir, den Bochart anfürt, gehört diese Bergmaus unter diejenigen Thiere, welche sich in Menge bey einander aufhalten, und in Colonien ziehen, haben einen Anfürer, dem sie gewisse Achtung erzeigen, und der zugleich die Stelle des Wächters vertritt, und die etwa drohende Gefar mit Zähneknirschen anzeigt, worauf die andern alle in ihre Löcher kriechen. Vermalmet er sein Gras schlecht: so töden ihn die übrigen, und setzen einen andern an seine Stelle. — Diese Thierchen kauen wieder — welches Moses von dem Safan ausdrücklich sagt. Die vollständigste und kunstmäßigste Beschreibung von diesem Thiere giebt Hasselquist (Reise nach Palästin. S. 277:280. Nr. VI.); sie ist aber zu weitläuftig, als daß ich sie hier einrücken dürfte. Doch um etwas zu thun, setz ich Donats Auszug aus dieser Hasselquistischen Beschreibung hieher: „Sie (die Springmaus Mus Iaculus, pedibus posticis longissimis, cauda extremo villosa) hat sehr lange Hinterfüße, die Schenkel sind nackt, mit drei gespaltenen Zeen“ (also mit zwmal gespaltenen Klauen — deswegen war das Thier vom Moses zu essen verboten [wie der Hase], ob es gleich wiederkäut,) „und kurzen geraden scharfen Nägeln. Die Vorderfüße sind nahe am Halse, sehr kurz, etwas rund und etwas nackt, berüren niemals die Erde: sie verbirgt sie allzeit unter dem Halse wie Hände, daß sie kaum gesehen werden, und hat vier gekrümte, gespaltene, dünne, fast gleiche Zeen an selbigen. Die Hinterfüße sind sehr lang, dreimal länger als die vordern, halb so lang als der Körper. Es hat dieses Thier einen sehr langen Schwanz, dreimal länger als der Körper, mit kurzen rauhen Haren bedeckt. Am Ende desselben stehen viele lange und weiche Hare. Die Hare des Leibes sind lang, weich, dichter, und bedecken den ganzen Leib. Es hat große, hervorstehende, ganz schwarze Augen, und aufgerichtete, längliche, weite, in Betrachtung des Kopfes große Ohren — Kopf und Leib sind lichtbraun, der Leib weis, der Schwanz schwarz mit weisser Spitze. Ohren und Füße sind fleischfarben. Die Größe ist von einer großen Hausmaus. Sie geht allein auf den Hinterfüßen, folglich springt sie. Ruht sie; so legt sie die Füße an den Bauch, und setzt sich auf die gebogenen Knie. Die Speise faßt sie wie die Siebenschläfer, mit den Vorderfüßen. Sie schläft gern, sie schläft aber den Tage und wacht die ganze Nacht. Ihre Narung ist Weizenbrod und Samkörner. Den Menschen fürchtet sie nicht sehr, doch wird sie auch nicht leicht zahm, und muß deswegen immer im Kefig eingeschlossen werden; auf welche Art sie viel Monate, ja ein ganz Jahr einmal zu Kairo in einem Hause ist erhalten worden.

Shaw (Reisen S. 156. 157. 301.) will unter Safan lieber das in Felsen nistende und ebenfalls längere Hinter- als Vorderfüße habende Thier verstehen, welches man im Orient Daman Israel (d. i. das israelitische Lamm) nennet, welches sich auf dem Libanon und andern Bergen häufig finde. Es ist nach Shaws Bericht ein unschädliches Thier, von eben der Größe und Beschaffenheit wie das Caninchen, und mit eben der eingebogenen Lage und Stellung der Vorderzäne; ist aber von braunerer Farbe, kleinern Augen und spitzigern Kopf, als das Murmelthier. — Hr. R. Michaelis ist nicht sehr abgeneigt, dieses Thier statt der Bergmaus unter Safan zu verstehen. — Shaw verläßt deswegen Bocharts Meinung, weil er die Maus Jarbo nie in Felsen, sondern in Thonerde oder im Sande angetroffen hat, und das Thier Safan doch in der Bibel als in Felsen wohnend beschrieben wird; allein wenn nur gewis ist, daß sich das Thier häufig in Bergen aufhält (und das ist gewis — daher es die Bergratte, Bergmaus, Rat de Montagne genennet wird): so widerspricht jene Nachricht der Bibel dem Bochart nicht. Denn die Hebräer, zumal die hebräischen Dichter, brauchen das Wort Fels häufig für jeden Berg, weil alle Berge inwendig weiß Felsen sind, und nur auswendig eine bald dickere bald dünnere lockere Erdrinde haben. Diese Erdrinde kan thonigt, kan sandigt seyn, und kann von diesen Bergmäusen desto leichter aufgegraben und zu ihren Wonungen ausgehölt werden. — Es ist auch gar nicht notwendig, die beiden Stellen Ps. 104, 18. Spr. Sal. 30, 26. so zu deuten, als würde gesagt, es woneten diese Thiere in der Höhe der Berge, sondern es kan eben sowol auch der Sinn seyn, sie woneten in bergigten, gebirgigten Gegenden — zwischen Bergen u. s. w. und da sind sie Hasselquist, sonderlich zwischen Aegypten und Arabien. Wider Shaws Meinung läßt sich im Gegentheil wieder manches einwenden. Z. B. das Thier (Daman Israel) ist, wegen der Stelle Spr. Sal. 30. zu groß, und schickt sich deswegen eben so wenig, als das Caninchen. Ferner: es scheint, das Daman Israel findet sich nur auf dem Libanon, und sonst auf Bergen in Palästina, (dies schließ ich nicht nur aus dem Namen Daman Israel — sondern auch selbst aus Shaws Worten). Ist das: so kante es wol Moses nicht — und konte es folglich seinem Volke nicht zu essen verbieten u. s. w. —

## Canne.

Ezech. 27, 23. wird gemeiniglich mit Chalne oder Calne 1 Mos. 10, 10. für einerlei gehalten, weil beide Wörter sehr änlich klingen. Allein genauer angesehen, sinds doch zween ganz verschiedene Namen, und Canne muß, wie aus dem Ezechiel erhellet, in Arabien liegen, folglich kans nicht Chalne seyn. Canne ist vermutlich das Cana beim Ptolemäus, Arrianus und Plinius — eine Stadt und Vorgebirge im glücklichen Arabien am indianischen Meere, in der Landschaft Hadramauth. Vergl. Büschings Asien (1te Aufl.) S. 605.

## Canzler.

So übersezt Luther

1) מַזְכִּיר (Mazchir). Dies war ein sehr vornemer Mann, einer der ersten Minister an den asiatischen Höfen. Es scheint, es war hauptsächlich sein Amt, die vorfallenden Begebenheiten des Reichs aufzuzeichnen, oder die Reichsannalen fortzuführen, deren in der biblischen Geschichte der israelitischen und jüdischen Könige so oft gedacht wird. Mehr davon s. in der meiner Erklärung der Bücher der Chronik vorstehenden Einleitung im Th. 4. meiner Bibel — Zweimal drücken die LXX. das Wort מַזְכִּיר sehr gut durch ὑπομνηματογράφος aus. 1 Chron. 19, (18) 15. 2 Chron. 34. 8. — Dieses vorneme Amt bekleidete unter David und Salomo Josaphat, der Sohn Ahilud. 2 Sam. 8, 16. K. 20, 24. 1 Kön. 4, 3. 1 Chron. 19, (18) 15. unter Hiskia, Joah, der Sohn Joahas, 2 Kön. 18, 18. 37. 2 Chron. 34. 8.

2) סֹפֵר eigentlich Schreiber, (und das wäre ohngefähr so viel, als geheimer Staatssekretär, wie ich auch in meiner Bibel das Wort erklärt habe,) oder Zäler (denn ספר heißt beides schreiben und zälen.) Im lezten Falle wäre Sofer eine Militärperson, ein General, der die Musterrolle hat, und die Leute zu Kriegsdiensten annimt. (S. Hrn. R. Michaelis mos. R. Th. 3, S. 226. 240.) 1 Chron. 18, (17) 32. Jes. 36, 3. 22. 37. Jerem. 36, 10. 12, 20. 21. S. Schreiber.

3) בְּעֵל טְעֵם. Befehlshaber, vermutlich so viel als Gouverneur oder Statthalter. Rehum (Esr. 4, 8. 9. 17.) war vermutlich königlich persischer Statthalter über die Provinzen diesseits des Euphrats. S. auch meine Bibel Th. 3. bey der angeführten Stelle.

4) סֹפֵר אֶת הַמִּגְדָּלִים Eigentlich der die Thürme zält. Jes. 33. 18. — Eine Militärperson, die von den Festungswerken einer zu belagernden Stadt, auf einem in der Nähe gelegenen Berge einen Riß nam, um sich vorläufig in der Belagerung darnach einzurichten. Denn Mauern und Thürme an denselben machten ehemals die hauptsächlichsten Festungswerke der Städte aus. —

## Capernaum.

Capernaum, griechisch geschrieben und ausgesprochen (καπερναουμ); unter welchem Namen sie auch beim Ptolemäus (Geogr. lib. 7. c. 16.) vorkomt, Hebräisch Cafar-Nahum (כְּפַר נַחוּם) d. i. Schönedorf, vermutlich weils ansänglich, wie viele andere Städte, nur ein Dorf war, aber schön gebaut, oder doch anmutiger Lage. Capernaum lag in Galiläa. Luc. 4, 31. Sehr genau beschreibt Matthäus (Kap. 4, 13. 17.) diese Stadt: „Sie liegt am Meer (nämlich am galiläischen) auf der Gränze der Stämme Sebulon und Naphthali." Noch genauer sucht Büsching (hist. und geogr. Beschr. von Palästina Th. 2. B. 4. §. 716.) aus dem Joseph, der sie κεφαρνωμης nent, und andern Schriftstellern ihre Lage zu bestimmen. Das Resultat seiner Untersuchung ist. Capernaum habe an einem nördlichen Busen des galiläischen Meeres gelegen. Die an sich, wie es scheint,

unbe-

unbeträchtliche Stadt, ist in der Lebensgeschichte Jesu sehr berühmt. Jesus wonte fast die ganze Zeit seines öffentlichen Lehramtes daselbst, (wodurch die Stadt so großen Ruf bekam. Matth. 11, 23. Luc. 10, 15.) nachdem er Nazareth, der ihn verfolgenden bösartigen Einwoner wegen verlassen hatte. Matth. 4, 13. Marc. 1, 21. Luc. 4, 16. 30. 31. (daher auch Capernaum seine eigene Stadt genennet wird. Matth. 9, 1.) Auch vorher hatte er sich mehrmals zu Capernaum aufgehalten — gleich nach seinem ersten zu Cana in Galiläa verrichteten Wunder. Wärend seines damaligen Aufenthalts zu Capernaum muß Christus verschiedene Wunder gethan haben, wie aus den Worten der Einwoner von Nazareth Luc. 4, 23. erhellet. So machte er auch abwesend von Capernaum als er sich wieder zu Cana in Galiläa befand, den Sohn jenes fürstl. Hofbedienten, der zu Capernaum todtkrank lag, gesund. Joh. 4, 46 ff. — Die Einwoner von Capernaum, überzeugt von seiner Größe, wußten seine Gegenwart auch besser zu schätzen, als die Nazarener. Sie baten ihn, daß er sie doch nicht verlassen möchte, welches sie einst besorgten. Luc. 4, 42. 43.

Christus wonte daselbst in dem Hause eines seiner Jünger, vermutlich im Hause des Simon Petrus, welcher nebst seinem Bruder Andreas von Bethsaida nach Capernaum gezogen war. Denn in diesem Hause wird er vermutet und gesucht. Matth. 17, 24. 25.

Von den Wundern, welche Christus zu Capernaum gethan hat, schreib ich Bachienes Worte ab, weil ihre Kürze und doch Reichhaltigkeit mit Zufriedenheit der Leser verbürgt. „In dieser Stadt (Capernaum — schreibt Bachiene a. a. O. §. 791. S. 192 ff.) „hat der Heiland sehr oft an den Sabbathtagen in den Synagogen das Volk gelehrt, (Luc. 4, 33. 34.) und daselbst ungemein viele Wunderwerke, durch Heilung der Kranken, der Aussätzigen u. s. w. verrichtet, wovon man in der evangelischen Geschichte viele Beispiele antrift. So liest man z. B. von einem Besessenen (Luc. 4, 33-35.) von Petri Schwiegermutter (V. 38. 39.) von dem Knechte des Hauptmanns (Matth. 8, 5-13.) von dem Gelähmten (Marc. 2, 1-3.) von dem Menschen mit der verdorrten Hand (Matth. 12, 9-13.) u. a. m. Ohne Zweifel ist auch zu Capernaum die Auferweckung der Tochter Jairi geschehen, und zu gleicher Zeit die Gesundmachung des Weibes, das zwölf Jahr den Blutgang gehabt hatte. (Luc. 8, 40-56.) Und überhaupt wird mehr als einmal gesagt, daß man daselbst alle, oder allerlei Kranken u. s. w. zu Jesu gebracht, und er sie gesund gemacht habe. (Luc. 4. 40. 41. u. a.) Auch ist Matthäus, sonst Levi genant, zu Capernaum im Zollhause von Jesu zum Apostelamte berufen worden. (Matth. 9, 9-13.) In dieser Stadt hat der Heiland auch die Rede über die geistliche Bedeutung des heiligen Abendmals gehalten, welches nachgehends zum Gedächtnis seines Todes verordnet werden sollte. (Joh. 6.) Und weil einige diese Rede unrichtig begriffen, und sich zu fleischliche Gedanken davon machten, so hat solches veranlasset, daß man solche Menschen Capernaumiten zu nennen pflegt. Zu Capernaum endlich hat Jesus noch verschiedene andere Sachen verrichtet, obgleich diese Stadt nicht immer dabei namhaft gemacht wird. Man kan, vorausgesetzt, daß Jesus sich ordentlicher Weise daselbst aufgehalten hat, mit gutem Grunde dafür halten, daß alle Dinge, bey deren Erzälung die Evangelisten den Ort nicht ausdrücklich nennen, sondern sich nur der allgemeinen Ausdrücke bedienen, daß er hingezogen und zurückgekert sey, zu Capernaum geschehen sind. (Marc. 1, 45.) Und weil diese Stadt an dem galiläischen See gelegen war: so siehet man die Ursache, warum man Jesum und seine Jünger in der evangelischen Geschichte so oft bey diesem See antrift." —

Ob aber gleich Jesus wärend seines öffentlichen Lehramtes ordentlicher Weise zu Capernaum wonte, und daselbst von den Einwonern gern gesehen und geliebt wurde: so waren doch verschiedene Laster daselbst herschend, weswegen Christus der Stadt schwere göttliche Gerichte prophezeit. (Matth. 11, 23. Luc. 10, 15.) welche auch nicht ausgeblieben, sondern bald darauf durch die Römer einbrachen. Diese zerstörten Capernaum und andere Städte in Galiläa (wo sich der jüdische Krieg anfieng) von Grund aus, und rieben die Einwoner auf, wie Joseph umständlich berichtet. Alle Reisende, welche die Gegend des galiläischen Sees gesehen haben, sind Zeugen der noch daliegenden Trümmer dieser Stadt. Corn. de Bruin schreibt: „sie sey dergestalt verwüstet; daß man kaum wisse, wo sie ehemals gestanden. S. Bachiene am angef. Orte.

## Caphar-Amonai.

Eine Stadt der Benjaminiten, Jos. 18, 24. sonst unberümt und ungewisser Lage.

## Caphar = Salama.

Ein Flecken ohnweit Jerusalem, und zwar wie es scheint, auf der Südseite der Stadt im Gebirge. 1 Macc. 7, 31. 32. S. Hrn. R. Michaelis Uebersetzung des 1 Buchs der Maccabäer bey dieser Stelle. S. 160.

## Caphira.

Chephira, oder Chephirim, im Thal Ono gelegen, Nehem. 6, 2. Eine Stadt im Stamme Benjamin, welchem sie, nachdem sich die Einwoner Josua unterworfen hatten, zugetheilt wurde. Jos. 18, 26. Der Stadt wird auch nach dem babylonischen Exilium wieder gedacht — die rückkerenden Juden namen sie wieder in Besiz, und bewonten sie wieder. Esr. 2, 25. Nehem. 7, 29.

## Caphthor.

War das eigentliche Vaterland der Philister. 5 Mos. 2, 23. Jerem. 47, 4. Amos 9, 7. Man hat lang und viel über Caphthor gestritten, was es wol für ein Land seyn möchte. Die gemeinste Meinung war sonst, „Caphthor sey Cappadocien" — die auch der grosse Bochart vertheidigte. Gründe für diese Meinung kan man allerdings anfüren, z. B.: Die alten Uebersetzer der Bibel, die nicht ausgenommen, deren Zeugnis sonst wichtig ist, haben Caphthor geradezu durch Cappadocien und Caphthorim 1 Mos. 10, 14. 5 Mos. 2, 23. durch Cappadocier übersezt. Caphthor und Cappadocien sind auch nicht unänliche Namen. — Allein 1) der jüdische Geschichtschreiber Joseph bekennt bey Caphthor und den Caphthorim völlig seine Unwissenheit, ob er gleich mit den LXX und dem Targum des Onkelos gleich vertraut war und wuste, daß diese beiden Uebersetzer unter Caphthor Cappadocien verstunden. Er scheint Caphthor gar zwischen Aegypten und Aethiopien zu suchen. 2) Die Caphthoräer stammen ursprünglich aus Aegypten ab; Cappadocien aber ist von Aegypten so weit entfernt, daß es höchst unwarscheinlich ist, daß eine ägyptische Colonie dahin solte ausgewandert und wieder in das eben so entlegene Palästina gezogen seyn. 3) Caphthor und Cappadocien sind, wenn man beide genauer ansieht, immer noch sehr verschiedene Namen und aus der blossen Namensänlichkeit in der alten Geographie Beweise zu füren, ist immer sehr unsicher. — 4) Caphthor wird Jer. 47, 4. eine Insel genannt. Das ist aber Cappadocien nicht. Doch hier wäre zur Noth Auskunft. — Mit gleich viel Schein hat der Abt Calmet (Dissert. sur l'origine des Philistins p. 321. bibl. Untersuchungen Th. 3. Abhandl. 25.) und noch besser J. G. Lakemacher obseru. phil. p. 2. Obs. 11. p. 21. sqq.) zu beweisen gesucht, daß die Philister aus der Insel Creta gekommen, und folglich Caphthor die Insel Creta wäre. 1) Weil Caphthor nach Jer. 47, 4. eine Insel sey. 2) Weil der eigentliche Name der Philister Crethim sey, und ihres ehemaligen Landes Croth und die LXX unter diesem die Insel Creta und unter jenen Creter verstünden. (Antwort: die LXX waren offenbar auf einem Irrwege. Denn Caphthor übersezen sie durch Cappadocien und Caphthorim Cappadocier — Creth und Crethim aber durch Creta, Creteuser. — Offenbar waren sie wegen des Vaterlandes der Philister ihrer Sache ungewis, und haschten blos Namensänlichkeit. Uebrigens hastet der große Zweifel, den sich Calmet schon selbst machte, und zu widerlegen suchte — (aber zu wenig triftig!) daß schon zu Abrahams Zeit Philister in Palästina gewont, das weit entlegene Creta aber damals noch nicht so volkreich habe seyn, wenigstens keine Völkerschaften nach Palästina schicken können, noch immer auf der Meinung, daß Caphtor Creta sey. Besser war Calmets erste Meinung, die er in der ersten Ausgabe seines Commentars übers erste Buch Mose vorgetragen, aber nachher widerrufen hat, daß Caphtor die Insel Cypern sey. Die Lage der Insel Cypern ist, um das Caphthor der Bibel zu seyn, sehr bequem. Es ist, wenn man sie auf der Charte ansieht, sehr begreiflich, wie sie sehr früh den Aegyptern bekant werden, eine ägyptische Colonie sie bewonen und ein Theil von ihnen, aus hundert möglichen Ursachen sie wieder verlassen, und dann an die südliche mit Aegypten gränzende Küste von Palästina ziehen konte. Der glückliche Entziffrer alter Inschriften Joh. Swinton hat auch auf einer uralten Münze den Namen dieser Insel Phönicisch Cubdor geschrieben gelesen, welches fast ganz unser Caphthor ist. Vergl. Hrn. R. Michaelis Spicileg. Geogr. Hebr. exterae post Bochartum. Tom. I. p. 292. sqq. — Noch anders denkt Hr. Prof. Forster (Epistolae ad I. D. Michaelis, hujus Spicilegium jam confirmantes jam castigantes. p. 17. sq.) Nach ihm wonten die Caphthoräer an der ägyptischen Küste, (und in Jer. 47, 4. wird auch von Seeküsten gebraucht,) in der Gegend von Damiate. Von hier

sey

sey in dem Zeitraume zwischen dem 1 Mos. 14. beschriebenen ersten bekannten Kriege der Welt, und der Geburt Isaaks, eine Colonie der Caphthoräer und ihrer Brüder und östlichen Nachbarn, der Casluhäer (in der Landschaft Casiotis) ausgegangen, und habe sich an der südlichen Küste von Palästina, unter dem Namen Philister, niedergelassen, nachdem sie die am Gaza bis nach Joppe wohnenden Aväer oder Aviern verdrängt. — In der Folge erst, meint Forster, sey von diesen Philistern wieder eine Colonie ausgegangen, und habe die Landschaft Lapethus auf der Insel Cypern eingenommen. Und diese versteht er unter den Aethiopiern, welche nach dem Herodot (B. 7. K. 82.) auf der Insel Cypern gewohnet. — Diese Meinung des Hrn. Prof. Forster hat viel Empfehlendes. S. auch Casluhim.

## Caphthorim.

1 Mos. 10, 14. 5 Mos. 2, 23. S. Caphthor.

## Cappadocia.

Eine Landschaft in Kleinasien, welche nördlich ans schwarze Meer, östlich an Großarmenien, südlich an Cilicien und einen Theil von Syrien, und westlich an Galatien und Pamphilien gränzte. Aus dieser Landschaft waren auch Juden am Pfingsttage nach Jerusalem gekommen, unter welchen auch einige die christliche Lehre annamen, Apostg. 2, 9. an welche der Apostel Petrus seinen Brief richtet. 1 Petr. 1, 1. —

## Carmel.

1) Der große berühmte Berg, im Bezirk des Stammes Asser, Jos. 19, 26. wiewol der östliche Theil sich bis in die Ebene Jesreel erstreckte, und zum Gebiete des Stammes Isaschar gehörte, wozu daher Joseph (Jüd. Alt. B. 5. K. 1. B. 8. 2.), wiewol nicht ganz accurat, den ganzen Berg rechnet. Er stößt ans mittelländische Meer, (Jer. 46, 18. 1 Kön. 18, 42 bis 44.) südlich von dem Meerbusen Acco, oder Ptolomais, wo der Bach Kison ins Meer fällt, 1 Kön. 18, 20. 40. — Der Berg war ehedem sehr fruchtbar, und hatte sonderlich auch sehr gute Viehweide, (Jes. 33, 15. Jer. 50, 19. Amos 1, 2.) daher er vermuthlich auch seinen Namen erhalten hat. Denn Carmel (כַּרְמֶל) heißt ein fruchtbares Feld. Wenn man aber auch umgekehrt annemen will, daß Carmel ursprünglich der Name dieses Bergs gewesen, und man nachher jedes fruchtbare Feld einen Carmel genannt habe: so ist dieses ein desto stärkerer Beweis von seiner ehemaligen Fruchtbarkeit. Sein Ansehen war deswegen und überhaupt sehr schön, und sein Haupt stieg prächtig empor. Daher Jes. 35, 2. Hohel. 7, 5. — Uebrigens ist dieser Berg durch die öffentliche Beschämung der Baalspriester und des Baalsdienstes rc. und öffentliche herrliche Ehrenrettung des Dienstes des einzigen wahren Gottes durch den Propheten Elias, (1 Kön. 18, 19/40.) am berühmtesten geworden. Von dieser Zeit an hielt sich der Prophet Elias und hernach Elisa auf diesem Berge häufig auf. 2 Kön. 2, 25. K. 4, 25. — Bey den Reisebeschreibern, sonderlich dem Carmeliten mönch Philipp a Sancta Trinitate (Itin. Orient.) finden wir von diesem Berge, seiner Lage, Größe und heutigen Beschaffenheit häufige Nachrichten, von welchen allen Hr. Oberconsistorialrath D. Büsching (Asien S. 410 ff. der 3ten Aufl.) einen kürzigern Auszug liefert, den ich, statt eines daraus zu machenden neuen Auszugs, wörtlich mittheile: „Der Berg Carmel, welcher, wie Nau schreibt, jetzt Karmein genannt wird, liegt von Jerusalem ohngefähr 25 französische Meilen, von dem Jordan und galiläischen Meere 7, von den Bergen Thabor und Hermon 4, von Nazareth 2, eben so viel von Acco und Cäsarea Palästina. Das Meer berüret fast den Fuß des Vorgebirges, zieht sich aber von demselben nach und nach ab, und erstreckt sich gegen Süden, also daß zwischen dem Berge und dem Meere eine große Ebene ist, auf welcher Olivenbäume, Feldfrüchte und andere nützliche Sachen wachsen. Er besteht aus vielen Hügeln, die an einander hängen, und sich mitten in dem Thal, welches sie einschließen, erheben. Der nord- und östliche Theil desselben ist etwas höher, als der west- und südliche. Die Westseite des Berges, welche nach dem Meere sieht, ist etwa 5 französische Meilen lang, geht aber nicht allezeit gerade; denn die 2 Winkel stehen gegen einander über, und mitten krümmet sich diese Seite des Berges wie ein Bogen. Der Umfang des Carmels beträgt etwa 13 französ. Meilen, (nicht 20 bis 22, wie Arvieux meint). Die Luft ist gemäßigt, und im Sommer, wehet sie fast beständig. Die Mauren oder Araber, welche ihn bewonen, legen sich nur auf den Kornbau, die Christen aber treiben auch den Gartenbau, und ziehen unter andern sehr gut schmeckende Wassermelonen; hingegen den Bau der Fruchtbäume achten sie nicht viel, und den Weinbau nur zu ihrer Nothdurft an Wein und Rosinen. Die Menge des Hornviehes, der Schafe,

Ziegen, Hasen, Kaninchen, Gazellen, Rebhüner u. s. w. ist groß. Der Berg ist ganz grün, und auf seinem Gipfel mit Fichten und Eichen, unten aber mit Oliven und Lorbeerbäumen besetzt. An Wasser hat er einen großen Ueberfluß, und zwischen den Dörfern Dustan und Doll, ist eine schöne Gegend von Hügeln und Thälern, durch welche viele Bäche und Quellen zu finden. In dieser mit Gebüschen angefüllten Gegend sind 14 Hölen, alle neben einander, daß sie eine Kirche zu seyn scheinen. In dem Winkel gegen Westen, welcher sich gegen Süden zieht, entspringt aus dem Berge eine große Menge Wassers, welches Mühräder treibt, und vor Zeiten nach Cäsarea Palästinä geleitet worden ist. Am Fuß des Berges gegen Osten, unter Raas al Mocatta, (das ist Vorgebirge der Metzelung, weil Elias daselbst die Baalspfaffen soll haben hinrichten lassen,) ist ein grosser Brunn, der sich in den Kison ergießt, welcher überhaupt sein meistes Wasser durch die von dem Carmel herabfließenden kleinen Bäche, und insonderheit aus einer großen am nördlichen Fuße entspringenden Quelle bekömt. In der Westseite des Berges, ungefär eine (französische) Meile von dem Vorgebirge, ist der berümte Eliasbrunnen, der ums Jahr 1616. noch durch 2 Kanäle in das Thal floß, in ältern Zeiten aber durch viele Kanäle abgeflossen ist. Sein süsses und kristallklares Wasser springt einen Arm dick heraus, und wird 6 Schritte von dem Felsen in einem Becken aufgefangen, welches in eben demselben Felsen ausgehauen ist. Auf dieser Seite des Berges sind in demselben mehr als tausend Hölen, in welchen der Altern Karmeliter gewont haben. Sie sind aber nicht erst von diesen Mönchen angelegt worden, sondern uralt. Denn es wird ihrer in der Bibel, Amos 9, 3. gedacht. Stephan Schulz berichtet, die Öfnungen derselben, deren hin und wieder 3 oder 4 nahe bey einander sind, wären so klein, daß nur ein Mensch hineinschlupfen könte, und die Hölen so krum, daß man sich im Augenblicke jemandes Augen entziehen und verbergen könne. Am nächsten sind die Hölen an dem merkwürdigen Orte beisammen, welchen die Einwoner Schif el Ruban, das ist Höle der Ordensleute, nennen, und welcher ein großes Thal einschließt, auf dessen beiden Seiten sich Felsen erheben, die ungefär 400 Hölen enthalten. In dem Felsen sind Fenster und Bettstellen ausgehauen, und Brunnen voll Wassers, welches allezeit tropfenweise herunter fällt. Ehe man zu diesem Orte kömt, ist auf der rechten Hand, wenn man in dieses Thal geht, oben auf dem Felsen, eine große Höle, welche durch einen ganzen Hügel geht, und mit so vielen kleinen Hölen umgeben ist, daß hundert Mönche darinnen wonen können. Der Westwinkel des Berges, welcher sich gegen Norden zieht, wird das Vorgebirge des Berges Carmel genennet, und ist sehr hoch. Am Fuße desselben ist eine Höle, in welcher Elias gewont haben soll, etwa 20 Schritte lang, und 10 hoch und breit. Die Landleute nennen dieselbige auf Arabisch El Kheder, weil sie den Elias Kheder Elias, das ist den grünenden Elias nennen. Sie wird von Christen, Muhammedanern und Juden hochgehalten, und es wonen einige muhammedanische Einsiedler in derselben."

2) Eine Stadt im Stamme Juda, ebenfalls auf einem Berge gelegen, wenigstens wird sie Jos. 15, 55. vergl. 48. mit unter die Bergstädte des Stammes Juda gezält. — Hier richtete Saul, als er aus dem glücklichen Treffen wider die Amalekiter wieder zurück kam, ein Siegeszeichen auf. Hier waren Nabal und Abigail. 1 Sam. 25, 5. K. 27, 3. K. 30, 5. 1 Chron. 3, 1. Nabal war zwar eigentlich ein reicher arabischer Nomadenemir, welche keine feste Wonung zu haben pflegen, sondern in beweglichen Zelten, im Mittel der Zelte ihrer Hirten und Heerden wonen; allein es scheint, Nabal hatte hier auch eigentümliche Grundstücke. —

## Carnaim. Carnion.

1 Macc. 5, 26. 43. 44. 2 Macc. 12, 21. 26. sonst Astharoth-Carnaim, s. Astharoth.

## Carpus.

Ein Schüler des Apostels Paulus, in Troas wonhaft. 2 Tim. 4, 13. Er soll einer von den 70 Jüngern gewesen seyn, welche die christliche Religion ausbreiteten.

## Cäsarea.

1) Cäsarea Philippi, eine Stadt im nördlichsten Palästina, an dem Fuße des Berges Paneas oder Panias, der in der Bibel Hermon jetzt aber Dschebel Dschaldsch heißt, (d. i. Schneeberg, weil der Schnee bis in den Sommer darauf liegen bleibt,) wo der aus dem 4 Stunden nordostwärts befindlichen See Phiala entspringende, dann unter der Erde hinlaufende Jordan zuerst aus der Erde hervorbricht. Die Stadt hieß sonst Paneas, (aber nicht Dan, als

welches, wie man gewis weiß, eine von Paneas verschiedene Stadt gewesen,) vermutlich vom Berge benannt, oder umgekehrt, wie andere wollen. Von dieser Stadt hat auch der umliegende Distrikt den Namen Paneas erhalten. Dieser Distrikt heißt Matth. 16, 13. nach dem spätern Namen der Stadt, τα μερη Καισαρειας της Φιλιππου, d. i. der Distrikt von Cäsarea Philippi, und Marc. 8, 27. αι κωμαι Καισαρ. της Φιλιππου. In diesem Distrikt ist das Gespräch zwischen Jesu und seinen Jüngern vorgefallen, wo Petrus Jesum für den Meßias, den Sohn des wahren Gottes erkante, und Jesus darauf erwiederte: Du bist Petrus, und auf diese Petra (d. i. diesen Felsen) will ich rc. — Diese Stadt erhielt den Namen Cäsarea (d. i. Kaiserstadt) von dem Fürsten Philipp, dem jüngsten Prinzen des Herodes, der sie ansehnlich verbesserte, und mit fürtreflichen Gebäuden verschönerte, und dem Kaiser August zu Ehren so nante. Weil es aber mehrere Städte dieses Namens gab, so unterschied er dieses Cäsarea durch Beifügung seines Namens: Cäsarea Philippi. — Der König Agrippa ließ die Stadt, durch Anlegung angenehmer Lustgärten, verschönern, und nante sie, dem Kaiser Nero zu Ehren, Neronias.

2) Cäsarea Palästina, (das palästinische Cäsarea) oder Caesarea Palaestinae (Cäsarea in Palästina), oder Stratonsburg. Dieser Stadt wird im N. T. oft gedacht, allezeit blos unter dem Namen Cäsarea. Es folgt daraus, daß sie eher Cäsarea geheißen, als Nr. 1. — Sie hat diesen Namen vom König Herodes erhalten, der sie nicht nur mit einer neuen Mauer umgab, sondern auch ein prächtiges königliches Schloß und viele andere herrliche Paläste für Vornehme und Häuser für geringere Bürger, sämtlich aus schönem weissen Marmor, baute, und zur schönsten Stadt des Landes machte, und dann dem Kaiser Augustus zu Ehren Cäsarea nante. Zuvor hieß die Stadt Stratonis Burg (Στρατωνος πυργος. Stratonis turris. Thurm für Burg, aus bekanten Ursachen, s. Thurm) — weil sie ursprünglich vermutlich nur ein Castel gewesen, welches ein gewisser Straton, der aus Griechenland gewesen seyn soll, an der Seeküste anlegte. Nachher wurden Häuser rund herum aufgebaut, und eine Stadt daraus, die aber zu Herodis Zeit verfallen, und in schlechten Umständen war. — Strabo (Geogr. libr. 16.) und Plinius (Hist. nat. lib. 5. c. 13.) nennen die Stadt noch nach ihrem alten Namen, als sie schon den Namen Cäsarea führte, und vom K. Herodes umgeschaffen war. Und Ptolemäus (As. Tab. 4.) und Epiphanius (De pond. p. 175.) nennen sie mit einem aus dem alten und neuen zusammengesetzten Namen Caesarea Stratonis (Καισαρεια η Στρατωνος). — Die Stadt hatte eine sehr schöne und vortheilhafte Lage. Sie lag am mittelländischen Meer, zwischen den Städten Dora und Joppe, ohngefähr in der Mitte der Küste von Palästina. Die vortheilhafte Lage dieser Stadt bewog den König Herodes, zugleich einem großen Mangel der ganzen, sonderlich südlichen Küste, zu ersetzen, — einen Hafen anzulegen. Da die Natur wenig Verdienst um diesen Hafen hatte, so war das Verdienst des Königs desto größer. Er legte ihn mit lauter großen Steinen an, die nun freilich unmöglich so groß gewesen seyn können, als Joseph (der Alterth. B. 15. K. 13. Jüd. Kr. B. 1. K. 16. den Hafen ausführlich beschreibt,) sie macht. Genug, der Hafen war aus großen Steinen sehr dauerhaft und prächtig gebaut — in zirkelförmiger Gestalt, sehr weit und tief, daß eine Menge Schiffe darinnen liegen konte. Von den Kunstwerken, welche Herodes auf diesem Platz verschwendete, s. Joseph a. a. O. und im Auszug Bachiene hist. und geogr. Beschreib. von Palästina Th. 2. B. 3. S. 240 ff. — Nach dem Joseph ward diese Stadt durch Herodes die größte in Judäa, (denn Jerusalem war, als Joseph dieses schrieb, zerstört,) und wurde größtentheils von Griechen, d. i. Heiden, Unterthanen der ehemaligen griechischen Könige — bewohnt, von welchen die daselbst mit wohnenden Juden viel zu leiden hatten — und nach eben diesem jüdischen Geschichtschreiber hatte Herodes diese Stadt zu einer Festung gemacht, mittelst derselben das ganze jüdische Volk im Zaum zu halten. Von gleicher Wichtigkeit war sie, sonderlich zur Zeit des jüdischen Krieges, für die Römer, welche ohne alle Hindernisse und Widerstand so viel Mannschaft aus Land setzen konten, als sie wolten. Es wurde daher auch zur Zeit der römischen Oberherrschaft, diese Stadt für die Hauptstadt in Palästina angesehen, sonderlich seitdem Jerusalem zerstört war. Die römischen Statthalter hatten auch ihren Sitz da — und daher treffen wir darin auch den Felix und dessen Nachfolger Festus zu Cäsarea an. Apostg. 23, 23: 33. K. 24, 27. K. 25, 1. — Diese wichtige Festung bedurfte stets eine starke

Be:

Besatzung zu ihrer Vertheidigung — der sie auch die Römer nicht haben ermangeln lassen. Ein zu Cäsarea liegendes aus gebornen Italiänern bestehendes Corps ist, wegen des einen der drei Hauptleute, Namens Cornelius, eines gebornen Römers, welcher nebst seinen Domestiquen, zu Cäsarea vom Apostel Petrus zur Annahme der christlichen Lehre gebracht worden ist, merkwürdig worden. Apostg. 10 und 11, 4/18. — Cäsarea wurde auch durch die Geschichte des Apostels Paulus bekant. Seine Reisen füren ihn oft durch diese Stadt. Apostg. 9, 29. 30. K. 18, 21. 22. K. 21, 7. 8. 9. Aus der letztern Stelle, vergl. mit K. 8, 40. erhellet auch, daß sich der Evangelist Philippus mit seinen vier Töchtern zu Cäsarea wonhaft niedergelassen, daher Paulus, als er von seiner Reise nach Ephesus in dem Hafen zu Cäsarea angelanget, in dem Hause des Philippus einkerte. — Hier prophezeite ihm der Prophet Agabus seine bevorstehende Gefangenschaft zu Jerusalem. Apostg. 21, 10. 11. Als diese Prophezeihung in Erfüllung gegangen, und Paulus gefangen genommen war, wurde er mit einem starken Commando römischer Soldaten zu dem Statthalter Felix nach Cäsarea zum Verhör gefürt. Apostg. 23, 23/33. Wärend seiner zweijärigen Gefangenschaft in dieser Stadt fiel seine merkwürdige Unterredung mit dem Könige Agrippa vor, Kap. 24, 27. K. 26. vergl. K. 25, 13. — und von hier wurde er zu Schiffe nach Rom gebracht. — Da K. 21, 16. einiger Jünger von Cäsarea gedacht wird, welche den Apostel und seine Gefärten nach Jerusalem begleiteten: so läßt sich daraus schließen, daß sich außer der Dienerschaft des Cornelius und dem Hause des Philippus, noch mehr andere christliche Familien zu Cäsarea befunden. — Cäsarea erhielt vom Kaiser Vespasian das römische Bürgerrecht, und ihre Einwoner die Freiheit von allen Abgaben, weil sich diese, wie man dafür hält, zum Vortheil der Römer sonderlich tapfer wider die Juden bezeigt. — In den spätern Zeiten ist Cäsarea auch ein Bisthum geworden. Der erste Bischof soll, wie die römische Fabel sagt, der vom Apostel Petrus bekerte römische Hauptmann Cornelius gewesen seyn, welchen der gedachte Apostel dazu gemacht habe. Unter den Bischöfen von Cäsarea ist Eusebius Pamphili (Anfangs Sec. 4.) der berümteste.

## Casbi.

Eine Tochter des midianitischen Stammfürsten Zur, welche sich mit einem Israeliten, Namens Simri, dem Baal-Peor zu Ehren, fleischlich vermischte, und samt jenem von Pinehas wärend der Handlung selbst durchstochen wurde. 4 Mos. 25, 1/15.

## Casbon.

1 Macc. 5, 34. ist die berümte Stadt Hesbon, jenseits des Jordans.

## Cassien.

Cassien (Cassia) — kömt als ein Ingredienz zum heiligen Salböl 2 Mos. 30, 24. und Ezech. 27, 19. als ein Handelsartikel vor. Der hebräische Name ist Kidda (קדה). Es ist noch nicht ganz gewis, ob dieses Wort die Cassie, Cassienrinde (Cassia lignea) bezeichne, da Kezia (קציעה) für den ordentlichen Namen der Cassie gehalten wird, und es unwarscheinlich ist, daß Ein Gewürz im Hebräischen zwei ganz verschiedene Namen füren sollte. Allein 1) der Chaldäer und Syrer übersezen Kidda durch Kezia, (Cassia) auch die Vulgata hat Cassia. 2) Es giebt vielerlei Gattungen von Cassien, wie Dioscorides B. 1. K. 12. und Plinius B. 12. K. 19. ausdrücklich melden. Kezia wird also wol der Name der Cassia überhaupt seyn (Genus) und Kidda eine Art oder Gattung derselben (Species) — aber welche Gattung? das ist ungewis — doch vermutlich die dunkle oder schwarze Cassiarinde, von welcher Plinius a. a. O. ausdrücklich sagt, „daß sie hauptsächlich zu den Salben gebraucht werde.“ Da wir nun die Kidda 2 Mos. 30, 24. mit als Ingredienz zum heiligen Salböl verordnet finden: so ist nicht unwarscheinlich, daß Kidda diejenige Gattung von Cassia sey, welche Plinius von dunkler schwärzlicher Farbe beschreibt. — Nach dem Dioscorides a. a. O. wächst die Cassie nahe bey dem gewürzreichen Arabien, (wiewol sie heutiges Tages eigentlich aus Ostindien zu uns gebracht wird.) — Dies stimt sehr gut mit dem Ezechiel a. a. O. der Cassia durch arabische Kaufleute nach Tyrus bringen läßt. — Sonst war ich der Meinung, Kidda sey das arabische Kand — das Honig oder der Zucker aus dem Zuckerrohr; allein spätere angestellte Untersuchungen haben mich gelehret, daß die Meinung keinen Grund habe. —

## Casleu.

Kislev — der dritte Monat des bürgerlichen und neunte des Kirchenjares der Juden, kam zum Theil mit unserm November, zum Theil mit unserm December überein. 1 Macc. 1, 57. K. 4, 52.

## Casluhim.

Ein Sohn Mizraims, d. i. eine aus Aegypten abstammende Colonie, (verbrüdert mit den Caphthorim,) von welchen die Philister abstammen. 1 Mos. 10, 14. Hr. Prof. Forster (Epist. ad. Ioh. Dav. Michaelis etc.) setzt sie in die Landschaft Cassiotis, an der östlichen Küste und Gränze von Aegypten. Man weiß von ihnen noch weniger Gewisses als von ihren Brüdern, den Caphthorädern. Doch ist so viel wahrscheinlich, 1) daß die Casluchäer und Caphthoräder nahe an einander gewohnet, wie auch Hr. Prof. Forster annimt. 2) Daß die Caphthoräder sich bekanter und berühmter gemacht, als die Casluchäer, und weil beide verbrüderte Völker waren, und nahe an einander wonten, der Name der leztern bald gar verloschen und diese unter dem Namen Caphthoräder mit begriffen worden; daraus ist dann zu erklären, wie 1 Mos. 10, 14. gesagt werden konte, die Philister wären Abkömlinge der Casluchäer, und wie gleichwol ohne Widerspruch in andern Stellen 5 Mos. 2, 23. Jer. 47, 4. Amos 9, 7.) die Philister Caphthoräder genant, und von ihnen gesagt werden konte, sie wären aus Caphthor (d. i. aus dem Wonsitz der Caphthoräder,) hergekommen. — Die Meinung des Hrn. Prof. Forster von dem Wohnsitz der Caphthoräder und Casluchäer (s. oben Caphthor) wird dadurch nicht wenig bestätigt. —

## Casphia.

Chasiphja. Ein unbekanter Ort — vermutlich in Babylonien. Esr. 8, 17. Diejenigen, welche vermutlich bloßer Namensähnlichkeit wegen an die Gegend des caspischen Gebirgs, Meeres rc. denken, irren ohne Zweifel.

## Caspin.

2 Macc. 12, 13. ist die Stadt Hesbon. S. Hesbon.

## Castanien.

1 Mos. 30, 37. Ezech. 31, 8. Besser: Ahorn. S. oben. Ahorn.

## Ceder.

Der berühmteste unter den in der Bibel erwänten Bäumen. Der biblische Botaniker Ol. Celsius (Hierobot. I p. 106. sqq.) versteht unter Eres (ארז) nicht die Ceder, sondern die Fichte, worinnen ihm aber billig widersprochen wird. Denn noch heutiges Tags wird die Ceder von den Einwonern der Gegend des Libanons Eres oder Ars genant, und zwar die fetten, auf dem Libanon selbst wachsenden Cedern Arsei Libnan, Cedern Libanons genant. Die beste Beschreibung der Ceder giebt Hr. Hofr. Trew in seiner bekanten Schrift Historia Cedri Libani, Norimb. 1757. Einen Auszug daraus liefert Hr. D. Moldenhawer bey 1 Kön. 4, 33. welche ich, da ich jene Abhandlung nicht bey der Hand habe, hier mittheile. — Nachdem er bemerkt, daß die Ceder von der Fichte unterschieden sey, so schreibt er: „Die steifen spitzigen Nadeln (der Ceder) haben eine Länge von anderthalb Zoll, und stehen, wie bey den Lerchenbäumen, beinahe zu ein paar Dutzend stark aus einer gemeinschaftlichen Scheide an, und zwischen den Zweigen hervor, welches ein Hauptumstand ist, den ich (Moldenhawer) selbst an der in dem Garten des Hrn. Buck hier in Hamburg befindlichen Ceder Libanon bemerkt habe. Die männlichen Blumen erscheinen in fingerdicken länglichen Kätzchen, welche von Farbe gelb sind, und häufigen Samenstaub fallen lassen. Unten, woselbst sie auf den Zweigen stehen, haben sie eine Art einer vierblättrigen allgemeinen Blumendecke, die nicht abfällt. Die weiblichen Blumen sind auf besondern Zweigen als kleine ovale Kegel sichtbar. Ihre Länge beträgt bey der ersten Vollkommenheit ohngefär einen Zoll, und der Durchmesser ihrer Breite den dritten Theil davon. Die angezeigten Kegel ruhen ebenfalls auf einer vierblättrigen nicht abfallenden Blumendecke. Ihre Farbe ist ein schönes Purpurroth, nach der Befruchtung aber, und wenn sie größer werden, blaßroth, darauf schmuzig grün, und endlich hellbraun. Die Zapfen sind, wenn sie eine ansenliche Größe haben, fünf Zoll lang, und vier Zoll breit, und sitzen auf den Zweigen aufwärtsstehend, wie die Zapfen der Edeltanne, und so fest, daß bey dem Abbrechen jederzeit ein Theil der äußern Rinde mit abgerissen wird. Ihre Schuppen sind mehr breit als lang, so daß die Breite auf anderthalb Zoll, die Höhe aber nur auf einen Zoll beträgt, liegen dicht an einander, und fassen eine jede zwei gelbbraune mit großen breiten Flügeln versehene Saamenkörner in sich. Die Rinde ist aschfärbig braun und glatt und glänzend. Das Holz ist weis, hart, fest, dauerhaft und dem Wurmfras nicht unterworfen, und soll bey alten Bäumen röthlich werden. Ihr Wachstum ist ziemlich geschwind, obgleich in den ersten Jahren nicht schnell. In eilf Jahren pflegen sie die Höhe von zwölf Fus, und unten am Stamme im Durchschnitt eine Dicke von vier Zoll zu haben. Die Cedern in Chelsea bey London haben in 74 Jahren zwei Fuß hoch von der Erde gemessen, eilf und einen halben Fuß im Umkreise, und zwanzig Fuß lange untere Aeste gehabt, welche Aeste einen so starken Schatten geben, daß man unter ihnen bey Tage kaum einen Brief zu lesen im Stande ist. Sie werden sehr hoch und dick; soll aber das erstere mehr geschehen als das letztere, so müssen sie dicht neben einander stehen, und daher rührt es, daß die jetzigen Cedern auf dem Berge Libanon zwar sehr dick, aber nicht hoch sind, welches aber auch zur Ursache hat, daß sie oben beschädigt sind. Ihre Anzal ist nur klein, sintemal man davon von 1738. an, nur 15 bis 20 alte Cedern angetroffen hat, und ob sie gleich nur sechs bis vier und zwanzig Fuß hoch sind, so haben doch die stärksten 36 Fuß im Umkreise. Sie lieben mehr einen schlechten als zu fetten Boden, und mehr Berge als niedrige Gegenden, und ist auch ihr Stand auf dem Berge Libanon ziemlich hoch, und einige Stunden den Berg hinauf. Gemäß dieser Nachricht, ist diese Ceder unterschieden von der nordamerikanischen weissen Ceder, die eine Cypressenart ist, (Cupressus thyoides) von der rothen Ceder, welche eigentlich eine Wachholderart ist (Iuniperus Virginiana) und von andern Wachholderarten." —

Das eigentliche Vaterland der Cedern ist der Libanon, doch nicht sowol die östliche Kette dieses Gebirges, der Antilibanon, als die nordwestliche oder der Libanon im engern Verstande, der ehemals den Tyriern oder Phöniciern gehörte. Daher kommt, daß wir 1 Kön. 5, 6. 2 Chr. 2, 8. lesen, Salomo, zu dessen Reiche doch, wie wir wissen, der Libanon (aber nicht der ganze — nicht der nordwestliche oder eigentliche Libanon, sondern der östliche, oder der Antilibanon, der gerade keine Cedern hatte,) gehörte, habe sich die zum Tempelbau erforderlichen Cedern vom Könige Hiram zu Tyrus ausgebeten, und sie auch von ihm geliefert bekommen — so auch schon David zu seinem Palast 2 Sam. 5, 11. — Aus den großen prächtigen Gebäuden, welche Salomo baute, läßt sich schon schließen, daß derselbe eine große Menge von Cedern aus dem Libanon von dem tyrischen Könige Hiram müsse erhalten haben, und 2 Chron. 1, 15. wird ausdrücklich gesagt, daß zu Salomons Zeit das Cedernholz so gemein gewesen sey, als das Holz des wilden Feigenbaums. Man kan sich hieraus einen Begriff machen, wie verschwenderisch die Tyrier mit den Libanotischen Cedern umgegangen sind, sie, die ohnehin auch selbst zum Schiffsbau viele nöthig hatten, und vermutlich auch noch anderwärts hin welche lieferten. Die alten Tyrier machten also die Cedernwälder selbst schon sehr dünne — noch mehr aber in der Folge die Saracenen, dergestalt, daß heutiges Tages nur noch gar wenige — kaum dreißig — alte Cedern auf dem Libanon mehr übrig sind. — Diese aber sind uralt, meist ungeheuer dick, und stehen nahe bey einander, und zwar auf einer von den höchsten Spitzen des Libanons umgebenen Ebene, etwa 2 Stunden Wegs von dem Carmeliterkloster. Die dicksten darunter haben (es versteht sich der Schaft oder Stamm) 5, 6 bis 8 Klaftern im Umfange, und die übrigen 2 bis 3 Klaftern. Ihre Höhe aber ist desto unansehnlicher, vermutlich weil dieser Ueberrest von alten Cedern schon in der Jugend schlecht gewachsen war, und von den Verwüstern des Cedernwaldes als unbrauchbar zum Bauwesen und zu Masten stehen gelassen wurden, und daher in langer Zeit zu einer so ansehnlichen Dicke gewachsen ist, wie Hr. D. Büsching vermutet, oder auch weil diese Stämme in der Jugend an den Gipfeln verletzt worden sind — vielleicht auch weil sie zu einzeln stehen, und dann gern in die Breite wachsen. — Eigentlich wächst die Ceder, zumal wo sie im Gedränge anderer steht, zu einer ansehnlichen Länge heran, und zwar nach Rauwolf so hoch, als unsere Tannen immer seyn mögen. Dies lehrt auch der junge Anflug von Cedern, den verschiedene Reisende auf dem Libanon wargenommen haben. —

Und als einen sehr hohen prächtigen — Baum von schlanker Länge, und auch übrigens majestätischern Ansehen — finden wir die Ceder auch in der Bibel gezeichnet. 2 Kön. 19, 23. Jes. 2, 13. Ez. 17, 23. K. 31, 3. 8. Psalm 92, 13. Sir. 24, 17. als Bäume, die Gott gleichsam mit eigner Hand gepflanzt — und die deswegen zu einer prächtigen Höhe gediehen sind. Psalm 80, 11 vgl. 104, 16. — Als die Königin der Bäume, Richt. 9, 15. 1 Kön. 4, 33. Jes. 9, 10. 2 Kön. 14, 9. 2 Chron. 25, 18. Jes. 9, 10. —

## Cedernbaum.

S. Ceder.

## Cedron.

Kedron. 1 Macc. 15, 39. 41. K. 16, 9. Eine erst spät angelegte, bald aber auch wieder eingegangene

Bestung

Vestung, von der man aber weiter keine Nachricht findet. Hr. R. Michaelis setzt sie ganz warscheinlich in die Gegend von Jamnia, Gasara, Asdod und Modein. 1 Macc. 15, 40. Kap. 16, 1. 4. 8. 9. 10.

## Cendebäus.

Kendebäus. Ein General des syrischen Königs Antiochus Siderts, des Sohns des Demetrius. Ausser dem, was wir aus dem ersten Buch der Maccabäer (K. 15, 38 ff. K. 16, 1 ff.) von ihm wissen, ist nichts von ihm bekant.

## Centner.

S. Talent.

## Chabon.

Eine Stadt des Stammes Juda. Jos. 15, 40. Uebrigens unbekant.

## Chalcedonier.

(Χαλκηδών) Offenb. 21, 19. Ein halbdurchsichtiger Edelstein, der, wenn er ächt ist, eine Himmelblaue ins Gelb und Rothe spielende Farbe hat. Die Orientalischen sind die besten, und haben eine Purpur- oder Himmelblaue Farbe, mit Weiß vermischt. Einige haben eine unmerkliche Röthe, und stellen, wenn sie gegen die Sonne gehalten werden, einen Regenbogen vor. Der Stein wird auch in Deutschland gefunden, sonderlich in Böhmen und Schlesien. — S. Allgem. Lex. aller Handlungen und Gewerbe. S. 1010.

## Chaldäa. Chaldäer.

Chaldäa und Babylonien für Ein Land, Chaldäer und Babylonier für Ein Volk zu halten, pflegt man nicht mehr, seitdem Hr. R. Michaelis, (Spicileg. Geograph. Hebr. ext. post Bochart. Tom. II. p. 77 : 103.) daß die Chaldäer in Babylon ein vergleichungsweise neues und von den Babyloniern gänzlich verschiedenes Volk sey, weitläufig gezeigt hat. Von Babylonien und den Babyloniern ist schon oben am gehörigen Orte das Nöthige gesagt. Von den alten Chaldäern wissen wir wenig. Hr. Hofr. Schlözer (im Repertor. für bibl. und morgenl. Litteratur. Th. 8. Nr. V. S. 113. ff.) zeigt, daß es ehemals wenigstens viererley Chaldäer gegeben:

1) in, oder neben Armenien. Xenophon (Cyropæd. III. p. 47 : 52. edit. Bas. fol. 1541.) spricht sehr umständlich von einer Horde Chaldäer in Armenien, im Süden und Osten dieses Reichs, auf dem Gebirge. Er beschreibt sie als sehr kriegrisch und dabei arm, weil sie die sehr rauhe unfruchtbare Bergkette von Armenien bewonten; sie dienten also andern Völkern und Mächten um Sold im Krieg und — trieben übrigens Räuberey, bey welchem Handwerke ihnen ihre Kriegserfarung, und Geschicklichkeit die Waffen zu füren, sehr zu statten kam. Am meisten hatten ihre Nachbarn, die Armenier, von dieser Räuberhorde zu leiden, dergestalt, daß ein grosser Theil des platten Landes, von Armenien der Unsicherheit wegen, ganz ungebaut liegen blieb; denn die Armenier waren zu schwach, dieses Raubgesindel vom Gebirge zu vertreiben. Diese Chaldäer waren aber nicht damit zufrieden, ihre nächsten Nachbarn, die Armenier zu beunruhigen, sondern sie schweiften weit und breit umher — nach dem Xenophon, bis nach Indien — Ganz so finden wir Chaldäer Hiob 1, 17. — Räuber — die Hiobs Cameele überfallen, die Knechte dabei todt schlagen, und die Cameele wegtreiben — der damaligen Strategie erfaren — denn sie greifen Hiobs Cameele und Knechte in drey Spitzen an. — Es ist höchst warscheinlich, daß diese Chaldäerhorde ein Theil dieser räuberischen und kriegrischen armenischen Chaldäer gewesen — und man sieht daraus, daß ihnen das peträische Arabien — das Land Edom, wo ohnstreitig das Land Uz lag, nicht zu entfernt gewesen, auch da Beute zu suchen. —

Daß in, oder an Armenien, auf der südlichen, oder südöstlichen Bergkette dieses Landes Chaldäer gewont, erhellet auch noch aus andern Nachrichten: Plinius (Nat. Gesch. B. 6. K. 9.) schreibt, „an „der Gränze von Armenien gegen Adiabene" (oder Assyrien im engern Verstande) „zu, hätten die Cephenii gewont." Nun sagt Stephan von Byzanz (p. 749. edit. Berk. Lugd. 1694.) und Eustath (ad Dionys. Basil. 1556. 8. p. 116.) ausdrücklich, daß die Chaldäer weiland Cephenes (Κηφῆνες) geheissen — (warum? — das dürfte wohl ein Räthsel bleiben!) folglich wonten Chaldäer und zwar recht Alte — an der Gränze von Armenien — vermuthlich die ursprünglichen! — Hierzu kömt noch ein Umstand, der für die Geschichte Wucharnd, — in Ansehung des Vaterlandes dieses Erzvaters interessant wird: Ammian (B. 5.) gedenkt eines Orts mit Namen Ur, den die Römer auf einem Marsch vom Tigris, nach Nisibis in Mesopotamien passirten, — im nördlichsten Mesopotamien, am Fuß der Corduischen (Gordischen, Kurdischen) Gebirge (welche Mesopotamien von Armenien scheiden, s. oben Ararat)

— also

— also da, wo nach dem Xenophon die Chaldäer wonten. Ammian nent dieses Ur Persicum castellum (persicum ist in sehr weitläuftigem, oder vielmehr in einem gar besondern Sinne zu nehmen. Es soll so viel, als Chaldaicum heissen. Das lehrt eine Stelle aus dem Eustath, a. a. O. wo es heißt: „Chaldaei sunt, qui olim Cephenes vocabantur, a Perseo vero deinde Persae nominati &c.") — Dieses Ur nun ist, wie der Augenschein lehrt, kein anders, als das Ur der Bibel, (1 Mos. 11, 28.) Abrahams Vaterland. Dieses wird ausdrücklich אור כשדים d. i. Ur (im Land) der Chaldäer, genant. Wir wissen nun also, wo Abrahams Ur lag — (nicht in Babylonien — welches erst in viel spätern Zeiten Chaldäa genant werden konte. (Davon unten!) — wir wissen, wo diejenigen uralten Chaldäer wonten, von welchen Abraham ausgegangen war, und wir können nun auch begreifen, wie Abraham auf seiner Reise von Ur, nach Canaan, nach Haran kommen konte, welches man nicht begreift, wenn Abrahams Ur in Babylonien lag, wie man sonst aus Irrtum glaubte. — Babylon war auch ein viel zu gutes Land, als daß sich Abraham würde haben entschliessen können, es zu verlassen — aber das südliche und südöstliche Armenische Gebirge war schlecht genug, daß es Abraham, (wie Hr. Hofr. Schlözer a. a. O. schreibt) auch ohne unmittelbaren göttlichen Befel, bewegen konte, es zu verlassen und mit dem freilich weit fruchtbarern Canaan zu vertauschen. Auch sieht in der That das Corps Truppen, womit Abraham jene vier Könige (1 Mos. 14, 9. 14. ff.) schlägt, ganz so geübt und kriegerisch aus, wie diese oben aus dem Xenophon beschriebenen Chaldäer — nur aber unter Abrahams Befelen, nicht niederträchtig räuberisch — nur kriegerisch!— Ferner es ist erweislich, daß Babylonien zu Abrahams Zeiten noch nicht Chaldäa geheissen, sondern Sinear — S. 1 Mos. 11, 31. Kap. 14, 1. —

Noch eins! Wir finden beim Ptolemäus die Assyrische Provinz Arrapachitis, die zwischen Armenien und Miabene liegt — also gerade da, wo nach dem Plinius die Cepheni, oder Chaldäer wonten — nun ist in dem Namen der Provinz Arrapachitis, Arphachsad, Sems Sohn, den Joseph geradezu für den Stammvater der Chaldäer erklärt, unverkennbar — wie warscheinlich, daß diese Armenischen Chaldäer die ursprünglichen gewesen! — vom Arphachsad abstammend. S. Arphachsad.

2) in Chalybien und Tzanien. — Die an der nördlichen Küste von Kleinasien, am schwarzen Meer wonenden, anfangs durch ihre Silberbergwerke und nachher durch ihre Eisenfabriken weit und breit bekanten Chalybäer (Chalybes) hiessen zur Zeit des Strabo Chaldi und Chaldaei. „Circa Trapezuntem et Pharnaciam Tibareni & Chaldaei sunt." — — — „Qui nunc Chaldaei sunt, Chalybes olim dicebantur. Strabo. — „Sunt vero etiam Chaldaei gens prope Colchidem." Stephan. — Nonnulli etiam Chalcidis (Colchidis) incolas et Chaldos & Chaldaeos vocant, auctore Dicaearcho." — Eustath. — Die wichtigste Stelle ist die des Strabo. Die alten berühmten Chalybäer hiessen zu seiner Zeit Chaldäer — vermutlich, weil die Armenischen Chaldäer die Chalybäer bekriegten, besiegten und samt ihrem berühmten Namen verschlangen, wie es die Chaldäer einst mit Babylonien gemacht hatten. — Aus dem Moses von Chorene lernen wir, ausser den Armenischen Chaldäern, auch noch Chaldäer in Tzanien kennen: „Tacitus (der Kaiser) in Tzania Pontica inter Chaldaeos a suis caesus est." p. 198. und in der ihm zugeschriebenen Erdbeschreibung S. 356. „Habet Colchis — regiones minores 4: Marnchitiam, Agrycen, Chaziam ac Zaniam, quae et Chaldaea vocatur." Tzanier, Zanier, Sannier (Zani, Sanni) sind die alten Macronen. „Macrones nunc Sannos vocamus, magis proprie vero Tzanos" schreibt Eustath. S. 365.

3) Kurden, oder, wie sie die Griechen nennen, Kardachen. Diese sind ohne Zweifel ein Theil der ganz alten ursprünglichen Chaldäer — d. i. sie waren ehemals mit den Armenischen Chaldäern Ein Volk. Denn sie wonen auf der südlichen Bergkette von Armenien, welche Armenien (Großarmenien) von Mesopotamien scheidet — also gerade da, wo die ursprünglichen Chaldäer zu wonen begannen. Nach dem ausdrücklichen Berichte der morgenländischen Schriftsteller hiessen sie ehedem Chaldan, Keldan d. i. Chaldäer. In der Folge trennten sie sich aber von ihren Brüdern, und fürten den Namen Kurden, und gaben dem Gebirge, das sie bewonten, den Namen — Kurdisches, Gordisches, Kordyäisches, Carduchisches Gebirge. S. Ararat. Zu Xenophons Zeit waren

sie

sie schon von den Chaldäern verschieden, d. i. sie machten schon ein besonderes Volk aus. Name und Volk ist noch heutiges Tages übrig. Das Land, das sie bewohnen, führt den Persischen Namen Kurdistan d. i. Kurdenland, wovon man in Hrn. D. Büschings Asien S. 176. mehr Nachrichten nachlesen kan.

4) in Babylonien. Oben unter Babel hab ich Chaldäer warscheinlich zu machen gesucht, daß Nabopalassar der König Chaldaeus des Stephan von Byzanz und Eustath, d. i. der erste Chaldäer auf dem babylonischen Thron gewesen. Dieser war der Eroberer Babyloniens und erst seit seiner Zeit konnten Babylonier und Chaldäer gewissermaßen mit einander verwechselt werden, nur daß sie ihrem Ursprunge nach ganz verschiedene Völker waren. War Babylonien erst kurz vor dem Weltbezwinger Nebucadnezar dem Großen, Nabopalassars Thronfolger, an die Chaldäer gekommen: so ist dann begreiflich, warum es Esr. 5, 12. von jenem heißt: „Nebucadnezar, König von Babel, der Chaldäer." — Nach dem Propheten Jeremias (Kap. 1, 13. 14. Kap. 4, 6. Kap. 6, 1. 22. Kap. 10, 22. Kap. 13, 20.) und Ezechiel (Kap. 26, 7.) kamen diese Chaldäer aus dem fernen Norden — natürlicher Weise von der, Babylon gerade nordwärts auch in ziemlicher Entfernung gelegenen, Armenischen Gränze. — Hr. R. Michaelis läßt sie aus Chalybien kommen (Spicileg. Geogr. Hebr. exterae post Bochart. Tom. II. p. 77 ff.); allein hier waren damals noch keine Chaldäer. Zwar scheint Jerem. 15, 12. dieser Meinung sehr günstig, weil die Chalybier berühmte Silber- und Eisenbergwerke hatten; allein jener Norden überhaupt war seiner Bergwerke wegen in Ruf. „Die Anspielung des Propheten, bey der Unbezwinglichkeit dieser Normänner (schreibt Hr. Hofr. Schlözer) bleibt immer sinreich und wahr, wenn auch jener nicht gerade aus dem Eisenreichen Chalybien ausgegangen sind; genug sie kamen aus dem Eisenreichen Norden. — Zwar scheinen alle obige 6 Stellen (aus dem Jeremias und Ezechiel) sie damals noch, wie sie Jerusalem stürmten, und unmittelbar, aus dem Norden herzuführen, den sie doch schon vor mehr als einem Jahrhundert verlassen hatten; allein könnte nicht z. E. ein Dichter, der die Eroberungen der Normänner in Unteritalien besänge, dieses Volk immer noch als ein aus dem tiefen Norden hervorbrechendes Volk malen, wenn er gleich wüßte, daß solches mittelbar aus der Normandie nach Neapel gekommen? Nur diese entferntere Herkunft der Chaldäer war den hebräischen Dichtern bekant. Warscheinlich waren diese Chaldäer auch damals noch Chaldäer, d. i. sie hatten das Charakteristische, was den braven Normann auszeichnet, noch nicht im milden Süden verloren." — In der Anmerkung g) setzt er noch eine andere Art dieses Norden, woher die Chaldäer, die damals schon etwa ein hundert Jahr in Babylonien gewesen waren, nach Jerusalem kommen sollen, zu erklären, hinzu: „Alle alte Hebräer, wie Griechen und Römer, hatten ein ganz schiefes Planiglobium im Kopfe. Sie stellten sich in die Mitte nach Phönicien und Griechenland hin; ihr Süden war Aegypten; Links und Rechts also Europa sowol nach Westen, als Asien nach Osten hin, bog sich alles nach Norden herum, folglich wurde alles verbogen u. s. w. — Allein Babylonien lag Palästina doch zu sehr nach Osten hin, als daß es wie im Norden begriffen werden könte. Ich halte also die erstere Auflösung für richtiger, obgleich die letztere Bemerkung sonst auch anwendbar und wichtig ist, zumal wenn man noch hinzusetzt, daß die Hebräer nicht mehr als die vier HauptHimmelsgegenden kennen, und z. B. Nordost, Südost, Südwest und Nordwest nicht auszudrücken wissen, sondern dafür jedesmal unbestimt, Nord oder Ost, Süd oder West setzen. — Doch dies im Vorbeigehen. —

Diese Chaldäer in Babylonien werden von den morgenländischen Schriftstellern Nabatäische Chaldäer genant, (نبطى oder نبطيين) d. i. erfinderische, ausgebildete, gelehrte Chaldäer, von نبط excogitavit, ingeniose invenit, ex ingenio depromsit. Nicht als ob die Chaldäer so große Gelehrte, Erfinder, Weise gewesen wären, (sie waren vielmehr Barbaren — übrigens aber tapfere Krieger) sondern weil sie Herren der ihrer Weisheit, d. i. Gelehrsamkeit schon aus sehr frühen Zeiten her so berühmten Babylonier geworden waren, und von dieser Zeit an Babylonier und Chaldäer mit einander verwechselt wurden. — Chaldäische Weisheit oder Gelehrsamkeit heißt so viel als babylonische W. oder G. — Chaldäisch heißt sie nur so lange und in so fern als die Chaldäer über die Babylonier geherrscht. — Aber seit dieser Zeit scheinen die Wissenschaften der Babylonier nach und nach gefallen zu seyn, weil Barbaren über sie herrschten. — Wahrsagerei, Zeichendeuterei und

Zigeunerkünste (die auch schon vor dieser Zeit des Verfalls der babylonischen Wissenschaften, als Hurkinder der Astrologie, mit gewartet und gepflegt wurden, s. Jes. 47, 12. 13.) scheinen allein noch davon übrig geblieben zu seyn; daher ein Chaldäer (d. i. Babylonier in diesem spätern Zeitraum) und ein Wahrsager, Zeichendeuter, Zigeuner einerlei war. S. Dan. 2. 2. 4. 5. 10. K. 4, 4. K. 5, 7. —

Chaldäische Sprache — ist zweideutig: 1) im eigentlichen Verstande ists die Sprache der eigentlichen Chaldäer, die vermutlich mit der Persischen, Armenischen, Medischen etc. verschwistert war, und die wir weiter nicht, als aus einigen Namen kennen, z. B. Nebucadnezar, Belsazer, Aspenas u. s. w. — nicht die Landessprache in Babylonien, sondern im eigentlichen und ursprünglichen Chaldäa, an der armenischen Gränze, und die Hofsprache in Babylon, seit des ersten Chaldäerkönigs auf dem babylonischen Throne, Nabopalassars Zeit — den Hebräern ganz unverständlich — Sprache sowol als Schrift. Daher mußte den jungen Israeliten aus königlichem und sonst vornemen Geblüt, die künftig Bedienungen am Chaldäisch-Babylonischen Hofe erhalten sollten, „die chaldäische Sprache und Schrift zuvor gelehret werden. Dan. 1, 4. (Schrift — ספר — wie Luther ganz richtig übersetzt hat. Nicht Gelehrsamkeit! — denn diese hatten die Chaldäer gar nicht — und im Hebräischen fürt die Gelehrsamkeit auch ganz andere Namen!) — Sie mußten die chaldäische Sprache, als die damalige Hofsprache zu Babylon, sprechen, lesen und schreiben lernen. —

2) Im uneigentlichen Verstande ist chaldäische Sprache die babylonische Sprache — die babylonische Landessprache, d. i. die Aramäische — oder so genante Syrische. Dan. 2, 4. — Diese war nur ein Dialekt der Hebräischen. Hebräer und Babylonier, oder Aramäer überhaupt, konten einander verstehen. Nun zum Beschluß noch drei Anmerkungen.

Anmerk. 1. Abraham zog aus Chaldäa, und zwar wie wir gesehen haben, nicht aus Babylonien, sondern von der Großarmenischen Gränze, aus dem eigentlichen und ursprünglichen Chaldäerlande, nach Canaan. Seine vaterländische Sprache war also die Chaldäische, (wol zu unterscheiden von der Babylonischen oder Aramäischen!) Die Sprache aber, welche Abraham und seine Nachkommen in Canaan redeten, und die wir die Hebräische nennen, ist nicht nur nicht die Chaldäische, sondern ihr auch, so viel wir aus den wenigen ächtchaldäischen Namens Ueberbleibseln urtheilen können, nicht im mindesten änlich; es ist also, andere Umstände (s. Canaan) damit zusammengenommen, so gut als gewis, daß Abraham in Canaan die Landessprache, d. i. die Sprache der Cananiter angenommen habe — folglich daß die hebräische Sprache die Sprache der Cananiten sey. —

Anmerk. 2. Die Chaldäer heissen im Hebräischen Chasd (כשדים). Spur von diesem Namen ist in dem Namen Arphachsad (ארפכשד zumal mit etwas anders gesezten Vokalen ausgesprochen Arphachasd) unverkennbar. Arphachsad ist, wie schon oben bemerkt, der Stammvater der Chaldäer. Joseph sagts, und wenn ers auch nur vermutet, so hat doch seine Vermutung noch etwas mehr als Warscheinlichkeit. Arphachsads, oder Arphachasds Nachkommen nanten sich also natürlicher Weise Arphachasdäer und der in der griechischen Geographie vorkommende Name der Landschaft Arrapachitis mag die Stelle des Beweises vertreten. Weil aber der Name zu lang und zu beschwerlich auszusprechen war, so kürzte man ihn um die Hälfte ab: die Leute nanten sich Chasdäer (כשדים) statt Arpha-Chasdäer (ארפכשדים) — Und so hätten wir den Namen כשדים heraus. (Die Verwechslung des ש mit שׂ wird hier hoffentl. auch der gewissenhafteste und geschickteste Sprachgelehrte nicht rügen!)

Anmerk. 3. Aus כשדים ist ohne Zweifel (durch eine Verwechselung des שׂ mit ל —) כלדים (כלדאים. כלדיים Chaldi, Chaldaei) und aus כלדים, durch eine in den orientalischen Dialekten nicht ungewönliche Verwechselung des ל mit ר (L mit R) כרדים (Chardim — Charden — und mit einem gröbern Vokal — Chorden, Churden, Curden entstanden. Auf dem Berge Dschudi (der ein Theil des südlichen von Kurden, oder alten Chaldäern bewonten armenischen Gebirges ist,) stand ehemals ein Dorf, in dessen von den Kurden entlehnten Namen (Kardy) selbst der Vokal A noch erscheint — doch Card aus Casd wird man leicht entstehen lassen — aber Cald aus Casd? hier ist eine in den orientalischen Dialekten unerhörte Verwechselung des S mit L! — Antwort: Wir können nur über diejenigen asiatischen Dialekte urtheilen, die wir genau kennen! die chaldäische Sprache aber (es versteht sich, die im eigentlichen Verstande!) kennen wir gar nicht; wir können also nicht wissen, ob in dieser Sprache S und L nicht eben so leicht der Verwechselung fähig gewesen, als L mit R in den eigentlich sogenannten und uns wolbekannten orientalischen Sprachen. Dem rauhen Volke sieht eine solche Verwechselung sonst gar nicht verwandter Buchstaben nicht unähnlich.

S. Babel.

## Chaldäisch.

Chaldäische Sprache. Hat einen doppelten Sin. S. den vorigen Artikel vor der Anmerk. 1. —

## Chalne.

1 Mos. 10, 10. Kalne, Amos 6, 2. oder Chalno, Calno, Jes. 10, 9. welche aber Canne, Ezech. 27, 23. wol zu unterscheiden ist. Eine Stadt im Lande Sinear von Nimrod erbaut — ohne Zweifel die unter dem spätern Namen Ctesiphon bekanntere Stadt, auf der Westseite des Tigris, Seleucia (auf der Ostseite des Stroms) gegenüber. Jonathan und das Hierosolymitanische Targum, Hieronymus, Eusebius, der Syrer Ephräm und Abulfaradsch verstehen sämtlich und einmütig Ctesiphon darunter. Der arabische Geschichtschreiber Abulfaradsch setzt Madain (مدائن d. i. Städte) welches der arabische Name der einander gegen über an dem beiderseitigen Ufer des Tigris liegenden Städte Ctesiphon und Seleucia ist. Ctesiphon liegt in der assyrischen Landschaft Chalonitis, und ist in derselben die Hauptstadt. In dem Namen dieser Landschaft ist Chalne, Calno sehr kenntlich. S. Bocharts Geogr. Sacr. libr. 4. c. 18. und Hrn. R. Michaelis Spicileg. Geogr. Hebr. exterae post Bochart. Tom. I. p. 228 sqq.

## Chammanim.

Sonnenstatüen, Sonnensäulen — (חמנים von חמה die Sonne) d. i. Säulen, Statüen, die der Sonne zu Ehren aufgerichtet wurden. Luther übersetzt das Wort durch Bilder. 3 Mos. 26, 30. 2 Chron. 14, 5. K. 34, 4. 7. Jes. 17, 8. K. 27, 9. Ezech. 6, 4. 6. Vermutlich warens aber mehr als bloße Säulen, und eben das, was die Griechen Pyräa und Pyratheja nennen, d. i. auf Anhöhen gebaute und der Sonne geheiligte Tempel. Jes. 27, 9. übersetzt auch die Vulgate das Wort durch delubra — und 3 Mos. 26, 30. 2 Chron. 14, 5. K. 34, 4. 7. wird auch das Wort mit במות (d. i. Höhen) verbunden. —

## Chamarim.

Götzenpriester, oder genauer Sonnenpriester. (כמרים von כמר warm, heiß seyn, brennen, ausbrennen — ausdorren. Davon mag die Sonne auch einen Namen erhalten haben, wie חמה von חמם heiß seyn ꝛc. — der aber nicht mehr übrig ist. — Die Bedeutung heiß seyn, brennen ꝛc. ist die einzig richtige und am meisten vorkommende.) 2 Kön. 23, 5. Jos. 10, 5. Zeph. 1, 4. — Daß sie von der schwarzen Farbe den Namen haben sollen, ist eben so ungegründet, als die Bedeutung des Stammwortes „schwarz seyn." — Man könte allenfalls auch sagen, כמרים wären Mondpriester, Priester der Luna, Diana oder Astarte — denn قمر heißt im Arabischen der Mond, und die Verwechselung des ק mit כ ist eben nicht ganz ungewöhnlich und 2 Kön. 23. Zeph. 1, 4. ist der Mond (Astarte) sowol als die Sonne. — Allein das braucht man nicht. — Im Chaldäischen und Syrischen wird das Wort (Chumar, Chumora, Chumero) überhaupt von Priestern gebraucht — von Priestern des wahren Gottes — und den heidnischen Priestern — auch von den Mönchen und Pfaffen. Ein offenbar jüngerer Gebrauch des Worts, das schon seiner Etymologie nach Sonnenpriester bezeichnet. —

## Chamos.

Eine Gottheit der Moabiter, (4 Mos. 21, 29. Jer. 48, 46.) und in so fern auch der Ammoniter, (Richt. 11, 24.) als beide, selbst ihrem Stammvätern nach, verbrüderte und neben einander wonende Völker, fast zu aller Zeit in sehr genauer Verbindung mit einander standen, und gleichsam Ein Volk ausmachten. Was der Chamos für eine Gottheit vorgestellt, ob die Sonne? oder eine andere Gottheit, ist unbekant. Die Etymologie des Worts gibt auch nicht einen Wink; die Bibel, wo sie dieses Götzen gedenkt, auch nicht, und sonst haben wir keine Nachrichten von ihm. —

Unter andern auch diesem Götzen baute Salomo eine Höhe mit einem Altar auf dem auf der Ostseite von Jerusalem gelegenen Berg (Oelberg), 1 Kön. 11, 7. welche erst Josia wieder zerstören lies. 2 Kön. 23, 13.

Wenn der Prophet Jeremias (K. 48.) eine große Verwüstung des moabitischen Landes weissagt, so bedienet er sich V. 7. des Ausdrucks: „Chamos sollte in ein ander Land wandern, und seine Fürsten und Priester mit ihm" — der Götze einer Nation wanderte in ein ander Land, wenn die Nation in ein ander

Land zieht und diese ihn mitnimt — wovon auch unter andern heidnischen Völkern Beispiele bekant sind; so läßt z. B. auch Virgil den Aeneas seine Hausgötter mitnemen, wenn er flieht.

## Chanja.

Oder Jechonia. Jojachim. Jer. 22, 24. 28. S. unten.

## Charan.

1) Ein Sohn Disons, ein Seirit. 1 Mos. 36, 26.

2) Haran, Carrae. S. Haran.

## Charchemis.

Eine wichtige Stadt auf der Ostseite des Euphrath, in der Gegend, wo der Chaboras in diesen Strom fällt. Bey den Griechen heißt sie Cercusium, Circesium, Circessus, jetzt Karkisia, beym Benj. von Tudela Karkesia, bey den Syrern Karkasin und Karkesion. Diese Stadt wird Jes. 10, 9. mit unter den Eroberungen der auf einmal mächtig werdenden Assyrer genant. Der ägyptische König Necho nam sie den Assyrern wieder weg. (2 Kön. 23, 29. 2 Chron. 35, 20.) und legte eine Besatzung hinein, die im vierten Jahr der Regierung des jüdischen Königs Jojakim von Nebucadnezar geschlagen wurde. Jerem. 46, 2. —

## Chebar.

Ein Fluß, der in der Gegend von Haran (Carrae) im Gouvernement Urfa (d. i. Edessa) bey Ras ul Ain oder Ras-Ain (d. i. Quellenursprung) aus sehr vielen (nach dem Abulfeda aus mehr als 300) Quellen entspringt, erst zween Bäche macht, aus deren Vereinigung der Chebar (Chaboras, jetzt Chabur) entsteht, welcher bey Karkisia (hebr. Charchemisch) in den Euphrath fällt. Von diesem Fluß hat ein Distrikt (Al-Chabur), den wir beim Abulfeda finden, den Namen. — Dieser Fluß komt beim Propheten Ezechiel Kap. 1, 1. 3. K. 3, 15. 23. vor.

## Chellon.

Judith 2, 13. oder Chellus K. 1, 9. vermutlich das Allus des Hieronymus: Allus regio Idumaeorum, quae nunc Gebalene dicitur, vicina Petrae ciuitatis. Es wird mit Kades verbunden, und lag vermutlich in dieser Gegend.

## Cherub. Cherubim.

Cherubim (כְּרוּבִים) Cherubinen sind zusammengesetzte majestätisch-furchtbare symbolische Thiere, Sphinxe, — dergleichen es in der Natur nicht gibt. Das sieht und weis jeder aus dem Ezechiel! Was sollen sie aber bedeuten? was Bild sind sie? was machen sie vor dem Paradies? was auf dem Deckel der Bundeslade? an den Tapeten und innern Wänden der Stiftshütte und des Tempels? was am Himmel — bey David und Ezechiel? wie kan der König zu Tyrus beim letztern Propheten ein Cherub heissen? — Wie ists möglich, die Cherubim, unter obiger Bedeutung in so viel verschiedene Fächer zu passen? — Hr. R. Michaelis (Commentat. de Cherubis, in den Commentat. Soc. reg. Goetting. Tom. I. p. 157. sqq. sagt: Cherubim sind, was die griechische und römische Fabellehre Donnerpferde nent — Die Thiere, die den Donnerwagen Gottes ziehn. Sehr wahr und richtig. Nur ist noch die weitere Entwicklung und Ausbildung dieses Gedankens zurück — und die will ich hier versuchen. Zuerst Prüfung der von Hrn. G. S. Herder (vom Geist der Ebräischen Poesie. Th. 1. S. 177. ff.) gemachten Einwürfe! mit einer Bescheidenheit, wie sie dem Freunde und Verehrer eines würdigen Mannes, und jedem, dem es um Warheit zu thun ist, ziemt. — Er schreibt: „Donnerpferde? in so frühen Zeiten? wie unwarscheinlich hätte die Tradition gedichtet! — — Kante Adam Donnerpferde? und was stellte er sich in ihnen vor? wie kam er zum Bilde?“ — (Antwort: Adam spricht nicht von Cherubim, sondern Moses — (1 Mos. 3, 24.) und für diesen sind Donnerpferde und Donnerwagen nicht zu früh, sondern waren ihm, von Aegypten aus, natürlich sehr geläufig. — Das, wodurch Gott den Adam und die Eva von der Wiederkehr ins Paradies abschreckte, nante Adam schwerlich Cherubim und blinkende Schwerdtsflamme — sondern Moses nents nur so — er entweder wirklich selbst — und dann kämen die Ausdrücke auf Rechnung seiner in Aegypten gebildeten Sprache, oder diese Ausdrücke fand Moses schon in der Urkunde, die er vor sich hatte. Gesetzt aber, Cherubim wären so was, das dem Adam aus der Natur bekant gewesen wäre — daß er also von Cherubim hätte sprechen können — so konte er doch gewis nicht von einem blinkenden, blitzenden Schwerd sprechen, gesetzt auch, er hätte die Erfindung des Schwerdtes oder Degens erlebt. Denn blinkende, blitzende Schwerdter setzen die Kunst, Stahl, Eisen, Kupfer zu poliren voraus. Diese aber ist doch gewis zu Adams Zeit nicht zu erwarten. Also Cherubim und blinkende Schwerdtsflamme sind Ausdrücke nicht vom

Adam, sondern vom Mose — es sey mittelbar oder unmittelbar. Doch das ist ohnehin einleuchtend genug! — Wie aber Moses zu diesen Bildern gekommen — Donnersphinxe, blitzendes Schwerd, wird jeder leicht erraten. —) „Was sollen sie (die Donnerpferde) hier? Donnerpferde mit der Flamme des Schwerdts? — (Antwort: Nach dem Original heißts nicht: Cherubim mit der Flamme des Schwerdts — sondern: „Cherubim und — blinkende Schwerdsflamme" — wiewol das keinen wesentlichen Unterschied macht. — Was aber die Donnerpferde hier machen? s. unten.) — „Keine einzige Stelle der Bibel giebt auch nur Schein dazu, daß Cherubim in der hebräischen Poesie Donnerpferde wären." (Antwort: Und mir dünkt, viele Stellen! wie ich unten zu zeigen gedenke.) — „Daß die Griechen ihrem Zeus Donnerpferde gaben, wovon Virgil so schöne Bilder hat, gehört nicht hieher. Denn Zeus — Jupiter ist nicht Jehovah; Griechen nicht Ebräer; Virgil kein ebräischer Dichter. — Die Peruaner haben wieder eine andere Vorstellung vom Gewitter. Sie geben der schönen Regengöttin ein Wassergefäß in die Hand; ihr Bruder kommt und zerschlägts; nun donnerts, nun fließt der Regen. Das ist Mythologie der Peruaner; wie aber, wenn jemand darnach ebräische Poesie auslegen wollte?" (Antwort: Aber griechische Mythologie hat doch Aegypten zur Mutter, wie die Mythologie der Hebräer! Mythologie der Griechen und Mythologie der Ebräer, sind also leibliche Schwestern, nur daß sie einander nicht vollkommen änlich sind, wie man oft sieht. Es hat hier auch seine Gründe. Aber Schwestern bleibens, mit immer viel Aenlichkeit! — Hingegen Mythologie der Peruaner und Mythologie der Ebräer sind Töchter ganz verschiedener Mütter, ganz verschiedener Väter.) — „Auf dem Deckel der Bundeslade werden die Cherubim als Flügel und Angesichte habend beschrieben — sie überschatten den Gnadenstuhl — vermutlich eben so wurden sie auf die Teppiche gewirkt — in Salomons Tempel standen sie eben so, nur prächtiger, größer. — Hier aber ist weder die Gestalt noch Stellung der Donnerpferde. — Und — wie manche Gestalten können nicht Antlitz und Flügel haben." (Antwort: 1) Weder 2 Mos. 25, 18-20. noch 1 Kön. 6, 23 ff. 2 Chron. 3, 10 ff. wird eine Beschreibung der Cherubim gegeben, sondern ihre Gestalt wird offenbar als bekant vorausgesetzt, und ihrer Flügel und Angesichte nur beiläufig erwähnt: „Die Flügel der (der Gestalt nach bekanten) Cherubim sollen so und so lang seyn, die und die Richtung haben — und ihre Antlitze sollen gegen einander sehen." — Das soll natürlich nicht Beschreibung der Cherubim überhaupt seyn, sondern ihre Gestalt wird, wie gesagt, als bekant vorausgesetzt. Mosen und den Israeliten seiner Zeit war die Gestalt der Cherubinen von Aegypten aus bekant. Nun mußte sie Moses in der Stiftshütte nachbilden — sie blieben also dem Volke, so lange die Stiftshütte war, bekant. Salomo erhielt ihre Gestalt noch länger — er ließ sie auch in seinem Tempel nachbilden, wo sie, so lange der Tempel stund, der Nation bekant blieben — und durch Tradition noch lange nachher. Ezechiel beschreibt sie sehr genau — und aus dessen Werk kennen wir sie noch heutiges Tages. Davon mehr unten. — 2) Das Wort Donnerpferde darf nicht so eigentlich verstanden werden. Wirkliche Pferdegestalten waren es freilich nicht, und so viel ich weiß, hat man das noch nicht behauptet — sondern nur gesagt, „die Cherubim sind eben das, was die Donnerpferde der Griechen — die Thiere, die den Donnerwagen ziehen — Donnersphinxe." — Diese samt dem Donnerwagen hatten die Griechen, wie den ganzen Urstof ihrer Mythologie, aus Aegypten geholt, (s. über die Quellen der mosaischen Urgeschichte. S. 28 ff.) — Die Donnersphinxe aber verwandelten sie in Pferde, weil die Thierkompositionen in Griechenland nicht wie in Aegypten gewönlich waren — und das Pferd das gewönlichste und prächtigste Thier ist, das vor Prachtwägen gespant wurde.) — Auch aus dem Ezechiel Kap. 41, 18. vergl. K. 10, 14. mit K. 1, 10. erhellet, daß die Cherubim keine Pferdegestalten gehabt." (Antwort: Pferdegestalten vor dem Donnerwagen sind blos griechische Modification der ägyptischen Donnersphinxe. Ob die Cherubim Pferde- oder andere Gestalten gewesen, thut nichts zur Sache. Diese Stellen im Ezechiel widerlegen doch nicht, daß es die Thiere vor dem Donnerwagen Gottes gewesen. Uebrigens s. was ich in der vorigen Parenthese unter No. 1. gesagt habe.) — „Stimme des scheltenden Vaters ist unter den Hebräern Bild des Donners — nicht Donnerpferde." — (Antwort: Stimme Gottes für Donner ist freilich das Gewönliche — konnte aber die Hebräer nicht

meh-

mehrere Bilder des Donners haben, wie sie offenbar auch mehrere Bilder des Blitzes haben — als: Angesicht Gottes, Pfeile Gottes, Schwerdt Gottes, Feuer, feurige Kolen, Feuer und Schwefel, Zerreissen der Wolken (Hiob 36, 29.) u. s. w.? — So konten die Hebräer auch mehrere Bilder des Donners haben, und es ist zu vermuten, daß sie sie auch werden gehabt haben. Und die Vermutung bestätigt sich: Herabfaren Gottes — wie oft ist das der Donner! — Ein Bild des Donners, das vielleicht sogar mit der Idee vom Donnerwagen zusammenhängt! — Wo nicht, so ist das Herabfaren Gottes ein neues Bild des Donners — neben der „Stime Gottes" — Kan man nicht auch der Donnerwagen, Donnerpferde, oder vielmehr Donnersphinxe, Bild des Donners seyn? — Ja — Stimme Gottes kan sogar erst ein vom Donnerwagen bewirktes Bild seyn? — Jeden Laut nennen die Hebräer Stimme. (קוֹל) — Das Brausen großer Gewässer nennen die Hebräer Stimme derselben. Psalm 93, 4. u. s. w. Stimme Gottes muß also nicht gerade die Stimme der redenden, scheltenden Gottheit seyn — sondern das Getöse, das Gott durch den Donner macht — das Rollen der Räder des Donnerwagens und Klappen der Donnersphinxenhufe. Doch darauf besteh ich nicht — vielmehr erkläre ich, daß Gott im Donner allerdings oft als sprechend und scheltend vorgestellt werde — daher mehr als einmal „Gott sprach" für „Gott donnerte!" — Hebt denn aber das die Idee vom Donnerwagen Gottes unter den Hebräern auf? — Konten die Aegypter, und nach deren Beispiel die Hebräer, nicht Gott auf einem prächtigen Donnerwagen daher faren, ihn aus diesem Wagen schelten und zugleich mit Pfeilschüssen, oder Schwerdtstreichen, oder Feuer rc. Strafe üben lassen — statt zu sagen: Gott läßt donnern und blitzen, und die Blitze verheeren und tödten? — Schön genug wäre das Bild; auch jener Jugend der Welt angemessen — es komt also nur darauf an, ob diese Vorstellung mehr als blos möglich — ob sie unter den Hebräern wirklich existent gewesen? das ist mir nun zu zeigen übrig.

Klassisch wird wol manchem die sogenante Himmelfart des Propheten Elia dünken. Diesen Propheten glaubte Elisa auf einem mit feurigen Rossen bespanten feurigen Wagen gen Himmel faren zu sehen. Ein Gewitter ist in der Geschichte unverkenbar. Shara (סְעָרָה) 2 Kön. 2, 1. 11. heist der Sturm — Sturmwind — der unmittelbar vor schweren Gewittern hergeht — und denn das Gewitter selbst Hiob 38, 1. u. s. w. Allein diese Geschichte, deren Erläuterung man im Th. 2. meiner Bibel S. 713 ff. nachlesen mag, gehört nicht hieher.

Psalm 104, 3. heisst: „Mit Wasser baut er sein hohes Haus; er braucht die Wolken zu seinem Wagen; geht auf des Windes Flügeln." — „Mit oder aus Wasser baut er sein hohes Haus" d. i. mit oder aus Wolken — „er braucht die Wolken zu seinem Wagen" — Gott hat also in der Poesie und Mythologie der Hebräer einen Wagen — und David sagt uns recht deutlich was dieser Wagen Gottes ist — Wolken — nicht Wolken überhaupt — denn diese sind zusammen sein hohes unermeßliches Haus — natürlich die sich so sehr unterscheidenden, majestätisch furchtbaren Gewitterwolken! die sind sein Wagen — Donnerwagen! — Anders kan man ihn nicht nennen! — „Er geht auf des Windes Flügeln" die Wolken werden von der Luft getragen — die Gewitterwolken, Gottes Donnerwagen, vom Wind getrieben — sie laufen wie der Wind, schnell — kein Renner rent ihnen vor — rent ihnen gleich. Das nent der Dichter: Gott geht auf des Windes Flügeln — d. i. schnell wie der Wind, geht sein Wagen. Der Wagen Gottes heist in dieser Stelle Rchub, Rechub, (רְכוּב) — der Form und Buchstaben nach ganz unser Wort Cherub (כְּרוּב). — Handgreifliche Anspielung auf Cherub! —

Ganz Parallele zu dieser Stelle ist Psalm 18, 11. 2 Sam. 22, 11. In diesem herrlichen Dankliede ist von V. 8/16. Gemälde eines Gewitters, das dem Dichter zum Vortheil gekommen war, und ihn aus augenscheinlicher Lebensgefar gerettet hatte. — Das ist offenbar. Mitten in diesem Gemälde — V. 11. — finden wir diesen merkwürdigen Zug: „Er (der donnernde Gott) fur auf dem Cherub und flog (d. i. als flög er) flog auf des Windes Flügeln." — In der vorigen Stelle hieß es: „Er braucht die Wolken zu seinem Wagen (רְכוּב Rechub); geht auf des Windes Flügeln." — und hier: „er fur auf dem Cherub (כְּרוּב) als flög er; flog auf des Windes Flügeln." Offenbar ist also כְּרוּב (Cherub) und רְכוּב (Rechub) einerlei. — Rechub heist der Wagen — der Donnerwagen Gottes — folglich Cherub auch! — Doch das wollt ich noch nicht einmal beweisen — sondern nur überhaupt, daß die hebräische Poesie und Mythologie,

thologie einen Donnerwagen habe — und das ist schon aus diesen beiden Stellen handgreiflich! — Noch mehr!

Psalm 68. hält Gott offenbar unter Donner und Blitz seinen Einzug in Zion, d. i. David verfertigte diese Ode nach Eroberung der Burg Zion, als die Bundeslade unter grossem Gepränge — und wärend eines Gewitters — nach Zion gebracht wurde. V. 18. heißt: „der Wagen Gottes sind Myriaden; — Tausende und aber Tausende. Unter ihnen ist der Herr! majestätisch wie auf Sinai." — Hier hat Gott wieder — nicht einen — sondern gar Myriaden Wägen. Daß der Dichter dabey ein Gewitter im Sin habe — ein ausserordentlich majestätisch fürchterliches — ist aus dem letztern Gliede des Verses klar: „Unter ihnen ist der Herr — majestätisch, wie auf Sinai!" — Der Donnerwagen ist hier zugleich Triumphswagen — Gott zieht im Triumph über seine und seines Volks Feinde (worunter die Letzten die vor kurzem besiegten Jebusiter waren, in deren Gewalt bisher noch immer die Burg Zion gewesen war,) in Zion, seiner Residenz ein. Große Könige, die ihren Siegeseinzug hielten, pflegten hinter ihrem Triumphswagen ein großes Gefolge von vielen andern Wägen zu haben — kurz mit vielen Wägen ihren Siegeseinzug zu halten. Hier hält Gott, der größte König der Welt, seinen Einzug — in einem majestätischen — ausserordentlich schrecklichen Gewitter. Ihm Einen Donnerwagen zugleich als Triumphswagen zu geben, war dem Dichter zu wenig — theils weil schon große Erdenkönige mit einer Menge Wägen im Triumph in ihren Residenzen einzuziehen pflegen, theils weil ein so schreckliches Schwewitern, als man damals in den Lüften vernam, dem Rollen eines einzigen — des gewönlich einzigen Donnerwagens — nicht änlich sah. Er giebt also dem großen Könige der Welt eine seiner Größe angemessene Anzal Donner- und Triumphswagen — Myriaden — und Tausende und aber Tausende. — Die Bekantschaft des Dichters mit der Idee vom Donnerwagen ist also auch in dieser Stelle unverkennbar — nur daß der Dichter diese Idee nach Dekorum und Umständen modificirt.

Jes. 66, 15. 16. „Sieh Jova komt mit Feuer — wie ein Sturmwetter seine Wagen — zu vergelten im grimmigsten Zorn — Er schilt — und Feuer flamt. Denn mit Feuer straft Jova — mit seinem Schwerdt alle Sterbliche — da liegt von Erschlagenen voll!" — Der Prophet malt hier sichtbare Rache, oder Strafe der Gottheit. — Er läßt sie, nach der den Propheten und den hebräischen Dichtern überhaupt eigenen Art, ihre Feinde vom Blitz niederschlagen — statt zu sagen: Sichtbare Strafe der Gottheit werde sie treffen — weil Tödung durch den Blitz die augenscheinlichste Rache des Himmels zu seyn scheint. „Feuer" — ist, wie bekant, der gewönlichste Name des Blitzes unter den Hebräern — und kan hier nichts anders als der Blitz seyn. Denn Gottes „Schelten" ist gleich bekant der Donner. — „Er schilt und Feuer flamt" — oder wie es buchstäblich heißt: „und sein Schelten (komt) mit Feuerflammen." D. i. er donnert und blitzt auf sie — seinen Donner begleiten tödende Blitze! — Schwerdt Gottes ist, wie mehrmals, ebenfalls der Blitz. S. Hiob 20, 25. Ps. 7, 13. 14. und meiner Bibel dabey Th. 3. 4. Gemälde des Gewitters in dieser Stelle ist also sichtbar genug. — Mitten in diesem Gemälde erscheinen Gottes Wagen — (im Plural — der aber vermutlich der poetische Plural ist, der Größe und Majestät bezeichnet — „Gottes Wägen" d. i. Gottes majestätischer Wagen —) Was kan dieser Wagen anders seyn, als Gottes Donnerwagen? — Will man sagen: „Gottes Wagen sind hier seine Streitwagen — er zieht wider seine Feinde, wie ein alter orientalischer König zu Felde" — Gut! — Gottes Kriegswerkzeuge sind nach der Vorstellung der Hebräer doch nichts anders, als Donner und Blitz — Gewitter, durch welche Jova zum Vortheil seines Volks ehemals so viel und große Thaten gethan hat. — Was sind also Gottes Wägen — oder sein majestätischer Wagen auch alsdenn? Antwort: Nichts anders als der Donnerwagen! — Das bemerk ich noch beiläufig, daß nach allen Regeln der Kritik in dieser Stelle ohne Zweifel statt „wie ein Sturmwetter" (כסופה) zu lesen sey, „in oder mit einem Sturmwetter (בסופה) — Sieh mit Feuer komt Jova — mit (in) einem Sturmwetter sein prachtvoller Wagen!" — und wie oft sehen wir den majestätisch furchtbaren Donnerwagen Gottes mit einem Sturmwind kommen! —

Diese Stellen zusammengenommen setzen es ganz außer Zweifel, daß die Hebräer den Donnerwagen so gut gekant haben, als Griechen und Römer. —

Aber heißt denn Cherub und der Plural davon Cherubim, geradezu der Donnerwagen? — — Cherub ist, wie gleich anfangs erinnert, eigentlich der Name

eines

eines aus gewissen mehreren Thiergestalten zusammengesetztes Thier — desgleichen man in der Natur nicht findet — ein Sphinx — Cherubim — Sphinxe! — dergleichen majestätisch-furchtbare Thiere, die Gott gleichsam sich vorbehalten — der Herrschaft des Menschen nicht mit unterworfen hat — fand die Imagination der alten, sonderlich orientalischen Welt, vor den Donnerwagen Gottes — als Thiere hierzu allein würdig oder schicklich. — Nun warens und blieben es Donnerpferde! oder richtiger: Donnersphinxe! — Donnersphinxe und Donnerwagen selbst wurden nun nach gewöhnlichem Sprachlauf auch mit einander verwechselt. — Cherub, Cherubim brauchte man nun auch, und sogar am gewöhnlichsten vom Donnerwagen selbst. — Aber ist die Verwechselung der Donnersphinxe und des Donnerwagens selbst nicht hart? ist sie möglich oder natürlich? in wie fern? und wie kam man zu den Donnersphinxen? wie zum Donnerwagen? — das alles unten. — Hier muß ich erst noch den letzten Zeugen für die Existenz der Donnersphinxe und des Donnerwagens unter den Hebräern abhören — gerade den aufrichtigsten und wichtigsten — den Propheten Ezechiel, im K. 1 und 10. — Dieser malt das Bild, wovon die Rede ist, am vollkommensten aus — er, einer der letzten der heiligen Schriftsteller des alten Bundes — gleichsam aus Güte gegen die Witzler der spätesten Nachwelt — der, ohne ihn, wenigstens die Gestalt der Cherubim, wie sie die Vorwelt gedichtet hatte, unbekannt, und die Flügel der Cherubim, (2 Mos. 25, 18 ff. 1 Kön. 6, 23 ff. 2 Chron. 3, 10.) zumal verglichen andere Stellen, wo der Cherubim oder des Cherubs gedacht wird — wahre Räthsel geblieben seyn würden. Er, der mit der alten Lehre seiner Nation vom Donnerwagen Gottes noch bekannt, noch vertraut war!

Jeder, der Ezech. 1 und 10. mit gewaschenen Händen aufgeschlagen und mit hellem Kopfe gelesen hat, wird mir zugestehen, daß der Prophet im höchsten Grade des prophetischen Enthusiasmus schreibe — daß das Bild, das er nachmals, ganz prophetische Vision sey — dessen einzelne Züge, Nebenzüge, wenn sie uns auch frappiren sollten, uns keine Zweifel wider die so starken Hauptzüge des Gemäldes schaffen dürfen. —

Der Prophet beschreibt das göttliche Gesichte, das er in einer Entzückung hatte, und in demselben Befehl erhielt, den Israeliten zu predigen. — Er erzählt also nicht wirkliche Geschichte, sondern malt Vision — Bilder göttlich erfachter Einbildungskraft. Aber es bedarf kaum der Erinnerung, daß die Zeichnung dieses Gesichts Zeichnung eines majestätischen Gewitters sey, die die mythologische Vorstellung der Hebräer vom Gewitter unter Donnersphinxen und Donnerwagen zu Grundzügen hat — eines Gewitters, aus welchem der majestätische Gott zum Propheten spricht — gerade wie im Hiob (K. 40, 1.) — Dort spricht Gott aus einem Wetter — Sturmwetter — Gewitter mit Sturm (מן הסערה) und hier beym Propheten ebenfalls (רוח סערה) Kap. 1, 4. — Sturmwind, Sturmwetter eröffnet die Scene! — Neben diesem (in demselben V. 4.) ist gleich „große Wolke und — durch einander fahrende Blitze!" — V. 13. „glühende Kohlen" (wo גחלי die Ps. 18, 13. 14. 2 Sam. 22, 13. u. s. w. vom Blitz gebraucht werden.) „Fackeln, Wolke, Feuer, Blitz!" — V. 24. „Donner des Höchsten!" — V. 25. „es donnerte!" — K. 10, 2. „glühende Kohlen" (wo גחלי s. K. 1, 13.) über die Stadt zu streuen — handgreiflich Blitze! — V. 4. „der Tempel wurde mit der Wolke und der Vorhof mit Glanz der Majestät des Jova erfüllt" und V. 18. 19. entfernt — erhebt sich beydes wieder. — Donnerwolke und Blitz wird hier jeder finden, der an 1 Kön. 8, 10. 11. 2 Chron. 5, 14. K. 7, 1. vergl. Ezech. 43, 5. denkt. („Eine Wolke erfüllte Jova's Tempel" — „Jova's Herrlichkeit (Majestät) erfüllet den Tempel." — S. meine Bibel bey diesen Stellen!) — Alle diese Ausdrücke zusammengenommen, wer verkennt das Gewittergemälde? — Und nun wie finden wir die Cherubim darinnen angebracht? — Erst ihre Gestalt, wie sie ihnen Ezechiel giebt. „Jeder Cherub hatte vier Gesichter — (eins wie ein Mensch, eins wie ein Löwe, eins wie ein Rind, eins wie ein Adler. — Ezech. 1, 10. K. 10, 14.) und vier Flügel (Kap. 1, 6. K. 10, 21.) und unter den Flügeln Menschenhände. (K. 1, 8. K. 10, 21.) Zween Flügel breiteten sie aus, so daß diese Flügel des einen Cherub die Flügel des andern seine berührten. Mit den beiden andern Flügeln deckten sie den Leib, (Kap. 1, 11.) der übrigens menschlich war (Kap. 1, 5.). Ihre Beine waren gerade, ihre Füße Rindshufe. (K. 1, 7.) Uebrigens war ihre ganze Gestalt Feuer wie Kohlenglut. K. 1, 13." —

Die

Diese Cherubim sah Ezechiel vier. (Kap. 1, 5. also vermutlich gerade noch einmal so viel, als ein alter orientalischer König Rosse vor seinem Wagen hatte!) und zwar in der Gewitterwolke. Denn den klaren hellen Himmel hatten sie über sich (Kap. 1, 22). Bei den Thieren waren Räder — — (Kap. 1, 15. ff. wer würde bey den Rädern — hier — — nicht an den Donnerwagen denken!) wie die Thiere giengen, so giengen die Räder! (V. 19. — Wie die Pferde gehn, so geht der Wagen! — —) Die Thiere wurden vom Wind getrieben, und die Räder auch! (V. 20, 21. Der Donnerwagen Gottes ist die Gewitterwolke. Das haben wir oben gesehn. Diese aber regiert — treibt der Wind! — Also! —) Die Felgen der Räder konnten sehn — hatten Augen — waren voller Augen! (Kap. 1, 18. wer denkt hier nicht an Hiob 38, 36. wo dem Blitz, dem Gewitter Weisheit und Verstand beygelegt wird — weils nach der Vorstellung der alten Welt, unter den Millionen Erdgeschöpfen nur die zu Boden schlägt, die es verdienen! S. meiner Bibel u. Th. 3. bey dieser Stelle.) — Ueber dem klaren Himmel, donnerte es. (V. 25. — Und so scheints auch bey jedem Gewitter, als donnerte es nicht in den Wetterwolken, sondern hinter, hoch über denselben!). — Auf dem hellen Himmel, den die Wetterwolke unterzogen hatte, stand was wie ein Thron, der wie Saphir aussah (Kap. 1, 26. gerade was noch fehlte, um den völligen majestätischen Donnerwagen zu haben — Der Sitz — oder der auf den (Sphinxengespann) Rädern und Axen ruhende Kasten. — Räder und Sphinxengespann ist in der Wetterwolke; aber der Sitz — der Kasten — der allezeit höher ist, als Räder, Axen und Pferde — erscheint auch dem Propheten höher; — nicht in der Wetterwolke — sondern höher — auf dem, gleich über derselben, ausgedehnten klaren, prächtigen Wolkenhimmel. — Nun haben wir den ganzen Prachtvollen Donnerwagen! — —) Es fehlt nun noch der Donnergott selbst. — — Auch der ist da! „der saß (wo er sitzen mußte!) auf diesem Thron! — in Menschengestalt. Kap. 1, 26. (der Mensch aber ist Gottes Ebenbild! also Menschengestalt die schicklichste Gestalt der Gottheit!) Das war die Gottheit! — V. 28. der Donnergott!

Alles wie schön! wie ineinander passend! — Wärs nicht wunderbar, wenn Ezechiel, bey allen ohngeachtet, keinen Donnerwagen, keine Donnersphinxe haben sollte? —

„Aber Ezech. 1, 24. wird das Rauschen der Cherubinenflügel offenbar vom Donner unterschieden. Cherubim können also nicht Donnerrosse seyn!" Antwort: Das Rauschen der Cherubinenflügel ist auch nicht nach hebräischer Mythologie der Donner! — Es mußte also auch davon unterschieden werden! der Donner ist Stimme der auf dem Donnerwagen thronenden scheltenden Gottheit! — ob auch das Rollen der Räder des Donnerwagens und das Klappern der Sphinxenhufe? steht dahin! — Dem Flügelrauschen ähnelt mehr der Wind — der Sturm, der oft Gewitter bringt. Doch dem sey wie ihm will. Mich geht das hier nicht an. Genug daß das Rauschen der Cherubinenflügel der Donner gar nicht seyn soll.

So hätte denn nun also mit dem Donnerwagen und den daran gespannten Donnersphinxen in der Mythologie der Hebräer seine Richtigkeit. Wir wollen nun sehen was die Cherubim beim Paradies machen.

1 Mos. 3, 24. „Er (Gott) vertrieb den Menschen (aus Eden) und stellte auf die Ostseite des Gartens Eden Cherubim und blinkende Schwerdtflamme, den Zugang zum Lebensbaume zu bewachen." — Schon bey dem Schwerdt wird jeder Unpartheyische, der zugleich mit der Poesie der Hebräer vertraut ist, an den Blitz denken. (S. Hiob 20, 25. Ps. 7, 13. 14. im Th. 3 und 4. meiner Bibel mit meinen Anmerkungen.) — Noch mehr aber, da es so malerisch heißt, „blinkende (hin und her fahrende, blitzende) Schwerdtflamme!" — Cherubim stehen unmittelbar vorher — und sind aller menschlichen höchstwahrscheinlichen Vermuthung nach, (wenns auch aus andern oben erwähnten Umständen nicht so gewis und handgreiflich wäre!) ein Bild des Donners — oder Gewitters überhaupt — 1) erstlich und ursprünglich die vor dem Donnerwagen Gottes gespannten Sphinxe. — 2) Der Donnerwagen selbst — welcher, wie wir oben aus zwo Stellen der Psalmen gesehen haben, nach der Vorstellung der Hebräer, die herbeiziehende dicke, majestätisch-fürchterliche Gewitterwolke ist. — Der bildliche, offenbar ein hier von Mosen gebrauchtes hieroglyphisches, ägyptisches heiliges Denkmal verrathende Ausdruck, „Gott stellte auf, oder über die Ostseite des Gartens Eden Cherubim und blinkende Schwerdtflamme, zu bewahren u. heißt also nichts anders, als „er zeigte sich,

oder

oder stand auf der Ostseite des vom ersten Menschenpaar verlassenen Paradieses, ein fürchterliches Gewitter — eine fürchterliche Gewitterwolke, aus welcher es blitzte — und dieses schreckte das erste Menschenpaar ab, das schöne Paradies je wieder zu betreten." — Wie hängt aber diese Erklärung mit der ganzen Paradiesgeschichte zusammen? — Sehr gut! besser als jede andere! — Als Adam und Eva von der schädlichen Frucht gegessen hatten — hörten sie die Stimme Gottes (d. i. den Donner), und sie versteckten sich, weil sie die Ankunft der strafenden Gottheit in diesem Gewitter befürchteten. 1 Mos. 3, 8. 10. — Im V. 24. heißts; „Gott trieb den Menschen aus — vertrieb ihn aus Eden!" — wodurch anders, als durch dasselbe Gewitter, welches vermuthlich lang anhaltend und schrecklich war? — Ganz natürlich wars, daß dieses erste Menschenpaar der Rache der Gottheit zu entgehen suchte — und lief, so lang und weit es laufen konnte, bis das Gewitter begann minder schrecklich zu werden, und nun nicht mehr über, sondern fern von ihnen zu seyn schien. Hier blieben sie und vertauschten das schöne fruchtbare Eden mit dieser minder fruchtbaren doch sicherern Gegend. So dünkte sie ihnen wenigstens! — Und nun sahen sie sich nach dem fürchterlich-schönen Eden hinum, und — sahen noch ostwärts die fürchterliche Donnerwolke stehen, und noch Blitze aus derselben herausfahren. — „Nein! dachten sie da — dahin kehren wir nie wieder! Sieh die fürchterliche Wache die Gott vor Eden hingestellet hat, uns den Zugang dahin zu verwehren!" — Verschwand auch nachher die Wolke, verschwanden die Blitze — sie waren nun doch zu furchtsam, wieder nach Eden zurückzukehren — denn sie mußten besorgen, die verschwundene Wache möchte sich plötzlich wieder zeigen, und sie desto grimmiger und schrecklicher tödten. — Nun das erzählt uns Moses — mit wenig Worten — bildlich und mit Ausdrücken, die ganz Aegyptern und ägyptische Hieroglyphen verrathen: „Gott vertrieb den Menschen und stellte auf die Ostseite des Gartens Eden Cherubim und blinkende Schwerdsflamme, den Zugang zum Lebensbaum zu verwehren." — Sind hier Cherubim nicht Donnerpferde, oder der Donnerwagen, wie die Flamme des blinkenden Schwerdts offenbar der Blitz ist? — das leidet wol nunmehr keinen Zweifel.

Wie sind denn aber die Hebräer zum Donnerwagen und zum Donnersphinxen gekommen? Natürlich wie sie zu ihrer übrigen Mythologie kamen! — durch Aegypten! Moses bedient sich (1 Mos. 3, 24.) des Worts Cherubim als Bild des Gewitters, ohne es im mindesten zu erklären. — Das setzt doch offenbar voraus, daß seine Nation, für welche er zunächst schrieb, wußte, was Cherubim seyn sollten. — Er läßt sich (2 Mos. 25, 18 ff.) von Gott befehlen, Cherubim fürs Heiligtum zu bilden — und man sieht ihm, da keine eigentliche Beschreibung derselben beigefügt wird, wol an, daß er nicht nur wußte, was Cherubim auch ihrer Gestalt nach waren — sondern daß es auch seine ganze Nation wußte. — Ists nicht handgreiflich, daß die Hebräer Idee, Bild und Bedeutung der Cherubim, als Donnersphinxe und Donnerwagen Gottes, mit aus Aegypten brachten? — Aber hatte man denn auch in Aegypten Donnersphinxe und Donnerwagen? und hat man Spuren, daß man in Aegypten dergleichen Thierkompositionen machte, als diese Donnersphinxe unter den Hebräern waren? — Das Vaterland der Mythologie der Griechen ist, wie ausgemacht, Aegypten. (S. über die Quellen der mosaischen Urgeschichte. S. 28 ff.) Die griechische Mythologie aber hat Donnerpferde und Donnerwagen — natürlich hatten sie also auch die Aegypter! und die Mythologie der Hebräer spricht vollends laut dafür. — Und würde Gott, den Moses so sehr wider alle Bildnisse, die auf die Gottheit Beziehung hatten, eifern läßt, die Bilder der Cherubim, dieser sonderbaren Gestalten, zur Verzierung etc. seines Heiligtums verordnet haben, wenns nicht aus Nachsicht gegen sein Volk geschehen wäre — wenn es nicht die Cherubim nicht nur überhaupt, sondern auch diese ihre Abbildungen zu diesem heiligen Gebrauch von Aegypten aus gekannt hätte, (wie ich hernach zeigen werde) und wie für alles Aegyptische, also insbesondere auch dafür sehr eingenommen gewesen wäre? —

Aber auch dergleichen Thierkompositionen sind recht eigentlich ägyptisch! Porphyr (Abstin. lib. 4. §. 9.) Da er von den ägyptischen Priestern redet, schreibt: „Bey diesen hat Ein Gott bis an den Hals Menschengestalt und ein Gesicht von einem Vogel, oder Löwen, oder andern Thier; ein anderer Gott hat einen Menschenkopf und die übrigen Theile von andern Thieren etc." — Nazianzen (Orat. 1. p. 19. B.) spricht von verschiedenen heiligen Bildnissen der Aegypter, „welche aus vielen Thie-

Thieren zusammengesetzt gewesen und Sphinxe vorgestellet." — Eusebius (Praep. evang. l. 3. c. 12.) beschreibt ein der Sonne geweihtes Bildniß als „mit einem Menschenleib, Widderkopf und Bockshörnern." — und das Bild des Apollo als „Menschengestalt mit einem Habichtsgesichte." — Der Sphinx, der an den Thüren der ägyptischen Tempel abgebildet war, hatte einen Leib wie ein Löwe und ein Menschengesicht, (Clem. von Alex. Strom. V. p. 171.) und sollte vermuthlich die Isis vorstellen. Wenigstens Spanheim (de Praest. & usu numismat. antiqq. p. 141.) sucht aus ägyptischen Münzen darzuthun, daß die Isis in Löwengestalt mit einem Weibergesichte abgebildet worden. — S. Spencer de legibus Hebraeor. ritualibus p. 858. aus der Pfaffischen Ausgabe. — Und der berühmte thebanische Sphinx ist ohne Zweifel ursprünglich auch ägyptisch. — Also Sphinxe sind recht eigentlich ägyptischer Herkunft, und es ist augenscheinlich, daß auch die Hebräer ihre Donnersphinxe aus Aegypten mitgebracht haben.

Dergleichen zusammengesetzte Thiere waren, wie wir aus den angeführten Nachrichten sehen, Bilder des Ausserordentlichen, des majestätischen, Furchtbaren und Schrecklichen. — (Denn die Aegypter gaben sie ihren Göttern!) — Es war daher auch ganz natürlich, daß man in Aegypten, wo man alles, alles sinnbildete, auch fürs Gewitter, dem an Schrecklichkeit, Majestät und Pracht in der Natur nichts gleicht, die reiche Einbildungskraft eine bestimmte Art von Sphinxen, zum Sinnbild schaffen ließ. — Vermuthlich nahmen die Hebräer das Sinnbild der Donnersphinxe treu mit aus Aegypten — d. i. genau nach ägyptischer Komposition. Nach dem Ezechiel (Kap. 1, 10. Kap. 10, 14.) waren die Cherubim aus Mensch, Löwe, Rind, Adler zusammengesetzt — gerade aus den vieren, welche die Morgenländer für die stolzesten und majestätischsten hielten. Das thalmudische Sprichwort: „vier sind die Stolzen in der Welt: der Löwe unterm Wild; der Stier unterm zahmen Vieh; der Adler unterm Gevögel; der Mensch über alle" ist bekant. (S. Schindlers Lex. Pentagl. col. 286. und Spencer a. a. O. S. 853.) — Man sehe auch Offenb. Joh. 4, 6. 7. — Allein es ist doch noch die große Frage, ob das Sprichwort so alt ist, daß es den Donnersphinxen, die offenbar [illegible] Nichts sind. Daseyn und Gestalt geben konte? Da hieran billig sehr zu zweifeln ist: so frage ich: Was mag sonst zur ersten Bildung oder Erfindung dieser Donnersphinxe den Aegyptern die nächste Veranlassung gegeben haben? — Je sinnlicher man sie denken könte — desto angemessener wär sie jener Kindheit der Welt, desto wahrscheinlicher!

Gewitter sah man am Himmel; ganz räthselhaft waren ihre Ursachen. In Aegypten war man schon in unglaublich frühen Zeiten gewohnt, über alles zu philosophiren — alles zu erklären. — Die wahren physikalischen Ursachen des Gewitters spähte man aber vergeblich aus — sie blieben, was sie zuvor gewesen waren, Räthsel. — Man sah nun sinnlicher, der kommenden Wetterwolke entgegen, und ließ die wohlthätige Einbildungskraft, einen unangenehmen Mangel der Naturkenntniß ersetzen. Sphinxe, Bilder des Außerordentlichen, der Majestät und Pracht waren längst geschaffen und dem schöpferischen Beobachter bekant — auch Wägen kante er, (denn Aegyptern hatte den Gebrauch der Wägen zuerst!) — Was Wunder, wenn er in der so auffallend sich von dem klaren ägyptischen Himmel unterscheidenden Wetterwolke die Ankunft der erzürnten Gottheit auf einem Prachtwagen zu sehen glaubte, und Sphinxe, diese so sehr schicklichen Kunstgeschöpfe, davor spante? (denn der Wagen muß ein Thiergespan haben, das ihn zieht!) — der Einbildungskraft kans leicht seyn, in der Gestalt der Wolken alles zu finden — alles zu sehen! und sonderlich die Anfangs- oder die Endgestalten heraufziehender Wolken haben oft so viel Mannigfaltigkeit, daß die müßige Einbildungskraft viel Unterhaltung in ihnen findet. — Sinnlichen Beobachtern kam also die herbeiziehende Wetterwolke als Gottes majestätischer Wagen vor; — ihr sich kreisendes aber sphärisches Gewölk, als die Räder — und voran — Sphinxengestalten — als Gottes majestätische Rosse, die seinen Prachtwagen zu ziehen schienen. — Und so waren Donnersphinxe und Donnerwagen fertig! — Auf diese Weise sind vielleicht alle Sphinxengestalten, die die Aegypter ihren Göttern gaben, und die sie am Himmel bisweilen wahrzunehmen glaubten, entstanden. —

Diese Sphinxengestalten, vielleicht gleich ursprünglich aus Mensch, Löwe, Rind und Adler zusammengesetzt, — die man vor dem Donnerwagen Gottes bemerkt zu haben glaubte, schrieb man im Nachbilde als Symbole des Gewitters nieder. Sie waren nun

Bild der kommenden Wetterwolke! — Wie diese scheinbaren Sphinxgestalten ein Theil (und zwar der vordere Theil) der Wolke (als des Donnerwagens Gottes) waren; — so konnten sie füglich zum Bild des Ganzen — der Gewitterwolke selbst gemacht — und so konnten also die Sphinxe am Donnerwagen, (die wenigstens bey den Hebräern Cherubim hiessen) für den ganzen Donnerwagen, oder die ganze Gewitterwolke gesetzt werden, wie auch unter den Hebräern gewönlich war. S. 1 Mos. 3, 24. —

Doch das sey so, wie ich hier vermutet habe, oder anders! — genug die Hebräer hatten den Donnerwagen und Donnerschimmer in ihrer Mythologie — und zwar aus Aegypten — und diese und jenen nannten sie Cherub, auch in der mehrern Zal: Cherubim! —

Cherubim sind also zunächst die Sphinxe vorm Donnerwagen Gottes; — dann der Donnerwagen selbst — kurz: Bild des herbeiziehenden majestätischen Gewitters. — Wie das Gewitter selbst ein sehr bequemes, schickliches Bild der Pracht und furchtbaren Majestät ist — so wards auch sein Bild, der Cherub, oder die Cherubim! — Als solches mußten zween Cherubim auf dem Deckel der Bundeslade, des sichtbaren Throns der unsichtbaren Gottheit gesetzt, (2 Mos. 25, 18 ff.) und eben dergleichen in die Tapeten der Stiftshütte gewebt werden, (2 Mos. 26, 1.) statt der Inschrift: „Majestät!“—

In eben dieser Bedeutung wird der König von Tyrus vom Propheten Ezechiel (K. 28, 14. 16.) ein Cherub genannt — d. i. furchtbare Majestät — ein majestätisch-furchtbarer König. —

12. „Vollkommenster! — der Weisheit voll — ganz Schönheit du!
13. „Im Gottesgarten Eden wonest Du!
„Der Edelsteine Menge schmückt dich,
„Rubin, Topas und Diamant
„Und Chrysolith, Onych, Jaspis und Saphir,
„Carfunkel und Smaragd und Gold —
14. „Ein Cherub bist du, der beschattenden (Gewitterwolke) Bild!
„Ich setze dich auf Gottes heiligen Berg,
„Und unter blitzendem Gesteine wandelt'st du!
15. „Fromm warst du sonst in deinem Thun, vom Tage deines Werdens an,
„Bis Unrecht endlich an dir funden ward! —
16. „Bey deiner Handlung Größe wurden ungerechter Güter deine Kammern voll —
„Du sündigtest; — drum will ich dich entweiht dem Gottesberg entrücken —
„Vertilgen, Donnercherub, dich, vom blitzenden Gesteine weg!
— — — — — —
17. „Stolz ward dein Herz ob deiner Schöne —
„Zum Bösen wandest Du deine Klugheit an.
„So will ich auch, ob deines Stolzes, dich zu Boden stürzen,
„Vor Andrer Kön'ge Augen dich zum Schauspiel machen! —
18. „Mit dem, was unrechtmäßig Du und ungerecht erhandeltest,
„Entweihe'st du deine Heiligtümer — —
„So breche dann aus deinem Mittel Feuer aus
„Und es verzehre dich! So sey ein Aschenhaufe auf der Erde,
„Vor aller Antlitz, die dich sehn! rc.

Der Prophet zeichnet das damalige glänzende Glück den beneidenswertesten Wolstand des Königs zu Tyrus, und den ihm bevorstehenden Sturz, mit dem Glück und Fall des ersten Menschenpaars. Alle Ausdrücke malen zunächst den zweifachen Zustand der ersten Menschen, den vor und den nach dem Fall, und dann wendet sie der Prophet auf den König zu Tyrus an. — Daher die drei Prädikate im V. 12. — Daher ist Eden seine Wonung! — (Eden nämlich im weitläuftigen Sin des Worts, da es überhaupt eine anmutige, fruchtbare Gegend bezeichnet — und das war die Meerküste, die das Reich des Königs von Tyrus ausmachte.) Daher auch der Cherub, der in der Geschichte des Paradieses mit vorkomt! — nur aber in einem andern Verstande! — Die übrigen Anspielungen aufs Paradies und dessen Bewoner, laß ich die Leser selbst entdecken, und die völlige Aufklärung dieser Stelle verspar ich, als nicht hieher gehörend, in meine Bibel! — Doch kan ich nicht unbemerkt lassen, daß „Gottes heiliger Berg, Gottesberg“ V. 14. 16. der allen, auch noch den neusten und größten Auslegern räthselhaft geblieben ist, — nichts anders als das Land Canaan sey, wovon die phönicische Küste ein Theil war, wie südlicher das Philisterland. Canaan heist, weil es sehr bergigt ist, mehrmals geradezu der Berg. — Berg Gottes,

Eigenthumsberg Gottes (aus bekannten Ursachen) siehe 2 Mos. 15, 17. Psalm 78, 54. — Daß das „blitzende Gestein" (eigentlich Feuersteine) blitzende Edelsteine sind, wie „Feuer" (אש) der Blitz — bedarf kaum der Erinnerung. Doch genug! — Nun ein Paar Worte vom Cherub in dieser Stelle! (Ezech. 28, 14. 16.) — Der König von Tyrus heißt hier so, offenbar zur Bezeichnung seiner furchtbaren Majestät! — Zum Cherub, nach seiner ursprünglichen Bedeutung, setzt der Prophet ein Epitheton hinzu, das für die Idee, die man von den Cherubim gehabt, ganz entscheidend ist: „Cherub, des Bedeckenden, oder Beschattenden (הסוכך) Bild (מסכת)" — das „Bedeckende oder Beschattende" ist ohne Zweifel ein poetischer Name der Gewitterwolke. Dergleichen elliptisch stehende, als Substantiva gebrauchte poetische Adjectiva sind aus dem Reichtum der orientalischen Dialekte, sonderlich des Hebräischen und Arabischen, Tausende bekannt. — Im V. 16. heißts blos „Cherub des Bedeckenden oder Ueberschattenden" d. i. Wetterwolkencherub — Donnercherub! — So trifft Alles, Alles, bis auf die unbeträchtlichsten Kleinigkeiten, zusammen! —

Anmerk. 1. Häufig kommt der Ausdruck vor: „Gott sitzt oder thront auf den Cherubim. Gott, der über den Cherubim thront" 1 Sam. 4, 4. 2 Sam. 6, 2. 2 Kön. 19, 15. 1 Chron. 14, (13) 6. Jes. 37, 16. Psalm 80, 2. Psalm 99, 1. Ebr. 9, 5. das ist zunächst: „auf der Bundeslade" (dem irrdischen Thron Gottes) auf deren Deckel zween Cherubim abgebildet waren: und dann, in so fern die Bundeslade ein Bild des Donnerwagens Gottes war — so viel, als: „im Himmel" — „auf den Wolken" — Gott, der im Himmel thront, — der Donnergott — der Allmächtige — allein wahre Gott! —

Anmerk. 2. Ezech. 10, 14. steht Cherub in einem besondern Sinne: „Cherubsgesicht" für „Ochsengesicht" — vergl. Ezech. 1, 10. also Cherub für Stier oder Ochs. — Hier sah der Prophet auf die Etymologie des Worts: כרב im Chaldäischen und Syrischen heißt pflügen, ackern — daher ܟܪܳܒܳܐ (Chrobo) die Furche, — geackert Feld — auch das Ackern, Pflügen. ܟܪܽܘܒܳܐ (Cherubo) der Ackermann. — כרוב (Cherub) würde also ganz natürlich das Thier seyn können, womit man pflügt — welches bey uns meistentheils und im Oriente, sonderlich unter den Israeliten, allzeit Ochsen waren — also der Ochs, Stier! Bos arator.

## Chesed.

Ein Sohn Nahors von der Milca. 1 Mos. 22, 22. Man macht ihn hier und da zum Stammvater der Casdim (Casdäer d. i. Chaldäer); allein unrichtig. S. Chaldäa. Chaldäer. —

## Chesib.

1 Mos. 38, 5. sonst mit dem prophetischen Ruf Achsib genannt. S. Achsib No. 1.

## Chesil.

Eine Stadt im Stamme Juda. Jos. 15, 30. Uebrigens unbekannt. Eusebius nennt sie Xil und setzt sie in den südlichen Theil dieses Landes.

## Chessalon.

Stadt im Stamme Juda. Jos. 15, 10. Sonst unbekannt.

## Chesulloth.

Jos. 19, 18. ist vermuthlich mit Chisloth-Thabor einerlei. Ein Ort auf der Gränze des Stammes Sebulon. Der letztere Name hilft die Lage dieses Orts genauer bestimmen. Er lag aber vermuthlich am Berge Thabor, und ist vielleicht auch mit Thabor 1 Chron. 7, (6) 77. einerlei, und ist nach dieser Stelle, vom Stamme Sebulon, den Leviten vom Geschlecht Merari abgetreten worden. — Jetzt ists ein Dorf, heißt Dabari, Dabira, und liegt an der Südseite des Berges Thabor.

## Chileab.

Ein Sohn Davids, und zwar der zweite, den David mit der Abigail zu Hebron zeugte. 2 Sam. 3, 3. 1 Chron. 3, 1.

## Chilion.

Ein Sohn Elimelechs und der Noemi aus Bethlehem; zog bey einer großen Hungersnoth mit ins Land der Moabiter, heirathete da eine mit Namen Arpa, und starb noch in diesem Lande, ohne Kinder. Ruth 1, 1-5.

## Chimeham.

Ein Sohn des biedern Gileaditers Barsillai. David nam ihn, nach der Schlacht wider den Rebellen Absalom, mit nach Jerusalem an den Hof, und erzeigte ihm, in Rücksicht seines edlen Vaters, der die Ehre, (die seinem Sohn wiederfuhr) Alters halben ausgeschlagen hatte, viel Gnade. 2 Sam. 19, 37 bis 40. —

## Chinnereth.

S. Cinnereth oder Cinnaroth.

## Chitthim. Kitim.

Bochart (Phaleg libr. 3. c. 5.) und Hr. Ritt. Michaelis (Spicileg. Geogr. Hebr. ext. post Bochart. Tom. I. p. 103 sqq.) verstehen den mittlern Theil von Italien, oder das alte Latium (Lateinerland) darunter — folglich Rom — die Römer. Auch ich war der Meinung, (s. meine Bibel Th. 1. bey 4 Mos. 24, 24. und Th. 3. bey 1 Chron. 1, 7.) weil sich die Römer in alle Stellen, wo Chittim vorkommt, theils sehr gut, theils doch zur Noth — schicken rc. Allein Calmets Meinung (s. dessen Kommentar bey 1 Mos. 10, 4. und bibl. Wörterbuch unter Chitim.) daß Chittim Macedonien sey, und zu welcher sich auch Hr. R. Michaelis (bey 1 Macc. 1, 1. Anmerk. S. 3.) zu neigen scheint, verdient alle Aufmerksamkeit. Denn

1) Chittim ist nach 1 Mos. 10, 4. 1 Chron. 1, 7. ein Sohn Javans (d. i. Griechenlandes, oder der Griechen) d. i. die Chitthim, Chitäer stammen von den Griechen ab — sind eine griechische Kolonie. Ists nicht weit warscheinlicher, daß die Chitäer die Macedonier sind, als die Römer? —

2) In dem Namen Macedonien findet sich auch von Chitthim Spur. Nach dem Hesychius hat Macedonien μακετία und ein Macedonier μακετὲς geheissen; μακετις hieß eine Macedonierin, (Suidas. S. 414.) und Makednos ist der älteste Name des Bergs Pindus. (Herodot B. 1. K. 56.) Vergl. Michaelis bey 1 Macc. 1, 1. S. 3. —

3) Der Verfasser des ersten Buchs der Maccabäer sezt Chitthim (χεττιείμ) geradezu für Macedonien. Kap. 1, 1. thut Alexander der Große seinen Feldzug aus Chitthim, d. i. Macedonien, und Kap. 8, 5. heißt Perseus Κιτιαίων βασιλεὺς König der Kitiäer, Chitthäer! —

4) Macedonien, Macedonier schicken sich auch zu 4 Mos. 24, 24. schicklich — weit besser, als die Römer. Denn jene haben Assyrien und so viele von Ebers Nachkommen bevölkerte Länder bezwungen — und Arbela, wo Alexander den entscheidenden Sieg erfocht, lag mitten in Assyrien. —

Wegen der Stellen Jes. 23, 1. 12. Jerem. 2, 10. Ezech. 27, 6. Dan. 11, 30. muß ich, um hier nicht zu weitläuftig zu werden, auf meine Bibel rc. verweisen. —

## Chiun.

Amos 5, 26. Eine heidnische Gottheit, und zwar der Saturn. Schon Aben Esra bemerkt, daß der Saturn im Arabischen und Persischen Chewan (כֵּיוָן) heisse. In dem persisch-türkischen Etymologicum Dorision, welches durch den berühmten Jac. Golius in Europa bekannt worden ist, kommt im Kap. 1. unter den Gestirnen der Saturn unter dem Namen Chaiwan (كَيْوَان) vor, und in dem berühmten arabischen Lexicon Kamus wird Chiun (كيون) durch رَجُلٌ مَمْنُوعٌ Vir rigidus et austerus erklärt. In der That ein schicklicher Name des Saturns! — Die Alexandrinischen griechischen Uebersezer sezen für das hebr. Chiun (כִּיּוּן) Remphan oder Rephan, Räiphan rc. und eben so lesen wir auch Apostg. 7, 43. Rephan, oder Remphan aber ist der ägyptische Name des Saturns — und nun ists begreiflich, wie die Alexandriner für Chiun Remphan sezen konnten — und wie auch Apostg. 7, 43. Remphan für Chiun stehen kan. Verg. Lud. de Dieu Crit. Sacr. bey Apostelg. 7, 43. S. 556 ff.

## Chor.

1) So viel als Schaar — Propheten, heiliger Sänger, 1 Sam. 19, 20. Vermuthlich eine sogenannte Prophetenschule. S. meine Bibel Th. 2. d. d. St.

2) Das hinterste Gemach der Stiftshütte oder des Tempels — das Allerheiligste. S. Hütte des Stifts. Tempel.

3) Im Hebräischen Machalath, Ps. 53, 1. welches entweder ein musikalisches Instrument, und zwar eine Flötenart ist, oder der Anfang eines zu Davids Zeit bekannten alten Liedes mit einer eigenen Melodie ist. S. m. Bibel Th. 4. bey der angeführten Stelle.

4) Ein Lied im höhern Chor. Hebr. שיר המעלות oder שיר למעלות. So sind funfzehn Psalmen überschrieben, nämlich Ps. 120/134. — Diejenigen, welche „Stufenlied, Stufenpsalmen“ übersezen, meinen, es wären diese Psalmen auf einem erhabenen Ort, zu welchem man auf Stufen gestiegen, gesungen worden. Allein das ist leere Vermuthung. — Außer diesem hat man noch hundert Träume über die sogenannten Stufenpsalmen, die ich hier billig übergehe. Was ich im Th. 4. meiner Bibel bey Psalm 120, 1. darüber geschrieben habe, halt ich für das

Wat

Warscheinlichste: Mahala heist der „Hinaufgang" und wird Esr. 7, 9. von der Reise der Israeliten aus Babylonien nach Jerusalem gebraucht. Und diese Bedeutung (Hinaufreise — nämlich nach Jerusalem) hat das Wort vermutlich auch hier. Schire-Hammahaloth wären also Lieder, die bey gewissen feierlichen Reisen nach Jerusalem gesungen worden, z. B. auf der Rückreise der Israeliten aus dem babylonischen Exilium — auch wenn sie auf die hohen Feste nach Jerusalem reisten. Denn die morgenländischen Caravanen pflegen unter Musik abzureisen, und auf der Reise Lieder zu singen, und mit Instrumenten dazu zu accompagniren. S. 1 Mos. 31, 27. vergl. Brod. über den Orient Th. 1. S. 415 ff. Man darf aber nicht glauben, als wären diese funfzehn Lieder auf dergleichen Reisen erst verfertigt worden. Denn einige, oder wol gar die meisten sind offenbar alte Lieder, die nur auf jenen Reisen aus dem Vorrat heiliger Lieder ausgehoben wurden, weil solche Ausdrücke darinnen vorkommen, um welcher Willen sich diese Lieder auf jene Zeit und Umstände zu schicken schienen.

## Chorazin.

Ist eine von den drei Städten, in welchen Jesus seine meisten Thaten verrichtet, und deren Einwoner demohngeachtet ungebessert blieben, daher der Heiland das Weh über sie ausrief. Matth. 11, 20-24. Luc. 10, 13. 14. 15. Man pflegt sich zu wundern — und es ist auch allerdings auffallend, daß dieser Ort, da doch Jesus so viel Thaten daselbst verrichtet, weiter nirgends bey den Evangelisten vorkomt, auch nicht bey irgend einem andern alten Schriftsteller, z. B. dem Joseph ꝛc. Einige haben daher gemeint, Chorazin wäre gar keine Stadt, sondern eine Gegend, es sey nämlich χωρα Ζιν zu lesen, d. i. Gegend Zin. Allein diese Vermutung hat nicht weniger als Alles wider sich, wie man beim Büsching (dessen geogr. Beschr. von Palläst. Th. 2. B. 4. S. 701. 702.) nachlesen mag. Chorazin war, wie klar aus Matth. 11, 20. erhellet, eine Stadt. Bachiene etymologisirt eine Waldstadt daraus, und schreibt den Namen Chorazin חֹרָשִׁין von חֹרֶשׁ der Wald. — Allein Chorazin muß im Hebräischen entweder חֹרָזִין oder כֹּרָזִין geschrieben werden. Wenn aber auch Chorazim nicht so viel als Wälder — oder Waldstadt bedeutet: so kan die Stadt deswegen doch jenseits des galiläischen Sees in dieser waldigten Gegend gelegen haben, wohin sie auch gemeiniglich gesetzt wird. Nach dem Brochard waren jenseits des Jordans, der 2 Stunden Wegs von Kapernaum in den galiläischen See falle, noch die Trümmer von Chorazin zu sehen. Andrichomius setzt Chorazin mit dem Hieronymus nur 2 römische Meilen, d. i. etwas über eine halbe Stunde Wegs von Kapernaum. Eusebius aber setzt sie zwölf röm. Meilen von einander, und zwar Chorazin ebenfalls nach Galiläa, folglich auf die Westseite des galiläischen Sees. — Kurz, die Lage der Stadt ist, wie viele andere in der Bibel erwänte Städte, ungewis.

## Christ.

Ein Anhänger Christi und seiner Lehre. Der Name Christen (Christianer) wurde zuerst in der Gemeine zu Antiochien eingefürt. Apostg. 11, 26. — Sonst komt dieser Name K. 26, 28. und 1 Petr. 4, 16. noch vor. — Sonst wurden die Christen Brüder, Auserwälte, Heilige, Gläubige ꝛc. genant; und von den Heiden gewönlich Nazarener und Galiläer, weil Christus aus Nazaret in Galiläa war.

## Christus

Oder ohne die griechische oder lateinische Endigung Christ. (Luc. 2, 26. und in noch vielen Stellen!) — Ist das hebräische Wort Messias (משיח Maschiach) griechisch übersetzt, und heist „ein Gesalbter — ein König" — als Messias ward Jesus den Juden angekündiget Luc. 2, 11. Apostg. 2, 36. Joh. 20, 31. und dafür erkanten ihn auch seine Jünger, Matth. 16, 16. Luc. 9, 20. Joh. 6, 69. mit seiner eignen Bestimmung Matth. 16. 17, 20. Luc. 9, 21. Aber es ist auch ausgemacht (schreibt Hr. Probst Teller, Wörterb. des N. T. S. 66. der Edit. 3.) daß sie sich nichts weiter als einen irdischen König dabei dachten, und bis ans Ende seines Lebens dabei beharreten. —

S. Jesus, und im 3ten Haupttheil oder dem biblischen Verbalbegrif. unter Christus.

## Chronika.

Bücher der Chronik. Hebräisch Dibré-Hajjamim (דברי הימים) d. i. Tagebücher, Jahrbücher, Annalen — nemlich des Jüdischen Volks, bis auf die Rückkehr aus dem babylonischen Exilium. — griechisch: Paralipomena d. i. „was" (nämlich in den, der Zeit nach, vorhergehenden historischen Büchern, Samuels und der Könige) „übergangen, oder ausgelassen worden„ — Zusätze, Supplemente. Und die Hauptabsicht des Verfassers dieser Bücher war offenbar, das, was in den Büchern Samuels und der

Könige entweder ganz ausgelassen, oder doch nur kurz erzählt worden war, hier nachzuholen und, rückfichtsweise ausführlicher zu erzählen.

In den Büchern der Könige wird oft eine Chronik der Könige Juda und Israel angeführt (als 1 Kön. 11, 41. Kap. 14, 19. 29. Kap. 15, 7. 23. 31. Kap. 16, 5. 14. Kap. 20, 27. Kap. 22, 39. 46. 2 Kön. 1, 18. Kap. 8, 23. Kap. 10, 34. u. s. w.) Diese aber darf man ja nicht mit den in unserm Kanon stehenden Büchern der Chronik verwechseln, als welche offenbar jünger, als die Bücher der Könige sind und blos die Geschichte der Könige Juda enthalten. —

Was hats denn — mit den Büchern der Chronik für eine Bewandniß? aus was für einer Quelle sind sie geflossen? — ohne mich hier auf Anführung und Beurtheilung anderer Meinungen einzulassen, trag ich meine Meinung vor, die man im Th. 3. meiner Bibel rc. vor den Büchern der Chronik. S. 1. ff. mit Gründen unterstützt, ausführlicher nachlesen kann.

Es gab zwo verschiedene Chroniken der Könige: eine, am königlichen Hof geschrieben von besondern königlichen Historiographen (vor der Theilung des Reichs, unter David und Salomo, zu Jerusalem; nach der Theilung aber, in den beiderlei Residenzen der Könige Juda und — Israel — also von dieser Zeit an zwo Partikularchroniken der verbrüderten Israelitischen Könige, die aber zusammen als Ein Werk zu betrachten sind —) und eine von Propheten geschrieben. — Aus der letztern sind die Bücher Samuels und insbesondere die Bücher der Könige, und aus der erstern (doch nur aus der jüdischen Hof- und Reichschronik) unsere Bücher der Chronik geflossen, welche vielleicht auch dieser ihrer Quelle wegen den Namen Chronik (דברי הימים) erhalten haben mögen.

Die Verfasser der Bücher der Könige und der Chronik verweisen jeder auf des Andern seine Quellen; der Verfasser der Bücher der Könige auf die Chroniken der Könige Juda und Israel, aus welchen unsere Bücher der Chronik flossen, und der Verfasser dieser unserer Bücher der Chronik verweiset auf die von Propheten geschriebene Chronik, oder Geschichte der Könige, woraus die Bücher Samuels und der Könige auszugsweise geflossen sind. Und das ist auch sonst die Art hebräischer Geschichtschreiber, daß sie sich, zum Beweis der Glaubwürdigkeit ihrer Erzählung, auf gewisse berühmte Werke berufen, die das, was sie erzählen, bestätigen. S. 4 Mos. 21, 13-15. — B. 27. Jos. 10, 13. rc.

Wie kommt es aber, wenn die Bücher der Könige und der Chronik aus zwo verschiedenen Quellen geflossen sind, daß so manche Perikopen in diesen Büchern so ganz wörtlich mit einander übereinstimmen? Sollte man nicht vielmehr glauben, beide Werke hätten Eine Quelle? — Antwort: da der Verfasser der Bücher der Chronik Supplemente zu den Büchern Samuels und der Könige liefern wollte: so gieng er, um nicht sehr trockne Supplemente zu liefern, auf folgende sehr natürliche Art zu Werke: die größern und beträchtlichen Zusätze trug er, in ganz neuen Perikopen, in sein Werk über; um aber auch die kleinern Zusätze, die oft nur aus Einem, oder ein Paar Worten bestunden, ohne Trockenheit mit zu bemerken, — nahm er die Geschichte, wozu sie gehörten, wörtlich aus den Büchern Samuels und der Könige, und schaltete hier die in den königlichen Hof- und Reichsannalen gefundenen Differenzen, oder Zusätze, genauere Bestimmungen u. s. w. ein, und was er von dem, was in den Büchern Samuels und der Könige stand, in seiner Quelle nicht fand, ließ er aus. — Alles dieses hab ich im Th. 3. meiner Bibel rc. S. 8-10. weitläuftiger untersucht und nach vieler kompetender Richter Urtheil zu einem hohen Grad der Wahrscheinlichkeit gebracht.

Der Verfasser der Bücher der Chronik ist vermuthlich Esra. Man macht ein Paar Einwürfe dagegen, die zwar sehr stark scheinen, aber in der That von gar keinem Belang sind. S. m. Bibel rc. a. a. O. — S. 13.

Die Wichtigkeit und das kanonische Ansehen der Bücher der Chronik ist, wenn man die ehrwürdige Quelle, woraus sie geflossen sind; die so sichtbare Treue und Aufrichtigkeit des Verfassers — der sie aus den Annalen der Könige Juda kompilirte; die überaus wichtigen Nachrichten, und Zusätze zu den Büchern Samuels und der Könige, die sie enthalten; ihre Aufnahme unter die heiligen Bücher der Juden, unter welchen wir sie in allen Verzeichnissen, die wir davon haben, mit aufgezählt finden, — — in Erwägung zieht, augenscheinlich und außer Zweifel. — Hieronymus (Epist ad Paulin. Tom. 4. fol. 3.) der die Bücher der Chronik studiert und den Werth derselben eingesehen hatte, schreibt: „Man würde sehr irren, wenn man ohne die Bücher der Chronik zu

lesen

launen, sich einer wahren biblischen Gelehrsamkeit rühmen zu können, glauben wollte." —

## Chrysolith.

Ein Edelstein, der Offenb. Joh. 21, 20. unter diesem griechischen Namen, und 2 Mos. 28, 20. unter dem hebräischen Namen Tharschisch (תרשיש) vorkommt, in welcher letztern Stelle Luther den Türkis dafür setzt. Vergl. Ezech. 1, 16. Hohel. 5, 14. Dan. 10, 6. — Der Chrysolith der Alten ist der Topas; und umgekehrt der Topas der Alten ist unser Chrysolith. S. D. Brückmann Abh. von Edelgesteinen S. 186. und Dutens des pierres precieuses et des pierres fines. (A Paris 1776. S. 55. Nach dem letztern ist der orientalische Chrysolith der Stein, den man Peridot nennet, und eine schöne Apfelgrüne Farbe hat. S. unten Türkis.

## Chrysopras.

Ein Edelstein, der eine Gattung vom Chrysolith ist. Der Chrysolith ist ein gelber Stein mit einem leichten Anstrich von Grün gemischt. Wenn er eine Lauchgrüne Farbe hat: so heißt er Chrysopras. Offenb. Joh. 21, 20. — Vergl. die beim vorigen Artikel angeführten Schriftsteller.

## Chub.

Chubäer. Ein Volk, das entweder unter Aegypten stand, wenigstens in einer Allianz, oder doch den Aegyptern Truppen in Sold gegeben. Ezech. 30, 5. Hr. R. Michaelis schreibt bey dieser Stelle: „Kubier. So viel ich es verstehe, ein sehr südliches Volk, am indianischen Meer, das entweder den Aegyptern Hülfstruppen vermiethete, oder gar unter ihnen stand; denn Pharao Necho, der Afrika umschiffte, möchte doch wohl Handelsplätze, auch sehr südliche, am afrikanischen Ufer besessen haben. Unter dem achten Grad nördlicher Breite haben die alten Erdbeschreiber am indianischen Meer Kube, eine Handelsstadt."

## Chun.

Eine Stadt im Nordöstlichen Syrien (Aram Zoba) aus welcher David (wie aus Tibehat) sehr viel Kupfer erbeutete. 1 Chron. 19, (18,) 8. — Für Tibehat und Chun stehe 2 Sam. 8, 8. Betha und Berothai. — Tibehath und Betach können wol Eine und eben dieselbe Stadt seyn, nur unter veränderten Namen; aber auch (wie man vermuthen sollte) Chun und Berothai? Dazu kann ich weder Ja! noch Nein! sagen. Hält man Chun für eine von Berothai verschiedene Stadt: so müßte man an das Conna des Ptolemäus denken, das in Antonins Reisebeschreibung Conna heißt.

## Chus.

Ein Sohn Hams d. i. ein von Ham abstammendes Volk, von welchem auch Nimrod abstammte. 1 Mos. 10, 8. 10. — Die Chusiten, oder Cuschiten wohnten ursprünglich im glücklichen Arabien und zwar am indianischen Meer. Nachher gieng eine Kolonie davon über den arabischen Meerbusen, und nahm die südlich an Aegypten stoßende Landschaft ein, und behielt nicht nur den Namen Cuschiten bey, sondern hatte auch oft mit den arabischen Cuschiten einerlei Könige. Die letztern (die afrikanischen) Cuschiten sind die Aethiopier, die heutiges Tages Habessinier heißen. Sie nennen sich in ihrer Sprache „Uebergesetzte" weil sie aus Arabien über den arabischen Meerbusen gesetzt sind, um sich in Afrika niederzulassen. Wenn der Cuschiten in der Bibel erwähnt wird: so hat man diese zweierlei Cuschiten, die arabischen und afrikanischen, wol im Sinne zu behalten, um nicht immer nur an die afrikanischen Cuschiten oder Aethiopier zu denken, als welche nur eine Kolonie, oder ausgewanderte Cuschiten sind. Luther setzt immer, ohne Unterschied, Mohren, Mohrenland (Aethiopes, Aethiopia.[1]) aus eben diesem geographisch-genealogischen Irrtum. Vergl. Hrn. R. Michaelis Spicileg. Geogr. Hebr. ext. post Bochart. Tom. I. p. 143. sqq. — S. auch unten Mohren; Mohrenland.

## Chusa.

Des Herodes Agrippa Haushofmeister, der Ehemann der Johanna. Luc. 8, 3.

## Chuth.

2 Kön. 17, 30. S. Cutha.

## Cilicia.

Eine Landschaft in Kleinasien, am mittelländischen Meer, wo der Apostel Paulus, der aus Cilicien gebürtig war, (denn Tarsus, die Hauptstadt dieses Landes, war der Geburtsort des Apostels. Apostelg. 21, 39. K. 22, 3. K. 23, 34.) und wo er auch die Lehre Jesu geprediget hatte. Apostg. 15, 23. Gal. 1, 21.

## Cinnamet.

Zimmt. 2 Mos. 30, 23. Spr. Sal. 7, 17. Sir. 24, 20. Offenb. Joh. 18, 13. S. Zimmt.

## Cinnereth. Cinneroth.

Chinnereth oder Chinneroth.

1) Eine

1) Eine Stadt im Stamme Naphthali, Jos. 19, 35. am galiläischen See, welche ehemals von dieser Stadt denselben Namen erhalten hat. S. No. 2.

2) Ein unter diesem und mehreren andern Namen berümter See. Er wird meist ein Meer genant. 4 Mos. 34, 11. 5 Mos. 3, 17. Matth. 4, 18. Joh. 6, 1. Sein ältester Name ist Chinnereth, oder Chinneroth (4 Mos. 34. 11. 5 Mos. 3, 17. Jos. 12, 3.) den er von der daran liegenden ehemals vermutlich beträchtlichsten Stadt (No. 1.) erhalten hat. Nachher bekam er den Namen Tiberias (Meer Tiberias, Tiberiadische See) von der Stadt Tiberias, die damals die beträchtlichste an diesem See gewesen. Joh. 6, 1. Kap. 21, 1. — Von der ganzen nahe bey diesem See gelegenen Landschaft Galiläa erhielt der See auch den Namen Meer von Galiläa, oder galiläisches Meer. Matth. 4, 18. Joh. 6, 1. — Wasser Gennesar heist auch die See, 1 Macc. 1, 66. und häufig beim Joseph; auch See Genezareth, Luc. 5, 1. von Genezareth, einem kleinen Bezirk in Galiläa. Heutiges Tages heist der See „der Tabarische See" von Tabaria, welches der heutige Name der Stadt Tiberias ist.

Die Länge des Sees beträgt nach dem Joseph (Jüd. Kr. B. 3. K. 18.) hundert, oder wie Hegesippus liest, 140 Stadien, oder ohngefär sechs Stunden, und die Breite 40 Stadien, oder etwas über anderthalb Stunden. — Er erhält sein Wasser vom Jordan, welcher mitten durchfliesst. „Man muß sich (schreibt Bachiene hist. und geogr. Beschreibung von Palästl. Th. 1. B. 1. §. 44. S. 124.) dieses Meer als ein tiefes Thal vorstellen, welches der Jordan auf seinem Wege antrift, und es also zuerst mit seinem Wasser anfüllen muß, ehe er seinen Lauf weiter nach dem asphaltischen See fortsetzen kan." — Das Ufer des Sees, vermutlich auch sein Bette, ist sandigt, und daher sein Wasser hell und klar. (Joseph a. a. O.) Rings herum liegen anmutige und fruchtbare Hügel, und vormals auch viele schöne und volkreiche Städte. — Der See ist sehr fischreich. Nach dem Joseph (a. a. O.) hat er verschiedene Arten von Fischen, die an Gestalt und Geschmack von den Fischen in andern Gewässern unterschieden sind. Die meisten Einwoner der an den Ufern liegenden Städte und Flecken ernärten sich vom Fischfang. Daher waren Philippus, Petrus, Andreas und andere Jünger des Heilandes, die von Bethsaida und andern an diesem See gelegenen Orten gebürtig waren, (Joh. 1, 45.) Fischer, ehe sie Jesus zu Menschenfischern machte. Matth. 4. 18. — Die reichen und so berümten Fischzüge Luc. 5, 4/7. und Joh. 21, 1/11. geschahen in diesem fischreichen See. Noch heutiges Tages beschreiben die Reisenden diesen See als sehr fischreich. — Auf diesem See stillte Jesus jenen heftigen Sturm (Matth. 8, 23/27. Marc. 4, 35/41. Luc. 8, 22 bis 25.); auf diesem See wandelte Jesus, und ließ auch den Apostel Petrus darauf wandeln. (Marc. 6, 48. Matth. 14, 25/33. Joh. 6, 18/21.) — An diesem See erwälte Jesus den Petrus und Andreas, Jacobus und Johannes zu seinen ersten Jüngern, als sie mit Fischen beschäftigt waren. Matth. 4, 18/22. Und auf diesem See hat Jesus in einem Schiffe stehend, einer grossen Versamlung am Ufer des Sees die Parabel vom Säemann vorgetragen. Matth. 13, 1/33. vergl. Marc. 4. Luc. 5, 1/3. — Vergl. Bachiene a. a. O.

## Cisloth-Thabor.

Jos. 19, 12. S. oben Chesulloth.

## Cisternen.

Judith 7, 12. S. oben Brunn.

## Cithlis.

Jos. 15, 40. Eine Stadt im Stamme Juda. Übrigens unbekant.

## Clauda.

Eine kleine Insel, südwestlich gegen Creta. Apostg. 27, 16. Plinius nent sie Gauda, und jetzt heist sie Gozo.

## Claudia.

Eine Frauensperson zu Rom, welche der Apostel Paulus zur Annahme der christlichen Religion gebracht hatte. 2 Tim. 4, 21. — Da Martial einer Claudia, einer Frau des Pudens gedenkt: so halten einige die Claudia für die Frau des in der angefürten Stelle bald vorher erwänten Pudens. Andere halten die Claudia für des Pilatus Gemalin. Noch andere machen sie zu noch was anders. Allein alles sind leere und dabei unnüthe Vermutungen.

## Claudius.

1) Römischer Kaiser; des Kaligula Thronfolger. Er regierte 13 Jahr 8 Monate und 19 Tage, und starb im Jahr Christi 54. Im vierten Jahr seiner Regierung fiel die Theurung ein, welche Agabus vorhergesagt hatte. Apostg. 11, 28 f. Fünf Jahre hernach ließ er die Juden aus Rom vertreiben. K. 18, 2.

— Man vermutet, daß auch die Christen, welche man mit den Juden vermenget, damals mit aus Rom vertrieben worden. Sueton schreibt von diesem Kaiser: „Iudaeos, impulsore Chresto, assidue tumultuantes, Roma expulit.“ —

2) Lysias. Ein Oberster über die römischen Soldaten, welche die Tempelbesatzung zu Jerusalem ausmachten. Er entriß den Apostel Paulus den Händen der Juden, welche einen Aufruhr wider den Apostel erregt hatten, und schickte ihn, unter einer starken Bedeckung an den Felix, nach Cäsarien. Ausführlicher stehe die Geschichte Apostg. 21, 27 ff. Kap. 22, 1 ff.

## Clemens.

Ein Mitarbeiter des Apostels Paulus. Philipp. 4, 3. Wer viele Vermutungen über die Person und den Charakter dieses Clemens gesammelt lesen will, der schlage diesen Titel in Calmets Dict. de la Bible auf.

## Cleophas.

Josephs, des Pflegevaters Jesu Bruder, der die Schwester der Maria zur Ehe hatte. Joh. 19, 25. Man hält ihn mit dem Cleophas Luc. 24, 18. und mit dem Alphäus für eine Person.

## Co.

Oder Coos, Cous, jetzt Stancora. Eine von den cykladischen Inseln, die wegen ihrer Seiden- und Wollenfabriken bekannt ist. Hier landete Paulus auf seiner Reise nach Jerusalem. Apostg. 21, 1. vergl. 1 Macc. 15, 23. —

## Coelesyrien.

D. i. das hole Syrien (ἡ κοίλη Συρία) — 1 Macc. 10, 21. So heißen die niedrigen Gegenden, oder das große Thal zwischen dem Libanon und Antilibanon. Im weitläuftigen und uneigentlichen Verstande aber heißt auch der ganze große Strich Landes, von Seleucia bis nach Aegypten und Arabien, Coelesyrien. S. Relands Palaestin. etc. p. 47. und unten Hul. Syrien.

## Colochinten.

Coloquinten, (Colocynthis.) Coloquintenäpfel, sind wilde Kürbse, (wie sie auch häufig genannt werden) und haben die Gestalt und Größe der Pomeranzen, bisweilen sind sie auch größer. Sie haben außen eine weiße lederige Haut, und ein sehr leichtes schwammigtes Mark, welches von überaus bitterm und widrigem Geschmack ist. In dem Mark befinden sich eine Menge kleiner Fächerchen, in welchen kleine platte Saamenkerne liegen, die in der Dicke den Melonenkernen gleichen, allein viel kürzer, schlechter und um ein gut Theil härter sind, an Farbe gelblicht und weiß. Die Coloquinten sind nicht nur ihrer abscheulichen Bitterkeit wegen dem Gaumen unausstehlich, sondern auch, in einiger Menge genossen, tödtlich. Sie werden in der Arzney gebraucht, aber mit großer Behutsamkeit, weil sie eine überaus hitzige und treibende Kraft haben. Zum medicinischen Gebrauch erhält man sie aus Aegypten; übrigens sind sie fast im ganzen Orient sehr gemein. Hier werden sie erst im Herbst reif (Dioscorides IV. 178.) daher sie in Europa gar selten und meist gar nie zur Reife kommen. — Die Pflanze selbst ist den Kürbispflanzen sehr ähnlich, treibt, wie diese, eine Menge Ranken, die auf der Erde hinkriechen. Die Blätter wachsen einzeln, an langen Stielen, sind breit und sehr tief eingeschnitten, sehr rauch, sonderlich auf der untern Seite, und mit weissen Flecken. Die Blüten mäßiger Größe, haben eine bleichgelbe Farbe; hinter diesen setzt sich die Frucht an, welche ihres abscheulichen Geschmacks und gefährlichen Wirkung wegen, auch Teufelsäpfel, Teufelsköpfe genant werden. Die Pflanze nennen die Perser Erdgalle (fel terrae) und die Araber Pflanze des Todes, (wegen ihres bösen Geschmacks und gefährlichen Wirkung) auch Pflanzentod, weil sie glauben sie tödte, wie ein Gift, die neben ihr stehenden Kräuter. 2 Kön. 4, 38. 39.

## Colossen.

Oder eigentlich Colassen, Colassae, wie die Stadt bey den alten Erdbeschreibern, in der syrischen Uebersetzung und in den ältesten Handschriften des N. T. heißt. Der Name Colossen (Colossae) komt vermuthlich daher, daß einige diese Stadt auf der Insel Rhodus gesucht, und ihren Namen von dem berühmten Colosso hergeleitet haben, und dieser Irrthum schlich sich dann auch durch die Abschreiber in den Text des N. T. ein. S. Michaelis Einleitung ins N. T. S. 1077. (der dritten Ausgabe in 4.) Die Stadt lag in Großphrygien, am Fluß Lycus, gleichweit von Laodicea und Hierapolis, und gieng mit diesen Städten, wenige Jahre nachher, als Paulus seinen Brief an die Colosser geschrieben hatte, in einem Erdbeben zu Grunde. Paulus hatte zwar Phrygien durchreist, allein nach Colossen und Laodicea war er nicht gekommen, wenigstens hatte er sich daselbst nicht aufgehalern. Col. 2, 1. Die christliche Gemeine zu Colossen war also nicht vom Apostel Paulus gegründet, sondern vom Epaphras, einem eifrigen Lehrer des Christenthums, unterrichtet, wie auch vermuthlich die zu Hierapolis und Laodicea. Col. 1, 7. K. 4. 12. 13. Paulus erhielt nur Nachrichten von ihrem Christenthume und ihren Gesinnungen gegen ihn. Col. 1, 4. 9. — Die Veranlassung zu Pauli Brief an die Colosser, gab die Nachricht von der Gefar, in der sich diese Gemeine befand, durch Irrlehrer auf Abwege gefürt zu werden. Epaphras hatte große Sorge dafür (Col. 4. 11.) und konte der Gemeine sobald nicht zu Hülfe kommen, weil er zu Rom in Verhaft genommen war. Philem. V. 23. — Die verfürerischen Irrlehrer in der Colossischen Gemeine waren, wie alle Umstände lehren, von derjenigen jüdischen Sekte, die man Esseer nent. Denn 1) sie lehrten Menschenlehren, leibliche Uebungen betreffend, und legten sich eine besondere Philosophie bey (Col. 2. 8. 18.). — 2) Sie hielten sich nicht an Christum, als den einzigen Mittler und das einzige Haupt der Kirche, sondern an gewisse himmlische Geister oder Engel. V. 16. 18. 19. Sie suchten also vermuthlich die christliche Lehre mit ihrer Philosophie zu verbinden, und gaben sich für Christen aus. — 3) Sie behaupteten die Notwendigkeit der Beschneidung. V. 11 : 14. Folglich waren es Juden. — 4) Sie hatten unter sich eine besondere Verehrung der Engel. V. 18. — 5) Gewisse besondere Lehrsätze von den bösen Geistern und ihren Wirkungen auf die Menschen. V. 15. — 6) Sie verboten manches anzurüren, zu geniessen, oder zu gebrauchen. V. 20. — S. Zachariä Paraphr. Erklär. der Br. P. an die Gal. Eph. Phil. Coloss. und Thessalon. — Einleitung. —

Den Hauptinhalt oder Plan des Briefs Pauli an die Colosser geb ich mit Zachariä eignen Worten:

1) Ueberschrift oder der gewönliche Anfangsgruß Pauli. Kap. 1, 1. 2.

2) Paulus versichert seine Freude über die guten Nachrichten von dem Zustande der Colosser, welche ihn zur Danksagung und Fürbitte für sie veranlasse, weil er die Samlung der Kirche aus Juden und Heiden mit gleichen Rechten der letzern zu befördern und durch seine Leiden zu vertheidigen bestimt sey. Kap. 1, 3. bis K. 2, 5.

3) Paulus ermanet sowol zur unverrückten Beständigkeit bey der reinen christlichen Lehre, als auch zu einem christlichen Verhalten in allen Absichten. K. 2, 6. bis K. 4, 6.

4) P. warnt, sich durch gewisse auf Verfürung ausgehende falsche Lehrer von jüdischen und zugleich schwärmenden (Esseäischen) Grundsätzen nicht einnemen zu lassen. Kap. 3, 4. bis K. 4. 6.

5) Ermanungen zu einem christlichen Verhalten in allen Absichten, Kap. 3, 5. bis Kap. 4, 6. und zwar zuvörderst zur Vermeidung aller Laster, und zur Uebung allerlei christlicher Tugenden. V. 5 : 17.

6) Ermanungen zum christlichen Verhalten in einzelnen Ständen unter den Christen. V. 18. bis Kap. 4, 1.

7) Andere allgemeine Ermanungen nach den damaligen Umständen der Christen, unter den feindlich gesinnten Ungläubigen. V. 2 bis 6.

8) Beschluß des Briefs mit Nachrichten, Grüssen und den gewönlichen Segenswünschen. V. 7 : 18.

## Complimente.

Morgenländische. S. Anbeten. Anbetung. Gruß. Ehrenbezeigung.

## Copher.

Komt nur im hohen Liede Salomons vor. K. 1, 14. (אשכל הכפר wo ich „ein blühender Palmzweig" übersetzt habe,) und Kap. 4. 13. 14. (כפרים wo ich „blühende Palmbäume" setze. S. meine Neue Uebersetzung und Erklärung des hohen L. Sal. die Anmerk. a) S. 41 f. Ich übersetze so nicht willkürlich, sondern auf Veranlassung des Arabischen und Chaldäischen; allein ich muß bekennen, daß ich nun doch lieber auf des Celsius (Hierobot. I. S. 222 ff.) Seite treten möchte, der unter Copher den Cyprus- oder Hennabaum versteht. Der Syrische Uebersetzer verdient hierbei Aufmerksamkeit, wenn er das Wort Copher beibehält, nur Syrisch geformt Cuphro (ܟܘܦܪܐ) und damit giebt er, wie sonst, zu erkennen, daß er die Sache unter demselben Namen in seiner Sprache kenne. Und im Thalmud (Nidda f. 8. 1.) komt כופר neben der Rose vor. Im Aruch wird das Wort durch „Nelken" gedolmetscht, welches aber vermuthlich nur gerathen ist — weil sich Nelken neben der Rose gut schicken. Vermuthlich ist Copher auch hier die Alhennablüte, die einen aromatischen sehr guten Geruch hat. R. Ben Melech bey Hohel. 1, 14. schreibt ausdrücklich: אשכל הכופר' דרי רבקרא בגיני אלורייא d. i. Eschol : Copher (Traube oder Zweig

Zweig Copher) ist, was im Arabischen Alhenna heist. — Im Griechischen heist die Alhenna, oder ohne Artikel, Henna, Κύπρος. Und dieses Wort setzen die Alexandriner für das hebräische Copher, auch die Vulgate, nur mit der lateinischen Endigung: Cyprus. Bey den Thalmudisten wird dieses Baums öfters gedacht, und unter andern gesagt, daß er in Judäa wachse. (S. beim Celsius p. 223.) Engeddi aber, in dessen Weingärten nach Hohel. 1, 14. Copherbäume wuchsen, lag in Judäa. — Es ist also wol ganz warscheinlich, daß Copher der Cyprus, oder Henna sey, zumal wenn der Baum Wolgeruch dustete, oder wolriechende Zweige hätte; und das finden wir in den botanischen Nachrichten, welche Celsius sammlet. — Abulfadil, unter حنا (Henna) schreibt (nach des Celsius Uebersetzung der arabischen Worte dieses Naturhistorikers): Hinna in quibusdam regionibus latis excrescit, assequiturque magnitudinem Sidrae. Folia myrto similia, nisi quod latiora sint et teneriora. Flores muscosi quos vocant فاغية الحنا racematim inter se cohaerentes, cum aperti sunt. Odor acutus, sed longe suauissimus. Color ad candorem vergens. Floret bis in anno, et stirpibus eius abundat Arabum terra. Dioscorides (B. 1. c. 125.) schreibt fast eben dasselbe: Cyprus arbor (ich gebe auch gleich den grichischen Text mit des Celsius lateinischer Uebersetzung, um die Cyper nicht zu sehr mit barbarischer Schrift zu incommodiren,) est oleae foliis circum ramos similibus, latioribus, mollioribus et colore viridioribus; flore candido muscoso, odorato. Optima nascitur in Ascalone et Canope. Folia adstrictoriam vim habent. — Capillum rufant trita etc. — Plinius (Nat. Gesch. B. 12. K. 24.) Cyprus in Aegypto est arbor Zizyphi foliis, Semine coriandri, flore candido, odorato Coquitur hoc in oleo, premiturque postea, quod Cyprinum vocatur." (Eben dieses Oel ist vermutlich im Thalmud unter משחא דכופרא d. i. Cepheröl — Cyprusöl — zu verstehen. Es heist (Gittin. fol. 69. 1.) Pro calculo afferimus tibi tres guttas (Mischha dchufra; Olei Cypri! —) Optimum habetur e Canope, in ripis Nili natum. Secundum Ascalone Iudaeae. Tertium Cypro insula odoris suauitate praecipuum. Und B. 23. K. 4. Rufant capillum (folia) rufa. — Der venetianische Arzt Prosper Alpin (de Plantis Aegypti c. XIII.) schreibt davon: Elhanne in Aegypto copiosissima est, tum etiam omnibus notissima. Florum non albus color, sed cinericius est. Odor admodum acutus. Ex foliis magna ibi fiunt commercia. Etenim ex iis pulverem conficiunt, quem Archenda appellant. Hac mulieres utuntur ornatus gratia, manus ac pedes colore aureo tingentes. — Golius (Lex. Arab. p. 75.) schreibt: Cypri foliorum pulvis in aqua subactus, cum vel capillis, vel unguibus imponitur ac rubicundum conciliat colorem. — Vom Gebrauch der Henna zur Schminke, s. unten Schminke.

## Cor.

Ein Gemäs, welches so viel als ein Gomer faßte, nämlich 10 Epha. Dieses Gemäs, welches das Größte der Hebräer war, kömt 1 Kön. 4, 22. Kap. 5, 11. 2 Chron. 2, 10. K. 27, 5. Esr. 7, 22. Ezech. 45, 14. vor. S. Gomer.

## Corallen.

Sind ein Meergewächs, die, in Gestalt kleiner Bäume, mit Aesten und Zweigen, auf dem Meeresgrund gefunden werden. Doch fehlen diesem Gewächs Wurzeln und Blätter, um es unter die Pflanzen zu setzen. Die roten sind die bekantesten und schönsten. Es giebt aber auch weisse, und beide werden oft auf einem Platz gefunden. Ja es giebt schwarze und blaue. Doch diese Gattungen gehen uns hier nichts an. Vielleicht nicht einmal die weissen, sondern nur die roten, welche auch heutiges Tags in Europa die bekantesten sind. Wir erhalten sie meist aus dem mittelländischen Meer. Die um Corsika herum gefischt werden, sind vorzüglich gros und schön an Farbe, und sollen alle übrige, die im mittelländischen Meer gefischt werden, übertreffen. Sonst gibts auch noch in Ostindien, um Bandam Corallen, sonderlich weisse und schwarze; und rote und weisse im arabischen Meerbusen, nach aller orientalischen Reisebeschreiber Berichte, heutiges Tags sehr häufig, und nun wissen wir, woher der alte Orient Corallen kennen konte. Fürer von Haimendorff (Itinerar. Aegypti Arabiae Palaest. Syr. &c.) p. 33. schreibt, da er vom roten Meer, oder richtiger, vom arabischen Meerbusen, redet: Cum in mari rubro cum sociis lauarem, corallo acuro, quorum tam alborum, quam rubrorum maxima ibi copia est, dextrum pedem grauiter sauciaui. — Neitzschütz (Weltbeschauung — durch Europa, Asia und Afrika. S. 229.) schreibt: „Am Strande des (rothen) Meers habe ich auch grosse weisse Corallenäste, mit vielen Zacken in grosser Menge gefunden, und wachsen in diesem Meere unterm Wasser recht hohe Corallenbäume, mit vielen Aesten und Zweigen, wie ich mit Verwunderung gesehen; und sind solche Bäume so stark, und dick, daß oftmals die Schiffe, wenn sie anfaren, sich daran zerstossen, und zu Scheiten gehen." — Auch der Pater Kircher beschreibt die Corallengewächse übermannshoch, und beschreibt sie mit unsern Kirschbäumen. Nach sicherern Nachrichten haben sie die Höhe etlicher Schuhe. Die Art, die Corallen aus dem Meere zu holen, geschieht (vom Anfang des Aprils, bis Ende des Julius, — auf dem mittelländischen Meer) auf folgende Art: Man fügt 2 Zimmerhölzer kreuzweiß zusammen, setzt in die Mitte ein groß Stück Bley, daß das hölzerne Kreuz untersinken möge; dann bindet man Hanf, oder langen Flachs um die Hölzer, und läßt denselben Fingerslang zottig herunterhängen, und dann wird das Kreuzholz an 2 Seilen, davon eins am vordern und eins am hintern Theil des Schiffs befestiget werden, ins Meer niedergelassen, und so neben den Felsen, an deren Fuß gemeiniglich die Corallen wachsen, hingefaren. Wie nun der Flachs, oder Hanf an einen Corallenzweig komt: so wickelt er sich darum, und nimt ihn mit fort. Wenn nun das Kreuzholz soll gehoben werden: so müssen wol funfzehn, bis zwanzig Schiffe dazu helfen, um es mit den Corallen heraus zu bringen, wovon doch viele wieder abbrechen und ins Meer fallen. S. allg. Lexikon aller Handl- und Gewerbe. Tom. I. col. 1013. —

Die Corallen heissen im hebräischen Pninim (פנינים), welches man oft, aber gewis unrichtig, durch Perlen übersetzt. Die Perlen heissen im hebräischen, wie in andern orientalischen Dialekten, Dar (דר) und kommen nicht früher, als im Buch Esther vor, Kap. 1, 6. Perlen sind auch nie roth, ausser nur, wenn sie ungesund sind — und doch müssen פנינים was rothes seyn, wie aus Klagl. 4, 7. ganz handgreiflich ist. Die Röte in dieser Stelle vom Glanz zu verstehen, ist wider alles Auslegergefül, zumal wenn man die beiden vorhergehenden Glieder beherzigt. — Mehr davon s. im Th. 4. meiner Bibel ic. bey Spr. Sal. 3, 15. —

Die Corallen müssen bey dem alten Orient in ausnemendem Wert gestanden haben, ganz wie bey uns die Perlen, — schon zur Zeit des Verfassers des Buchs Hiob (Kap. 28, 18.) und hauptsächlich zu Salomons Zeit, wo der Luxus unter den Israeliten aufs höchste gestiegen war. — Spr. Sal. 3, 15. Kap. 20, 15. Kap. 31, 10. — Die Corallenfischerey ist äusserst mühsam und gefärlich, und zu Salomons Zeit vermutlich noch nicht so witzig, wie heutiges Tags auf dem mittelländischen Meer, getrieben worden. Die Corallen waren also damals natürlich weit seltner, als heutiges Tags — und daraus, verbunden mit ihrer wirklichen Schönheit, und der dazu kommenden Opinion — ist der Perlenwert der Corallen beim alten Orient, ganz begreiflich. (S. oben unter Bedolach.) — Aber — die Reisenden melden, es gebe im arabischen Meerbusen, ja gleich am Ufer, Corallen in Menge! — Antwort: 1) Sie melden dieses nicht vom ganzen arabischen Meerbusen, sondern nur von einzelnen Orten desselben, daß Corallen schon am Ufer gefunden worden. 2) Von jetzt auf Salomons Zeit ist nicht sicher zu schliessen. Die Seiten der Meerbusen und Flüsse ändern sich in Jahrtausenden gar sehr. Der arabische Meerbusen kan, (und das haben, wie mich dünkt, auch einige Neuere Reisende aus deutlichen Spuren schon vermutet, ohne dabei an die Corallen zu denken —) in den ältern Zeiten sich viel nördlicher ins peträische Arabien hinein erstreckt haben. Die seichtern Gegenden sonderlich an der Spitze bey der Ebbe, zu welcher Zeit man jetzt eine Menge Corallen fischet, können damals nur gar wenige gezeigt haben, weil das Wasser tiefer blieb — Man fand also die Corallen ganz einzeln, diese, als Modeware, wurde gierig gekauft — und das bestimmte ihren Preis — ihren hohen Wert! — Doch hier dreiste Entscheidung zu geben — dazu sind wir um ein Paar Jahrhunderte zu jung — wenigstens zu sehr von Nachrichten verlassen.

## Corban.

(קרבן) Eine Gabe, die man zu einem heiligen Gebrauch anzuwenden gelobet hat — ein Opfer. Die Pharisäer und Schriftgelehrten hatten zu Christi Zeit die jämmerliche Moral, daß wenn man dasjenige, womit man seine armen notleidenden Aeltern unterstützen könte, zum Tempel oder auf den Altar

bestim-

bestimmte: so wäre man der Verbindlichkeit, seinen armen Aeltern zu helfen, los — und dabei meinten sie, dies Opfer werde auch ihren Aeltern mehr helfen, als wenn sie es ihnen zur Unterstützung hingegeben hätten. — Diesem Wahn widersetzt sich Jesus Marc. 7, 11. Matth. 15, 5. „Ihr lehret (spricht er) wenn einer spricht zum Vater oder Mutter: Corban, das ist, wenn ichs opfere; so ist dies viel näher; der thut wol.“ D. i. Ihr glaubt, der thue recht, der zu seinem Vater oder seiner Mutter spricht: die Gabe, womit ich dich unterstützen könnte, hab ich Gott gelobt. —

## Cores.

Oder wie er bey den Griechen und Römern heißt, Cyrus, Kyrus. — Der ganz zuverläßigen Nachrichten, die wir in der Bibel von diesem großen Fürsten finden, sind wenig, weil seiner nur einigemal, und zwar nur beiläufig erwänt wird, und die Nachrichten der Griechen sind bald mehr bald weniger mit handgreiflicher Fabel gemischt. In den Nachrichten des Herodots war, wie die scharfsinnigsten Historiker bemerkt zu haben glauben, die griechische Fabel am wirksamsten. Minder in des Xenophons seinen; daher sie sich auch leichter mit den Nachrichten der Bibel vereinbaren lassen, nur muß man voraussetzen, daß er die Lebensgeschichte des Cyrus, von der er uns gleich anfangs versichert, daß er sich große Mühe gegeben habe, zuverläßige Nachrichten zu erhalten, nur als Grundlinien zum Gemälde eines vollkommenen Fürsten gebraucht habe, und es gehört eben nicht viel historisch-kritisches Gefül dazu, das Lichte vom Schatten, oder wahre Geschichte von Einkleidung und Gemälde zu unterscheiden. Die Glaubwürdigkeit des Xenophon erhellet übrigens daher, daß er am Hofe des jüngern Cyrus selbst lebte, und folglich die beste Gelegenheit hatte, ächte Nachrichten zu sammeln; und weil er sich blos auf den Cyrus eingeschränkt: so läßt sich erwarten, daß er seinen Gegenstand auch desto sorgfältiger und treuer werde behandelt haben. Doch ganz ohne Flecken der Fiction sind auch seine historischen Data nicht.

Nach ihm war Cyrus ein Sohn des Cambyses, Königs in Persien (im engen Verstande) und der Mandane, der Tochter des medischen Königs Astyages. — Er wurde bey seinen Aeltern in Persien, nach persischer Art, und übrigens rauh erzogen, und dadurch zum künftigen Helden abgehärtet. Im zwölften Jahre nahm ihn seine Mutter Mandane mit nach Medien, zu seinem Großvater Astyages, der ihn, weil er viel von den Talenten dieses Prinzen gehört hatte, zu sehen verlangte. Hier erwarb er sich die Gunst der Meder und ihrer Großen, die ihm zur Gründung eines großen Reichs sehr zu statten kam. — Seinen ersten Feldzug that er ohngefär im sechzehnten Jahre seines Alters, mit seinem Großvater Astyages, wider den babylonischen König Evilmerodach, welcher, da er auf der Jagd war, nicht lange vor seiner Vermälung, um seine Tapferkeit zu zeigen, einen Einfall in die medischen Länder gethan hatte. Astyages erhielt aber den Sieg, vornemlich durch des jungen Cyrus Tapferkeit. — Im folgenden Jahre gieng er wieder nach Persien zurück, wo er, bis ins 40ste Jahr seines Alters blieb, da er seiner Mutter Bruder, dem Cyaxares, beizustehen, wieder nach Medien zurückberufen wurde. Cyaxares hatte kaum den medischen Thron bestiegen, als er erfur, daß der babylonische König Neriglissar, Medien mit einer großen Armee einen Einfall drohe, und den lydischen König Crösus auf seine Seite gebracht, auch viele benachbarte und ferne Mächte, unter dem Vorwande, als trachteten die Meder und Perser nach einer allgemeinen Herrschaft, wider diese aufgebracht und zu feindlichen Gesinnungen gereizt habe. Cyrus wurde also vom Cyaxares aus Persien zum Beistand gerufen, und von diesem mit 30000 Mann Persern zum General der Meder und Perser gemacht. Noch ehe der Krieg mit den Babyloniern wirklich ausbrach, schüttelte der König von Armenien das medische Joch von sich ab, indem er den gewöhnlichen Tribut u. s. w. verweigerte, weil er bey jetzigen Umständen sich am gewissesten in Freiheit zu setzen glaubte. Cyrus drang daher, unter dem Vorwande, auf den armenischen Gebirgen zu jagen, mit einer auserlesenen Anzal Reutern in Armenien ein, überfiel den König und sein Haus, zwang ihn, die gewönlichen Abgaben und Hülfstruppen zu schicken, setzte ihn hierauf wieder in sein Königreich ein, und kerte mit Triumph wieder nach Medien zurück. — Drei Jahre hatten sich beide Partheien mit Bündnißerrichtungen und Kriegsrüstungen beschäftiget, und mit dem vierten Jahre rückten sie ins Feld. Die Babylonier wurden in die Flucht geschlagen. Cyrus verfolgte sie bis nahe an ihre Verschanzungen; weil er sich aber nicht im Stande fand, in dieselben einzudringen, so ließ er zum Abzug blasen. Neriglissar

glissar, König in Babylonien, kam in dieser Schlacht um, worauf Crösus, König von Lydien, das Commando der babylonischen Armee übernahm, und sich so gut er konnte, zurückzog. Den folgenden Tag wiederholte Cyrus den Angriff, trieb die Babylonier aus ihrem Lager, und erbeutete unter Beyhülfe der die vorige Nacht zu ihm übergetretenen Hyrkanier, ausser einer grossen Anzal Gefangenen, die ganze feindliche Bagage. Die Pferde behielt er für sich, um eine persische Cavallerie zu errichten, die bisher noch gefehlt hatte. Den übrigen besten Theil der Beute sendete er für den Cyaxares ab, und den Gefangenen schenkte er, unter der Bedingung, daß sie nie wider ihn oder seine Bundesgenossen die Waffen ergreifen sollten, die Freiheit wieder. Die Grausamkeit und Ungerechtigkeit des Laborosoarchod, (des Prinzen und Thronfolgers des in der Schlacht gebliebenen Neriglissar) die er unter andern gegen zwei babylonische Herren bewiesen hatte, waren den Babyloniern vollends sehr zum Schaden, und den Persern zum Vortheil. Denn diese beiden Herren giengen mit den Provinzen, die sie verwalteten, zum Cyrus über, und die Besiznemung dieser Provinzen machte, daß Cyrus zuerst festen Fuß in Assyrien sezte, und trug zur Eroberung Babylons viel bey. Der König zog wider den Gadates zu Felde; da ihn aber Cyrus antraf, wurde er in die Flucht geschlagen, daß er sich wieder in seine Hauptstadt zurückziehen mußte. Cyrus zeigte sich, nachdem er sich den Sommer über mit Verwüstung des feindlichen Landes beschäftigt hatte, zweimal vor den Mauern Babylons, um nochmals mit dem Könige anzubinden; allein der weichliche König blieb in seiner Residenz, zog, nachdem er drei Gränzfestungen erobert hatte, wieder nach Meden zurück, und der König zu Babylon, der sich durch sein schändliches Betragen den Haß seines Volks zugezogen hatte, wurde in einer Zusammenverschwörung im neunten Monat seiner Regierung ermordet. Nabonadius kam auf den Thron und obgleich seine kluge Mutter zur noch weitern Befestigung der Haupt- und Residenzstadt und Aufrechthaltung des zu sinken beginnenden Reichs allerlei Anstalten machte: so gelangen doch dem Cyrus seine Unternemungen von Zeit zu Zeit. Er eroberte viele Städte und Provinzen, ohne sonderlichen Widerstand der Babylonier. Nabonadius verließ Babylon, begab sich zum lydischen König Crösus, durch welchen er ein fürchterliches Bündniß mit den Aegyptern, Griechen, Thraciern und allen Völkern von Kleinasien schloß. Diese Völker zogen unter des Crösus Anfürung zu Felde, versammelten sich beim Fluß Pactolus, und rückten dann weiter nach Thymbra, einer Stadt in Lydien, ohnweit Sardis, fort. Hier traf sie Cyrus (Cyaxares blieb mit einem Drittheil der Armee in Medien zurück,) mit seiner Armee an, und es kam zur Schlacht. Ob nun gleich Cyrus von der an Mannschaft ihm weit überlegenen feindlichen Armee bald völlig eingeschlossen war, so brachte er diese doch bald in Unordnung, und schlug ihre beiden Flügel in die Flucht. Nun machten ihm noch die Aegypter zu schaffen, welche unter dem feindlichen Heere in der Mitte standen. Das Gefecht war auf beiden Seiten sehr hitzig, und die Aegypter hielten sich nicht minder tapfer als Cyrus. Dieser wurde zweimal zurückgeschlagen, bey einem von ihm versuchten neuen Angriff aber behielt er, obgleich mit eigner großer Lebensgefar, das Feld, und die Aegypter ergaben sich ihm als Ueberwinder, unter Bedingungen, die ihnen Cyrus angeboten hatte, wie sie eines so tapfern Volks würdig waren. — Crösus zog sich nach Sardis, und die übrigen Völker nach ihren Ländern zurück. Cyrus rückte vor Sardis. Als er im Anmarsch war, gieng ihm Crösus mit seiner Armee entgegen. Nach einem sehr hitzigen Gefechte mußten sich die Lydier wieder nach Sardis zurückziehen, und hier belagerte sie Cyrus. Die Stadt wurde erobert, jedoch ihrer und der Einwoner geschont, indem sie des Cyrus Bedingung erfüllten und alle ihre Reichthümer dem Sieger übergaben. Der König Crösus, der mit seinen Schätzen den Anfang machte, wurde gefangen genommen, jedoch vom Cyrus sehr gütig behandelt; er durfte den Titel und die Macht eines Königs behalten, verlor aber das Recht, je wieder Krieg zu füren, Cyrus nam ihn aber in allen seinen Zügen mit ins Feld. Von Sardis aus blieb Cyrus in Kleinasien, bis er die verschiedenen Völker, die dieses Land bewonten, vom ägeischen Meere an bis an den Euphrath bezwungen hatte. Hierauf gieng er nach Syrien und Arabien, und nachdem er auch diese Völker sich unterwürfig gemacht hatte, gieng er wieder nach Assyrien und auf Babylon los. Nabonadius gieng ihm entgegen, um ihm eine Schlacht zu liefern, er wurde aber bald in die Flucht geschlagen, und mußte sich nach Babylon zurückziehen. Hierauf rückte Cyrus vor Babylon, und

nach

nach einer zweijährigen Belagerung ward er endlich der Stadt Meister, machte den König nieder, und dem babylonischen Reiche ein Ende, wodurch die Weissagungen der Propheten wider dieses stolze Reich (s. Jes. 13. Kap. 14. 12-23. K. 21, 9. K. 64. 1.2. Jer. 50, 2, 45. K. 51, 2-58.) in Erfüllung giengen.

Nach Dan. 5, 31. (6, 1.) Kap. 7, 1. Kap. 8, 1. nam Darius der Meder, nachdem der König zu Babylon erschlagen worden, das Reich ein. Dieser Darius der Meder ist der Cyaxares der Griechen, König in Medien, des Cyrus Oheim. Mit diesem regierte Cyrus zugleich, doch so, daß dieser jenem, seinem Oheim die Oberstelle einnemen, und ihm den eigentlichen Königstitel über das, durch den Cyrus so sehr erweiterte Reich, ließ. Nachdem Cyrus das Nötigste zu Babylon veranstaltet hatte, that er eine Reise nach Persien, seine Aeltern, die noch lebten, zu besuchen, und, nach einem kurzen Aufenthalt daselbst, kerte er, mit dem Cyaxares, wieder nach Babylon zurück, fieng man mit ihm an, an der Einrichtung des ganzen Reiches zu arbeiten, theilte es in 120 Provinzen, über welche diejenigen, welche sich, wärend des Krieges, hervorgethan hatten, als Statthalter gesetzt wurden. Die Armee wurde grossen Theils in die Provinzen, zur Besatzung, vertheilt. Mit den übrigen, die, zur Verteidigung der Provinzen, nicht nötig schienen, zog Cyrus nach Syrien, wo er die Sachen in dieser Provinz in Ordnung brachte, und sodann die andern Völker bis zum Meere und an den Gränzen von Aethiopien bezwang. In dieser Zwischenzeit wurde, nach der Meinung der Verfasser der allgemeinen Welthistorie, Th. 4. §. 61. 108. Daniel, auf Befel des Darius, der zu Babylon zurückgeblieben war, in den Löwengraben geworfen. —

Als Cyaxares etwa zwey Jahre nach der Eroberung von Babylon, nebst dem Cambyses, König in Persien, gestorben war, kerte Cyrus nach Babylonien zurück, und trat die Alleinregierung des Reichs an, nachdem er bisher mehr Länderoberer und Völkerbezwinger, als Regent gewesen.

Im ersten Jahr seiner Alleinherrschaft giengen die siebenzig Jahre des babylonischen Exiliums zu Ende, da Cyrus den Juden den merkwürdigen Befel gab, wieder in ihr Vaterland zu ziehen, und den Tempel wieder aufzubauen. 2 Chron. 36, 22. 23. oder Esr. 1, 1. 2. Nach dem Joseph (Alterth. B. 11. K. 1.) zeigte Daniel, der bey Hofe in grossem Ansehen stand, (Dan. 6, 28. K. 10, 1.) dem Könige Cyrus diejenigen merkwürdigen Weissagungen worinnen vom Cyrus, der weit über hundert Jahr vorher sogar mit Namen genennet wird, (Jes. 44, 28. K. 45, 1.) übrigens auch aufs merkwürdigste geweissagt worden ist, und bewog dadurch den Cyrus, zu dem den Juden so erfreulichen Befel. Und das ist ganz warscheinlich. Denn Cores oder Cyrus gedenkt in dem Edikt an die Juden, (a. a. O.) daß Jova, der Gott vom Himmel ihn befeligt habe, ihm zu Jerusalem wieder einen Tempel zu bauen, welches doch gewis jeden an Jes. 44, 28. Kap. 45, 1 ff. Jer. 25, 11. 12. Kap. 29, 10. erinnern muß. — S. meine Bibel Th. 3. bey Esr. 1, 1. 2. Und es läßt sich auch gar nicht anders erwarten, als daß Daniel, dessen Kummer und Sorge für sein exulirendes Volk aus seinem Gebet (Dan. 9.) so sehr hervorleuchtet, beim Könige, bey welchem er so viel galt, für die Verbesserung des Glücks seiner Nation werde gearbeitet haben. —

Nachdem die Juden diesen erwünschten Befel erhalten hatten, versammelten sich ihrer 42360 aus den verschiedenen babylonischen Provinzen, samt 7337 Knechten, und zogen wieder nach Judäa, (Esr. 2, 64. 65.) nachdem ihnen Cyrus die Gefäße des Tempels wieder hatte zustellen lassen, welche Nebucadnezar ehemals aus dem Tempel zu Jerusalem weggenommen hatte. Esr. 1, 7. K. 5, 14. Dan. 1, 2.

Cyrus, der sich nun allen, die seinen Namen kannten, furchtbar, und bey allen seinen Unterthanen beliebt gemacht hatte, beherrschte nun sein großes Reich, welches gegen Osten an den Fluß Indus, gegen Norden an das kaspische und schwarze Meer, gegen Westen an das ägyptische, und gegen Süden an Aethiopien und das arabische Meer gränzte, in Ruhe und Friede. In den sieben rauhen Monaten wonte er zu Babylon, der Hitze einigermaßen auszuweichen, drei Monate im Frühlinge zu Susa, und in den zwei heissesten Sommermonaten zu Ecbatana. S. Xenophons Cyropädie. B. 8. S. 233.

Nachdem Cyrus sieben Jahre lang, wärend seiner Alleinherrschaft, Glück und Ruhe genossen hatte, starb er im siebenzigsten Jahre seines Alters zu Pasargada in Persien, wo er auch begraben wurde. Sein Grabmal war noch zur Zeit des großen Alexanders daselbst zu sehen. — Nach andern Schriftstellern aber waren die sieben letzten Lebensjahre des Cyrus,

als

als die Jahre der Alleinherrschaft dieses großen Fürsten, nicht so ruhig und friedlich, als sie Xenophon macht, sondern ebenfalls kriegerisch, indem ihn die scythischen Völker beunruhigten — und er soll in einem unglücklichen scythischen Feldzuge umgekommen seyn, welchen Nachrichten zu Folge, er schwerlich zu Pasargada in Persien begraben werden konte. — Nach dem Tod dieses Fürsten geht die Bibel wenig an. Ich überlasse also die weitern Untersuchungen darüber den Historikern. —

## Coriandersamen.

Oder Schwindelkörner. Der Samen oder die Frucht einer auch unter uns bekannten Pflanze. Es giebt davon zweierlei Gattungen: die erste (Coriandrum maius oder vulgare) treibet einen anderthalb bis zwei Fuß hohen runden, schlanken, markigten und ästigen Stengel. Die untersten Blätter sehen wie Petersilie, die obern aber an dem Stengel sind zarter gezackt, fast wie beim Kamillenkraut. Die Wurzel ist klein, gerade, einfach und mit etlichen Zasern besetzt. Die Blüten sind klein und stehen wie Umbellen oder Kronen oben auf der Stengel Spitzen, sehen leibfarb oder weis aus, und jede bestehet aus fünf Blätterchen in Rosengestalt. Aus dem Kelch der Blüte wird eine aus 2 rundlichen halben Körnern zusammengesetzte Frucht. —

Die andere Gattung (Cor. inodorum s. minus odorum) unterscheidet sich von der ersten dadurch, daß sie viel kleiner ist und krumme Zweige hat, und Früchte, aus 2 kleinen Kügelchen bestehend, die wie 2 kleine Hödchen aussehen. — Der getrocknete Same beider Sorten hat einen angenehmen Geruch, grün aber ist er widrig und stinkend, sonderlich der von der ersten Gattung. —

2 Mos. 16, 31. 4 Mos. 11, 7. wird die Größe und Gestalt des Manna mit Coriander verglichen, nämlich in Ansehung der Größe und Ründung. S. meine Bibel Th. 1. bey diesen Stellen, und unten Manna.

## Corinth. Corinthier.

Corinth, die berühmte Hauptstadt in Achaja, lag an dem schmalen Erdstrich, durch welchen Morea mit dem übrigen Griechenlande zusammenhängt. Sie hatte zwei Häfen an beiden benachbarten Meeren; der eine öfnete ihr den asiatischen, und der andere den italiänischen Handel, welche vorteilhafte Lage zum Reichtum dieser Stadt sehr viel beitrug. Der römische General Mummius hatte die Stadt von Grund aus zerstört, allein sie erholte sich nachher bald wieder, daß sie von neuem für die Hauptstadt von ganz Griechenland geachtet werden konte. Cäsar hatte zu ihrer Wiederaufbauung Befehl gegeben, und sie mit römischen Colonisten besetzt. — Weil die vorteilhafte Lage der Stadt durch ausgebreiteten Handel den Einwohnern große Reichtümer zuführte: so rissen, wie gewönlich, Luxus und Laster ein. — Nahe bey dieser Stadt wurden auch die Isthmischen Spiele gehalten, woraus man sich die vielen Redensarten, die Paulus in seinen Briefen an die Corinthier von den Spielen hernimt, erklären muß.

Paulus hielt sich anderthalb Jahre zu Corinth auf, und pflanzte daselbst eine christliche Gemeine. Apostg. 18, 11. Nachher reiste er durch Kleinasien und Syrien V. 18. 19. und nach Jerusalem V. 22. und kam nach dieser Reise wieder nach Ephesus zurück, Kap. 19, 1. wo er sich drei ganzer Jahre aufhielt. K. 20, 31. Kurz vor seiner Abreise von Ephesus (ohngefär im Jahr Christi 57.) schrieb er den ersten unter den beiden Briefen an die Corinthier. Denn 1 Cor. 16, 8. 9. meldet er, er gedenke noch bis Pfingsten zu Ephesus zu bleiben. Den Brief selbst aber schrieb er um Ostern. (K. 5, 7. 8.) Beide Briefe sind zwar zunächst an die corinthischen Christen, zugleich aber auch an alle christliche Gemeinen in Achaja gerichtet. 2 Cor. 1, 1.

Zur Erläuterung der beiden Briefe P. an die Corinthier dienen folgende Bemerkungen über den Zustand der corinthischen Gemeine, die man in des Hrn. R. Michaelis Einleit. ins N. T. §. 163. S. 1019 ff. (der neusten Ausgabe in 4.) weitläuftiger nachlesen kan:

1) Die corinthische Gemeine war, wie die meisten andern, aus Juden (worunter sich sogar ein Vorsteher einer jüdischen Synagoge befand, mit Namen Crispus,) und Heiden gemischt. Apostg. 18, 4. 8. Daher straft Paulus bald jüdische Irrtümer, bald heidnische Freiheiten.

2) Die corinthische Gemeine war, wie alle übrige, mit Heuchlern und mit Lasterhaften gemischt. 1 Cor. 11, 20. 21. Denn es gab sogar welche, die sich bey den Liebesmälern, vor dem Genuß des heil. Abendmals betrunken. 1 Cor. 11, 21.

3) Die corinthische Gemeine hatte, außer P. noch einige ausnehmende Lehrer gehabt, z. B. Crispus,

der zuvor Synagogenvorsteher gewesen, Apostg. 18, 8. — Aquila, Pauli Hauswirth, 1 Cor. 18, 2. der sogar einen der berühmtesten Lehrer vollends bilden, Apostg. 18, 26. — Apollo, ein beredter und gelehrter Jude, der bey den Corinthiern in Ansehen gestanden zu haben scheint. Apostg. 18, 24:28. — Vielleicht auch Sosthenes, 1 Cor. 1, 1. — Aber die drei letztern waren damals nicht zu Corinth, sondern hielten sich bey Paulo auf. 1 Cor. 1, 1. K. 16, 12. Apostg. 18, 18.

4) In der corinthischen Gemeine waren Secten entstanden, die sich von ihren Anführern benannten, und diesen, deren Gelehrsamkeit und Beredsamkeit, sie ungemein erhoben, blindlings folgten. 1 Cor. 1, 11. 12. Diese Sectirer setzten Paulum herunter, und suchten ihm sogar die Würde eines Apostels streitig zu machen, daher er sich dagegen vertheidigen mußte. 1 Cor. 2. K. 9. 2 Cor. 10. K. 11. — Der vielfältige Tadel und die mancherlei Beschuldigungen lassen sich aus 1 Cor. 3. K. 4, 8:14. K. 9. 2 Cor. 10, 1. 7. 10. 11. u.s.w. abnehmen. Vergl. Michaelis a. a. O. S. 1021. — Aus 1 Cor. 1. 2. 3. sollte man schließen, daß sich diese Secten nach Paulo, Petro und Apollo genannt; allein der übrige Theil des Briefs lehrt, daß sie Anhänger von Widersachern des Apostels gewesen, und aus 1 Cor. 4, 6. ists klar, daß er nur aus Schonung seinen und seiner Freunde Namen genant, seine Widersacher aber gemeint — habe. Ob übrigens der Verführer mehrere, oder wie Locke vermutet, nur einer? Jude (ohne Zweifel!) oder Michnode gewesen? darüber kan man dem erst angeführten Schriftsteller S. 1023 ff. selbst nachlesen.

5) Es war in der corinthischen Gemeine, zum großen Aergerniß der Heiden, eine der abscheulichsten Ehen vollzogen — es hatte einer seine Stiefmutter geheiratet. Schon nach den Gesetzen der Stadt Corinth, welches damals die römischen waren, war eine solche Ehe unerlaubt und wurde gestraft. Sie wurde aber dem Blutschänder in der christlichen Gemeine, vermutlich unter dem Vorwande jüdischer Gesetze, (und noch bis auf den K. Theodosius durften die Juden nach ihren Gesetzen heiraten,) zugelassen, denn Juden und Christen wurden mit einander vermengt, und die Juden hatten den wunderlichen Wahn, daß man durch die Proselytentaufe ein Nachkomme Abrahams werde, und daß alle vorige Verwandschaften dadurch aufhöreten; ein Heide, der die Proselytentaufe empfangen, könne also seine Mutter und seine Schwester ꝛc. heiraten.

6) In den ersten christlichen Kirchen waren, nach Art der Juden, Schiedsrichter gewöhnlich, wenn ein Christ gegen den andern eine Klage hatte. Allein die corinthischen Christen verklagten sich, zur Schande des Christenthums, bey heidnischen Obrigkeiten. 1 Cor. 6, 1.

7) Ob es gleich unter den corinthischen Christen einige Schwache gab, die sich ein Gewissen daraus machten, irgend etwas zu genießen, das den Götzen geopfert war, (1 Cor. 10, 24:30.) so hatten doch die meisten dies enge Gewissen nicht. Sie aßen und tranken nicht nur von dem den Götzen geweihten Fleisch und Wein, (welches der Apostel [1 Cor. 10, 25:30.] nicht wehrt,) sondern sie giengen gar so weit, daß sie sich in den Götzentempeln selbst zu Gaste einfanden, und das Götzenopfer unter dem Lobe der Götter genossen, und folglich an der Abgötterei Theil namen, 1 Cor. 8, 10. K. 10, 20:22. Daher Paulus so oft vor der Abgötterei warnt. 1 Cor. 10, 7. 2 Cor. 6, 14:17. — Auch Hurerei war eine Art des Götzendienstes zu Corinth; in einem der Venus geweihten Tempel, in welchem nach dem Strabo tausend Huren zur Ehre und Gewinst der Gottheit unterhalten wurden. — Diesen unflätigen Greueldienst wollten einige corinthische Christen fortsetzen. Um ihn unter dem Schein des Rechts zu thun, dehnten sie den von den Speisen geltenden Satz: „es ist alles erlaubt" bis auf die Hurerei aus. 1 Cor. 6, 12. 13. — Daher bestraft Paulus so oft Hurerei, und erklärt sie für unerlaubt.

8) Bey den ersten Christen durfte in den gottesdienstlichen Versamlungen jeder Laye reden — vermutlich weil auch bey den Juden jeder, der geschickt dazu war, und dem der Synagogenvorsteher Auftrag that, das Gesetz vorlesen und erklären durfte. Luc. 4, 16. 17. Apostg. 13, 15. 16. — Bey den Christen aber kam noch hinzu, daß viele göttlich begeistert wurden, und in dieser Begeisterung redeten — weissagten. Diese ließ man also wechselsweise reden. 1 Cor. 14, 1. 6. 24. 25. Einige redeten öffentlich in fremden Sprachen, diejenigen nämlich, welche die Gabe fremder Sprachen erhalten hatten, und erwiesen durch den Gebrauch dieser Gabe die Warheit der christlichen Religion V. 1:5. 13:19. Andere legten das aus, was jene geredet hatten. V. 13. — Andere beteten aus göttlicher Begeisterung, sangen auch wol geistliche

Lie

Lieder. B. 15. Eph. 5, 16. — Wenn sich einer vom Geiste Gottes gedrungen fühlte, so war ihm zu reden verstattet, und andere waren schuldig zu schweigen. 1 Cor. 14, 30. 31. In solchem Falle durften auch Frauenspersonen in der Gemeine reden, Kap. 11, 5. welches ihnen übrigens nicht verstattet war. K. 14. 34. 35. Wenn keiner sich göttlich begeistert fühlte: so wurde vermuthlich ein Stück aus der Bibel gelesen, und mit Auslegung und Ermunterungen begleitet. 1 Tim. 4, 13.

9) Die Manns- und Frauenspersonen bedienten sich beim Weissagen (Nr. 8.) einer ungewöhnlichen Tracht und Kleidung. — Bey den Griechen ließen sich die Männer nicht anders als mit entblößtem Haupte sehen. Die Juden damaliger Zeit hingegen bedeckten, ja verhüllten das Haupt, so oft sie was aus der Bibel lasen oder beteten. 2 Cor. 3, 14. 15. — Hierinnen ahmten ihnen die Christen nach, und machten sich bey den Griechen lächerlich.

Das orientalische auch das griechische sehr eingezogene Frauenzimmer mußte, wenn sichs öffentlich zeigte, das Gesicht mit einem Schleier verhüllen; nur an Festen und beim Gottesdienst durften sie unverhüllt erscheinen. Aus 1 Cor. 10, 5. sehen wir, daß sich das christliche Frauenzimmer beim Gottesdienst auch habe entblößen wollen, welches natürlich sehr ärgerlich seyn mußte. Daher widersetzt sich P. diesem anstößigen Gebrauch Kap. 11. sehr ernstlich.

10) Die außerordentlichen Gaben, sonderlich die von fremden Sprachen, wurden gemißbraucht, daß oft andere nicht zum Wort kommen konnten. 1 Cor. 14, 30-33.

11) Die Korinthier feierten den Sonntag. 1 Cor. 16, 2. vergl. Matth. 28, 1. und da hielten sie ihre Liebesmale, und genossen bey dem Ende derselben das heilige Abendmahl. 1 Cor. 11.

12) Die außer Palästina wohnenden Juden waren, vermöge der Handelschaft, die sie trieben, bemittelter, als die in Judäa. Sie schickten also den armen Juden in Palästina jährlich Almosen. Weil nun die Christen, die von Geburt Heiden waren, Brüder der Juden wurden: so hielt es Paulus für billig, und hatte es auch dem Jakobus und Petrus versprochen, eben dergleichen Almosen unter den Christen in Griechenland zu sammeln. Röm. 15, 26. 27. Gal. 2, 10. Eine solche Beysteuer sammelte P. auch zu Corinth. 1 Cor. 16, 1-4.

13) Einige corinthische Christen leugneten die Auferstehung der Todten. K. 15, 12. Vermuthlich war der vornehmste Widersacher ein Sadducäer.

Die nächste Veranlassung zu P. ersten Brief an die Corinthier, gab ein Brief dieser Gemeine an den Apostel, den sie ihm durch Stephanas, Fortunatus und Achaicus übersandt hatten. Paulus hatte nämlich zuvor schon einen Brief an diese Gemeine geschrieben, und sie gewarnt, sich nicht mit den Hurern zu vermengen. 1 Cor. 5, 9. Dieser Brief aber ist nicht mehr vorhanden. In diesem Briefe scheint den Corinthiern manches undeutlich gewesen zu seyn, und sich daher in ihrem Briefe an P. Belehrung darüber ausgebeten, und dabei gefragt zu haben, 1) ob es überhaupt gut und erlaubt sey, zu heirathen. a) Den Jungfern, b) den Wittwen. Die zwote Verheirathung einer Wittwe wurde bey den Heiden häufig für etwas Unziemendes gehalten. Die Frage über die Zulässigkeit der Ehe mögen nur einige einzelne Glieder der corinthischen Gemeine, die ein sehr zartes Gewissen hatten, und wußten, daß einige orientalische philosophische Secten der Ehe ungünstig waren, gethan haben. 2) Ob man sich von einem ungläubigen Ehegatten scheiden müsse?

Inhalt des ersten Briefs:

a) Eingang. K. 1, 1-9. Freudensbezeigung über das Gute, so P. von den Corinthiern wußte, sonderlich über die Gaben des heil. Geistes, die sie zur Bekräftigung des Evangeliums empfangen hatten.

b) Bestrafung der Secten unter den Corinthiern, und Vertheidigung seiner gegen seinen Gegner, dessen Anhänger die meisten zu Corinth waren. K. 1, 10, K. 4, 21.

c) Befehl, den Blutschänder aus der Gemeine zu stoßen, und keinen, der ein öffentlicher Hurer ist, für einen Bruder zu erkennen. K. 5, 1-13.

d) Bestrafung derjenigen, die sich vor den heidnischen Gerichten verklagten. K. 6, 1-9.

e) Belehrung der Corinthier, daß die Hurerei kein Mitteding sey. K. 6, 10-15.

f) Beantwortung ihrer Fragen über den Ehestand. K. 7, 1-40.

g) Unterricht, wie man sich in Absicht auf die Götzenopfer zu verhalten habe: Im Götzentempel zu Gaste zu gehen ist sündlich; aber an einem dritten Orte von dem Opferfleisch und Opferweine zu essen und zu trinken, nicht. Doch ists besser, auch das nicht zu thun, um den schwachen Bruder nicht zu ärgern. Er verhalte sich in vielen Stücken eben so. K. 8, 1. K. 11, 1.

h) Bestrafung wegen der ungewöhnlichen Kleidung der Manns- und Frauenspersonen beim Weissagen. K. 11, 2-17. und

i) Wegen der Unordnungen bey den Liebesmälern. V. 18-34. und

k) Beim Gebrauch der außerordentlichen Gaben des heiligen Geistes. K. 12, 1. K. 14, 40.

l) Behauptung der Auferstehung der Todten. K. 15, 1-58.

m) Verordnung wegen Einsamlung der Almosen; Versprechen, die Corinthier zu besuchen; Bestellung einiger Grüsse. K. 16.

Dieser erste Brief machte bey der corinthischen Gemeine einen guten Eindruck. Die meisten giengen in sich, stießen den Blutschänder aus der Gemeine, (2 Cor. 2, 5-11. K. 7, 11.) wünschten thränend, den Apostel wieder bey sich zu sehen, (K. 7, 7.) und suchten, die ihm streitig gemachte Ehre des Apostelamtes zu retten und zu vertheidigen. K. 7, 7 11. Aber der Irrlehrer behielt doch noch seine Anhänger, und diese giengen jetzo weiter als zuvor. Sie beschuldigten den Apostel, er halte nicht Wort, er widerspreche sich — was heute ja bey ihm sey — sey morgen nein! — (Paulus hatte nämlich den Corinthiern Hofnung gemacht, von Ephesus nach Corinth zu reisen, von da aus die Macedonier zu besuchen, und aus Macedonien wieder nach Corinth zurück zu kommen. 2 Cor. 1, 15. 16. Allein der unangenehme Zustand der corinthischen Gemeine hatte ihn abgehalten, seinen Vorsatz zu erfüllen, V. 23. weil er sonst Härte gegen sie hätte brauchen müssen. Er wollte sie also erst schriftlich erinnern, und noch einige Zeit auf ihre Besserung warten; daher meldet er ihnen 1 Cor. 16, 7. daß er jetzt unmittelbar von Ephesus nach Macedonien reisen, und von Macedonien aus sie besuchen wolle, wie er auch gethan hat. Apostg. 20, 1. 2.) Ferner sagten sie, P. fürchte sich vor ihnen, (dem Irrlehrer und seinem Anhang,) und er werde wol gar nicht nach Corinth kommen. Darauf antwortet Paulus, er habe bisher blos ihrer geschonet; wenn er aber käme, ohne Besserung zu finden, so werde er sich seiner apostolischen Gewalt bedienen, und einige, zum Beweise seines apostolischen Amtes, durch Wunderwerke strafen. —

Der Inhalt des andern Briefs, den er im Jahr Christi 58 schrieb, wie aus Kap. 8, 1-3. erhellet, und durch den Titus, (der zugleich die Vollmacht hatte, die Collecte für die Gläubigen in Judäa zu Stande zu bringen, V. 6.) übersandte, ist:

1) Nachricht von Pauli bisherigem Leiden und seinem Trost aus der Betrachtung der Auferstehung der Todten. K. 1, 1-12.

2) Verantwortung gegen diejenigen, die P. deswegen, weil er seinen Entschluß, unmittelbar von Ephesus nach Corinth zu reisen, geändert, für keinen wahren Apostel halten wollten. K. 1, 12. K. 2, 4.

3) Paulus vergiebt dem Blutschänder, K. 2, 5-11. und meldet den Corinthiern sein Verlangen nach der Nachricht von ihrer Besserung. V. 12. 13.

4) Vorzug des dem Apostel aufgetragenen Amtes, die Versöhnung zu predigen, vor dem Gesetzpredigen. — Der Irrlehrer wollte sich für einen großen Lehrer des Gesetzes ausgeben. P. sticht ihn auch wegen des Lesens des Gesetzes mit bedecktem Gesicht an — zeigt daß die Leiden, die die christliche Lehre begleiten, ihr keine Schande und kein wahres Uebel für ihre Lehrer und Bekenner seyen, und drückt endlich kurz die Summe der Lehre aus, die er predigt. K. 2, 14. bis Kap. 5, 21.

5) P. habe nicht blos die Versöhnung durch Christum anzupreisen, sondern auch gewisse Pflichten, sonderlich die Vermeidung des Götzendienstes einzuschärfen. — K. 6, 1. bis K. 7, 1.

6) P. herzliche Gesinnungen gegen die Corinthier und Freude über ihre Besserung. K. 7, 2-16.

7) Ermahnung zu einer nicht körperlichen Beisteuer für die Christen in Judäa. K. 8, 1. bis Kap. 9, 15.

8) Vertheidigung gegen diejenigen, welche glaubten, es fehle ihm an den nöthigen Beweisen seines Apostelamtes, er sey deswegen zu Corinth so furchtsam, weil ihm sein Gewissen sage, daß er kein wahrer Apostel sey. K. 10-13.

Was dieser Brief für Folgen gehabt habe, (schreibt Hr. R. Michaelis a. a. O. S. 1046.) wird uns nicht umständlich gemeldet; denn Lucas beschreibt die Reise des Apostels nach Corinth nur mit wenigen Worten. Apostg. 20, 2. 3. So viel wissen wir, daß der Apostel zu Corinth gewesen ist, daß daselbst die verlangte Beisteuer zusammengebracht ist, Röm. 15, 26. die von Wichtigkeit gewesen seyn muß, weil

Pau-

Paulus selbst sie nach Jerusalem überbrachte, 1 Cor. 16, 4. ferner daß Paulus einige Monate zu Corinth geblieben, und bey einigen der Vornemsten in der Gemeine, von denen er Röm. 16, 22. 23. Grüsse bestellet, in Ansehen gewesen ist. Von der Gegenparthei hören wir weiter nichts, und als Clemens Romanus seinen Brief (wenn er anders ächt ist,) an die Corinthier schrieb: so ward P. von den Corinthiern für einen göttlichen Boten angesehen, auf dessen Worte Clemens sich, ohne Widerspruch zu befürchten, berufen durfte. Er muß also entweder den Irrlehrer zu Schanden gemacht, und von seinem Apostelamte an ihn und seinem Anhange die unangenemen Proben gegeben haben, die er 2 Cor. 13, 2. 3. drohet; oder der Irrlehrer muß Corinth von freien Stücken verlassen haben. Beides dienet uns zur Befestigung unsers Glaubens und zum Beweise der göttlichen Sendung Pauli." —

## Cornelius.

Ein Hauptmann unter der römischen Legion, welche die italiänische hieß, zu Cäsarea lag, und die Leibwache des daselbst wonenden Landvogts ausmachte. Er war ein Heide, durch die Bekanntschaft mit dem jüdischen Volk aber, und noch mehr durch die zu Cäsarea wonenden Christen, zur Kenntniß des wahren einzigen Gottes und der prophetischen Schriften gekommen, und durch den Unterricht Petri zur völligen Einsicht in die Lehre Jesu und zur gänzlichen Sinnesänderung. Apostg. 10, 1-48.

## Coseba.

1 Chron. 4, 21, 22. ist ein späterer Name der Stadt Chesib oder Achsib im Stamme Juda. S. oben.

## Crescens.

Ein Christ zu Rom, der, vermutlich auf des Apostels P. Verlangen, nach Galatien gieng, und die dasigen Christen in ihrem Christentum stärkte. 2 Tim. 4, 10. Die Fabel, die aus Galatien Gallien macht, giebt vor, Crescens sey der Apostel der Gallier gewesen, und habe die Kirche zu Vienne in Dauphine gestiftet.

## Creta.

Eine berümte große Insel auf dem mittelländischen Meere, beim Eingang des Archipelagus, die jetzt Candia heist, und sehr vorzügliche und viele Produkte hat, als: den herrlichen Malvasierwein, Olivenöl, Baumwolle, Wachs, Seide, Leder, Korn, allerlei Hülsenfrüchte rc. womit große Handelschaft getrieben wird. Sie stehet jetzt unter der Botmäßigkeit der Türken. — Paulus kam, bey seiner Reise nach Rom, in einen Hafen dieser Insel, und wünschte den Winter über auf dieser Insel zu bleiben. Apostg. 27, 7. Ob er aber wirklich ans Land getreten, und sich gar einige Tage in dem Hafen aufgehalten habe, wissen wir nicht. Aus Tit. 1, 5. aber ist es klar, daß sich P. nachher mit dem Titus eine Zeitlang auf dieser Insel befunden, und den Titus in Creta zurückgelassen habe, um das übrige in Ordnung zu bringen, und überall Bischöfe zu bestellen, woraus zu erhellen scheint, daß die Anzal der Christen in Creta sehr zalreich gewesen. Die

## Creter,

Welche aus Juden und Griechen bestanden, haben kein gutes Lob. Selbst einer ihrer vaterländischen Dichter, Epimenides, zeichnet sie als Lügner, böse (boshafte, schädliche Raub-) Thiere und faule Bäuche (oder Schlemmer und Wollüstlinge. Tit. 1, 12.) — Von den Cretensischen Juden waren auch welche zu Jerusalem gegenwärtig, als der heilige Geist über die Apostel ausgegossen wurde. Apostgesch. 1, 11. und es ist warscheinlich, daß schon diese Juden das Christentum mit nach Creta gebracht haben. — Der Brief P. an den Titus ist eigentlich für die Cretenser geschrieben, und er solte dem Titus zur Vorschrift seyn, auf die er sich berufen könte, wenn sich unwürdige und untüchtige Personen in die bischöflichen Aemter bringen wollten. S. Titus.

## Crethi und Plethi.

2 Sam. 8, 18. Kap. 20, 23. 1 Chron. 19, (18,) 17. 2 Sam. 5, 18. 1 Kön. 1, 38. — Der Etymologie nach, heissen diese beiden Wörter so viel, als Ausrotter (oder Scharfrichter) und geschwinde (im Laufen; Läufer; Geschwindläufer.) Jene sind die Vollzieher der Lebensstrafen, und diese — Trabanten. — Kurz — die königliche Leibwache, durch welche, bey den morgenländischen Königen, gewönlich die Lebensstrafen vollzogen wurden. — Bis daher wäre alles gut und richtig: allein wenn man die Endigung dieser beiden Wörter ansieht כרתי — פלתי — so sieht man leicht, daß es zwey von Nominibus propriis abstammende Adjectiva sind. Crethi sind 1 Sam. 30, 14. 16. Die Philister und Creth Zeph. 2, 6. Das Philisterland. Crethi kan also, als Nom. adpellativ. betrachtet, Scharfrichter bedeuten, oder die königliche Leibwache, die die Lebensstra-

strafen vollzog; als Nomen propr. aber: die Philister. Nun ist es höchst warscheinlich, daß sich David seine Leibwache aus seinen treuen Soldaten, die sich mit ihm ins Philisterland nach Ziklag gezogen, und unter den Philistern gleichsam naturalisirt waren, ausgewält habe; deswegen nent er sie nicht Crethim, oder Corethim, sondern Crethi, d. i. gleichsam philistinische Leibwache. — Mit Plethi, oder Phlethi verhält sichs eben so. Als Nomen appellativum würde es Trabanten bedeuten; unter dieser Endigung aber, folglich als Nomen propr. gentile scheint mir es eine Anspielung auf Pilisti oder Philisti (Philister zu seyn, und also so viel zu bedeuten, als Philistinische Trabanten — nicht geborne Philister, wie viele Ausleger, aller Warscheinlichkeit und Klugheit Davids zuwider, angenommen haben, sondern solche Israeliten, die mit David im Lande der Philister gewont haben. Auf diese Art würde also in diesem Namen der königlichen Leibwache Davids, Crethi und Plethi, orientalischer Witz liegen.

Andere glauben, Plethi bezeichne eine gewisse Familie oder Nachkommen eines gewissen Peleth, 1 Chr. 2, 33. — Ich könte auch hinzusetzen, daß es möglich wäre, daß diese Familie unter Saul sich zu David geschlagen habe und bey ihm geblieben sey, aus welcher er alsdenn seine Trabanten genommen habe, weil er sich auf ihre Treue verlassen konte; allein als denn würde ich, vielleicht nicht unbillig verlangen, daß das Crethi auch Name einer Familie sey, wovon ich aber keine zuverläßige Spur finde.

## Creutz. Creuzigen.

Von dieser Todesart s. unter Kreutz. Kreutzigen, Auch im 1ten und 2ten Haupttheil dieses Werks, was in jeden gehört.

## Crispus.

Vorsteher der jüdischen Synagoge zu Corinth. Er nam die christliche Religion an, und wurde vom Apostel Paulus ohngefär im Jahr Chr. 52, getauft. Apostg. 18, 8. 1 Cor. 1, 14. Nach dem Constit. Apost (B. 7. K. 46.) soll er in der Insel Aegina, ohnweit Athen, zum Bischof seyn verordnet worden.

## Crith.

Ein Bach der in den Jordan floß, nicht, wie so viele, auch neuere Gelehrte, glauben, auf der Westsondern auf der Ostseite des Jordans. An diesem Bach muste sich der Prophet Elias aufhalten, nachdem er eine Hungersnot, die aus Regenmangel entstehen solte, prophezeit hatte. 1 Kön. 17, 3. In dieser Stelle wird der Bach Crith ausdrücklich auf die Ostseite des Jordans gesetzt; denn es heißt: „am Bach Crith, der gegen (על פני) dem Jordan fleußt." — Daß hierdurch die Ostseite angezeigt werde, weiß jeder Sprachkenner. S. 1 Mos. 16, 12. Kap. 25, 18. Jos. 15, 8. K. 18, 16. 1 Kön. 6, 3. Hierzu komt, daß in der oben angefürten Stelle ausdrücklich gesagt wird, Elias solte sich gegen Morgen wenden — und sich am Bach Crith aufhalten. Ferner die Orebim (Luther: Raben), die den Propheten mit Victualien versorgen musten, wonten jenseits oder auf der Ostseite des Jordans. S. meine Bibel Th. 2. bey 1 Kön. 17, 4. a) S. 614 ff.

## Crocodil.

S. Leviathan.

## Crystall.

Ein durchsichtiger bekanter Edelstein, wie Eis anzusehen, dem Diamant änlich, nur nicht in Ansehung der Härte. Denn an Härte steht er gerade schon den meisten übrigen Edelsteinen nach. In Europa wird er auf den Alpen, in Böhmen, Ungarn und vielen andern Ländern gefunden. Man vermutet, er werde aus einem hellen Steinwasser erzeugt, weil man zuweilen in demselben noch einen Tropfen Wasser sieht. — Oft begreift man unter dem Namen Crystall alle durchsichtige, weichere Edelsteine; im engern Verstande aber heissen bey den Juwelierern nur vier besondere Gattungen so: 1) der Bergkrystall (Crystallus montana) welcher ganz hell und wie Eis aussieht. Dieser giebt oft an Glanz dem Diamant wenig nach, und wird häufig in Ringen den Diamanten als Grund untergelegt. 2) Iris, der diesen Namen daher erhalten hat, weil er die verschiedenen Farben des Regenbogens zeigt. Er ist sechseckigt. 3) Der gelblichte. 4) Der halbrunde, welcher unten platt und oben gewölbt und daher statt des Brennglases zu brauchen ist. Er ist der härteste und wird daher auch Pseudo-Adamas oder der falsche Diamant genant.

Der Crystall komt eigentlich nur zweimal gewiß in der Bibel vor, nämlich Offenb. Joh. 4. 6. K. 22, 1. — Der sel. Luther aber setzt den Crystall auch nach Ezech. 1, 22. mit den Alexandrinern für קרח (Eis) und Jes. 54. 12. Ezech. 27, 16. für כדכד welches aber wol Edelsteine überhaupt bezeichnet, oder Crystalle im allerweitläuftigsten Sin des Worts.

Cu-

## Cusan-Risathaim.

König in Mesopotamien, zur Zeit des Richters oder Helden Othniel. Er brachte die Israeliten unter seine Botmäßigkeit, und behielt sie darunter acht Jahre lang, bis Othniel sie seiner Gewalt wieder entriß und in Freiheit setzte. Richt. 3, 3–10.

## Cusch. Cuschiten.

## S. Chus und Mohr. Mohrenland.

## Cutha.

2 Kön. 17, 24. oder Chuth V. 30. Eine von den verschiednen Landschaften, aus welchen der assyrische König Salmanasser Kolonien nach Samarien schickte. Joseph setzt Cutha nach Persien, wo auch ein Fluß Cuthas gewesen seyn soll. Bochart, höchst unwarscheinlich, denkt an Cusch oder Chus — (s. oben) Hyde versteht eine babylonische Stadt Cutha, die bey dem Abu Muhammedi vorkömt, darunter; und Hr. R. Michaelis, in der That mit viel Warscheinlichkeit, versteht die Gegend um Sidon darunter, und unter den Cuthäern ein phönicisches um Sidon wonendes Volk. — Pseudojonathan drückt 1 Mos. 10, 19. das hebräische צידנה durch [illegible] von den Cuthäern und 1 Chron. 1, 13. hat der Chaldäer Zidon durch Cuthaneus ([illegible]) übersetzt, woraus sich schließen läßt, daß die Gegend um Sidon Cutha geheissen. Aus ein Paar Stellen des Joseph wird dieses noch gewisser: Nach Jüd. Alt. B. 11. K. 8. §. 6. gaben sich die Samaritaner, weil sie sahen, daß Alexander der Große den Juden hold war, und ihnen sieben Jahre alle Abgaben geschenkt hatte, um gleicher Gnade zu geniessen, für Hebräer aus, ob sie gleich Sichemitische Sidonier genant wurden. Und B. 12. K. 5. §. 5. nent Joseph die Samaritaner ebenfalls Sichemitische Sidonier — oder Sidonier zu Sichem ([illegible]) — S. Spicil. Geogr. Heb ext. post Bochartum Tom. I. p. 104 sqq.

## Cymbeln.

Hebr. צלצלים und מצלתים. Einige haben Schellen oder Glöckchen darunter verstanden. Die Etymologie (von צלל im Arabischen klingen, tönen — falsch macht man sonst die Derivation von צָלַל) ist nicht dagegen; allein die Schellen oder Glöckchen füren im Hebräischen einen andern Namen. Der Araber setzt Psalm 150. das Wort Djanch (صنج) welches zwei kupferne Schellen oder Castagnetten sind, die an einander geschlagen werden, und so einen munigen Klang geben. Ein unter den Arabern sehr gewönliches Instrument. Unter den Hebräern scheinen zweierlei dergleichen Castagnetten gewönlich gewesen zu seyn. Denn Psalm Psalm 150, 5. kommen im erstern Glied des Verses צלצלי שמע und im andern צלצלי תרועה vor. Die letztern erkläre das תרועה wie schon Hr. Prof. Pfeiffer über die Musik der alten Hebräer. S. LV. bemerkt, für ein Kriegsinstrument; waren also vermutlich größere Castagnetten, die einen starken Klang von sich gaben, und noch jetzt bey den Türken, und zwar bey ihrer Kriegsmusik, gewönlich sind, und die man auch jeder Europäer kennt, seitdem die sogenante Janitscharenmusik auch unter unsrer europäischen Miliz mit eingefürt ist. — Die erstere Art צלצלי שמע waren vermutlich kleiner, von schwächerm Klang, und fielen sanfter ins Gehör. Dergleichen sind auch noch jetzt im Orient, doch nur unter dem Frauenzimmer gewönlich, welches an jeder Hand zwei hat, und sie an einander schlägt.

Diese Cymbeln oder Castagnetten waren seit Davids Zeit bey der gottesdienstlichen Musik der Hebräer eingefürt. S. 1 Chron. 14, (13) 8. K. 16. (15) 16. Kap. 17, (16) 5. 42. Kap. 26, (25) 1. 6. 2 Chron. 5, 12. 13. Psalm 150, 5. Esr. 3, 10. Nehem. 12, 27.

## Cypern.

1) 1 Macc. 15, 23. Eine berümte Insel und zwar die gröste, auf dem mittelländischen Meer. Gegen Osten hat sie Syrien, und liegt nur 20 Meilen vom festen Lande. Sie hat sehr viel vorzügliche Landesprodukte, sonderlich kostbaren Wein und die schönste Baumwolle. Sie war ehedem der Venus gewidmet, als welche, nach dem Vorgeben der Dichter gar auf dieser Insel geboren seyn soll — vielleicht weil der Venusdienst auf dieser Insel sehr alt ist — daß er sehr stark daselbst getrieben worden, und die Einwoner der Wollust und Schwelgerey ganz ergeben gewesen, wissen wir gewis. — Die verjagten Christen flüchteten aus Jerusalem auf diese Insel. Ap. Gesch. 11, 19. Paulus und Barnabas, als sie von Antiochien abreisten, und sich zu Seleucien zu Schiffe setzten, landeten sie auf der Insel Cypern an, predigten zu Salamis in den jüdischen Synagogen, und in den übrigen Städten dieser Insel die Lehre Christi. Zu Paphos trafen sie beim Statthalter der Insel, dem Sergius Paulus, einen falschen Propheten,

Ne-

Namens Bar-Jesu an, welcher sich der Lehre Pauli widersetzte und den Statthalter von der Annahme seiner Lehre abhielt. Der Apostel strafte ihn dafür mit Blindheit, welches Wunder beim Serg. Paulus die gute Wirkung hatte, daß er die christliche Lehre annahm. Apostgesch. 13, 4. 5. 6. ff. Einige Zeit darauf reiste Barnabas, welcher für den vornehmsten Apostel und ersten Bischof gehalten wird, und von den Juden zu Salamin gesteiniget worden seyn soll, mit dem Joh. Marcus wieder in diese Insel. Kap. 15. 39. Mnason war aus dieser Insel. Kap. 21, 16. auch Barnabas, sonst Joses genant. Kap. 4, 36. — Paulus fuhr auch vor dieser Insel vorbey, als er gefangen nach Rom gebracht wurde. K. 27, 4.

2) Der Cyprus oder Hennabaum. Hohel 4, 13. S. Copher.

## Cypresse.

Cypressenbaum. Hebräisch ברוש (Berosch) auch wol ברות (Beroth) — Plur. ברותים Hohel. 1, 17. wo die Alexandriner geradezu κυπάρισσοι übersetzen. Vielleicht diejenige Gattung von Cypressen, die Plinius (Nat. Gesch. B. 16. Kap. 17.) Bruta nennt. — die Cypresse ist ein grosser, ansehnlicher (Sir. 50, 11.) Baum, hat einen geraden Stamm, ist gegen die Mitte sehr ästig, und spitzt sich gegen seinen Gipfel, pyramidalförmig zu. Sein Holz ist hart, dicht, wohlriechend und vor dem Wurmfraß sicher. Man braucht es daher, wie die Ceder, gern zum Schnitzwerk, ingl. zum Bauen der Häuser und Schiffe (S. Theophr. Hist. Plant. V. 8. und Virgil:

Dant utile lignum
Navigiis Pinos domibusque cedrosque cupressosque.)

Und Joseph (Alterth. 8. 2.) ingl. Eupolemus und Alexander Polyhistor (beim Eusebius Praep. Ev. IX. p. 263. sq.) sagen ausdrücklich, daß sich Salomo der Ceder und Cypresse zum Tempelbau bedient habe, und wenn Berosch, wie ich nicht zweifle, die Cypresse ist: so sagts auch die Bibel. 1 Kön. 5, 8. 2 Chron. 2, 8. wo Luther, wie mehrmals, unrichtig „Tannen„ übersetzt. — Nach dem Plinius (Nat. G. B. 16. K. 40.) waren auch die Thüren und andern Theile des Tempels der Diana zu Ephesus von Cypressenholz, wie, nach 1 Kön. 6, 34. die beiden Thüren am Eingang des Tempels zu Jerusalem von Berosch d. i. Cypressenholz gewesen. —

Die Blätter der Cypresse sind den Blättern des Cederbaums so ähnlich, daß man sie von ferne nicht davon unterscheiden kan; sie sind beständig grün und haben einen starken, angenehmen Geruch. Die Kätzchen der Cypresse bestehen aus einem Haufen schuppiger Blätter, die an ihrem Ende einen kleinen Beutel von zarten Staub haben. Aus diesem wächst nicht die Frucht, sondern immer an andern Orten. Die Frucht (Nux cupressi, Galbalus, Gabula) ist rund, grau, und so dick, als eine Muscatennuß, aussen schuppicht und unter diesen Schuppen liegt ein markigter Saamen — — Die Cypresse wächst häufig auf der Insel Candia, ingleichen, wiewol in den ältern Zeiten häufiger als jetzt, auch auf dem Libanon. Auf dem zum Königreich Israel gehörigen Gebirge Hermon, oder Antilibanon überhaupt (Sir. 24, 17.) und auf dem nach Tyrus gehörigen Libanon im engern Verstande, oder dem westlichen Libanon, und vermuthlich noch häufiger und schöner als auf der östlichen israelitischen Bergkette, oder dem Antilibanon. Denn der tyrische König Hiram lieferte dem K. Salomo zum Tempelbau auch Cypressen. 1 Kön. 5, 8. 2 Chron. 2, 8. —

Der sel. Faber, der um die biblische Botanik viel Verdienste hat, glaubt (Archäol. der Hebr. Th. 1. S. 371.) die morgenländische Botanik begreife unter Berosch oder der Cypresse, dreierlei Bäume: die immergrünende, (Cupressus semper virens. Linn.) die Zwergcypresse, (Cupressus Thyoides. Linn.) und den Sebenbaum. (Iuniperus Sabina Linn.) — Von den beiden letztern schreibt er: „die Zwergcypresse ist ebenfals als ein treffliches Bauholz berühmt. Sie ist warscheinlich die grössere Ceder des Dioscorides, (vergl. Bauhin. Pin. 488.) daher der Syrer, Araber und Alexandriner Berosch durch Ceder übersetzen, darunter man also nicht die Ceder mit Tannzapfen verstehen darf,) und Plinius (Hist. Nat. XIII, 16.) — Nach ihrem Zeugnisse ist sie ein unvergängliches Bauholz, das zu Verzäfelungen der Tempel und zu den kostbarsten Geräthen gebraucht worden. (Plin. a. a. O.) — Auf gleiche Weise ward mit Berosch der Tempel zu Jerusalem getäfelt. 1 Kön. 6, 15. 2 Chron. 3, 5. Athenäus (Deipnosoph. V. 207.) beschreibt ein bis zur Verwunderung kostbares und prächtiges Schiff des Hieron, welches unter andern eine Capelle der Venus enthielt, die mit Cypressenholz getäfelt, und mit Thüren von Elfenbein und der

Zeder

Zwergcypresse gezieret war. Reiche Römer schmückten damit ihre Landhäuser aus. Wenn Appius Claudius beim Varro (De Re rust. III. 1.) die Pracht eines gewissen Lusthauses beschreiben will: so rühmt er hauptsächlich das Getäfel von kostbarem Thujaholz. Es ward daher ehemals ein großer Handel damit getrieben. Offenb. 18, 12. kommt das Thujaholz unter sehr vorzüglichen Handelsartikeln vor. — Der Sebenbaum, den die Hebräer ebenfalls unter Berosch begriffen, ist dem Ansehen nach der Cypresse so änlich, daß nach dem Berichte selbst Kenner in der Ferne ihn nicht davon unterscheiden können. Die Alten nennen daher öfters den Sebenbaum Cypresse, und auch Neuere bemerken ihre Aenlichkeit, besonders in Ansehung der Blätter. Beide führen daher selbst unter den Griechen den alten morgenländischen Namen Berosch, Beroth, oder Brathy Brutus rc. (Hierbey wird man an ברותים Hohel. 1, 17. denken.) gemeinschaftlich. Die Sabina erreicht ebenfalls eine ansehnliche Größe. Rauwolf (S. 57.) fand sie um Tripoli dicker, als daß sie ein Mann mit beiden Armen umfassen konnte, und ihr Holz schätzen die Türken vorzüglich zu Gewölbern." —

Aus dem schönen, wolriechenden, festen Cypressenholze, pflegten die musikalischen hölzernen Instrumente und die Spießschäfte verfertigt zu werden, — so gewönlich, daß עצי ברושים (ligna cupressina) für hölzerne musikalische Instrumente, 2 Sam. 6, 5. und והברשים (Cypressen) Nahum 2, 4. für Spieße überhaupt gesetzt werden.

## Cyrene.

1 Macc. 15, 23. Apostg. 2, 10. Eine Stadt und Provinz in dem Pentapolitanischen Lybien, zwischen der großen Syrtis und dem See Mareotis. Die Stadt heißt heutiges Tags Cairoan, und liegt in dem Bezirk Mesrata, im Königreiche Barcan. Jener Simon, des Alexanders und Rufus Vater, der das Kreuz Jesu tragen mußte, war aus Cyrene gebürtig. Matth. 27, 32. Marc. 15, 21. Luc. 23, 26. Auch jener Lucius Apostg. 13, 1. war von Cyrene. In der Provinz Cyrene gabs viele Juden, deren viele die christliche Religion annamen. Apostg. 11, 20. Kap. 13, 1. viele aber auch sich derselben hartnäckig widersetzten, sonderlich diejenigen, welche zu Jerusalem eine Synagoge hatten, und mit Stephano disputirten. Apostg. 6, 9.

## Cyrenius.

Oder Cyrinus, Sulpitius Quirinus, römischer Statthalter in Syrien, des Quinctilius Varus Nachfolger. Luc. 2, 2.

## Cyrus.

S. oben Cores.

# D.

## Dabaseth.

Dabbaseth. Eine Stadt auf der Gränze des Stammes Sebulon. Jos. 19, 11. Sonst unbekant.

## Dabrath.

Dobrath. Eine Stadt auf der Gränze des Stammes Sebulon, Jos. 19, 12. dem Stamme Isaschar gehörig. Jos. 21, 28. 1 Chron. 7, (6) 72. Reland (Palaestina etc. p. 737. der Originalausgabe,) findet diese Stadt in dem jetzigen von Arabern bewonten Dorf Dabira, (am südlichen Fuß des Berges Thabor, in der Gegend von Diocäsarien, dessen Eusebius Erwänung unter Δαβειρα gedenkt,) weil der Berg Thabor, an dessen Fuß das Dorf liegt, auf die Gränze der Stämme Sebulon und Isaschar lag.

## Dach.

Die Dächer der morgenländischen Häuser — und Thürme, oder Festungen (Richt. 9, 51.) und Gebäude überhaupt, sind flach oder platt, wie ein Fußboden. An Sparren, Latten, Ziegeln, Schiefer, Schindeln u. s. w. kurz an dergleichen Pyramidaldächer, wie wir sie haben, hat man bey den morgenländischen Dächern, und folglich bey den Dächern, deren in der Bibel gedacht wird, gar nicht zu denken. Schon aus der Bibel siehet man, daß die morgenländischen Dächer platt oder flach gewesen, wenn es auch nicht alle orientalische Reisebeschreiber auch noch vom heutigen Orient ausdrücklich meldeten. Sind aber nicht flache Dächer des Wetters wegen äußerst unbequem, und den Gebäuden nachtheilig? — Für unsere nördliche Gegenden, wo es so oft regnet, wären sie es freilich; aber nicht für den Orient, wo es so selten regnet! und der Gebrauch der flachen Dächer im Orient, durch Jahrtausende hindurch, bis auf den heutigen Tag, ist an sich schon Beweises genug, daß diese für uns freilich ganz und gar nicht brauchbare Dächer, im Orient brauchbar sind. Wären sie's auch bey uns, so würden auch wir sie unsern gegenspitzigen Ziegeldächern aus dem Grunde vorziehen, weil sie in der That viel Anmut und Vorteile gewären. Man kan auf ihnen promeniren und freie Luft einatmen, ohne daß man einen Fuß aus dem Hause zu setzen braucht; man hat darauf eine weite, freie, offene Aussicht; man kan allerhand darauf ausbreiten, und von der Sonne trocknen und dürren, ohne diese Dinge niederträchtigen Räubern Preis zu stellen, u. s. w. — Aber wie gesagt — in unsern nassen Gegenden sind diese Dächer nicht anwendbar. —

Die Reisebeschreiber nennen die Dächer der Morgenländer ein Estrich, und melden uns, daß sie mit Erde überschüttet wären, welche man feststampfte. In dieser Erde befinden sich, wie gemeiniglich, allerhand Saamenkörner, dergleichen mit Stroh und auf andere Art noch mehrere auf das Dachestrich kommen. Beim ersten Regen, der die Oberfläche erweicht, und darauf wieder erfolgenden Sonnenwärme, gehen diese Saamenkörner auf, und in wenig Tagen ist das Dach grün. — Dapper (Reisebeschr. des Königreichs Persien, S. 6. a) schreibt: „Weil man auf die ebenen Boden (Dächer) der Häuser in dem Stroh, welches mit Erde vermengt wird, einige Gerstenkörner und andern Samen zuweilen herbeibringt, auch der erste Regen das oberste von dieser Erde etwas weich macht: so siehet man die Dächer bisweilen in wenig Tagen mit Gras und Blumen bewachsen." — Und Christoph Fürer (nach Wunkers Allegat beim Sekunde. Band 2. S. 466. — Reisebeschreib. S. 174.) schreibt: „die Häuser an diesen Orten sind schlecht erbauet, und die Dächer nur mit Erdreich überschüttet, also, daß das Gras darauf wächst." — Weil aber das Dachgras seichten Boden hat: so verdorrt es bey der großen Hitze, wie sie im Oriente zu seyn pflegt, sehr bald wieder. — Diese Bemerkungen und Nachrichten scheinen zwar minder interessant; allein sie geben drei biblische Stellen, 2 Kön. 19, 26. Psalm 129, 6. Jes. 37, 27. in welchen des Dachgrases, das sehr bald dahinwelkt, gedacht wird, einzig ihr volles Licht. —

Da alle morgenländische Dächer plan oder flach sind; so kan man auf den Dächern von einem Hause zum andern kommen, und wo die Häuser einer ganzen auf ebenen Boden liegenden Stadt an einander gebaut sind, kan man auf den Dächern von einem Ende der Stadt zum andern kommen, ohne die Straße zu berüren. (S. Shaws Reisen S. 136.) — Die Nachbarn besuchen einander auch häufig auf den Dächern. „Also begiebt sichs täglich, (schreibt Rauwolf Reise rc. S. 25 f. da er von den Dächern der morgenländischen Häuser redet) „daß die Nachbarn auf ihren Häusern von einem auf das andere gehen und einander besuchen rc." — Durch diese Nachrichten verliert die Geschichte vom Gichtbrüchigen (vom Schlage Gelämten) das Lächerliche, welches Bibelspötter und des Morgenlandes unkundige Leser und Ausleger der Bibel in derselben gefunden haben. Marc. 2, 4. Luc. 5, 19. — Als die Träger des Kranken vor dem Gedränge nicht vor Jesu kommen konten, stiegen sie aufs Dach eines benachbarten Hauses, giengen von hier aufs Dach desjenigen Hauses, in welchem Jesus war, brachen das Dachgeländer (davon unten,) so weit als es nötig schien ab, und ließen den Kranken auf dem Bette an der Wand des Hauses herunter in den Hof, um ihn vor Jesum zu bringen. — So ist alles ganz natürlich! —

Die Morgenländer halten sich auf diesen Dächern ihrer Häuser häufig auf, wie schon aus Matth. 24. 17. Marc. 13, 15. erhellet: „Wer auf dem Dache ist, der steige nicht hernieder rc. (— weil der Feind schon im Hause seyn dürfte — sondern suche nur sein Leben durch die Flucht zu retten.) —

Sonderlich speist und schläft man häufig auf den Dächern, und zwar um beim Genuß der freien, kühlen Luft des Tages den brennenden Sonnenstralen nicht ausgesetzt zu seyn, unter Lauben von Baumzweigen, oder Weiden geflochten, oder unter Zelten von Schilfen gemacht. Das melden Egmont und Heyman (Reisen rc. Th. 1. S. 4.); und Pococke (Beschr. des Morgenlandes Th. 2. S. 69.) erzält von sich selbst, daß er gegen den Ausgang des Maymonats mit dem Hausverwalter des Scheikh zu Tiberias in Galiläa, der Landesgewonheit nach, zur Erfrischung, oben auf dem Hause gespeiset und auch da geschlafen habe. Jeder habe da sein eignes von Weiden geflochtenes und ohngefähr acht Quadratfuß weites Kabinet gehabt. — Und Rauwolf (a. a. O.) „also begiebt sichs täglich, daß die Nachbarn auf ihren Häusern von einem auf das andere gehen rc. auch die Nacht, sonderlich zu Sommerszeit in der Küle darauf schlafen." — So wars im Orient auch schon in den ältesten Zeiten: Saul, bey Samuel zu Rama, als er sich bey diesem wegen der verlornen Eselinnen seines Vaters befragen wolte, der dasigen Opfermalzeit

zeit

zeit beiwohnen, und die Nacht zu Rama bey Samuel bleiben mußte, schlief auf dem Dache, (wo er sich auch den Abend mit dem Propheten unterredet hatte) denn mit Anbruch des Tages weckte ihn der Prophet auf dem Dache auf — 1 Sam. 9, 25. 26. — So beschlief auch Absalom die Konkubinen seines Vaters auf dem Dache des königlichen Palastes, unter einem daselbst aufgeschlagenen Zelt. 2 Sam. 17, 22. — — Die Juden nach der Rückker aus Babel bauten am Laubhüttenfest auch Lauben von Baumzweigen auf die Dächer, (Nehem. 8, 16.) welches noch jetzt die Juden an diesem Feste auf unsern europäischen Dächern in vielen Gegenden thun. Nur daß diese Nachäffung sehr gezwungen und unnatürlich aussiehe. —

Sonst gehe man auch auf den Dächern häufig spazieren, vermutlich hauptsächlich um der angenemen Unterhaltung willen, welche die weite, freie, offene Aussicht gewärt. So promenirte David auf dem Dache seines Palastes, und hier — entdeckte er die sich badende Bathseba. 2 Sam. 11, 2. Es ist auch den Worten des heil. Schriftstellers nicht zuwider, wenn man annimt, daß David auch seine Mittagsruhe auf dem Dache seiner Burg gehalten habe. Denn es heist, nachdem er diese gehalten, habe er auf dem Dache seines Palasts promenirt. — Die morgenländischen Dächer kommen daher gerade wie die Gassen, als öffentliche oder häufig besuchte Oerter vor. Jes. 15, 3. Jer. 48, 38. wo die Dächer der Sache nach ganz synonim mit den Gassen und Straßen vorkommen. Und „auf den Dächern" Matth. 10, 27. Luc. 12, 3. heist so viel als „öffentlich."

Aber in einen Winkel des Dachs setzte man sich, wenn man Grillen und lange Weile hatte, und einsam seyn wollte. Spr. Sal. 21, 9. K. 25, 24. „Es ist besser in einem Dachwinkel wonen, als bey einem zänkischen Weibe in einem lebhaften Hause" (wo man sonst Unterhaltung genug hat.) —

Die Dächer waren auch sehr gewönliche Oerter des Gottesdienstes; vermutlich weil die alte sinnliche orientalische Welt auf den Dächern (wie auf den Anhöhen und Bergen — die daher ebenfalls als Oerter des Gottesdienstes so bekant sind,) der Gottheit näher zu seyn glaubte. Man baute also Altäre auf die Dächer, 2 Kön. 23, 12. Kap. 23, 12. und opferte auf denselben, Jer. 19, 13. K. 32, 29. und betete die Götter an. Zeph. 1, 5. — Petrus gieng auf das Dach des Hauses zu beten. Apostg. 10, 9.

Von den Dächern herunter pflegte man sich mit Steinen rc. gegen Feinde zu vertheidigen, wie z. B. die Einwoner von Thebez vom Dache ihres festen Thurms (ihrer Festung) herunter, gegen den sie belagernden Abimelech, dem auch wirklich ein Weib mit einem Stück von einem Mühlstein den Scheitel zerschmetterte. Richt. 9, 50. 51. 52. 53.

Auch als Warten wurden diese orientalischen Dächer gebraucht, und zwar als eigentliche Warten die Dächer der über die Thore gebauten Thürme; s. 2 Sam. 18, 24. auch die Dächer der gemeinen Häuser — um sich nach der Ferne umzusehen, z. B. nach einem anrückenden Feinde, den man befürchtet. Jes. 22, 1. —

Man versamlete sich auf den Dächern, wie auf einem Amphitheater, um einem Schauspiel zuzusehen. So die Philister, an der Anzal bey 3000 Mann, auf dem Dache eines Kiosk des Dagonstempels, um sich über den blinden Simson, der den Philistern zu lachen machen mußte, lustig zu machen. Richt. 16, 27. —

Uebrigens nutzte man die Dächer (und noch heutiges Tages!) auch noch zu ökonomischen Gebrauch. Man trocknet Wäsche, Feigen und Rosinen und allerhand Gewächse daselbst, z. B. Baumwolle — (die Pflanzen) nachdem sie eingeärndtet worden. Dergleichen hatte die Rahab eben auf ihrem Dache, und unter diese versteckte sie die Kundschafter. Jos. 2, 6.

Bey dem häufigen Aufenthalte der Morgenländer auf ihren flachen Dächern, war es nötig, sich vor der Gefar zu sichern, aus Versehen vom Dache hinunter zu stürzen. Man hat daher für ratsam befunden, die Dächer rings herum mit einer Art von Brustwer zu versehen. Diese besteht auf der Seite nach der Straße und nach den angebauten Häusern zu, aus einer niedrigen Mauer (die leicht zu übersteigen ist, wenn man den Nachbar auf seinem Dache besuchen will) und gegen den Hof zu mit einem Geländer. (S. Shaws Reisen S. 185.) An ein solches Geländer lehnte sich der König Ahasja unvorsichtig, das Geländer brach ein, und der König that einen tödtlichen Fall. 2 Kön. 1, 2 ff. — Mit dieser so nötigen, und zumal wenn sie haltbar oder dauerhaft ist, nützlichen Brustwer, scheinen indessen nicht alle und jede morgenländische Häuser versehen zu seyn. Denn so schreibt Kühn (Reisebeschreib. S. 272.): „Ein Sklave zu Algier wollte sein gewaschenes Hemde auf dem Dache zum Trocknen ausbreiten; er that aber einen Fehltritt, fiel herunter und brach sogleich den Hals." — Das Dach dieses Hauses hatte schwerlich eine Brustwer! — Und so müssen auch zu Moses Zeit in Palästina viele Dächer keine Brustwere oder Geländer gehabt haben, weil er für nöthig befand, 5 Mos. 22, 8. ein besonderes Gesetz deswegen zu geben: „Wenn du ein neu Haus bauest: so mache eine Lehne darum auf deinem Dache, auf daß du nicht Blut (Blutschuld) auf dein Haus ladest, wenn jemand herab fiel." —

## Dachrinnen.

2 Sam. 5, 8. besser: „die Wasserleitung" (Siloam — die den Brunn Siloam auf der Burg Zion zur Quelle hatte.)

## Dachsfelle.

Felle von Thachasch (ערת תחש). Diese befanden sich mit unter den Beiträgen zur Stiftshütte, 2 Mos. 25, 5. K. 35, 7. und aus denselben wurde die äusserste und schlechteste Decke über die Stiftshütte verfertigt. 2 Mos. 26, 14. K. 36, 19. und mehrere Decken über die Heiligtümer beim Aufbruch der Israeliten in der Wüste. 4 Mos. 4, 10. — Man machte auch Schuhe daraus. Ezech. 16, 10.

Daß תחש (Thachasch) der Dachs sey, ist falsch. Die Aenlichkeit des Worts Thachasch mit Dachs ist vermutlich an diesem Irrtum Schuld. Der Dachs findet sich in der arabischen Wüste gar nicht, und kan sich nicht da finden, weil der steinigte Boden diesem Thier es unmöglich machen würde, seinem Naturinstinkt nach, sich tiefe Hölen und Löcher in die Erde zu graben. Die Dachsfelle sind auch überhaupt von keinem oder doch geringen Gebrauch und zur äussersten Decke der Stiftshütte wären sie am allerunbequemsten gewesen. Der Dachs ist, wie Bochart bemerkt, den Alten so unbekant, daß die griechische Sprache nicht einmal einen Namen für ihn hat. Und was würden Schuhe, zumal Sohlen von Dachsfell oder Dachsleder (Ezech. 16, 10.) für Schuhe seyn? —

Doch dies ist nicht die einzige unrichtige Meinung, die man von dem Thachasch hat. Es sind von alten und neuen, grossen und kleinen Männern noch mehrere bekant, die ich aber, um nicht allzuweitläuftig zu werden, wieder anführen noch wiederholen kan. Wer sie zu wissen verlangt, kan sie in einer langen Anmerkung des M. Donat in seinem Auszuge der Scheuchzer'schen Physica sacra Th. 1. Band 2. S. 273 ff. selbst nachlesen.

Fast ganz dasselbe Wort (Thachasch) finden wir im Arabischen (Thachas) wo es vom Delphin gebraucht wird. Das Wort mag aber, wie es unter Völkern, die es in der Naturgeschichte noch nicht weit gebracht haben, zu geschehen pflegt, auch von andern grossen, furchterlichen Fischen, und insbesondere auch vom Seehund (Phoca vitulina Linn.) gebraucht, d. i. der Phoca mit dem Delphin verwechselt worden seyn. Denn Thachasch (תחש) in der Bibel ist gewis der Phoca, oder Seehund, ein Raubfisch, der seinen Namen daher erhalten hat, weil sein Kopf einem Hundekopf änlich ist (nur daß er keine äussern Ohren hat) und seine Stimme dem heischern Bellen eines Hundes. Die Haut ist stark, haarigt und fett, wie mit Oel bestrichen, die Füsse sind kurz, die Hinterfüsse kommen den Floßfedern nahe, die äussern Finger sind länger, als die mittlern, überhaupt sind die Füsse des Seehundes wie der übrigen Phoken, oder Robben, deren man bis jetzt noch 7 Gattungen kent, mehr zum Schwimmen, als zum Gehen eingerichtet, daher ihr Gang schleppend, doch ziemlich geschwind ist; sie können unterm Wasser nicht lange aushalten, entfernen sich auch nicht weit vom Lande, wo sie ihre Narung von andern Fischen nemen. Sie sind neugierig und beherzt, und leben in der Polygamie. Das Weibchen gebiert eins, selten 2 Junge. Ihr Fleisch ist essbar, und man findet sie fast in allen Meeren. — Daß sie sich auch im arabischen Meerbusen finden — also in der Nähe der arabischen Wüste — s. J. Cäs. Scaliger ad Aristot. Hist. animal. p. 233. und Jonston H. N. de piscibus. p. 222.

Mit der Haut der Seehunde wird starker Handel getrieben, weil sie zu Ueberzügen der Reisekoffer und Reisetaschen häufig gebraucht werden. Und man trägt nicht nur jetzo hin und wieder Schuh und Stiefeln aus Seehundsleder, sondern es trugen dergleichen auch schon die Alten; und zwar nicht blos ihrer Dauerhaftigkeit wegen, sondern auch weil man in der Meinung stand, Schuhe aus Seehundsleder wären ein heilsames Mittel wider das Podagra. (Jonston de piscibus p. 223.) — Dieser Gebrauch des Seehundsleders ist wegen Ezech. 16, 10. wichtig. —

Noch wichtiger ist ein noch anderer Gebrauch des Seehundsleders, oder der Seehundshäute für die Geschichte der Stiftshütte und zugleich ein Beweis, daß

Tha-

Thachasch der Seehund sey: Man machet nemlich auch Zeltdecken daraus — bedeckte die Zelte damit. — Und gerade die Decke und zwar die äusserste Decke der Stiftshütte, oder des Unterredungszeltes war — Thachaschhaut — Seehundshaut! — Daß nicht nur die Morgenländer, sondern auch andere alte Völker die Zelte mit Thierhäuten bedeckt haben, ist bekant. Pompejus Festus (B. 1.) schreibt: Tecta castrensia quamuis pellibus conteguntur, tabernacula tamen dicuntur. — Cäsar (B. G. libr. 3. Ibique reliquarum ex Italia legionum aduentum expectare et sub pellibus hiemare constituit. — Livius: (V. 12.) Militem Romanum in opere et labore, nivibus pruinisque obrutum sub pellibus durare. — Claudian (L. Stilic.)

— — — Quoties sub pellibus egit
Aedonias hiemes.

Und bey den Arabern heißt Kobbach قبة ein mit Fellen, oder Leder bedecktes Zelt. — Also mit Thierfellen überhaupt Zelte zu bedecken, um sie dadurch vor dem Wetter zu schützen, war gewönlich; aber insbesondere auch mit Seehundshäuten! und zwar aus zween Gründen 1) weil sie vermöge ihrer Stärke dauerhaft sind, und vermöge ihrer Fettigkeit kein Wasser eindringen lassen — aus welchem Grunde wir auch unsre Reisekoffer damit beschlagen lassen. 2) weil man glaubte, die Seehundshäute wendeten den Blitz ab — der Blitz treffe nie einen Seehund — schlage nie in eine Seehundshaut und in nichts, was damit bedeckt sey. Das sagt Plinius (N. G. B. 2. K. 55.) wo er vom Blitz redet: — — — Ideo pauidi altiores specus tutissimos putant, aut tabernacula e pellibus belluarum, quos vitulos appellant: quoniam hoc solum animal ex marinis non percutiat. — Vom Kayser August schreibt Sueton, daß er sich fürs Gewitter sehr gefürchtet, und deswegen allenthalben ein Fell von einem Seehunde bey sich geführt habe, um vor dem Blitz sicher zu seyn. (Tonitrua et fulgura paullo infirmius expauescebat, ut semper et ubique pellem vituli marini circumferret pro remedio. Suet in vit. Oct u. Aug. c. 90.) — Nach dem Spartian hatte der Kaiser Severus seine Sänfte mit Seehundshaut überziehen lassen. — — Plutarch (Sympos. lib. 5. qu. 9. lib. 4. qu. 2.) sagt uns ebenfalls, daß man geglaubt habe, der Blitz könne weder das Fell eines Seehundes, noch einer Hyäne, noch eines Meerfraßes treffen. Und der sel. Faber (Archäol. der Hebr. S. 108.) zeigt sehr scharfsinnig, daß man auch im Orient in derselben Meinung gestanden habe.

Wenn Moses die Stiftshütte mit Seehundshaut bedeckt: so folgte er der Gewonheit seines Zeitalters, um so mehr, da diese Art Häute am sichersten vor dem Wetter schützt. Ob er aber auch zugleich auf den dadurch abzuwendenden Blitz wohl sein Absehen gehabt habe, wie man vielleicht aus 4 Mos. 4. 10. schliessen möchte, weil er, beim Aufbruch, und während der Reise, auch über einzelne Heiligthümer dergleichen Decken breiten lies, (zumal da die Israeliten in der Wüste beständig unter einer Wetterwolke reisten. S. meine Bibel. Th. 1. bey 2 Mos. 13. 21.) steht dahin. — Etwas Unschickliches find ich eben nicht darinnen, wenn Moses die natürlichen Verwarungsmittel, wie man sie damals kante, brauchte und Gott nicht alles durch Wunder wirken ließ. —

## Dagon.

Eine Gottheit der Philister. Davon heißt ein Fisch und zwar vermöge der die Bedeutung der Wörter verstärkenden, oder vergrössernden Endigung (1) ein grosser Fisch. — Das Bild, das diese Gottheit vorstellte, war also ohnfehlbar ein gewisser grosser Fisch, vermutlich der Manati, oder Seemensch, — das Meerfräulein, der den Namen deswegen erhalten hat, weil der Oberleib dieses Fisches dem Menschenleibe ähnelt. Die Manati, welche sich unter dem heissen Himmelsstrich bis zum 30. Grad von der Linie, und auch sonderlich häufig im arabischen Meerbusen befindet, sind nach Monconys Beschreibung (Reisebeschr. nach Aegypten. S. 26.) ungeheure Fische, beinahe so groß, als ein Kameel. Das Haupt sieht wie ein Ochsenkopf und der Schwanz, wie ein Fischschwanz. Der übrige Oberleib, von dem Bauche an, ist wie an einem Mann, oder einer Frauensperson gestaltet, wie denn dieses Thier auch von beiderley Geschlecht ist. Auch hat es Brüste, Arme und Hände, wie ein Mensch. (Und daß das, übrigens Fischgestalt habende Götzenbild der Philister, Menschenhände gehabt, ist aus 1 Sam. 5, 4. 5. klar.) ausser daß die Finger mit einer Haut, oder Knorpel aneinandergefügt sind, wie Gänsepfoten, oder Flügel der Fledermäuse. — — — Die Haut, die

die Morkeno sah, war etwa zehn Fuß lang und viel dicker, als die Haut von den grossen Büffelochsen, und noch härter, als Holz. Die Männer machen Schilde, oder Rundartschen daraus, Pistolenkugeln damit aufzufangen, und die Weiber besolen die Schuhe damit, die sodann in drei Jahren nicht zerrissen. — Eine sehr genaue und vollständige Beschreibung des Manati, oder Seemenschen steht im B. XI. des hamburgischen Magazins, wo man sie selbst nachlesen kan. — Der Dagon hatte nun vermutlich entweder ganz diese Gestalt, oder mit einigen Aenderungen — vielleicht wie die Tritonen und Sirenen gebildet werden, — halb Weib, halb Fisch: Desinit in piscem, mulier formosa superne. Horaz —

Diodor von Sicilien (Bibl. H. lib. 2.) erzält uns, man habe zu Ascalon (einer der fünf Hauptstädte der Philister) die Derceto unter dem Bilde eines Weibes verehrt, deren untere Körperhälfte die Gestalt eines Fisches gehabt, wie man die Seemenschen abzumalen pflege. — Ovid (verw. B. 4. Fab. 3.) und Lucian (de Dea Syr.) sagen dasselbe. Auf einer ägyptischen Münze findet man eine Figur, die halb wie eine Weibsperson, die in den Händen ein Füllhorn hat, und halb wie ein Fisch mit hinterwärts gekrümten Schwanze gestaltet ist, mit Krokodills- oder Seehundsfüssen. — Da die Philister aus Aegypten abstammen, oder eine ägyptische Kolonie sind: so kan man für ganz warscheinlich annemen, daß dieses auch die Gottheit Dagon der Philister gewesen. — Was stellte sie aber für eine Gottheit vor? — — Die Aegypter verehrten die Venus — unter der Gestalt eines Fisches, weil in dem Kriege, den Typhon wider die Götter fürte die Venus sich unter der Gestalt eines Fisches verborgen hatte. S. Ovids Verwandl. B. 5. Fab. 5. Die Gottheit Dagon, der aus Aegypten abstammenden Philister wird also vermutlich auch die Venus gewesen seyn! Es ist um so viel gewisser, da die Derceto, welche nach dem Diodor von Sicilien, Ovid und Lucian, im Lande der Philister, und zwar nach dem Ersten, zu Ascalon als halb Weib und halb Fisch verehrt worden, die Venus war, und Herodot (B. 1.) eines Tempels der himmlischen Venus zu Ascalon (wo nach dem Diodor die Derceto verehrt wurde,) erwänt, den einst die Scythen, als sie einen Einfall in Aegypten thun wollen, geplündert hätten. — Es ist also ziemlich offenbar, daß Dagon die Venus gewesen. — Man vergl. auch 1 Chron. 11, (10) 10. mit 1 Sam. 31, 10. wo in der einen Stelle Astharoth (Astarte d. i. die Venus —) und in der andern dafür Dagon steht. Astarte und Dagon wird hier offenbar als synonima gebraucht. Da nun Astarte die Venus ist (s. Astharoth:) so muß auch Dagon die Venus seyn! —

Den Nachrichten der Bibel zu folge wurde die Göttin Dagon zu Gaza (Richt. 16, 21. (23.) und Asdod (1 Sam. 5, 2. f. 1 Macc. 10, 83. 3. Kap. 11, 4.) zwey von den fünf Hauptstädten der Philister verehrt, d. i. es war dieser Göttin in diesen beiden Städten ein besonderer Tempel gebaut. Die Bibel meldet das alle beiläufig und widerspricht der Vermutung gar nicht, daß diese Göttin auch in den drey übrigen Hauptstädten der Philister geehrt worden. Diodors und Herodots Nachricht, daß die Derceto, oder himmlische Venus, die, wie wir gehört haben, von der Göttin Dagon nicht verschieden ist, auch zu Ascalon verehrt worden, begünstigt die Vermutung sehr. — Ausserdem mochte die Göttin Dagon auch noch an einigen andern Orten ehemals verehrt worden seyn. S. oben Bethdagon.

Der Dagonstempel zu Gaza erfur Simsons Stärke. Vor diesem sollte dieser damals gefangene und blinde Held den Fürsten und übrigen Philistern bey einer der Göttin zu Ehren angestellten Opfermalzeit (vermutlich nach gebrachtem Dankopfer,) zu lachen machen. Man hatte ihn „zwischen die Säulen" gestellt. d. i. zwischen die beiden Mittelsäulen, auf welchen ein an den Dagonstempel gebauter Kiosk, unter welchem die Opfermalzeit gehalten wurde, und auf dessen flachen Dache eine Menge Volks stand, ruhete. Diese Säulen riß Simson um — die Decke stürzte ein, und erschlug nicht nur die in dem Kiosk oder in der Halle speisenden Philisterfürsten, sondern es fiel sich auch die Menge Volks, die sich auf dem flachen Dache versammelt hatte, zu Tode. S. Richt. 16, 21-30. nebst meinen Anmerk. im Th. 2. meiner Bibel S. 184. 185. — Der Dagonstempel zu Asdod ist durch die von den Philistern erbeutete Bundeslade, die die Philister in denselben setzten, merkwürdig worden, durch deren Gegenwart die Göttin Haupt und Hände verlor. 1 Sam. 5, 1 ff. — Jonathan legte ihn in die Asche, 1 Macc. 10, 83. 84. K. 11, 4. obs noch jener alte Tempel gewesen, oder ein neuerer? — ist unbekant.

Im

In dem Dagonstempel (ob in dem zu Gaza? oder in dem zu Asdod? oder in dem in einer andern Philisterstadt? — das wird nicht gesagt!) legten die Philister in der für sie glücklichen Schlacht mit Saul, die Waffen und Harnische des besiegten und getödteten Königs Saul, und an denselben hefteten sie seinen Scheitel oder Kopf — aus Dankbarkeit für den ihnen von der Göttin verliehenen Sieg.

## Dalmanutha.

Der Evangelist Markus K. 8, 10. und Matthäus K. 15, 39. beschreiben, wie ganz offenbar ist, einerlei Reise Jesu. Nach dem Matthäus fur Jesus zu Schiffe in die Gegend von Magdala; nach dem Markus aber in die Gegend von Dalmanutha, woraus man ganz natürlich schliesset, daß Dalmanutha sehr nahe bey Magdala, folglich auf der Ostseite des galiläischen Meeres gelegen haben müsse, weils, wie wir sehen, ganz willkürlich war, zu sagen: „Gegend von Magdala" und „Gegend von Dalmanutha." — Eigentliche geographische und historische Nachrichten von Dalmanutha haben wir weiter gar nicht — weder alte noch neue. Die eigentliche Lage von Dalmanutha bleibt also doch noch ungewis, ob wir gleich so viel aus den Evangelisten sehen, daß es nahe bey Magdala gelegen habe. S. Magdala.

## Dalmatia.

Ein Theil des alten Illyriens, längst des venetianischen Meerbusens. Hier lehrte Titus das Evangelium. 2 Tim. 4, 10.

## Damaris.

Eine vorneme Atheniensersin, welche von einigen für die Gemalin des Areopagiten Dionysius gehalten wird, vermutlich weil diese beiden Personen Apostg. 17, 34. neben einander genant werden. — Unter denen, welche zu Athen durch Pauli Predigt zur Annahme der christlichen Lehre bewogen wurden, werden diese beiden Personen, vermutlich ihres vornemen Standes wegen, ausdrücklich genant.

## Damaskus.

Eine uralte Stadt in Syrien, die schon zu Abrahams Zeit vorhanden war. Denn 1 Mos. 14, 15. wird Hoba, der Lage nach, durch Damaskus bestimt, woraus erhellet, daß Damaskus damals schon ein beträchtlicher und bekanter Ort gewesen seyn müsse. Abrahams Lieblingssklave, Elieser, den er, als er noch keinen Sohn hatte, an Sohnesstatt hatte annemen wollen, war aus Damaskus. 1 Mos. 15, 2. — Von dieser Zeit an schweigt die biblische Geschichte von dieser Stadt bis auf Davids Zeit, wo Damaskus seinen eigenen König hatte, welcher, wie uns Joseph (Jüd. Alterth. K. 7, 6.) aus dem Nicolaus, einem damascenischen Geschichtschreiber, sagt, der erste zu Damaskus gewesen. Dieser damascenische König Hadad, schickte dem Könige von Zoba oder Nesibis, Hadad-Eser, Hülfstruppen wider David. Allein David schlug sie beide. Der damascenische König verlor, in dem für ihn so unglücklichen Treffen, 22000 Mann. David legte hierauf Besatzung in das damascenische Syrien, und unterwarfs seinem Scepter. 2 Sam. 8, 5. 6. 1 Chron. 19, (18) 4. 5 ff. — Ein General des Königs von Zoba, oder Nesibis, Namens Reson Ben Eljada, der die Armee seines Herrn mit wider David kommandirt hatte, und von David mit geschlagen wurde, und es daher nicht wagte, seinem Herren wieder vor die Augen zu kommen, sondern sich vermutlich in Davids Schutz begeben, und in Davids neu eroberten Provinz Damaskus aufgehalten hatte, lies sichs einfallen, die Provinz Damaskus unter seine Botmäßigkeit zu bringen. Und er führte seinen Anschlag glücklich aus; — nicht unter David, denn gegen diesen, den er als einen tapfern Helden und guten Soldaten kante, wagte er keinen Versuch — aber unter Salomo — der zwar als mächtiger, aber doch mehr als prachtliebender, feiger, wollüstiger Herr, denn guter General, bekant war. Reson machte sich also einen Anhang, gieng auf Damaskus los, eroberte die Stadt, bemeisterte sich des ganzen damascenischen Königreichs, und setzte sich die Krone auf, und — behandelte dann den israelitischen Staat, wie der heil. Schriftsteller sagt, noch dazu ganz verächtlich — vermutlich weil ein feiger König auf dem Throne saß. S. 1 Kön. 11, 23, 24. mit meinen Anmerkungen im Th. 2. meiner Bibel S. 634 ff. — Von dieser Zeit an behielt Damaskus, der Vermutung nach, seine eigenen Könige. Die biblische Geschichte gedenkt indessen nicht eher eines damascenischen Königs wieder, als zur Zeit der Regierung des jüdischen Königs Assa, von welchem gesagt wird, daß er den damascenischen König Benhadad, den Sohn Tabrimons, um seinen Beistand wider den israelitischen König Baesa ersucht und bewogen habe, ins Reich des Baesa einen feindlichen Einfall zu thun. 1 Kön. 15, 18. Der Sohn und Nachfolger dieses Benhadad, der, wie die meisten folgenden

den (vermuthlich weil sie sich den mächtigen Residenzischen Königen, unter welchen der Name Benhadad gewöhnlich war, gleich schätzten!) ebenfalls Benhadad hieß, rückte unter Ahabs Regierung, in Begleitung von 32 andern benachbarten kleinen Königen, vor Samaria, und belagerte diese Residenz der Könige von Israel. Allein er mußte nicht nur diesmal unverrichteter Sache wieder abziehen, sondern als er im folgenden Jahre mit einer neuen Armee wider Ahab zu Felde zog, wurde er aufs Haupt geschlagen, und mußte alle diejenigen Plätze, welche seine Vorfahren im Reiche den israelitischen Königen entrissen hatten, wieder abzutreten versprechen, und dem Ahab erlauben, in den fruchtbaren Triften um Damaskus seine Heerden weiden zu lassen. 1 Kön. 20, 1–34. — Benhadad aber hielt sein Versprechen schlecht, und wollte sonderlich Rameth in Gilead der israelitischen Krone nicht wieder abtreten, (1 Kön. 22, 3.) Ahab rückte daher, mit dem jüdischen König Josaphat, vor diese Stadt, und es kam zwischen ihnen und den Damascenern zur Schlacht, und Ahab blieb. 1 Kön. 22. 1. ff. — Unter Jorams, des Sohns Ahabs, Regierung fiengen die damascenischen Syrer von neuem Krieg an. Sie rückten ins Land; allein durch des Propheten Elisa Rath und Wunderthaten, mußten sie unverrichteter Sache wieder abziehen. 2 Kön. 6, 8–23. Geraume Zeit darauf rückte Benhadad wieder vor Samaria, und belagerte diese israelitische Residenz, in welcher daher, weil sie nicht mit Proviantvorrath versehen, und ihr durch die Feinde die Zufuhr abgeschnitten war, jene grosse Hungersnoth entstand. Es gelang aber den Damascenern auch diesmal nicht. Denn als es ihnen einst vorgekommen war, als wenn sie Armeen anmarschiren hörten, und sie sich dadurch Cananiter und Aegypter, die dem König von Israel zu Hülfe kommen wollten, vorstellten: so nahmen sie eilends die Flucht, und liessen ihr ganzes Lager im Stiche. 2 Kön. 6, 24. bis Kap. 7, 1. ff. — Einige Zeit darauf wurde Benhadad krank. Elisa war eben damals nach Damaskus gekommen. Der kranke König schickte den Hasael, nach Landessitte, mit Geschenken zum Propheten, um sich bey demselben nach dem Ausgang seiner Krankheit erkundigen zu lassen. Der Prophet entdeckte Hasael nicht nur, daß Benhadad sterben, sondern auch daß Er sein Thronfolger werden und als solcher den Israeliten viel Leid zufügen würde. 2 Kön. 8, 7. ff. Und es traf alles ein. Benhadad starb (V. 15.) Hasael ward sein Thronfolger (V. 18. 19. etc.) und machte den beiden israelitischen Staaten, sonderlich dem Königreich Israel im engern Verstande ungemein viel zu schaffen. 2 Kön. 13, 3. Kap. 12, 17. ff. u. s. w. Die erste Gelegenheit zu den Mißhelligkeiten scheint Joram, Ahabs Sohn und Thronfolger, der Rameth in Gilead den Damascenern wieder entreissen wollte, veranlaßt zu haben. Denn Joram rückte mit dem jüdischen König Ahasja vor Rameth in Gilead — es kam zwischen ihnen und dem K. Hasael zum Treffen. Joram verlor, und wurde noch über dies hart verwundet. 2 Kön. 8, 28. 29. — Zur Zeit des jüdischen Königs Joas that Hasael einen Feldzug wider die Philister, und belagerte ihre Hauptstadt Gath. Weil er hier in der Nähe von Jerusalem war: so wollte er auch diese Residenz der jüdischen Könige belagern, vermuthlich weil in dem vorigen israelitischen Kriege Ahasja mit dem israelitischen König Joram in eine Allianz getreten war. — Joas wandte aber diese Belagerung mit grossen Geschenken ab. — Unter der Regierung des israelitischen Königs Joahas bemächtigte sich der Damascenische König Hasael wirklich eines Theils des Reichs Israel und drückte es sehr. 2 Kön. 13, 3. 4. 22. Nach Hasaels Tod wandte sich das Blatt. Hasaels Sohn, Benhadad, ein wie es scheint feiger Prinz, wenigstens kein so guter General, wie sein Vater, kam auf den damascenischen Thron. Unter dessen Regierung setzte Joas das israelitische Reich wieder in Freiheit, indem er den Benhadad dreymal schlug, und die israelitischen Städte und Plätze, die, unter seinem Vater Joahas, unter Damascenische Botmäßigkeit gekommen waren, wieder eroberte. 2 Kön. 14, 4. 5. vergl. mit V. 24. 25. — Noch mehr that Jerobeam der Andere, welcher ganz Damaskus, wie Hamath eroberte, und wieder zum israelitischen Reich brachte. 2 Kön. 14. 25–28. Allein die Damascener schüttelten, nach dieses tapfern Königs Tod, das israelitische Joch wieder ab, und Rezin setzte sich auf den Damascenischen Thron. Dieser machte mit dem israelitischen König Pekah eine Allianz wider das Königreich Juda, unter Jotham und dessen Sohn und Thronfolger Ahas, und entriß dem jüdischen Reiche den wegen des Seehandels wichtigen und berühmten Edomitischen Hafen Elath, oder Elana, (Aelana, Aela, jetzt Akaba) 2 Kön. 15, 37. Kap. 16, 5. 6. — Ahas, der

sich

sich zu schwach fühlte, diesen seinen Feinden gehörigen Widerstand zu thun, rief den Assyrischen König Tiglath-Pileser zu Hülfe, welcher darauf vor Damaskus rückte, die Stadt eroberte, einen Theil der Einwoner nach Kir (Cyropolis, oder überhaupt in die Gegend des Flusses Kur) ins Exilium und den König Rezin tödtete er. 2 Kön. 16, 7-9. Vergl. Jes. 7, 4. 8. Kap. 8, 4. K. 10, 9. Kap. 17, 1. ff. Amos 1, 3. f. — Der König Ahas zog hierauf dem Sieger nach Damaskus entgegen. Hier sah er einen Altar, der ihm so wol gefiel, daß er ein Modell und Beschreibung davon an den hohen Priester Uria zurück nach Jerusalem schickte, und ihm den Befel gab, einen Altar darnach machen und ihn an die Stelle des Salomonischen setzen und diesen bey Seite schaffen zu lassen, welches Uria that; und als Ahas wieder nach Jerusalem zurückgekommen war, weihte er den Altar feyerlich mit Opfern ein. 2 Kön. 16, 10. ff.

Damaskus war also nunmehr unter Assyrischer Botmäßigkeit; denn Tiglath-Pileser scheint das eroberte Damascenische Königreich zur Vergütung seiner Bemühung behalten zu haben. S. Assyrien. —

Dies sind die sichern Nachrichten der Bibel von Damaskus, welches übrigens mit den übrigen Staaten der Assyrischen Könige gleiches Schicksal erfur. Es kam unter persische, dann unter griechische Botmäßigkeit, und nach Alexanders Tod gehörte es zum Königreich der Seleuciden. Mit Syrien überhaupt kams unter die Herrschaft der Römer. Unter dem Kayser August beherrschte Damaskus der arabische König Obodas, des Aretas, dessen Paulus erwänt, Vater, aber nur als sehr eingeschränkter römischer Vasall. Aretas, der, als Paulus nach Damaskus kam, einen Statthalter daselbst hatte, überwarf sich mit den Römern, und war eben mit ihnen in Krieg verwickelt, als die Juden zu Damaskus, deren es hier viele gab, und die hier Synagogen hatten (Ap. Gesch. 9, 2, 22.) den Apostel gefangen nemen lassen wolten. — „Im Jahr 635. eroberten die Araber, oder Saracenen die Stadt. Der Chalif Moawiah machte sie zum Sitz des Chalifats, welches sie so lange blieb, bis die Abassidischen Chalifen die Residenz von hier nach Anbar verlegten. Nachmals waren sie den ägyptischen Sultanen unterian, wärend welcher Zeit sie vom Timur Beg zerstört ward, und endlich nam sie der türkische Kayser Selim 1517. ein, seit welcher Zeit sie unter türkischer Botmäßigkeit geblieben ist." S. Büschings Asien (3te Aufl.) S. 302.

Heutiges Tags heißt die Stadt Damaschk, aber nach der gemeinen arabischen Aussprache Demeschk, oder Dimeschk. Von ihr, als der Hauptstadt hat jetzt ein grosses türkisches Gouvernement den Namen (Gouvernement Damaschk!) welches den südlichen Theil von Syrien und ganz Palästina begreift. Der Pascha hat seinen Sitz in der Hauptstadt, Damaskus. —

Von der heutigen Beschaffenheit der Stadt siehe Hr. D. Büsching a. a. O. S. 299. weitläuftige Nachrichten, die man bey ihm selbst nachlesen muß, weil ich, wenn ich sie auch nur Auszugsweise mittheilen wollte, zu weitläuftig werden würde. Nur das bemerk ich noch, daß das Thal Guta, in welchem Damaskus liegt, ausnemend fruchtbar und anmutig sey, und für das schönste unter den vier Paradiesen in Asien gehalten werde, zu dessen Fruchtbarkeit der Fluß Barady, (sonst Chrysorrhoas, in der Bibel Abana) der das Thal, oder die Ebene mit vielen Armen und Kanälen durchschneidet, das Meiste beiträgt. Nur hat man sich zu hüten, daß man das Thal Guta nicht für das Land Uz, das Vaterland Hiobs, hält, welches es gewis nicht ist, obgleich der Name dieses Thals, arabisch geschrieben, täuschend seyn könte.

Sonst ist Damaskus auch durch die Geschichte des Apostels Paulus berümt. Apostelgesch. 9, 3-27. 2 Cor. 11, 32.

## Damim.

1 Sam. 17, 1. S. Ephes-Damim.

## Dan.

1) Der fünfte Sohn Jakobs, von der Bilha, der Rahel Magd, (1 Mos. 30, 5. 6. Kap. 35, 25. 2 Mos. 1, 4. 1 Chron. 21, (20.) 2) Der Name des von ihm benanten Stammes, welcher, bey der Zälung des israelitischen Volks, im Moabitischen Gefilde, kurz vor dem Eintritt in Canaan 64,400 streitbare Mannschaft hatte. Dieser Stamm bekam seinen Antheil von Canaan an der Küste des mittelländischen Meers, dem Canton Benjamin gegen Westen, zwischen Juda und Ephraim, welche letztere beide Stämme den Daniten ihren Antheil von dem ihrigen, der für sie bey der ersten Landesvertheilung zu unverhältnißmäßig groß ausgefallen war, abtreten musten. (Jos. 19, 9.) und daraus ist zu erklären, warum verschiedene Danitische Städte auch in dem

grossen Städteverzeichniß des Stammes Juda mit vorkommen, z. B. Zorga, Esthaol, Ekron, Elteke, Baalath. S. Jos. 15, 33. 45. 59. 19. — der Canton der Daniten begrif überhaupt folgende Städte: Zarea (Zorga) Esthaol, Irsames, Saalabin (Saalabbin) Ajalon, Jethla, Elon, Thimnatha, Ekron, Eltheke, Gibethon, Baalath, Jehud, Bne-Barak, Gath-Rimon, Mejarkon, Rakon. Jos. 19, 40-46. Und nun heists noch, „mit der Gränze bey Japho. Diese Städte machen den Canton der Daniten aus." V. 46. 47. — Hier ist es zweideutig, ob auch Japho, diese ihres fürtreflichen Hafens wegen so berühmte Stadt, mit den Daniten gehört habe oder nicht. — Der Canton der Daniten war ohnehin klein, und noch überdies machten ihn die Amoriter enge, und behaupteten gerade die fruchtbarsten Gegenden — die ebnen Gegenden am Meere, und die Daniten drängten sie auf das natürlich unfruchtbarere Gebirge. Richt. 1, 34. vergl. Jos. 10, 20. — Zalreich waren gleichwol die Daniten, und sie vermehrten sich immer mehr. — Sie waren also, bey so bewandten Umständen zu einer Auswanderung genöthiget, d. i. ein Theil von ihnen, der nicht Plaz genug hatte, mußte sich anderwärts niederlassen. Und das sagt uns das Buch Josua (Kap. 19, 47.) und das Buch der Richter (K. 18.) — jenes kurz und beiläufig, dieses weitläuftig und mit Umständen: die Daniten schickten fünf Kundschafter, von Zorga und Esthaol aus, um ein bequemes Stück Land auszukundschaften, das mit weniger Mühe zu erobern wäre. Sie hörten von Laisch oder Leschem, im Thal des Landes Rehob, d. i. in dem Thal zwischen dem Libanon und Antilibanon auf der nördlichen Gränze von Canaan. Die Kundschafter giengen also dahin, und trafen die Einwoner, welche eine Zidonische Kolonie gewesen zu seyn schienen, aber in keiner Verbindung mit den Zidoniern mehr standen, ganz sicher — ohne irgend einen feindlichen Ueberfall zu fürchten — und daher gar nicht im Vertheidigungsstande an. Das hinterbrachten die Kundschafter bey ihrer Zurückkunft ihren Brüdern, oder Stammverwandten. Es brachen hierauf 600 Mann Daniten auf, lagerten sich bey Kirjath Jearim, marschirten über das Gebirge Ephraim, und nachdem sie, wie zuvor die fünf Kundschafter, hier bey einem gewissen Micha, der einen Privatgottesdienst, und zwar Bilderdienst, errichtet hatte, eingesprochen, und um in ihrem von Silo so weit entfernten zu erobernden Lande, auch einen Gottesdienst zu haben, Gözenbild und was von Heiligtümern dazu gehörte, samt dem von Micha zum Priester gemietheten Leviten, des darwider protestirenden Micha ohngeachtet, mitgenommen hatten, zogen sie auf Laisch oder Leschem los, bemeisterten sich der Stadt, legten sie in die Asche, machten die sichern Einwoner nieder, bauten die Stadt wieder auf, gaben ihr den Namen ihres Stammvaters Dan, richteten den auf dem Gebirge Ephraim geraubten Bilderdienst daselbst auf, liessen sich in dieser Stadt und dem dazu gehörigen Distrikte, (denn Laisch wird V. 10. ein geräumiges und zugleich gesegnetes oder fruchtbares Land genant,) nieder, und so hatte also der Stam Dan zween verschiedene Distrikte oder Cantone zu seiner Wonung. Und es scheint aus Richt. 18, 1. zu erhellen, daß die 600 Mann Daniten nach Laisch oder Leschem ausgewandert, noch ehe sie die Städte an der Seeküste, den Benjaminiten gegen Westen, zugetheilt bekommen hatten. Nur das steht im Wege, daß schon die Kundschafter von Zorga und Esthaol ausgehen. Vielleicht ist also die Meinung: es war mit ihrem Landesantheil am Meere noch nicht ganz in Richtigkeit. Sie hielten sich zwar da auf, allein die Juden und Ephraimiten hatten sich noch nicht erklärt, daß sie die oben genanten Städte wirklich eigentümlich behalten sollten.

Im Weissagungsgesang Jakobs 1 Mos. 49, 16. 17. heists: Dan wird sein Volk regieren (und schüzen) als einer der Stämme Israels. (D. i. Dan, der vom Regieren den Namen hat, wird sein Volk regieren und schüzen, (Simsons Thaten sind bekant! und Simson war ein Danit) jedoch nicht der ganzen Nation Fürsten oder Könige geben — also mit den meisten übrigen Stämmen gleiche Rechte geniessen. „Dan ist eine Schlange am Wege — ein Cerast am Fußsteige, der das Pferd in die Fersen beißt, daß der Reuter rücklings stürzt." D. i. der Stam Dan wird nicht durch Macht furchtbar, wol aber durch List gefärlich werden — wie der Cerast. — S. meine Bibel Th. 1. bey dieser Stelle. S. 135 f. — Die Eroberung Leschems oder Lais gehört als Beispiel der Erfüllung dieser Weissagung hieher. —

In dem Segen Mosis 5 Mos. 33, 22. heist es: „Dan ist ein junger Löwe, der aus Basan daher rennt." S. meine Bibel Th. 1. S. 139.

2) Die Stadt Dan, zuvor Laisch oder Leschem, in dem Thal zwischen dem Libanon und Antilibanon.

Jos.

Jos. 19, 47. Richt. 18, 27. Die Geschichte dieser Stadt s. bey der vorigen No. 1. Dieses Dan wurde auch zum Unterschiede von dem ältern Dan (No. 3.) Dan Jaans (Dan Jaans) genant, vermutlich von dem Anfürer der 600 Daniten, welche dieses Dan, oder Leschem eroberten. Dieser Anfürer mag Jaan geheissen haben. — Daß dieses danitische Dan unter Dan-Jaan 2 Sam. 24, 6. zu verstehen sey, ist aus drei Gründen glaublich: a) weils durch Jaan von einem ältern Dan unterschieden wird; b) weil Dan a. a. O. die nördlichste Gränze bedeuten muß. c) Weil gleich Sidon als benachbart dabey erwänt wird.

3) Eine weit ältere, wenigstens diesem Namen nach weit ältere Stadt, lag ohnweit des Ursprungs des Jordans, und zwar nach dem Eusebius, vier römische Meilen von Paneas, (wo der Jordan aus der Erde hervorbricht,) auf dem Wege nach Tyrus zu, folglich von Paneas westwärts. Hieronymus sagt zwar, daß Dan in der Folge Paneas geheissen (daher viele Dan und Paneas für einen und eben denselben Ort gehalten haben); allein Hieronymus erzält uns das aus Tradition, die diesmal durch das so deutliche Zeugniß des Eusebius völlig widerlegt wird. — Dieses ohnweit Paneas, oder des Ursprungs des Jordans gelegene Dan existirte schon zu Abrahams Zeit, 1 Mos. 14, 14. und man konte es vom Berge Pisga aus sehen. 5 Mos. 34, 1.

Wenn übrigens der Stadt Dan gedacht wird: so hat man immer das nördlichste zwischen dem Libanon und Antilibanon gelegene, von den Daniten eroberte Dan zu verstehen, welches zuvor Laisch oder Leschem hieß. (No. 2.) Z. B. bey der so oft vorkommenden die ganze Länge des Landes Canaan von Norden nach Süden, oder umgekert bestimmenden Redensart, von Dan bis nach Bersaba, (Richt. 20, 1. 1 Sam. 3, 20. 2 Sam. 3, 10. K. 17, 11. K. 24, 2. 15. 1 Kön. 4, 25.) oder „von Bersaba bis nach Dan" oder auch von Gilead bis nach Dan (5 Mos. 34, 1. 1 Chron. 22, (21) 2. 2 Chron. 30, 5. Denn nicht das alte Dan bey Paneas, sondern das dem Namen nach jüngere danitische, war die äusserste Gränze von Canaan gegen Norden. —

An eben dieses (danitische oder nördlichste) Dan (No. 2.) hat man zu denken, wenn die Propheten vom Kriegsgerüchte zu Dan, vom Schnauben der feindlichen Rosse zu Dan u. sprechen. Jerem. 4, 15. 16. Denn natürlich ist Dan hier die nördlichste Gränzstadt von Canaan, wo man das Gerüchte vom Einbruch nördlicher Feinde zuerst hörte.

An eben dieses Dan (No. 2.) hat man auch bey demjenigen Dan zu denken, in welchem Jerobeam das eine güldene Kalb, als Symbol der zu verehrenden Gottheit, aufrichtete. 1 Kön. 12, 28-30. Es ist ganz natürlich dieses danitische Dan hier anzunemen, da zuvor schon durch die Daniten, die die Stadt eroberten, Bilder- und Götzendienst hier errichtet und eingefürt war, der bis auf die Zeit, da die Bundeslade samt vielen Israeliten in die Hände der Philister kam, daurete. Richt. 18, 30. S. meine Bibel Th. 2. bey dieser Stelle. S. 192. — Weil dieses Dan schon ehemals ein Ort des Geräthdienstes, oder vielmehr ein Sitz des Bilderdienstes und der Abgötterei gewesen: so war dieses für Jerobeam vermutlich ein Bewegungsgrund mit, das eine seiner beiden güldnen Kälber, als Symbole der Gottheit, auch nach Dan zu stellen. — Der Prophet Amos nent dieses goldne Kalb, oder goldne Rind, den Gott zu Dan. Kap. 8, 14. —

Dan komt auch mit unter den Städten und Völkern vor, welche mit den Tyrern gehandelt. Ezech. 27, 19. Die Tyrer hatten sie nicht eben weit, folglich war die Lage von Dan zur Handelschaft mit den Tyrern oder Phöniciern nicht unbequem. Herr R. Michaelis liest aber Wadan und versteht die Stadt Gobla, oder die Gegend da herum, im glücklichen Arabien darunter — in der That nicht ohne Grund. S. dessen Anmerkungen zu der angef. Stelle. S. 73.

Dan war auch mit unter den Städten, welche Benhadad dem Königreich Israel entriß, 1 Kön. 15, 20. 2 Chron. 16, 4. Ob dieses Dan ebenfalls das nördlichste, den Daniten zuständige, oder das südlichere, bey Paneas, gewesen, ist ungewiß. Doch könte es auch das letztere gewesen seyn. —

## Dan-Jaan.

2 Sam. 24, 6. S. den vorigen Artikel Dan No. 2.

## Dankopfer.

S. Opfer. Opfermalzeit.

## Daniel.

1) Der Prophet. War aus dem Stamme Juda, und, wo nicht von königlichem Geblüte, doch sonst von vornemer Geburt. Dan. 1, 3. 6. — Er wurde in seiner Jugend, im vierten Jahre des Königs

Jojakim, mit nach Babylon ins Exilium geführt, wurde aber als ein junger vornemer Jude, von körperlicher Schönheit, vorzüglichen Talenten und Bildung durch Wissenschaften, nebst Hanania, Misael und Asaria, nachdem sie die chaldäische Sprache (nicht die, welche wir gemeiniglich die chaldäische nennen, und die gemeine babylonische oder syrische ist, und von den Juden ohnehin verstanden wurde, sondern ein chaldäische Sprache im engern Verstande, die vaterländische Sprache Nebucadnezars — welche von der babylonischen stark verschieden war, und bey Hofe geredet wurde. S. Chaldäa. Anmerk.) hatten reden, lesen und schreiben lernen, (Dan. 1, 4.) und nach orientalischer Sitte, zum Zeichen der Subordination, oder Unterwürfigkeit, veränderte, und zwar chaldäische Namen erhalten, (Daniel erhielt den Namen Belsazer,) an den Hof des Nebucadnezars gezogen, und von dem Könige, als er ihre Kentnisse und Einsichten prüfte, weit einsichtsvoller, als alle babylonische Weisen befunden. (Dan. 1, 1 = 20.) — Die Auslegung eines Traums, den Nebucadnezar hatte, und den die sämtlichen babylonischen Weisen nicht auszulegen im Stande waren, brachte den Daniel auf einmal sehr empor. Der König trug ihm die Statthalterschaft über die ganze Provinz Babylon an, (die er aber seinen 3 Landsleuten Sadrach, Mesach und Abednego überlies, wiewol er selbst bey Hofe blieb,) machte ihn zum obersten Vorsteher aller babylonischen Weisen oder Gelehrten, und beschenkte ihn noch überdies sehr reichlich. Dan. 2, 1/49. — Als der König Belsazer bey einem schwelgerischen Gastgebote, welches er seinen vornemsten Bedienten gab, und wobei er die Geräte des Tempels zu Jerusalem, zum Hohn des wahren Gottes, brauchte, eine Hand bemerkte, die an der Wand eine unleserliche Schrift schrieb, die niemand erklären konte: so las sie Daniel, und erklärte sie, mit Verweisung der gottlosen Spöttereien des Königs, vom Untergange des babylonischen Reichs, das unter die Meder und Perser vertheilt werden sollte. Belsazer befal hierauf, dem Daniel Purpur und eine goldene Halskette anzulegen, kurz, königlich zu schmücken, und ihn als Befehlshaber über den dritten Theil des Königreichs auszurufen; allein Daniels Prophezeihung gieng noch dieselbe Nacht in Erfüllung, und Belsazer ward in der von den Feinden erobernden Stadt getödtet. Dan. 5. — Unter dem Sieger und Nachfolger Belsazers, Darius dem Meder, erhielt Daniel ebenfalls einen sehr vornemen Posten. Er wurde nämlich einer von den drei Oberaufsehern über die 120 Satrapen des Reichs. Diesen Posten behauptete Daniel so ganz zur Zufriedenheit seines Herrn, daß er ihn vorzüglich lieb gewan, und ihn über das ganze Reich setzen wollte. Neid und Chikane war hier unvermeidlich. Die übrigen Oberaufseher und Satrapen suchten alles, was nur den Schein eines Versehens hatte, auf, um ihn beim Könige anzuschwärzen. Da aber kein Tadel und keine Beschuldigung auf Daniel haftete: so vermochten sie den König, daß er das, nach medischer und persischer Sitte, unwandelbare — Gesetz geben möchte, daß niemand binnen 30 Tagen, weder an irgend einen Gott, noch an irgend einen Menschen, außer dem König, eine Bitte thun sollte. Und der König ließ sich zu diesem sonderbaren Edikt bereden — und Daniels Feinde, welche gewis wußten, daß er sein Gebet zu Gott nicht 30 Tage unterlassen würde, glaubten nun gewonnen zu haben. Sie belauerten den Daniel, und als sie ihn nach publicirtem Edikt, wirklich betend antrafen: so zeigten sie es beim Könige an, und Daniel wurde, wiewol ungern, zur Löwengrube verdamt und — hineingeworfen. Allein Gott erhielt ihn wunderbarlich beim Leben, worauf der König nicht nur Daniels Ankläger samt ihren Familien in die Löwengrube werfen, und von den Löwen zerreissen und auffressen ließ, sondern auch in einem neuen Edikt allen Unterthanen seines Reichs die Verehrung des wahren Gottes, den Daniel verehrte, anbefal. Dan. 6, 1/28. — Und man heißt es V. 29. „In der Folge der Regierung des Darius und des persischen Cyrus, gieng es Daniel glücklich." — Weiter weiß man aber aus dieser letzten Periode des Lebens Daniels nichts, auch nichts Gewisses von seinem Tode. — Da er die Regierung des persischen Monarchen Cyrus erlebte, so sollte man wol erwarten, daß er sich der Erlaubniß, die dieser Monarch den Juden gab, wieder in ihr Land zu ziehen, werde bedient haben? allein, da demohngeachtet damals noch so viele gemeine Juden in Babylonien blieben: so läßt sich vom Daniel, der in Babylon einen vornemen Posten bekleidete, und so sehr in Ehre und Ansehen stand, um so viel mehr vermuten, daß er sein gegenwärtiges gewisses Glück seinem noch ungewissen in seinem Vaterlande werde vorgezogen haben, und also in Babylonien werde geblieben und gestorben seyn. Nach dem

Epi

Epiphanius ist er auch zu Babylon gestorben. Nur daß dieses Zeugniß von keinem Gewicht ist, und warscheinlicher Weise nur Vermuthung zum Grunde hat. Nach andern starb er zu Susan, wo er den lezten Theil seines Lebens zugebracht, und daselbst viele Gesichte gehabt haben soll, und dem Benjamin von Tudela hat man sogar Daniels Grab zu Susistan gezeigt — vermuthlich wie man im Orient so manche andere merkwürdige Oerter — fürs Geld — zeigt.

Das Gewisseste ist, daß Daniel ein kluger, einsichtsvoller, (Ezech. 28, 3.) frommer, rechtschaffener Mann (K. 14, 14. 20.) gewesen, dem Gott das Dunkel späterer Zeiten enthüllet, und die wichtigsten Staatenrevolutionen entdeckte. Dies erhellet nicht nur aus seiner glücklichen Auslegung des Traums Nebucadnezars von einem Theil der künftigen Schicksale der Welt, (Dan. 2.) die durch die Folge der Zeit so vollkommen bestätigt wurde, und aus seiner glücklichen Erklärung der jedem unerklärbaren Schrift an der Wand, unterm König Belsazer, die sich noch dieselbe Nacht bestätigte, (Dan. 5.) sondern auch aus seinen merkwürdigen Gesichten und Träumen, (Dan. 7 bis 12.) die jeden, der mit der Staatengeschichte bekannt ist, zum Erstaunen bringen.

Dem ohngeachtet schliessen ihn die meisten Juden von der Zal der übrigen Propheten aus, oder rechnen ihn den übrigen wenigstens nicht gleich, vermuthlich weil seine Weissagung von Christo (Dan. 9, 24ff.) ihnen zu deutlich und mit ihrem Religionsinteresse zu offenbar zu streiten scheint, und weil Daniel nicht mit nach Judäa zurückgekert und hier geschrieben, sondern als Staatsmann in Babylonien geblieben und geschrieben, und als Staatsmann gestorben ist. Wir haben aber Grund, ihn mit andern als jüdischen Augen anzusehen, und ihn dafür zu halten, was er so augenscheinlich war — ein wahrer Prophet Gottes!

Das Buch, das seinen Namen füret, ist unstreitig von ihm, ob es gleich im Thalmud heist: „die Männer der grossen Synagoge haben den Daniel geschrieben" (Bava Bathr. c. 1. fol. 15. c. 1. wovon R. Salomo die abgeschmackte Ursache angiebt „Weil ausserhalb des heiligen Landes nichts aus göttlicher Eingebung geschrieben werden könne) — und Porphyr auf sehr unverschämte Weise behauptet, der Daniel sey erst unter dem Antiochus Epiphanes von einem unbekannten Betrüger untergeschoben worden, es erzäle also geschehene Dinge unter dem Scheine der Weissa-

gung auf die Zukunft. — Der Verdacht der Supposition mag wol auf dem Gebet des Asaria und der drei Männer im Feuerofen; der Geschichte der Susanna und vom Bel und Drachen zu Babel, die man auch dem Daniel zuschreibt, nicht aber auf der Weissagung Daniels, oder dem Buch, das wir unter seinem Namen in unsern Kanon haben, haften. Die Beweise für die Aechtheit dieses Buchs verspare ich, um hier nicht zu weitläuftig zu werden, in dem Th. 6. meiner Bibel, und zwar in die Einleitung in den Propheten Daniel.

2) Ein Sohn Davids von der Abigail. 1 Chr. 3, 1.

3) Einer aus der Familie Ithamars, der mit aus Babylonien nach Judäa zurück kerte. Esr. 8, 2.

## Danna.

Eine Stadt im Stamme Juda auf dem Gebirge. Jos. 15, 49. Uebrigens unbekant.

## Daphka.

Die neunte Lagerstatt der Israeliten in der Wüste, zu welcher sie von der Wüste Sin aus, kamen. 4 Mos. 33, 12. 13. Jezt weis man nichts mehr von dem Orte oder seiner Lage, wie von den Lagerplätzen der Israeliten in der Wüste überhaupt.

## Daphne.

Ein kleiner Wald bey der syrischen Hauptstadt Antiochia, die von diesem berümten Walde auch den Namen Epidaphnes erhalten hat. In diesem Walde war ein dem Apollo und der Diana geweihter Tempel, der allen, die dahin flüchteten, eine sichere Freistätte war. 2 Macc. 4, 33 — Dieser Wald ist der vielen Ueppigkeiten und wollüstigen Ausschweifungen wegen, die von den Antiochiern in demselben getrieben wurden, sehr berüchtigt, so daß das Sprüchwort entstand: Dephnicis moribus vivere — d. i. liederlich leben.

## Darda.

Ein kluger einsichtsvoller Mann und hebräischer Dichter, der sich bey seiner Nation, sonderlich seines Verstandes wegen, viel Ruhm erworben hatte, daher Salomo mit ihm verglichen wird, nur daß ihn dieser König noch übertraf. 1 Kön. 4, 31. S. meine Bibel Th. 2. bey dieser Stelle. S. 610 f.

## Darius.

1) Der Meder. Dan. 5, 31. K. 6, 1 ff. K. 9, 1. K. 11, 1. der bey den Griechen Cyaxares der Andere heist. S. Cores.

2) Hystaspis. Bis ins andere Jahr seiner Re-

gierung blieb der Tempelbau liegen, weil der Juden Feinde die Räthe des Cyrus bestochen hatten, daß dem Bau Einhalt gethan wurde. Esr. 4, 5. 24. Unter seiner Regierung weissagten die Propheten Haggai (K. 1, 1.) und Zacharia (K. 1, 1. K. 7, 1.) Esr. 5, 1. und unter seiner Regierung kam der Tempelbau noch zu Stande. Esr. 5, 1 ff. K. 6, 1 ff. —

3) Codomannus. Den Alexander der Grosse überwand, und dem persischen Reiche ein Ende machte. 1 Macc. 1, 1. Wenn eben dieser lezte persische Monarch Darius (Codomannus) schon Neh. 12, 22. vorkommt: so hat man zu merken, daß die beiden Verse 22. 23. wie jeder, der mit etwas kritischem Gefül beseligt ist, leicht einsieht, Zusaz einer spätern Hand sind — vermutlich aus der Zeit Alexanders des Grossen — von einem Priester, vielleicht vom hohen Priester Jaddua. —

## Darkemonim.

Esr. 2, 69. oder Adarkonim, 1 Chron. 30, (29) 7. Esr. 8, 27. im Singular Darkemon, oder Adarkon, ist die persische Münze, die aus den griechischen und römischen Schriftstellern unter dem mit Darkemon so ähnlichen Namen Daricus so bekant ist, und von ihrem Gepräge, das einen persischen König, Namens Darius (vermutlich Hystaspis) vorstellt, den Namen Daricus erhalten haben soll. Sehr warscheinlich haben die Griechen aus Darikus ihr Drachma gemacht, weil diese Münze in Silber gerade so viel wog, als ein persischer Daricus in Gold. Da nun ein Daricus, wie aus der griechischen Uebersezung der Alexandriner (1 Chron. 29, 7.) und Esra 8, 27. erhellet, so viel, als ein goldner Seckel war, und so viel weg, als ein Drachma: so kan man zugleich die Schwere eines hebräischen Sekels vor der Zeit Christi daraus bestimmen — er muß den vierten Theil eines Loths, oder eine Quente gewogen haben — denn so viel wog ein Drachma. S. Sekel.

## Datteln.

Die Frucht des Palmbaums. S. Palme, Palmbaum. Luther sezt 1 Mos. 43, 11. Datteln für das hebräische Wort Botnim (בטנים); aber unrichtig. Botnim sind, wie Bochart (Geogr. Sacr. P. 1. lib. 1. c. 10.) und Celsius (Hierobot. I. p. 24.) bewiesen haben, Pistacien, Pistaciennüsse, eine Baumfrucht, die den Mandeln vollkommen änlich, aber von noch besserm Geschmack ist. Der Pistacienbaum aber ist von dem Mandelbaume dem Ansehen und der Gestalt nach ganz verschieden, (wiewol man auf den Mandelbaum Pistacien pfropfen kan,) vielmehr ist er der Terebinthe so vollkommen änlich, daß sich beide beinahe nur durch die ganz verschiedenen Früchte von einander unterscheiden. Beide füren daher bey den Syrern auch ganz änliche Namen. Die Terebinthe heist bey ihnen Butmo und der Pistacienbaum Butno, (dasselbe Wort, wie im Hebräischen! nur dialektmäßig geformt!) ja diese beiden Wörter brauchen die Syrer oft ohne Unterschied, bald von der Terebinthe, bald vom Pistacienbaume. — Das eigentliche Vaterland der Pistacienbäume ist Syrien, welches Palästina mit begreift. Die vielen alten und neuen Zeugnisse davon mag man beim Bochart (a. a. O. p. 420.) und Celsius (a. a. O. p. 27.) wenn man will, selbst nachlesen. — In Aegypten gab es keine, oder höchstens gar wenige, in den ältern Zeiten sowol als in den neuern. Prosper Alpin und andere genaue Schriftsteller, die uns Nachrichten von Aegypten, Pflanzen und Bäumen gegeben haben, gedenken des Pistacienbaums mit keinem Worte. — Hieraus ist begreiflich, wie Jakob unter andern auch Botnim oder Pistacien seinem Sohne Joseph, Grosvezir in Aegypten, habe schicken mögen — ein Landesprodukt von Canaan, von so fürtreflichem Geschmack und dabei gerade in Aegypten so selten.

## David.

Die Lebensbeschreibung dieses grossen merkwürdigen Königs könte allein so viel Bogen füllen, als dieser ganze Band enthalten soll. Um also nichts Mangelhaftes zu sagen, will ich nur die Data aus seiner Lebensbeschreibung nennen und dabey bitten, daß man sich wegen der oft nötigen Erläuterungen, aus meiner Bibel u. Th. 2. 3. bey den angefürten Stellen, Raths erholen möge.

1) David war aus dem Stamm Juda, des Isai, eines wolhabenden Mannes jüngster Sohn und Neffe Obeds, Ruth. 4, 17, 22. 1 Sam. 16, 11. Kap. 17, 12. 1 Chron. 2, 15. Matth. 1, 6. Luc. 3, 31. — von lebhafter Gesichtsfarbe, schöner Bildung und Wuchs. 1 Sam. 16, 12. Kap. 17, 42. von Beruf ein Hirte, der wenigstens seines Vaters Schaaf- und Ziegenheerden weidete. 1 Sam. 16, 11. Kap. 17, 34. und hier Gelegenheit bekam, seinen angebornen Heldenmuth an Raubthieren zu üben, die seine Heerde räuberisch überfielen. K. 17, 34. 35. wie denn so viele Helden des Alterthums sich zuerst durch Erlegung

wilder

wilder Thiere dazu vorbereitet haben. Als Schäfer, bey der edlen Muße, die ihm sein Nomadenstand gewährte, hatte er auch Zeit und Veranlassung genug, sich im Gesang und Cytherspielen zu üben, und da er Lust und Talente zum Gesang und Cytheraccompagnement hatte: so brachte ers darinnen für sein Zeitalter sehr weit. Er fieng an, auch selbst zu dichten, und natürliche Anlage, Bekanntschaft mit den damals bekanten Volksliedern, auch nachher mit den Schriften Moses bildeten ihn bey so mannigfaltiger Gelegenheit, die ihn zum Dichten aufforderte, nach und nach zum klaßischen Dichter seiner Zeit und seines Volks, wie seine uns noch übrigen Lieder, die Psalmen, uns zum Erstaunen lehren. — Uebrigens war David ein Jüngling vom besten Herzen, voll Tugend und Gottesfurcht. —

2) In dieser Gestalt wurde er vom Propheten Samuel, von der Heerde weg, (2 Sam. 7, 8.) durch die Salbung, zum König über Israel und zwar zu Sauls Nachfolger bestimt, oder ernant. 1 Sam. 13, 14. Kap. 16, 1:13.

3) Ohne daß sein Ruf zur Krone noch an Sauls Hof, wie es scheint, bekant war, kam er, wegen seiner Geschicklichkeit auf der Cyther, um damit Sauls Schwermuth zu vertreiben; auf Verlangen des Königs, dem Musik zum Heilmittel angeraten und David hierzu empfolen war, an Sauls Hof. 1 Sam. 16, 14:23.

4) Bald darauf bekam Saul mit den Philistern Krieg. Weil Isais drey älteste Söhne mit ins Feld musten: so erhielt David Urlaub, so lange wieder nach Hause zu gehen, und seines Vaters Heerden zu hüten. (Warum Saul den David nicht mit ins Feld genommen habe? Diese für schwer und von manchem für unerklärbar gehaltene Frage s. im Th. 2. meiner Bibel rc. bey 1 Sam. 17, 15. a) S. 341. f. weitläufig beantwortet.) — David war also, während dieses Philisterkrieges, wieder bey seinem Vater Isai zu Bethlehem, und weidete seine Heerden. Weil sich alle Israeliten im Felde selbst beköstigen musten: so schickte Isai seinen Sohn David mit Proviant für seine im Felde stehende 3 älteste Söhne ins Lager. Hier erfur David, daß die Philister die Israeliten zum Zweykampf herausgefordert hätten, und daß es kein Israelit wage, mit dem Riesenmäßigen Helden Goliath, der für die Philister den Zweykampf anfangen wolte, anzubinden. David entschloß sich dazu, erlegte seinen furchtbaren Gegner mit Schäfergewehr und verschafte seiner Nation einen herrlichen Sieg über die Philister. 1 Sam. 17.

5) Saul war mit David, wie man denken kan, sehr zufrieden; er gab ihm zur Belonung eine vornehme Officierstelle (1 Sam. 18, 5.) und Jonathan gewann David so lieb, daß er von nun an die vertrauteste Freundschaft mit ihm machte. 1 Sam. 18, 1. — weil aber die Siegessängerinnen, die der aus der Schlacht siegreich zurückkerenden Armee in ihrem Siegeslied dem David zehnmal mehr Antheil an dem herrlichen Sieg beilegten, als dem König Saul: so warf er, von diesem Augenblick an, einen Haß auf ihn, welchen Davids übrige Neider und Verläumder auf mancherlei mögliche Art, und denn auch durch die nach und nach auskommende Nachricht, daß David, von Samuel, zum künftigen König gesalbt worden sey, immer mehr und mehr vergrösserten, und, wie es scheint, dem König weiß machten, David trachte ihm nach Krone und Leben. — Als ihm nun David bald darauf, zur Vertreibung der sich wieder eingefundenen Melancholie, wieder auf der Cyther vorspielen muste, warf Saul zweymal den Wurfspies nach ihm, um ihn an die Wand zu spiessen; weil aber David beidemal glücklich ausgewichen war, und Saul dieses für ein böses Omen hielt: so dachte Saul, es sey am besten, auf politische Art seinen Endzweck zu erreichen. Er machte ihn also zum Obristen — in der Hoffnung, daß er als solcher einen Fehltritt thun möchte, um deswillen man ihn beim Kopf nemen könte. Aber David behauptete seinen Posten mit grosser Klugheit, und Saul konte nicht an ihn kommen. Hierauf versprach ihm Saul seine Tochter Merob, wenn er sich wider die Philister gut halten würde. (Saul hoffte aber, David würde einmal wider die Philister in der Schlacht bleiben). David that vollkommen das seinige; als aber Saul seine Tochter Merob einem andern gegeben hatte: so versprach er ihm seine Tochter Michal, wenn er ihm hundert Vorhäute, als Beweise von so viel niedergemachten Philistern, lieferte; (wieder aus der Absicht daß er vielleicht von den Philistern niedergemacht werden möchte!) David that seine Lieferung, und Saul muste nun, wiewol sehr ungern sein Wort halten. David ward also Sauls Eidam, allein Saul blieb demohngeachtet sein Feind. 1 Sam. 18, 1:30.

6) Saul

6) Saul trachtete bald darauf dem David wieder im vollen Ernst nach dem Leben; Jonathan, Davids Herzensfreund, that ihm deswegen Vorstellung; und Saul schien sich auch anfangs bedeuten zu lassen; allein mit einem neuen Zufall von Wahnsinn, kam sein alter gottloser Vorsatz wieder, daher sich David genöthiget sah, Sauls Hof zu verlassen. Er flüchtete also zu Samuel, nach Rama, und entgieng, ob ihm gleich Saul nachschickte; und ihn holen lassen wollte, und Saul ihm endlich gar selbst nachsetzte, glücklich der Gefahr. 1 Sam. 19, 1. ff.

7) David schlich hierauf zu seinem Herzensfreund Jonathan, und klagte ihm sein Anliegen. Dieser machte noch einen Versuch, seinen Vater gegen den David zu besänftigen; aber vergeblich. Jonathan gab also seinem Freund David, durch ein vorher verabredetes Zeichen, zu verstehen, daß er die Flucht ergreifen soll. 1 Sam. 20, 1. ff.

8) David gieng hierauf nach Nobe, wo damals die Stiftshütte war, und bekam daselbst vom hohen Priester Ahimelech, auf Verlangen, Schaubrodte, zur Stillung seines Hungers, und Goliaths daselbst aufbewahrtes Schwerdt. Hierauf begab er sich zu Achis, dem König zu Gath; weil er aber bey demselben nicht sicher zu seyn glaubte: so stellte er sich, um wieder glücklich aus seinen Händen zu entkommen, wahnsinnig. 1 Sam. 21, 1. ff.

9) David kam also glücklich wieder aus Gath und dem Lande der Philister, und begab sich in die grosse Höle Adullam, im Stamme Juda, wo sich bey vierhundert Mann zu ihm schlugen; hierauf wandte er sich ins Land der Moabiter, und von da endlich wieder in den Canton Juda. 1 Sam. 22, 1. ff.

10) Hier entsetzte David die Stadt Kegila, die die Philister belagert hatten, und begab sich hierauf um vor Saul sicher zu seyn, in die Wüste Siph, wo ihn Jonathan besuchte, und sein Freundschaftsbündniß mit ihm erneuerte. — Anstatt aber in dieser Wüste sicher zu seyn, verriethen ihn die Siphener selbst an Saul, welcher ihm nachsetzte, aber, wegen eines Einfalls der Philister wieder umkehren muste. 1 Sam. 23, 1. ff.

11) David begab sich mittlerweile in die gebürgigte Gegend Engeddi. Das erfur Saul, und er zog von neuem wider ihn zu Felde. David traf ihn in einer Höle an, legte aber nicht Hand an ihn, sondern schnitt ihm nur, zum Zeichen, daß er wirklich in seiner Gewalt gewesen, einen Zipfel von seinem Oberkleide ab. 1 Sam. 24, 1. ff.

12) Hierauf zog David südlicher, nach Arabien, und zwar in die Wüste Faran. Hier erfur David, daß Nabal, ein reicher Mann, der zu Maon, im St. Juda, wonte, aber zu Carmel seine Heerden und meisten Geschäfte hatte, Schaafschur hielte, welches bey den Beduinen ein grosses Freudenfest ist. Er lies sich also von Nabal sehr bescheiden, etwas von seinem Ueberfluß für sich und seine Leute ausbitten: aber Nabal schlug ihm seine Bitte mit vieler Grobheit ab. David wollte sich, der von Nabal ihm zugefügten Beleidigungen wegen, rächen, ließ sich aber von Nabals edel denkender Frau, Abigail, besänftigen, und ward zugleich von ihr dergestalt eingenommen, daß er sie, nachdem ihr unwürdiger, niederträchtiger Mann gestorben war, zur Gemalin nam. 1 Sam. 25, 1. ff.

13) David zog nun wieder in die Wüste Siph, wurde aber wieder von den Siphenern an seinen Verfolger verrathen. Saul zog also wider ihn aus, um ihn aufzusuchen, — und David wagte es, des Nachts in Sauls Lager zu gehen, wo er den König mit seiner ganzen Mannschaft schlafend antraf, Sauls Leben aber nochmals schonte, und nur seinen Spies und seine Wasserschaale, zum Zeichen, daß er abermals in seiner Gewalt gewesen, mitnam. 1 Sam. 26, 1. 12. Ob nun gleich Saul, als ihm David auf einem gegenüber gelegenen Berg seine gemachte Beute zeigte, ganz umgewandt worden zu seyn schien, und auch wirklich wieder nach Hause zog V. 13. 25. so traute David doch nicht, sondern

14) Er begab sich wieder ins Land der Philister, wo ihn der König Achis, welcher nun Davids Lage genauer erfaren haben mochte, nun nicht mehr für einen israelitischen Spion hielt, sondern nicht nur gern aufnam, sondern ihm auch die Stadt Ziklag schenkte, worinnen sich David mit seinen Leuten aufhielt, und wider die am südlichen Theil des Stammes Juda wohnenden, und mit ihren Heerden herumziehenden arabischen Völker, die beständige Feinde der Israeliten waren, glückliche Feldzüge that. 1 Sam. 27, 1. ff.

15) Weil nun Achis glaubte, David streife im südlichen Palästina, im Stamm Juda, und zeige dadurch einen Haß gegen seine Landsleute: so gedachte Achis den David, den er als einen tapfern Krieger

ger kante, mit im Kriege wider die Israeliten mit Vortheil zu brauchen. Er erhielt also Ersel, in dem bevorstehenden Kriege, mit wider Saul zu Felde zu ziehen, und er mußte sich, wiewol sehr ungern, dazu bequemen. Allein das Mistrauen der übrigen Fürsten der Philister gegen die Treue Davids, machte diesem edlen Mann die Freude, (die er jedoch aus Klugheit nicht äusserte) daß ihn der König wieder entließ und zurückschikte. 1 Sam. 17, 12. Kap. 29, 2/11.

16) Am dritten Tage kam David mit seinen Leuten wieder ins Land der Philister zurück, und fand Ziklag von den Amalekitern in die Asche gelegt, und die zurückgelassenen Weiber und Kinder weggefürt. Er setzte ihnen hierauf sogleich nach, holte sie ein, und bekam nicht nur die weggefürten Weiber und Kinder wieder, sondern machte noch eine ansehnliche Beute. 1 Sam. 30, 1 ff.

17) Indessen erfur David, daß Saul und — Jonathan in einem unglücklichen Treffen geblieben sey, von einem Amalekiter, welcher, in der Meinung, sich bey David beliebt zu machen, vorgab, den Saul selbst getödtet zu haben, mit welcher Nachricht David so wenig zufrieden war, daß er den Amalekiter, als vorgeblichen Königsmörder auf der Stelle hinrichten ließ. 2 Sam. 1, 1/16. David beklagte mit seinen Leuten, Sauls und Jonathans Tod sehr (V. 11. 12.) und verfertigte ein Klag- oder Trauerlied auf sie, (V. 17, 18.) welches wir 2 Sam. 1, 19. ff. noch aufbehalten finden.

18) Gleich nach Sauls Tode wurde David, der, mit seinen beiden Gemalinnen, Ahinoham und Abigail, (die Michal, die seit seiner Flucht von Sauls Hof, an einen andern vermält war, (1 Sam. 25, 44.) erhielt er erst nach der Schlacht mit Isboseth, wieder. 2 Sam. 3, 14. 15.) nach Hebron gezogen war, im 30. Jahr seines Alters (2 Sam. 5, 4) vom Stamm Juda; Isboseth, ein Prinz Sauls, aber, von den übrigen Stämmen zum König erwält. Isboseth zog wider David zu Felde, um sich auch des Stammes Juda zu bemeistern; allein Isboseth wurde geschlagen; Abner, Sauls und nun auch Isboseths Feldmarschall und zugleich vertrautester Minister, trat auf Davids Seite, wurde aber, zur Unzufriedenheit Davids, aus Mistrauen und Rachgier, von Joab (2 Sam. 3, 1. ff.), Isboseth selbst aber in seinem Schlafgemach, von zween Benjaminiten, in der Meinung, sich bey David sehr beliebt zu machen, und grosse Ehrenstellen zu erlangen, ermordet. Statt der Belonung aber ließ David diese Königsmörder, wie jenen Amalekiter (Nr. 17.) auf der Stelle hinrichten, ihnen Hände und Füsse abhauen, und sie bey Hebron aufhängen. 2 Sam. 4, 1. ff.

19) Dieser neue augenscheinliche Beweis der Rechtschaffenheit, Gerechtigkeitsliebe und guten Sache Davids, (die er auch in der Folge noch an Sauls Prinzen Mephiboseth bewies 2 Sam. 9.) erwarb ihm vollends die Gunst des ganzen Volks, so, daß er nun auch von den übrigen Stämmen für ihren König erklärt und angenommen wurde. 2 Sam. 5, 1/3.

20) Kaum hatte David die Krone über ganz Israel aufgesetzt, als die Philister, in der Hoffnung, nun auch wider ihn so glücklich zu seyn, als wider den Saul, zweimal nach einander wider ihn zu Felde zogen. Allein David schlug sie beidemale. 2 Sam. 5, 17/25. 1 Chr. 15, (14.) 9. ff.

21) Die erste Unternemung Davids, — war nun die Eroberung der bisher noch von den Jebusiten bewonten und besessenen Burg Zion, oder des obern und festesten Theils von Jerusalem. Nachdem er sie erobert, befestigte er sie noch mehr, und machte sie, (nachdem er sieben Jahr und sechs Monden zu Hebron residirt hatte, 2 Sam. 5, 5.) zu seiner Residenz. Kap. 5, 6/12.

22) Und nun war Davids erste Sorge, die Bundeslade, die bisher keinen festen und anständigen Ort gehabt hatte, an einen anständigern Ort zu bringen, und diesen zum künftigen Ort des Gottesdienstes zu bestimmen. Er ließ also auf Zion ein Zelt aufrichten, um die Bundeslade von Kirjath-Jearim dahin abholen zu lassen. Die Anstalt ward gemacht; weil aber Usa, als er unterwegs die Bundeslade anrürte, plötzlich starb: so trug David Bedenken, sie nach Jerusalem schaffen zu lassen, gab sie also Obed-Edom in Verwarung. Da dieser Levit von der Zeit an ausnemend gesegnet wurde, so gab David seine Furcht auf, und ließ dieses Heiligtum, unter grossen Feierlichkeiten, vollends nach Jerusalem schaffen. 2 Sam. 6. 1 Chron. 14. (13). und richtete den öffentlichen Gottesdienst mit vieler Sorgfalt aufs beste ein. 1 Chron. 25, (24) bis K. 27, (26). —

23) Nun bekam David viele Kriege — fast mit allen benachbarten Völkern, mit den Philistern, Moabitern, Ammonitern und deren Hülfsvölkern und

Bundesgenossen, den Damascenern — Amalekitern und Edomitern, welche er alle besiegte, und dadurch die Gränzen seines Reichs ungemein erweiterte — nördlich bis an den Euphrat, und südlich bis ans rote Meer, oder richtiger, an den Elanitischen Meerbusen. 2 Sam. 8. 1 Chron. 19, 18. Und von einem Könige wie David war, der so viel Heldenmut und Klugheit besaß, so viel Erfarung und so viel Helden unter seiner Armee hatte, (2 Sam. 23, 8 ff. 1 Chron. 12; (11) 10 ff.) und seine Miliz auf so gutem Fuß setzte, wie wir 1 Chron. 28, (27) 1 ff. lesen, waren auch alle diese Siege ganz natürlich zu erwarten, zumal da ihn seine Gottesfurcht auch des göttlichen Beistandes versicherte.

24) Nachdem sich David Ruhe geschaft und große Schätze gesammelt hatte, war er willens, sie zur Erbauung eines Tempels anzuwenden. (2 Sam. 8, 10 bis 12.) Er entdeckte dem Propheten Nathan sein Vorhaben; der es anfangs genemigte; allein den folgenden Tag untersagte ers ihm, vermöge einer die Nacht gehabten göttlichen Offenbarung; aus dem Grunde, weil seine Hände zu sehr durch Blut entweiht wären — (welches wol auch so viel mit sagen wollte: Er sey noch nicht von allen Kriegsunruhen frei, welches er, bey der Ausfürung eines so großen Unternemens doch seyn müßte,) und zeigte ihm zugleich an, daß sein leiblicher Sohn und Thronfolger den Tempelbau unternemen sollte. 2 Sam. 7. 1 Chron. 18. (17).

25) Unter allen Kriegen Davids war der mit den Ammonitern (2 Sam. 10.) für seine Tugend — freilich nur sehr mittelbar und zufällig — der gefärlichste. Denn wärend der Belagerung der ammonitischen Hauptstadt Rabba, welcher er nicht selbst beiwonte, entdeckte er die Bathseba; begieng den Ehebruch mit ihr, und veranstaltete meuchelmörderischer Weise ihres Mannes Uria Tod, und nam dann die Bathseba, deren im Ehebruch erzeugtes Kind bald wieder starb, (2 Sam. 12, 19 ff.) zur Gemalin, mit welcher er hernach den Salomo zeugte, (V. 24.) der sein Thronfolger ward. 2 Sam. 11. David bekam zur Strafe seiner gedoppelt bösen That den Aussatz, wie der Psalm 38. und Ps. 51. nach meiner Empfindung deutlich genug lehren, (s. meine Bibel Th. 4. bey Ps. 38. 1. a) S. 158 ff. und bey Psalm 51.) Hierauf kam der Prophet Nathan zu ihm, hielt ihm auf göttlichen Befel seine beiden schändlichen Thaten vor, und kündigt ihm nach mehrere göttliche Strafen an, wovon er ihn aber, wie von der Todesgefar in seiner schrecklichen Krankheit, gleich wieder freisprach, sobald David seine schrecklichen Vergehungen erkante und bereute. 2 Sam. 12.

26) Nichts desto weniger wollte Absalom die Drohungen Nathans warmachen. Er rebellirte gegen seinen Vater, wollte ihn vom Throne stoßen und sich darauf setzen. David mußte die Flucht ergreifen, und unterwegs von einem niederträchtigen Benjamiten die abscheulichsten Lästerungen anhören, die er ob er sie gleich hätte rächen können, aus Großmut ungerochen ließ. — Absalom hielt, nachdem David bereits ausgetreten war, seinen Einzug in Jerusalem und beschließ, unter einem auf dem Dache der königlichen Burg aufgerichteten Zelte, zum Zeichen daß er Davids Thronfolger und wirklicher König sey. (S. meine Bibel Th. 2. bey 2 Sam. 16, 21. und den dabei angefürten beiden Stellen,) die Konkubinen seines Vaters, um recht im eigentlichen Verstande wahr zu machen, was Nathan seinem Vater (2 Sam. 12, 11.) gedrohet hatte: 2 Sam. 15. 16. — Nun rieth Ahitophel dem Absalom, er soll noch in der Nacht seinem Vater nachsetzen und ihn angreifen, Husai aber, im Geheim Davids Freund und des Rebellen Feind, vereitelt diesen für David so gefärlichen Rath, und rät, dem David nach einigen Tagen mit der ganzen israelitischen Armee, sobald sie zusammen wäre, anzugreifen, und der Rebell folgte ihm, worauf sich Ahitophel, der nunmehr alles verloren gab, erhenkte. David bekam indessen, durch Husais Veranstaltung, Nachricht von Ahitophels Rath, gieng daher zur Vorsicht vollends über den Jordan nach Mahanaim, wo ihn drei reiche und treue Unterthanen versorgten. — Absalom rückte nun mit seiner großen Armee wider David an — es kam zur Schlacht — Absalom verlor und kam ums Leben, welches letztere den David, als zärtlichen Vater, doch sehr jammerte. 2 Sam. 17, 18. David wurde indeß, nachdem ihn Joab zufrieden gestellt hatte, vom Stamme Juda von Mahanaim wieder nach Jerusalem zurück geholt, worüber die übrigen Stämme eifersüchtig wurden, daß sie nicht auch dazu genommen worden waren, den König wieder ins Land einzufüren und auf den Thron zu setzen. Dies gab zu einem neuen Aufrur, den ein Benjamit, Namens Seba, verursachte, der aber bald gedämpft wurde, Gelegenheit. 2 Sam. 20, 1 ff.

(s. Seba.). Bey Davids Rückreise nach Jerusalem ist sein Betragen gegen den frechen Simei — gegen Mephiboseth, der während des Aufruhrs im Trüben zu fischen und die väterländische Krone zu erhalten geglaubt hatte, (2 Sam. 16, 1–4.) und gegen Barsillai, der ihn zu Mahanaim mit versorgt hatte, merkwürdig. 2 Sam. 19. — S. Absalom.

27) Gleich nach dieser Begebenheit erzält uns die biblische Geschichte eine durch Regenmangel und darauf erfolgten Miswachs entstandene Hungersnot unter Davids Regierung. Sie war, nach dem Ausspruch des Urim und Thummim, eine göttliche Strafe der widerrechtlichen Unterdrückung der Gibeoniten, durch Saul, und hörte wieder auf, nachdem an sieben Nachkommen Sauls Rache geübt, und die erzürnte Gottheit dadurch wieder versönet war. — 2 Sam. 21. —

28) Eine andere Plage zog David seinem Volke selbst zu, welche göttliche Strafe eines Gott misfälligen Unternemens dieses Königs war. David lies nämlich, aus einem strafbaren und Gott misfälligen Interesse das Volk zälen. Hierauf lies ihm Gott dreierlei Strafen, worunter er sich eine wälen sollte, ankündigen. Er wält die Pest — die wirklich kamt und 70000 Mann ausreibt. David baute hierauf auf dem Berge Moria einen Altar, und opferte auf demselben, worauf die Pest zu wüten aufhörte, noch ehe sie nach Jerusalem selbst gekommen war. 2 Sam. 24. 1 Chron. 21. (22.)

29) In seinem kraftlosen Alter erlebte er noch einen Aufrur, durch seinen noch lebenden ältesten Sohn Adonia, welcher sich noch bey Lebzeiten seines Vaters auf den Thron setzen wollte, vermutlich weil er merkte, daß sein Vater nicht ihm, sondern seinem Halbbruder Salomo die Krone zugedacht habe. Allein dieser Aufrur ward bald gedämpft (s. Adonia) und Salomo auf den Thron gesetzt. (1 Kön. 1, 1 ff.)

30) Und nun starb David im siebenzigsten Jahre seines Alters, nachdem er vierzig Jahr und 6 Monate regiert hatte, nämlich sieben Jahr und 6 Monate zu Hebron, und 33 Jahr zu Jerusalem. 2 Sam. 5, 5. 1 Kön. 2, 10. 11.

Von seinen herrlichen Liedern s. unten unter Psalmen und Th. 4. meiner Bibel, und die Erläuterung des schweren aber fürtreflichen letzten Liedes Davids, 2 Sam. 23. s. ebendas. Th. 2. S. 566 ff.

## Debir.

1) Ein König zu Eglon, Jos. 10, 3. von Josua besiegt. K. 12, 12.

2) Eine von den königlichen Städten im Lande Canaan. Jos. 12, 13. Seit ihrer Eroberung durch Josua nach dem Siege bey Gibeon (Jos. 10, 38. 39.) ist sie dem Stamme Juda zuerkant worden, Jos. 15, 49. der sie wieder den Priestern einräumte. Jos. 21, 15. 1 Chron. 7, (6) 58. — Sie hies in den ältern Zeiten Kirjath-Sanna Jos. 15, 49. und Kirjath-Sepher. (V. 15. 16. Richt. 1, 11.) — Daß sie auf dem Gebirge Juda gelegen, erhellet aus Jos. 15, 49. wo sie unter den auf dem Gebirge Juda gelegenen Städten mit aufgezält wird. Aus dem Feldzuge des Josua erhellet auch, daß Debir nicht weit von Hebron gelegen, und zwar der Stadt Hebron gegen Morgen. Denn Josua gieng von Hebron gleich auf Debir los — und daß Debir nördlicher als Hebron gelegen, erhellet aus dem Ausdruck [illegible] er gieng hinauf — welches im Hebräischen, wie bekant, so viel heist, als „er gieng nordwärts." — Daß Debir in der Nachbarschaft von Hebron gelegen, erhellet auch daraus, daß dem Caleb, dem der Distrikt um Hebron eingeräumt war, zur Eroberung der Stadt Debir Auftrag erhielt, (der dann demjenigen seine Tochter Achsa zur Gemalin versprach, der sich dieser Stadt bemeistern würde — welches Othniel, seines Bruders Kenas Sohn war. Jos. 15, 15–17.) woraus deutlich erhellet, daß Debir in der Gegend von Hebron gelegen habe. Weiter wissen wir aber von der Lage dieser Stadt nichts. Eusebius und Hieronymus bestimmen sie uns nicht, vermutlich weil sie damals schon völlig verfallen und ihr Platz unbekant geworden war. —

3) Eine Stadt jenseits des Jordans an der südlichen Gränze des Stammes Gad, Jos. 13, 26. Reland (Palaest. p. 578.) ist geneigt, diese Stadt mit Lodebar (2 Sam. 9, 4. 5.) für einerlei zu halten — auch mit Dibon, weil Debir eben so an die südlichen Gränzen des Stammes gesetzt wird, (Jos. 13, 26.) als Dibon an die nördlichen von Ruben, (V. 9.) und die südlichen Gränzen von Gad und die nördlichen von Ruben eben dieselben gewesen.

## Debora.

1) Die Amme der Rebecca. 1 Mos. 35, 8. S. Amme.

2) Prophetin und Richterin in Israel, eines gewissen Lapidoth Ehefrau, auf dem Gebirge Ephraim, wo sie, zwischen Rama und Bethel unter einer Palme, die in der Folge von ihr den Namen erhielt, vermutlich in einem darunter aufgeschlagenen Zelt, (es ist in dem heissen Orient noch jetzt gewönlich, unter schattigten Bäumen Zelte aufzuschlagen,) wonte. Sie war eine Frau von außerordentlichem Verstande, welcher ihr das Zutrauen ihrer Nation dergestalt erwarb, daß man Streitigkeiten, über die man nicht einig werden konte, vor sie brachte, um ihre Entscheidung zu vernemen, nach welcher man sich denn achtete. Sie war also im eigentlichen Verstande eine Richterin ihres Volks, als alle übrige sogenante Richter (שפטים) welches Wort man im Deutschen überhaupt bestimter übersetzen sollte. S. Richter. — Als der zu Hazor residirende cananitische König Jabin und dessen Feldmarschall Sissera die Israeliten sehr drückte: ließ Debora den Barak, einen Sohn Abinoams, zu sich kommen, und befal ihm im Namen Gottes von den Stämmen Naphthali und Sebulon eine Armee von zehntausend Mann zusammen zu bringen, und sich mit derselben auf dem Berge Thabor zu postiren, und versprach ihm den Sieg über den feindlichen General Sissera. Barak befolgte den Befel, doch unter der Bedingung, wenn Debora ihn begleiten würde. Debora gieng die Bedingung ein, sagte ihm aber zugleich, daß diesmal nicht er, sondern eine Frau den Sieg davon tragen würde. Und der Erfolg gab Bestätigung. Sissera wurde geschlagen, von der Jael ermordet, und Debora verfertigte darauf das herrliche Siegeslied (Richt. 5.), welches von zwei Chören, einem männlichen und einem weiblichen, worunter jenes Barak und dieses Debora anfürte, (s. meine Bibel Th. 2. bey Richt. 5, 1.) gesungen wurde. Die Geschichte siehe Richt. 4.

## Dedan.

1) Ein Sohn des Ragema (Regma) Enkel des Chus (Cusch) und Urenkel Hams, d. i. ein Volk oder Kolonie dieser Abkunft. 1 Mos. 10, 9. 1 Chron. 1, 9. Bochart (Phaleg. libr. 4. c. 6. p. 219.) denkt bey diesem Volke sehr warscheinlich an die Stadt Daden am persischen Meerbusen, die man auf der d'Anvillischen Charte von Asien unter dem Ausfluß des persischen Meerbusens, nicht weit vom Ocean oder dem indianischen Meere, zwischen Daban und Kurstian findet. Hier mag sich also dieses Volk niedergelassen haben. Es trieb starke Handlung, sonderlich mit Nahrwal, Elfenbein und Ebenholz nach Tyrus. Ezech. 27, 15. Eben dieses Volk ist vermutlich auch Jerem. 25, 23. zu verstehen.

2) Ein Sohn Jacksans und Enkel Abrahams, (von der Ketura) oder ein von Abraham durch Jacksan abstammendes arabisches Volk. Es muß sich mit den Edomitern vermengt, oder im Lande der Edomiter niedergelassen haben, wie aus Jer. 49, 8. Ezech. 25, 13. erhellet.

## Delila.

Eine von Simsons beiden Huren, im Thal Sorek (Traubenthal) — im Stamme Juda. Sie ließ sich von den Philistern bestechen, um aus ihrem Liebhaber dem Simson herauszulocken, wie er zu bezwingen wäre? Nachdem sie dieser einigemal betrogen hatte, eröfnete er ihr endlich, daß die Gabe einer außerordentlichen Stärke mit seinem langen Harr verbunden wäre. Sie schläferte ihn hierauf ein, ließ ihm die Hare abschneiden, und da er, bey dem verabredeten abermaligen Ueberfall der Philister, erwachte, fülte er sich seiner Hare verlustig, zur Vertreibung zu schwach, und gerieth so ganz in die Gewalt seiner Feinde! — Richt. 16, 1 ff. S. Simson. — Die Geschichte ist vermutlich nur sehr kurz, und mit Vorbeilassung mancher Umstände erzält, welche uns erklären konten, wie es möglich gewesen, daß Simson nicht gleich bey dem ersten oder zweiten Ueberfalle der Philister und der von ihnen versuchten Bezwingungsmethode, jedesmal ganz so, wie sie Simson der Delila vertraut hatte — die so handgreifliche Verrätherei merkte, und der Delila endlich gar die wahre Art, wie er wirklich zu bezwingen wäre, entdecken konte. — Umstände verändern die Außenseite der Sache sehr!

## Demant.

Diamant. Der reinste, glänzendste, härteste und dieser Eigenschaften wegen kostbarste aller Edelsteine, welcher ganz die Farbe des klaren Wassers haben muß, wenn er ächt seyn soll. — Luther setzt ihn für den mit im Brustschilde Aarons befindlichen Stein Jahalom (יהלם) 2 Mos. 28, 18. der auch Ezech. 28, 13. unter dem Prachtschmucke des Königs zu Tyrus nebst vielen andern Steinen mit genant wird. — So ganz ausgemacht ists noch nicht, daß Jahalom der Diamant sey; sonderlich pflegt man zwo Einwendungen dagegen zu machen: 1) Johannes gedenkt

Offenb.

Offenb. 21. des Diamants nicht, da er doch offenbar auf das Brustschild des hohen Priesters Rücksicht genommen. 2) Weil der Diamant seiner Härte wegen nicht gravirt werden könne, und in die Steine auf dem Brustschmuck Aarons doch Namen eingeschnitten werden musten. 2 Mos. 28, 21. — Allein diese Einwendungen dünken mir, seitdem ich verschiedene Gründe, die für den Diamant sprechen, gefunden zu haben meine, so beträchtlich nicht. 1) Daß Johannes des Diamants nicht gedenkt, beweist weiter nichts, als daß er Jahalom nicht vom Diamant verstanden habe, und am Ende bleibt auch noch die Frage übrig, ob Johannes die Namen der Edelsteine im Brustschmucke Aarons nur habe übersetzen wollen? dieser erste Einwand hat also gar keine Kraft. 2) Der andere Einwurf, von der Möglichkeit des Gravirens hergenommen, wird durch folgende Bemerkungen seine Kraft verlieren: a) daß der Diamant gar nicht geschnitten werden könne, ist, so geradezu behauptet, falsch. Lippert hat in seiner Dactyliothek einige ächte Diamanten, die geschnitten sind. b) Die Kunst Steine zu schneiden, war zu Mosis Zeit unter den Hebräern nicht so sehr in ihrer Kindheit, als man denken solte, wenigstens war sie damals schon eine lange bekante oder lange erfundene Kunst, in der man es zu Mosis Zeit schon sehr weit gebracht haben konte. Der Pharao zu Josephs Zeit führte schon einen Siegelring. 1 Mos. 41, 42. Ja schon Juda. 1 Mos. 38, 18. — c) Wir wissen nicht, wie viel Kunst und Schönheit erfordert wurde, in die zwölf Steine die zwölf Namen der israelitischen Stämme zu graben. Vermutlich wars schon genug, sie so einzugraben, wie man mit einem Horn oder Feuersteine, Jaspis oder andern harten Steine in Glas gräbt. Daß man aber auf diese Art in den Diamant mit einem andern Diamanten eingraben kan, versichert mir ein erfarner Juwelierer, mit der Anmerkung, daß dieses ja eine bekante Probe des ächten Diamanten sey, wenn man ihn mit einem andern ächten Diamanten ritze, und der Staub davon grau aussehe, nur daß man diese Probe nicht gern anstelle. — d) Nicht alle Diamanten sind von gleicher Härte. Der Sideritis und der Cyprische Diamant kan gebrochen und mit einem andern Diamant geschliffen, (folglich desto leichter mit einem andern Diamant geschnitten) werden. Dies letztere ist auch deswegen wichtig, um einem dritten Einwurfe vorzubeugen, daß es nämlich nicht warscheinlich sey, daß man die Kunst, den Diamant zu schleifen, welches mit Diamantstaub geschiehet, schon zu Mosis Zeit gehabt habe, und da ein ungeschliffener Diamant kein besseres Ansehen habe, als der schlechteste Kieselstein; so sey es nicht warscheinlich, daß er zu Mosis Zeit schon geschätzt worden — daß er mit unter den Steinen auf Aarons Brustschilde befindlich gewesen, und der Jahalom der Hebräer sey." — Diesem Einwurfe zu begegnen, dienet schon die vorhin gegebene Nachricht. Aber noch wichtiger ist, daß es auch von Natur polirte Diamanten giebt. Von dieser Art sind die kostbaren und theuren, obgleich kleinen Diamanten, welche in der indianischen Landschaft Decan gefunden werden, in dem so genanten alten Fels, daher man sie Diamanten vom alten Fels nennet. — Folglich konten die Hebräer schon blitzende Diamanten kennen und sie schätzen, folglich konten sie mit unter den Steinen des hohenpriesterlichen Brustschmucks seyn, und folglich kan Jahalom den Diamant bezeichnen, da dieser Bedeutung übrigens auch sonst weiter nichts widerspricht, vielmehr die Etymologie für diesen Stein ist. Halam (הלם) wovon Jahalom (יהלם) abstamt, heist zerstoßen, zerschlagen, zermalmen. Man mag nun diese Bedeutung auf den Diamant anwenden wie man will: so ist sie bequem und schicklich, entweder, weil er alle andere Steine zermalmt, oder antiphrastisch, weil er nicht zermalmt werden kan, wovon auch der Diamant seinen griechischen Namen ἀδαμας erhalten, von δαμαω oder δαμαζω domo und dem α privat. — gleichsam der Unbezwingliche. — Der Diamant wird auch im Orient gefunden, in Arabien, auf der Insel Cypern u. s. w. Es ist also ganz warscheinlich, daß Jahalom der Diamant sey.

Aber noch eine Einwendung! — der Diamant heist ja im Hebräischen Schamir (שמיר) welches, wie nur aus dem Arabischen erhellet, ausgemacht ist. Solte der Diamant im Hebräischen zween Namen füren? — Möglich wäre überhaupt! — wie so manche andere Sache im Hebräischen zween und noch mehrere Namen hat. Allein das ist man doch nur von sehr bekanten und alltäglichen Dingen gewont? — Wie aber wenn Jahalom den geschliffenen, Schamir aber den ungeschliffenen rohen Diamant bezeichnete? — dann wären zwei besondere Namen des Diamants noch begreiflicher. — Und dafür spricht der Augenschein.

scheln. Jahalom komt, wie oben schon bemerkt, mit unter den Steinen auf dem hohenpriesterlichen Brustschmucke vor, (2 Mos. 28, 18.) und unter den Edelsteinen, die der König von Tyrus zur Pracht trug (Ezech. 28, 13.). — An beiden Orten kan Jahalom kein anderer als geschliffener und folglich blitzender Diamant seyn. Aber Schamir komt Jer. 17, 1. Ezech. 3, 9. Zach. 7, 12. blos als Bild ausserordentlicher Härte vor, und zwar in der ersten Stelle spitzige Demante, als ein Schreibinstrument, womit man in alle auch die härtesten Dinge eingraben kan. — In diesen drei Stellen ist wenigstens der Diamant überhaupt zu verstehen, er sey geschliffen oder nicht — oder vielleicht blos der ungeschliffene oder rohe Diamant. — Mit Jahalom, und Schamir verhält sich also (nicht ganz, aber doch ohngefär) wie mit unserm a) Diamant, b) Brillant, Rosette, Tafelstein rc. — Diamant wird von dem rohen und vom geschliffenen, und er sey geschliffen wie er will, gebraucht (Genus) — Brillant, Rosette, Tafelstein aber, ist allezeit ein geschliffener Diamant, und zwar nach einer gewissen Art. (Species) — Konten nun so die Hebräer nicht auch den geschliffenen Diamant vom rohen und ungeschliffenen durch zwei verschiedene Namen unterscheiden? —

Noch komt, wie ich glaube, eine besondere Gattung des Diamants beim Propheten Amos K. 7, 7. 8. unter dem Namen Anach (אנך) vor. Die Alexandriner und Symmachus setzen geradeweg ἀδάμας (Diamant) dafür. Es leidet wol wenig Zweifel, das Anach nicht der Anachites des Plinius seyn solte, und dann ist das Wort Anachites ursprünglich ein orientalisches Wort, daß die Griechen und Römer wie so viele andere, von den Morgenländern angenommen haben.

Luther übersetzt Hiob 28, 17. זכוכית ebenfalls durch Demant; allein unrichtig. S. Glas.

## Demas.

Ein Schüler und Mitarbeiter Pauli zu Rom aus Thessalonich. Col. 4, 14. Philem. 24. Er verließ nachgehends den Apostel, als er gefangen saß, um seine Person zu sichern. 2 Tim. 4, 10. Nach dem Epiphanius (Haeres 51.) wurde er der christlichen Lehre untreu, und schlug sich zur Irrlehre des Cerinthus, Ebion und anderer, die die Gottheit Christi leugneten. Andere fabeln noch mehr von ihm, das aber nicht bemerkenswert ist.

## Demetrius.

1) Soter. König in Syrien, Seleucus des vierten (Philopator) Sohn. Beim Tode seines Vaters befand er sich zu Rom als Geisel, konte also seinem Vater nicht unmittelbar in der Regierung folgen, sondern sein Vetter Antiochus Epiphanes setzte sich auf den syrischen Thron. Nachdem dieser elf Jahre regiert hatte, bestieg Demetrius Soter den väterländischen Thron im Jahr der Welt 3842. 1 Macc. 7, 1 ff. K. 10, 1 ff.

2) Nicanor oder Nicator, des vorigen Sohn, und nach vielen Weitläuftigkeiten auch dessen Thronfolger. 1 Macc. 10, 67. K. 11, 55 ff. K. 13, 15.

3) Ein Silberarbeiter zu Ephesus, der, wie damals noch viele andere daselbst, von dem Tempel der Diana gegossene Abbildungen machte, und sie an die Fremden verkaufte. Weil er sah, daß Paulus durch seine Lehre ihm grossen Schaden an seiner Narung that —: so erregte er wider Paulum einen Aufstand. Apostg. 19, 24 ff.

4) Ein rechtschaffener Christ — als welchen ihn Johannes im 3ten Briefe V. 12 rümet. Weiter weiß man nichts von ihm. Die ihn für den Ephesinischen Silberarbeiter halten und glauben, er habe die christliche Religion noch angenommen, haben wenig Warscheinlichkeit vor sich.

## Demophon.

Ein Oberster unter der Armee des Antiochus Eupator, welchen dieser nach dem Waffenstillestande mit dem Judas Maccabäus in Judäa gelassen hatte. 2 Macc. 12, 2. —

## Denkbrodt.

1 Mos. 24, 7. S. meine Bibel Th. 1. bey dieser Stelle, S. 544 f. und unten Schaubrodt.

## Denkmal.

S. Gedächtniß. Stein. Altar. **Denkzettel.**

## Denkzettel.

Im Orient ist es, seit Jahrtausenden, gewönlich Amulete zu tragen, denen man eine Kraft wider Zauberey und Beschreiung beilegte. Als dergleichen trug man, und trägt man noch jetzo, nicht nur Ohrenringe, sondern auch Streiffen von Leinwand, Pergamen, Papier, worauf man allerley Denksprüche, oder auch abergläubische Wörter und Zeichen schrieb, malte, oder stikte. Diese Amulete trug, und trägt sie noch jetzt, im Orient, an der Hand, und auf der Stirn. Diese Sitte fand Moses auch unter seinem

Volke. Er war zu gütig, ihnen diese morgenländische Lieblingssitte geradezu zu untersagen. Er verstattete ihnen also, dergleichen Zeichen, und die man zugleich für eine Zierde ansah, zu tragen; allein statt anderer Denksprüche, abergläubischer Wörter und Zeichen sollten sie die grossen Thaten Gottes, die Feyer des Passafestes und andere göttliche Gesetze darauf schreiben — um sie immer vor Augen zu haben, und im Andenken zu behalten. — 2 Mos. 13, 9. 16. 5 Mos. 6, 8. Kap. 11, 18. Die spätern Juden schrieben daher folgende vier Stücke aus den Schriften Mosis auf ihre Denkzettel: 2 Mos. 13, 3/10; 11/17. 5 Mos. 6, 4/10. Kap. 11, 13/22. Die Pharisäer, um sich auch hierinnen von Gemeinen zu unterscheiden, und sich den Schein besonderer Gewissenhaftigkeit und Frömmigkeit zu geben, trugen viel breitere Denkzettel (Phylacteria) als das gemeine Volk. — Matth. 23, 5.

## Derben.

Eine Stadt in Lycaonien, in Kleinasien. Dahin flohen Paulus und Barnabas, als sie aus Iconien vertrieben wurden. Apost. Gesch. 14, 6. 19. Von Derbe war auch Gajus gebürtig, ein Schüler Pauli. Kap. 20, 4.

## Diakonus.

Ein Kirchendiener. Im weitläuftigen Verstande jeder Lehrer und Beförderer der christlichen Religion, daher Paulus sich und seine Mitarbeiter Diaconos nennt, 1 Cor. 3, 5. 2 Cor. 6, 4. Ephes. 3, 7. und das Apostelamt Diakonia heißt; Apostgesch. 1, 25. Im engern und gewöhnlichern Verstande aber waren Diaconi, oder Ministri eine niedere Klasse der christlichen Religionslehrer, welche Hieronymus, Salvian und das erste laodicenische Koncilium Kan. 1. zum Unterschied von den Presbytern und Bischöffen, als wirklichen Priestern, mit Rücksicht auf die kirchliche Verfassung der Juden, auch Leviten nennt. Ihren ersten Ursprung hat man Apost. Gesch. 6, 1:6. zu suchen, wo es heißt, daß die Apostel sieben Männer verordnet, die, als Diaconi, oder Diener der Gemeine, die Verpflegung der Armen besorgen sollten, damit die Apostel dieser Mühe überhoben seyn, und ihr Apostelamt desto ungehinderter möchten führen können. Daß aber auch die ersten Diaconi der christlichen Kirche dadurch nicht vom Lehramt ausgeschlossen worden, wenn sie nemlich vorzügliche Gaben hatten (1 Tim. 3, 13.) erhellet daraus, daß Stephanus beschuldigt wurde, er lehre von Jesu von Nazareth (Apostgesch. 6, 13. 14.) und daß Philippus zu Samaria die christliche Lehre verkündigte (Apostgesch. 8, 5) und deswegen (Kap. 21, 8.) ein Evangelist heißt, — da doch beide unter jenen sieben Almosenpflegern waren. (Kap. 6, 5.) — Nach der Zeit der Apostel aber, als der Unterschied unter den Bischöffen und Presbytern grösser geworden, hat man auch die Diaconos weiter heruntergesetzt, und sie durften nur dann predigen, wenn ihnen der Bischoff Auftrag that, und nur im Nothfall die Taufe verrichten. Dafür hat man ihnen, beim Gottesdienst, viele andere Geschäfte auferlegt: z. B. 1) Die Kirchengefäße und den Kirchenornat zu verwahren, und beim Gottesdienst in der Kirche zurecht zu machen. 2) Die Gaben (Oblationes) in Empfang zu nehmen, und dem den Gottesdienst verrichtenden Bischoff, oder Presbyter, der sie auf dem Altar gleichsam Gott opferte, einzuhändigen, und die Namen der gutthätigen Herzen öffentlich vor der Gemeine herzusagen, um dadurch Andere zur Nachfolge zu reizen. 3) Die Evangelia vorzulesen, wie bey einigen, sonderlich abendländischen Gemeinen gewöhnlich war. 4) Beim h. Abendmal das Brodt und den Wein zurecht zu machen, und, nach geschehener Consecration vom Bischoff, oder Presbyter, den Kommunikanten zu überreichen, und an die Abwesenden (Kranken, Gefangenen rc.) zu überbringen. 5) Das Volk beim Gottesdienst zur Andacht und Stille zu ermahnen, die Abschnitte des Gottesdienstes der Gemeine anzuzeigen, und überhaupt darauf zu sehen, daß beim Gottesdienst alles nach der Ordnung geschah. 6) Den Bischöffen und Presbytern beim Gottesdienst an die Hand zu gehen und aufzuwarten, und in deren Namen 7) die Almosen auszutheilen, und überhaupt für die Waysen, Wittwen, Kranken und Andere, die von den Almosen unterhalten wurden, Sorge zu tragen, sich nach ihren Umständen zu erkundigen, und davon Bericht abzustatten, die Märtyrer im Gefängniß zu versorgen, zu trösten, und ihnen das h. Abendmal zu reichen. 8) Sich nach dem Leben und Wandel der Glieder der Gemeine zu erkundigen, die Laster zu bestrafen, und die Unordnungen, denen sie nicht abhelfen konnten, den Bischöffen zu melden. 9) Den Bischöffen auf den allgemeinen Koncilien an die Hand zu gehen, aufzuschreiben, zu dispatiren rc.

Weil

Weil sich manche Verrichtungen, die sonst den Diaconis zukamen, nicht wol für Mannspersonen schickten: so wurden zu deren Besorgung Frauenspersonen, sonderlich Witwen verordnet, welche Diaconae, oder Diaconissae genant wurden. Dergleichen gabs schon zu der Apostel Zeit. Denn Röm. 16, 1. ist Phöbe eine Diacona der Gemeine zu Cenchrea, und wenn Paulus 1 Tim. 5, 9. sagt, „daß keine Witwe unter sechzig Jaren erwält werden solle;" so versteht sichs: zur Diakona, oder Diakonißin. Die erforderlichen Eigenschaften einer Frauensperson, die eine Diakonißin werden wollte, schreibt Paulus 1 Tim. 5, 4-10. vor. —— Sie wurden zu ihrem Amt durch Auflegung der Hände ordinirt. Ihr Amt bestand nicht in Verrichtung priesterlicher Handlungen, sondern 1) sie mußten die Catechumenas unterrichten, und zur Taufe vorbereiten. 2) Die Frauenspersonen zur Taufe füren, aus- und ankleiden ꝛc. — 3) Die armen kranken Frauenspersonen besuchen und ihrer pflegen. 4) Was die Bischöffe an Frauenspersonen zu bestellen hatten, ausrichten, und Frauenspersonen, die etwas beim Bischoff, oder Presbyter anzubringen hatten, anmelden und introduciren. 5) Den Märtyrern im Gefängniß an die Hand gehen — (weil dieses von alten Frauen mit weniger Verdacht und Gefar geschehen konte, als von Mannspersonen). 6) Die Frauenspersonen beim Gottesdienst zur gehörigen Ordnung, Stille und Andacht anweisen.

Aus guten Gründen sind aber diese Diakonißinnen nach den Verordnungen verschiedner Kirchenversammlungen mit der Zeit gänzlich abgeschaft worden, und zwar in der abendländischen Kirche eher, als in der morgenländischen, wiewol nicht bei allen Gemeinen zu gleicher Zeit. S. Baumgartens Brevier Antiqq. Christianae. § XIV. XVI. und Simonis Vorles. S. 51. ff. —

## Diamant.

S. oben Demant.

## Diana.

Eine berümte Gottheit, die vorzüglich zu Ephesus verehrt wurde, und hier einen prächtigen Tempel hatte. Sie ist nichts anders als der Mond und folglich mit der orientalischen Astarte der Hauptsache nach einerlei. S. Astaroth. Denn dieselbe Göttin ward am Himmel als Mond, auf der Erde als Diana (Göttin der Wälder und der Jagd) und im Unterreich als Hecate verehrt. Zugleich war sie die Lucina oder die Göttin der Geburt, unter welchem Namen sie beim Gebären der Frauen angerufen wurde. Die Fabel macht sie zur Tochter des Jupiters und der Latona und leiblichen Schwester des Apollo. Gemeiniglich wurde sie als Jägerin, mit dem Bogen in der Hand, und einem halben Mond auf dem Haupt, abgebildet. Die Diana zu Ephesus aber war vom Kopf, bis auf die Füsse, bisweilen auch nur der ganze Ober- und Unterleib, mit Brüsten, (dem Sinnbild der Fruchtbarkeit und Ernährung der Menschen) bedeckt, und das übrige, eine Art von Fußgestelle, welches mit Köpfen und halben Leibern von Hirschen, Hunden und Ochsen geziert war. S. Calmets Dictionnaire de la Bible unter d. Tit. Von ihrem prächtigen Tempel, welcher 425 Schuh lang, 220 Schuh breit, 60 Schuh hoch war, und auf 127 Säulen ruhte, machte Demetrius und andere Silberarbeiter zu Ephesus Abbildungen in Silber auf den Kauf, und verschaften sich dadurch gute Narung. S. Apostgesch. 19, 24. 28. und oben Demetrius Nr. 2.

## Diblath.

Ezech. 6, 14. S. Ribla.

## Dibon.

1) Eine Stadt des Stammes Gad am Bach Aroer 4 Mos. 32, 34. nachher den Rubeniten eingeräumt Jos. 13, 17. Sie kam, mit der Stadt Hesbon, in die Gewalt der Israeliten. 4 Mos. 21, 30. — Ob dieses Dibon mit dem Dibon-Gad, (4 Mos. 33, 45.) wie man höchst warscheinlich vermuten sollte, einerlei sey, leidet doch noch Zweifel, und Eusebius und Hieronymus machen auch zwo verschiedene Städte daraus. S. Bachiens hist. und geogr. Beschr. von Palästina. Th. 2. Band 4. S. 335. Nach der Wegfürung der zehn Stämme ins Exilium namen die Moabiter diese nebst andern Städten der Gegend, wieder in Besiz. Jes. 15, 2. Jer. 48, 22. Eben diese Stadt heißt Jes. 15, 9. Dimon. Denn die Buchstaben M und B verwechseln die Morgenländer nicht selten mit einander. Sie hieß Mecca sonst Becca. —

2) Eine Stadt im Stamm Juda. Nehem. 11, 25. —

## Dieb. Diebstahl.

Auf den Diebstal sezt Moses nicht Lebensstrafe, sondern — doppelte, oder nach Beschaffenheit der

Um-

Umstände, auch noch höhere Wiedererstattung. Wenn das Gestolne noch unverändert in der Gewalt des Diebs war, d. i. weder gekauft, noch geschlachtet war, und noch immer Reue und Zurückgebung an den Eigentümer aus freiem Antriebe, gehoft werden konte: so muste der Dieb doppelt wiedererstatten. 2 Mos. 22, 3. — Hatte aber der Dieb das Gestolne schon veräussert, geschlachtet und überhaupt zu seinem Nutzen verwandt, so, daß auch die gütigste Vermutung der Wiedererstattung aus eignem Antriebe, gar nicht mehr Statt hat: so muste der Dieb, wenn er Schaafvieh, und vermutlich auch, wenn er sonst irgend etwas gestolen hatte, vierfach, wenn er aber Ochsen gestolen hatte, fünffach wieder erstatten. 2 Mos. 21, 37. — Ochsendiebstal wurde am härtesten bestraft, weil die Grundfeste des israelitischen Staats auf dem Ackerbau, welcher mit Ochsen besorgt wurde, ruhete. Es war daher billig, daß der Gesetzgeber dieses den Israeliten unentberliche Thier jedem Eigentümer vorzüglich sicherte. Aus gleichem Grunde, um der Verhinderung des Feldbaues durch Diebstal vorzubeugen, wird auch bey uns einer, der einen Pflug, oder etwas dazu Gehöriges stielt, vorzüglich hart bestraft — weit härter, als wenn er etwas anders von höhern innern Werth gestolen hätte. — War der Dieb zu arm, daß er nicht bezalen, oder doch die gesetzmäßige Wiedererstattung nicht leisten konte: so wurde er zum Sclaven verkauft 2 Mos. 22, 2. — Wir würden einen Dieb freilich nicht zu unsern Dienern kaufen; allein unter den Hebräern, wo Leibeigenschaft gewönlich war, und jeder Herr mit seinen Sclaven aufs härteste verfaren und hinlänglich von Dieberey abschrecken konte, wars eine andere Sache.

War ein Dieb so ehrlich, nachdem er zuvor den beschuldigten Diebstal abgeleugnet und abgeschworen hatte, seinen Meineid zurück zu nemen, und aus Gewissenstrieb sich als Dieb anzugeben: so muste er blos die gestolne Summe, nebst einem Fünftheil drüber, erstatten. 3 Mos. 6, 1-5.

Zu Salomons Zeit ward die Strafe des Diebstals geschärft. Der Dieb muste siebenfach erstatten, selbst wenn er nicht wie gewönlich, aus Gewinnsuche, sondern aus wirklicher Dürftigkeit und Hunger stal. Spr. Sal. 6, 30. 31. Hr. R. Michaelis (Mos. R. Th. 6. §. 285. S. 20.) macht hierüber eine sehr treffende Bemerkung: „In der That (schreibt er) ist diese Schärfung der Strafe nicht zu verwundern. Mit der Zeit werden so viel Wege erdacht, den Diebstal zu vertuschen, und die Anschuldigung von sich abzulehnen, daß die mäßigere Wiedererstattung, die ehedem genug zur Abschreckung war, nun kein hinlängliches Gegengewicht gegen die Hoffnung seyn würde, oft genug unentdeckt zu stelen, und sich dadurch wegen des Schadens, der etwa einmal außerlegten Wiedererstattung reichlich zu erholen. Viel leichter kan man das Gestolne heimlich unterbringen, wo grosse Städte entstehen, und Handel und Wandel wächst, welches beides unter Salomon geschah. Dazu komt noch, daß die Handlung mehr Sicherheit gegen den Diebstal nötig hat, und doch die Diebe auch mehr anlocket, die man nirgends reichlicher findet, als in grossen Handelsstädten und auf Messen!“ Man hat sich also über die geschärfte Strafe des Diebstals unter Salomo — nicht zu wundern. —

War denn aber überhaupt die auf den Diebstal gesetzte Strafe der Wiedererstattung auch zweckmäßig, dem Verbrechen angemessen und abschreckend genug? — Ja! das war sie, wie der Erfolg lehrte. Der biblischen Geschichte des jüdischen Volks nach zu urteilen, war Dieberey unter den Hebräern weit seltner, als bey uns, wo Lebensstrafe drauf steht. — Da gewönlich aus Gewinsucht gestolen wird: so muste die Strafe vervielfältigter Wiedererstattung von guter Wirkung seyn. Der Gewinsüchtige, dem der Gedanke zum Diebstal einkam, muste ihn leicht wieder faren lassen, wenn er bedachte, daß er statt zu hoffenden Gewin doppelten und noch mehrfältigen Verlust zu fürchten habe; und der reche Geitzige muste sich notwendig noch weit mehr vor Diebstal wahren. — Auch der Faule und dabey Arme muste sich vors Stelen hüten, weil ihm sonst Sclaverey, bey der ihn Schläge zur Arbeit zwingen, bevorstund. — Mehr hierüber, als ich sagen kan, s. in Hrn. Michaelis Mos. R. Th. 6. §. 283. S. 67. ff. —

Wer einen des Nachts einbrechenden Dieb antraf, und todt schlug, der zog sich keine Verantwortung zu; wer aber einen am hellen lichten Tag einbrechenden Dieb tödtete, der lud eine Blutschuld auf sich — und wurde als Mörder bestraft. 2 Mos. 22, 13. Die Ursache und Absicht dieses Gesetzes mag man im Th. 1. meiner Bibel ic. bey dieser Stelle, S. 381. f. selbst nachlesen.

Ein Menschendiebstal, an einem Israeliten begangen, d. i. wenn man einen Freigebornen, Israelitischen Herkommens stal, um ihn entweder selbst zum Leibeigenen zu behalten, oder dazu an einen Andern zu verkaufen, ward schlechterdings mit dem Tode bestraft. 2 Mos. 21, 16. 5 Mos. 24, 7.

Uebrigens s. auch den zweiten Haupttheil dieses Werks unter Diebstal.

## Dikla.

Ein Sohn Joktans 1 Mos. 10, 27. 1 Chron. 1, 21. d. i. ein von Joktan abstammendes arabisches Volk. Wo sichs aber in dem vesten Arabien niedergelassen, oder gewont, läßt sich schwerlich erraten. Bochart (Phaleg. libr. 2. cap. 22. p. 134. sqq.) verstehe die Landschaft der Minäer darunter, aus dem Grund, weil Deklo (דקל) die Palme heiße, und in jener Gegend (wie an mehrern Orten im Arabien!) viele Palmen wachsen. — —

## Dilean.

Eine Stadt im Stamme Juda. Jos. 15, 38. Uebrigens unbekannt.

## Dimna.

Eine Stadt im Stamme Sebulon, die den Leviten vom Geschlechte Merari eingegeben wurde. Jos. 21, 34. 35.

## Dimon.

Jes. 15, 9. S. Dibon Nr. 1. —

## Dimona.

Eine Stadt im südlichsten Theil des Stammes Juda. Jos. 15, 22. —

## Dina.

1) Die Tochter Jakobs von der Lea. 1 Mos. 30, 21. Kap. 46, 15. welche von Sichem, dem Sohn Hemors, des vornemsten der Stadt, geschändet wurde. Sichem hatte sie wirklich lieb, und wollte sie heiraten; allein die Söhne Jakobs, der Dina Bruder, namen die That Sichems so empfindlich auf, daß sie an ihm und der ganzen Stadt eine grausame und dabey heimtückische Rache übten, womit Jakob, der Vater der entehrten Dina, selbst nicht zufrieden war. 1 Mos. 34, 1. ff. vergl. Kap. 33, 17-20.

2) Dinäer, Völker von Dina sind mit unter den Widersachern der Juden, die sich dem Tempelbau widersezten. Esr. 4, 9. Weiter ist von ihnen nichts bekant.

## Dinhaba.

Eine uralte Edomitische Stadt, wo Bela, ein Sohn Beors, aus Esaus Geschlechte, regierte. 1 Mos. 36, 32.

## Dinte.

Jer. 36, 18. 2 Cor. 3, 3. 2 Joh. 12. 3 Joh. 3. S. Schreiben.

## Dionysius.

Ein Areopagit, oder eine der höchsten obrigkeitlichen, oder Gerichtspersonen zu Athen. (S. Richtplaz) Er war unter den Wenigen, die, durch die Rede Pauli vom Wesen und der Verehrung des waren Gottes, gerürt wurden, und den Gözendienst mit der christlichen Religion vertauschten. Apostgesch. 17, 34. Sonst fabelt man noch viel von ihm, das aber nicht bemerkenswert ist.

## Diotrephes.

3 Joh. 9. Vermutlich ein zum Priestertum bekerter Heide (wie der Name zu verraten scheint). Man weis aber nicht, wo, oder wer er sonst gewesen. Einige halten ihn, ganz ohne Grund und Warscheinlichkeit für einen Bischoff. Johannes giebt ihm nicht das beste Lob. Er sagt von ihm: Er maße sich Vorzüge vor Andern an — und erzeige sich gegen keinen Christen, der von ihm komme, gastfrey. —

## Disahab.

5 Mos. 1, 1. Ist, wie schon Hr. D. Büsching (Asien. S. 551.) bemerkt, vermutlich der Hafen Minah el Sahab (Dsahab — Goldhafen: so wie Disahab so viel heißt, als „Ort, wo Gold ist). Dieser Hafen liegt etwas nördlicher, als Scharme, oder Dscherm (ehemals Ezjongeber), am östlichen Arm des arabischen Meerbusens, oder am Elanitischen Meerbusen. Es ist ein guter sicherer Hafen und grösser, als Dscherm (Ezjongeber) aber nicht so mit Bergen umgeben. Von diesem Hafen aus geht eine Strasse, über Scheikh Ali, nach Jerusalem, die vor Alters sehr gangbar war.

## Dison.

Ein Seiritischer Fürst. 1 Mos. 36, 20. 28. 30. 1 Chron. 1, 38. 42.

## Dison.

Ein Seirite 1 Mos. 36, 20. — Ein Sohn des Ana V. 25.

## Disseit

Des Jordans; für jenseit — und umgekehrt, s. Jenseit.

## Doch.

Oder Dagon; eine Festung in der Jordansebene, ohnweit Jericho, — wo Ptolemäus, der Sohn Abobi, seinen ordentlichen Aufenthalt hatte, und seinen Schwiegervater, den Simon Maccabäus, nebst dessen beide Söhne Matathias und Judas hinterlistiger Weise ums Leben brachte. 1 Macc. 16, 11. ff.

## Dodanim.

1 Mos. 10, 4. Ein Sohn Javans, d. i. eine griechische Kolonie, die man vermutlich in Epirus zu suchen hat, in welchem die berühmte Stadt und Tempel Dodona lag, welcher Name in Dodanim unverkennbar ist. In der Parallele 1 Chron. 1, 7. heißt diese Kolonie im Original, nach unseren gewöhnlichen Ausgaben, Rodanim (mit Verwechselung des D mit R, welche beiden Buchstaben im Hebräischen, zumal in alten Handschriften einander so ähnlich sind, daß man sie ohne grosse Mühe nicht von einander unterscheiden kan.) Lesen wir Rodanim: so wird man an Gallia Rhodanensis zu denken haben, wo der Fluß Rhodanus fließt, der unter dem Namen Rhone noch heutiges Tags bekant ist.

## Doeg.

Von Geburt ein Edomit, (der aber, wie alle Umstände lehren, ein israelitischer Proselyt geworden seyn muß) und Aufseher über die Hirten Sauls, die die Heerden des Königs zu weiden hatten. Als David, auf seiner Flucht von Sauls Hof, nach Nobe kam, und sich vom hohen Priester etwas zu essen, und Goliaths Schwerdt ausbat, war eben Doeg vor der Stiftshütte versperrt, d. i. er hielt sich bey der Stiftshütte auf, durfte aber nicht selbst in dieselbe hineingehen, vermutlich weil er den Aussatz hatte, (und folglich bürgerlich-unrein war) und sich deswegen in der Nähe des Heiligtums aufhalten muste, damit er sich von den Priestern, nach Mosis Gesetz von den Aussätzigen, besehen und, nach Befinden wieder für gesund und bürgerlich-rein erklären lassen konte. — Hier sah, oder erfuhr er, was geschehen war, und hinterbrachte es dem Könige Saul, welcher hierauf das grosse Blutbad unter den Priestern anrichtete, wozu sich Doeg selbst brauchen ließ. 1 Sam. 21, 7. Kap. 22, 9. ff. —

## Donner.

Der Donner, wie der Blitz, war, wie man leicht denken kan, den Hebräern physikalisch unerklärbar S. Hiob 26, 14. Kap. 36, 29. Kap. 37, 4. 5. 15. nebst meinen Anmerkungen im Th. 3. meiner Bibel rc. — Die gewöhnlichen Ausdrücke und sinnliche Vorstellung vom Gewitter überhaupt wird man oben unter dem Titel Cherubim bemerkt finden.

## Dor.

Eine Stadt am mittelländischen Meer, (Jos. 11, 2.) ohngefähr auf dem halben Wege zwischen Cäsarea und dem Berge Carmel, nach dem Hieronymus neun römische Meilen von der gedachten Stadt. Beim Joseph, in den Büchern der Maccabäer (1 Macc. 15, 11. ff.) und andern hellenistischen und griechischen Schriftstellern heißt sie Dora. — Josua 11, 2. Kap. 12, 23. wird sie Naphoth-Dor d. i. die Höhen oder hochliegenden Gegenden der Stadt Dor, genant. Sie ward dem halben Stamm Manasse, disseits des Jordans zugetheilt (Jos. 17, 11. 1 Chron. 8, (7.) 29. lag aber nicht innerhalb der Gränzen dieses halben Stammes, sondern, wie mehrere, entweder im Canton Isaschar, oder Asser (Jos. 17, 11.) vermutlich im letztern. Die Stadt blieb aber, wie so viele andere, sonderlich am Meer, lange noch in den Händen der Cananiter, denen sie die Manassiten nicht entreissen konten. Jos. 17, 12. Richt. 1, 27. Späterhin aber gelangs entweder diesem halben Stamme selbst, oder doch einem von den beiden ersten israelitischen Königen, die Cananiten daraus zu verdrängen, und sie in Besitz zu nemen; denn späterhin war Dor wirklich unter israelitischer Botmäßigkeit. 1 Kön. 4, 11. 1 Chron. 8, (7,) 29.

In noch spätern Zeiten ward die Stadt durch kriegerische Begebenheiten berühmt. Der syrische König Antiochus Soter belagerte sie zu Wasser und zu Lande, mit einer Armee von 120,000 Mann Fußvolk, und 8,000 Reuterey, woraus man ihre damalige Festigkeit und Wichtigkeit abnemen kan. 1 Macc. 15, 11-37.

Zur Zeit des römischen Generals Gabinius war die Stadt verfallen, und von diesem, nebst mehrern andern Städten, wieder hergestellt und befestiget worden. S. Josephs Jüd. Alterth. B. 14. K. 10. — In dem jüdischen Kriege mit den Römern scheint sie wieder zerstört worden zu seyn; wenigstens zur Zeit des Hieronymus lag sie wenigstens grossen Theils wüste: „Dor est oppidum jam desertum schreibt dieser Kirchenlehrer im Onomas. unter Nepher Dor. Und anderwärts (Epitaph. Paulae): „Miram ruinas Dor, urbis quondam potentissimae. Doch muß, wenigstens ein Theil davon, noch bewonbar und wirklich bewont gewesen seyn. Denn sie hatte einen Bischoff, der der Constantinopolitanischen Kirchenversamlung mit beiwonte, und ihre Handlungen unterschrieb. Dieser Bischoff hies Barochius. Nach der Eroberung des gelobten Landes, in dem sogenannten heiligen Kriege, ward das Bistum wieder hergestellt und dem Erzbistum zu Cäsarea subordinirt.

Heutiges Tags ist Dor ein kleiner Flecken, welcher gegen Süden einen Hafen für grosse Schiffe hat, und heißt Tartura, oder Tortura. Die Gegend ist jetzt unfruchtbar, und ohne Bäume. S. Pokoks Beschreib. des Morgenl. Th. 2. S. 84. und Büschings Asien. S. 418. ff. (der 3ten Auflage) und Bachiens hist. und geogr. Beschr. von Palästina Th. 2. Band 3. S. 261. ff.

## Dorcas.

Im Griechischen, wie Tabitha im Syrischen, ein Reh, eine Gazelle. Apostg. 9, 36.

## Dothaim.

Oder Dothaim, — Dothan. Eine der ältesten Städte in Canaan. Hier fand Joseph seine Brüder, als er von seinem Vater nach ihnen ausgeschickt wurde, sich nach ihrem Befinden zu erkundigen, und wo er an eine nach Aegypten handelnde ismaelitische Karavane verkauft und mit nach Aegypten gebracht wurde. 1 Mos. 37, 17. — Hier befand sich auch der Prophet Elisa, als ein syrisches Kommando ihn gefangen nemen sollte, das aber mit Blindheit geschlagen, und in solchem Zustande nach Samaria zum König Joram gefürt wurde. 2 Kön. 6, 13-23. — Im Buch Judith wird dieser Stadt einigemal erwänt, Kap. 3, 13. Kap. 4, 5. 6. Kap. 7, 3. Kap. 8, 3. welchen Stellen zu folge, Bachiene (hist. und geogr. Beschr. v. Paläst. Th. 2. Band 3. §. 607. S. 457.) schließt, daß Dothan nicht weit von Bethulia, auch nahe bey Gruhepeils und Jisreel, an einem engen Paß durchs Gebirge (Gilboa) wodurch der Weg nach Judäa gieng, gelegen habe. — Nach dem Eusebius und Hieronymus (Onomast. unter Dothaim) lag es 12 röm. Meilen von Sebaste, oder Samaria, und war zu ihrer Zeit noch ein Flecken. —

## Dothan.

S. den vorhergehenden Titel Dothaim.

## Drach.

Zwey hebräische Wörter übersetzt Luther durch Drach:

1) Saraf (שׂרף) Jes. 14, 29. Kap. 30, 6. welches die gehörnte Schlange, der Cerast, oder Basilisk ist. S. oben Basilisk.

2) Thannin (תנין) welches ein allgemeiner Name a) der Schlangen, b) der grossen Wasserthiere und c) insbesondere auch des Krokodils ist.

a) Schlangen überhaupt. Psalm 44, 20. Ps. 74, 13. Psalm 91, 13. Jes. 13, 22. Kap. 34, 13. Kap. 43, 20. Jer. 14, 6. Mal. 1, 3. In diesen Stellen sind die Drachen, oder Schlangen meist entweder Bild gefärlicher Feinde, oder der Verwüstung, weil sich in Einöden, wüsten Städten und Schlössern häufig Schlangen aufzuhalten pflegen, sonderlich unter dem wärmern Himmelsstrich. — Auch Weish. 16, 1. Sir. 25, 22. sind Drachen gefärliche Schlangen. Und der Drache zu Babel (Bel 22-27.) war eine von den Babyloniern göttlich verehrte grosse Schlange. Schlangen- und Drachendienst ist überhaupt unter den Heiden etwas bekantes.

b) Grosse Wasserthiere. Meerungeheuer (1 Mos. 1, 21. Hiob 7, 12.) Jes. 27, 1. Jer. 51, 34. Klaglieder 4, 3.

c) Insbesondere das Krokodil. Hiob 30, 29. Jes. 51, 9. (K. 27, 1. Jer. 51, 34.) Ezech. 29, 3. Kap. 32, 2. Psalm 74, 13. 14. welches dann, wie in der letztern Stelle, und in den beiden Stellen Ezechiels figürlich Aegypten bezeichnet, oder ein Bild der Aegypter ist. S. Leviathan.

Der Drache in der Offenbarung Johannis ist zunächst ebenfalls eine fürchterliche Schlange, wie er auch noch ausdrücklich erklärt wird „die alte (d. i. von Alters her berüchtigte) Schlange" nur durch Fiction des Dichters zu einem noch weit furchtbarern Ungeheuer gemacht. Unter diesem Ungeheuer malt Johannes den Teufel. Offenb. Joh. 12, 3-16. Kap. 13, 2-11. Kap. 16, 13. Kap. 20, 2.

## Drachenbrunn.

Kommt nur Nehem. 2, 13. vor. Doch ist die Lage dieses Brunnens aus dieser Stelle klar. Er lag ausserhalb der Stadt Jerusalem zwischen dem Thalthor und

und Wüstner. Vermutlich hielten sich häufig Schlangen um diesen Brunnen herum auf, wovon er dann seinen Namen erhalten.

## Drachengift.

Schlangengift. 5 Mos. 32, 33. S. m. Bibel ꝛc. Th. 1. bey dieser Stelle. S. 810.

## Drachenwohnung.

So viel als Wüsteney. Weil sich an öden zerstörten Oertern, im Schutt, alten verfallenen Gemäuer Schlangen aufhalten. Jer. 9, 11. K. 10, 22. K. 49, 33. K. 51, 37. S. Drache 1. 6) —

## Drachma.

Im Gewicht eine Quinte, im Wert (in Silber) 3 bis 4 Groschen, folglich so viel, als ein Seckel, nach der richtigern Bestimmung seiner Schwere und seines Werts (in Silber) S. Seckel. 2 Macc. 4, 19. Kap. 12, 13. Luk. 15, 8. 9.

## Dreschen.

Man drischt im Morgenlande nicht in Scheunen, sondern auf Tennen unterm freiem Himmel (S. Tenne) und zwar auf folgende vier Arten:

1) Entweder man läßt das Getreide durch Ochsen austreten, welche entweder an Pfäle gebunden werden, daran sie im Kreis herum laufen müssen, oder auch frey auf dem ausgebreiteten Getreide herumgehen. Diese Art zu dreschen, als die allerleichteste und einfältigste, ist vermutlich auch die älteste — auch noch jetzt im Orient — in Palästina, Syrien, Aegypten, Persien ꝛc. sehr gewöhnlich. Diese Art zu dreschen, hat offenbar der Prophet Micha im Sinn. Kap. 4, 12, 14. —— „Er (Gott) sammlet sie (Zionsfeinde) wie Garben auf die Tenne — (spricht) Auf! Zion und drisch! Deine Hörner will ich eisern und deine Klauen (womit der Ochs das Getreide austritt) ehern machen. Grosse Völker sollst du zermalmen ꝛc. (wie die das Getreide austretenden Ochsen das Stroh zertreten). Vielleicht gehört das Zertreten Jes. 14, 25. Hab. 3, 12. ebenfalls hieher.

2) 3) Oder man bedient sich eines Dreschwagens, oder Dreschschlittens, der ebenfalls von Ochsen gezogen wird. Diese Dreschmaschinen, welche ebenfalls schon eine sehr alte Erfindung, und noch bis jetzt im Orient gewönlich sind, bestehen aus etlichen mit einander verbundenen Brettern, die unten bloß mit Eisenspitzen, oder gewöhnlicher mit scharfen Steinen, sonderlich Feuersteinen, besetzt sind; oder diese mit einander verbundenen Bretter sind mit Walzen versehen, welche mit scharfen eisernen Scheiben besetzt sind. „Zu Damaskus, (schreibt Thevenot) und fast in der ganzen Türkei schlägt man das Getreide nicht aus, sondern nachdem es geschnitten, legt man es zusammen auf einen Haufen, eins über das andere, und um diesen Haufen breiten sie etwas davon in die Runde aus, etwa vier bis fünf Fuß in die Breite, und zwei in die Höhe. Hiernächst haben sie eine Art von Schlitten, welcher von vier Stücken Holz ins Viereck zusammengesetzt ist; davon müssen zwei die Arme von zwo grossen Walzen abgeben, deren beide Enden in diese beide Stücken Holz passen, so daß sie darinnen leicht herumgehen. Um eine jede dieser Walzen sind drei eiserne Räder, die ohngefähr einen halben Fuß in der Dicke, und einen ganzen im Durchschnitt haben: diese Räder sind ganz zackig, wie die Sägen. Auf den beiden fördersten Hölzern ist ein Sitz gemacht, worauf sich einer setzt, der die Pferde treibt, welche diese Maschine auf dem Haufen des Korns, der, wie gedacht, zwei Fuß hoch ist, allezeit in der Runde herum ziehen. Dieses schneidet das Stroh sehr klein, und macht, daß das Getreide aus den Aehren fällt, ohne zermalmt zu werden, indem es zwischen den eisernen Zacken weggleitet. Wenn das Stroh genug zerhackt ist, legen sie ein frisches Stroh an dessen Stelle, hernach sondern sie das Korn von dem gehackten Stroh, indem sie es zusammen mit einer hölzernen Schaufel in die Luft werfen, denn der Wind treibt das Stroh etwas weiter, so, daß das reine Korn allein zur Erde fällt. Mit dem gehackten Stroh füttern sie die Pferde. An einigen Orten ist diese Maschine etwas anders, wie ich es in Mesopotamien gesehen habe, allwo man anstatt der gedachten Räder, die die Walzen umgeben, viele Stücke Eisen, ohngefähr sechs Zoll lang und drei breit, nur daß sie unten zu etwas breiter als gegen oben sind, ohne Ordnung in die Walzen gesteckt, so, daß einige gerade, andere in die Quere stehen, und diese letztere Maschine ist über denen Eisen mit Brettern bedeckt, auf welche sich derjenige setzt, der die Pferde treibt, denn es ist kein anderer Sitz daran. Eben so macht man es in Persien; (gleichwol sind einige Oerter, da sie das Stroh nicht zerschneiden, sondern nur Ochsen oder Pferde darüber gehen lassen, daß das Korn davon ausfällt, welches sie hernach reinigen.) So weit Thevenot Voyages

P. 1.

P. 2. Liv. I. Ch. 5. p. 82. 83. — Reitzschitz (Reis. B. 3. K. 7. S. 151 ff. schreibt von der Art zu dreschen in Aegypten: „Sie haben ein Instrument, fast einem Schlitten gleich, mit drei oder vier runden hölzernen Wellen, in deren jeder vier eiserne Rinken, fast wie bey uns die Stoßscheiben, so man vorne an die Wagenräder zu stecken pflegt, daran spannen sie starke Büffelochsen, und ziehen solchen Dreschwagen auf dem im freien Felde ausgebreiteten Korne herum. Diese gedachte scharfe Rinken oder Scheiben schneiden das Stroh klein, indem die Büffel den Wagen auf dem Korne herumschleppen und da fallen alsdenn die Körner fein sauber aus den Aehren heraus." — Und P. Lucas (Reise in Kleinasien und Afrika S. 163.) schreibt von der unter den Bauern bey Constantinopel gewöhnlichen Art zu dreschen: „Sie nehmen 2 starke, vier Finger-dicke Breter, so mit starken Flintensteinen versetzt; diese lassen sie durch Ochsen über das Stroh herziehn, da denn die Aehren im Augenblicke davon abgesondert werden. Damit sie auch desto schwerer seyn, stehen öfters Männer und etliche Kinder oben darauf." —

Dieser Art zu Dreschen — mit der Dreschmaschine, wird in der Bibel mehrmals gedacht und darauf angespielt. 2 Sam. 24, 22. 1 Chron. 22, (21) 23. (wo statt Luthers Schwellen — und Geschirr, Dreschwagen zu verstehen sind,) Jes. 41, 15. K. 28, 27. 28. Amos 1, 3. In der letzten Stelle wird von den Damascenern (unter Hasael) gesagt, sie hätten die Gileaditen unter eisernen Dreschwagen zermalmet, d. i. äußerst barbarisch behandelt. 2 Kön. 8, 12. K. 10, 32. K. 13, 7. — Das überhaupt harte orientalische Kriegsrecht lässt wirklich die Grausamkeit, die Besiegten, nach Beschaffenheit der Umstände, wie Getreidegarben hinzulegen, und mit Dreschwagen über sie hinzufahren, und auf die grausamste Weise zu Tode zu martern. Gideon drohte diese Marter den niederträchtigen Succothäern, die seiner ermatteten Mannschaft etwas Speise zu reichen, mit Hohn sich weigerten — und noch überdies wollte er sie erst auf Dornen legen — sie mit Dornen bedecken, und dann so mit Dreschwägen über sie hinfahren, Richt. 8, 7. und er vollzog sie auch an ihnen. V. 16. S. m. Bibel Th. 2. S. 136. 138. — Dasselbe orientalische harte Kriegsrecht übte David an den Ammonitern (jedoch ohne Dornenstachel!) aus. 2 Sam. 12, 31.

Die wegen der morgenländischen Art zu dreschen, berühmteste — Stelle ist: „Du sollt dem Ochsen der da drischet, nicht das Maul verbinden" ihm keinen Maulkorb anlegen, und dadurch verwehren, von dem Getreide bisweilen ein Maul voll zu nehmen. 5 Mos. 25, 4. (vergl. 1 Cor. 9, 9 ff. 1 Tim. 5, 18.) Es ist nicht ganz gewis, auf welche Art des Dreschens Moses hauptsächlich sehe — vermutlich auf beide Arten (No. 1. und No. 2. 3.). Denn bey beiden ist der Ochse das arbeitende Thier. Dort drischt es blos mit den Füßen, und hier durchs Ziehen der Dreschmaschine. Der billige Gesetzgeber, der allenthalben, auch gegen unvernünftige Thiere, die dem Menschen nützlich sind, Billigkeit und Mitleid beobachtet wissen will, verlangt, man soll dem arbeitenden Thiere das Getreide, das es ausdreschen soll, nicht blos sehen, sondern auch kosten lassen, weils ein Leiden oder eine Marter für das arme Thier wäre, das beste Futter, das es trug, und gar selten oder gar nicht zu schmecken bekömt, zu sehen, darauf herumzugehen, und doch gar nicht kosten zu dürfen. — Schon von den Malabaren melden die ostindischen Berichte (29ste Fortsetz. S. 419 ff.) dieses Gefül von Billigkeit gegen den dreschenden Ochsen; die Malabaren sagen: „Was ein Ochse drischt (erdrischt — während des Dreschens fressen kan,) das ist sein Gewinst." D. i. mehr bekömt er nicht davon, hernach muß er Stroh fressen, und also muß man ihm das Maul nicht verbinden; obs gleich manche doch thun. — Das Mosaische Gesetz vom dreschenden Ochsen setzt voraus, daß die Israeliten in Aegypten, woher sie kamen, gerade das Gegentheil gesehen, und daß sie es ohne Zweifel künftig auch selbst würden gethan haben, wenn sie zum wirklichen Besitz des Landes Canaan würden gekommen seyn. Und so verhält sichs wirklich. Joh. Wild (Reisebeschr. S. 155 ff.) schreibt: „In Aegypten müssen die Ochsen das Getreide austreten, denen das Maul und die Augen verbunden werden, daß sie nicht sehen und fressen können." — Björnstohl (Briefe auf seinen ausländischen Reisen. B. 4. Heft 2. Br. 9.) gedenkt der Maulkörbe, die noch jetzt den dreschenden Ochsen in der Türkei angelegt werden, ausdrücklich und mit Umständen. — Nach ihm werden den Ochsen, welche das Dreschzeug ziehen, damit sie nichts vom Korne (Getreide) fressen, kleine, runde, von biegsamen Reisern, als Weiden und dergleichen.

chen, geflochtene Körbe, mit einem Strick über dem Kopf oder Hals vor das Maul festgebunden. — Da sich der Orient in seinen Sitten und Gebräuchen durch Jahrtausende hindurch gleich bleibt: so ist, zumal wenn wir dieses mosaische Gesetz erwägen, höchst warscheinlich, daß es schon zu Mosis Zeit im Orient auch so gewesen.

Unter den Israeliten durfte also dem dreschenden Ochsen das Maul nicht verbunden werden. Er durfte mithin von der guten und ihm seltenen Kost bisweilen ein Maul voll nemen. In so fern war's dem Ochsen eine angeneme Arbeit — Zeit des Wollebens. Aber pflügen und eggen, wobei er für sein Maul nichts gewinnen konte, war ihm Arbeit — Hos. 10. 11. „Ephraim ist ein des Dreschens (d. i. der guten Tage) gewontes (zum Dreschen gewöntes) junges Rind; aber ich will ihm das Joch über den (von der ständigen guten Futter —) schönen Hals werfen und Ephraim zäumen; Juda soll pflügen und Jakob hinter ihm eggen.“ D. i. nun aber soll Israel seines Wollebens verlustig, arbeiten, dienen lernen, in den Pflug gespant werden ꝛc. —

4) Die vierte, oder eigentlich nur die dritte Art der Morgenländer zu Dreschen, ist das Ausschlagen mit dem Stabe. Doch diese Art, die mit der unsrigen übereinkömt, bedienen sich die Morgenländer nur bey gewissen Gewächsen, z. B. beim Kümmel (Jes. 28, 27.) und Hülsenfrüchten; und beim ordentlichen Getreide bey einer nur gar kleinen Erndte, wie z. B. die Ruth hielt, durchs Aehrenauflesen, die daher ihre gesammelten Gerstenähren ausschlug. (Ruth. 2, 17.) wie es auch bey uns die Armen machen, die ihre in der Nachlese gesammelten Aehren, weils ihrer keine große Menge ist, nicht in die Scheune bringen und mit Flegeln ausdreschen, sondern im Hause, in der Stube, nach Art der morgenländischen Armen, mit gemeinen Stäben ausschlagen. Hieher gehört auch die Stelle Jes. 27, 12. wo das Getreide ausschlagen figürlich steht, und ebenfalls eine kleine Erndte, oder nur weniges Getreide voraussezt. — Dieser Art, das Getreide zu dreschen, bediente man sich auch bey größerer Menge im Nothfall. — Gideon schlug seinen Weizen aus — in der Kelter — weil ers vor den räuberischen Midianitern nicht auf der freien Tenne, nach gewönlicher Landesart ausdreschen wagen durfte. Richt. 6, 11. S. Kelter. Tenne. — Vergl. Paulsen vom Ackerbau der Morgenländer. §. 41 ff. S. 127 ff.

## Dreschwagen.

Jes. 41, 15. S. den vorigen Artikel Dreschen No. 2) 3). —

## Drüse.

1) Geschwür beim Aussatz. 3 Mos. 13. 18. 20. 23. — Drüsen Aegyptens, 5 Mos. 28, 27. sind eine Umschreibung der Elephantiasis oder der schrecklichen Art des Aussatzes, die in Geschwüren ausbricht und in Aegypten gleichsam zu Hause ist. S. Aussatz.

2) Pestbeulen. Offenb. Joh. 16, 2. 11. Diese sind unter der Drüse des Hiskia zu verstehen. 2 Kön. 20, 7. Jes. 38, 21. S. meine Bibel Th. 2. bey der erstern Stelle und sonderlich bey V. 1. — und unten Pest. Pestilenz.

## Drusilla.

Des Königs Agrippa des Großen und der Cypros dritte Tochter. Sie wurde mit dem Epiphanes, dem Prinzen des Comagenischen Königs, unter der Bedingung, daß er sich beschneiden lassen müßte, verlobt. Weil er sich aber am Ende weigerte, sich der Beschneidung zu unterwerfen: so wurde sie an den Emessenischen König Azizus vermält. Allein auch diesen verließ Drusilla bald nach ihrer Verbindung mit ihm, und heiratete den römischen Statthalter Claudius Felix, mit welchem sie den Agrippa zeugte. Vor dieser Drusilla und ihrem Gemal Claudius Felix, that Paulus einen rürenden und eindringenden Vortrag aus der Lehre Jesu, von der Gerechtigkeit, Keuschheit und dem künftigen Gerichte. Apostg. 24, 24. 25. — Drusilla wurde für eines der schönsten, aber nicht keuschesten Frauenzimmer in der Welt gehalten. S. Calmets Diction. de la Bible unter diesem Titel.

## Dudaim.

(דודאים) Sind, wie die Etymologie des Worts, verbunden mit der Superstition des Orients, schon vermuten läßt, und der größte Theil der alten Uebersetzer uns belehren, die Alraun, oder Mandragora, (Atropa Mandragora Linn.) und zwar entweder die Wurzel, oder die Früchte — Aepfel — (μηλα μανδραγορου wie die Alexandriner 1 Mos. 30, 14. übersetzen) — was auch manche allzugewissenhafte Ausleger aus frommen Ursachen dawider eingewendet haben mögen! — Der abergläubische Orient schreibt der Mandragora die Kraft der Fruchtbarmachung der

Wei-

Weiber zu und brauche sie zu Zaubereien und vorzüglich zu Liebestränken. — Daß man schon zu Jakobs Zeit der Mandragora die Kraft der Fruchtbarmachung zugeschrieben habe, erhellet aus der Geschichte der Rahel und Lea deutlich genug: Ruben, der Lea Sohn, gieng einst zur Zeit der Weizenärndte aufs Feld, und fand Dudaim (Alraun, Mandragora) und brachte sie seiner Mutter Lea mit nach Hause. Das sah die unfruchtbare Rahel, bat sich also von ihrer Schwester Lea etwas davon aus. Lea gab ihr zur Antwort: Ob es ihr nicht genug wäre, ihr (der Lea) ihren Mann geraubt — abspenstig gemacht, ganz auf ihre Seite gezogen zu haben, daß sie nun auch noch ihre (der Lea) Mandragora haben wollte? Sie bedürfe ja, um ihrem Manne zu gefallen, gar die Empfehlung der Fruchtbarkeit nicht! — Doch endlich, als ihr Rahel versprach, ihr die nächste Nacht (in der entweder, wie einige glauben, die Reihe im ehelichen Genuß des Jakobs an ihr war — oder Jakob hatte sich der Lea eine Zeit lang eben ganz, oder doch meistentheils entäußert, (s. oben Beyschlaf) abzutreten: so erhielt sie ihre Bitte gewärt. 1 Mos. 30, 14 ff. — Daß Rahel und Lea von den geheimen Wirkungen der Alraun, oder Mandragora auf die Liebe, eben den Glauben gehabt, den der spätere Orient hatte und noch hat, erhellet aus dieser Geschichte deutlich. — Wer sich übrigens im Namen der Lea und Rahel, die man sich, ohne Zeugniß Mosis — als Heilige und Muster der Gottesfurcht und Jugend denkt, — ein Gewissen daraus macht, diese Weiber so superstitiös handeln zu lassen, der mag H. R. Michaelis Anmerk. zu 1 Mos. 30, 3. 14. S. 141 f. nachlesen.

Es giebt von der Alraune oder Mandragora, einer Pflanze, die eine betäubende Kraft hat, schläfrig — auch wol gar wahnwitzig macht, (wovon sie auch ihren hebräischen Namen Dudaim erhalten haben mag. Denn (דוי) Dawed heist im Syrischen Mentem perturbauit; wiewol das Wort, wenn man sich blos an hebräische Etymologie hält, auch von der Liebe, oder Wollust benannt worden seyn kan — Liebes- oder Wollustkraut; Liebes- oder Wollustwurzel; Liebes- oder Wollustäpfel; und am Ende hängen beide Bedeutungen, die syrische und hebräische — zusammen!) — zwo Arten: die schwarze, die man für das Weibchen hält, hat Blätter dem Lattig gleich, nur kleiner und schmäler, welche sich über der Erde ausbreiten, und einen starken und übeln Geruch haben. Ihre Früchte sind bloße Aepfel, den Arlsbeeren ähnlich, von starkem Geruch, und inwendig mit einem Kern versehen, der den Birnkernen gleicht. Sie hat 2 bis 3 sehr starke in einander geschlungene Wurzeln, welche auswendig schwarz, inwendig aber weiß und mit einer dicken Schale überzogen sind. — Die andere Art, das Männchen, Morion, oder die Tolle genant, weil sie um den Verstand bringen soll, hat große, weiße, breite und glatte Blätter, wie eine Buche; zweimal größere Aepfel, als das Weibchen, welche Saffrangelb und von gutem Geruch sind. Ihre Wurzel ist, wie die der ersten Art, aber viel dicker und größer. — Diese Pflanze macht Schlaf, Schwindel und Betäubung der Sinnen, und unbehutsam genossen, verursacht sie heftige Convulsionen, und mit ihnen, wenn schnelle Hülfe felt, den Tod.

Die Perser nennen die Alraune Abronzanam, d. i. Menschengestalt, weil die Morgenländer, sonderlich die Juden, die Wurzel, mit den sie umgebenden Zäserchen, so zuzurichten wissen, daß sie die völlige Gestalt einer Manns- oder Weibsperson bekomt, wie denn die Wurzel, wenn sie zweizackigt ist, an und für sich selbst schon überaus viel Aehnliches mit dem menschlichen Leibe hat, und Oberleib, Unterleib und Dickbeine und Füße sehr natürlich vorstellt. Diese künstliche Menschengestalt, der starke Geruch und die mächtige Wirkung dieser Pflanze im menschlichen Körper, haben vermutlich den Aberglauben von ihrer Wunderkraft zur Fruchtbarmachung erzeugt, und die Einbildung, die ohnehin in den Köpfen der Morgenländer am stärksten ist, ihn bis auf den heutigen Tag genärt. —

Noch kommen Dudaim Hohel. 7, 14 (im Original) vor, welche Stelle für die oben angenommene Meinung, daß Dudaim Mandragora sey, ein neuer Beweis ist. Wenigstens schickt sich dort Liebeskraut, Liebeswurzel, Liebesäpfel sehr gut. —

Noch bemerke ich, daß die Alten die Aepfel der Mandragora Liebesäpfel und die Venus Mandragoritis nanten. Und Julian schreibt an seinen Freund Calixenus, „er trinke Alraunsaft um dadurch die Liebe bey sich zu erregen." So sehr war das Altertum von dem Vorurtheil vor die venerische Wirkung der Mandragora eingenommen.

Du-

## Duma.

1) Ismaels sechster Sohn. 1 Mos. 25, 14. 1 Chron. 1, 30. Von ihm hat vermutlich die

2) Arabische Stadt Duma Jes. 21, 11. den Namen, und ward von ihm und seinen Nachkommen erbaut und bewont. Sie heist heutiges Tags Dumath el Dschendal, und beim Ptolemäus Dumätha. Sie liegt im wüsten Arabien, im Lande Nedscheb, und zwar nach Herrn Niebuhr im gebürgigten Theile desselben Dschof el Schirchan. Auf der d'Anvillischen Charte von Asien findet man sie unterem 58 Gr. der Länge und 29½ der Breite. Muhammed bemächtigte sich der Stadt im fünften Jahre der Hegira (Hedschra). —

3) Eine Stadt auf dem Gebirge Juda. Jos. 15, 52. Uebrigens unbekant. —

### Des ersten Bandes Ende.

Die in diesem Bande fehlenden 2 Bogen des zweiten Alphabeths, haben die Leser in dem zweiten Bande zu erwarten, weil man nicht gern in der Mitte eines Buchstabens abbrechen wollte.

Folgende Titel waren im Manuskripte mit einem * bezeichnet, und sind vom Hrn. Weise, Frühprediger zu Ilmenau und Pfarrer zu Stützerbach, ausgearbeitet worden.

Ahasja. Ahasverus. Ahia. Ahimaaz. Ahimelech. Ahinoam. Ahio. Ahitophel. Amasa. Amazja oder Amasia. Amminadab. Ammon. Amram. Amramiten. Amri. Andreas. Antiochus. Archelaus. Arioch. Asael. Asahel. Asaria. Azaria. Assa. Athalia. Athniel. Baena. Baesa. Balak. Barak. Bar-Jehu. Barnabas. Barrabas. Barsabas. Barsillai. Bartholomäus. Bathseba, Bathsua. Bethuel. Bilham. Bilha. Boas.

Diese im Mscpt. mit zwei ** bezeichnete Titel sind die Arbeit des Hrn. Past. Schwabe zu Eichelborn.

Anathoth. Antipatris. Aphek. Apheka. Ascalon. Asdod. Asdoth-Pisga. Aseka. Asser oder Aser. Astharoth. Auramitis. Baal-Gad. Baal-Meon. Bamoth-Baal. Beeroth. Beesthera. Berotha. Berseba, Beerscheba. Beick oder Bezek. Bethabara. Bethania. Betharaba. Bethaven. Beth-Baal-Meon. Beth-Cherem. Bethel. Beth-Horon. Beth-Jesimoth. Bethlehem. Beth-Maon. Beth-Nimra. Beth-Peor. Bethphage. Bethsaida. Bethsean, Bethsan. Bethsemes. Beth-Zur. Bezer. Bithron. Bochim.

### Druckfeler, sonderlich in orientalischen Wörtern.

S. 13. col. b. lin. 4. von unten für قاسم lies قسم

S. 25. col. b. lin. 1. für [illegible] lies [illegible]

— — — 2. für [illegible] lies [illegible]

— — — 24. für [illegible] lies [illegible]

S. 28. col. b. lin. 5. von unten für أوج lies أوج

S. 35. col. a. lin. 13. 14. setze statt ل ein ﻟ

S. 42. col. b. lin. 5. für أغل اجون lies أغلاجون

— — — 6. für زيونة lies [illegible]

S. 43. col. b. lin. 6. von unten für يوزنة lies [illegible]

S. 56. col. b. lin. 29. für أملة lies نملة

— — — 35. für لهاة lies نملة

S. 72. col. b. lin. 18. für عامة lies عامّة

Ibid. — — für عوم lies عوام und das halbverbleichene zu Ende der Zeile heißt عمامة

S. 75. col. a. lin. 30. für דִּקְדּוּקֵיהֶם lies דִּקְדּוּקֵיהֶם

S. 76. col. a. lin. 16. für دورل lies دوس

— — — 21. für ناقول lies بادوس

S. 79. col. b. lin. 20. für בְּחִיר lies בְּחִיר

— — — 28. für כמו lies כבה

S. 83. col. b. lin. 20. für قحطن lies قحطان

S. 85. col. b. lin. 13. für ه sehr ه

S. 86. col. a. lin. 29. fehlt unter dem و das Kesre.

— — — 30. muß das aufs Elif folgende Re ein Lam seyn ال (der Artikel) — Eben so in der col. b. lin. 5. von unten. Desgleichen p. 87. col. a. lin. 1. und col. b. in der Mitte — wo für die beiden überhaupt fehlerhaft gedruckten Wörter zu lesen ist جزيرة العرب

S. 86. col. a. lin. 30. statt د (Dal) ه (He) zu lesen. col. b. lin. 5. von unten statt ح (Ha) zu lesen ه (He). So auch S. 87. col. a. lin. 1. — Und lin. 4. muß statt ا gelesen werden لَّ (Lam. intermed. mit Teschdid und Fatha!)

S. 87. col. a. lin. 24. statt ماوى lies ماوى

— — — 25. statt ماو lies ماو

S. 90. col. b. lin. 9. statt جبل قربي lies جبل قردي. (Kurd, Kord u. s. w. wird aber im Arabischen und den orientalischen Dialekten überhaupt richtiger mit ك geschrieben.)

— — — lin. 17. fehlt unter dem د das Kesre.

S. 91. col. b. lin. 16. statt ثمنين lies ثمانين

S. 93. col. b. lin. 25. ist in beiden Wörtern statt د (Dal) ein ه (He) zu sehen.

S. 122. col. b. lin. 12. statt عفر lies غفر (Ge für Gain.)

S. 124. col. b. lin. 18. statt Backen lies Bauen.

S. 130. col. a. lin. 7. von unten für (لدة ق) lies (الّذة)

S. 135. col. b. lin. 23. statt نوصل lies وصل

S. 143. col. b. lin. 20 statt نحم lies صحم (Ain statt Nun.)

— — — 29. statt meist lies weit.

S. 156. col. b. lin. 24. 25. 26. fehlt unter dem ن die dreimal das Kesre der sogenannten gelehrten Endigung —

S. 165. col. a. lin. 25. für Die lies die.

— — — 29. muß das Wesla über dem Re weggestrichen werden.

S. 172. col. a. lin. 17. muß unter dem Lin statt Lameth ein Patach seyn.

— — — 21. statt ב el. ב. חכיוח

— — — 30. statt ב ein ב. בירקשר

S. 173. col. a lin. 5. von unten. statt ... ein (ִ) קצריח

— — — col. b lin. 10. ... רכין ...

S. 176. col. b lin. 16. von unten. statt ... lies ... (ר statt ד.)

www.ingramcontent.com/pod-product-compliance
Lightning Source LLC
Chambersburg PA
CBHW030315240426
43673CB00040B/1177
* 9 7 8 3 7 4 1 1 6 7 4 4 7 *